《上海思想界》精粹 （2013—2017）

《上海思想界》精粹

（2013—2017）

上海市社会科学界联合会　主办　许明　主编

上海人民出版社

前　言

许　明

2013 年上半年,上海市社联党组决定将社联原有的一些资源整合使用,创办思想性的内刊《上海思想界》。我受邀担任主编,并在这个平台上经中共中央宣传部批准,建立了"中宣部舆情直报点"。一晃五年过去了,这个思想性平台在上海众多专家学者的支持下,发出了它应有的光芒,取得了不俗的成果。每年十期,每期十万余字的月刊《上海思想界》按时出版,《上海思想界专报》作为智库成果,屡获嘉奖,可以这样说,这已成为全国思想理论界的一道闪亮的风景线。

综观我们五年来的成果,从中可以看出我们是有一条编辑主线的,是有自觉的理念的,在此正好可以说明一下,以便与思想理论界的同行沟通。

中国的学术人员之多,搞思想理论研究的人员之多,正成世界之最。无疑的,研究成果也是无所不包,无所不至,翻译、研究、写作、出版,已成为一个特殊的非常热闹的行业,说现在已经学术产能过剩并不为过。

如此这般,还要搞一本思想理论型的月刊,前景何在? 能说出什么新话? 有什么新的开拓空间? 值得我们这些健全的思想者为此去付出?

如果从 1978 年算起,当代中国的思想史已经演进了 40 年时间。中文学科的现代文学学科,也涵盖 30 年左右,而研究它的人员(包括研究生)已经数以万计。所以,相比较而言,当代思想史已成为一个研究对象,而真正地科学地研究它的人们,寥寥无几,它还没有成为一门学科,还不曾有规范的思想史的逻辑行程出现。

思想与社会进程之间的关系是复杂的互动关系。现在看来不是简单的"决定与被决定"的关系,特别是对一个区域的社会—文化发展状况而言。中国再大,在全球视野中它也只是一部分,在互联网时代,它所产生的思想更应是世界精神体系中的一部分。中国的社会现状激发产生某些思想,也反射和映射了某些外来的和历史上有过的思想。所以,研究当代中国的思想状况,应用互联网时代的全球眼光去扫视。

20 世纪的中国,处在中国历史上第二次社会—文化大转型的一个特殊的起点阶段。第一次社会—文化大转型,是先秦到宋明之间的转型,中国思想从诸子原儒到宋明新儒,大一统的中国封建专制社会的意识形态构建得以完成,其间花了近千年时

1

间。宋—明这个历史平台对应的正是处在黑暗中世纪时期的欧洲，而中国以洋洋自得的文化满足在构建一个诗意的人间乐园。

朱熹的理学、王阳明的心学成为中国中世纪的两杆旗帜。宋画、宋瓷、宋词、元代的青花彩瓷、话本、戏曲、明代的小说，一个华丽多彩、诗性而又世俗的文化样态与制式完备的皇权专制制度相得益彰，成为世界史上中世纪的奇观。

花开自有花落时。

明末开始出现的早期资本主义的进程，被打断了。西方各国的机器工业生产和地理大发现展开时，中华大地上时光返照地呈现康乾盛世。康雍乾三朝，当时西方正在开拓工业革命，其成果正孕育。而中国的封建专制制度和农耕世俗社会，其实力正达到兴盛阶段。相较之下的繁荣，麻醉了统治者的心智。乾隆六下江南巡视的时候，正是 18 世纪下半叶，他就没想到用别的办法去了解一下世界。

乾隆浩浩荡荡的人拉风吹的船队运行在大运河上的时候，英国的瓦特发明了蒸汽机。

乾隆皇帝最后一次巡视江南，春风满面，带着苏杭美女回到京城后不久，第一台蒸汽火车在西方出现了。清王朝还在以冷兵器时代的骁勇自傲时，装填火药的枪炮已经征战到全世界。

在挟现代性狂风的工业化浪潮重压下，中国终于落下了千年帝制的帷幕。社会—文化转型不得不加快了时速。

20 世纪的百年，是中国凤凰涅槃浴火重生的百年。中国的志士仁人完全清楚自己的民族处在历史演进的滞后阶段。而只有到了 20 世纪的后半叶，社会主义在中华大地生根开花之时，中华民族的复兴之路才显露曙光。

探索中华民族的复兴之路，选择社会主义是一个不断被证明的过程。这个过程是一个复杂的历史运动。经济—社会—政治—文化的变革，多层面依次展开。可见的成果是经济快速增长，骄人的成绩，全球第二大经济体，中国社会发生了翻天覆地的变化。一位域外人士讲，中国变化的全球影响，已经超出了中国人对自己的估计。这个巨变的最大受益者是中华民族全体成员，是中国历史上的又一次辉煌。

现在，我们都强烈地感受到了中共十八大、十九大以来的这场伟大社会革命的指挥者的理论自觉。从底线思维的角度看，习近平总书记划出的"既不走老路，又不走邪路"的红线，是科学理性、符合国情的。"不走老路"，是因为改革就是告别"继续革命"的老路；"不走邪路"，是因为中国不可能照搬西方发达国家的现成路径。

这无论从指导思想上、方法上、实践上都说得通,而探索一条新路,需要新的理论。

中共十九大以来,中国特色社会主义走入新时代,更加开放的中国,更加融入全球的中国,更加主张"自由贸易"的中国,也是更加加强党的领导,高举社会主义旗帜的中国,更需要理论自觉和理论自信。

2018 年的博鳌论坛以后,中国改革开放进入新阶段。开放力度之大,几乎使世界震惊。有人说,这是"第三次改革开放浪潮"。而新一轮改革浪潮到来之际,我们已经开始纠正不计代价的过度开发的弊端。

这实质上是用社会主义的精神来打扫奥吉亚斯的牛圈,以获得再一次前进的扎实基础。

实践已走在理论的前面。

中国理论界原创力的不足是一种劣根性。自孔夫子成为"大成至圣"以来,中国知识界的"我注六经"式的思维方式已有历史惯性。目前的中国理论创新空间,并不是很小,而是很大。不想创新、只想照搬、只会照搬各种教条的人才会觉得无话可说。

还是那句老话:既不走老路,又不走邪路,新路如何走? 而我们的任务是:如何从理论上回答正在走的"新路"的合理性、逻辑性?

回到本书的选编目的。

《上海思想界》自开创之际,就明确了要研讨这个棘手的问题。我们这一代与改革开放一起成熟,而又是在马克思主义的熏陶下成长起来的学者,是不会放弃对中国的新的社会主义命运的思考的。理论上的难题在于:传统的社会主义原则与资本市场如何内在地统一起来,使其成为一个新的理论解释的体系? 这不是理论在塑造实践,而是实践在呼唤理论。我们是既要社会主义,又要市场;既要公平公正的分配又要资本主义式的自由竞争;既要世界先进的文明成果,又要浓厚的中国传统的积淀……

这不是中国人在别出心裁地另辟蹊径。

其实,中国是在回答就马克思早年的提问:东方落后国家在走向社会主义时,如何越过"资本主义这个卡夫丁峡谷"?

其实,中国在探索一条 20 世纪西方工业化完成以后,后发展国家如何走向现代化的历史新路。

整个 20 世纪,中国都是在探索。各种主义以及各种政治派别都是在实验自己的主张。中国共产党人选择的中国特色的马克思主义与社会主义逐渐占据了历史先机,特别是经过改革开放实践的 40 年,这条"特色"道路日趋成型。也就是说,中国历史上第二次重大的社会—文化转型,经历了艰难的起始阶段以后,在近半个世纪中正以明快的脚步向胜利的未来迈进。

本书刊发的是我们五年来在围绕这个主题的思考。这里的讨论分散在各个逻辑层面上,但其核心层面是"市场与社会主义"关系的研讨,这是始终坚持着的。

我们并不是说这种探讨已经有了圆满的结论,而是说,这种探讨是围着真问题在"舞蹈"。迄今为止,我们的学术水平和思考力度,只能"到此",但"到此"也难能可贵了。

我们的努力,至少打破了"非左即右"。听听第三种声音,是有益于中国社会的进步的。

目 录

中国道路与中国改革

（2014 年 1 月）

参会嘉宾（按姓氏笔画排序）：

王德峰（复旦大学哲学学院教授）

许　　明（《上海思想界》主编）

吴晓明（复旦大学哲学学院教授）

张　　雄（上海财经大学人文学院教授）

张维为（上海社会科学院世界中国学研究所教授）

陈学明（复旦大学哲学学院教授）

黄力之（中共上海市委党校哲学教研部教授）

鲁品越（上海财经大学人文学院教授）

张　　雄：谈中国道路首先要谈中国的发展，特别是改革开放以来的发展，我们用成功学的概念来说，它是成功的。到目前为止，不仅没有出现西方人常讲的中国崩溃论，反而做到了发展的最大化。可以用黑格尔的话来说：存在即合理。当代中国历史发展的客观性与合目的性的统一得到了显现。既然这个道路是成功的现实性存在，那么它就是合理的。但是我们需要反思这个存在是怎么形成的。它涉及存在的可持续性问题。因为到现在为止是成功的，不等于到最后一定也会成功。

追究存在的可持续性，就要用历史视野来看它与世界的关系，特别是与西方世界的关系。

黄力之：我个人觉得，讨论中国道路问题还是要从历史性的概念开始讲起。中国道路离不开世界，中国的道路、中国的发展，有一个世界历史的背景，这是不能回避的问题。在这个背景里，世界的主流、主体或者说是重要部分，是西方世界。

大家可能已经注意到 2013 年 12 月 16 日《中国社会报》发表的文化企业家访谈，解析西方国家对外颠覆模式。用那么大的版面来谈这个让我感到很惊奇，这个东西没有什么学术含量，让人有时代错乱的感觉。这些都来自所谓"现代性"的概念，这不是外星人的概念，也不是中国人突然想出来的一个新概念，在这种背景之下，把西方的和平演变的颠覆作为主题来谈,我个人觉得值得深思。

进一步思考,邓小平当年的本意,只是不能挑战中共的领导权,并不是回到毛泽东的意识形态。对此可以宽泛地理解为保证领导权的底线和发展市场经济,也就是新权威主义和市场经济关系的问题。

如果把毛泽东时代的意识形态和市场经济对接,矛盾就会越来越多,越来越难以调和,但如果只是讲领导权的底线和市场经济对接,就简单多了。经过三十多年的发展,我们要慢慢进入自觉的阶段,所以我个人觉得《中国社会报》发表的访谈虽然没有什么学术意义和价值,但是它还是提出了方法论的视角,就是如何从中西方的关系来认识中国道路的问题。讲中国道路,离不开中西方的关系问题,毛泽东在《论人民民主专政》里讲道:帝国主义侵略打破了中国人学西方的迷梦,为什么先生、老师侵略学生? 中国向西方学了不少,但是行不通。他当时已经注意到了这是中国的特殊性问题。西方曾经是中国,包括其他非西方国家的学习对象,所以他叫先生,先生和学生的关系是不能颠倒的。但是在民族国家的关系层面上,是先生打学生,这是一种不平等的关系。中西方关系的复杂性就在这里,中国一开始学西方,但是学习的好意换来的是他的侵略、掠夺,形成了先生打学生这样一种不平等的关系,所以一方面要学习他,另一方面却跟他处在长期的对抗的关系里面。在20世纪,中国对西方由相信变成了不相信,走向了对抗。所谓相信是指1840年以后中国人看到了西方文明的力量,相信他,学习他,这是世界历史的支配作用。所谓不相信是西方对中国的不平等关系,包括后来爆发了俄国十月革命,俄国人不止在观念上影响中国,而且非常有效地策动了中国的革命,俄国对中国20世纪的道路影响非常深刻。

许　明:讨论开局非常好,提问也非常好,即如何从中国和世界的关系来理解中国模式。毛泽东当年对中国与世界关系的解释,老是有资本主义、帝国主义侵略和反侵略这样的问题。

西方文明对东方来讲不仅是侵略性文明,也是传播性文明。这里面学习和反抗的关系怎么解读? 解决得好不好? 是不是影响我们对中国模式的理解? 我认为在20世纪我们犯的一系列错误当中有这个因素在里面,就是我们对挨老师打这一面比较重视,但是向老师学习的一面,也就是现代性的扩张一面,对它的合理性的解读可能是片面性的。

黄力之:我接着再讲两个事实。一个是20世纪70年代末到80年代初,邓小平坐在日本的新干线上讲:我知道什么叫现代化了。他的意思是说我看到了现代化。

现代化不仅仅是一种理论,也是一种现实。要现代化就要学这个。所以他接下来讲三个面向,面向世界,面向未来,面向现代化,这里要重新学习的意思非常清楚。第二,关于对抗,邓小平有新的表示。1981 年 1 月 4 日邓小平对美国人讲:美国有一些观点认为中国政府相信的意识形态,是要摧毁像美国这样的政府,这不是 80 年代的观点,也不是 70 年代的,而是 60 年代以前的观点。他的意思是我现在不是这么想的了。

张 雄:中国道路问题越来越需要理性的反思,有两个方面的原因,一方面是中国改革开放三十五年来积累了很多成功的经验和某些缺憾的教训,我们国人有了对道路的思考,当然也关涉对中国精神、中国的发展模式等问题的思考,这是很有必要的。另一方面西方世界对中国道路的发展,他们的评价由否定、怀疑转向了深入研究。美国有人做了民意调查,结果显示大多数美国人更愿意跟中国人交往,这和以前比,发生了很大的变化。

由西方后现代主义对现代性发问,构成了对人类发展观念的深刻反思,这种反思首先包含着西方从近代化到现代化这样的发展道路,包括它的发展理念、发展观和发展模式,当然这里面更多的是问题式的思考和问题式的批判。中国这三十五年走的路坎坎坷坷,但是总体上是上升趋势,引起了西方世界的关注,这是中国道路讨论少不了的背景前提。

反思道路问题,首先要搞清楚道路的本质寓意是什么。自然科学探讨路径,社会科学在反思道路,历史哲学也在寻找道路,道路究竟是什么? 一个社会通过自身的历史变迁所形成的一种个性化的实践特征和它的精神路标,一旦被历史塑形,被时空放大,被特定文化所定义,被一种宏大叙事所证明,它的道路意识便有了存在的诉求。所以,作为反思对象的中国道路,它的本质寓意应该是历史普遍性与历史特殊性的辩证关系的回答,是中国发展个性内涵的确认。

特别值得提出的是,道路问题的提出反映了现代性发育的特质,这一点在国内学术界没有这么深刻地被认识。我感觉到道路问题的存在,正是一个国家、一个民族、一个地区,在现代性发育的特殊阶段才出现的,不可能是永久性的问题。道路问题最早是因英国工业革命所带来的历史巨大变革,尤其是通过殖民而获得的财富效应而彰显,它使得一种崭新的文明范式在西欧备受关注。所以物质的流转,乃至精神的流动的方向,逐渐形成了以英国为中心的特定的发展模式和英国道路符号的显现。在这样的背景下,我认为第一个对道路问题进行反思的国家应该是德国。当前对道路问题的讨论,实际上是直接关切现代性的发育,现代化的路径选择等问题而提出的。

当时德国倍感现代性发育的沉重压力,在英国资本强势的运动空间里,德国人感到如果成为英国资本发展的附属国家,德国不仅不能发展,而且会永远落后。所以在那个背景下,大批德国的思想理论精英深刻地反思德国发展的道路问题,最典型的首先是著名的经济学家李斯特,他提出了德国道路,甚至提到了德国的民族精神、德国发展的模式等一系列重要的带有政治经济学批判的深刻问题。

许　明: 在马克思的论述当中,德国、俄国、中国,这是一连串的比较落后的发展范式。德国模式很少有人关注。

张　雄: 紧随其后的是马克思。马克思从历史哲学的高度与深度,既解析了德国思辨哲学革命对德国现代性发育的影响,更从历史发展的宏大尺度,尤其是他晚年对历史非常态进化的研究与构想,深刻地阐述了世界发展呈现多元、异质的规律学说,同时也解构了西方文明中心论的理论模式,从而助推了德国以及整个西方近代历史上现代性发育的快速成长,也使得世界历史进入了多种道路、多种发展模式的时代。我们从这里可以看出,关于发展道路的思考乃是民族或国家自我意识的觉醒。我们中国为什么现在热衷于讨论道路的问题,而美国等国家并没有发动相关的讨论,这实际上就是代表一个民族和一个国家对自身发展问题的敏感,由此而生发的民族自我意识的觉醒,这种觉醒表现在两个方面:一是发展的差距感。如何自觉地把本民族历史融入世界历史进程中。由差距导致自觉奋进,如古人曰:忧患兴邦。这是自我意识觉醒的一个表现。

二是发展的主体意识。要在快速吸纳世界先进生产力的同时,不丧失本民族发展的主动权,这才是构成对道路意识问题有焦灼感的关键。当今一些发达国家已经完成了现代性发育的全过程,它们有着强大的资本实力和文化张力,美国这些国家已不需要把发展道路问题作为一门显学来加以讨论,它的道路就在那里,不需要做大量文字上的讨论,它们不把自身发展道路问题当作自身可焦虑的问题,而热衷于关注如何让别国去复制它们的道路和模式,以便于在对全球发展资源的掌控中始终获得主动权。

当下中国强化发展道路意识的必要性,我以为主要表现在三个方面。一是国家在不断扩大开放的过程中,国人担心过分地借鉴、仿照西方发达国家的模式和经验,会导致民族自信的丧失。问题恰恰是出在这里,即为什么我们要固守道路意识的概念?因为在经验的、感性的、实体的变化社会里,实际的脚步往往不听理性的招呼,现实的运动极易被市场看不见的手所牵引,而实际上,中国社会进步的确保,必须要有精神的自觉提示和观照。扛什么旗,走什么路,对于中国人来说是必须搞清楚的道理。二是中国深度发育现代性,必然关涉中国道路问题,因为现代性的实质就是工业符号,工业主义精神,工业哲学的彰显,它有可能诱导中国重蹈西方工业革命之路。而中国唯有按照中国人自己所锤炼的具有中国特色的工业主义发展范式走下去,国家才有希望。所以在这个意义上,中国人一定要讨论道路问题,防止走到西方历史上的老路上。三是中国社会主义制度的创新,决定中国当下的发展必须要有极为清晰的道路设计和发展模式的定位。因为中国今天搞的现代化不能完全复制西方资本主义发展的那套路径,一定要坚守社会主义制度的内涵,正因为这一点,所以它对道路问题非常敏感,要保持清晰的道路设计和发展模式的属性与定位。

许　明:好,这一段非常清晰,对发展道路意识的必要性的阐述让人很受启发。马上有一个问题,中国这样的道路为什么一定要跟马克思主义相关? 为什么一定要跟社会主义相关?

张　雄:我觉得马克思整个的一套思想在现代性的诊断和批判的概念上是最具有特色的,最能够体现出历史哲学的宏大尺度,他不是站在西方模式的基点上来回答问题的。

许　明:那么韩国、日本、新加坡,包括现在正在走向西方模式的后发展国家,它们不经过马克思主义,不经过社会主义阶段,不是也走向了现代性的发育吗?

张　雄:对。

黄力之:还是有一些偶然性在里面,马克思主义从西方传过来以后,它对整个世界所有的国家传播都是平等的,影响是均等的。

张　雄:不是说全球听了马克思的话现代性就发育了,就走得很顺,而是马克思深刻地揭示、批判解读了西方现代性发展规律性的问题。

我建议应该谈一谈马克思主义跟中国道路的关系,偶然在什么地方,必然在什么地方,他们两个谈的都是中国道路的必然性的问题。

许　明:张雄教授刚才整个阐释的是普遍性的现代性的道路,这里都是有问题的,因为这样的阐述也适合其他国家,适合中国,也适合韩国。

张　雄:讨论中国道路问题,尤其对道路问题的敏感和意识觉醒,它有一个重大的背景前提,就是一个国家从传统性的社会向现代社会发育。像我刚才讲的,历史上为什么德国对英国有一个道路问题的焦灼,就是因为有现代性发育的背景,所以道路问题的讨论一定要聚焦在现代性发育的背景上。

陈学明：为什么现在如此热衷于讨论中国道路？我认为主要是为了增强道路的自信心，这也说明现在大家不很自信，正因为不自信了才提出一个自信的问题。为什么不自信呢？我认为首先不是一个认识问题，而是一个立场问题。回顾三十年来中国的变化，无论是横向比较还是纵向看，可以说是成功了，所取得的成就不仅有目共睹，而且前所未有。如果真正面对事实的话，那么还有什么理由对这一道路产生怀疑呢？还有什么理由不继续沿着这一道路走下去呢？还有什么理由对中国的未来如此悲观呢？

许　明：悲观的表现包括移民，转移资本。

陈学明：这里边确实有一个立场问题。一些人脑海里还是"月亮还是西方的圆"，总希望中国完全按照西方的路子走，总按照西方的标准来评判中国。这样，因为中国走的是一条与西方有别的道路，因为中国道路前面还有"中国特色社会主义"这一修饰词，就百般不满，横看不是，竖看不对，总是用批判性否定性思维来对待中国道路。对这些人来说，只要中国没有被完全纳入西方资本主义的怀抱，哪怕做得再好，也只能是一个被批判、嘲讽的对象。所以，现在我们评论中国道路，首先要回答的一个问题是，至今中国走这样一条道路，从总体上看是走对了，还是走错了。而要正确回答这样一个问题，回答者当然必须具有正确的评判标准。头脑中的价值标准迥然不同，面对同样的事实，也会得出完全不同的结论。而价值标准又是与其所持的立场紧密联系在一起的。所以今天我们讨论中国道路的是与非，要看与什么人在一起讨论，与所持立场、价值标准基本相同的学者一起讨论，跟与所持立场、价值标准完全不同的学者讨论，完全是两码事。要科学地、理性地对中国道路作出判断，真正搞清楚中国走这样一条道路成功在什么地方，何以取得了成功；在走这样一条道路的过程中出现了哪些失误，如何避免这些失误；为了把中国特色社会主义的事业推向前进，对这条道路还需要加以怎样的修正、完善和发展。

许　明：道路问题的讨论背后依托的是现代性发育，而现代性发育触及现实，触及社会各个层面，各个角落。

陈学明：刚才许老师提及的移民，转移资本，真值得我们关注。我就不相信，一个当官的，一个富豪，整天想如何把自己的子女、财产转移到国外，整天想如何有朝一日自己也到西方资本主义的"乐园"去当"寓公"，能够对中国道路有信心。我们不屑于与这样的人讨论中国道路问题。

许　明：人们反对抽烟而不反对汽车是不可理解的。抽烟会产生 $PM_{2.5}$，但是，汽车尾气对 $PM_{2.5}$ 贡献率远远超过抽烟。同理，我们只关注 GDP 而不关注更本质的"道路"问题，也是不可理解的。

陈学明：我觉得要真正认识中国道路，有必要回顾一下 20 世纪 80 年代以来的世界历史。当时苏联那种社会主义模式已失去了吸引力，急于转型的苏联和东欧国家以及急于发展的广大第三世界国家都把目光投向了"华盛顿共识"。所谓"华盛顿共识"是西方新古典经济学家为转轨国家制定的改革政策，"华盛顿共识"实际上就是一条新自由主义的道路，以民主政府加市场经济为主要内容。始于 20 世纪的拉美国家的声势浩大的经济改革运动，实际上也是在"华盛顿共识"的推动下的新自由主义运动。卷入这场改革运动的一些拉美国家按照自由主义的教科书大刀阔斧地开放市场，并把企业单位和事业单位都进行了彻底的私有化，如有些人所说的那样"把整个国家都卖光了"，于是这些国家失去了对经济命脉与整个社会应有的管理和控制，最终爆发了政治、经济和社会的全面危机。苏联和东欧国家的激进改革与"休克疗法"带来的社会经济大倒退、拉丁美洲国家成为世界经济的"重灾区"以及亚洲金融危机，是"华盛顿共识"的三大失败。与这三大失败相伴随的是"华盛顿共识"影响力的一路下滑。而正当一些国家按照"华盛顿共识"实施激进改革之时，中国却没有完全跟在"华盛顿共识"后面亦步亦趋。中国也在进行改革，但我们的改革是"渐进的改革"，中国正是通过这种"渐进的改革"开辟了自己的发展道路。中国人民对道路的选择没有采取非此即彼的态度，也就是说，中国没有在告别了苏联模式之后就去选择"华盛顿共识"，而是努力开创自己的发展模式，与完全按照"华盛顿共识"行事的国家形成鲜明的对照。没有跟在"华盛顿共识"后面亦步亦趋的中国获得了巨大的成功。中国人民在没有完全接受西方发展模式的前提下，通过对西方经验自主的、创造性的消化和吸收，找到了一条适合自己的发展道路。20 世纪 80 年代以后，第三世界国家如南美、拉美，它们基本上都是按照西方模式，按照西方自由主义的经济模式来发展。而中国走另外的道路，坚持在共产党领导下组织社会资源建设国家，推进现代化。这两条道路哪条成功哪条失败实际上很清楚。对 20 世纪 80 年代以来的这一段当代世界历史，我们千万不能遗忘。这是增加对中国道路的自信心的宝贵资源。应该说中国道路产生的效果已经非常清楚了，现在是我们愿意不愿意，敢不敢于承认中国道路的成功的问题。

许　明：你这个话说到点子上了。

陈学明：承认中国道路成功，就意味着对西方自由主义的否定，意味着对人类追求现代化的另一种模式的承认。

许　明：你的问题是合理的，但是答案不一定合理，这个答案正是很多人都质疑的问题。对中国道路的自信，对中国道路的认可，对中国道路所有的核心元素——中国共产党领导，社会主义制度，马克思主义指导，对市场经济等的肯定，是我们区别于西方国家现代性和发育的重要标志，那么为什么有那么多聪明的人，那么多理论家对中国道路还打了一个大问号？

陈学明：因为这些人渗透了资本主义的偏见。对你所说的中国道路的基本要素，包括中国共产党领导、社会主义制度、马克思主义制度、市场经济等，他们可能认可市场经济，但对其他要素，他们是不会认可的，也不可能认可。有些人把中国道路简单地概括为"威权主义加市场经济"。"社会主义市场经济"是一个完整的表述，这一表述确切地反映了中国道路的特征与内涵。不是如有些人所说的那样，市场经济前加上社会主义这一限制词是出于策略考虑而加上去的，早晚要去掉的。去掉了就不是中国道路了，而完全是西方道路了。

黄力之：问题就在这里。

张　雄：用自由主义讲中国道路不行，但是我们自己现在还要把市场经济性作用往前推。不是说走到这里就行了，而是还要往前走。

陈学明：不要忘记是在中国共产党的领导下把市场经济往前推。中国共产党没有放弃领导，是在中国共产党的主导下全面深化改革。《关于全面深化改革若干重大问题的决定》是中共中央的决定，是中共中央全会通过的决定。在这个《决定》中讲得十分清楚，全面深化改革的目标是完善和发展中国特色社会主义制度，推进国家治理体系和治理能力现代化。

黄力之：中国特色社会主义道路有个分阶段前进的问题。

张　雄：有人觉得中国共产党承认市场配置起决定作用，好像已经是往自由主义的经济套路上走了。我觉得要具体问题具体对待，不是说强调决定性作用，就必然是自由主义，我觉得这个决定性作用是有一系列的约束条件的。

陈学明：美国金融危机以来，全球对市场监管不到位的问题越来越凸显，我们看到一方面越来越放开，另一方面监管也越来越严格了。把市场该承担的交给市场，而政府应当承担的也坚决承担下来。在一种倾向盛行的时候，要注意被掩盖着的另一种倾向。实践证明，在中国确实存在着自由主义的思想基础，一种政策来了，中国要进一步推进改革开放,一些人千方百计对这种政策、这种推进往自由主义方向去说,去靠。"左"派这样做是为了把这种政策、这种推进解释成自由主义后再加以反对,右派这样做为的是让这一政策纳入自己的轨道,即西方自由主义的轨道。

张　雄:西方学者也在反思,所谓市场的决定性作用,它的范围和边界究竟是什么? 中国现在已经提出这个新的问题,并不意味着我们走上新自由主义这条路了。

许　明:还有政府发挥更好的作用问题。

陈学明:我下面还要讲。我先提出问题来。

张　雄:现在对你的结论,包括我说的质疑,有两种观点,一种是全部成功,应该总结经验,总结模式然后推广,还有一种观点就是中国道路过去是试探性的,实验性的,甚至是具有危险性的,有可能走到另外一个方向的发展道路上。我现在也讲点感性的,在这个体制下出现了相当数量的贪污腐败。这种情况是不是你讲的中国道路的必然的伴随品,还是偶然的? 如果是必然的,必须进行反思,必须考虑现代性扩张当中产生东方的问题,我们必须回答这个问题。尤其是邓小平同志20世纪80年代所指出的,我们党对封建主义残余的影响估计不足的问题。

张维为:我来回答腐败的问题。没有一个大国或地区在迅速崛起的时候,在财富爆发性增长的时候,可以避免腐败问题,这是一个事实。我们先从经验层面来看,美国、英国、法国都是这样,主要是对财富爆发性增长的监管跟不上。以为采取西方的模式就可以解决腐败问题是天大的笑话,这在经验上也不成立。最典型的就是"四小龙",现在两个"小龙"(中国台湾地区和韩国)明显采用西方的模式,另外两个"小龙"(中国香港地区和新加坡)没有采用西方一人一票的模式,结果腐败谁最严重,当然是前者严重,严重得多。那么这是从经验层面来说,当然理论上也可以说明。

下面我来讲讲中国的道路问题,我一直是属于有道路自信的,不是一般的自信,是超级的自信。所以说你们找我搞一次辩论我都愿意,可以理性对话,理性地进行辩论。

自信的一个基本的前提是在国际横向比较中的成功。中国过去三十五年的成功,超过其他所有发展中国家综合的成绩。在消除贫困方面,世界脱贫的80%是在中国实现的,超过所有其他的转型经济国家成绩的总和。转型经济国家的整个经济到现在为止没有恢复到苏联解体前的水平,以中亚五国为例,俄罗斯可能刚刚超过没有多少时间,我们前三十年就是18倍,这是指GDP,当然还有其他的指标。另外就是跟发达国家比较,我在西方生活了二十多年,我对国内知识界的不自信很不理解,特别是在上海,我发现很多地方我们走在了人家前面,瑞士住房自有率只有上海的一半。

今天对西方模式也好,其他模式也好,我都是平视的,而不是仰视。回到许明前面讲的问题,为什么这么多聪明的人都在质疑我们这个制度和模式,我有一个解释。那次在清华大学,学生问我的时候,我说我是这样看的。你问一下我们的军队,它有底气,因为这支军队打败过西方。而我们知识界从五四以来没有真正打败过西方,它自信不起来。现在对中国模式比较看好的往往是一批在国外待了很长时间,十年、二十年以上的人,他们觉得或多或少跟西方打了一个平手,不害怕。西方媒体也好,知识界也好,对政府的批判很厉害,但是都不挑战它的制度底线,我们现在的问题是挑战制度底线。

西方通过100年、200年的磨合之后,知识界、媒体都已经接受它的制度安排,在这个制度安排里面它知道什么是政治,比如说讲到中国好,讲到一定地步就不能讲了,我的文章《纽约时报》有时候也发,发我的文章边上还要发一篇《中国可能即将崩溃》,政治节奏它掌握得很好。我自己成立了中国模式研究中心,也公开提出了研究的思路。在十年内,当我们中国经济总量超过美国的时候(如果按照胡鞍钢的计算现在已经超过了,从 GDP 购买力平价上计算很可能真的是这样),中国自己的话语权也建立起来了,我把这叫做"四足鼎立"的话语,一个是官方的话语,另外一个是民间的、学术的和国际化的话语,这个话语可以进行国际沟通的。我侧重点是做后面的三个方面,即民间的、学术的、国际化的话语。

这里就有前面提到的权威主义的观点。为什么我跟陈学明一样不太赞成这个观点? 是因为它认为目标还是西方的模式,而我们长期在西方生活过,感觉到西方的制度问题太多了,怎么跟中国模式竞争? 比方说纽约怎么跟上海竞争。我在 2013 年 9 月去考察了一次,这个城市明显地方方面面都在退化。两年半前,我就跟福山讨论过这个问题,我举了个例子,我说 1791 年英国的大臣到中国来朝拜乾隆皇帝,乾隆说我们一切都好,不需要你来。这就是中国当时的现状,即代表世界最好的制度,人民富裕,国家强盛。后来我们就开始走下坡路了。我从香港地区回来在飞机上看到专家讲西方社会的大衰败,民主制度、社会法制的大衰败。他说亚当·斯密当时写他那本名著的时候,一开始就说实际上有一个非常强大的国家,但是现在变成了停滞不前的国家,他就讲中国为什么停滞不前,然后他说不幸的是,现在西方也成为停滞不前的国家,而中国在蓬勃发展。他也意识到这一点,就是这个世界是全球化高度竞争的社会,不进则退。

现在西方世界普遍出现第三世界化的问题，美国存在很多第三世界，法国也存在很多第三世界。20世纪80年代中期的时候，我非常荣幸有机会给邓小平做过不少次的翻译，自己也在琢磨他的思想。我发觉他有一个底线，他说什么是社会主义我们没有搞清楚，我们犯了很多错误，但是他有两个底线始终没有让步，在南方谈话他也讲到的，一个是党的领导，一个是公有制占主体。我理解，这两个东西保住的话，就可以大胆地实验，只要有这两个东西在，出现什么问题都可以纠正。现在我们发现这个是对的，有党的领导至少可以保证不走苏联东欧翻船的道路，同时要维护统一性，公有制占主体，不管现在是采用什么样形式的公有制，但是有国家的资产在，贫富差距出现了，可以想办法纠正。中国用短短的五年左右的时间，已经基本实现医保全覆盖，尽管是比较低层次的，但美国现在五分之一的人口还没有医保。这两点是非常重要的社会主义因素。所以对今天的中国特色社会主义我是很自信的。现在我们称中国特色是因为比较谦虚，但是到2020年，中国经济规模超过美国的时候，或者是党的十八届三中全会的目标全部实现的时候，中国的版本就是主流的版本，越南叫越南特色社会主义社会，而中国就是主流版本的社会主义。中国现在实际上是最大的经济、政治、社会方方面面改革的实验室，同时也处在一个最激动人心的时代，所以对于理论界来讲，应该从经验层面的分析上升到理论层面，作出各种各样的解释，而不是单从一个理论概念出发。这个"理论矿藏"是不得了的，社会科学工作者应该开发出来。

许　明:你是从经验层面来讲的。我曾在中国社科院学习工作了22年，我接触的学者，持你这样观点的还真是少数，有陈学明这样观点的也是少数。你很好地分析了为什么这么多聪明的人判断世界形势、判断中国形势时，还是对中国道路产生了深深的疑虑。

张维为:精英包括知识精英和政治精英，我觉得政治精英，就是我们最高的领导人，甚至我们省一级的领导，甚至是县委书记，他们很能干，这个是最关键的。中国的成功，是因为他们走在我们知识界前面，这个也是我们知识界的悲剧，远远地落后了，实践远远超过了理论。因为在实践层面他们天天碰到大量的问题，必须处理。在过去十来年中，我大概前后近距离接触过四五十个中国的县委书记，我对他们的评价非常高。所以媒体把中国地方干部讲得一塌糊涂并不是事实。

张　雄:插一句话。对中国道路的思考要有实践性的问题，否则没有意义了。从深层次来说，为什么大量知识分子忧患，就像一个小孩子搭积木，在大人的指导下，按照规则把积木搭起来了，这时来了一个朋友的孩子一上来把它推倒了。我的意思就是，西方制度本身以资本为轴心，但是不要太相信资本可以把这个世界最后捏合起来。翻开世界历史，国际金融危机和世界经济危机最后的结局是什么，就是野蛮，狂野式的战争，人类文明向来就是北方的狂野把南方的文明抓过来，历史研究里面有很多。大家都在讲规则讲理性，突然有人出了另外一张牌。

张维为：前面也讲到，改革开放三十多年来，我们知识界特别是政治学、文学、法学、经济学，几乎是西方的话语全盘照收，教材甚至可以直接翻译过来用，不翻译过来也可以用，结果形成了一级一级考试都是一套东西，没有多少自己的思想。

陈学明：现在，尤其是知识界，即一些知识分子不自信，我觉得讨论到问题的要害了。三十多年来，我们有很多成功的地方，但是有一件事情绝对是失败了，就是思想领域的西化。邓小平在总结中国道路时曾经把忽视教育作为一项主要的教训。我认为，这里的教育是广义的，主要是指思想教育。任何政党、任何阶级都有自己的核心价值观、主流意识形态，而一旦这一政党成为执政党，这一阶级成为统治阶级，那么其核心价值观、主流意识形态必然成为这一社会占统治地位的价值观和意识形态，这种唯一性古今中外从未例外过。中国共产党的主流意识形态就是马克思主义，中国共产党作为中国的执政党，它力图使马克思主义这种意识形态在整个中国占支配地位，这是天经地义、顺理成章的。但是，实际上，在如何坚持执政党的指导思想上是出现了差错的。在马克思主义作为指导思想的"一元"地位这一问题上，本来就中国共产党而言，不可能也不应该作出什么"让步"的，不可能也不应该出现什么"共存"的臆想的，但在一些人那里，却作出了让步，甚至还产生了与其他思想"共存"的臆想，即与其他思想共同构成中国的指导思想。正是在这样一种背景下，知识分子一方面面对铺天盖地的西方思想，不断地接受这些思想的熏陶，甚至评职称等也以是否已接受西方教育作为基本条件，另一方面马克思主义在有的领域被边缘化已成为不争的事实。有些人对马克思主义充满了偏见、歧视，连平等地看待马克思主义与其他思潮，给马克思主义以一席之地，实际上也十分艰难。在这种情况下，我们一些知识分子成为主要是"西化"的知识分子，也是顺理成章的。要让这些充满自由主义偏见的知识分子，对中国道路的功过是非作出正确的评价是不可能的。这就又回到了我前面所讲的观点上去了。

许　明：北京曾流传着这样一句话，知识界跟政府没有什么关系，跟马克思主义没有什么关系。过去有西方学术背景的一批学者，他们很自信，讨论西方话语，讨论后现代，不考虑马克思主义、社会主义和主流价值。这样的环境影响了一批大学里面的和科研机关的中青年学者。张维为在国外待的时间很长，看到了国外的问题，但我们也要考虑自身的问题。我们现在存在很多严重的问题。不得不承认，一些领导干部对马克思主义都没有信念，包括有些高层和知识分子。我们确实也要反思在中国道路的探索上的种种问题。

张维为：我插一句话，中国从邓小平到现在的中央领导人，都已经讲得很清楚了，一个是马克思主义中国化，一个是邓小平讲的实事求是，这应该是理论界对马克思主义理论巨大的创新。我曾在牛津大学做过一段时间的访问学者，我从来没有看过这么多的马克思主义者，可以把马克思主义哲学做得津津有味，课上得很有吸引力。我们确实该反思要怎么做，做出一种品位，甚至让中产阶层也觉得这个东西值得看。

陈学明：讲到何以一些知识分子对中国道路如此不自信，我觉得还要做一个重要的补充说明。我们强调一些知识分子对中国道路的不自信主要是由其所持的立场，由其自由主义的偏见所造成的。这样讲是没有错。但是这并不意味着可以否定或者掩盖中国当前实际上所存在的一系列问题，以及给我们思想上所带来的严重影响。三十多年来我们取得了很多成功，但存在的问题还是严重的，有许多严重的问题希望得到解决，例如刚才张雄教授等所说的腐败问题。这些问题何以存在以及究竟如何加以解决，如果不在理论上得到合理的解释，不在实践上展示解决的希望，将严重地影响人们对中国道路的自信心。必须在解决这些问题的过程中不断地完善和开辟中国道路，与此同时，也不断地增加人们对中国道路的自信心。

许　明：上次发表的《六老谈改革》，涉及一个重大的问题，就是对传统的斯大林模式的批判和分析还不够。我们对改革开放的理论资源没有分析、清理过。一切都是马克思主义吗？是还是不是？什么是，什么不是？张维为说和西方社会比较，中国取得了巨大的发展，但是我们国内这么多聪明的人怎么就看不到发展？我们强烈地感受到解释系统讲得有问题，问题讲得不到位。

张维为：如果我们能够真正地实事求是，很多问题都是可以解释清楚的，现在我回国定居已经一年多了，之前十几年我大概每年都回来三四次，几乎四分之一的时间在国内，走了很多地方。前面谈的腐败问题，我觉得我们可以作全新的解释，某些情况下我们是有中国特色的腐败。比如说，投资者到一个地方去投资，有两种交易成本，第一种是公司与公司之间的，上下游、物流，等等。第二种交易成本就是公司跟非公司间的，在这方面中西方差别巨大。中国经济之所以增长这么快，跟第二类交易成本比较低有关系。投资者到中国投资的时候，主要是找政府，特别是地方政府，而在国外是找中介机构,所谓中介机构就是律师事务所,会计师事务所,游说组织。在中国,比如说昆山,它的腐败是零,第二类成本会非常低,低到投资者和书记加上几个局长座谈一次,吃个饭,项目就谈下来了。当然这是推到极端。而据西方学者计算,在美国这个成本要占到投资的40%。我们在国外都用过会计师事务所、律师事务所,都接触过游说组织。这叫做合法化的腐败,他看着表,一个小时收你500美元,是合法化的。这就不对称了,在中国这样就叫做腐败,因为有官员参与。这当中还有一个工资的问题。我们县委书记的工资不如他们公司秘书的工资高,结果高层还不承认这些人的贡献,操作上他可能是违规,犯错误了,但是事情还是做出来了。西方律师事务所、游说组织,合法化的腐败都是清廉干净的。也许我们下一步改革的重要方法不是学西方全用社会中介的方法,而是把我们政府系统里边从事经济、法律等和顶层设计有关的,作为专门的类别把他的工资提高,因为在中国传统文化里面,政府的红图章比律师事务所的章管用多了。实事求是来看,中国的很多问题都可以从这个角度考量,贫富差距也可以这样看。

吴晓明:近代以来我们的教育大体是从西方来的,从小学开始,包括语文,数学、物理学、化学、外语统统是在西方话语浸淫下的,这个非常重要,这牵涉到这套话语和中国现实的关系问题。实际上官员阶层比较了解中国的实际情况,老百姓也比较了解中国的实际情况。当然,他们实际是完全从生活当中了解的。而在学术、理论上,情形就不同了。在这方面是知识阶层的影响最大,包括理论、学术、媒体统统掌握在这部分人手里。

我觉得这里面有几方面的因素,第一个是他最基本的思维框架都是从西方学来的,以至于他不能不这样思考问题,甚至于他离开了这个框架,就不能用理论语言和学术语言来说话了,这是非常重要的一个方面,当然我们在某种程度上也需要这个方面。第二个,中国现在还处于一个非常重要的学习阶段,这一点也必须给予肯定。第三个,对于中国道路和中国现状的整体判断往往还停留在个人的和主观的层面。如果他能够把视野扩大一点,我想这个感受恐怕会非常不一样,但是你要他一下子做到这个也不容易。

所以我觉得现在的知识分子最重要的一条是要睁眼看中国,而不是停留在那一套理论体系当中,这非常重要。中国革命的时候知识分子出去学布尔什维克,学了一口流利的俄语,马恩的东西倒背如流的,苏联的经验也讲得非常好的,但是离开了十月革命的经验他几乎没法讲,无法结合中国的实际。最近我在看《聂荣臻》这个电视剧,蛮有意思的,内容就是中心城市武装起义,结果是一次次流血失败。后来毛泽东说这完全不对,中国的事情不是中心城市武装起义,而是农村包围城市。只是从这里才开始有真正的中国道路和中国经验。但现在中国的知识界依然教条主义盛行,甚至比"二十八个半布尔什维克"有过之而无不及,我非常肯定这一点。

许　明:西化的教条主义。

吴晓明:那个时候的教条来自苏联,现在的教条是从西方来的。所以严重的问题是知识分子问题,如果不睁开眼睛看中国,只是不停地批评,而建设性的东西其实是非常少的,或者他的这个建设性的东西就只是"外部反思",即把抽象原则运用到任何内容之上。

许　明:今年回国的海归是 27 万人,比去年提高 40%。

张维为:如果问美国人,过去十年、十五年你的生活变好了还是变坏了,买的房子增值了还是贬值了,其中 80% 会告诉你没有变好,可能是坏了。上个月我参加 21 世纪理事会比较会议,来了 8 个前国家元首和一些一流的学者,主题就是向东方学习取经。

鲁品越:我觉得大家的讨论可以分为两个问题,第一,什么是中国道路。这是我们要解决的核心问题,否则谈了半天等于什么都没有说;第二,就是为什么对中国道路要自信,我们不自信的原因到底是什么。我把一个大的主题分成两个小的主题,这样讨论更加集中。道路是核心,理论是为道路服务的;道路是现实,制度是道路的产物,也是道路的保证,中心还是道路。

许　明:刚刚陈学明讲,从经验出发,这个道路是基本成功的。这个观点我们没有分歧,不能说现在就是失败,也不能说是完全成功,在这个基础上我们再来考虑理论问题。毛泽东当年农村包围城市也不是靠理论,而是用很大的代价换来的,是打出来的。

鲁品越:中国道路首先必须是中国的道路,中国化的道路。这个中国化是什么意思?我觉得中国人创造了两个奇迹,第一个是当代奇迹,张维为写的《中国震撼》我看过了,我心里非常震撼。这是中国的奇迹,13 亿人取得这样的成绩是举世无双、史无前例的。另一个奇迹是中国古代的奇迹,人类文明古国有四个,但唯有中国以国家的形式存在下来,这也是历史上巨大的奇迹。所以我觉得中国梦最大的基调就是奇迹的继续,而且两个奇迹不可分离。必须把古代的奇迹继承下来,也就是中国的文化精髓,一个民族生存和发展的基础。

中华民族的生存和发展到底靠什么,人家都亡了,它为什么不亡? 这个"道"是什么? 这个"道"就是文化。我觉得中国是一个以我为主的意志永恒性文化。这是学术性语言,以我为主,不是自我,但是意志永恒。外国都是靠扩张,中国国土之大并不是靠扩张,中国是以我为主的意志扩张性文明,外国各种文化冲进来了以后,被我统统消化掉了,所以说中国文化很有包容性。中国是中央集权的,是以我为主的,这就是中国文明保存下来的原因,所以我觉得这条不能丢,这一条是中国文化的精髓,这就叫做中国的道路。我不展开讲了。此其一。

其二,中国必须加入世界经济体系当中来实现现代化的道路,封闭的道路走不通,要加入世界体系,必须接受国际资本为中心这样的全球化体系,这是中国道路的必然性决定的。关起门来自己搞,不可能出现中国奇迹。

许 明:这个观点张维为不一定赞成的,要讨论。

鲁品越:中国道路必须要加入世界经济化体系,所以邓小平实际上跟西方有一个默契,我不构成对你西方道路的颠覆,我加入你的体系中。

许 明:刚才张雄讲的现代性发育过程,中国是不可回避的。

鲁品越:我加入你体系中不构成对你的挑战,我不挑战老大的地位,这一点非常重要,国际体系是以你为主导的,我绝对不挑战你。

许 明:中国的发展和传统文化的联系,和中国与世界体系的关系,回应了张雄讲的现代性发育过程的特殊性问题。

鲁品越:矛盾的另外一个方面就是中国必须走马克思主义的社会主义道路。世界资本主义体系已经到了必须被社会主义体系取代的地步,因为马克思讲的两个条件已经具备了,第一个是生产力的高度社会化,第二个是无产阶级的极端贫困化。资本积累在西方,贫困积累在第三世界,两个条件都具备了,但是这两个条件分离了。关于这个命题,我写了一本书,把自己的观点提出来。

许 明:张维为你同意这个观点吗? 在资本主义的体系当中,无产阶级的极端贫困化已经到零点了。

张维为:邓小平走了一步险棋,对外开放只在为数不多的国家取得成功,中国是一个特例,更多的情况是第三世界开放之后就被西方一个超级跨国公司干掉,所以贫困化在整个第三世界比比皆是。

鲁品越:我总结一下,中国道路有三大特征,第一,必须是中国古代文明的继续。第二,中国必须全球化,加入世界经济体系中,不能单独扩张。第三,正因为中国加入世界经济体系中,世界经济体系迫使中国必须走社会主义道路。

陈学明: 上午我们实际上集中议论了什么是中国道路,为什么部分学者对中国道路不自信。我认为这一问题搞清楚了,就有可能解开当前许多人头脑里的一个困惑:为什么中国在共产党的领导下取得这么大的成绩,但是对共产党的认可度并没有按正比提高?原因究竟何在?面对人们的不满情绪,特别在一部分人中日益强烈的不满情绪,执政党当然要反思,要检讨自身哪些地方做得不够好,比如说政治体制的改革、市场经济的推进、民主政治的建设没有完全深入展开,等等。但仅仅这样做就能解决一些人的不满情绪吗?显然不能。执政党推进这些应当说是有底线的,构成中国道路的一些基本元素是不可能消解掉的。而一些人就是要执政党冲破底线,消解中国道路的一些基本元素,不达到这一步,他们总是不满意的。从这一意义上讲,要增强对中国道路自信,并不只是迎合一些人的要求,按照他们的口味去推进所谓的改革。需要和应当做的事情还有很多很多。这里我再提及一下评判标准,即必须符合广大人民群众的利益,必须与执政党的指导思想、核心价值观联系在一起,必须正确而又清晰,必须深入人心。如果评判标准混乱、模糊,就有可能导致是非颠倒,使真正与中国道路一条心的受到排斥,受到各种压力;而对那些企图从根基上要动摇这一道路的却奉为上宾。现在知识界一些人强调执政党对各种思想观点都应包容,但包容不是不讲是非。

张　雄: 作为知识分子,我对中国道路是看好的。但同时又有一些忧患,所谓忧患并不是本质上否定掉,而是要抓住问题进行诊断。中国的问题有四个方面的难点,第一是顶层设计的难点,中国的道路怎么走,少不了顶层设计,既要站在传统与现实的经验教训中规划未来,又要强调在实践中摸着石头前进。具体的历史实践总是在不断地修整我们的理念模式乃至顶层设计。我举个简单的例子,改革开放初期对市场经济的理解与现在的理解相比,在三十年左右的时间里有了非常大的变化。顶层设计的难处在哪里?在于它在一定程度上要根据当下预测未来,而在实践推进中,却充满种种不确定性。实践确实是具有活力的,马克思主义哲学强调实践的作用绝对是有道理的。

中国的道路究竟是什么?我们现在还难以获得最终的思想及其文本的判断,难以拥有绝对确定的认识。在如此充满复杂性和不确定的生存时代里,中国道路的文本交代是一个不断地被体验,不断地被摸索,不断地被否定,不断地被追问,不断地被出新的一种思维程式。就像我们今天要写一部中国的市场经济学的读本教材,写不出来,为什么? 实践尚未成熟。

许 明:张雄和你们两位的发言对事实的经验判断有细微的差异,或者是重要的差异,我希望在讨论当中展开。刚才他讲的就是一个不确定性,马上出现了一些问题,它不可能让很多中间派的知识分子产生那么高的自信,像诸位这样,认为中国道路就是好,中国道路就是对,因为现实确实是矛盾重重。这样的情况你们有什么高见?

张维为:对中国过去三十多年的实践要有一个宏观的总体判断,这个判断不光是经验层面的,还包括数据层面的。我通过能够收集到的所有的民调,包括美国皮尤研究中心的、哥伦比亚大学的、台湾大学的以及袁岳零点公司的民调,得到两点共识,第一点,中国的老百姓是世界上最乐观的对象,过去十年一贯是这样的。第二点,中国中央政府的威望是全世界最高的。实际上这就是很好的解释。所以,说中国要崩溃荒谬之极。我在海外生活时间相对比较多,碰到的问题也比较尖锐,党的十八大之前BBC 记者采访我,第一个问题就是,张教授你认为中国还有十八大吗? 我说你好好地反思一下,你们对中国做了这么多的政治预测,我几乎想不到哪个是真正做对的。你要研究中国的历史,中国是 4 000 年的"朝代"史,信心是建立在这个基础上的,大势根本改变不了。今天中国的崛起是初级阶段,更精彩的部分在后面。

所有的问题,比如腐败问题,贫富差别问题,地区差距问题,教育问题,人们都可以进行横向、纵向的国际比较,比较之后这个信心是非常扎实的。我认为中国现在就敢跟美国的制度竞争。对此我一点都不害怕,美国的民调我全有的,中国老百姓对未来的乐观程度是 80%以上,最低的时候 75%,美国基本上在 25%—35%。所以我主张一定要自信,对中国道路不自信是很不正常的。作为知识分子,对各种问题进行研究,进行反思都是对的,但是总体上这个自信是应该有的。

许 明:我插一句,把问题摆在科学理性的范式上加以思考,在这个过程包含肯定性的思维和否定性的思维,会产生一个综合判断。你不能说知识分子进行否定思维的时候他没有肯定思维,那是不对的。黑格尔说过纯粹的善和纯粹的恶都是不存在的,不应当的。我再提一个问题,三个月前,我参加了中央党校的关于政治体制改革的研讨会,北京的关于政治学体制改革方面重要的专家都去了,包括中央党校的一些部主任,这些人肯定是拥护中国共产党的,也对中国的现实情况很了解,但是他们表达的情绪是深深的忧虑,同时还认为中国面临十字路口,改革必须马上进行。我觉得这可以供我们作为重要的参考,过度悲观与过度乐观都不可取。

张　雄:说到数据,我想要知道中国的数据是怎么出来的,国外有关中国的数据是怎么出来的?

张维为:迄今为止我看到的最详尽的数据,一个是零点公司,一个是皮尤研究中心,我看到 2011 年它在中国 11 个省做的民调。如果你要说这还不能代表全国,那也没有办法。

鲁品越:为什么对中国道路没有信心? 其实并不是对过去的总结,而是因为对未来的担心,未来有很多不确定性,搞不懂中国道路是资本主义道路,还是马克思主义道路。

吴晓明:张维为现在比较关注经验层面,我觉得恐怕理论上也要探讨这个问题,因为一样的材料和数字,不同的人用不同的意识形态框架来使用,结论也会不同。最近我写了一篇关于马克思历史道路理论及其具体化纲领的文章,这篇文章特别强调的是:无论是黑格尔的历史哲学,还是马克思的历史道路理论都包含着最坚决的具体化纲领。1843 年德国是落后的,英国和法国都进行了政治革命,但马克思从来都没有认为德国会走英法的道路,德国道路的可能性在于它走英法道路的不可能性。

我认为中国道路的关键之处是两点,第一是中国特色,第二是社会主义。刚才老鲁讲的观点我在某种程度上是赞同的,因为它有中国特色,有中国的文化传统。第二是社会主义定向,这一点就非常重要,是跟马克思主义相联系的一个核心的东西,因为它是从中国的社会现实中展开的。从这一点上来讲,我不太同意黄力之的观点,我不认为中国选择马克思主义是偶然的。

中国的现代化是几代人的要求,因为落后就要挨打,所以要富民强国。"落后就要挨打"意味着现代文明是一种粗野的文明,你落后我就打你,是没有公理的。外界的压迫使得中国要实现现代化,但为了实现现代化必须经历一场社会革命,从而为现代化奠定基础。这个社会革命一开始是采取改良的方式,后来又采取革命的方式,最后则获得了新民主主义和社会主义的定向。就此而言,费正清说得对:美国的自由主义和中国革命不可能并行不悖,中国革命所需要的不是杜威的教义而是某种别的东西。这意味着马克思主义在中国的根本性意义,也就是说马克思主义对中国革命具有决定性意义,它必然采取一个社会主义定向。这个定向是非常根本的,否则它无法完成社会革命,来为现代化事业奠基。

张维为:西方的思想主要是三个缺陷。一是假设人是理性的,经过认真考虑投出庄重的一票不可能,人只能是越来越理性。二是假设人的权利是绝对的。实际上中国人的观点是对的,权利不一定要平等,否则社会是无法维持下去的。三是成绩是万民的。中国从来不这么考虑,治国必须考虑人才,要有经验、有精力才能治理。这三个缺陷使西方走下坡路。美国的政治改革比中国还要迫切,只是有些人意识到了,有些人没有意识到。我们现在要关注中国,中国现在是第二,名副其实的世界第二大经济体。第二是不好当的,过去苏联是第二,被美国扳倒了;日本是第二,也被美国扳倒了。毫无疑问,现在美国也希望扳倒中国。但我们不能害怕,我们走改革开放的险棋走赢了。意识形态也一样,走险棋没有关系。西方思想大量进入中国之后,甚至党校很多学者都认为只有西方能够代表人类未来,不进行政治改革就是死路一条。这都是有待探讨和辩论的。

比如说政治体制比较,你的制度叫选举,我的叫选拔加选举;你这个社会模式叫社会与国家对抗,我这个叫社会与国家良性互动;你这个经济模式叫"华盛顿共识",我这个经济模式叫社会主义市场经济,或者叫混合经济。我们来竞争,看看哪个厉害。我们现在老是用阶段论,认为我们还没有到西方的这个阶段,这种弱势话语我从来不用。

许 明:这个是要害,很多人把整个西方的发展阶段作为一个高级阶段。

张维为:我刚从香港回来,他们请我们去做香港学术界的工作。我说香港不要搞一人一票直选,否则两种结局,一个是从希望到失望,另一个是从希望到绝望,找不到例外。他们问怎么看台湾,我说台湾已经是从希望到失望,这个是台湾大部分老百姓承认的,下一步从希望到更大的失望。我这个判断不会错,我去了八次台湾考证过。

这十年来,中国经济已成为世界上最大的经济体,不是从 GDP 来讲,而是从中国中产阶层的人数上来说。所谓中产阶层,我用的是美国的标准,就是一份稳定的工作加一套产权房,在任何一个西方国家里,拥有一套产权房的肯定称得上中产阶层,否则是拿不到贷款的。而我们中国人要求高,一套房子算什么。在西方国家,35 岁之前有自己的房子是不可思议的事情。到中国的经济规模超过美国的时候,西方国家还能不承认我们的社会主义制度,不承认中国模式,不承认 1949 年的革命,不承认共产党的作用吗?不承认也要承认,否则你无法解释中国巨大的成功。这是有史以来最大的成功,现在我就不在乎你承认不承认,为什么要你承认?到那时候我根本不需要你承认,反过来我承认不承认你都是问题。最富的 100 个中国人不可能左右中国的决策层,最富的 100 个美国人可以左右白宫,这就是两种政治制度根本的差别,所以导致美国梦无法实现。

许　明:辩论的对象不能是彻底的右派,应该是体制内的改革派。大部分中间派并不是要推翻共产党、否定社会主义和抛弃马克思主义的,对此千万要注意。这些人对目前体制的批评,对社会改革的批评和反思,甚至对政治体制改革的要求,都有一定的合理性。你跟他们对话,要考虑他们的合理性在哪里,或者是不合理性在哪里。

张　雄:最大的区别在于,一个是依照三十五年来,甚至是上百年、上千年来中国发展的成果,还有一个是站在中国下一步发展所要面对的问题上。这个要区别开来,我们今天不是要证明三十五年来都是好上加好,这个无济于理论问题的讨论。

张维为:这个区分两者是能够合拍的,但问题是,一个是你前面讲的三十五年,甚至是上百年、上千年的发展,另外一个就是你这个东西跟西方不一样,所以你错了。问题的实质在这里。

许　明:重点并不是跟西方不一样,而是说跟苏联是一样的,弊端上是跟苏联模式一样,跟斯大林是一样的。所以要有改革开拓,要创新,要做得更好。这也是一种代表性的观点,而且我认为知识界中间派的观点就是这个立场。

张　雄:我刚才讲是回答现实问题和未来怎么走。我觉得要相信现代知识分子有考量问题的一种方法,不能以为别人都是荒谬的。

许　明:我同意。

张　雄:不能太简单化了,人家也有人家的知识构造原理。

许　明:关于中国道路跟马克思主义的关系,上午有几个人的观念不太一样。关于中国道路的合理性,张维为与张雄的讲法有点差异。张维为讲中国取得了巨大的成就,从横向比较、数量比较上看,中国道路是完全成功的,这是第一。第二,成功的要素是共产党和社会主义,当然还有市场经济。这样有人就会发问了:中国为什么一定要选择这条道路? 中国的现代新道路没有其他属性吗,叫自由主义行不行? 大家可以根据中国道路的前因后果,理论来源,理论属性,对未来的展望等理论性、基础性的问题交流一下。我提议黄力之先发言,讲一下偶然性、必然性问题。

黄力之:我觉得张维为提了一个很好的命题,就是中国知识界自五四以来从来都没有打败过西方,只是被西方打败。这个说法我是第一次听到,也蛮有意思的。但是作为中国知识分子,听了以后感觉有点不爽,可能是因为有民族主义的情绪在里面。中国人打仗军事上打赢过,大概是指抗美援朝。那么文化上,文化是软实力,为什么软实力反而打不赢呢? 近代以来,中国人在思想上、文化上的自我感觉一直是良好的,最初是认为西方的技术比我们好,但观念、形态、思想是我们比他们强,所以才有所谓中体西用这个说法。

但五四以后，人们对中国传统的东西进行了非常深刻的反省、反思，基本上就认为中国的东西不行了，所以来学西方的东西。张维为讲的被打败也是这个时候。但是这样一个过程放到刚才张雄讲到的现在性的发育中来讲，它本身就是中国现代性发育的一个必然的环节，如果不是承认中国的东西不行了，转而去学习西方，就没有现代性，也没有今天。但是到了后来，毛泽东在1949年的几篇文章，非常清晰地表达了一个意思：从五四接受了马克思主义以后，中国在文化上被人瞧不起的时代过去了。他还讲到美国国务卿艾奇逊对中国历史的理解还不如中国人民解放军的一个士兵。他认为中国被打败的时代已经过去了。

后来改革开放，邓小平出去一看，日本、美国比我们先进得多，这实际上又是一个学习西方的过程，也是现代性发育的客观进程。老鲁讲了一个很好的命题，就是中国被接纳到一个世界体系里面，但是以社会主义之身进入资本主义体系的。这跟过去不一样，中国是无条件接受这个现实的，特别是经济方面，接受了西方的游戏规则。老鲁讲了一个悖论，即中国被接纳进入这样的一个体系，但是这个体系消化不了中国这样一个超大规模的东西，当世界上所有的国家都变成资本主义体系的时候它就发展不下去了。所以就得出一个结论，中国只能搞社会主义。但中国是以社会主义身份进去，还是等发展不下去了再搞社会主义？我觉得要去研究这个问题。

20世纪中国接受马克思主义，是必然的还是偶然的？中国人并不是自己主动寻找马克思主义的，而是马克思主义顺着从西欧到俄国再到中国这样一个路径进来的，然后中国人被动地去接受它。辛亥革命以后，独裁的政府倒掉，理论上应该是民主的开端，但事实上中国进入了一个一塌糊涂的混乱状态。中国的先进分子就思考并寻找中国的出路，在寻找过程中接受了马克思主义。接受外来的东西要满足两个条件，一个是批判中国传统，这一点马克思主义能够满足；第二个就是我上午讲到的毛泽东讲的打学生的问题。中国人想学习西方，但是西方侵略中国，掠夺中国，所以中国人在接受西方思想的同时，还有一个批判西方的立场。这就像迈斯纳讲的，中国的先进知识分子最后必然接受马克思主义，20世纪中国接受马克思主义是必然。马克思主义作为共产党领导的革命运动的指导思想，最后为什么做成功了？这里面的确有很多偶然的因素。马克思主义是均等地向世界各个地方传播的，但在中国的影响特别大。为什么像印度这样的国家它不搞马克思主义，而中国却搞了马克思主义，还是有一个偶然性的东西支持的。

俄国革命成功以后,当时整个西方帝国主义对苏俄非常对抗,俄国人需要在东方寻找一个可靠的朋友,正好这个时候,中国已经发生了民主革命。辛亥革命以后,中国要寻找自己的道路。我看杨奎松的材料,他讲当时俄国人是非常主动地到中国来的。所以在20世纪整个革命过程中,一直到抗战、解放战争,共产党的发展和共产国际或苏联的支持还是有非常大的关系的。

许　明:我再提一个问题,我们现在采用的市场经济,跟马克思主义有什么关系?在马克思主义的论述当中讲到社会主义要采用市场经济吗?

陈学明:我觉得无论是党的十八大也好,十八届三中全会也好,它有一个基本的理论,就是强调我们处于社会主义初级阶段这一基本国情。在哪一个历史阶段实行什么样的政策,有它的必然性。作为社会主义的初级阶段,以市场经济作为资源配置的方式有它的必然性。当然,这个阶段是这样做的,不等于我们以后也必然这样去做。我们跟自由主义的区别在于,同样的事情,我们认为后边还有目标指向,但他认为这个是永恒的。为了做更大的事情,实现更大的目标,我们现阶段必须把这件事情做好。所以《共产党宣言》当中有一句话,共产党人不仅代表现阶段的利益,它代表整个运动的未来。这是一个区别。为什么我们要共产党领导,而不是其他党派的领导?如果说现阶段干这些事情的话,或许其他党派也可以做,但我们还有一个指向,即要实现更大的目标,这是共产党领导的合理性与合法性之所在。中国共产党领导中国人民脚踏实地为实现党的现阶段的基本纲领而不懈努力,扎扎实实地做好当下每一项工作,取得"接力赛"中当代人这一棒的优异成绩。但是,强调做好当下的工作,实现现阶段的纲领,不等于放弃远大的理想和目标。实际上,做与"社会主义初级阶段"相符合的事,有没有更崇高的指向,是不是在崇高的信仰下做这些事,精神境界是大不相同的,其结果也是大相径庭的。

许　明:一般的受过马克思主义教育的学者也好,青年学生也好,他们对马克思主义的第一印象是告别私有制,这是马克思主义旗帜性的标志。但是现在不仅有私有经济,而且提出了市场起决定性作用,实际上中国的非公有企业数量已经达到了企业总数的60%—80%。在这样的情况下,你说这是马克思主义运动,除了这个阶段论以外,还必须有别的理由。因为你讲的第一阶段是初级阶段,要搞市场经济。请问马克思主义原理的原典当中哪些部分是支持你这个说法的?

陈学明:马克思主义要不断地消灭私有制,不代表现在就消灭私有经济。现在还是保护和扩大私有经济。

许　明：马克思主义理论当中哪一点支持你这个说法？现在在共产党的领导下，在社会主义的旗帜下搞私有经济，搞市场经济，而且搞到这么大的规模，有没有理论上的渊源？

陈学明：理由多了，《共产党宣言》就讲这个问题。《共产党宣言》除了讲两个"必然"之外，同时还讲两个"决不会"。

黄力之：市场经济对生产力的推动就是一个基本理由。

陈学明：对，现在还没有达到这个更高的阶段，因此市场经济要发展。

黄力之：当你要发展生产力的时候，你必须回到这个地方。

张　雄：我觉得你这个有点牵强附会。马克思根本就没有面对一个实体意义上的社会主义。问题在这里。

黄力之：所以他也没有讲社会主义不能搞私有经济。

张　雄：社会主义超越不了马克思讲的历史过程中要经历的三个基本阶段，超越不了从人的依赖到物的依赖，对物质的依赖肯定是要以市场经济为本，承认资本跟权力之间的关系、人的异化。所以我觉得唯一的依据就是这个三段论的判断。马克思是非常深刻的。至于硬要剥离马克思主义说社会主义应该要干什么，这不好说。因为马克思没有应对一个实际意义上的社会主义，只有列宁遇到了，而且是刚刚开始。

陈学明：马克思主义是很具体的，一个是对资本主义的批判，第二个是对未来社会的宏大叙事。未来社会宏大叙事就是讲人类社会究竟走向何处，人类社会发展的目标如何。如果这两个都过时了，我们就可以告别马克思了。

张　雄：从人对人的依赖关系过渡到人对物的依赖关系，对中国来说就是从传统社会向现代社会的转型。全面告别传统的社会就是从党的十一届三中全会开始起步的。

许　明：问一个问题，这跟社会主义有什么关系呢？

张　雄：我们现在的社会跟社会主义有什么关系？以三段论来判断的话，马克思当时也没说物对物的依赖只是对资本主义。有没有？

许　明：没有。

张　雄：既然没有的话，这里面就有解释空间。因为到第二个阶段的时候，建立了现代性的发展，有个整合的过程。而我刚才说了这个现代性的发育必须经过工业化的推进。这个工业革命的沉淀就是现代性的，中国必须要走这条路。

黄力之：中国社会主义的现实与马克思主义理论之间是有差距的，因为马克思说社会主义本来就是在生产力已经发展的基础上完成的,而实际上我们的生产力并没有那么发达。

张　雄:对,在马克思主义文本里这是一个说法。

黄力之:我把这个问题放在一个总体框架里面来看。

陈学明:所以我们要理解党的领导人,一方面带领大家搞市场经济,甚至要使市场经济进入一个新的阶段,另一方面还要进行共产党理想信念教育和建设。要把这两个方面有机地结合在一起。就前者而论,表明共产党人是现实主义者,从事目前阶段能够做和应当做的事;就后者而论,表明共产党人同时又是理想主义者,在从事现阶段的工作时决不放弃对长远目标、远大理想的追求,把当前的工作与实现远大目标紧紧地结合在一起。看上去这两件事有点矛盾,但实际上却有着有机的联系,这样做是由共产党的性质所决定的。

吴晓明:比如说十月革命,列宁在那么落后的一个地方搞,按照马克思经典原理当然不行了。

黄力之:他这是只讲概念。

吴晓明:俄国的情形与西欧不同,而中国的情形又与俄国有差别。所以恐怕不能抽象地按照概念,或者是采用教条主义的方式来讨论。另一个问题就是马克思的社会主义理论,有一条是非常强硬的,也就是无论走怎样的道路,都必须现成地占有资本主义已经发展起来的文明成果。第三个就是市场和民主,到底是手段还是目的,这件事情我认为目前还没有搞清楚,往往倾向于把它当目的来看,误解非常大。甚至西方人也不认为它是目的,而是手段。要市场经济但不能要市场主义,因为市场主义很危险。作为配置资源的一种手段、一种方式,它是有效的。至于说最有效,这个事情很难讲,因为我们往往为了把它变成目的,就说它是最有效的。我的看法它是一种工具和手段。

邓小平当时也清楚地表明要把市场当作手段来用:资本主义可以用,社会主义也可以用。至于民主也是,现在很多人讲民主是目的,西方人不这么看,最明显的那句话就是民主不是最好的,但是它可以避免最坏的。这就是说它只是手段,不是目的。那么,如果就今天的中国来讨论的话,目的是什么?我认为最底线的有三条,第一条是维持中国的统一。

黄力之:这个也算是中国社会的共识。

吴晓明:第二条是社会的总体稳定。第三条是使经济和民生能够比较稳定地提高。大概这才算是目的,因此经济上和政策上采取何种方式、采取何种手段,都要适合这样一个基本目的。

许 明:我的观点是:第一,马克思主义讲了很多手段,如阶级斗争等,但是马克思主义的最基本点,跟我们现在要求的基本点是相似的,他的社会理想跟我们是相通的。跟社会主义基本理想,跟我们大同是相通的,是老百姓能接受的。第二,我们现在接受的是阶级斗争的马克思主义和告别私有制的马克思主义。但是马克思主义同时论述了要接受资本主义产生的文明,甚至是全部文明。在这一点上,我们长期以来都忽略了。第三,由于长期以来忽略,我们很多人接受的马克思主义是阶级斗争的,无产阶级专政的,继续革命的,反对私有制的,这不是全部的马克思主义,接受的是不要市场经济的遗产。这非常值得反思。在搞清楚什么是马克思主义以后,我们应该理直气壮地高举马克思主义大旗。我同意吴晓明的底线思维,这个底线思维能不能回到对马克思主义的理解上? 马克思主义有很多很多层次。

陈学明:但是仅有底线思维也不行,还要有目标思维,只有确定方向和目标才能谈马克思主义是否适用。我认为谈论中国道路问题,必然涉及这样两个层次的问题:其一,中国要实现现代化,是不是一定要跟在发达资本主义国家后面亦步亦趋,要不要走一条独特的自己的路? 其二,中国开创自己的独特的发展道路,是否还需要马克思主义的指导? 在中国道路的思想基础中,马克思主义有着什么样的地位? 这两个问题有着内在的联系,但不是一个问题。

许 明:也是两个层次的问题。

陈学明:第一个问题本身有分歧,但分歧不太大。习近平总书记讲了三个特殊,特殊的文化传统,特殊的历史使命,特殊的基本国情。决定了我们必须走适合自己的发展道路。所以还是要从我们的文化传统,我们的历史国情,我们的历史使命中寻找道路的合理性和合法性。对这一个问题,当今在中国似乎已基本上达成了"共识"。尽管还不时有人鼓噪"现代化等于西方化",千方百计要中国完全投入西方资本主义的"怀抱",但这种声音显然越来越不占上风。只是当今许多人仅仅认识到中国道路的"特殊性",没有进而领悟到中国道路的"优越性"。实际上正是中国道路的独特性,使中国的现代化有着比西方式现代化更加美好的前景。

许 明:这是第一个问题,那么第二个问题呢?

陈学明:对后一个问题,在当今中国存在着尖锐的分歧。虽然主流意识形态一再强调中国的现代化建设离不开马克思主义的指导,必须巩固马克思主义在意识形态领域的指导地位。但是实际上,许多人并不认可这一点。他们在寻找和论证中国道路的思想基础时竭尽全力"去马克思主义化",割断马克思主义与中国道路的内在联系。我认为,要正确地回答这第二个问题,同样首先需要理解中国的国情。当中华民族处于三座大山的重压之下,她的一批热血儿女苦苦地寻求民族解放的道路之际,十月革命一声炮响,给中国送来了马克思主义。以毛泽东为代表的中国共产党人把实现民族解放与实现马克思主义的崇高理想结合在一起,终于推翻了三座大山,建立了中华人民共和国。

问题在于,在今天我们是否还有必要和可能把实现民族振兴、实现现代化与追求马克思主义的理想结合在一起? 正是在这一事关中华民族的前途和命运大是大非的问题上,有一些人思想模糊了,对马克思主义的信念动摇了。开辟中国道路固然需要吸取各种各样的理论资源,但马克思主义无疑是独特的中国道路的主要理论之源。

当然要对第二个问题作出正确的回答,还有一个前提,就是必须正确地理解马克思主义。第一,我们不能把马克思主义理解为是一种启蒙主义;第二,不能把马克思主义理解为是后现代主义。当今一些人认为马克思弘扬现代性,跟启蒙思想家的思想是一致的。为了实现启蒙,当今中国必须实现个人本位的定向,个人原子化定向。这是对马克思的误解。还有一些人则认为马克思一味地否认现代性,批判现代性,对现代性全盘否定。这也是对马克思的误解。马克思既不是启蒙主义者,也不是后现代主义者。如果把马克思的思想解释为是启蒙主义或后现代主义,那么这样一种马克思主义确实是不能为当今中国道路提供什么理论资源的。实际上,正是马克思的理论,特别是马克思现代性批判理论,能为我们中国道路提供合理性和合法性的理论依据。

现在中国道路碰到这么多问题,面临很多矛盾和挑战,欲知马克思主义能否成为中国道路的理论依据,只要看一下哪一种理论可以取代马克思主义来解决这些问题,应对这些矛盾和挑战。比如说两极分化,一些自由主义者认为穷人与富人的关系是成功者和失败者的关系,两极分化是天经地义的,甚至为这个事情叫好;中国传统文化讲"安贫乐道",如果按照一些传统文化的理念来看待两极分化,那穷人只能安于现状,只能通过今生的修炼来求得来世的幸福。马克思主义从历史唯物主义来看两极分化,着眼于从生产方式来看待两极分化,从劳动与资本之间的关系来看待两极分化。只有马克思主义才能找到两极分化的真正根源之所在,并为走出两极分化找到一条现实的出路。还有第二个矛盾,即人跟自然关系的矛盾。人跟自然的关系问题究竟出现在什么地方？仅仅出现在人的思想观念上，是由于人对待自然的观念出现了问题吗？不是的。但当今国内许多非马克思主义的思潮不就是这样认为的吗？马克思主义认为还是出在生产关系上面，即还是由以利润为目的的生产方式造成的，还是出在资本逻辑的盛行上。显然，如果我们离开马克思主义这个基本的立场，就不能认清人跟自然的关系。更严重的是第三个矛盾，即人自身的精神跟物质、身与心之间的冲突。可以说在整个世界上没有一种其他理论像马克思主义这样为人类构建了一个意义世界，这个意义世界讲人的全面发展。马克思不但为解决当今人的身心对立指明了方向，而且揭示了现实的途径。片面地信奉和弘扬"经济人"观念的各种思潮，是根本无法解决当今人类的身心对立的，而只能推波助澜。我们认为马克思主义，特别是当代中国马克思主义，为破解当今中国所面临的难题所提供的理论启示，并不纯粹是一种理论展现，而完全可以转化为切实可行的现实的战略和策略。我们发自内心感觉到，马克思主义之"矢"完全可以射中当今中国现实之"的"。

张　雄：我来讲讲。我觉得最大的问题并不是社会主义道路跟马克思主义的关系，而是马克思主义究竟能否恢复到原在的图像，现在已经出现了很多解释。

许　明：如果不回到劳动资本理论，马克思主义就不存在。

张　雄：现在学术界最大的问题是确认马克思主义跟中国的关系，没有这种关系中国也确实走不到今天。但马克思主义到底是什么？我觉得做马克思主义理论研究的都应该去琢磨：什么是原在的马克思图像？这是最有价值的讨论。

今天，我们如何把握马克思主义的实质？马克思的合理性、合法性引起了不少的质疑。我们应当从历史哲学的高度，来理解马克思主义当时的贡献以及他的精神遗产。我觉得这一点非常鲜明，马克思尽管没有经历过实际意义的社会主义，但我前面讲的他的三个阶段的理论是非常深刻的。但列宁有这个经历，他一直在反思为什么共产党人要做红色资本家，要学会经营。他的理论修养非常深刻。我们不能站在今天的视角，把苏联全否定了，那是历史修正主义，我不看好。我觉得列宁在晚年对社会主义的再思考和再认识，为我们今天在发展中理解马克思主义，提供了非常重要的方法论和世界观。

许　明：对马克思主义和中国道路的解读，现在有两种稍有差异的倾向，你的倾向就是更多地汲取马克思主义现代性的理论，为市场经济和社会主义道路作指导。你讲的是要回到马克思主义的根本，用劳动资本的关系来限定，来校正，来支配现在的改革开放道路和中国特色社会主义道路的概念。这确实是当前马克思主义研究有重大分歧的两个倾向,再往下发展就是两个旗帜。那么现在我向张雄提的问题是,你这样讲是否有把马克思主义启蒙化、人性化的危险呢? 马克思主义对社会主义最重要的贡献理论过时了吗? 劳动资本理论过时了吗? 也要解释和回答。当代中国追求的是以市场经济为基础的高度的市场化,这个过程是承认私有经济。你这样讲马克思主义,与我们刚才认可的取得重大成就经济改革,或者是经济改革成就的必然性的逻辑有什么关系? 马克思主义哪一点上支持现在的政策,支持现在市场经济的大发展?

张　雄:那么我反过来问你,党的十一届三中全会上我们党对中国国情、对中国发展的观念的理解跟今天差别多大?

许　明:差别很大。

张　雄:应当承认,这次十八届三中全会某种意义上就是要解放资本,在社会主义制度下,在阳光下充分发展资本。为什么? 今天我们要真正研究领会马克思的思想,这些思想并不是马克思在他的书本里面所写下的某些关键词。马克思之所以伟大,在今天还有着重要的作用,是因为他的思想是为大多数人谋解放、谋福利写下的东西,我觉得这是最关键的。今天我们中国走的道路跟西方走的道路最大的不同,是他们整个社会制度贯通在一个资本概念里,我们整个社会制度是贯通在人民概念上的。这是最重要的。只要对人民有利,发展资本有什么不好? 不能因为西方有了资本,我们就不能有资本。这很幼稚,就像"文化大革命"时期,西方有电视我们不能有电视,认为有电视就是资产阶级的生活方式。

我觉得人要不断地解放思想,实事求是,才能把时代的话语把握住,否则一天到晚抠马克思主义的概念是没有意义的。马克思在那么多年前,写了那么多东西,而今天说他所讲的东西都是不能变的,全部都要按照他那个走,太机械了。

许　明:张雄认为进一步发展资本也可以作为一种手段,这是对马克思的一个非常重要的理解。

张　雄:说到中国的问题,最考验我们下一步实践、决定其能否成功的一个问题,也是当年马克思最忧患的问题,当社会进入了一个人对物的依赖关系的时期,如何摆脱人的异化问题。就是刚才陈学明讲的。

陈学明:因为以资本为中心是永远不会摆脱异化,永远摆脱不了对物的依赖的。

张　雄:那中国的道路能否超越这个问题呢? 随着现代性的发育,随着货币变成资本,随着神性变成俗性,西方较早进入了人对物的依赖的历史时期。我觉得,在一个货币化的生活世界里，如果中国按照特有的制度，按照马克思最本质的思想，创造出特有的道路，这是有价值的。这个问题最能够考验中国的道路最后能不能成功，因为马克思当时的忧患，是一个历史哲学的概念，历史哲学最大的特点是怎么样把局部的经济规律提升到宏大的历史进步的规律上去反思，从人的解放的角度思考社会发展问题。中国如何在这个问题上避免西方道路的痼疾？刚才陈学明讲的人跟自然关系的紧张，这是工业革命的必然，但是我们今天能不能吸取西方的教训，做得比较好一点，这考验着中国道路最后能不能显示出具有马克思主义意义上的重要价值和成果。

许　明：你刚才讲到资本的神性，如果承认它的话，那么资本的追逐利润的本性会给人的异化造成什么后果？这是否定不了的。

张　雄：但是资本对人性的解放你也不能不看到。

陈学明：我来说说。现在讨论的关键点是中国道路如何对待资本。中国共产党对资本的态度绝对不是简单地弘扬、敬畏，而是利用、驾驭。中国道路的特殊性就在于对待资本的特殊性。因为现在处于社会主义初级阶段，要搞市场经济，要配置资源，资本有着不可估量的作用。但执政党是清醒的，不可能在利用资本的同时，看不到资本跟劳动的对立。如果永远对资本采取敬畏、弘扬态度的话，马克思讲的第二阶段，对物的依赖性的阶段是永远走不出来的。中国道路的特殊性就在于对资本持一种辩证的态度，即既利用和发展，又限制，在利用、发展与限制之间保持某种张力。

张　雄：社会主义战胜资本主义不是靠文字逻辑来把它轰倒的，而是必须跟资本主义在这样一个强势的市场开展竞争，在资本实力的竞争上必须拥有优先权和主动权，否则就没有话语权。

陈学明：现在资本的概念已经发生了变化，宽泛地解释，我们叫资产了。按照马克思主义的理论，资本的本质是十分清楚的。现在把国有资产也称为资本，这个概念就比较混乱了。

鲁品越：我觉得对现代化的理解，还是我上午讲的三条，第一是中国人的传统。第二是搞现代化必须加入西方的体系。第三是必须坚持社会主义的，因为西方体系无法容纳另一个庞大的资本主义体系。中国取得了巨大成功，为什么还有这么多不自信的人？主要是因为中国道路本身是一个复杂的复合体。下一步怎么走，如果中国的成功属于中国传统文化的功劳，那么请儒家来好了，搞儒家的中国道路；如果中国成功是因为我们运用了市场，那就是自由派讲的搞市场经济化。还有一个是认为中国成功是因为坚持了社会主义道路,没有走西方的道路。到底哪一条是中国道路成功的决定因素?对此存在着矛盾的看法,导致了不同的理解。我的观点倾向陈学明。驾驭这个词虽然在中央文件没有,但一定要驾驭、导控资本。

吴晓明: 我谈一点,我觉得他们两个人的观点恐怕也不矛盾,如果我们把资本当作手段来用,我认为没有问题,既能发展生产力,同时又能够保持社会主义方向。这里面比较关键的问题有两个,一个是它的来源,另一个是它的未来。来源问题一开始我就讲了,中国革命有一个社会主义定向,但这个社会主义在每一个历史阶段的含义都是不一样的。俄国革命已经很严重地改变了马克思的某些判断,中国革命也是如此。就历史的发展来看这有一定的必然性。比如说有很多人讲国民党的失败是军事的失败,好像只是一个极偶然的失败而不是政治失败,尤其不是社会失败。这种观点的庸俗浮浅自不待言。我的看法恰好相反,国民党的失败正是政治失败,而政治失败主要是社会的失败。社会的失败意味着这样一场为现代化奠基的社会革命具有那样一种趋向。在中国当时的条件下,我认为最主要的就是土地革命,中国共产党有自己的土地纲领,这一点是非常重要的。

第二个问题就是资本未来的方向,我认为说它是作为工具和手段来使用的没有问题,在某种意义上说它起决定作用也可以,但是要明确其范围。马克思的批判划定了资本的前提和限度,这样的限度在中国很快就会达到。这个限度包括两个方面,第一个是自然的限度,它非常直观,前两年还只是蔓延河北的雾霾,现在已经到了上海,而且要在短期内将污染缩减下去,几乎是天方夜谭,只能说让它增长得慢一点,所以说自然限度会非常快达到。第二个是社会生活的限度。资本逐利的原则,又叫做"犹太本质",或者"犹太精神",也就是唯利是图。如果仅以此为原则,那么我们的社会生活很快就会陷于解体的境地。这在当今的中国已经非常严重地影响了社会生活,如食品安全问题、道德问题,等等。在一个没有救赎宗教的国家,如果仅以"犹太精神"来制定原则,会导致它快速地瓦解。这很有可能像1843年的德国,在面临现代解放之前就陷入现代崩溃的境地。这意味着我们的发展必须改弦更张,而这种改弦更张则意味着新文明类型的可能性。我认为这种文明类型是马克思在最宏观的视野当中揭示出来的,是一种新的文明类型。

鲁品越: 我接你的话,刚才许明问中国特色社会主义理论道路是否包含马克思因素。马克思我们看不到,但马克思所揭示的资本主义的客观规律,就迫使中国必须服从马克思主义。你不可能超越马克思当时所设定的资本逻辑规律。

许　明：现实验证着马克思。有三个问题，第一，吴晓明、陈学明在发言中表达的观点，就是资本是可以驾驭的。但是如果说按照党的十八届三中全会的《中共中央关于全面深化改革若干重大问题的决定》，市场起决定性作用，资本的能力被尽量释放，你还能控制它吗？第二，资本的自在逻辑一定是罪恶的吗？它有逐利的本性，同时它也有合理性，它在现代化进程当中也有推进文明的因素。第三，吴晓明讲的，资本的负面作用很快会到临界点，然后新的文明转型就出来了。但是现在我们刚刚决定加快市场经济的改革，而且很多地方完全是初级阶段，可以预见的未来十年二十年，市场会大发展，资本也会极大地发展，那么按照这样的逻辑，临界点来了社会就要崩溃。这显然不符合目前的社会发展现实。在这样的情况下，我们可不可以挖掘一下"资本"在马克思主义的第二阶段，也就是人对物的依赖阶段的合理性，支撑一下现在中央作出的"推动市场经济大发展"的决定？市场大发展只是一个政策，还是一个自然的规律，是现代性扩张当中必须进行的一个阶段？它的合理性在哪里？

吴晓明：第一，现在的问题是哪些领域应当让市场起决定性作用，哪些则不能让它起决定性作用，比如说教育领域、文化领域、医疗领域肯定不能让资本或者是让市场来全面支配。那么这样的一种做法是不是在某种程度上意味着控制资本？第二个是国家调控和市场的关系问题，以及经济发展和精神建设的关系问题。比如说西方，最重要的是他们在社会上有救赎宗教。如托克维尔所说，法律赋予每一个人自由，但是宗教让他们不能胡作非为。这件事情在中国是没有的，因为我们没有一个救赎宗教在这地方起这个作用。所以我们在这样的发展阶段需要政府调控来使得它进一步发展，同样还面临着重大而紧迫的精神重建任务。

王德峰：这个话题我非常感兴趣。中国道路也被称为中国特色的社会主义道路。对道路的命名其实也是对目标的命名，我们还是以社会主义作为自己的价值理念。既然中国不得不走一段市场经济的路，那么这个市场经济一定是资本逻辑起作用的，资本逻辑使我们社会生产达到相当程度的抽象化，这个抽象化现在已经看到了，比如说传统的家庭逐渐在解体，当父母为财产跟孩子对簿公堂的时候，我们看到中国的传统文化、中国的基本的价值体系被破坏到了什么程度。

资本主义是世界历史的一个进程，刚才各位讨论的资本主义是不可回避的。对它采取超然的态度，把它作为手段加以利用，这个想法是蛮好的，我们好像可以稍微心安一点，但是资本主义不仅是手段，它还是精神价值目标。资本主义本身没有包含任何关于人对生命意义的表达，它就是资本生存，通过劳动的积累，通过市场竞争来分配,这个分配是现代社会权力,掌握在部分人手里,它可以支配别的人的劳动力,也就是支配别人的生命时间,这是今天大多数国家经济发展的一种方式。它是手段,同时又不是价值目标,那么它一定是破坏性的。

我们现在开始谈哲学,一阴一阳之为道。也就是说资本主义是一种存在方式,但资本主义如果不能包含社会主义它就活不了。如果说世界上只有一个纯粹的资本主义,而没有它的对立面,这个资本主义很快就会死掉。如果想长久一点,必须包含社会主义。我的意思是,我们说要驾驭资本主义,利用资本主义,这种表达是不正确的,不是谁能够驾驭资本主义的问题,而是资本必然由于它的对立面而受到限制。资本主义的自我限制一旦变成客观要求,它一定会在人群中得到表达,即体现为阶级斗争,然后由一个政党来驾驭。我们不是驾驭资本,而是我们驾驭这些与资本相关的社会关系。

许 明:非常有意思,你这个观点我个人认为是完全符合当代西方和其他一些发展中的资本主义国家现实的。但这跟当代中国的现状有什么关系呢? 中国是这个状况吗? 一方面有资本主义在发展,一方面社会主义因素也在制约它,同时执政党利用这个发展和制约的关系来驾驭不同观念和不同利益的人群,来平衡它吗? 如果中国是这样的情况,那么中国社会还是中国特色的社会主义,还是共产党执政吗?

王德峰:这正是我下面要讲的问题。我们现在是一党执政,这种政治现状要有存在的根源,存在的理由,否则就垮台。共产党作为唯一的执政党,必须表达由于你这个国家资本发展,市场经济发展带来的社会主义反弹,你要表达这个反弹,同时控制反弹,不要把它变成阶级斗争。共产党的执政基础在哪里? 共产党只要是一党执政,它一定是站在人民这边。不是一党执政无所谓,你代表人民中任何一部分,另外一个党代表另外一部分,就像美国共和党和民主党代表的阶层是不一样的。

现在还有一个误解,就是把资本发展等同于国家的发展,把资本的充分发展等同于人民幸福。市场经济的进一步发展,难道可以直接等同于国家的发展,可以直接等同于人民幸福?

许 明:前面的阐述逻辑非常清晰,最后一句话可能碰到一个问题,就是当前的社会与资本发生分裂,或者是发生分界的时候,不管是一党还是多党,它代表谁呢? 传统的阶级斗争观点是代表人民,代表阶级分化当中的弱势群体。

吴晓明:现在也代表人民,只能代表人民。

许 明:也代表资本。它是一个政府,它是执政党,它需要社会和谐,它需要中国社会各阶层的和谐,这样才能达到国家富强。

王德峰:不代表资本并不是说要消灭资本,这是两个概念。

张　雄:要把代表资本还原到市场本身去。

王德峰:代表人民不等于搞阶级斗争。

吴晓明:阶级斗争不是你想搞就搞的。

许　明:它来了你怎么办?你可以不说代表资本,但是你又承认市场合法性。

王德峰:区分利用资本和代表资本。

许　明:利用资本代表人民的利益。

黄力之:人民本身就分化了。刚才讲的我代表人民,我代表穷苦老百姓,也代表富豪。

陈学明:这要看你是依靠劳动为生的,还是依靠手中掌握的权力或者财产为生。这两者是有根本区别的。

张　雄:这个问题不好说,关键是人民这个概念在今天发生变化了。

陈学明:我觉得我们讨论这些问题,要有一个基本的立场,对十八届三中全会的《决定》我们要积极领会。更重要的是发现中央文件讲的东西,在现实社会当中是如何对应的。

许　明:讨论的时候,大家还是要畅所欲言,讲道理讲学理,最后怎么样表达,我们是有基本立场的,现在先讨论问题。这个问题非常关键,涉及现代历史条件下的敏感问题。

陈学明:王德峰教授讲资本必然会产生对立面,这不是要不要的问题,是必然产生的问题。这一观点对我有启发。现在实施市场经济,不能不要资本,但不能一屁股坐到资本一边,起码在资本与劳动之间保持某种平衡。假如利润的分配过于有利于资本,资本对劳动的压制太严重了,总有一天劳动者会反抗的。执政党应当看到这一危险性,应当从自身的性质出发,保护好劳动者的利益。站在人民群众这边,把资本作为一种手段更好地为老百姓服务。现在的问题是,我们不能仅仅把目光停留在资本上面,似乎中国的发展全得有赖于资本了,还要关心劳动,要保护劳动者的利益,要激发劳动者的活力。作为知识分子,当他发表某种观点时,要反思一下自己是不是完全站在资本的立场上,在为资本讲话。知识分子应为广大劳动者伸张正义,为当今社会中明显已成了弱势群体的劳动者呐喊谋利益。

张　雄:你一定要区分一下人民的概念跟资本的概念。

许　明：现在的情况跟革命时期完全不一样，共产党是执政党，是政权合法的代表者，它面对的不是阶级，而是全体公民。

张　雄：西方政府面对的是纳税人，我们面对的是公民。你不能讲人民都没有财产。

许　明：也不能说中国的执政党只代表公民当中一部分，如果是多党制是可以的。这个问题很关键，现在共产党是执政党，肯定不能把人群分成阶级，自称代表其中一个或几个阶级。

张　雄：凡是没钱的都是人民，凡是有钱就不是人民，这不行。

吴晓明：是从发展方向上代表人民，最后实现共同富裕，现阶段的路线方针政策都要照顾到。共产党当然是代表人民的，从长远的角度都代表。但不是现在提出的要求都满足你。

张　雄：这个层次要搞清楚，代表资本或人民是两个层次的概念，根本不是一个话题。就是代表人民，怎么能够代表资本呢？资本是什么，资本要放到市场里面去说话。

陈学明：在当今社会里，资本的拥有者与单纯劳动力的拥有者总是有区别的，不能人为地制造两者之间的对立，而应当协调好两者之间的关系。但总不能不承认两者的区别吧！在资本强势的今天，强调一下保护劳动者的利益，总是正当的吧！现在政府特别注重民生问题，这难道不正是在保护劳动者的利益吗？

许　明：三个有利于已经很好地解决这个问题了。资本、权力和人民不能绝对地划开。如果说共产党代表其中一部分，这在逻辑上可能有问题，陈学明抓住了问题的本质，也就是现在政治学界，中共党史界讨论的焦点，共产党作为执政党代表谁的利益？你能不能代表全民？

陈学明："三个代表"是最广大的。

鲁品越：还有一个代表中华民族的长远的历史利益，是中华民族的概念，不是阶级概念。

陈学明：我回答这个问题。中国共产党代表最广大的人民群众的利益。为了根本的长远的利益，当前必须要利用资本、弘扬资本，在这个意义上，并不是说代表资本，而是为了人民群众的根本利益，长远的利益，当前需要利用资本。

许　明：代表人民利益这个还能提吗？

王德峰：我们不要去纠缠，其实资本不需要谁来代表。中华民族要建设后发的现代化国家，要搞商品生产，只要价值规律起作用，资本就在。

许　明：这里有点误解，咱们稍微矫正一下。我刚才讲的意思不是说要代表资本，而是按照王老师的说法，权力、资本和人民。分别对应的就是有权力的人；拥有资本的一些人，以及没有资本的人，王老师的意思就是共产党作为执政党，在目前市场发展的前提下，应该代表大部分弱势群体也就是没有资本的那些人。我对他这种观点提出问题：如果现在政策是这样做的话，那么就会出现严重的问题——民营企业家都跑光了。在这样的情况下，政策和现实构成了冲突。我的观点是，共产党在革命阶段是社会主义政党，无产阶级政党，要进行阶级斗争，但它掌握掌权以后，一定要搞阶级斗争吗？要搞多长时间？现在所有的人都是合法公民。在这种情况下，执政者最大的目标并不是用一个阶级推翻另外一个阶级，而是维持社会的稳定和所有人的幸福。这样的情况下有了"三个代表"重要思想，民营企业家也可以入党了。所以我有两个问题，第一，阶级斗争这样一个提法现在能不能用？第二，一个无产阶级革命政党，在掌握政权的 60 年以后，还需要用阶级斗争来维持自己，或者是推进发展吗？

王德峰：我要澄清两点，第一点，我刚才讲权力、资本和社会，而没有说执政者、权力拥有者、资产阶级、劳动人民，我没有把它人格化。决定我们中国社会生活的基本因素在于三个方面，一个叫权力，另一个叫资本，还有一个叫社会，社会又叫人民生活，不等于人民，叫人民生活。说资产拥有者也属于人民的一部分，我不反对。在这样一个搞中国特色社会主义的历史阶段当中，面对经济的现实、权力的现实，再加上社会生活的现实，执政党应该首先看一看自己的使命在哪里，然后我们再追问它的阶级属性。

第二点，阶级斗争不是我们要不要搞的问题，它不以人的意志为转移。尽管我们现在不提阶级斗争，事实上阶级斗争也会发生。我们也不能把阶级等同于群体，它不是群体，也不是任何组织。

资本不是如经济学家所想象的，资本就是非理性的，它越是发展就越意味着一部分人支配另外一部分人的力量越大。所以马克思永远不可能写《国富论》，在马克思看来，资本的增长不仅仅等于国民财富的增长，却同时等于社会权力的扩大。

张　雄：但是反过来讲，马克思讲资本的生长发展也是对人性的解放，对社会历史的推动。这个你也不能否定。

王德峰：马克思知道资本伟大的文明作用，但是他同时揭示的是社会对它的控制，别忘了这一点。

张　雄：必须要辩证地看，没有异化和物化就不是马克思。

许　明：王老师跟吴晓明讲的不一样，发生了一个冲撞。吴晓明刚才讲的是，现在资本的发展到了一个局限的临界点，自然关系到了临界点，就出现一个新的文明类型，但是在这个过程当中，你刚才讲的资本膨胀与社会冲撞能控制吗？谁来控制？

张　雄：人民控制，新社会就是社会主义。在西方走的那段路径上，首先得承认资本的原始积累是一个阶段，原始积累以后的发展又是一个阶段，发达成熟又是一个阶段。道德伦理的底线问题西方现在相对不多，但是深层次的伦理问题却严重存在。

许　明：站在王老师的立场马上可以提问：现在容忍我们再走一次野蛮资本主义的漫长的途径吗？

张　雄：现在是不能容忍，但是历史发展的规律没有办法跨越，它是渐进性的改变，我们不能搞历史虚无主义。从三十多年发展情况看，中国也在逐步完善，现在提了五大文明，我们也看到了改善，要看到渐进式的发展。

许　明：王老师你认为他刚才讲的资本在自己的发展逻辑过程中，有一种社会力量可以对它制约，代表人民的利益对它调控。可以吗，能调控吗？

王德峰：完全可以。资本如果不包含它的对立面，社会主义就无法生存。如果我们来调控它，不过是自觉地表达这个东西，现在不去调控它，只不过是以将来更大的灾难来调控它。我们只有这个选择。

张　雄：这个是对的。

陈学明：一个是自觉调控，一个是灾难调控。现在对企业来说是这样的。

王德峰：历史也证明，如果不能自觉地调控，就要忍受巨大的痛苦进行调控。我们希望中国共产党不要这样，要自觉。把灾难引入自觉的思想里去，这是我们开会的主要目的。

陈学明：现在看来，资本与对立面可能是共生的，在社会主义道路上，如果不去自觉调控，灾难就要来调控。我们是要走非灾难调控的道路。而只有清楚地认识资本会滋生对立面，正视资本与其对立面即劳动之间的对立，才能去进行我们所说的"自觉调控"。如果一味地让资本"独大"，甚至如刚才有几位所说的那样，就根本不承认有对立面的存在，那么最后结果只能是"灾难调控"。这当然是我们不想看到的。作为为政府建言献策的有责任感的知识分子，不应当抹杀两者之间的区别甚至对立，从而给予错误的导向。而是要帮助政府探索一条非灾难性的调控道路。

许　明：中国特色社会主义道路就是非灾难调控的道路。

王德峰：中国人比较容易自觉调控，非灾难调控的原因是中国的文化精神。别人发财，不能影响我的饭碗，如果影响了，就叫为富不仁，是不被提倡的。这是中国人对人生的基本理解。

许　明：这个观点很好。

王德峰：中国人仇富的对象也只是为富不仁的那部分。如果中国人真的仇富，中国的社会早就崩溃了，不会走到今天。

许　明：现在为什么工人不造反，因为大企业家发财以后，他们也有饭吃。而对企业家来讲，我要发财，也不能让工人不吃饭，待工人好一点，是会有回报的。很多企业家也是有良心和道德情操的。

鲁品越：那也不见得。

张　雄：我就简单说一个例子：做同样生意的两家店，一家生意火爆，影响了另一家的生意，另一家就通过黑社会卸了前面那个店老板的一条腿。这种事情是真实存在的。

王德峰：我完全同意。资本再这样发展下去，对中国精神文化的破坏就越来越严重，阶级分化将逐渐取代中国文化精神，重新对我们中国人产生巨大的影响，现在已到了这种地步，兄弟之间为经济利益反目成仇。以前是什么情况，打个比方，有三个兄弟，一个在上海发财了，第一件事情回去帮助不富裕的弟兄，哪一个下岗了就帮他找工作。这样就自动完成了二次分配，这就是中国文化精神。个别的经验反例肯定也会有，但是要总体来看。

张　雄：那个是靠家族习俗维持的传统社会的延续。帮助兄弟姐妹完全可能，但是，现在中国在从习俗社会向市场社会渐进的发育。

陈学明：好像许明老师比较接受王德峰讲的资本必然滋生对立面、资本与社会主义力量共生的观点。吴晓明讲的观点我再发挥一下，让我们再回到中国道路这一议题上去。我要说的是：我们讲中国道路不仅要讲它的特殊性，还要讲它的优越性。对于独特的文化传统和基本国情决定了中国必须走一条与西方不同的发展道路这一点，没有比习近平总书记在全国宣传工作会议上的讲话阐述得更深刻更清楚了。他强调指出，"独特的文化传统，独特的历史命运，独特的基本国情注定了我们必须要走适合自己特点的发展道路"。我们的道路、理论和制度有着自己鲜明特色和显著优势，不能照搬西方的洋办法，搬过来只会水土不服，注定要失败。他还说，这个结论，"是已经被历史证明了的事实，是已经被事实证明了的历史"。他提出当下的任务就是要"引导人们更加全面客观地认识当代中国、看待外部世界"。他认为,至关重要的是要"宣传阐述中国特色",而"宣传阐述中国特色"就是要做到"四个讲清楚":讲清楚每个国家和民族的历史传统、文化积淀、基本国情不同,其发展道路必然有着自己的特色;讲清楚中华文化积淀是中华民族最深沉的精神追求,是中华民族生生不息、发展壮大的丰厚滋养;讲清楚中华优秀传统文化是中华民族的突出优势,是我们最深厚的文化软实力;讲清楚中国特色社会主义植根于中华文化沃土、反映中国人民的意愿、适应中国和时代发展进步要求,有着深厚历史渊源和广泛现实基础。习近平总书记所说的"四个讲清楚",既阐述了由于中国具有独特的文化传统和基本国情,所以中国必须走独特的发展道路,也指出了中国文化和中国国情的这种独特性究竟是什么;更说明了建立在这种文化传统和基本国情基础上的中国道路、理论和制度何以具有显著的优势,中国人民为什么有理由对自己的前途充满自信。中国文化传统和中国社会现实的特殊性决定了中国走向现代化的复兴之路是区别于西方式的现代化道路的,而中国走向现代化的复兴之路的独特性,又决定了中华民族复兴、"中国梦"实现的前景与西方式的现代化前景也不尽相同,它的前景不是西方文明,很有可能是一种新文明,这种新文明正是人类所需要的。这种新的文明跟西方的文明是有区别:第一,它不是个人的原子化,个人本位。第二,这种新文明发生在资本的无限的扩张基础上。我认为这个是中国道路新文明的特点。

许　明:最后我提一个问题,作为一个未完成的问号。诸位的意见非常理性,而且具有很多的合理性,讨论到这里我相信在学术界肯定有一些人,或者是某些比较著名的先生会提出一个问题:现在根本不是讨论对资本限制问题的时候,而是市场没有充分的发展,市场的发展还有很大的阻碍,在这种情况下,如何进一步思想解放,进一步发展市场经济,进一步加深对市场决定性作用的了解,让资本极大地发挥作用的问题。在资本市场刚刚发展,或者是第二波改革刚起来的时候,大谈对资本的限制和控制,意义何在呢?

陈学明:你现在可以在市场和资本之间画一个等号吗?

许　明:有机的联系。

陈学明:我们只是说在发展资本的同时,还必须清醒地规避发展资本给中国带来的后果,坚定地走共同富裕的道路。也就是刚才讲的进行自觉的调控。

许　明:这个我同意。

陈学明:什么叫民生,民生就是让千千万万老百姓的生活水平得以提高。要让所创造的财富用以改善民生，而不是让这些财富都流到资本所有者的口袋里。这里有一个问题，即不能认为财富都是资本创造的，都是资本的功劳，财富是资本与劳动结合所创造的。看中国究竟搞得好不好，不是主要看中国有多少人进入世界大富豪行列，而主要看中国广大老百姓的实际生活水平提高了多少。

许　明：就是分蛋糕。

陈学明：上面的领导是清醒的，我们不但可以在十八届三中全会的《决定》中读到"让一切劳动、知识、技术、管理、资本的活力竞相迸发，让一切创造社会财富的源泉充分涌流"这样的词句，还可以看到这样的话："让发展成果更多更公平惠及全体人民。"只是那些自由主义的理论精英们，只讲资本，只讲扩大资本，让资本所有者先富起来，"富得冒油"，让土地也进入市场，让国有企业完全地市场化，完全地资本化，完全的西方化。这只是一部分人的诉求，我想这部分人的诉求既不能代表中央领导人的想法，也不能代表广大人民群众的想法。这绝不是中国所要走的道路。

许　明：这两点是对的。

张　雄：对资本的探讨我们还是比较辩证的。现在我们最担心的是下一步改革深度推进的过程中，万一土地问题、城镇化问题等最敏感的问题没有得到很好解决，尤其是土地完全非公有化，就会产生很严重的问题。

陈学明：你要修路都修不了，更不用说办世博会。

鲁品越：这样就会产生一大批无家可归的失地农民。

陈学明：如果说我们看到中国的道路真的走得很好，产生一种新的文明的话，中国人民就会在这个道路上充满自信了。说中国道路不能老是讲特殊性，跟外国人讲我的独特性，实际上还要讲优越性。

许　明：传统五千年文化的优越性。刚才王老师讲的深厚的传统文化对中国道路的发展一定有内在的影响。

陈学明：还有一个重要的因素是我们选择了马克思主义。马克思主义作为中国共产党的指导思想，是共产党的优势，而不是包袱。发展了的活生生的马克思主义加上中国优秀的传统文化，再加上一切西方优秀的文化，有机地组合起来，使之产生"化学反应"，构成中国道路的思想基础。

张　雄：最后归结到中国的道路如果缺乏一个先进政党的引领，缺乏一个社会主义概念内涵新的定义，那将来这个道路就有问题了。

鲁品越：这个道路将会被暴力灾难性地调控。

张　雄:就像苏联一样地解散了。

鲁品越:我们现在是自觉调控。

许　明:今天的讨论非常精彩,这个话题本身非常前沿,讨论非常深入,而且都是亮点,每个人都分享了思想。我相信这个话题本身会引起强烈的反响。

历史唯物主义与当代社会科学

（2014 年 3 月）

参会嘉宾（按姓氏笔画排序）：

　　王国平（中共上海市委党校常务副校长）

　　许　明（《上海思想界》主编）

　　孙　力（南京政治学院上海校区教授）

　　吴晓明（上海哲学学会会长、复旦大学哲学学院教授）

　　陈锡喜（上海交通大学特聘教授）

　　季卫东（上海交通大学凯原法学院院长）

　　赵修义（华东师范大学哲学系教授）

　　徐觉哉（上海社会科学院国外社会主义研究中心主任）

　　鲍宗豪（华东理工大学马克思主义学院教授）

一、 历史唯物主义和当代社会科学的关系，有三个问题值得讨论

　　陈锡喜：我认为，在"社会主流思想文化建设前沿问题系列"下的"历史唯物主义和当代社会科学"主题，值得讨论的至少有三个方面的问题：

　　一是历史唯物主义同马克思主义世界观方法论是什么关系？讨论这个问题有个背景，即习近平总书记 2013 年年底在政治局学习会上提出要推动全党学习马克思主义方法论，特别提到了历史唯物主义。他讲到改革中几个需要深化的问题，都同历史唯物主义挂起钩来。这涉及马克思主义世界观的界定，历史唯物主义在马克思主义世界观方法论当中的地位等理论界长期以来没有很好解决的理论问题。

　　二是历史唯物主义和各个社会科学领域研究的问题有什么关系？历史唯物主义对于当代社会科学研究的相关议题以及社会问题，包括解决当代中国问题、世界问题以及中国和世界关系问题，到底还有什么价值？而当代问题又对历史唯物主义提出了哪些挑战？因为研究当代社会科学本来就是研究社会问题，历史唯物主义也是社会问题，在社会问题上怎么互动？有什么价值？又遇到什么挑战？

三是历史唯物主义和哲学社会科学学科体系建设有什么关系？教育部要求打造"一指三中"的学科体系，即马克思主义指导、具有中国特色、中国风格、中国气派的哲学社会科学的学科体系。而唯物史观要不要起指导作用？有人认为不需要唯物史观指导，有人认为还需要唯物史观指导。无论是需要还是不需要，首先要厘清唯物史观在中国哲学社会科学学科体系建设中有什么历史经验和教训，不能把历史忘记了，成功的不能忘，教训也不能忘。对今天来说，唯物史观对哲学社会科学的研究，其指导作用到底有什么具体体现？同时历史唯物主义怎样吸收哲学社会科学的研究成果包括国外的研究成果，使自己得到丰富和发展？

今天的圆桌座谈完全是开放的，每个人可以提出问题，谈谈思路。

二、唯物史观"生产关系、阶级斗争和异化"三个关键词对当代中国法学建设的重要价值

季卫东:从学术角度看，马克思主义对世界产生了重大的影响，不会因为某些政治事件而失去其思想价值。从我的专业法学角度看，马克思主义就是很重要的一环。

关于历史唯物主义，从世界观来说，经济状况决定阶级斗争，改造世界的方法通过斗争的形式。从西方学术角度看，有些法学理论强调纠纷、矛盾和斗争，即使在西方现代政治学理论中，也有强调纠纷方面的内容。而马克思主义的理论也不全是强调斗争的，苏联的正统法学强调斗争层面，但是另外也有强调交换与和谐。我们把两个方面结合在一起，可以看出来历史唯物主义最基本的原理，生产力主要是劳动、土地、资本的结合，它的变化引起生产关系，由谁以及怎样来支配生产手段，劳动力的社会关系发生变化，再引起上层建筑的变化，在这样的过程中，这种世界观和为了改造世界而采取斗争的视角结合起来，构成了历史唯物主义的基本原理，中间关键词是三个：一是生产关系，二是阶级斗争，三是异化，这三个是历史唯物主义的关键词。在马克思主义理论看来，这三者之间存在辩证关系，有密切的、很特殊的相互连接方式，只有充分意识到这一点，才能完整理解历史唯物主义。

在这个时候为什么说辩证关系非常重要？关于理解历史辩证法，西班牙共产党前总书记圣地亚哥提到过这个问题，他说有的时候阶级斗争高潮，会造成超越生产关系程度的暂时飞跃，但是生产关系要素会使这个飞跃失去平衡，最终受到阶级斗争和

经济条件的制约,这是历史的辩证法。从这个角度来看,历史中有很多东西,不仅经济基础决定上层建筑,有时候经济基础还会制约上层建筑。我们解读习近平总书记最近强调历史唯物主义的基本原理和方法论的意义,有四点特别值得指出,也构成今后深化制度改革的非常重要的课题,而且体现出思想观念转变的价值。

第一,经过三十多年来改革开放,中国社会本质发生变化,生产力带来飞跃,生产关系有了很大变化,市场在资源配置中逐步起决定性作用,出现价值多元化,在全球经济体系中,中国的国际地位今非昔比,原来被侵略、受欺负的地位完全变了,参与了全球治理。我们的理论要符合新的变化趋势,这个时候历史唯物主义的基本原理具有重要意义。既然中国的经济基础已经出现了崭新的格局,发生了这么深刻的变化,中国的上层建筑也不得不随之发生变化,国家治理方式也好,制度设计也好,都要有所创新。除非认为这样的经济基础变化是错的,否则我们不得不接受这样的逻辑。

第二,上层建筑的改变很复杂,涉及既得利益调整,这个调整不得不采取斗争的方式,而不可能在一团和气当中实现。我们讲社会可能要转换成斗争,这个理解有点敏感,但是很可能我们不得不从这个角度理解。从学术角度说,我们在思想导向上要更关注对立面的冲突,而反对和稀泥,更强调平等和公平正义话语推动社会运动。社会主义在中国重要的意义是跟公平正义结合在一起的,这对纠正资本活动的负面问题和市场经济的偏差具有重要意义。这就意味着需要关于某种新型的阶级斗争意识形态。结合十八大以后情况的变化,既需要斗争的意识形态,又不可能回到"文化大革命"时期的阶级斗争,这个是关键。从法学角度看,要从强调"和谐"和"共识",转向纠纷理论、矛盾理论和斗争理论,或者借中国传统话语来说,从儒家转向法家。如果不准备回到你死我活的阶级斗争时期或"文化大革命",只能是合法斗争。从某种意义上来说是,现代治理方式是一个很重要的方面。德国在现代化过程中,法学家耶林提出为权利而斗争,而且他说为权利而斗争是现代公民精神,是现代社会的本质。这意味着我们说现代治理方式和这个不矛盾,我们的治理方式现代化和我们强调斗争是可以结合起来的。从这个意义上来说,马克思主义是严格意义上的权利论,主张无产阶级的权益就是权利论。这意味着我们对传统法律秩序的思维方式要进行深层次的调整,特别强调依法治国和依法维权,把对立、抗辩而不是调节作为制度设计的主要因素。我们现在强调历史唯物主义,就要重新调整经济利益,并且使这种调整后的经济利益具有法律上的保障体系。这才是权利论的色彩,和我们现在说的依法治国完全吻合。

第三,涉及异化问题。异化问题在20世纪80年代初曾热烈讨论过,从异化的本义来说,就是主客体的脱节、分裂和冲突。从历史唯物主义立场上看,异化就是本来支配生产资料的主体,反过来被生产资料所支配,人的异化、企业的异化都是这样,本来取决于经济基础的上层建筑,反过来破坏了经济基础,当然就是异化了。因此,克服异化就是强调历史唯物论的缘由之一。克服异化的目标是什么?安东尼在唯物主义历史概述中说,国家是一个现实的有效的机构,保障社会制度和基础以及物质生产的稳定性,实质采取各种方法来保持各阶级的均衡。"三个代表"重要思想在这个方面吻合这个逻辑。1891年恩格斯说过非常耐人寻味的话,无产阶级专政的形式就是民主共和国。当然不同人有不同的理解,但是今天习近平总书记说我们要把权力关进制度的笼子里面,符合恩格斯的思想,跟前面讲克服异化问题是相关的,通过把权力关进制度的笼子中去,通过反腐,来形成人民民主专政的新的形式,与民主共和国更密切地结合起来。卢森堡当年提出,如果没有形式上的民主委员会,有可能导致官僚主义的统治。我们现在要把实质性民主加上形式民主成分,在这个意义上来说,当今中国反腐败、去官僚化以保障经济稳定性,保障各阶层的需要,在克服异化的基础上,建立民主共和国的善治模式,也和现代治理体系相吻合。

第四,面对全球经济重心的转移和后金融危机时代的新形势,中国肯定需要重新建构世界观和核心价值。按照马克思历史唯物主义观点,在万物商品化和自由放任资本的体制下,社会处于不稳定的状况,经济矛盾集中爆发,这为发展社会主义构成了契机。但是20世纪30年代大萧条时候出现了凯恩斯经济学,力挽狂澜,使得马克思的预言没有实现。从此以后,资本主义各国都采取凯恩斯政策。苏联东欧出现不稳定和解体,理论上没有办法说明,不能回避,当然不能因为政治解体事件就说马克思主义失去了它的价值,这是两回事。马克思主义依然具有当代价值,但是这需要从理论上作新的进一步的说明。2008年起源于美国的全球金融危机,导致了一定程度的萧条,凯恩斯主义解释和解决不了这个问题。在这点上印证了马克思主义理论的科学性。自由资本主义体制已经陷入了没有根据的狂热之中,这是当今世界最大的问题,不管意识形态如何,这个问题是不能回避的,特别是工业文明在一定程度上接近尾声了,尤其是美国大量生产、大量消费的经济模式已经后继乏力,所以在这样的情况下,中国有责任根据自身发展经验和目标提出新的理论,来解释和引导正在进行中的世界经济转变。

现在西方最大的问题是,在苏联东欧剧变之后,自由资本主义失去了批判者,导致了没有节制资本的力量。因此马克思主义发展的一个重要思想方向,就是对资本加强批判理性,保持经济发展的内在张力。我们在承认市场在资源配置中的决定性作用的同时,一定要加上批判理性,只有这样我们才能保证社会公平和正义。因为当货币过于膨胀化之后,对社会的破坏很厉害,这个时候需要提出新的课题,从理论上搞清楚什么是社会主义,真正的社会主义是什么。坚持以社会为主义,在这个意义上来说保卫社会是历史唯物主义提出的,在现在整个市场化全面推进的情况下,强调这一方面非常重要,要以社会为基础和核心,这才是真正的社会主义。我们现在说以人为本、以民为本,和这个相吻合,既是对历史唯物主义的一种坚持,也是社会主义在新形势下的一种规定。

三、 中国的经济学要研究经济制度问题

王国平:历史唯物主义在当代的社会科学研究还必须加强,科学性当中最关键的首先是它的基础性东西,最精髓的东西是什么? 要形成共识。其次应该有开创性的东西,有时代的特点也有与时俱进。基础性、开创性和探索性相结合,进一步加深对当代历史唯物主义研究。历史唯物主义基础性的东西,如生产力和生产关系的关系,在我们这里无法动摇,经济现象问题必须研究经济制度、经济关系。但是现在整个的经济学不研究这个,特别是在所有制层面上。有些学者只是从管理层面、从资源配置层面来研究经济现象。一些经济学文章就是搞数学模式,最后是政策建议,没有思想性东西。经济学对于年轻学者每年评奖,到最后能够把经济学梳理分析,真正和思想结合的东西却没有。2008 年世界金融危机爆发,开始经济危机。经济学的回避有制度原因,不研究它。

对于 19—20 世纪上半叶资本主义社会频繁发生的周期性经济危机,历史上曾有两人给予高度关注并依据各自的视角进行系统研究,作出趋势判断,产生全球性持续影响,这就是人们非常熟悉的马克思和凯恩斯。前者从历史唯物主义的视角(生产力决定生产关系,生产关系又具有反作用,并在一定的条件下起决定作用),着眼于对生产关系的制度分析,认为植根于资本主义社会的基本矛盾,与生产资料资本主义私人占有制同存亡;后者则着眼于边际效应及心理规律分析,认为只有不断扩大有效需求,才能实现均衡发展的目标。但无论如何,两者均承认在资本主义社会中存在着需

求不足的经济危机并具有周期的破坏性。然而,当经历战后反复的宏观调控,使历史阶段性周期变得愈来愈模糊时,人们似乎淡忘了经济危机现象。金融危机的发生再次提醒人们:经济危机从来就未离开,只是形态变异;金融危机实质上意味着经济危机当代化。

里根上台以后干脆彻底放开凯恩斯,把过去积累二十多年的东西再释放出来,从供给的角度解决问题。凯恩斯以前的问题是根基没有解决,所以是阶段性。结果到了克林顿是延续,到了小布什又需求不足,所以想到了房产,次贷就这样产生了,实际上是萧条当中没有办法。但是还有一招即国家之间的调节,国内市场不够怎么办?向世界去延续,所以现在发现替代了以后,包括自贸区也好,一定程度互通,资源共享,解决增长问题。我感到,对于经济细胞元素的分析和宏观经济结构的变动,始终没有作现代资本主义当代比较全面的研究。

房产作为金融产品,最后逐渐叠加了很多金融东西,泡沫越来越多,最后破了,给人的感觉是金融危机,实际上背后还是经济危机。

从金融危机产生的诱发成因看,通常概括为由于贷款利率上升和房地产市场不景气所引发的房贷还款资金链断裂。与早期的经济危机相比,金融危机的后续反应不是牛奶倒进河里、工业产品堆积、工厂大批倒闭、工人失业并走向街头等,而是流动性短缺、金融市场剧烈波动,进而造成经济衰退。这也许就是工业社会与后工业社会的差异在经济危机形态上的体现,但作为经济危机的界定,就是需求不足而导致经济衰退、停滞(若与通货膨胀并存则为"滞胀"),不同阶段无一例外。金融危机爆发后,几乎所有国外专家皆认为是由利率变动与房地产市场下滑结合而导致,其实,这只是导火线,直接原因依然是总供需失衡,有效需求不足。

此次金融危机再次促使人们的思维重新回归历史。应该承认,需求不足始终是资本主义制度的伴生物,对此,历史上剖析得最为深刻的还属马克思的经济学说。按照马克思主义历史唯物主义观点,社会化大生产协调发展,首先要求宏观经济系统中的微观组织——企业能自我协调投资与消费的比例,从而为总供需的平衡奠定基础。因为投资的作用是双重的,一方面形成需求,另一方面创造供给。假定投资规模的增长是以国民收入既定量为前提,那么,投资量不恰当地增大,必然会带来总供给大于总需求。其次,它要求宏观能进行有效调节。这是因为,虽然微观比例的协调是宏观经济稳定的必要前提,但宏观比例并不就是微观比例的简单加总,宏观协调必须经历一个再调节的过程。宏观的有效调节,不仅依赖调节者雄厚的实力,而且需要微观组织积极配合。这就提出了财产制度的适应性问题。在马克思看来，资本主义私人占有制必然带来生产和消费的对抗性矛盾，资本追逐利润增殖的过程，也就是生产无限扩大与购买力相对缩小的过程。

赵修义：现在涉及经济学作为前提的历史唯物主义基本概念，第一还要不要？我前几年在社科报上登了一篇文章，不要再回避生产关系了，就是这个意思。你讲的是国际上，我要请教你：在国内问题上，生产关系这个概念现在遇到什么问题？

王国平：2008年在日本，一些马克思主义学者一起开讨论会，有人提出非常尖锐的问题，即现在讲的中国特色社会主义，从所有制的角度上来看能够说得清楚吗？这个问题是我们不能回避的。中央也在概括，公有制为主体、多种所有制共同发展的结构。主体是什么概念？从党的十五大开始明确界定公有资产占优势。经济学研究公有财产有五种形态，第一是资源性形态，矿产、土地难道不是财富吗？第二是公共产品、公共设施不是财富的形态吗？第三是货币形态，怎么不是财产？财富最好的形态就是货币，可以流动。第四是现在各种基金的形态特别多，财产在里面一样也是一个形态。最后一种是企业形态，绝对不能否定企业形态。如果按照五形态研究公有财产，中国哪个地方不是公有制为主体？浙江、深圳全是。我们要注意，企业形态很重要，但是讨论这个问题时候我们是不是把视野再拓宽一点？把公有制形态作一番深入的研究，这个问题一定要作开放性探索研究。

现在马克思主义政治经济学没有人深入研究，是非常大的缺憾。不是说哲学研究不好，但是不深入到经济制度研究，心里就不踏实。就是在宏观上不行，一定要制度分析，真正离不开经济学，真正离不开《资本论》。我们的制度经济学必须要研究所有制结构。

季卫东：讲到经济是核心的问题，因为比如说产权制度派经济学和马克思派制度经济学不一样，但是有一点，按照制度派经济学，如果产权明确化了之后，通过市场交易达到效率的有效分配，我们国内市场化也有这个道理，但是中间制度化现象还有交易成本，交易成本的存在才是企业的本质，我们的马克思主义经济学关于企业的本质这方面缺乏分析。

王国平：假如我们回归到历史唯物主义立场上去研究制度经济学，有一个当代新的视角，就不能简单回到改革开放以前的思维，说白了，就必须考虑现在大环境是市场经济，这一套制度怎么对接起来、融合起来？制度经济学有很丰富的结构，包含三个层次：第一是制度本身的趋势性分析，就是规律性研究，这是我们要坚持的。对它的制度运行从世界的视角,立足于中国的现实,研究它制度运行趋势性的问题,规律性的问题不回避。第二是它的运行路径研究。路径研究就是阶段性的分析,比如说我们现在提出混合经济问题,混合经济背后就是有历史唯物主义的思想资源,纯粹搞公有制现在不行,有阶段性,现在搞市场经济,到今天强调市场决定资源配置,当中肯定有非公经济,通过趋势性研究明确了,那就是混合经济,用混合经济形态解决阶段性的问题。第三是机制研究,运行当中采用什么样的机理和机制研究。这个一定要搞透,包括现代西方研究的成果,包括产权理论。

从经济学的角度急需要有一种符合国情的制度性深度分析研究,但是实事求是地说现在很困难,好像大家不愿意做。

季卫东:这中间涉及非常核心的问题,即我们希望有一个有效率的机制,任何时候都需要,之所以要搞公有制,也是为了克服比如过去在资本主义体制下,为了保持它的利润,可以把牛奶倒掉这类问题。怎么追求效率是大的问题,比如我们强调市场,但是实际上熊彼特特别强调企业、企业家阶层。国内吴敬涟强调市场,厉以宁强调企业股份制,这个问题是焦点。我们现在承认市场在资源中要发挥决定作用,但是我们的企业能不能真正有效率地进行资源配置? 这是最核心的。一个行政化、官僚化的企业是没有效率的,国有企业如何克服官僚化、行政化是最核心的问题,这个问题不解决,仅仅谈公有制谈市场不起作用。

赵修义:我们过去执行的政策不能说都是从历史唯物主义推出来。我们所有时候制定的政策都说是符合历史唯物论和辩证唯物论,但实际制定政策的时候,到底依据的是什么? 这个要往深里面问一下。我赞成王国平所说,但还有问题向你请教:马克思主义基本概念是不能轻易地丢掉的,但是像这样的概念本身现在遇到很大的困难,一个是它的解释力不足,比如我们说市场,现在老是说机制,市场和生产关系到底什么关系? 我想了好几年没有想清楚。

王国平:当初提出制度、体制、机制的关系,生产关系当中有层次,有些是制度性关系,有些是实现当中的体制机制,比如生产关系当中决定性东西,所有制问题就是作为根本性制度界定的,比如公有制要不要? 公有制为主体要不要? 作为生产关系当中的制度层面的东西,这些东西怎么运行? 怎么做? 怎么操作?

赵修义:这属于宣传上的需要,但是学理上怎么把观点统一起来? 我没有答案。所有制这个概念问题很大,第一,我看了一本书叫《新资本论大纲》,以为是写经济学,但是前面一大部分全部写对历史唯物主义概念的看法,其中提到一个问题很有意思:

所有制跟财产关系到底是什么关系？因为马克思讲的时候从法律的财产关系往更深追溯到所有制，所以所有制不等于财产关系，我们现在对所有制的很多解释基本基于财产关系。第二，改革开放以来，我们把所有制很多问题分得很细，你刚才讲到叫所有产权和营运产权，这个问题中国的经验非常丰富，但我们现在农村的土地制度到底算什么制度？没有一套概念工具说不清楚，因为我看陈锡文写的回忆文章，包产到户怎么出来的时候，这个事情上面认可算了，但是发展到今天概念没有讲清楚，使用权、所有权、经营权，里面的东西还有很多，还有很多解释。如果这些概念不细化深化，只是停留在到底公有制占多少比例，始终纠缠不清。还有，到底什么叫生产力？这个问题没有讲清楚，有一段时间把所有的东西都归到生产力，从科技生产力，文化生产力，讲什么东西重要，就都成为第一生产力，生产力到底是什么，反而越来越糊涂了。现代经济发展到这个程度的生产力，跟马克思当时说的蒸汽机那个时代已经有了很大变化。上星期讨论一本书里面提出的一个概念很有意思，他觉得很多历史经验要概念化。我们现在研究历史唯物论的人，却在用教科书的概念，而不是马克思式的实质的分析。

四、 中国特色社会主义语境下的资本文明问题

徐觉哉：社会主义发展到今天，许多东西跟马克思讲的不完全吻合，到底马克思对的还是今天对的？今天对的话就推翻了马克思主义理论，马克思对的话就否定今天的实践，国内外都很困扰，到底怎么看？因为现实中的社会主义并不是马克思想象的理想的社会主义，而仅仅是它发展的初级阶段，这大家已经认同了。初级阶段到底是什么样的经济社会形态？这个问题大家都不敢涉及，所以赵老师讲到生产关系的问题，实际上问题也就是卡在这里，因为现实中明显有大量的剥削关系。所以怎么来看待中国今天的社会主义社会？很多国外学者都在说是中国特色的资本主义，有的说威权资本主义，都没有逃过资本主义概念。说清楚这个问题要用历史唯物主义，要把对中国特色社会主义的认识提升到人类社会发展规律的高度加以辩护。

2013年年底习近平总书记讲到了历史唯物主义和方法论问题，推动全党学习历史唯物主义，从历史唯物主义规律上讲中国特色社会主义的定位。唯物史观有两个基本理论，第一个就是社会形态理论，坚持生产力对社会发展的决定作用，以及合力论的有机统一。第二个是历史过程理论，认为社会发展是有规律可循的历史过程。

学习唯物史观,就是要树立社会形态思维和过程思维。

社会形态思维就是要善于从社会结构的状况出发,把握社会发展。因为任何事物都是结构性的存在,结构状况影响社会的发展状况。过程思维强调什么阶段该做什么事,不能把未来的很多任务拿到今天来做,不能犯落后或者是超越历史阶段的错误。

如果用这种思维去分析中国特色社会主义,首先要问:中国特色社会主义理论的本质特征是什么?我认为是一个在无产阶级国家政权下发展资本文明,占有资本文明和发展社会主义的理论。这个理论继承和发展了列宁的新经济政策,列宁从那个时候起就开始了社会主义怎么占有资本文明的探索,也是回归和丰富了马克思以资本的力量推动文明进程的理论。社会主义在特定的历史条件下,成功地跨越了资本主义制度的卡夫丁峡谷,但是很少有人研究跨越以后社会将如何发展,以及跨越以后社会主义历史发展中间所处的历史方位是什么。国外有一些学者认为,马克思晚年对社会形态发展规律的历史过程动摇了,认为东方社会可以跨越资本主义。东方社会不需要受历史必然的制约。苏东剧变后理论界开始意识到这个问题的严重性,从各方面对中国特色社会主义理论进行论证,但是很少有人把这个问题跟今天的社会主义理论联系一起研究。说社会主义"特殊"的时候,把社会主义"一般"拉掉,有的干脆回避矛盾,绕圈子,这样就看不到两者之间的关系,使科学的理论到了任人摆布的局面。

我想结合思想史谈谈历史唯物主义的基本原理和方法论的运用问题。我们知道,马克思对于人类发展社会发展的理论贡献,在于接受了社会发展的终极原因,以及由这个原因决定社会形态依次更替的规律。这个规律是自然的历史进程。他在1852年第一次提出社会形态的概念,在《经济学手稿》当中强调了各个社会一个层次一个层次依次更替。在《政治经济学批判》中,他又把自然历史进程的规律提到原理上去了,在《资本论》第一卷中间又提到了这个社会形态既不能跳过,也不能用法律取消的自然进程。

马克思讲到工业发达国家向工业不发达国家显示未来发展趋势,将来的落后国家就看今天的发达国家怎么发展,所以否定了随意玩弄历史的态度,把历史唯物主义建立在这个基础上。俄国有一个教授曾经研究过每个民族,是不是在历史发展过程中不需要遵循统一的规律,或者是不是每一个发展逻辑环境都不能跳过。马克思的回答是,在特定历史条件下,可以跳过资本主义制度的卡夫丁峡谷,但是跨越了以后,还是要在社会主义前提之下搞工业化。

赵修义：按照你说的马克思主义的基本理论，资本主义阶段是不可超越，是自然历史过程。你现在说可以超越。

徐觉哉：这个问题很麻烦，马克思说历史发展不能超越，是自然历史进程，后来怎么又说可以跨越？俄国人问他后，他研究了很长时间。

赵修义：都是没发出去的信。不能认为这是他的研究结果，马克思肯定没有下结论。

吴晓明：如果马克思觉得不可跨越，回信就很简单。如果是必然的自然历史过程，不能跳过，还讨论什么？跟解一次方程那样简单。然后看马克思整篇的信，说所有的民族不管历史条件如何都要走同样的道路，这一理论是荒谬的，这样事情解决起来也太简单了。事情哪是那么简单的？

徐觉哉：历史上，俄国革命民主主义者车尔尼雪夫斯基曾经研究过"每个民族的每一种制度是否都必须通过发展的一切逻辑环节"这样一个问题。经过研究，最后他得出的结论是：当某一社会生活现象在先进民族那里达到了高度发展时，在它影响下的其他民族那里，这个现象也会极迅速地得到发展，会越过中间的逻辑环节，从低级阶段直接进入最高阶段。譬如英国人为达到自由贸易制度需要一千五百多年的文明生活，而新西兰人就不需要花费那么多的时间。他用上述论证支持了俄国应该依据村社向社会主义直接跳跃的主张。

1874 年在俄国发生了一件有趣的事情。经过 1861 年的改革，资本主义生产关系出现了萌芽。然而，俄国民粹派思想家托卡乔夫仍然宣称俄国的村社具有难以想象的"独特性"和"优势"，断言俄国农村公社有可能轻而易举地使俄国社会实现比西欧容易得多的革命变革，因为那里没有无产阶级，也没有资产阶级，尽管人民愚昧无知，但"比西欧各国人民更接近于社会主义"。之后，恩格斯发表了《论俄国的社会问题》一文。在这篇文章中，恩格斯虽然肯定了俄国公社发展的两种可能性，但是从社会发展的一般规律而言，他几乎堵死了俄国有不同于西欧发展的另一条道路的可能性。

许　明：你发言开始时强烈肯定马克思讲的自然历史过程是资本主义阶段不可跨越的，而不能理解当代中国研究者对这个过程的不予理睬。你现在又讲了特殊性，讲马克思的信和恩格斯的观点。

徐觉哉：我开始是对马克思的思想作历史论证，后面会梳理到这个问题，你讲的东西后面我会说。恩格斯讲了非常明确的观点：一是社会主义革命只能在生产力比较发达的国家才能进行;二是这种生产力只有在资产阶级手中才能达到高度发展的程度。因此,资产阶级如同无产阶级本身一样,也是社会主义革命的一个必要的先决条件,而在既没有无产阶级也没有资产阶级的俄国,是不可能进行社会主义革命的。

后来,为什么马克思不让俄国人急急忙忙去消灭自己的"公社",投入资本主义的怀抱,而提出了跨越资本主义制度的"卡夫丁峡谷"的设想呢? 这是因为,在马克思看来,"'农村公社'的构成形式只能有两种选择:或者是它所包含的私有制因素战胜集体因素,或者是后者战胜前者。先验地说,两种结局都是可能的,但是,对于其中任何一种,显然都必须有完全不同的历史环境"。马克思认为,如果俄国脱离世界而孤立存在,而且它想靠自己的力量取得西欧通过长期的一系列进化才取得的那些经济成果,那么农村公社注定会随着俄国社会的发展而灭亡。但是,当西方资本主义打破民族相对隔绝的局面,把世界日益变成一个流通的文化整体和资本主义生产所统治的世界市场时,俄国公社只要吸取资本主义制度所取得的"一切肯定成果",它就无需沿着人类文明发展的轨迹从头开始,而可以越过资本主义制度的"卡夫丁峡谷"。

但是,在肯定俄国公社发展的两种可能性时,恩格斯更强调社会发展道路的一般规律。在他看来,在较低的经济发展阶段上解决只有在高得多的发展阶段才会产生的和才能产生的问题与冲突,这在历史上是不可能的。不可能从较低的社会形态产生出未来的社会主义社会,它只能是资本主义社会的最独特的最后的产物。每一种特定的经济形态都应当解决它自己的、从它本身产生的问题;如果要去解决另一种完全不同的经济形态问题,那是十分荒谬的。这就是说,超越社会发展阶段去提出社会发展的任务是不可能的。

由此我们可以看到,在这纷繁杂乱的混沌世界中,马克思主义经典作家为我们梳理出了一条清晰的理路:当他们从逻辑上去反映世界历史过程的统一性和普遍性时,没有由此排除各个民族在历史上所表现出来的特殊性,并把它们置于世界历史当中来加以考察;当他们具体考察一个特定民族的独立发展道路时,也没有由此排除人类社会发展的普遍规律对一个民族发展所起的制约作用。我觉得,这就为各国探索不同时代社会发展的特殊规律、确立符合本国国情的社会发展道路,奠定了方法论基础。

其次,我要讲一讲是资本的普遍性问题。马克思一方面揭示了资本的否定性,同时也看到了资本的肯定性。这些肯定性的内容,不是经济崩溃,不是生产关系对生产力的束缚,不是对生产关系的炸毁,也不是血和肮脏的东西,而是表现为一种伟大的文明作用,表现出巨大历史财富的创造,表现出人的交往和社会关系文明体系的建立。马克思指出:"资本不可遏止地追求的普遍性,在资本本身的性质上遇到了界限,这些界限在资本发展到一定阶段时,会使人们认识到资本本身就是这种趋势的最大限制,因而驱使人们利用资本本身来消灭资本。"可见,人们既不可能离开资本的发展来消灭资本,同样也不可能利用尚未达到自身历史普遍性的资本来消灭资本。只要资本的运动尚未达到"资本本身才是它的限制"的历史水平,那么任何限制资本运动的一切力量都将被资本运动所摧毁,而只有完成了历史普遍性的资本,才能成为最终消灭资本的世界历史力量。

这是否意味着,在现实社会主义制度下仍需进一步发展资本的运动呢?是的。我认为,对于经济文化落后的社会主义国家来说,利用和发展资本的肯定性内容具有重要的意义。因为经济文化落后国家建立的社会主义,就是在尚未实现资本的历史普遍性的社会中建立的社会主义,如果不能在社会主义条件下进一步发展资本,相反,超越生产力的发展而阻碍资本甚至消灭资本,那么其结果不是消灭资本本身,而是被资本所摧毁。

但事实上,现实社会主义国家革命成功后,都否定了资本主义的存在和发展。在我看来,只要资本的运动尚未完成它的历史普遍性,那么还必须在新的历史条件下继续完成发展和占有资本文明这一前提性历史任务。在社会主义制度的外壳下,进行资本的运动和资本的积累,完成别的国家在资本主义形式下所实现的工业化、商品化、社会化和现代化的痛苦历程,从而完成资本的历史极限所能容纳的全部历史容量,全面占有资本文明的一切积极成果,为社会主义奠定坚实的物质基础。

讲得通俗一点,现实社会主义就是要利用资本的力量来建设社会主义。按照这种理论逻辑,我认为,社会主义国家的改革开放,要在继续保持社会主义作为资本边界的同时,消除社会主义作为资本的边界,从而重新建立继承、引进和发展资本的新的社会主义发展战略。也正是在这一意义上,1956 年年底毛泽东已认识到,在生产力没有获得充分发展之前,资本主义与社会主义之间并非截然对立,应以辩证的观点看待社会主义建设中的资本主义问题,这集中体现在他提出的"可以消灭了资本主义,又搞资本主义"的著名观点中。遗憾的是,他没有把这一观点坚持下去。可以这样说,这是所有现实社会主义国家所面临的共同性课题。

那么,应该如何从理论上认识和评估这种"跨越"后的社会形态呢?这里最重要的就是要把社会主义置于现实的基础之上,对现实社会主义的特殊本质、在世界历史进程中的地位和作用有一个清醒的认识和切合实际的估计。所谓特殊本质，是就它同马克思主义创始人所设想的经典社会主义的关系而言，就是要承认两者的历史起点和逻辑起点是不一致的。

现实社会主义的悲剧就在于：没有充分实践和发展列宁提出的新经济政策与国家资本主义思想，没有充分意识到落后的生产力对社会主义生产关系、民主政治以及科学文化发展的制约性，长期把这种不够格的社会主义等同于马克思所设想的社会主义，并力图跑步进入共产主义。

陈锡喜：这里有一个问题请教徐教授。列宁搞新经济政策时，并不是社会主义，而是实践如何向社会主义的过渡。到了社会主义，能否假设列宁还会有利用资本主义的思想？第二，关于社会主义初级阶段理论，中共十三大论证了这一理论，是为社会主义可以搞商品经济提出理论根据，因为是初级阶段，生产力不发达，所以不得不搞商品经济。但是这一论证蕴含了一个逻辑上的前提，那就是等我们生产力发达了，就可以回头搞计划经济了。这里的问题是：随着社会化大生产越发展，是更需要市场，还是更需要计划？我不是搞经济的，总感到这里的理论问题并没有解决。

季卫东：历史唯物主义强调，经济基础决定上层建筑，好像是一元化经济论，或自然过程论。但是恩格斯说过，历史是由无数平行四边形构成的，每个人都有他的意志，都发挥了历史的作用，但是历史不是按照任何个人的意志决定的。从辩证法的角度来看，里面包含的理论创新，看起来是历史决定论，但是恩格斯强调历史的偶然性。马克思理论中虽然强调的是客观规律对人的意志规定，但是没有否定人的意志的作用。历史唯物论不像我们想象的那样，跟现代经济理论比如合理选择理论没有关系，我们仔细看，历史发展不是与个人意志无关，个人通过博弈来影响合力，这是博弈理论。

陈锡喜：要搞清楚，马克思讲的是，历史是不以任何个人的意志为转移的，但历史的发展又是人的意志合力的体现。

许　明：徐觉哉的思路非常明确，但最重要的一点，是你论证的资本在当下存在现实的合理性，为什么具有社会主义的可能性？你说的社会主义是什么？把中国特色社会主义具体化，特色在哪里？在无边界前提下，体制制度设计是什么？如果必须按照资本的规律设计，那还是社会主义吗？传统的历史唯物主义是建立在19世纪科技发展的基础上，马克思恩格斯没有脱离大的科学发展的历史背景。我们讲的经济基础决定上层建筑，经济基础是自然规律吗？也是人参与的，有主观意识、主观决定在里面。20世纪的成果,偶然性的作用,这些问题对历史唯物主义的思想方法到底有什么影响? 偶然性能不能引进历史唯物主义? 个人意志能不能引进历史唯物主义? 如果这些问题引进,博弈、谈判、协商、个人选择,在某种历史条件下起到作用,可以吗? 这是不是恩格斯讲的平行四边形作用?

徐觉哉:社会主义这个概念现在被搞得很泛,而且很乱,从整个世界来看,对社会主义解释有四五百种,有社会主义思想、社会主义运动、社会主义意识形态,等等。我们今天讲社会主义,我认为就是从经济的社会形态理解,如果从这个意义来说我们今天没有达到,只能是初级阶段,必然出现很多情况,非常正常,所以很多现象是返祖现象。

鲍宗豪:理论的历史逻辑是要的,还要理清当代社会主义的实践逻辑。资本主义的资本简单说是以资本为核心构建资本主义制度下的资本运作逻辑,社会主义以社会为核心要运用资本工具。现在把企业分成三种类型,竞争型、公益型、功能型。因为我们是社会主义,要用资本逻辑,但历史的理论逻辑跟现实逻辑怎么很好地吻合?

许　明:今天碰撞的问题太尖锐了,教科书没法回答。

五、 中国社会科学研究要摒弃"外部反思",进入社会现实

吴晓明:习近平总书记特别提到历史唯物主义,主要试图通过历史唯物主义把握、理解中国特色社会主义道路。把握和理解有两个方面,一个是理论把握,另外一个是实践筹划,怎么走这样的道路? 在这个方面历史唯物主义是极端重要。但无论我们在理论把握上,还是在实践筹划上,都还没有进入社会现实的层面。我认为历史唯物主义最重要的要义就是把握社会现实。无论是哪一条原理,最根本的东西是把握社会现实,把握社会现实或者从社会现实出发来理解我们的所有现象,这一点是历史唯物主义最基本的东西。

马克思的历史唯物主义不是牛顿主义,实际上反牛顿主义,反机械主义,反决定论,因为它的根源就是黑格尔哲学,我们的历史观直接同他相关。黑格尔现实概念跟我们通常一般用语有区别,我们一般讲的现实是事实,或者是事实的结合,叫做实存,但是黑格尔认为现实不仅是实存,而且是本质,现实是实存和本质的统一,所以出现在本质论当中,不仅仅是实存,而且是本质。在黑格尔那里,现实性在展开过程当中

表现为必然性,因此是历史进程,作为某些实存在历史进程当中不仅展开自身,而且展开必然性,因此必然性也是本质性的东西。

马克思对现实概念的把握,一切意识都是被意识到了的存在,而人们的存在就是现实生活过程,其中的本质部分就是生产方式的变动结构;不仅是生产方式,而且是生产方式的变动结构。因此在历史唯物主义当中,马克思同样是把本质性倒回到人们现实生活当中。所以历史唯物主义在把握社会现实方面具有决定性的意义,一方面和黑格尔相似的有具体化的纲领,另外一方面不是把本质性倒回到国家的观念当中,而是倒回到生产方式变动结构当中去。现今哲学只知道跟在科学后面,完全不理解两重现实:经济发展和马克思架构。马克思主义懂得双重结构。历史唯物主义最核心的思想,就是要把握社会现实。

当代中国社会科学面临着严重的思想障碍,或叫外部反思。外部反思的基本形式在哲学上的说法,是推理能力从来不深入内容当中,只知道一般原则,而且把一般原则运用到内容之上,就是教条主义或者哲学上讲的形式主义。黑格尔对外部反思进行了非常多的有时是苛刻的批判,开辟了理解人类发展社会的道路。外部反思的教条主义简单的例子,是中国新民主主义革命时期的"左"倾教条主义,一口流利的俄语,马恩著作倒背如流,因此得出结论,中国革命主要是中心城市武装起义。但经过一次次失败,中国共产党人终于总结了教训,知道不能采取外部反思的方式,中国的问题不是中心城市武装起义,这里面的原理就是历史唯物主义。如果把历史唯物主义的原理当作外部反思用,历史唯物主义就立即转变为它的对立物,那就是历史唯心主义。我们要对外学习,这非常重要,但是大量的对外学习同时也带来问题,就是我们在这个方面往往采取外部反思的方式,所以我认为外部反思是当今中国社会科学界面临的最严重的方法问题,遮蔽社会现实,使得社会现实的内容无法在我们面前出现。

马克思1843年讲德国道路,说德国绝对不会走英法的道路,德国道路的可能性是在走英法道路的不可能性中产生的。之后讨论俄国道路问题,所以这里面的事情不是那么简单,如果真是那么简单,马克思很快就会回信,他犹豫再三,而且痛感自己对俄国了解不够,所以之后回信非常简单,但是道路问题绝对不是那么简单。还有非常重要的是,黑格尔在历史哲学当中多次提到,他说拿破仑上台了以后,想把法国的自由制度强加给西班牙人,结果把事情搞得一团糟。中国革命时的中心城市武装起义,不能一般地说暴力革命是错的,俄国经验是错的,错在外部反思,把中国的事情看成俄国的事情，或者欧洲的事情。法国和西班牙差别有多大？中国和西方的差别，或者中国和俄国的差别有多大？当我们想把西方的道路先验地强加给中国的时候，这件事情有多大可能？

把握社会现实的基本方式，历史唯物主义提了三条，第一条是科学的抽象，第二条是具体化的纲领，第三条是实证研究。我们讲所有历史唯物主义基本原理都属于科学的抽象，马克思、恩格斯都讲了，离开具体的历史研究，什么事情都说明不了，但是它们是科学所必须要有的抽象，比如说经济基础决定上层建筑，存在决定历史，这是基本原理。但这只是科学的抽象。第二个就是具体化纲领。具体化纲领就是社会历史的具体化，在某种情况下在某个特殊的地方，就是意识形态。所以马克思和恩格斯在《德意志意识形态》中讲，我们一般抽象根本不会碰到困难，只有当我们研究的时候困难才会真正出现。但是抽象和哲学不同，不会给任何历史时代任何研究提供药方和公式。第三个就是如果具体化纲领的本质性根源不在绝对精神或者逻辑学当中，那么它在哪里？马恩当时讲的就是进行实证研究，所以我认为我们当今的社会科学在对中国社会的实证研究方面大大欠缺，我们学了很多原理，我们拿原理用外部反思套这个，套那个，比较这个，比较那个，但是从来没有很好地深入中国社会的研究当中，这一点是很大的弱点。在科学抽象、具体化纲领和实证研究当中，具体化纲领是最核心的东西，如果没有具体化纲领，科学的抽象最容易变成外部反思的抽象原则，把马克思讲过欧洲社会形态发展的历史阶段，简单套到中国头上，哪段叫中国奴隶社会，哪段叫中国封建社会，这是最标准的外部反思过程，如果没有将具体化纲领科学抽象转变成为外部反思的抽象原则，历史唯物主义就会转变为对立物，即历史唯心主义。

如果没有具体化纲领和实证研究，社会科学会变成无头脑和无批判。所以我认为对于当今中国的社会科学来说，应该以历史唯物主义作为指导，花大力气研究中国社会并且切中中国社会的现实。如果没有对中国社会的具体和实证的研究，就会导致离历史唯物主义无比遥远的东西。我认为以历史唯物主义作为方法，开展出这样的研究，一定会使得中国社会科学出现全新的局面和许多新的成果，这个成果同以前相比有质上的区别，因为这并不仅仅是运用一般的教科书原理或者外部反思的方式讨论这个问题，而是使得中国社会现实在社会科学当中得到充分的解释。

赵修义：请教你一个问题，你说马克思讲德国的具体纲领要从它的哲学开始，那么中国的具体纲领从什么地方开始？是否不是从经济开始而是从政治开始？因为中国的市场经济也好,计划经济到市场经济也好,都是政府推动的。

吴晓明:我现在不敢说,因为我对这个方面的研究不够。可能是社会。

六、 历史唯物主义要增强现代诠释力

鲍宗豪:历史唯物主义必须研究社会现实,不能解释现实不行。历史唯物主义强调的是从物质生产实践出发,这是跟历史唯心主义最不同的地方。从物质生产实践出发既是一种意识形态,又是科学研究的路径方法,在当前还是有意义的。

一个是对增长问题的认识。经济发展离不开增长,但是增长不等于发展。党的十八大报告提出生产、生活、生态,但是经济学界比较多地讲超常增长,超常增长带来的问题很多。罗马俱乐部当时的观点现在来看还是有道理的,之后不断完善,提出包容增长,考虑到了地球承受能力的问题。超高增长导致穷人越来越多,资产越来越落到少部分人手里。我反对超常增长,反对高增长,高增长导致的是高债务、高分化、高冲突、高腐败,没有这个不可能权力寻租,政府必然要寻租,它有它的利益需求。历史唯物主义从物质生产实践本身内在的东西寻求解答,现在问题很多。

二是对时间的认识。工业资本主义生产方式,也是生活方式。物质生产实践关键是生产方式,生产方式决定生活方式,生活方式决定人的时间。所以马克思讨论生产方式对资本主义时间的批判,就是这样的研究路径。这个路径分析可以从两个方面来看,一方面工业资本主义生产方式侵占大量的日常生活时间,另外它能创造财富,使得物质涌流,大家高兴,所以资本主义好;另一方面工人牺牲了大量的生活时间,成为机器人,所以后工业社会知识创新中,提出了对时间并列的反思。另外,在中国农业社会、工业社会与后工业社会交织在一起,同时,转型期时间边界很模糊,所以要辩证地看待。现在时间、传统时间、工作时间,城市农村都值得很好地反思,以至于现在在制度层面要讨论休息日,都是从这个过来的,到底是休哪几天? 简单的事情结果还要讨论,根源就在此。

三是从大数据时代的物质生产实践出发创新社会治理问题。创新社会治理面临的最大的问题,就是对大数据时代到来,云计算、物联网、互联网对全球社会发展产生重要影响,对社会治理提出挑战。很重要的是,近三年产生的数据量,超过人类社会过去的数据总和。美国科学家说面对大规模数据,科学家假设模型检验方法过时了。我不主张完全过时,但说明大数据已经开始提出挑战。所以社会治理研究思路要变革。现在报纸、书籍、图片、海量视频,电话监控什么都知道,信息不对称,人力物力投入很大,就是没有信息,信息不肯披露,真真假假太多了,现在网络上的数据大量是非结构化、半结构化的。所以要想办法让它结构化,结构化才可以分析,才可以预判,否则对社会怎么预判? 所以不能简单用问卷调查方法,问卷总是有限的。

许　明:马克思恩格斯当年肯定纺织机发明改变了人们交往方式,从历史唯物主义角度看,现在大数据、后现代生活方式如何改变当代人的生存和交往的方式? 能够在这方面作出提升,对历史唯物主义也是创新。

鲍宗豪:但是先要解释这种现象,如果不解释,纯粹抽象思辨人家不明白,没有具体论证和说明不行。研究社会治理,还要研究互动,在 QQ、微信过程当中互动,还有治理方法,还有治理能力。现在治理能力不行,治理能力仅仅是网上的。大数据时代对人才培养大大缺乏。社会建设研究是镜像世界的产生,现在我发微信,很快可以马上直观,像照镜子一样,以前《光明日报》、《人民日报》登了消息,那个时候网上是虚拟的,是一条狗、一条虫都不知道,现在很清楚直观,很直接,像照镜子一样,所以叫镜像世界产生,本质地反映人类生活生存方式的转变和发展。单一物质生存融合成社会综合化生存,是根本的,所以要研究双重世界。搞社会建设,或者坚持和发展历史唯物主义,不研究这些是不行的。

七、 历史唯物主义与社会主义制度的变革

孙　力:谈历史唯物主义和各个学科的关系,它同科学社会主义的关系最密切,和社会主义理论的关系最密切。历史唯物主义给出了关于社会主义理论的基本判断,由于生产力、生产关系和上层建筑矛盾冲突,马克思认为资本主义已经过时了,社会主义必须取代资本主义,通过改造社会资本推动生产力的发展。所以社会主义理论和实践源于历史唯物主义。在社会主义运动之前和之外,人类社会的发展是盲目的、自在的,即使是看起来主宰了人类社会的发展,而实际上至多不过是"充当了历史的不自觉的工具"。而社会主义则极大地发挥了人类主动运用客观规律的功能,前所未有地推动了人类社会的进程,这一点是无论如何也不能够抹杀的。这也是唯物史观强大的生命力之所在。

社会主义是主动改造社会的极其成功的范例,但是这个问题又不能讲过度。历史唯物主义和社会主义的关系微妙复杂,社会主义运动当中成功之处在这里,它的失

误之处也在这里,比如说苏联模式问题。社会主义成功在哪里?它刚刚创造出来的时候取得了大成功。为什么后来苏联模式又出问题?为什么不能使社会主义继续顺畅发展?这一点依然是脱离了历史唯物主义。历史唯物主义强调社会主义是一个过程,不断地前进中的过程,创造出的制度必须变迁,必须不断地提升,才能适应社会的发展。而社会主义实践的失误正在这里,所以对苏联模式,两种极端的观点都是错误的,要么说它根本上就是不行的,要么就是完全肯定它,认为苏联模式是社会主义的最大成功。还是应该用发展眼光来看。

我们再看中国,改革开放开头的成功也在这里。邓小平提出摸着石头过河的意义在于重构或者重新认识了生产力、生产关系、经济基础和上层建筑关系,它们之间是什么样的发展状态?我们应该用什么制度应对?摸着石头过河的意义在于重新调整这两者之间的关系。过去我们把社会基本矛盾关系固化了,所以要调整这两者的关系。这还牵涉制度自信问题。季老师谈到了异化问题和制度不稳定问题,20世纪80年代讨论过社会主义制度有没有可能异化的问题。异化的概念还是很有价值的,为什么会存在问题或者为什么会异化?还是跟历史唯物主义有关系,我们一旦把已有的制度过分固化下来,很容易走上制度不再进行调整的道路。所以正确地把握自信和制度变迁,或者说理论自信和理论的发展之间的关系,非常重要,包括道路自信和道路开拓,这一点是历史唯物主义很关键的问题。包括中国模式的说法,过分地强调恐怕也容易走上苏联模式的道路。

历史唯物主义告诉我们,在社会发展当中,要抓住一些根本性的问题。观察今天中国,党的十八届三中全会最重大的成就,在于把各项改革的关系梳理清楚了,把经济体制改革放在前沿。对怎样认识各个领域改革的关系,理论界有不同看法,搞社会学的学者的基本观点是中国社会发展已经到了以社会改革为核心的阶段,政治学学者则认为中国应该进入以政治体制改革为核心的时期。这个问题必须梳理清楚。

还要处理理论与时代的关系,中国理论与西方理论的关系。历史唯物主义决定了思想理论和社会发展相关联。马克思主义为什么不产生在中国?现在我们把资本主义的理论和它的生产力的发展剥离开来,对资本主义文明当中创造出来的很多理念我们干脆不用,这是不对的。资本主义文明的发展、生产力水平同它的理论绝对是有关联的,马克思主义之所以能够诞生在西欧,是因为那里是当年生产力最发达的地方。

八、 历史唯物主义研究要总结中国经验，回应四大理论争议

赵修义:我提几个需要研究的问题。第一个是习近平总书记提出学习历史唯物主义,跟党风建设和干部教育是什么关系? 干部学习和社会科学界研究,到底哪些关键问题是最需要的? 比如说现在讲群众路线,在这个问题上,干部和社会科学界的关系就没有想清楚。第二个就是历史唯物论除了跟各个学科的关系要厘清外,更重要的是,在当今的历史条件下,基本原理的理解、阐释和发挥怎么做? 如果说停留在过去教科书的概念和原理,要解释现实是非常困难的,因为很多概念工具本身不足。现在最重要的要做两件事:

第一,总结中国的历史经验,讲好中国的故事。这里有两个考虑,一个就是自历史唯物主义进入中国后,中国的学界曾经有过很多讨论,新中国成立以后比较重要的包括综合基础论的讨论,还有就是改革开放以后人道主义的讨论,还有对群众创造历史的质疑,等等,这些思想史上的问题都要厘清,如果不理清楚,今天再停留在包括跨越卡夫丁峡谷的争论这个水平,就失去了意义。还有一个情况,就是我们可以观察中国改革的决策过程和实际操作过程同历史唯物主义的关系。这里有两个层面,第一个层面在理论解释上花了很多工夫,特别是改革有重大突破的,都要有说辞,最典型的是包产到户,特别是同所有制的关系。对这些说辞需要好好理清一下。因为只有把这个东西搞清楚了,才能解决今天在什么问题上起作用,说到什么分寸,否则很多口号听不进去,包产到户最典型,很多人听不进去,最后换了一个说法,对所有权作了解释,说不叫包产到户,叫联产承包制。今天中国无论是国企改革以后,市场化以后,这套东西如果不解决,对上对下都困难,有些是上面听不进去不做,有些是老百姓不买账。做理论研究还要关心一下现在看起来声音不响,但是老百姓很共鸣的东西。

第二,历史唯物论如何回应改革开放以来中国社科界非常有影响的重要的理论争议。我认为有四个。一是说清楚偶然性在历史发展中到底起什么作用。邓小平为什么强调机遇? 哲学界提过很多年,不能从道理上讲清楚。我们的文章天天都在讲规律,不讲偶然性。二是马克斯·韦伯对中国各个学科发展的影响绝对不能低估。三是丹尼尔后工业社会来临的模式框架,跟马克思是相对的,被称为技术统治论,再加上资本主义文化矛盾,这个对中国的影响太大了,增长主义全都是这个根源,我们现在很多政策都是按照这办的。四是亨廷顿的文明冲突论。马克思写历史学笔记和

人类学笔记的时候,焦点还未到这里来。而我们的教科书体系里面,民族性、文明传统包括宗教传统都在视野之外,这些东西去掉了会遇到很大的问题。为什么中国特色社会主义道路这件事情老是讲不清楚,大家喜欢用西方模式套?因为自由主义也是这个框架。马克思在后期,特别是研究俄国问题的时候,研究人类学笔记,研究摩尔根学术思想的时候,有很大转变,原来讲跟两个传统彻底决裂,最后他说不要讲和古代历史的关系,很实在。我们的历史唯物论不能离开这些问题不去回应,不提出正面的看法。中华民族在世界上为什么能够走到今天,为什么能做出成绩来,又为什么碰到那么多问题?习近平总书记最近说要继承传统,传统不能割断。对此,不能仅仅从文化上道德上看,更要看中华文明怎么走过来的。这个必须要回应。但是,我们有些搞教科书式的马克思主义的学者,根本不研究上述四个问题,还是坚持干巴巴的几条"原理"。

九、 学习和研究历史唯物主义, 首先要搞清楚什么不是历史唯物主义

陈锡喜:我们过去走包括斯大林模式走过的社会主义道路,也是讲历史唯物主义,但却遇到了实践困境。如果不能把它归结为历史唯物主义造成的产物,就首先要回答,什么不是历史唯物主义?

斯大林道路和斯大林模式是有区别的。斯大林道路的选择,既有历史主动性,在当时的时代背景下,又有历史的合理性。但是最后形成的斯大林模式,体制僵化背后的原因,在于把历史选择的合理性上升到所谓符合"铁的规律",并把它附加在马克思主义头上,为这一模式寻找意识形态的辩护。

我在从事马克思主义理论研究和教学工作的经历中,感到斯大林教条主义话语体系还是顽固地存在,用以解释当代中国和世界,没有解释力;用以说服大学生,没有理论魅力。

斯大林是这样定义马克思主义的:马克思先研究自然界现象,他的方法是辩证的,他的解释是唯物主义的,这就形成了辩证唯物主义,再把它推广到社会历史领域,形成了历史唯物主义。斯大林反复用排比句式强调着这一"推论":既然物质决定意识,因此社会存在决定社会意识;既然自然现象的联系和发展是有规律的,那么社会生活现象的联系和社会发展也是有规律的;既然自然界的运动没有偶然性,因此历史

规律也没有偶然性,等等。斯大林将人类所有历史活动的根源都归结为自然界的物质运动,其所有对人类活动的论证,都是由自然界的物质运动推导出来的,这样社会历史规律也就成了所谓的线性的铁的规律。而他又把这一规律称为"原始社会到奴隶社会、到封建社会、到资本主义社会、再经过社会主义社会发展到共产主义社会",是依次更替的"线性"的过程,因为在他的话语结构里,反复使用的是"恰恰被代替"。由于自然物质运动规律是不可抗拒的,所以人类历史发展规律也是不可抗拒的。

我们需要澄清的是:第一,马克思不是从"物质决定意识"推出"社会存在决定社会意识"。因为马克思从来没有讲过、甚至反对"物质决定意识"的观点,他强调的是"社会生活决定意识","人们的物质关系决定意识"。《关于费尔巴哈提纲》的第一句话,就是批评旧唯物主义的物质决定论的思想的。斯大林把恩格斯在《费尔巴哈论》中所概括的费尔巴哈的思想,当作马克思的观点加以引用。而恩格斯恰恰强调,不能把物质和精神谁第一性是划分唯物主义和唯心主义标准这一含义"加上别的意义",否则就会造成混乱。第二,马克思不再把包括自然、社会和思维的整个世界作为研究对象,不再构建"似乎凌驾于一切专门科学之上并把它们包罗在内的科学的科学"的形而上学体系,而是以实践为视角,立足于对旧世界的批判,并以此作为改造旧世界的思想武器。历史唯物主义不是从对自然的研究中推导出来的。马克思一开始研究的就是市民社会同国家和法的关系。第三,总之,在斯大林意识形态的核心话语是旧唯物主义强调的"物质运动",而马克思主义强调的"人的活动",由此导致对马克思历史规律思想的诠释。

马克思恩格斯从来没有论证过斯大林所说的五种社会形态的依次更替是人类历史的普遍规律。《德意志意识形态》分析过的部落所有制、古代公社所有制和国家所有制、封建的或等级的所有制形式,同斯大林所谓的"五种社会形态"并不对应。马克思在《〈政治经济学批判〉序言》中说过:"大体说来,亚细亚的、古代的、封建的和现代资产阶级的生产方式可以看作是经济的社会形态演进的几个时代。"但是,马克思用"大体说来",表明并没有把它作为所有民族绝对普遍的社会发展图式;而"亚细亚生产方式"也不等同于"原始社会"。马克思还讲过三种社会形态。更重要的是,马克思一直强调,他对当代资本主义起源的论证,主要是基于西欧历史发展资料所作的具体的历史的分析,而反对后人将他的概括当作绝对普遍的模式强加于世界各国。马克思恩格斯是在"从批判旧世界中发现新世界"的,这一旧世界,即欧洲资本主义发展的特殊性,揭示了它的"来龙",预测了它的"去脉";而由于欧洲资本主义文明的扩张及其内在矛盾所引起弊端的暴露,通过"世界市场"而造成了对"世界历史"的影响,所以马克思对欧洲资本主义的批判,才具有了"世界历史"的普遍意义,而不是说所有的国家都要走五种社会形态依次更替的道路是历史的普遍规律。

马克思恩格斯有两段话,它们揭示了历史规律是什么。第一段是马克思在《〈政治经济学批判〉序言》里讲研究过程,得出的结论就是社会结构的理论,社会结构理论是结构和动态的理论结合,他把结构论和过程论结合在一起,第二段话就是恩格斯说的,恩格斯评价马克思,马克思发现的规律是什么? 第一个是社会基本矛盾规律,第二个就是资本主义剩余价值的发生发展的规律,从来没有讲过马克思发现了历史的普遍规律就是五种社会形态。

那么,马克思究竟有没有揭示人类历史发展的普遍规律? 这可依据马克思恩格斯自己的话来理解。马克思从来没有说自己发现了什么人类历史发展的普遍规律,他在《〈政治经济学批判〉序言》中概括的是社会基本矛盾运动,这可以理解为人类历史发展的规律性的东西。恩格斯在《在马克思墓前的讲话》中说到马克思发现了人类历史的发展规律,那就是马克思说的社会基本矛盾运动的规律。恩格斯还说马克思发现了资本主义运动的特殊规律,就是资本主义剩余价值运动的特殊规律。

那么,斯大林为什么要把历史唯物主义教条化、机械化呢? 就是要给他的模式一个说法。其实,斯大林是发挥了历史的主动性的,包括阶级斗争和肃反扩大化,以及集体农庄自上而下搞。但是,他要给苏共党内、老百姓乃至其他资本主义国家的工人阶级证明,他搞的模式是由自然规律推演出来的历史规律决定的,它有固定的生产关系和上层建筑,都是符合历史发展规律的,是高于和优于资本主义的。这在苏联,作为唯一的社会主义国家,处在占优势的资本主义包围中的时候,还有一定的合理性。但是今天,要固守这套话语,不仅逻辑上漏洞百出,而且根本不能解释当代世界的变化,与中国特色社会主义强调的改革开放和以人为本,都是直接冲突的。

今天再固守不是马克思阐述的"历史唯物主义原理",会带来五个弊端:一是否定了中国共产党领导中国革命、选择社会主义的历史合法性。因为根据斯大林的规律,中国应该先走资本主义道路,再走社会主义道路。二是无法为改革开放包括今天搞混合所有制提供"历史唯物主义"的根据,因为这些都违背了斯大林的社会主义经济基础和上层建筑的规定。其实马克思并没有讲斯大林所谓的社会主义经济基础上层建筑的统一模式是历史规律决定的,马克思讲过国有制是消灭私有制的第一步,最后达到社会所有制;而恩格斯晚年强调国家是无产阶级不得不继承下来的"祸害",要看是不是符合社会化大生产的要求。三是同"以人为本"的核心立场相背离。四是同我们提出的软实力建设有冲突。我们对内的宣传强调社会主义战胜资本主义，对外宣传建设和谐世界，维护人类共同利益，尊重世界文明多样性、发展道路多样化，合作共赢，人类利益共同体，求同存异，等等，哪个符合历史唯物主义呢？五是不能真正发挥对哲学社会科学研究的指导作用。因为所谓"历史规律"已经定死了，其他社会科学没有必要再研究了，把所谓的"历史唯物主义"演绎过去就可以了。因此，对教科书宣传的历史唯物主义，要进行厘清。

唯物史观关于生产力和生产关系的基本概念没有问题，但是生产力概念如果定位到"能力"，解释面更宽一点，这个同人类解放结合起来，而不仅仅是物质的表现或GDP 的表现。生产关系概念因为马克思当时强调生产资料的所有制为基础，今天要拓展了，包括信息占有、公共产品、社会权利等所有问题，今天都涉及生产关系了，而不仅仅是不是掌握资本了。

许　明: 今天的讨论完全超出我的预想。关于历史唯物主义的讨论内容这么丰富，多学科交流，比较前沿。还有两个取向：一是回归马克思主义本身，即被斯大林遮蔽的原貌；二是创新历史唯物主义，这一点尤其重要。普利高津思想对我们冲击很大，包括非决定论、蝴蝶效应、偶然性，等等，也应该进入历史唯物主义的研究视野和方法。

全球化：新态势、新特点与中国发展

（2015 年 1 月）

参会嘉宾（按姓氏笔画排序）：

任　晓（复旦大学国际问题研究院教授）

刘　鸣（上海社科院亚太研究所研究员）

刘　擎（华东师范大学政治学系教授）

余逊达（浙江大学公共管理学院政治学系教授）

沈丁立（复旦大学美国研究中心教授）

顾　肃（南京大学哲学系教授）

郭长刚（上海大学全球学研究中心教授）

任　晓：今天我们圆桌会议的主题是当前全球化发展的新态势、新特点和中国需要注意把握好的问题。根据我的理解，"全球化"是随着生产力的发展和生产的全球性扩散，贸易投资的自由程度不断提高而产生的全球联系日益紧密，各种主体的相互影响日益直接的现象。这种现象马克思、恩格斯在 19 世纪撰写《共产党宣言》的时候就已经指出了，但这一现象在 20 世纪后半叶，尤其是进入 21 世纪以后，呈现出新的趋势和特点，特别是由于科学技术突飞猛进而呈现加速度的态势，不断冲破各种界限。

当然，这里面跨国公司是很重要的行为主体，比如说某种产品设计在美国，生产在中国，销售在全球各地，形成全球性网络并日益扩大，可以说日新月异，经济贸易和技术领域的发展又溢出到其他领域，比如说以美国为基地的索尼制片公司最近拍的一部电影《采访》，因为带有明显的敌视和意识形态的偏向，出炉以后引发了大规模的网络攻击，这种网络攻击又引起了一系列的反应，包括美国政府针对它所认为的网络攻击的发起方——朝鲜实行进一步的制裁。这里边涉及了太多的意识形态、政治、外交，等等。此外，文化、宗教、文明的影响盘根错节，复杂交织。

总的来说，全球公共问题日益增多，其影响迅速扩展，第一是互联网日益紧密地把世界联结在一起，但网络世界又是最没有秩序和规则的，它有三个特点：一是很难获得确凿的证据；二是在网络世界很难有清楚的国际行为规则；三是网络世界充满了不断升级的风险。因此，网络安全成了一个日益突出的问题，以至于我国成立了中央信息化与网络安全领导小组这样的机构。

第二是宗教极端主义兴起，具有代表性的是所谓"伊斯兰国"，在叙利亚和伊拉克兴风作浪，攻城略地，肆意杀害无辜，并且向全世界展示它的冷酷和血腥，其中还有不少来自西方国家的青年加入所谓的"圣战"，这个现象是很值得我们深思的。

第三是应对全球气候变化。这个问题如今获得了更多的共识，与 2009 年哥本哈根大会时的情况有所不同，中美这两个温室气体排放量最大的国家在 2014 年达成了双边协议，宣布了各自 2020 年以后的应对气候变化行动。其中中国计划到 2030 年左右二氧化碳排放达到峰值。今年年底联合国将在巴黎召开气候变化大会，有望取得一定的进展，一个看点是能不能达成适用于各方的新的公约。

第四是全球性的公共卫生危机，这个是争议最小、共识最大的，是对当今世界全球治理能力的考验。这次埃博拉危机，世界卫生组织在应对中没有发挥人们所期望的作用。但包括中国在内的有关国家所展开的有效行动和对非洲国家提供的有力帮助，还是令人印象深刻的。

第五是全球贸易正在走出全球金融危机的打击，避免了 20 世纪曾经出现过的严重的保护主义。包括新兴经济体在内的二十国集团（G20）在反对保护主义，促进全球增长方面起到了一定的作用。中国领导人在布里斯班峰会上宣布，中国将采纳国际货币基金组织（IMF）的"数据公布特殊标准"。这是一个很重要的决定。为什么这么说呢？因为随着经济全球化进程的深入，国际社会需要各个经济体发布可以一致理解和相互比较的统计数据，同时便于国际社会对各个经济体的经济运行状况进行监察，所以在统计数据的公布方面，需要国际通行的标准。

目前 IMF 制定的"数据公布通用系统"以及数据公布特殊标准是被广泛接受的国际标准，中国采用这些标准是中国与世界融为一体的表现。在地区层面上，中国 2014 年作为 APEC 会议的东道主，在推进亚太自贸区（FTAAP）进程方面发挥了重要的引领作用。亚太自贸区不是中国首先提出的，是美国在 2006 年首先提出，但此后数年始终没有起色。现在中国把它接过来，发挥一种引领作用，成为我们所主张和倡导的一种东西，使它确立了起来，成为了一个地区性目标。

同时人民币国际化在加速推进，有人讲这是一个周边化、亚洲化、国际化的过程，这个当然可以讨论。还有中国（上海）自由贸易试验区，作为一个国家战略，它的目的是以开放促发展、促改革、促创新，形成可复制、可推广的经验服务全国发展，把它用到国内别的地方去。运行了仅一年多以后，就又决定在天津、广东、福建再设立三个类似的自贸区，推进的速度还是非常快的。从这些情况看，我觉得中国已经成为当今世界自由贸易的旗手，因而也是全球化的旗手。

今天的讨论主题涉及的问题很多，不少都可以联系起来讨论，我这个就算开场白吧，接下来请大家大脑风暴，进行思想交流碰撞。请大家发表意见。

一、 全球化对国家治理提出挑战

沈丁立：关于"全球化"可以谈的东西非常多。

我今天讲三点。第一点，全球化严重地削弱了国家的主体性、主权。

最初人类是原始共产主义社会，我们最终要走到高级社会主义，这个过程很漫长，可能需要几万年，甚至更长的时间。究竟能不能走到最后？谁也不知道。欧盟是目前来讲全世界范围内最像共产主义初级阶段的，即边界消失，将来再设置地区部队、配备警察、成立一个超主权政府，这些和它们强调的主权是格格不入的，但西方又都接受了。我们在享受它带来便利的同时，看到了地域，只要一个中国人能够获得属于申根区任何一个国家的签证，就可以进入申根区的任何其他成员国家，这些国家的安全完全是寄托在第一个发放签证的国家对申请人的安全审查。这些国家有那么大的能力吗？如卢森堡有能力审查13亿中国人的安全背景吗？没有。他们的情报系统能够强大到所有情报都是完全彻底共享吗？这是开放一个国家的城门，然后牺牲另外27个国家。法国靠近非洲，自然从地缘上来讲，就会有更多的非洲文化接触，非洲也是法国最早的殖民地。我们可以看到，这样带来的问题是最后在发展的时候需要劳动力，强势国家最便利的方式是从周边地区吸取，文化上的一种亲和力又进一步集聚了这个地方的人合法移民，这些人同时又为强势国家提供了很多人才，如一些黑人运动员、一些有才华的人物。

第二，全球化导致的信息问题。

互联网已经构成了对国家安全的挑战，干部贪污腐败更多的是对政权和合法行政的挑战，在任何国家都是这样。但民众知晓信息是通过国内媒体还是国外媒体？国外媒体报道是为了报道事实，还是为了削弱共产党的统一政治领导？即使是造假，等事实真相经过一段时间浮出水面，国家的权威也已经被削弱了。突尼斯等国的"茉莉花革命"正是如此。很多时候一个很小的事件,在一定的环境中,通过互联网不成比例地加倍放大效应,造成政权迅速倒台。虽然说目前我国的管控能力比较强,但防不胜防,政权在全球化面前,权威性受到严峻挑战,而且很难防止。

第三,全球化对价值观的影响。

全球化促进了高频率的人流流动,造成彼此之间有偏激价值观的人流流动,然后再定居,造成了允许这部分人成为公民祖国的物理对抗、心理对抗。

以上三点是今天我要讲的,第一是国家削弱了边关的物理检查,第二是对信息的控制下降,第三是对价值观的影响。这些都是全球化中非常值得重视的,而这些问题无一不同中国发生关系。如果将来有亚盟了,日本人到中国来不需要签证了,我们准备好了吗? 目前中国是有 1 000 万人出去,如果每年几亿人来中国,我们准备好了吗? 签证便利化这个真的可以随便推进吗?

二、 话语权：从消极防御转向积极进取

刘 擎:今天我们处在大的格局当中,很多大的问题需要重新来考虑。

我刚刚写了西方的回顾,今年特别明显地感到传统的框架和坐标不太管用了,需要调整框架和坐标。这个时期强调反思性的文章也特别多,不管是国际还是国内的,争辩非常多,包括关于美国在世界上的角色定位。

在我看来,全球化的反思从来没有停止过,对全球化的赞美、鼓吹和倡导,一开始就伴随着对全球化各种各样的反思和批判,国际上有,国内也有。有的说全球化在阿拉伯文明和西方文明交汇的时候就有,而我们现在谈的全球化,实际上在近代以来,虽然是民主国家的形态,但总是有一个大国或者大国的联盟在主导世界,类似某种帝国,是一个帝国秩序结构下的全球化。这种全球化,实际上有很清楚的文明传统的导向和自己价值的导向,不能把这个看成世界一直在融合。在冷战时代,我们有一个中国的或者社会主义阵营下的全球化,所谓冷战就是两种全球化格局的对垒。最后呢,在现实意义上,所谓苏联共产主义的全球化失败了,现在看来,那一边也没有特别成功。现在有一个可能,终结的不是历史,终结的是特定版本的历史。因为在冷战时代,其实两个东西都是持终结论的,只不过大家的目标不一样,一个是共产主义,一个是要实现所谓自由民主资本主义。现在觉得,可能世界的多样化状态会长期存在下去。

但我还是要谈这样一个问题,即我们可以在两个意义上批判全球化。一是加入了由美国主导的全球化进程,对中国的短期和长期的利益怎样来评价?这是一种反思的方向。还有一种,哲学家们,特别是美学家们对全球化和近代性的批判,那是从德国悲观主义文化开始的,它是一个存在论上的悲剧性的、现代性的东西,就是全球化导致人的欲望的低劣化,然后精神的堕落,这个情况是以各种各样形式存在的。这对我们来说,作为哲学文化讨论的议题是一直存在的。但有意思的问题是,就在所谓美国主导全球化的结构当中,中国加入这个群体,我们的收益和损失、近期和长远的前景是什么?

第二个我们是不是能改变?我觉得有一个问题有点意思,有西方学者从这个意义上说"西方是错的",比如说法国一个研究所的所长就说西方的自由主义,首先是政治因素,有一个自由民主的政体,它在治理上发展出优越性,开始是共和原则和君主原则冲突,然后作为治理原则被接受。其实欧洲人并不是说在政治上要什么社会主义制度或者自由主义制度或者天主教制度,他们需要的是一个好政府、运行有效的政府,碰巧自由主义在那时候表现出有效性,所以被接受。但这个有效性并不是长久的,因为有一个第二自由主义的原则,就是自由竞争开放贸易。其实我们并不能真正遵循这个东西,如果遵循这个我们早就"死"了。很明确,一个劳动力成本很高、社会保障基础很大的国家,怎么可能跟劳动力成本低、社会保障很少的国家竞争,根本没有竞争优势。所以现在已经看到了,美国主导的全球化格局到了能力边界了,维持不下去了。因为西方从2008年金融危机到占领华尔街,由于受民主的制约,有一个关于社会福利兑现的承诺压力,所有的资本主义国家多多少少都是一个福利国家,所以要兑现这个福利,如果不兑现,老百姓就会给国家压力。但政府现在在全球化格局中不能收到足够的税,所以民主的逻辑和自由的逻辑断裂了。自由要求开放、竞争,到最后,自由、竞争的结果是,大资本是获益了,但它不一定给你缴税。所以西方在这个意义上收不到租或者税,不能兑现它提升福利的承诺,就会产生合法性危机,虽然这个合法性危机是一个政绩危机。最后西方形成的情况是,民主是他们的传统,对每一届领导人都没有什么不同,于是领导人就会发生频繁更替,连任的情况可能会越来越少,社会运动、街头运动越来越多。因为他们没有也找不出什么别的办法,但是人民总是不满,因为国家没有办法来解决这个问题。这是他们觉得全球化不论开始怎么样,最终要交由西方统治的结果。

问题是中国现在能不能接?包括我们跟美国谈新型大国关系,为什么没有充分发展,对方也没有特别接话题,就是问中国到底要怎么样来做? 里面的实质内容是什么? 西方人的价值是很清楚的,比如说我根据西方人表面上生成的、标榜的价值,就可以说美国的有些做法是霸权主义,甚至是国家恐怖主义,这个看它的价值就能看得很清楚。

我觉得下面一步,应该是从消极防御性的论述转向积极进取性的论述,虽然我们总是在抵御。全球化或好或坏都是不能避免的。从长久的历史来看,文化都是在交往和遭遇中发生的,不可能避免。中国一开始没有这么大,也是在各种中原文化和各种少数民族文化的交往后才出现现在的中国,欧盟更是这样。全球化的过程中,实际上文化在存在论意义上是遭遇的结果,但遭遇的结果并不是说我们只能维持原来的论述,我们真的是要与时俱进。

三、 全球化中利益和观点冲突将会延续很长时间

刘 鸣:这个题目是一个很大,也是很老的话题,很多年一直在讨论,以前在讨论如何全球化,现在又出现反思全球化的话题。

第一,全球化本身是一个已经存在的世界现象,可以说所有国家都融入进去了。没有哪个国家可以说自己没有进入全球化,你要完全地去控制、驾驭全球化,我认为这是不现实的。当然,在整个全球化过程中,有得益的,有受损的,有些是双重的——既得益也受损。美国与西方也一样,在金融危机中遭到了巨大的打击。这说明全球化本身发展到一定程度后,任何一种力量都无法控制。

中国是新兴国家,同时在金砖国家中,中国是全球化最大的得益者。如果暂且不论生态环境与其他方面的消极因素,单从经济层面、生产力的提高和人民生活水平改善的角度来看,中国是最大的得益者。中国商务部曾经对巴西、俄罗斯、南非、印度等金砖国家在全球技术(高附加值)生产链的配置情况进行了调研,结果显示中国是最大的得益者。印度除了软件有些优势外,它与其他金砖国家都没有进入低端的全球生产链中,更遑论进入中高端的配置。中国则从低端向中端发展,整个格局对中国是有利的。

现在讨论全球化过程中,可能需要考虑几个变量,至少四个变量,但不局限于这四个变量。第一,全球化在各个专业领域的扩散,包括技术、人员、思想、金融、管理、安全、通信、运输、病菌等,使得所有的地球人都不同程度上被全球化。第二,去年一

系列事态的发展,使得国际关系学界与舆论界认为地缘政治格局又回归了,包括中国、俄罗斯,加上美国,这三个大国都在地缘政治方面追求一种回归的战略。其中,既有对海洋通道、地缘空间的争夺和控制现象,也有通过支持民主运动来介入传统地缘政治势力的博弈。中国的布局、美国的布局、俄罗斯的行动都反映了地缘政治的回归,它和全球化是有关系的,全球化也推动了地缘政治的回归,这里面有各种因素。第三个变量是整个国际规范的发展,全球化在发展过程中,国际规范始终在后面进行制衡和制约,金融危机是全球化失衡的表现。但随后 G20 建立,开始对所有流动性资本进行全面监控。2010 年 9 月 12 日,巴塞尔银行监管委员会各方代表就《巴塞尔协议Ⅲ》的内容达成一致,加大对银行监管的力度。

还有在人权方面,一套西方设计规定的东西不停在发展,对全球化本身产生的消极性进行干预,也对全球化中产生一些新的问题进行干预。在原有的国际关系里面呈现了全球的竞争,网络、海洋、太空等区域的竞争越来越白热化,现在网络是一个新兴的东西,海洋也出现了新的问题。国际规范在发展,也是对全球化过程中新的问题进行有监管、有治理、有建章立制、有调控的管控。

第四个变量是国内的政治思潮多元化。现在讲国内民族主义,东北亚地区比较多,韩国也有,日本也有。日本是掩盖性的民族主义,日本的国际关系学界批判性比较少,维护所谓的国家利益。一些很好的知识分子,谈到国家利益时,就变味了,国家做错了也说成是对的。还有一种国内的精英主义,包括在国外留学的、跨国公司的,这些精英分子的理念和其他普通民众不一样,缺乏对国内政治上的忠诚与热情,跨国界的意识比较强烈。他们希望开放,与国际价值观与制度接轨,反对国家在政治上、经济上的干预。所以说现在各个国家的内部是非常多元化的,这导致了与全球化之间复杂的关系,既有对冲的与逆反的,有顺应的与紧密结合的,也有学理上、行为上保持间隔的。我认为对全球化的观察,至少要把这四个变量的因素放在里面。

第二,整个全球化中出现了一种"二元"格局。经济高速增长的新兴国家缺乏独立创新的技术;发达国家经济发展速度迟滞,但其高附加值的经济群傲立全球。全球化的核心是经济全球化,经济全球化以西方所谓的工业文明、工业产业的布局、科技发展为主,"世界五百强"中很多西方的跨国公司掌握了全球性的产业链布局。这种产业链的布局,本身是一个很难撼动的结构性的安排。在传统意义的全球化进程中,随着霸权国家的发展,其技术将横向扩散,新兴国家在吸收与发展新技术的过程中迅速发展起来,新崛起的大国会替代技术与产业落伍的霸权国家,成为一个新的霸权国家,这是过去国际体系演变的规律。但现在的情况是,中国、印度等新兴国家虽然发展很快了,但在高新科技方面并没有显示能够取代美国的能力。即使到 2025—2030 年左右,中国的 GDP 肯定会超过美国,但在高科技领域、高附加值的产业性的跨国公司、国家的总体创新能力方面,可能仍无法超过美国。这种南北不对称的、依赖性的世界经济格局,将很难随着全球化进程而发生改变,西方在综合性经济上,在服务业与高科技产业上的优势将很难超越。

举例来说,在上海索尼公司,日本母公司不会把最先进一代的电子产品技术给这个子公司。即使中国方面要求日本母公司必须在上海建立研发部门,他们也仅仅是建立一个形式上的研发中心,招几个人进行技术开发,但是公司的真正研发的核心技术都在日本。一旦一种新一代的技术形成,其产品的生产优先在无锡的独资公司进行市场推广;市场不太好,技术不太成熟的产品放在上海合资公司进行。这样,中国的公司的电子技术始终是落后一代或半代。虽然从绝对收益上我们获取了经济上的利益,获得了贸易上出口的出超,但经济发展的技术含量没有真正提高,仍然是高度依赖性的。

在整个全球化过程中,出现了一种现象,就是后发国家利用国家资本主义和集中性的资源,能更快地取得在市场竞争中的优势。这一点在中国加入 WTO 的谈判过程中,中国与美国均没有考虑到,中国本来是准备好在中国市场部分垄断性的产业与狼共舞的,但结果是我们的劳动密集型的产业大规模进入了欧美市场,中国 2013 年全年贸易额首次突破了 4 万亿美元大关,超越美国成为世界上最大的贸易国。

正是由于中国等新兴国家利用了经济全球化的机遇与游戏规则,获得了区域经济合作的优势,加速了经济发展,引起欧美国家采取了一种贸易与投资上的"封城筑地"的对策,对经济全球化中不对称发展的路径进行一定程度上的隔离,TPP 实际上就是一种新战略。WTO 多哈回合的谈判至今谈不下来,这是全球化发展本身需要的无障碍的贸易安排,但南北国家目标差距太大,在这种情况下,美欧就开始搞 TPP、TTIP,这是高层次的贸易规则构成的俱乐部,以此来确保西方国家的经济利益。

四、 对全球化发展中可能遇到的挑战要做好预案

郭长刚:我主要从两个方面关注全球化:一个是全球化深入的发展,除了在经济方面,给全球带来了一些什么样的摩擦? 另外一个是宗教在全球经济当中充当什么

样的角色？我从学科的角度来分,现在欧美,包括其他的像印度、非洲一些国家,都在不断把国际问题变成全球问题,像美国成立全球研究项目的高校已经有一百多所了,我也加入了他们的团队。

进入 21 世纪以后,全球化带来了一个全球抗议的浪潮,这种全球抗议非常普遍。在发达国家,像美国,2008 年爆发了典型的占领华尔街运动,在欧洲,像希腊、西班牙甚至英国、苏格兰都有这样的问题;发达国家中有,在发展中国家新兴经济体同样有。总而言之,全球化进入 21 世纪之后,无论是传统的发达国家还是发展中国家都已经出现了抗议的浪潮。

我觉得全球危机有几种,一种是 2008 年的占领华尔街运动,它是经济危机引起的;再有一种是新自由主义的资本主义引发的,像阿拉伯之春这样,是因为治理危机引发的;第三种是对新兴经济体来说,在全球化时代怎么提高治理能力;第四种是主义性质引发的;最后一种是与地缘政治有关的抗议。

第一种抗议主要是因为全球金融危机引起的,像美国、欧盟国家中发生的相关事件。第二种是新自由主义的或者全球化时代的资本主义引起的,土耳其、摩洛哥、叙利亚等国家发生的冲突都可归到这一类,这些国家被纳入了全球经济体系,但自己又被全球化的经济体系冲击了,劳动密集型的产业没有发展起来,失业率达到 20% 以上,这是全球化新资本主义的问题。再有一个就是治理能力的缺陷,像对举办巴西世界杯的抗议,泰国的红衫军、黄衫军的冲突也可归结为国家治理能力的缺陷。中国的,包括印度、南非、阿根廷等发生的一切冲突,都可以归结为国家治理的缺陷。第四类就是族群或者是民主主义所引发的,像尼日利亚、苏丹、比利时、苏格兰独立也都是围绕这一点。这个"主义"问题为什么跟全球化有关系呢？一是受到民主主义或者民主国家传统思维的影响;二是受到地区或者是地缘政治的影响,像伊拉克、叙利亚、墨西哥都受到这样的影响;还有一种富裕起来的一种主义,不想跟穷人在一起,这是所谓的叫富人的撤退;再有一个与地缘政治有关引发的抗议,像俄罗斯在乌克兰危机当中引发的抗议。这是我对全球进入 21 世纪抗议活动的观测,这里面的原因,我们可以具体分析,都是值得细究的。

对全球化的反思,不管怎么反思,阻止全球化是不可能的,所以我们唯一能做的是怎么在全球化当中尽量获益,而不要被全球化的浪潮冲垮。我们国家是全球化的得益者,享受到了全球化带来的红利。目前中国还没有引起大家的注意,躲在后面,但接下来中国可能会有一些麻烦,遭到的仇视会逐渐增多,中国有可能成为全球化落伍者、弱势者的攻击对象,我们要做好准备。这些仇视也有可能来自欧美发达国家,欧美的精英对于中国政治制度反感,欧美的普通劳工也对我们反感,尤其在欧洲某些国家,他们在抗议的时候,矛头实际上已经在指向中国了,因为欧美的资本家在劳工谈判的时候,他拿中国来说事:"你们再抗议,我把工厂搬到中国去,我不在欧洲设了。"然后欧洲人不得不接受苛刻的资本挑战,因为有中国作为一个筹码,所以欧洲的劳工开始指责中国,因为中国人能够忍受较差的工作条件。但是,接下来我们的"90后"、"00后"能不能继续忍受这种状态? 这是一个大问题。

五、 要通过创新来发展新技术

顾 肃:我就讲几点,一个是关于全球化。前面几个老师都已经讲了,其实中国是被动地加入全球化进程的。应该说在"文化大革命"结束之前,中国没有进入全球化,强调自力更生,经济上也有自己独立的一块。20世纪50年代初大大依赖于苏联,但中苏交恶之后,就强调自力更生。改革开放大大改变了整个策略,这是邓小平搞的一个很重要的战略,大量地引进外国先进的技术、投资。我记得刚开始的时候,两头在外,主要是靠对外贸易,出口加工,原料也是进口。从发展是硬道理的角度来看,三十多年就是有这种强制性的发展。但是,发展也带来了大量的问题,我们主要是用高能耗、低福利这样一些基本的政策来发展制造业、加工业。主要是外国资本来投资,我们利用它的技术来加工,最后还是卖给他们。当然也发展了国内的市场,我们现在有很多东西接近国际的水平了。这是一个不断进步的过程。

对于全球化的发展战略需要有一个大的全局性的构想和设计。如果真的像有的国家那样,有意识地抗拒全球化的发展,排斥国际资本的控制,我们的资源也不要这样大量的消耗,那可能意味着中国的发展速度要明显降低,失业率就提高了,将来这一系列的问题怎么办? 因此,我觉得,在今天中国全球化发展的过程中需要认真考虑发展战略的调整,我们能不能忍受发展的速度降低,努力治理环境,然后提高人权。我们大量的竞争优势还是靠较低的劳工来完成的,包括他们的较低的福利、较差的生活条件,只知道拼命干活,以此达到尽量降低成本。目前第三代的民工在工作时就拒绝这样,你让我干活,我就干那么多,你不让我干,我就不来了。劳动人力资源已经是国际性的竞争,你想保持过去那个水准已经不可能了。我最近到美国、欧洲去看了一下,发现这种国际性的竞争已经白热化了,纺织、制鞋这些行业优势已经不在中国了,而在柬埔寨、越南、菲律宾这些劳动力更有优势的地方。相对来说,中国在这方面的竞争会有一个大的趋势,即肯定会放缓,竞争优势少了。对于全球化的国际资本,各国都存在大量的抗议,每次只要是 G20 之类的开会,国际性的抗议都伴随着它们,中国也开始介入了这么一个过程。但是,在我看来,目前大概还没有一个通盘考虑的解决方案。我们还是为了维持发展速度,还是在全球化的基本战略当中,维持 GDP 第二,争取十年以内达到第一的战略目标。我个人觉得应该有一个通盘考虑,到底应该怎么样来设计我们的定位? 包括提高劳工的生活工作条件和福利水平,降低能耗,提高生产效率,保护环境,等等。如何应对降低发展速度带来的社会问题? 需要进行深入的研究,作出有效的顶层设计,才能做得更好。

第二点,新技术的竞争。在全球化的过程中,新的技术也加入了竞争。但据我观察,中国在发展新技术这方面,基本上靠模仿,我们自己领先的创新技术,可以引领新领域发展的新技术还是很少。我国申请专利的总量已经在世界前列了,但基本上很少是应用型的,而具有观念性的、革命性的创新,则基本没有我们的份。比如液晶电视,我在美国、欧洲市场转了一圈,韩国的三星做得最好,中国的牌子几乎一个也没有,原来电视技术日本做得好,而现在三星领先于日本,手机也是一样。带有革命性创新的技术,中国基本不占优势。这些不是很高超的技术,你都不领先,长远看到底有多少优势? 光是电脑的核心技术中央处理器 CPU 来说,我们所有的手机、电脑等必用的 CPU,我国每年进口总额在 2 000 亿美元,这种核心的东西都掌握在别人手里。过去也有国家发展的战略安排,比如在录像机时兴的时候,搞过一个华录,也是政府投入的技术创新工程,但投进去的钱全部打了水漂,还没有指望生产,录像机已经被VCD、DVD 等多媒体技术所取代,连国际平等竞争的门槛都进不去。

余逊达: 明年可能会好一点,现在专利发明给个人的比例可以过 50%,甚至根据需要,70%、80% 都有可能,如果那样的话,会有极大的动力折腾这件事情。

顾 肃: 我国新技术比较具有优势的是高铁这一块,但高铁在国内还没有赚钱,到海外去做,怎么赚钱? 现在的评估,基本上还是不赚钱,是亏本的,是靠国家战略走出去的,这是国际性的新技术竞争。竞争这一块面临的挑战非常大,国内努力想在新技术方面领先,没有这种领先,只是靠我们自己产业的现有方式有没有后劲? 这是大问题。跟我们有相似性的是俄罗斯,俄罗斯还有多少优势? 它现在主要是靠能源和军火,轻工业一塌糊涂。现在国际石油价格一路掉下来,俄罗斯没办法,很着急。在国际化的全球优势上,还是要新技术不断向前才能实现。近百年来,想挑战美国、西欧最新技术的几个国家，首先是德国，它曾经有相当惊人的进步，但在二战中，由于自己发动的法西斯侵略战争，带来了巨大的损失，失败了。然后是日本，日本是 20 世纪 70 年代以后试图挑战欧美的先进技术的，但在国际能源危机和金融危机以后，日本经济有近二十年的停滞，GDP 的增长率等于零。还有一个俄罗斯（苏联），曾经靠优先发展重工业的战略进行挑战，但也缺少后劲，最终苏联解体后落到目前的状况，也没有成功。为什么这几个国家的挑战都没有成功地延续三十年，除了技术重大创新的深度、广度和人才优势的延续性以外，其政治体制、经济发展的战略也缺少全局性的安排和长远的竞争优势。这一点，我们必须要认真总结，以保证发展建立在长期技术创新和政经体制的优势上。

在通过创新来发展新技术方面，中国一定要认真考虑这个问题，要不然你再向前走，优势并不大，而且随着经济增长率降低，促增长的关键点仍然是新技术的发明和创新。以美国为例，在能源生产上，最近光一个页岩油的开采新技术，使得在美国本土生产的石油成本大大降低，大规模地提高产量，而且可以进入国际市场竞争，这也是使得俄罗斯油气产出相当被动的一个原因。如果页岩油生产新技术普及下来，中东石油生产的优势就不明显了，这是一个很重要的技术进步。它主要是把页岩当中含油量只有 10% 的矿物提炼出来，通过技术达到和中东的石油生产成本差不多（目前的生产成本在大约 70 美元一桶，中东沙特等国试图通过大量生产石油来打垮美国）。俄罗斯本来计划天然气铺设管道东输的，现在都停止了，这样的国际性竞争还是蛮厉害的。所以说，在知识产权保护上，核心技术如果掌握在别人手里，你就没有优势。再以医疗的新药新技术为例，发达国家生产了大量的抗癌新药，其专利费用很高，因而一般价格定得很贵，在中国卖得是最贵的。但国际上也有一些协议，对这些关系到民众健康的关键药品，是可以通过国家谈判来降低价格的。由于我国没有在国际上谈判，只是让公司自己去经营销售，再加上税，结果在国内销售价格很高。而印度政治领导人由于存在群众选票上的压力，就以国家出面与药品制造者谈判，把价格压低许多。现在发展到什么情况呢？中国人大批从印度走私抗癌药，其价格只相当于我们国内市场的几分之一。由此可见，知识产权国际性的竞争也是相当激烈的，一方面需要利用国际协议通过国家出面在事关民众的关键医药上降低进口药品价格，另一方面我们需要在各个领域发展自己的自主新技术。

第三点，信息的国际化，这也是大量的信息带来的问题。随着互联网时代的到来和技术的普及，我们也是被迫介入全球化的过程中。互联网带来一个新的局面：信息的国际流通非常广泛,非常快。加上每年大批的人出国学习、旅游、交流,带回了大量的信息。技术创新也离不开国际的交流,人们以多样的方式取得信息。我们有防火墙技术,可以挡一部分不利的信息,但是,仍然有许多人可以通过"翻墙"来取得直接的信息,连中国政治也被迫介入了这个过程。信息化的国际化程度很高,而且是不同的集团有不同的信息来源,这是一种被迫的国际化。在信息高度全球化的时代,基本的要求是真实地了解世界发生的事情,作出客观的评估,这样才能作出科学合理的决策。在全球化时代,国内政治都不是孤立的,都变成了世界的了。

顾 肃:中国既然已经加入国际化,就应该了解社会多元化和基本体制认知的一致性关系。目前中美两国公民可以一次获得对方国家的十年签证,其他国家也要跟进。人员间的国际交流频度更大,范围更广,影响更加深远。我们需要应对这样的状况,采取更明智的政策面对全球化的现实潮流。

余逊达:我看到这个题目,感到特别有启发性,能促人思考,所以来参加会议。但实际上这是一个既大且难的话题,我自己并没有把它想得特别地清楚,只能讲一些不成熟的看法。

首先,我想还是要对全球化给出一个定义。现在有很多关于全球化的定义,但我还是觉得美国国家情报委员会在《2020 年的世界大趋势》的报告中给出的定义比较好地把握了全球化特征,全球化的内涵及其主要意蕴是:信息、资本、货物、服务和人口,这些人类生产和生活的基本要素在世界范围内流动,并且这些流动的要素相互连接在一起,大大改变了原来有清晰边界的以主权国家为主要行为体的世界面貌,有可能从根本上推动原有世界结构的解体和重组。

全球化已经给人类社会带来了巨大的变化,并且还将带动人类社会发生新的变化。如果要问在全球化作用下当今的世界发展有哪些新的趋势,我觉得以下几点可能是比较重要的:

第一,亚洲在崛起。首先是中国在崛起,同时亚洲作为一个整体,它的经济发展水平在全球化进程中也大大高于过去了。按照汇率统计的 GDP 来衡量,世界上第二、第三大经济体在亚洲;如果按照世界银行根据平价购买力所作的统计,2014 年中国成了世界上最大的经济体。同时,亚洲对全球经济增量的贡献是全球最大的,在可以预见的未来,亚洲的发展态势总体上也好于其他几大洲。

第二,非西方国家的整体崛起。2012 年,以平价购买力计算,非西方世界的 GDP 总量超越了西方,这是自近代以来西方国家在世界政治经济发展中占据支配地位后发生的一个有标志意义的变化。在全球化进程中,非西方国家或地区的发展一波接着一波,亚洲"四小龙","金砖国家","新钻十一国"(Next-11),等等。一波一波的非西方国家或地区利用全球化带来的机遇,不断地发展,不断地成长,不断地推动全球化向前走。实践证明,非西方国家只要保持政局稳定,选择适合自身条件的发展战略,集中精力发展经济,就能够利用在世界上流动的各种资源要素,迅速摆脱落后局面,走上致富的道路。值得一提的是,在引领全球化进程方面,非西方国家发挥的作用也越来越大。

第三,部分西方发达国家在应对全球化带来的变化和冲击方面,面临着比较严峻的挑战。2014年3月1日世界著名的英国《经济学家》杂志发表封面文章,讨论民主问题。文章说有两大事件促使整个西方反思自己的体制,一个是2008年开始的像海啸一般摧枯拉朽的世界金融危机,一个是中国的崛起。西方的民主制度为什么没有防止住金融危机的爆发? 为什么中国却能利用全球化崛起,并成为全球化最大的受益者?

面对以中国为代表的非西方国家的崛起以及西方自身发展面临的困境,西方思想界做了许多的思考,其中尤其值得关注的是西方学术界开始关注"大历史",用长焦距来思考问题。长焦距思考问题和短焦距思考问题,得出的结果会很不一样,有些从短焦距来思考觉得很有意义的看法,如果换成长焦距可能意义就不大了,甚至用长焦距思考问题会解构一些用短焦距思考问题而得出的看法。比如斯坦福大学的人类学教授莫里斯写的《西方将主宰多久:从历史的发展模式看世界的未来》,从十几万年历史的尺度来思考问题,得出了如何进行有效治理是国家在历史发展中胜出的决定因素的结论。再比如说诺贝尔奖得主诺思等人最近出版的《暴力和社会秩序》一书,以新石器以来的万年历史为研究对象,证明了能否建成"开放通道秩序"(Open Access Order)是国家能否获得长治久安和竞争优势的关键。最近,诺贝尔经济学奖获得者芝加哥大学的迈尔森教授来浙大演讲,我负责接待。虽然迈尔森教授的学术背景是数学方向,但他很关心杭州的发展。我问他为什么关心杭州发展,他的回答也是从大历史的视角给出的。他说,杭州这个地方在宋朝时曾经是世界上最领先的地方,现在作为一个城市慢慢地在世界城市发展中成为发展最快、最好的城市之一。怎么解释这种现象? 中国的历史成就与当代中国取得的成就的背后,有没有一种共同的因素在起作用? 如果有,是什么? 我觉得西方人士的这些思考发人深省,他们不仅提出了很多有意义的观点和看法,而且这种思考带动了对整个现有思想体系的反思。这种反思促使我们提出这样的问题:近代以来以西方现代化率先成功为背景而建构起来的现代思想理论,在整体上有没有问题,是否需要出升级版了?

第四,地区主义政策导向不断增强。地区主义或区域主义是一把双刃剑,它可以对全球化进程起到促进作用,也可以与全球化发生矛盾和冲突。发达国家长期以来是自由贸易的鼓吹者,也是全球化的促进者。虽然自由贸易可以给贸易双方都带来财富,但实际上这种好处是不均等的,有的好处大,有些好处小。在全球化进程中,不同国家出于种种原因,从全球化中获得的好处也大不相同,真正能够把国内发展目标和国际发展目标兼容起来的国家不是很多。所以关贸总协定在完成乌拉圭回合谈判并在 1994 年易名为世界贸易组织后,世贸组织一直未能在各成员之间签署新的全球贸易协定。在这一背景下,为了促进本国经济发展,同时为了争夺国际贸易中的主导权,大量的地区主义政策就出来了,最主要的表现形式就是搞不同规格和范围的自由贸易区。美国是当今世界自贸区政策的主要推手。美国目前倡导的《跨太平洋战略经济伙伴关系协定》(TPP)和《跨大西洋贸易和投资伙伴协定》(TTIP),是两个高水平的自贸区,一旦完成谈判,区内国家之间的关税将降为零,同时国内各种非关税贸易壁垒也基本上要消除掉,由此建成的自贸区对区外国家在贸易上的竞争优势将显著增强。为有效应对美国的自贸区战略,我国在上海等四个省市启动了自贸区建设,要求这些自贸区通过实验形成可复制、可移植的制度和做法,可见美国的战略对我国内部发展产生了重大影响。同时我国正在进行中日韩自贸区谈判和与东盟国家进行区域全面经济伙伴关系(RCEP)谈判,如果这些谈判完成了,也将对全球贸易产生重要影响。此外,中国还在 2014 年 APEC 会议上倡导进行亚太自贸区谈判,这是一个具有更大包容性的自贸区,一旦启动并完成谈判,意义将非常深远。

第五,随着全球化进程的深化,反全球化的势头也不断加大。全球化给一些国家的发展和部分人员的就业带来不确定性,资本在全球化进程中的优势地位也带来了社会财富占有和收入分配中的严重分化,由此导致在世界范围内出现各种反全球化运动,金融危机后出现的各种各样的"占领"运动,如美国的占领华尔街,都是这样的大背景下发生的。但是,如何消解这些反全球化运动,特别是如何让各个国家、一国内各个阶层,尤其是弱势人群都能从全球化中分享好处? 到现在为止还找不出有效的办法。在全球化进程中,在所有流动的要素里面,资本是最有整合能力的要素,资本的整合作用目前没有其他任何一种力量能够替代。因此,在追求社会公正的旗号下,各种不同形式的反全球化运动还会在世界各地上演,挑战人们对全球化的认同和信心。

应对全球化带来的这些新问题,我觉得可以从三个层面去考虑,第一个是国际层面,第二个是国家层面,第三个是地方层面。

首先从国际层面上看。全球化确实带来了全球结构的重组,亚洲的崛起以及其他非西方世界的崛起,给中国提供了难得的发展机遇和巨大的发展空间。现在的关键问题是中国如何利用这种机遇和空间,让中国的国际地位得到实实在在的提升,促进中国的和平崛起。在这方面,我个人觉得我们国家现在做的事情,最突出的是两点,即与世界上其他大国建立新型大国关系和推进"一带一路"建设。新型大国关系和"一带一路"建设刚见雏形,其内涵和外延都未定型,具有很大的空间。新型大国关系,首先是指与美国的关系。美国是一个在世界上处于支配地位的守成大国,中国是一个崛起中的大国,历史上出现类似情况时都会发生权力转移,崛起大国会挑战守成大国的权益,因而常常爆发战争。现在中国提出与美国"不冲突不对抗,相互尊重,合作共赢",就是要建新型大国关系。中美能否建成这种有竞争有合作的关系,很大程度上取决于双方在利益上发生矛盾、冲突甚至对抗时,选择什么方法来处理。除了美国外,中国也提出与俄罗斯建立新型大国关系。此外,中国在崛起过程中还需要与德国、日本、印度建立新型大国关系,让所有这些国家都能在中国崛起的过程中与我们和平相处。"一带一路"倡议的内涵有一个发展的过程,原来的提法是向西开放,目的主要是帮助我国西部能够与东部、中部平衡发展;后来发展为西进或者有的人把它叫做西出,走出国门,与中亚国家、东南亚国家发展更紧密的经贸关系,对外投资,带动国内过剩产能的消化。同时通过向西发展,打破美国亚太再平衡战略对中国构成的战略围堵。"一带一路"新构想提出后,得到亚欧国家广泛的响应。我个人觉得非常值得我们学术界深思的是,如何利用新型大国关系建设和"一带一路"建设这种双轨布局?解决全球化进程中出现的问题,给出一个中国版本的全球化战略,这无论是对中国,还是对世界,都包含着重大的机遇,值得认真尝试。

其次,在国家层面上,我们的基本方针就是要在全球化进程中,统筹国际国内两个大局。两个统筹是党的十八届三中全会以来覆盖面最大的提法,也是中国最重要的战略安排之一。两个统筹反映了中国的体制优势。在两个统筹方面,我们还有很多事情要做。我们公开讲出来的是要统筹两个资源,两种市场,两类规则,通过统筹以后要形成利益共同体、责任共同体、生命共同体。我个人觉得这里最大的问题,也是政治体制改革必须突破的,就是能否建成价值共同体。因为生命共同体是最低层次的;在国际政治中,如果脱离了价值追求,利益就常常带有工具性,会随着事务、环境、条件的变化而变化,所以脱离了价值追求的利益共同体不容易稳定。责任共同体是一个理想的说法,因为任何责任安排,作为一种规则,都必须蕴含着可以对不尽责者或者说违规者作出制裁,而这在目前的国际社会中还难以做到。所以我觉得除了要打造上述三个共同体外,还要建设一个价值共同体,这是必须突破的。如果价值共同体这个设想提不到议事日程上来,不能旗帜鲜明地提出来并且说清楚,别人也许永远不会真正和你建立起信任关系。如果所有的关系都是利益关系,换句话说都是当下权宜的关系,就不可能有真正长远的信任。唯有价值是既代表当前,又代表未来的。我觉得这在"两个统筹"里面是比较核心的,也应该是下一步必须要突破的。

在统筹国际国内方面,要解决的第二个大问题是重塑中国的比较优势。重塑比较优势,最重要的就是建构在知识创造和技术创造上的比较优势。目前技术创新受到普遍重视,知识创造有点被冷落。而知识创造是技术进步的基础,特别是原创的技术进步的基础。美国相较于中国最大的比较优势,是在知识创造这方面,所以知识创造问题需要引起高度的重视。

第三点,"两个统筹"包含着一个重要内容,就是统筹国际国内两种规则,其核心就是要把国内法治和国际法治辩证地统一起来,这也是我们中国未来在世界上能够争取到舆论导向的基本条件之一。因为只要你讲法治,大家就知道你追求的是公正。国际社会充满矛盾,我们现在大量的做法都是当事人去讲问题,这样做可以解决一些问题,同时对大国来讲,从实力角度来讲也无可厚非,但你如何才能取得别人的信任呢?有时由当事人直接裁决矛盾就得不到信任,因为当事人不能既做当事人又做仲裁方,这是一个被普遍认可的自然法规则。当然在两个统筹方面还有其他的事情要做,我想这几点是比较关键的。

再次,就是地方层次的视角。在全球化进程中,地方发展不可避免地会与全球化发生交接,归纳起来就是两种情况:全球在地化和在地全球化。从操作方面来说,1978年以后中国的改革和开放一直是结合在一起推进的,并且实际上是通过开放来逐步深化改革的,因而改革的过程就是一个逐步国际化的过程。现在要做的就是推进地方发展的深度国际化。我们原来对开放、国际化的理解是比较表浅的,主要理解为招商引资,为了招商引资,我们的基本策略就是放权让利,同时推进开发区建设,在土地上做文章。中国对外贸易之所以能够长足发展,在开发区中的外资和合资企业具有不可替代的作用。这种做法在地方国际化的初期阶段是可以做的,但代价也是比较显著的，不仅有腐败，也有竞争上的不公平，带来的问题很多。因而怎么样在地方国际化进程中作出新的设计，把国际化推向深化，是我们当前要着重考虑的问题。深度国际化不是自发产生的。上海、广州、深圳、北京这些地方在国际化方面确实有做得很好的地方，杭州作为一个开放城市，总体上比不过这些城市，但也有很多新的东西，比如说提出了全国最早的低碳城市建设规划，最早的美丽城市建设规划，最早的智慧城市建设规划，设立了全国最早的城市发展研究院，最早把提升生活品质确定为城市发展的目标，等等。这些都是在国际化的坐标下设计和推进的。我认为，这么来做，国际化就是在不断深化了，因为这么做，就是把发达国家真正好的东西学来归我所用、所有。现在，中国的发展源、创新源都聚集在城市。随着中国的崛起，世界的进步可能需要中国的引领，而中国国家的进步要靠城市来引领。也就是说，我们讲深度国际化不仅指全球在地化，而且指在地全球化。所以我们的定位不能是一般意义上吸引外资的概念了，而必须有更高的眼界与追求。通过城市的实践解决一些全世界范围内都没有很好解决的问题，比如说刚才讲到的公正问题，靠一个地方的发展，一个城市的发展去助推国家的发展，影响世界的发展，这就是地方国际化中的逻辑。我个人觉得中国有条件的地方都应该这么来做，尤其是上海作为中国最有代表性的国际化城市，更应该这么来做。

任 晓：谢谢余老师精彩的分析，我听了以后，想到这样几个问题：

首先，我觉得反全球化或者批判全球化有一个误区，问题不是你选择全球化还是不选择全球化，这是实实在在的发展趋势。比如说现在有了数字技术，对纸媒的冲击非常大，但是已经不可能再回到过去没有数字技术的时代，全球化也一样。我们从现实来看，你不加入这个进程当中去，就会落伍；而且这种状况迟早是要变的，变起来有可能是大变。改革开放前的中国也是这样，好在三十多年前邓小平同志为中国把握住了正确方向，整个国家的战略取向都扭转过来了。所以我觉得应该到全球化进程中去弄潮，这已经被历史证明是正确的，是必不可少也不可避免的一个选择。

第二，前面讲到环境代价等问题，我们把眼光放长的话，就是所谓历史与道德的二律背反问题。随着历史进程从一个阶段前进到另一个阶段，比如说工业革命，工业革命发生以后，由它带来的恶的方面是大量的，如童工现象、环境的破坏、贫富的分化，等等。但是，离开了工业革命的进程，还是在一个农业社会的路上走下去，比如晚清就是这样子，最后一定是中国近代那种积贫积弱的状况。相比之下，日本在亚洲先走一步，开国、维新，等等，情况就不一样了。2014年是甲午战争爆发一百二十周年，人们的反思很多,但很少有人反思到这样一点,为什么日本作为一个小国,能够打败晚清中国这么一个大国? 这也许是一个更重要的需要反思的课题。根本原因在于,这个时候日本已经站到世界发展的前沿了,而中国没有。这再次说明,如果脱离了世界现代化的进程,一定是后来那样一个结果。

第三,当前中国在对外的方面,主动进取的一面现在展示得很强烈了,"一带一路"倡议就是一个代表。十八大是中国发展的一个分水岭。这两年多来,我们在治国理政、内政外交方面有很大的变化,主动进取的一面非常突出,倡导和引领了不少重要举措。我们实际上需要克服大量的国内障碍,相当于我们 2001 年加入世界贸易组织前的那个状况,因为国内有些部门、行业的既得利益要受到影响。虽然需要克服国内的很多障碍和反对,但这是个大的趋势,是我们不得不加以重视和谋划的。这是我听了各位的发言后所想到的。

中国话语与理论创新

（2015 年 12 月）

参会嘉宾（按姓氏笔画排序）：

许　明（《上海思想界》主编）

孙　力（南京政治学院上海分院教授）

余源培（复旦大学哲学学院教授）

陈学明（复旦大学哲学学院教授）

陈锡喜（上海交通大学特聘教授）

赵修义（华东师范大学哲学学院教授）

袁秉达（中共上海市委党校科社教研部主任、教授）

夏禹龙（上海市社会科学院原副院长）

黄力之（中共上海市委党校哲学教研部教授）

鲁品越（上海财经大学教授）

翟桂萍（南京政治学院上海分院副教授）

孙　力：我来抛砖引玉，讲两个观点：一个是党法和国法的问题，一个是指导思想的问题。先说党法和国法的问题，这是理论界比较关心的，也是话语体系应该加以梳理的，更是需要加以提升的问题。我们提出全面从严治党以后，在制度建设上的一个新的取向就是党法严于国法，这种提法引起了社会各界很大的关注。有人就认为党法严于国法不符合法治的要求。那么该怎样认识这个问题？我认为党法严于国法是我们依法治国的进步，是非常值得肯定的进步，所以应该认识和揭示这样一个命题内在的法理逻辑。那么法理逻辑在哪里？这就牵扯到我们怎么去认识法治原则的问题，特别是社会主义法治原则。谈到法治就有一个宪法至上的问题，也就是依宪执政或者依宪治国的问题，这一点是毫无疑问的。我们讲的法治也是肯定宪法地位的法治，但需要注意的是，我们的宪法原则和西方的宪法原则是不一样的，有很重要的区别。比如说宪法规定中国共产党的领导地位，这点在西方看来是绝对不符合法治精神的，怎么可以用法规定党的地位？但这恰恰是社会主义法治的重要原则，所以中国和西方的法治是有不同含义的。

这里有一个很重要的关系,就是党法严于国法的法治逻辑和共产党领导的合法性联系在一起。我们党执政的合法性在哪里?就在于它是先进政党,代表最广大人民群众的利益,这是它执政合法性最核心的东西,先进性和执政的合法性联系在一起。从这个前提出发,党法严于国法就是共产党治国理政的权力合法性的保证。因为我们共产党要长期执政,长期执政面临最大的挑战,就是权力规范和权力的合理使用或者反腐败问题,这一点对党来说其挑战是非常大的。怎么来规范权力?最近王岐山在《人民日报》发表文章,讲到了权利的放弃问题,他说:"加入共产党意味着放弃了一部分普通公民享有的权利。"申请加入共产党,成为组织的人,就意味着主动放弃一部分普通公民享有的权利和自由。现在有很多人质疑党法严于国法不符合法治精神,就比如说双规,享有自由权是宪法规定的内容,党法不应该剥夺自由权,为什么要搞双规?宪法是最高的,其他法不应该超过这个法,所以有些人觉得这不符合法治的规定。王岐山的话讲得非常清楚,简单明了地回答了这个问题。但是我觉得还要从理论上加以进一步阐述。权利约束的合法性在哪里?源于对权力的赋予。这是现代政治文明的基本逻辑,是铸造约束权力的笼子。

习近平总书记说过要把权力关进笼子里,这里边包括用约束权利来铸造约束权力的笼子,体现了民众和掌权者的契约。人类历史表明,这样的契约只能通过艰难的民主斗争才能确立起来,包括西方民主也有这一层相互的关系在里面。比如说西方的政治家,包括他们的总统,都不能像普通公民一样做很多事情,所以克林顿和莱温斯基的丑闻对于普通老百姓来说是私生活,但是对于政府来说绝对不是私生活,哪怕在资本主义国家也要考虑到这方面的问题。用权利的约束来控制权力的运用,对共产党、对长期执政的政党来说都是很重要的问题。我们一直都在强调党的先进性,先进性应该体现在哪里?过去说得比较多的是教育、思想认识的提升,等等,这次是把党自身法治的先进性、思想的先进性和政治的先进性融为一体,超越了现有的法治原则,也超越了现有政党的政治逻辑,我认为这体现了无产阶级建设的时代高度,而且创立了执政党对法治廉政前所未有的信守,奠定了执政党对法治的必然领导。为什么能够领导法治?因为守法要达到了这样的高度,当然有资格领导法治,所以党领导法治也是很特殊的法治原则。

最后一点就是党法严于国法和个人权利的保护是不冲突的。因为权利享有是建立在每个党员对理想和事业追求的基础之上,和自己的入党誓言是一致的。成为执政党的成员而放弃某些权利是自己承认的,是内在的,不是外部强加的。如不愿意接受这样的约束,随时可以退出,随时可以回到公民队伍当中,丝毫不影响你对权利完整的享有。这一原则非常重要。

夏禹龙:关于理论创新到底要回答什么问题? 我认为现在主要还是要回答邓小平提出的"什么叫社会主义",这个问题是不能回避的。《共产党宣言》里面讲了科学社会主义就是要消灭私有制,我们对社会主义的理解是非公所有制现在不能被消灭,还是要在公有制上来做文章。党的十五大提出公有制在社会主义经济中占优势,还有国有经济要在市场中起到主导作用,我们的社会主义就是这两条。但我们实际的改革进程不是公有制越来越扩大,而是公有制不断地缩小,非公所有制不断地扩大。如果仅仅在所有制上做文章,我国经济发展的现状跟意识形态宣传的两张皮现象就会越来越严重。经济方面拼命要提速,意识形态强调公有制,这样我们的社会对社会主义共识就越来越少了。我们对社会主义要根据当前的时代特点,根据中国的实际情况重新作解释。邓小平对"什么叫社会主义"讲了很多话,做的主要是排除法,就是贫穷不是社会主义,经济长期处于停滞状态不是社会主义,人民生活长期停滞在很低水平不是社会主义。

社会主义主要是以社会的公平正义为原则,社会主义发展具有历史的价值,资本主义越来越不公平,所以要搞社会主义。规定一个社会是不是社会主义的标准,并不在于有没有资本的存在,现在我们到处都是"资本论",世界的资产是"资本论",国有资产也是"资本论",而是在于长期的发展趋势是不是不断增进社会公平。这是衡量是不是社会主义的标准。全球化是当今世界的发展潮流,所谓全球化的主要标志就是资本向全球的加速扩张,在生产要素中唯有资本流动性最强最快,对于其他要素最具有整合的能力,新的科技革命更使得资本如虎添翼。中国当前强调供给侧的经济改革,无非是要在资本主导的国际生产链分工当中提升自己所处的位置,本来生产力在下面的,现在要提上去。

中国现在搞市场经济,不要忘记资本是市场经济中起主导作用的主体,市场经济的主体就是资本,国有资产也是资本,没有资本的社会主义还在形成的道路上,全世界暂时还没有出现这样的社会主义。按照皮凯蒂《21世纪资本论》的结论,20世纪70年代以来,全球的资本回报率高于经济增长率,这会是一个长期的趋势。这样,我们国家的非公所有制资本才能放心,才不会外逃。中国的社会主义不够格,不仅仅是对于科学社会主义而言的,而是对有资本的社会主义而言的。中国现在贫富差距还在扩大,很多问题出来了。所以中国特色社会主义是什么意思?是表明中国要走的道路是代表着公平正义,而不是已经形成的模式。对执政的共产党而言,是现阶段的奋斗纲领,我们现在就要变成真正有资本的社会主义,至于没有资本的科学社会主义不是现阶段的纲领,而是我们的最高纲领,按照马克思讲的话,就是共产主义的第一阶段。

余源培: 我对现阶段以来意识形态总的态势持谨慎乐观的态度。主要原因就是以习近平同志为核心的党中央非常强调理论创新,有几个方面的创新已经十分明确地提出来了。第一个方面就是,在指导我国经济社会发展的大的理念方面,提出了创新、协调、绿色、开放、共享有机统一的发展新理念,这是指导国内发展总的理念。讲到理念的时候,习近平总书记非常强调发展要达到新的阶段,理念的创新是最重要的。我过去曾经有一个看法,就是我们过多陷入了"形而下"的所谓"对策"的思考,缺少对"形而上"的理念转型的思考,而这种思考又是"顶层设计"中必须有的。现在我们重视了这种宏观理念的创新和指导,这是非常重要的思想解放。但是,对于这一新的发展理念,认识还是不够到位,还带有一定程度上的自发性和滞后性,特别需要摆脱传统发展理念的束缚;操作面的问题要解决,必须要有新的理念作为指导,才能增强解决操作层面问题的自觉性、针对性、系统性和前瞻性,才能做到路径正确、方法得当和措施出新。第二个方面是,聚焦党中央全方位的外交实践,形成了构建以合作共赢为核心的新型国际关系的新理念,并将其体现到政治、经济、安全、文化等各个方面。我国将致力于同世界各国人民一道打造人类命运共同体,以合作取代对抗,以共赢取代博弈,这在人类历史上应当说是首次,是对世界和人类的新贡献。然而,对于这一理念上的变革,它的意义和内涵到底是什么?现在研究和宣传同样是不够到位的。由于受到思维习惯的影响,有时会有意识地回避这个问题,质疑真的能够构建人类命运共同体吗?还是仅仅讲给国际友人听的外交辞令?讲到人类命运共同体,还涉及全球共同价值问题,同样存在很大的分歧和争论。第三个方面是,我国经济改革怎么深入?党中央明确提出要把重点转入供给侧的改革。这个理念的提出对于理论界来说是比较生疏的,对于国民就更生疏了。党中央为什么要用这样的理念来说明新常态经济工作的发展思路的转换?在这方面,意识形态上的鸣锣开道还做得相当不够。有的学者讲到我国的经济发展,讲了这几年出现的一些问题,比如说收入分配差距过大、行业产能过剩、经济增速下行,等等。并就之所以会产生这些问题讲了两个理由,一是与外部世界的经济形势有关,二是同我们在某些阶段某些领域里面制定的政策是以盲目搬用西方的资产阶级经济学有关。这种认识是否全面和公允？我不排除这两个原因的存在，但是最根本的一点却没有讲到，就是需要深化改革解决体制机制问题，完全回避供给侧的改革问题，甚至明确认为这是资产阶级新自由主义的东西。我认为推进经济改革，对思想解放的阻力问题应当予以重视。仅仅从以上几方面来看，我觉得问题不在于党中央有没有提出新的理念或者新的改革主张，问题是我们理论工作者的创新能不能跟得上新的要求。

不解放思想就无从谈起理论创新。什么叫解放思想？就是指在马克思主义指导下打破习惯势力和主观偏见的束缚，研究新情况，解决新问题，使主观思想跟上国内外客观形势的发展，就是实事求是。它产生的是新思维和新的理念，不能还是老一套话语，更不能削足适履。因此，习近平总书记在讲到理论创新的时候强调：要"认识新常态，适应新常态，引领新常态"；要"变中求新、变中求进、变中求突破"。这个突破具有双重意义，一个是对改革实践有新突破的意义，另一个就是理论创新要有新突破。理论创新如果离开了改革实践，离开了推进中国特色社会主义这一主题，是没有意义的。意识形态一经形成就具有相对的稳定性，它可以表现为滞后性，也可以表现为指导性。我们的意识形态还在一定程度上受到或者受制于经济社会发展"旧常态"的约束。"旧常态"是什么呢？就是在战争年代、革命时代和计划经济时期形成的内在逻辑、基本范畴和话语体系。这决不是说新常态可以完全不继承旧常态中合理的东西，但必须立足于认识新的历史条件，做到创造性转换。记得马克思说："我的见解，不管人们对它怎样评价，都是多年诚实研究的结果。""诚实"是理论创新的内在要求。当下追逐功利性的不良风气越来越多地渗透到理论界，因此，理论工作者和学者需要"诚其心"、"践其行"，"知之为知之，不知为不知"，如果不先"修其身"，很难达到"治国、平天下"的旨意。对理论创新要有敬畏之心，这不是那么容易的，怕的就是思想懒汉。比如说现在党中央提出了许多新的理念，我们怎么认识和解释？"名不正则言不顺"，为了找到"根据"和"答案"，一些人就从马列主义经典中去找、从西方学者的著作中去找、从中国古代思想中去找，我把这叫做"托本（经典）"、"托西（洋人）"和"托古（祖宗）"现象，忘记了自己认识新的历史、解决新的问题的任务，淡泊了自己去找出路的历史担当。这使我想起一传闻，1989 年香港廉政公署为了公开选拔一名主任，40 多人参加笔试，笔试中有一个题目占了 20 分，就是"简述唐太宗李世民为了保护环境采取了哪些措施？并详细论述其合理性"。许多人都洋洋洒洒加以论证，只有一个人经过反复思考，说"对不起，我实在想不出来，这道题我不会答"，结果却得了满分。因为这是个伪命题,环境污染是工业社会的产物,唐代还没有这一问题。由此联想到,比如说人类命运共同体这一新理念,有人论证说这是中华文化的"精髓"。我觉得构建任何新理念,都离不开先前的思想资源,可以将中国传统文化中"天下为公"看作"人类命运共同体"的思想资源之一,但却不能简单把中华文化的"精髓"说成是人类命运共同体,须知中国古代讲"天下为公",那个"天下"和如今互联网时代的"天下"完全是两回事,那时中国还处于"鸡犬之声相闻,老死不相往来"的阶段,按照马克思的说法是社会发展形态中的第一形态阶段。所以我认为,我们今天要理论创新、要话语权,首先我们要调整好精神状态,这是最重要的。主体的精神状态决定了我们对客体的认识或者变革,如果我们都是懒汉,害怕会犯错误,没有勇气,没有实践第一的观点,这个创新仅仅靠复古、靠西化、靠"本本主义"是不能够解决的。所谓话语权也就是对当代世界,对当代中国的解释权或改造权,很大程度上取决于理论工作者的精神状态。

陈锡喜:关于意识形态的话语问题,改革开放以来,特别是邓小平在开创中国特色社会主义道路的进程中,政治权威和学术界的互动比较好。政治权威希望能打破苏联模式和改革开放前"左"的指导思想的束缚,在坚守"四项基本原则"的底线上,致力于创造宽松的思想环境。"文化大革命"结束后,学术界一方面有种精神解放的感觉,另一方面也有推动社会思想解放的使命感,他们愿意而且充分运用新的环境,来为社会主义的理论创新作论证,为改革开放的实践作辩护,而这又极大地改善了学术生态。这里,确实有许多值得总结或者体悟的成功经验。

今天,处在新的历史起点上的中国特色社会主义,遇到过去没有遇到的新的挑战和困难,用传统的意识形态话语或者完全依赖改革开放以来形成的意识形态话语,都难以解释新的社会矛盾和国际矛盾。这亟需新的理念和新的理论概念。然而,近些年来,理论界对中央新的理念和理论概念在宏观层面上作科学认证很少,而比较多的,要么是在形而下的层面作政策解读,要么满足于作形而上的注释,而许多注释搞的是形式主义,对于党的理论创新,反而帮了倒忙。

我认为,理论创新的话语表达首先要避免形式主义。对党的创新理论的研究和宣传的形式主义,有三种表现。第一是搞文字游戏或者搞数字游戏。一个文件或一个领导人的讲话出来了,我们有些权威学者总喜欢作形而上的"论证",有多少个重大理论创新,有多少个新思想,多少个新论断,多少个新观点,多少个新理念。十八大闭幕不到一个月,"五大理论创新"、"六大理论创新"、"八大理论创新"、"十大理论创新"的文章满天飞。"四个全面"战略布局提出来不到一个月，"马克思主义的新飞跃"的"论证"也很吸引眼球，而这些"论证"主要的意思是原来没有讲全面，现在强调"全面"了，原来侧重于"一个"全面，现在是"四个全面"，等等。这不是搞文字游戏或者数字游戏吗？第二，没有学理根据甚至违背形式逻辑的所谓"论证"。譬如"三个代表"重要思想刚提出的时候，"马克思主义中国化第三个里程碑"、"又一次新飞跃"、"又一个新阶段"这样的话语充斥着我们的理论刊物和党报。但同时我们又说马克思主义中国化有两次历史性飞跃，这就产生了逻辑上的矛盾。而在有些教材或学者的编著中，同时存在这两个"论断"。还有的既说"三个代表"重要思想是马克思主义中国化的新飞跃，又拼命"论证"马克思主义历来就有"三个代表"。再比如"科学发展观"提出来了，学者论证了"科学发展观"把"以人为本"作为核心是马克思主义的重大理论创新，但是又说马克思主义的老祖宗历来是以物质作为出发点，还说科学发展观与马克思主义是一脉相承的。这三个判断放在一起，也需要辅以通过辩证逻辑来"圆"的功夫，而不能忽视它们在形式逻辑上的自相矛盾，因为看世界的根本立场都不一样，怎么一脉相承？第三，隔断历史和逻辑的统一。喜欢用"第一次"，对新的文件或提法无限拔高。比如说十八大报告出来了，有学者马上讲最大的理论创新是十八大提出了"坚持和发展中国特色社会主义"。这真有点莫名其妙，因为"坚持和发展中国特色社会主义"，是党早就提出的命题。有学者在十八大开幕第二天，就宣传十八大报告从全面"建设"小康社会到全面"建成"小康社会，一字之差，但含金量很高，是历史性"质变"。这说不通，因为党的十七大报告就明确提出到 2020 年全面"建成"小康社会的目标。这"一字之差"是在"十七大"而不是"十八大"，更何况"建设"是过程，"建成"是"建设"的结果，两者是有差别，但不至于是"历史性质变"吧？这种逞"口舌之快"的形式主义理论研究和宣传，将把党的实践和理论发展的历史搞得一塌糊涂，是马克思主义理论研究和意识形态宣传没有能够说服人的重要原因之一。习近平总书记在之后的几次重要会议上讲到十八大精神，都没有概括为多少个"理论创新"，而是反复强调，十八大精神和主线，说一千道一万，归根到底就是一句话：坚持和发展中国特色社会主义，我们所有的聚焦点、着力点、落脚点，也要放在这里。唯有他讲到"八个基本要求"时，强调了这是总结了我们的"新鲜经验"，深化了对"三大规律"的认识。

怎么来解决马克思主义理论研究和党的创新理论宣传上的形式主义问题？我有三个想法：

第一,借鉴技术和经济结构创新的相关理论,对党的理论创新分层次。约瑟夫·熊彼特从技术与经济相结合的角度,探讨了产品创新、技术创新、市场创新、资源配置创新以及组织创新在经济发展过程中的作用。之后,人们进一步阐述了理论创新和实践创新这两大类创新的关系,并形成了关于技术创新、制度创新和理论创新的理论,其中技术创新包括原始创新、集成创新和引进消化吸收再创新三个层次。借鉴上述理论,我们可以把创新分为实践创新和理论创新两大类别,把理论创新分为理论的原始创新、观点的集成创新和传播的话语创新三个层面。理论的原始创新的定位应该非常高,它类似于科学革命,套用库恩在《科学革命的结构》中提出的"范式"思想,不仅是提出了新的结论性观点,而且涉及观点背后的观察视角的转换、基本范畴的调整、逻辑结构的变换以及方法论的创新,等等。马克思主义整个理论是原始创新,毛泽东的新民主主义革命和新民主主义社会理论,邓小平的社会主义初级阶段理论、和平发展时代主题理论、社会主义市场经济理论等,"三个代表"重要思想中的党的阶级基础和群众基础的理论等,科学发展观中的"以人为本"的核心立场理论等,都具有原创性。以此观之,十八大提出的新目标、新思路、新政策、新举措,有的是目标创新,有的是思路创新,有的是政策创新,有的是举措创新,因而都属于实践创新;而其提出的新思想、新观点、新概括、新提法,主要是观点的集成创新和传播的话语创新。

第二,对党的理论创新的成果定位应该体现历史和逻辑的统一,而不能割断历史和逻辑。改革开放以来,十五大报告对邓小平理论为什么是马克思主义在中国发展的新阶段,作了四点论证,是迄今为止党代会报告中对党的创新理论论证最好的话语之一。这当然有当时的特殊背景,即邓小平去世后第三代领导集体需要对高举邓小平理论旗帜作充分的论证;同时,也是政界和理论界较长时间(近20年)良性互动的结果。那个论证从思想路线(哲学基础)、理论主题、时代根据、实践基础,包括理论内涵都作了全方位的论证。而我们之后讲得比较多的重大理论创新也好,新阶段也好,都没有涉及理论的内核问题,即理论主题有没有变化,时代根据有什么根本变化,实践基础有什么重大变化,理论内涵有什么质的区别,等等,都没有论证到。只是在文字上面下工夫,或者搞文字游戏或数字游戏,这对于"三个代表"重要思想和科学发展观等党的创新理论的研究和宣传没起到什么正面作用,反而阉割了它的科学内涵以及阻碍了对其中所蕴含的真正具有理论生命力的内容的阐发。总之,对党的理论创新成果的研究和宣传,应该体现历史和逻辑的统一。

第三个想法,我们理论工作者要注重挖掘党的理论创新成果的思想价值,而避免动辄就好大喜功搞"理论体系"。从马克思主义的发展史来说，马克思没有给自己构建过马克思主义理论体系，马克思、恩格斯是致力于"从批判旧世界中发现新世界"，而非建构教条式的解释"整个世界"的"理论体系"。相反，马克思之所以为人类文明创建新的理论成果，恰恰在于他们解构了前人"形而上"的理论体系，因为马克思、恩格斯认为，构建形而上的理论体系的时代已经"终结"了。恩格斯的《反杜林论》有理论体系，但是恩格斯说他为了批判杜林，而不得不跟着杜林的思路走，这样，三大部分就出来了。构建体系在国际共产主义运动的实践当中是有需要的，这就是列宁所讲的，自发的工人运动只会产生"工联主义"，而马克思主义是需要从外部加以"灌输"的，这就需要对没有文化的工人，对理论加以条理化。为了马克思主义大众化需要也好，革命斗争的需要也好，改革的需要也好，政治权威的继承人要高举前人的旗帜，有必要搞理论体系，这不能否定。但是对理论界来说，不要一出现一个新概念，就急于搞理论体系，而不将注意力放在揭示其内涵、实质和实践价值上。现在，中国特色社会主义理论体系已经成为中国特色社会主义三大组成部分之一，但是到底建构了多少个理论体系，它到底是什么样的，其逻辑起点、理论主题、基本范畴、思维方式、价值取向等涉及理论体系建构的基本要素，大家并没有说清楚。

鲁品越：陈锡喜教授刚才的讲话，我大部分赞同，但我认为马克思主义理论理所当然地是一个完整严密的理论体系，而不是没有体系。马克思说他的《资本论》是一部完整的艺术品，怎么不是理论体系？正是因为马克思主义是严密的理论体系，所以有其最基本的理论出发点，这是一切马克思主义理论创新必须坚守的底线。突破这个底线就不是马克思主义理论创新。

首先，我来谈谈马克思主义理论创新必须坚守"底线"。习近平总书记治国理政思想的显著特征之一是"底线思维"。所谓"底线"，表面上是思想领域的"戒律"，实际上归根到底是社会发展的客观规律的反映，是客观规律对我们的思想行为提出的实事求是的客观要求。突破了理论底线，也就是从根本上违背了客观规律，因此必须制止。理论创新上也必须有底线，没有底线的理论创新不叫创新，坚守理论底线才叫创新。没有马克思主义理论底线，不坚守最根本的理论基础，"一切从我开始"，各说各话，没有共同的判断标准与聚焦点，这样的"创新"没有任何意义。

2015 年 11 月 23 日中共中央政治局集体学习马克思主义政治经济学，全国各地都相继举行马克思主义政治经济学理论创新研讨会。在某个研讨会上，有人提出了各种关于马克思主义政治经济学的"创新"设想，但是却刻意回避马克思的劳动价值论以及只有活劳动是创造价值的唯一源泉的思想。这样的所谓"理论创新"谈得上是什么马克思主义理论创新? 只有活劳动才能创造价值,这是马克思主义不可逾越的底线。一旦"突破"这条底线,马克思主义政治经济学与西方经济学还有什么区别?列宁说过:"自从《资本论》问世以来,唯物主义历史观已经不是假设,而是科学地证明了的原理。"一旦脱离这个底线,唯物史观就成为空洞的公式与条文,成为缺乏科学性的假说。在有次会议上,一个青年学人曾经"理直气壮"地质问我:一个农民辛苦劳动了一年才创造 3 000 元价值,而一个歌手一个晚上就能创造 30 万元票房价值,到底是劳动创造价值,还是歌手的嗓子创造价值? 我说如果对于劳动价值论举这么个简单的例子就能驳倒它的话,那么能够提出这样的例子的人很多,也轮不到今天你来质问我了。这些对劳动价值论的幼稚的反对者不明白,上述关于商品的市场价格不等于其劳动价值的例子,不但不能驳倒劳动价值论,恰恰相反,正是马克思劳动价值论的伟大意义之所在。这是因为市场不仅具有通过劳动力的自由流动使价格趋向于价值的过程(描述这一过程的规律是"价值规律"),同时还存在阻碍劳动力流动,以及各种权力(包括资本权力和各种资源所有权,等等)进入市场分割劳动价值,从而使价格偏离价值的过程。这两种力量与趋势的对立统一运动,最后形成了市场权力结构。而市场价格体系正是这种市场权力结构产生的结果与表现。马克思主义经济学的伟大魅力正在于通过这种从价值体系到价格体系的运动,来揭示市场权力结构及其运行规律,从而揭示了市场经济的本质。

马克思主义理论创新的另一底线是我们要实现的理论的价值目标。它内在地含有下述理论底线:资本主义是以私人的资本积累为最高目标的社会制度,由此必然产生出资本积累与贫困积累的矛盾。因此代表最广大劳动人民利益的共产党人必须批判资本主义,努力实现社会主义制度。这是马克思主义根本的价值目标,同样是不可动摇的理论底线。这就遇到刚才夏老所提出的问题:什么是社会主义? 有人根据几条理性原则来设计出一套社会主义制度,比如公有制、计划经济、按劳分配叫社会主义,认为按照这些原则建立起来的社会主义制度就是最好的制度。这种思想看起来很诱人,但这只是马克思反复批判的空想社会主义,绝对不是马克思的科学社会主义。科学社会主义是什么? 是为了解决现实社会的矛盾——资本主义生产方式不可克服的基本矛盾而产生的社会制度。资本主义根本矛盾必然会产生一系列的危机,它们使人类社会无法发展下去,人类的福祉无法得到实现,因此必然会出现能够克服这种危机的新型社会制度,这就是真正的科学社会主义。我非常赞成陈学明的一贯观点,社会主义不是通过资本主义进行伦理学批判从而达到的,而是通过对资本主义生产方式进行政治经济学批判而得到的结果。这才是马克思主义价值观。这条底线不能突破。那么什么叫社会主义? 我现在可以回答夏老的问题:社会主义不是根据理性原则进行的理论设计,而是代表最广大人民利益的共产党人在掌握政权之后,不断用社会主义价值观来克服资本主义危机的过程中,不断生长出来的新型社会制度。资本主义危机要不断克服,因此社会主义不是一朝一夕建立起来的,而是长期的历史积累过程。邓小平关于社会主义本质的思想,其核心就是关于社会主义的"底线原则",是关于"社会主义道路"的负面清单,它清楚地告诉我们什么不是社会主义:贫穷不是社会主义,不能促进生产力发展的不是社会主义,不能共同富裕的不是社会主义。因此社会主义的本质,是解放生产力,发展生产力,消灭剥削,消除两极分化,最终达到共同富裕。这正是马克思主义的理论底线。这种对马克思主义理论底线的发现,本身就是伟大的理论创新。改革开放使我们国家沿着这个方向不断克服资本主义危机,使社会主义制度不断生成和发展。

社会主义能够在不断克服资本主义危机的过程中逐渐生成,关键是政权掌握在代表最广大劳动人民利益的共产党手里,因为共产党以马克思主义为指导,以代表最广大人民的利益为自己的价值准则和底线。西方资本主义国家为了生存与发展,也需要想方设法走出资本主义危机,那么是否可以自动生成社会主义? 这是不可能的。因为资本主义国家的政治、经济权力由垄断资本主义集团所把持,垄断资本的根本利益是其克服资本主义危机的底线。因此它们对危机的应对之策,是把危机转嫁到全球,转嫁到发展中国家,把实体经济危机转移到虚拟经济体系,从而使发达国家自身暂时摆脱危机,而不是从根本上克服资本主义危机。

总之,马克思主义理论创新要以马克思主义基本的逻辑出发点为底线,以马克思主义的根本价值诉求为底线,这样的底线是不能突破的。只有坚守最根本的底线,才有可能进行真正意义上的马克思主义理论创新。

陈学明:首先,我想讲理论创新有两个问题必须面对,这两个问题同样重要。第一个问题是要不要理论创新。三十多年来中国走过的道路就是创新的道路,"五大发展"中的第一个发展就是创新发展,中国高举创新旗帜是天经地义的,所谓创新就是突破现在的时空界限,实际上来说就是时间上突破现在,面向未来。空间上就是突破现在的地域范围,要面向世界。中国发展到现在的程度,不进一步面向未来,面向世界,不断地突破,中国要想生存是很困难的,所以现在党中央一再强调创新,是题中应有之义。第二个问题是鲁品越教授讲的创新要不要底线。底线不是我们主观设定的，是中国客观历史的现实所决定的。创新始终在这两个问题上争论，第一个问题固然很重要，第二个问题也值得重视。如果突破底线，中国很有可能会一塌糊涂。在共产党领导下才取得现在的成就，不仅仅是革命先烈用鲜血换来的，也是改革开放三十多年来中国人奋斗出来的，其中有一系列最基本的东西，我们能突破吗？

十八届五中全会以来，习近平总书记不断强调这一点，比如说在政治经济学的学习会上，他提出要发展当代中国马克思主义政治经济学，在经济工作会议上更加明确说要发展中国特色社会主义政治经济学。为什么在西方经济学如此盛行的情况下，又提出了要发展中国特色的马克思主义政治经济学？这难道不值得我们沉思吗？在最近的关于党校工作会议上，习近平总书记的话讲得更加明确与尖锐了，他不仅要共产党的干部要有铁一般的信念，而且要有铁一般的信仰和担当。信仰和信念难道不是底线吗？创新怎么可以突破信仰和信念的底线？

第二，理论创新还要立足于现实。创新一定要反对从主观意愿出发，而是要尊重客观，这一点对理论工作者来说尤其重要。现在我们首先要搞清楚的问题是中国社会处于什么状况？我们还处于前现代性向现代性过渡阶段，还是现代性已经走到了它的界限？现在我们面临的主要问题是现代性还没有实现，从而要继续弘扬现代性理念，还是我们已面临现代性的界限，现代性已经限制了中国人民，从而需要超越现代性？我们现在确实面临很多问题，西方国家面临的问题我们都在面临，西方国家没有面临的问题我们也在面临。在走向现代性的过程中，我们遇到的问题比西方国家碰到的还要严重，还要多，这就是社会现实。这样的社会现实会产生相应的理论需求，所谓理论创新，应当发端于这样的理论需求，而不是离开了这种理论需求去"另搞一套"。

第三，当今中国始终有两个问题必须作出回答，理论工作者在理论创新中要始终围绕着这两个问题进行深入的研究。所谓创新就是对这两个问题的理解与认识的深化。第一个是中国道路问题，即我们提出的中国特色社会主义道路，对还是不对？我们是否走在正确的道路上？我们走这条道路的合法性与合理性在哪里？随着时间的深入，随着中国社会的深化发展，对这个问题的回答应当越来越清晰。中国共产党领导中国人民在民主革命时期开辟出了"新民主主义"的道路，现在又开辟一条新的道路，称之为中国特色社会主义道路，十八大讲这既不是邪路，也不是老路。世界上还没有一条"非西方化"的走向现代文明的道路。前英国首相撒切尔夫人说"别无选择"，中国人民就是要走一条具有自己特色的"非西方化"的走向现代文明的道路，中国人民坚信"另一种选择"是可能的。对这条道路的意义、可能性、内涵、前景的理论阐述远远没有完成。第二个问题是中国共产党在当今中国的领导地位是不是不可替代的？我们走这条道路是不是一定要在中国共产党领导下进行？我读初中时，记得初三一年时间政治课学习的就是毛泽东的《中国革命与中国共产党》，上课的那个政治老师又讲得特别有感情，考高中政治考的就是这本书。这本书不但深刻地阐述了中国的民主革命为什么是新民主主义革命，而且令人信服地说明了中国的新民主主义革命为什么要由中国共产党来领导。我对中国共产党的信念，对社会主义、共产主义的信念是在初中三年级由这本书奠定的。那么，我们能不能写出一本《中国特色社会主义道路与中国共产党》，不仅把我们为什么要走这条道路，而且把为什么必须在中国共产党的领导下走这条道路真正论述清楚。理论创新，不一定非要寻觅新的题目，对一些关键问题抓住不放进行深入阐述，讲出新意来也是创新。

第四，是否围绕着中国如何进入人类新文明做点文章。有一本书叫做《有机马克思主义》，是两位年轻的美国学者写的，在国外有很大影响，译成中文在国内出版也引起了一定的注意。这两个美国学者跑了世界上很多国家，也来了中国，得出一个结论：中国有可能在世界上率先进入生态文明，率先创造出一种人类新文明。中国生态危机如此严重，可这两个美国学者偏偏认为在世界上最有可能解除生态危机，率先进入生态文明的是中国。他们认为，关键在于中国有率先进入人类新的文明的土壤，有独特的思想资源。他们把这种思想资源称为"有机马克思主义"。"有机马克思主义"由三个部分构成：第一，中国传统智慧；第二，后现代马克思主义；第三，过程哲学。这三个组成部分融合在一起，形成一种新的以突出整体，强调系统性、有机性为特征的哲学。"有机马克思主义"关键在于"有机"两字。我觉得我们应当沿着他们的思路作深入的研究。中国继续往前走，走向哪里？中国道路不仅具有特殊性，而且还具有优越性。这种优越性主要表现在它能引向一种新的人类文明。现代工业文明是建立在强调个体、个人本位的哲学基础之上的。那么我们要走向的这种新的人类文明，其哲学基础究竟是什么？难道还是个人本位的哲学吗？这不正是我们进行理论创新所要研究的问题吗？

对于为什么我们现在走向或出现了现代性的边缘状态的问题，有两种回答，第一是后现代主义的回答，第二是马克思的回答。我同意马克思的回答。后现代主义回答是现代性中出现的问题是现代性本身所带来的，即由科学技术、现代知识以及理性主义、主体性原则这些现代性的构成要素本身所带来的,这些要素本身就隐含着负面效应,所以现代化道路所出现的代价是必然的。存在主义和一些后现代主义思想家,也包括国内对马克思主义作后现代主义解释的路向,大致就是这样认为的。而马克思的回答是,现代性中出现的问题不是由现代性理念本身带来的,科学技术没有原罪,而是由特定的社会制度、生产关系,由资本逻辑带来的。如果按前一种回答,那么中国道路是不可能的,因为既然所有这些现代性中出现的问题根源于现代性本身,那么我们要追求现代性也得接受现代性所带来的负面效应,中国不可能既要享受现代性的成果又想避免其负面效应。而中国道路实际上就是想走一条"鱼和熊掌兼得"的道路。而按照马克思的回答,中国道路是可能的。既然现代性中出现的种种问题不是由现代性本身而是由外在的社会关系、生产关系带来的,那么我们完全可能通过改变那些不合理的社会关系和生产关系,铲除造成一系列问题的经济和社会条件,走出一条让"鱼和熊掌兼得"的道路。我认为,在这一问题上,一些"西方马克思主义"理论家深得马克思的要领,阐述得十分清楚明白。

陈喜锡:我同意陈学明的意见,一是需要理论创新,二是创新要有底线。当然,底线的相对性和绝对性的问题,是不是可以进一步讨论? 因为我们在讲为什么需要创新时,强调要突破当下,面向未来,突破中国,面向世界,那么我们现有的理论对当下和中国的解释需要不需要也有所突破? 这就涉及底线的绝对性在什么地方? 相对性在什么地方? 我一直在思考并力图回答这样的问题,也就是界限的绝对性和相对性的辩证统一问题。

余源培:讲到中国国情,有一个基本观点是在一直强调的,就是我国长期处于社会主义初级阶段。考虑中国现在处于的时代,不能离开中国的国情、中国的历史来考量,也要考虑到全球的"世情"。我不太主张说中国已经走到了现代性的边缘的说法。当代中国还大量存在着从前现代到现代的矛盾,这个矛盾不仅在经济领域,而且在政治思想领域里面也都存在着,同时交叉着现代性产生的矛盾,还有就是从现代性到后现代性的矛盾。从现代性到后现代性的根本原因,在于中国处于全球化过程中实现社会主义现代化。从经济矛盾、政治矛盾和意识形态矛盾等领域看,很难说我们现在已经走到了现代性的极端了,有许多问题不仅是一国产生的,而是全球存在的。中国今天就不存在封建主义的影响? 封建主义的影响是什么? 它是现代性走到了极端的表现吗? 不能这样说。从前现代到现代这个过程当中,要看到我们的体制,我们的观念,包括我们的经济发展,确实受到了这方面的诸多限制。现代性产生的矛盾有两种：一种是西方社会的；一种是与社会主义国家不搞市场经济，长期坚持计划经济，在市场经济面前考试不及格有关系。而资本本身的逻辑就有两重性，当我们今天看到资本带来了很多弊端的时候，同时要看到资本在全球，包括在中国也带来了一种脱贫的好处，中国这三十年如果不实现市场经济，不利用资本，还是"文革"的那种状况，走这条"老路"是没有出路的。我经常说这个问题。我不否认资本的逻辑是趋向获得利润，但是资本有它的历史上的合理性，我们要实行的是中国特色社会主义，不是"伦理社会主义"，不能完全用任意的态度来批判资本。我们现在还处于现代性向后现代性过渡的国际环境，这也有矛盾。后现代对理性、统一、权威等处于解构的状态，我们现在还不能不强调这些东西。中国社会是复杂的有机体，它不是单一的，不是单纯处于某一个阶段，而是处于前现代、现代、后现代的三者交错之中，这就是中国社会目前的时空定性。

黄力之：我认为中国话语是关系性的概念，而不是一个自我性的概念。从文化关系模式来说，所谓中国话语就是用汉语对世界说话，让想听的外国人经过自己的翻译去听懂，而不是我们自己把汉语译成英语再去对别人说。近代以来，都是我们把自己的话翻译成英文再去告诉世界，由此，我们必须大规模地学习英语，以至于英语培训成了大规模消耗中国人的精力和财力的累赘之物。现在我们已经到了一个文化史逆转的时期，我们可以说自己听得懂的汉语，别人想听，得自己去学习汉语，这就是孔子学院兴盛的深层原因。因此，中国话语的意义在于其标志着中国文化新的自觉，它的强大的现实基础就是中国的崛起。中国为什么崛起？可讲的因素很多，如学习西方经验，搞市场经济。但一般人都忽视了中国自己的经验，总是把中国经验当成必须去掉的东西。经过这么多年，很多人都看到，学习西方经验，搞市场经济的国家也不少，为什么只有中国能成功呢？这就必须要讲到中国经验了。为什么要提出中国话语呢？因为对中国经验的总结必须依托于中国话语来进行。现代文化史上，有两个人对中国传统文化有很深的了解，然后又能够睁开眼睛看世界，一个是鲁迅，另一个是毛泽东。他们不像鸦片战争时期的文化人，只知中国而不知外国，他们使用的是地道的中国话语。对外国人来说，你要懂中国就必须懂毛泽东，而要懂毛泽东就必须把他的文章翻译过去仔细研读，这就是中国话语的力量。

现在，政治上讲中国道路自信，批判新自由主义之类的主张，这样的文章总是可以写出来的，自圆其说并非难事，但让人信服还是不容易的。我认为，与其从政治上讨论不如从文化上讨论，因为政治与权力相联系，而文化与我们自己相联系。近代以来,最值得讨论的是中西方文化关系的模式。似乎能够代表主流话语意图的是张岱年的综合创新,其好处是不对中西作先入为主的预设,中也好,西也好,不管谁的东西都先拿来,拿来以后再创新,这在话语上具有合理性,显得平衡公允。但是当中体、西体作为工具而存在的时候,所有的讨论必须回到这个地方来,就是中和西到底要用什么?体和用何者重要?到今天为止我们依然面对这个问题,用综合创新回答不了这个问题。

构建中国话语,必须祛除全盘西化的思想,此任务,说起来容易,做起来难。因为全盘西化对中国人精神的影响,可谓时间不长而烈度甚深。我在研究中发现,全盘西化应该说有两种形式,有最激进的形式,也有比较温和的形式。比较激进的形式当然就是没有任何遮掩,就是赤裸裸的,中国所有的东西都不如西方,所以必须西化。温和的全盘西化形式,就是李泽厚的"西体中用",由于他的模式中使用了"中用"一词,所以不被人看成全盘西化。但李泽厚不过是主张将"西学"应用于中国而已,而且是"体"这一根本的东西应用于中国,所以他被视为全盘西化的温和形式。

改革开放以来,社会各阶层对全盘西化的温和形式有相当大的认同。这是因为,改革之初,当我们看到世界特别是西方世界对我们显露出来的东西有非常强大的诱惑性时,大家都自觉或不自觉地追求西方文化。面对十八大以后的一系列措施,包括其对西化的拒绝,有人很担心,说要防止"中国的改革终止于半途",半途就是现在,现在就是有条件对西方的学习再加上中国经验的坚守。习近平总书记说我们不能认为,只要外国有的中国必须要有。我认为"半途"没有什么不好,因为事实已经证明了其成功,相反,所谓"全途"的结果怎样,无从证明。中国只要能够继续运行 20 年、30 年,使中国最后完成对美国的超越,这就是中国话语的存在之支撑。一些人之所以认为如果是"半途",改革就没有成功,因为他们的逻辑是只有彻底西化了才不是"半途"。

从当今现状来看,相当一些人的潜在心理依然认为中国最终必须要完成西化的过程。但是习近平总书记认为中国的基本制度层面上的东西,如共产党的领导、人民代表大会制度、政治协商制度都是已经确定了的东西,要改也是技术层面上的改,而不是根本性的改。尽管已经明确表达过了,但还是有人想从根本上改,他们认为这样才能完成改革的任务。应该说,习近平总书记的自信心是建立在中国崛起这一事实基础上的,难道说我们是由于全盘西化才取得今天的成就吗?不出意外,中国在不久的时间内会超过美国,这才有了西方对中国崛起的担心。近些年来,都是一些西方人在预测中国强大以后,世界秩序将会怎么样,他们不得不对西方文化进行整体性的反思。这些著作都是西方人写的,没有一本是中国人写的,可见中国人自己的认识是滞后的。西方人一方面不高兴中国的崛起,但是另一方面准备接受现实。像英国人一样,英国人当年在美国崛起时不高兴,但最后还是接受了。毛泽东在1949年说中国被世界瞧不起的时代已经彻底终结了,但毛泽东他老人家在晚年感觉到中国依然落后,他没看到中国在今天的崛起,但他预言了中国对西方的超越。

中国话语的文化形式是什么呢?我认为要重新思考"中体西用"的模式。"中体西用"被认为是清末以来保守派折中主义思路,不足为据,但奇怪的是,无论是张岱年也好、李泽厚也好,他们都认为对当下中国影响最大的东西依然是"中体西用"。亨廷顿在提出"文明的冲突"理论时,就说全盘西化难以在今天的中国被接受。

构建中国话语应该是中国知识分子的历史使命。因此,怎么重构中西方文化关系的模式,怎么重新认识近代史上中西方文化关系各个方面,确认其合理性和局限性,一切都应该进行重新研究,像恩格斯说的一样,"必须重新研究全部历史"。我们的使命就是公开宣告西化思维已经走到尽头了。一个时代不是几年、几十年就能完成的,意识到时代的巨变也需要很长的时间。在文艺复兴时期,新的东西很多,但人们并不能认识到这就是资本主义现代性的开创。中国的全面崛起不是几十年就能够完成的,即使100年以后才能完全证明到今天的认识是正确的,也是合乎规律的。不过,我认为,结束西化思想所需要时间会短于西化思想的形成时间,历史正在提供证明。

陈学明:我基本同意余老师的看法,现代性是复杂性的,现代性有其界限,负面的效应现在开始出现了。

赵修义:我谈一些比较抽象的问题。第一个问题也是余源培教授讲过的问题,现在提出理论创新有什么新意,有什么具体的针对性?理论创新不是现在提出来的,十五大就提出了,当时我还专门搞过课题。现在强调理论创新,我觉得非常重要,也非常及时,很有针对性。现在面临了两个情况。从客观上来说,国情、世情这些年发生了非常重大的变化,而且有些变化很可能是大家之前没有想到的、前所未有的。我这几天收到童世骏在挪威的老师希尔贝克给我的新年贺信,今年他特别讲到,现在面临的是一个很困难的时期,举了很多方面,这种情况以前是没有的。欧洲人的这种感受,反映了世界上的情况有了很大的变化。国内的情况大家也会感觉到,我们这几年出现了很多问题,都是之前没有想到的。不说别的,雾霾谁想到会这样严重?这两天看中央电视台节目,分析华北平原雾霾的原因,感到解决雾霾的问题实在难办。现在人们如果真要解决,要关停多少工厂?要有多少人下岗失业?世情、国情都发生这么大的变化,我们单靠老的思维、老的观念、老的理论能不能应对?总要与时俱进吧,需要通过创新来应对客观形势的变化。另一方面这几年保守主义、"本本主义"多起来了,文化保守主义最典型的就是什么东西都是中国古已有之。另外就是本本主义,洋本本,土本本,好像本本上的东西可以直接解释现在发生的一切。还有余源培教授说的精神状态也是很重要的问题,现在很多人对发生的大事情大问题尽量回避、不说、不研究,甚至不去想,觉得这样才比较太平。

第二个问题是怎样看待创新与探索的关系。创新不是一蹴而就的,很难一下子就能拿出绝对正确的结论。现在提倡大众创新,很多人反对,就是因为创新有90%是不成功的。创新一定要有突破,突破出来的很多东西开始仅仅是一种"意见"。要看到创新是一个过程,而在过程里面必然会出现片面的,甚至很极端的观点。但是只有在这一过程经由"同归而殊途,一致而百虑"后,才能达到真理。大家只有都去探索,并如实地把自己的"意见"当作一种"意见",相互切磋,取长补短,这样才能提出比较好的东西,逐步接近真理。现在面临这么复杂的世界格局,包括中国国内的变化,提出这个问题无论从精神上,还是实际回答中国问题,都是非常重要的。

第三个问题是现在所说"理论创新"指的是什么?按照我自己的观察,我们现在讲理论创新最主要是"党的理论创新"。宣传部理论处一直在编"党的创新理论"文集,最近习近平总书记到《解放军报》也讲了党的创新理论。我记得大概是在科学发展观提出之后,一直在讲"党的创新理论"。这个概念是非常值得我们琢磨的。党的创新理论除了国家领导人在讲话中提及之外,还有一个庞大的机构有组织地在进行研究。我觉得还有另外一种创新也是理论创新,这是学者做的,比如哲学、经济学、社会学,等等。这种创新往往是带有个性特点的东西。冯契先生在总结中国近代以来的哲学发展进程的时候,说得很清楚,时代精神,它不是抽象的,是"通过哲学家个人的遭遇和切身感受而体现出来的"。真切地感受到时代的脉搏,看到时代的矛盾、问题,形成自己专业领域里非解决不可的问题。时代的矛盾一定要通过个人的感受而具体化,于是有"不得已而后谈"。没有真切的感受,也不可能有真正的哲学著作。他认为一个真正有创造性的哲学,必定要有个人的感受。这个视角也可以延伸到社会科学的各学科。这种学科的创新跟体现党的集体智慧的"党的理论创新"是相辅相成的。冯契先生在总结中国近代哲学的革命进程的时候,一方面用很大的篇幅论述了毛泽东的贡献,另一方面专门列出篇幅来论述哲学家的工作,包括他们的贡献和不足。这两者是相辅相成的。这是对历史经验的总结,值得我们借鉴。

中国的国情必定要有党的创新理论,但是我认为党的创新理论需要有一定的学术支撑,这些学术支撑只要大方向和中央保持一致,就可以创造出新的话语,官方采纳不采纳都没有关系,说不定外国人也想看。我们老是要求在官方话语上发表看法,还怎么写文章? 这样做功效不大,语言方式怎么翻译也没有用,外国人理解很困难。

现在搞理论创新,眼界要宽一点,而且要鼓励有个性的创新,无论从概念上还是学理上都要有点新的东西。现在有些文章没多大意思,有一篇文章说马克思的《资本论》比皮凯蒂的《21世纪资本论》高明。这本来就是不需要比较的东西。

此外,对于"理论"这个概念也需要厘清。现在的"理论"概念外延太大了,无法把很多不同层面的东西分清。十几年前我写过一篇文章,提出过这个问题。主张要把事实性的认识、规律性的认识和操作性的原理区分开来,把一般原理同它的实际运用区别开来,在操作性的层面上还需要把原则和策略加以区分。理论、方针、政策、策略是不同层次的东西。我们这些年把这些东西都混在一起了,现在讲"理论创新"需要分梳清楚几个层次。

第一,先要把"是什么"的问题搞清楚,因为理论强调的是对客观世界的研究,世情、国情是什么? 对世界先要认识、理解,而不是先讨论怎么应对。现在不少人都是凭感觉,凭琐碎的东西在搞,所以要把国情搞清楚成了当务之急。只讲国情不讲世情的话,国情怎么分析得清楚? 现在难的是我们该用什么样的概念工具来分析中国的社会? 很麻烦。看到报纸上,包括官方用的概念都很混乱。现在不用阶级这个概念了,用阶层来分析中国的社会,最近又有了中等收入阶层、中等收入群体之类的话语。用了很多东西,但是这些东西说不清楚,没有恰当的概念工具把中国的情况说清楚。这些问题都是应该开展学术讨论的,需要用新的概念来分析中国现实的社会情况。毛这些概念的变动,有的是真的需要,但是作为学者来说一定要把这些东西搞清楚,最根本的问题是我们说了三十年的社会主义初级阶段,三十年以后的社会主义初级阶段到底怎么回事? 说得清楚吗? 因为客观情况是我们制定政策的依据,把事实情况说清楚是最基本的东西,天天玩概念,天天争论没有意义。

第二,中国社会发展到今天,下一步该怎么走? 我认为下一步怎么走的问题,从哲学上来说首先要分析可能性的问题。可能性与规律有关,但是如同毛泽东所说,可能性不是一,有几种可能性,在这种情况下怎么做价值选择? 这些问题要研究。冯契先生讲了,价值是在现实可能性的基础上去追求的可能世界。道路问题过去是怎么走过来的?下一步怎么走?要搞清楚有几种可能性。这些问题跟国情问题是一样的情形。

第三,是怎么做的问题。现在编写的中国特色社会主义理论,大部分可称之为政策大全,主要回答怎么做,怎么看却放在第四条。而在怎么做的问题上,现在报纸宣传的重点是上面想怎么做以及要求下面怎么做。但是下面遇到了具体情况又该怎么做?从90年代开始我接触的干部,他们多数关注的就是怎么做的问题。这反映了一种务实的精神,但是对前两个问题如果不关心的话,恐怕也不是好事。怎么做的问题是千变万化的。毛泽东讲得很清楚,政策和策略经常要变化,没有重点就没有政策。

第四,如何进行宣传?怎么说的问题,需要解释,需要论证,涉及"话语"问题。我认为"话语"是在这个层面上才出现的,现在什么都说"话语",我不太赞成。"话语"这个词有特定的内涵,是后现代主义的哲学家福柯搞出来的概念,强调的是话语权,也就是权力与语言的关联。他就是不承认知识和真理性的问题。马克思主义是靠真理吃饭的,讲究认识的真理性,所以要有理论。而理论范畴、概念不是一般的话语。其中有些可以直接拿过来广为宣传,但是有些是需要转化为话语的。现在强调"话语"是针对问题来说的,就是要在世界上争取我们自己的话语权,要重视话语权的争夺,这是必要的。但是也要把理论,包括一些基本的范畴和概念与"话语"作适当的区分。

"话语"看上去更多的是新闻部门该管的事情。对哲学社会科学工作者来说,需要在基本理论上多做工作。从这个角度看,哲学社会科学对于主流意识形态、党的理论创新是可以作贡献的。根据各自的情况,可以从不同层次上做工作。也可以用学术的语言来作阐释和论证,像黄力之的论证一样,站得很高,有上百年历史的论证。但是我总觉得,基本理论包括一些核心概念的研究,学界是责无旁贷的。分析国情、世情的时候,我们对原有的概念系统要做反思,包括马克思主义的一些非常重要的概念。不过不能从概念到概念,要同改革开放以来的实践结合起来。比如所有制的概念,在实践中,我们已经把它细化了,像包产到户,不仅把所有权和使用权加以区分,而且把农民个人的使用权和村集体的使用权也加以分疏了。对概念的梳理,就需要把这些实践经验加以总结。还有一些外面引进的概念也要梳理。现在我们经常说的"后现代化"这个概念,我觉得也需要分析,将西方现代性理论中的诸多学说中的一种搬过来说中国的事情,有的东西是很难说通的。是不是把现在世界上新的潮流,比如说骑自行车都当做后现代？也未必。

袁秉达：刚才听了各位专家的发言很受启发，大家讲了很多关于理论创新的理念、体制、制度、方式和方法，我都认同。我谈两点感想：

第一，理论创新关键在人。如果没有高素质的人，如果没有一种既有敬业精神，又有较高学养的理论人才，谈理论创新是不可能的。我想从科学社会主义（简称科社）角度来说说学科建设和理论队伍建设的突出问题。1977 年党校复校的时候，胡耀邦同志提出科社要成为一门独立的学科，那时全国高校、党校系统一下子纷纷建立了科社教研室或者科社系，社科院对科社研究也很重视，人才济济，成果累累，蔚为壮观。我自 1977 年进入上海市委党校就在科社教研部工作，始终没有离开过科社专业，在这个岗位上坚守了 38 年，对这个学科深有感情。我亲身经历和见证了三十多年来党对科社的理论创新和探索历程。新时期我党理论创新最伟大的成果就是把科社原则与中国实际结合，创立了中国特色社会主义理论体系。现在，科社界是什么状况呢？我作过专门调研，高校原有的科社学科设置和部门建制早已不复存在。在相当长时间内，高校系统的科社部门建制被消除了，学科放弃了、队伍打散了、阵地丢失了。虽然全国和各省市的科社学会依然存在，尚在活动。但是，随着科社老专家退休或优秀人才流失，其地位和作用也日渐式微。现在，全国党校系统科社专业的形势也不容乐观。省部级党校科社教研部的设置，大体上是三分之一仍然坚守阵地，三分之一已经销声匿迹，三分之一正在分化组合，一般是科社与政治学、法学组合，或者翻牌挂名，改称法学（科社）教研部、政治学（科社）教研部等。上海市委党校的做法是一个部门两种叫法，以党校名义开会叫科社教研部，以行政学院名义开会叫政治学教研部。随着科社老教授和知名专家的退休，科社人才捉襟见肘，科社队伍青黄不接。唯独中央党校科社部非常强大，成为全国科社界的中流砥柱。

全国每年科社专业研究生的产出率已经偏低，但是还有不少科社研究生毕业后首选择业目标是做公务员，真正安心搞科社的年轻人越来越少。近年来，我到中央党校参加科社高端理论座谈会，80 岁以上老人还在台前唱主角争发言，这些人都是科社初创时期的第一批大家、名家，"60 后"、"70 后"的优秀专家不多。这是一个值得高度重视的现象。阵地在萎缩，队伍在老化，如不改变，用不了多久，年轻人就转向其他专业了。科社理论创新要像老专家那样沉得下心，一辈子钻研。如果功力很浅，性格浮躁，既出不了成果也出不了人才。推而广之，我们要反思，文化领域过去出了鲁迅、茅盾等那么多文学巨匠，群星璀璨，新中国成立以后却很少出现文学巨匠；理论界过去也出了很多大家名家,但是现在很少出现著名的理论大家。这是为什么?著名专家都有自己的个性,有自己的话语,有自己的研究方式和表达方法,我们不要妄自菲薄。一旦把他们的学术名著翻译出去,外国人也是很佩服的。过去我们重视出版汉译世界名著,不重视向世界翻译出版中华学术名著,这里有体制上的问题、操作上的问题,不完全是纯粹的话语权问题,这些都会影响理论队伍建设。如果不打开面向世界的平台和窗口,不解决体现理论创新价值的通途,将来谁愿搞这种苦行僧式的学术研究?谁肯静下心来一辈子搞一门学问、写一本巨著?像高放、赵曜等科社老前辈80多岁高龄还在做学问,像冯契先生这样创造性地建构中西马融合的"智慧说"哲学思想体系的大家,现在越来越少了。考虑到将来理论队伍建设的生力军总归要由"80后"、"90后"这些年轻人来接班,我们对理论队伍后继乏人充满忧虑,现在还想不出更好的办法。

第二个问题,科社的学科建设需要加强。之所以会造成科社理论队伍建设的困境,其实与科社学科设置的问题也有关。一是概念的两种解读。科学社会主义,又称科学共产主义。科学社会主义,又分广义的科学社会主义(即马克思主义),狭义的科学社会主义(指马克思主义的三个组成部分之一)。科社是理论、是运动、是制度、是理想等等。许多专家在广义的科社上好说话,就搞广义研究;狭义科社好说话,就在狭义上做文章,哪里有利朝哪里说话。同时,科社研究对象不确定也是个问题。二是学科的双重定位。根据国务院学位委员会和教育部的学科、专业目录,马克思主义理论是一级学科,其中并不包括科社,科社归属于政治学下面的二级学科。现在国家课题第一栏是"马克思主义·科学社会主义",科社与马克思主义能不能直接等同?两者算不算同一级学科?三是专业的替代趋势。由于科社难以深入,于是有些专家就用中国特色社会主义研究替代科社研究,两者虽有内在渊源,但在研究对象、基本范畴和原理等方面还是有学科区别的。以上三方面的问题往往使许多青年学者无所适从,望而止步。

现在,通过国家重大课题申报和立项,马工程专项基金投入,马克思主义研究院在各高校的设置,有利于聚合科社研究队伍形成合力,有利于科社专业多出成果多出人才。但是,如果把学术圈子搞小了,也会妨碍很多富有个性的理论专家参与科社理论创新。科社研究往往需要哲学、政治学、经济学、法学、社会学、党建等多门学科知识的交汇与融合。只有在广大理论专家个性化研究的基础上,才能博采众长,形成创新理论成果,这是党中央与理论界共同创造完成的创新成果,是个人创造与集体智慧相结合的产物。同样,一旦新的重大理论创立以后,理所当然允许理论界作出个性化演绎和创造性发挥。如果只有一种声音,也会影响广大理论工作者创新智慧和研究潜力的发挥。

翟桂萍:我主要谈一下关于意识形态领域的问题。我国网络意识形态领域面临的现状是什么? 产生这种状况的原因又是什么? 这里进行一个简要的分析。

先来看西强我弱的几种主要态势:

技术信息方面,西方居于绝对主导地位。互联网借以运行的一系列根本性技术规则是由以美国为首的西方发达国家制定的。作为支持互联网运行的最核心技术结构根服务器来说,目前根服务器全世界只有 13 台:1 个为主根服务器,放置在美国,其余 12 个均为辅根服务器,其中 9 个放置在美国;欧洲 2 个,位于英国和瑞典;亚洲 1 个,位于日本。所有根服务器均由美国政府授权的互联网域名与号码分配机构 ICANN 统一管理,负责全球互联网域名根服务器、域名体系和 IP 地址等的管理。中国虽拥有顶级域名 CN,但是这一域名分配却是由 1998 年成立的 ICANN(互联网域名和地址管理机构)决定的。ICANN 负责全球互联网 IP 地址的分配、顶级域名系统的管理等互联网国际管理事务。它虽名为非营利机构,但却改变不了其隶属于美国商务部的政府背景。而且在网络上,中文的信息量在整个网络上的占比还不到 10%, 80%都是英文的。

话语权方面,西方具有主导优势。西方的舆论传播在不断的话语创设中建构自己的话语体系。比如比较流行的新自由主义、民主社会主义、公民社会等等都是从西方来的。再比如"军队非党化、非政治化"和"军队国家化"问题,一些人觉得"军队国家化"很有道理。事实上,西方国家的军队确实经历了一个由封建主的私人武装到国家武装的转换过程,经历了一个由归属于国王这一最大的封建主到归属于公共权力的过程,这一过程伴随着资本主义民族国家的成长,伴随着代议制和政党政治的发展,特别是政党政治,使得西方国家的武装力量不能因为党派之争而给国家发展带来不稳定,不能成为现代国家发展中的不理性因素。为了更进一步促进国家武装力量的理性化,西方国家的武装力量伴随着现代化进程,实现了对现代国家制度的有机嵌入,最终归属于代表国家的公共权力,而不是某一个党派,这是武装力量在国家秩序中的一种有效安排,体现了西方国家政治发展的一般规律。西方由此论证了军队的国家化、军队的中立化等观点和价值。并由此向中国推行其理论。但它事实上是完全忽视了中国历史发展的不同逻辑。但这样的理论性使得它具有鲜明的学术支撑和规律性特点,因而更具有蛊惑性和欺骗性。

主流意识形态存在被污名化、边缘化的危险。网络上存在的一种怪象是只要你是正面的声音,不管是谁,都会遭到围攻,甚至遭受网络暴力。可以说正能量的声音无端被围攻,负面的甚至反动的言论却甚嚣尘上。

为什么会出现这样的情况?首先分析一下西强的原因:

第一,西方实行意识形态全覆盖全渗透。西方的舆论宣传则是"全方位"、"全维度"地贯穿西方价值观。好莱坞的大片、企业的并购收购、巨额的投资,更不要说各种文化宣传了,都深刻体现了西方价值观传播的无处不在、无时不有。在互联网时代,意识形态宣传再也不是带着"标签"的行动了,而是充分利用信息化对历史、社会问题、社会生活等进行全面关联。从最早的西化分化,包括对苏联的西化分化,到现在的网络转基因,包括人权斗争、经济斗争、网络斗争都反映了西方价值观的全渗透。正如尼克松曾经说过的那样,"如果我们在意识形态领域打了败仗,我们所有的资金、外援都将毫无意义"。我们会发现别人讲政治是在行动上,而不是口头上。这使得西方的舆论宣传不仅仅是宣传,而是一场全方位的意识形态渗透。

第二,西方舆论传播重视理论的包装。我们刚才很多专家教授都谈到了,我们的很多话语体系都是西方的话语体系。为什么?原因在于西方的很多舆论宣传让人感受到有理论的支撑,感觉很科学,很学术。善于宣扬西方的历史发展逻辑,是对西方历史规律把握基础上的一种价值传播,感觉很客观,很正确,吸引力也很强,我们不自觉地跟着走,使用他们的话语体系。但是这样的理论和逻辑是不是适合中国?很显然,各国的历史不同,所走的道路也不同。西方的科学性并不代表在中国也是科学的。这里还需要注意的是,西方非常重视社会科学的前沿性,把学术研究和意识形态有机交融,包括在社会娱乐性和价值观的结合上做得非常好。

第三,西方舆论传播靶向明确。西方的意识形态宣传主要靶向青年人。比如历史虚无主义把历史碎片化、孤立化、简单化,无论是戏说还是通过细节的问题剖析,以青年人的视角解剖历史,肢解历史,让青年人感同身受的问题剖析和分析视角,使之具有真实性、可信性,以至于受到广泛传播。比如一些抹黑英雄的言论,就紧紧抓住了一些青年的心理特点,大肆歪曲并广泛传播。

第四,西方舆论传播手段多样。很早以前大家都知道了美国之音、BBC,各类的自由之声在我国周边也很多,包括现在的网络。在各种媒介中,信息都是以英文为主的,包括互联网服务器很多都在美国,信息的传播每五条当中就有四条来自西方。我们现在有防火墙,没有防火墙怎么办?现在有人攻击我们,说中国的互联网就是局域网。西方提出互联网的自由问题，我们提出互联网主权的问题。意识形态不仅仅是思想问题、观念问题、理论问题，更多的是和我们的经济文化结合在一起的，是经济、文化、社会多角度、多维度的东西。西方利用文化产品推广他们自己的东西，自然渗透着西方的价值观，日常生活的价值渗透几乎无处不在。

第五，西方舆论传播的组织性好，支持力度大。我称之为有组织、有计划、有资金、有人员。西方国家舍得用钱，放长线钓大鱼。美国有很多非常有名的基金会，让中国人攻击中国人，或以学术研究为幌子替西方代言，或为科技工作者提供创新研究的机会，或给我们的青年提供大众文化、快餐文化，总而言之是让我们在不知不觉当中接受西方价值观，自觉不自觉地为西方代言，从而使西方的意识形态传播具有广泛的社会性力量的支持。

其次，"我弱"的原因分析。

第一，缺乏"讲政治"的行动逻辑，习惯居高临下的灌输模式。一定程度上讲，我们讲政治更多地讲在了会议、文件和各种表态中，在实际工作和行动中是不是真的讲政治，就另当别论了。从另一个角度讲，我们的各项工作又往往带有"政治"的"标签"，工作还没有做，就告诉别人我要对你进行意识形态宣传和教育，预设的前提就是对象存在各种问题，潜在意识里把教育宣传对象作为了问题对象，需要"我"来进行教育和宣传。这种"标签"化作业方式的效果可想而知，有的甚至会适得其反。

第二，缺乏话语主动权，习惯打被动仗。一些领导干部抱着明哲保身、对上不对下的理念，喜欢打官腔，出现了对一些问题要么不敢发声，要么发声不及时，要么发声不应景，完全是被动应战。以至于讲的话不入百姓的耳，更不入群众的心，结果造成各种猜测，谣言四起，严重的甚至造成了社会群体性事件，极大地危害了社会安全。习近平总书记批评了一些领导干部过于爱惜自己的羽毛，在大是大非面前态度不明确、不管不问，对党的威信造成极大危害。一些党员干部的不作为，或者是消极作为，危害极大，不仅拱手让出舆论场，更造成了极具破坏性的恶劣影响，引发恶性循环。

第三，缺乏理论的有效支撑，存在大众化传播供给侧短板。理论的彻底性是政治坚定的基础。一方面，一些人对马克思主义理论学习不够，知之甚少，容易出现人云亦云、不知所云的问题；另一方面，对于社会主义发展进程中的一些现象还缺乏有力的理论分析，比如所有制问题，比如阶级和阶层的问题，包括未来社会发展的问题，现在是全面建成小康社会，未来怎么样？理论上的问号没有拉直，舆论宣传上就没有底气。包括在所谓"普世价值"的问题上还是没有能够很好地从理论上加以阐述，需要进一步深化研究,从理论上把问题讲清楚。理论大众化的缺乏,使意识形态传播遭受供给侧短板,带来了意识形态传播的张裂。

第四,缺乏传播理念的开放性多样性,惯常于枯燥地坐而论道。我们的宣传更多坚持了灌输理念,在实践中缺乏层次性区分和有效的教育方式,需要在大众化上狠狠地下功夫,以使社会主义主流意识形态建设具有广泛的群众性基础和社会力量的支撑。

第五,缺乏组织优势的有效发挥,没有形成意识形态斗争的一盘棋。中国特色社会主义非常鲜明的优势就是集中力量办大事,对于党来说就是组织性非常强,但是这样的优势我们在意识形态建设方面还未得到充分发挥,党员干部的作用未很好发挥。对传播谣言和负能量的人缺乏斗争,惩罚力度不够。还有我们对敢于发声,敢于为党说话,敢于支持弘扬主流意识形态的人的支持力度不够,所以组织性优势没有充分发挥出来。而学术界效能发挥得也很低。前面的专家教授也谈到了一些,一方面,我们学术界有很多的理论成果,但是没有很好地转化为对我们意识形态的有效支撑;另一方面,对学术界善于发声和敢于发声的人的支持力度缺乏,甚至出现了一定的限制,一定程度地造就了"沉默的大多数",使"我们的声音"弱小,也就是壮大甚至鼓励了其他的声音。怎么样把我们的组织优势有效地发挥出来,增强信任,最大限度地调动自己人的积极性、主动性和自觉性,成为应当加强的一个方面。

整体来说,现在有所改观了,中央网信办、各级政府等加强意识形态宣传的力量,正能量的声音越聚越多,力量也越来越强大。但上面分析到的问题是不容忽视的。同时,意识形态领域依然存在的紧张与割裂状况需要我们高度重视:民间话语体系与官方话语体系的张裂,政治话语体系和社会、经济话语体系的张裂,官员自身人格的分裂,一元主导与多样并存之间的紧张关系,还有中国和西方意识形态对立的问题,都需要我们进一步加强意识形态领域的工作来加以缓和。

学科发展中的中国话语建设

（2015 年 12 月）

参会嘉宾（按姓氏笔画排序）：

于宏源（上海国际问题研究院比较政治与公共政策所教授）

刘　慧（华东师范大学民俗学研究所博士）

刘梁剑（华东师范大学哲学系副教授）

许　明（《上海思想界》主编）

何雪松（华东理工大学社会与公共管理学院教授）

张仲民（复旦大学历史系教授）

陈　尧（上海交大国际与公共事务学院比较政治系教授）

易承志（华东政法大学公共管理学院副教授）

周　进（复旦大学艺术教育中心副教授）

周建勇（上海市委党校政党研究所副教授）

曾　军（上海大学文学院教授）

许　明：各位年轻的学者，今天请大家来谈这样一个话题——学科发展中的中国话语建设，这个话题看似学术，其实是非常实际、前沿的。20 世纪 80 年代以来，中国学术发展经历了非常复杂的过程，而且在很长的一段时间当中，都是以学习西方的概念和话语作为学科建设的基础。当然，这种学习是必要的，否则我们这三十年的学术发展不会达至今天的模样，但是这种学习也有缺陷，三十五年过去了，我们认识到，强大的中国传统和西方观念的碰撞已经存在了一百多年，这种碰撞支撑了社会的发展、民族的发展、文化的发展，其支撑方式和逻辑肯定存在，但是我们没有人像公元前 5 世纪的古希腊思想家、理论家那样，用富有逻辑的语言概括并总结出来。到了 19 世纪末的时候，中国的文化发展、思想发展陷入了低潮，在这种情况下全盘西化、全盘引进都被开成了药方。经过了改革开放三十多年，我们意识到，我们忽略了对自身资源的利用和发展，我们在思想、方法、逻辑、观念上，对中西两种文化碰撞以后有机融合的结果考虑少了，仔细考虑一下，现在基本上每个学科，都是西方的框架，加上中国的材料,哪怕搞中国哲学、中国文学研究,都是西方的框架加上中国的材料,好像离开这个框架就不会说话了,这是非常严重的问题。

今天希望大家能凭借这两年来参与《上海学术报告》编撰过程中对学科追踪的经验,同时结合自己的教学研究,谈谈自己的学科如何构建中国的话语体系。当前各学科的发展状况是有不少问题的,有什么办法改善? 能不能有新的思路? 各位有没有具体的建议? 有没有对同时代人的忠告?

我作为过来人,把我的困惑、我的问题以及我对问题求解的渴望跟大家交流。我扮演"哥德巴赫猜想"提问的角色,提问题,参与讨论。我们这一代人可能无力改变现状,但是你们这一代人能不能做? 或者通过你们的呼吁、通过你们的工作,来构建中国话语体系的舆论环境,能不能做到这一点? 下面请各位根据自己的学科发展和教研体会发言,思考其可能性。

我们社会科学界有如此庞大的学术人口,但我们的国际话语权和中国的文化地位很不相称。大的时空观、第三重证据,历史学的思想都是西方提出的,哲学、人类学、文艺学有话语权吗? 没有。美学有话语权吗? 我是学美学出身,我看这个学科也没有。美学界的美学家们、美学研究者们懒得从中国的审美实践当中总结东西。我们有诸多的科研期刊、科研阵地,有庞大的学术人口,但我们没有话语权,问题在哪里? 今天我们一起思考、讨论。

张仲民:我从历史研究的角度,讲一下自己的一些粗浅看法。中国学术在世界上缺乏话语权,的确存在这样的情况,但也不能一概而论。或许我们的"世界史"研究,与西方同行比起来,话语权有所欠缺,但是在中国史领域,以及中国文学、中国哲学这种传统的优势学科,我们还是有一定的话语权的。

就我比较熟悉的历史学领域来说,在中国史研究的一些领域,其实是中文世界的学者在领导潮流,在提示新的研究动向与实证史学示范方面,是外国学者在跟着他们跑。另外,在专业的中国历史研究训练方面,国内与国外的差距不大,国内甚至更有优势一些。一般国内强调阅读并使用原始资料,关注国内外最新的研究动态。而在国外,特别是美国,比较重视的是理论训练及研究视野的拓展。首先是阅读大量研究中国的英文著作,对收集并阅读中文原始资料的重视度不够,对于中文世界的研究成果也关注不够,所选研究题目往往根据实际的政治需要或现实需求,而非源于学术史的内在理路发展,也非源于看资料的收获。所以这些年,欧美研究中国历史的优势其实远没有我们想象的那么大,在很多方面已经落后于后来居上的中国学者了。但由于一向的惯性及长期的弱国心态,我们许多人看不到欧美研究中国的弱势,或不愿意承认他们的不足,反而自我贬抑、自我看不起,仅仅是空谈所谓的自信,在行为与实践中却愈加崇洋,像很多洋学者(包括一些留洋的华人学者)他们的学术水准其实并不高,所在国都没有多少人理,到了中国,却是这个单位高薪请、那个单位高薪请。高校和科研机构招聘人才,很多单位更是唯洋是从。

短时间内要改变这种情况,怕是很难,但必须要转变,否则长此以往,中国学术何以自立自主? 在这方面,高校与科研机构的领导们,包括政府有关部门的负责人,不能盲目讲四个自信,而是要真的表现出学术自信,知己知彼,不能光喊口号忽悠国人、自欺欺人。

许　明:你说对中国历史学的解释,我们的话语权比较大,专家在中国,我有同感。有些学科的中国专家具有非常高的水平,但是我们的管理部门、行政部门、领导部门对中国学者的发现,或者学界同行对中国学者的发现不屑一顾,压低他们、不重视他们,但是有人以洋人身份过来摇身一变,就成为大专家,自身话语权的丧失,或与长期以来的弱国心态有关系。

张仲民:我们现在讲自信,不是盲目的妄自尊大。当然我们有很多不完善的地方,不管是体制方面或者学术研究方面,但是我们也取得了很多长足的进展,这些进展不是意识形态方面的,不是多少外国专家说了中国好话,或者多少外国留学生到中国来学习汉语,等等,要有具体实际的学术表现,不能外国人一来就怎么样,盲目地认为外国人讲得无论好坏都是好的。

许　明:仲民提到很重要的一点,就是文化自信哪里来? 我们是80年代以后的第一代学人,你们是第二代。现在的年轻人接受知识的能力、思考的能力跟我们比没有差异,甚至可以说越年轻对世界的了解越多,在这样的情况下为什么整个社会弥漫着不自信? 为什么洋人最好? 为什么带有洋字最好? 仲民提出这个问题很有意思,解决中国的话语权首先要把自信解决,现在军事自信开始解决了,我们有了原子弹、氢弹、航空母舰,军队能力都提升了,有点自信,但在学术文化上还是那样,这个问题怎么看?

何雪松:自信是一个过程,随着中国经济的崛起,我们需要重新审视古今中外的关系。这是一个累积的过程,我最近也一直在思考这个问题,包括考察美国学术发展。美国在1870年左右钢铁总量超过英国,1894年工业总量超过英国,慢慢确立它的世界第一位置。在这个过程中,它的社会科学的发展有一个亮点,就是1870—1890

年左右确定了实用主义这一核心的哲学流派,称之为美国精神的哲学体系。美国的社会学也是在这个过程里面兴起的,标志性的著作是帕森斯在 1937 年写的《社会行动的结构》,很厚的一本书,他选择性地将欧洲的社会理论重新打包、重新整合,建构了一个符合美国社会现状的社会学解释体系。这本书出来之后带动了美国社会学理论的兴盛,随后一批人围绕帕森斯的理论体系展开研究,从而开创了美国社会学理论百花齐放的局面。从美国社会学的历史发展可以看出,需要有体系化地努力,而这之前需要哲学观、历史观的基础。比如,我们需要重新认识历史,包括我们要思考是不是应该以中国的观点重新写全球史。这个很重要,现在的全球史还是没有摆脱西方中心观。

由此反观中国的社会学,发展过程充满波折。我们很不幸,被中断了几十年,所以一开始重新恢复的时候,就具有很强烈的实用性,这是特点之一。尤其是费孝通先生,有着很强烈的家国情怀,以民族富强为己任。因此,社会学紧跟社会发展潮流,国家或社会有什么热点,我们就冲上去,这样的好处是貌似社会学比政治学的话语权多一点。但重实用和跟潮流有弱点,因为社会变化非常快,热点经常变换,知识累积很困难。比如,农村情况发生了很多变化,以前税费是一个大议题,但现在税费免了,农民不再抱怨这个问题。再回头看,以前搞计划生育,现在是两胎政策。社会变化快,热点多,怎么跟很复杂。

另外一个特点是,社会学界重经验、重调查。我们经常说要多积累材料,但是问题是,材料积累了那么多又怎么样?比如说每年一到春节的时候,大家回去看农村,每个人写的都不一样。

许　明:所谓材料的积累对个人而言有意义的。

何雪松:材料很多了,包括华中师大把"满铁"的材料翻译出来了。很多学校做了很多资料性的工作。

许　明:现在可怕的是互联网,进入了网络以后资料不再独有,而是共享了,甚至有可能在很短的时间获得大量材料。

何雪松:因此这就带出一个核心问题,即理论创新。理论创新怎么推进?我提两个想法。一个是需要国际比较的视野。我们讲话语权,坦白说,中国的崛起谁最有兴趣?发展中国家最有兴趣,它们可能真正想跟进我们的发展经验。比如,印度学习了我们的东西,也在修法,希望土地征收容易一点。为了拓展国际视野,我们学院组织了一个中印社会比较研究小组,团队有五六个人。印度人很有兴趣,2015 年一年就来了五六拨。我发现印度人跟我们一样，对建构自己的理论非常有兴趣，觉得西方的理论霸权太狠，要击破他们，要重新思考。不过，印度学者英文比我们好，且善于交际，印度本土的学者到了美国、英国拼命讲，讲了很多。最近中国的社会学界开始有一批青年学者到国外调查，比如在印度、泰国、马来西亚、法国、美国，像以前美国人到中国来研究我们一样，我们现在已经开始，但还不够。如果多一点这样的经验研究，特别是从比较的视野来看，诸如印度、巴西、墨西哥，这将有助于我们创新理论，现在我们可能受困于自己的东西。

第二个应该有理论的野心。我个人认为，社会学在三个方向上可以有理论突破：

其一是关系社会学。中国人一直讲关系，但是社会资本理论是美国人搞出来的，这是很荒谬的事情，西方的社会学以个人主义为出发点。因此社会学界在思考，是不是以关系为出发点，重新思考社会学的理论框架？我认为这是非常有希望的方向，国内学者在做，欧洲也出了三四本书谈关系社会学。但中国更有机会，"关系"这个词在中国日常的生活语境里面并不是太好，但变成学术的概念非常有意义。

其二是城乡社会学。在美国和英国，城乡关系已经不是问题了，但是在中国和印度这样的发展中国家，城乡关系依然是最复杂的关系，我们所谓的"乡愁"归根到底是城乡关系。我感觉，我们可以体系化地建构城乡社会学，英美已经不谈了，但发展中大国必须重视这个议题，因此这一块最有机会。

其三是社会工作学。这是我自己的专长领域。我最近提出要建构社会工作学。美国发展社会工作一百多年之后，提出了一个词"社会工作科学"，但这个词还不够，只是科学，我认为在中国的语境里面要建成社会工作学。社会工作学可以解释为三个层次，第一是科学，第二是艺术，第三是政治。我最近几年都在做社会工作理论研究，清晰地看到美国、英国的社会工作的理论有根深蒂固的弗洛伊德的逻辑，因此总是谈及儿童时期的阴影以及性压抑等问题。英美强调心理治疗，但在中国语境里面我们讲修身和修养，比心理治疗更高一个层次。例如荀子讲解蔽，虚一而静，很有趣。也就是说，我们在这方面有资源。又如，我们对很多社会问题的理解与西方不一样，美国很容易将社会问题个体化、医学化，甚至是精神病化。但是中国对社会问题的解释比较有趣，就是政治化，政府化。再比如，中国的民心特点是思变，是愿意变化的。因此中国的现实和脉络思想基础里面会建构出不同于现在的美国主流的社会工作理论体系。

最后讲平台的问题。第一，我们现在有比较好的资源，各个学科都有很多微信公众号,将英美主要期刊的好文章以摘译的形式介绍给大家,我们可以打包,做平台集成。第二,我认为上海应该思考在每个主要学科里面出英文期刊。第三,我们可以考虑请国外的青年学者来上海做博士后研究。我有一个印象非常深刻的故事,很多年前我在上海图书馆旁边见了一个 UCLA 的教授,他说在美国的时候老听到中国在讲社会稳定,觉得百思不得其解,因为美国不谈这个概念,他说自己在中国转了几个城市之后,终于明白了社会稳定对中国的重要意义,体会到大国面临很多难题和困扰,不谈社会稳定,很多事情就没法办了。

许 明:你们两个的发言直奔主题,讲得非常好。话语权怎么建设? 需要具备哪些条件? 中国的社会学到现在为止,你认为属于中国人自己发明的概念观念、成果是什么?

何雪松:费孝通在国际上公认的突出贡献之一就是对社会资本的研究,美国的研究说弱关系重要,但中国的研究发现强关系重要。

许 明:在学术贡献上,比如概念贡献上,以及在学科发展的关键点上有哪些?

何雪松:几乎没有,我们还在学西方的理论。中国相关学术贡献写进西方社会学教材里面的基本没有。

许 明:作为年轻的社会学家,你认为属于同等分量的贡献是什么? 有没有? 哪怕是概念也好、观念也好,哪怕重要的创新也好。有哪些是对学科发展有重大作用的?

何雪松:费孝通的《江村经济》在人类学里面是里程碑式的,因为以前的人类学主要研究部落,但《江村经济》突破了,研究比较成熟的文明。

许 明:有没有中国人创新性地对学科的具体研究和阐释?

何雪松:关系社会学,但是在西方的主流社会学杂志上观点、框架还没有成型,在国内已经有很多讨论。

许 明:能有这个成果也很好。

周建勇:我一直在思考刚才讨论的自信问题。我想从三个方面谈谈自己的理解:

第一,我们讨论的是学术自信的问题。现在我们说三个自信,道路自信、理论自信和制度自信,是在 2012 年的十八大报告中首次明确提出来的,再后来又讲文化自信,因为道路自信、理论自信和制度自信背后,要有文化的自信做支撑。我了解了一下,文化自信是和社会主义核心价值观一起讲的,这背后可能有某种用意或者考量。为什么现在开始思考自信这个问题了,而过去不太讲? 经济强大了肯定是关键因素,同理，我觉得中国的社会科学已经发展到了一定阶段，可以反思过去我们走过的路。在 20 世纪 80 年代，邓小平讲要"补课"，明确提到了政治学、法学和社会学要"补课"。到今天我们必须要回答这样一个问题，即现在"补课"的工作做得什么样？我们要思考是不是已经补好了，还是说"补课"必须继续。不同的答案，可能会形成截然不同的学科发展思路。不管怎么说，在这种反思背后，反映了中国学术界的学术自信。

第二，关注中国经验，贡献本土理论。当我们在谈自信的时候，我们在研究中国问题时，一个非常大的特点，就是中国经验，经验是在本土，在中国土地上滋生出来的。对于好的研究来说，经验是非常重要的，现在我们要做中国研究也好，或者思考中国问题也好，都需要对基于中国本土实践产生的经验高度关注。也就是说，当经验是出自中国本土时，我们要思考，我们有没有能力贡献基于中国经验的社会科学理论，还是一直拾人牙慧；要思考社会科学家能不能有足够自信，为学术发展贡献理论——基于中国实践的、共性问题上的理论。

第三，关注中国传统，汲取传统智慧。一直说中国是文明古国，是文明型国家。这个概念国外有些人也在讲，我不清楚这是国人首先提出来的，还是国外学者的概念。但是我认为这个概念倒在一定程度上把握了中国国家的特色。进入现代世界体系之后，中国逐步走向民族国家，但同时中国还是文明型国家，所以，十八大以来，执政党十分注重传统文化和传统文明，强调依法治国却不忘以德治国、孝悌忠信礼义廉耻等中华文化的 DNA，依规治党还不忘以德治党，等等，我们在讲自信的时候，这种传统、传承和某种转向也是我们需要高度关注的。

接下来我对党建学科的话语体系建设谈一些想法。需要说明的是，我谈的仅仅是我个人的想法，肯定有不成熟的地方，请多批评指正。

我是学政治学的，在复旦大学学习了差不多近十年，在座的，我知道陈尧老师是专门做政治学的，易承志也是。之后到中共上海市委党校，做党建研究。正好在准备期间，读到了两篇文章，我觉得对我个人而言，还是很有启发的，一篇是欧博文的《中国研究在空洞化，但仍然有理由培养中国问题专家》（中国研讨会发言）；另外一篇是黄宗智的《问题意识与学术研究：五十年的回顾》（《开放时代》2015 年），这两篇文章都关注中国，回应对中国的研究应当如何进行。

今天我发言主题是：党建研究要走向学科化。我过去陆陆续续地跟一些省市党校从事党建研究的老师聊过，也跟一些同事讨论过，他们都说，党建研究一定要走向学科化，要做学科，一定要形成自己的学科特色。不是什么人都可以做专业的党建研究,也不是什么人都能做好党建研究,它应当有自己的学术"门槛"。我主要讲三个方面。

其一,党建学科的特点在哪里?从事党建研究,这个问题绕不开。

第一,我对党建的研究和对执政的研究是紧紧地结合起来的。其他学科的这个特点不完全一样或者没有那么密切。党建,当然首先是关注政党本身,中国共产党是作为执政党、领导党存在的,所以,一定会涉及治国执政的问题,因而治党和治国很难区别开来。中国共产党是执政党,是领导核心,这是写入了宪法,写进了党章的,是不能动的,所以第一个特点非常重要。

第二,跟实务结合非常密切,有很强的实践性。实务部门关注的议题往往引导着研究议题,而这种热点问题的转向又往往是非常快速的。从事党建相关领域研究,必须要随着时代的发展,以及随着执政党关注的热点问题而不断有所更新。

第三,就是有很强的或者有比较强的宣传功能。任何政治合法性的获得,都离不开适当的宣传,就党的建设研究而言,本身承担着的一个使命,就是解释中国共产党发展,包括执政以来的经验、教训,所以具有宣传性。

第四,我没有调研过,但我的直观感受就是研究党建学科的队伍主要在党校,或者在党校研究当中占了很大一块。党校有什么特点呢?从组织体制看,各级党校是党委的工作部门。在2015年年底的全国党校工作会议中,习近平总书记明确讲了党校姓党的原则:"党校承担着为领导干部补钙壮骨、立根固本的重要任务,必须坚持党校姓党这个党校工作根本原则,更加重视干部教育培训工作,切实做好新形势下党校工作。"

这几个特点,在很大程度上主导、影响和制约着党建的研究,让党建学科的政治性、学术性、宣传性、实践性都很强。这里面有冲突吗?不能说完全没有,但这并不意味着,党建研究就等同于宣传工作,或者党建研究就等同于工作介绍。我觉得,做好党建研究,同样需要很深的学理支撑。党建研究走向学科化,可以更好地为实践提供前瞻性的指导,更好地为决策与宣传提供服务。

其二,党建学科研究也有不足之处。跟成熟的社会科学相比,比如经济学、社会学,包括政治学,它的不足也是比较明显的。

第一,缺乏严谨的学理支撑。我们去期刊网搜索,党建的文章很多,但是一些文章的学术支撑不是很强,这个话题不是我说的,2015年,王岐山在一篇文章中提到过这样的一段话:当前,中国特色社会主义政党建设的理论基础还相对薄弱,对党的制度建设研究明显不足,党内规则的目标任务、体系框架缺乏理论支撑。我想这段话应该值得从事党建研究的学者反思。由于缺乏或无视相应的学理支撑,党建研究往往表现为:(1)以介绍性、解读性和辅导性等为主来诠释文件或讲话,就事论事;而理论陈述过于笼统空泛,往往"简单化"分析范式,没有深度。(2)极易受到实务部门的影响,"跟风"现象突出,缺乏相对固定的学术聚焦。如果过多受到实务部门的影响,就会形成许多学术研究的"夹生饭",实际上,我们对执政党关注的很多命题,比如党建科学化、党内民主、从严治党等非常具有学术分量和内涵的议题,并没有真正研究透彻。(3)支撑这些研究的材料主要来源于既有的文献等二手材料,真正以通过田野调查获取的第一手材料进行的研究比较少见。不少研究往往表现为对基层工作经验的简单罗列归纳,其实这是工作总结,而非学术研究。

第二,缺乏国际的比较与对话。从目前党建学科的成果来看,首先就是缺乏有质量的比较。不能说没有国际比较,目前党建研究比较最多的就是中共与苏共,并且以苏共失去执政权来研究中共的发展。而就我个人的了解,这里的比较也往往是粗线条的,还不是在一个学术框架下的严肃的学术比较。其次是缺乏多个个案的政党比较。一方面,海外中国共产党研究的成果很多,而党建研究却没有能够很好地反映这些特征。出于种种原因,不少党建研究者对国际研究成果不大关注,缺乏了对话的基础。国内专门研究党建的学者与国外学者对话经常是"鸡同鸭讲、各说各话",话语体系本身不太一样,因而无法进行深入了解和比较。另一方面,对国外政党的持续跟踪和研究不够,现在国外政党发生了哪些变化,亚洲、欧洲、美洲有哪些政党,应该说缺乏深入了解。

第三,缺乏科学方法。类似于第二点,缺乏方法论的指导应该是党建领域比较普遍的缺点。特别是与成熟的社会科学相比而言,党建研究者不太关注对科学方法的运用。有的学者提到了党建研究的科学化,一个重要方面就是方法。党建研究缺乏方法,怎么办? 这是我们应该深思的问题。

其三,不断开辟党建研究新境界。

中组部部长赵乐际曾指出,党建研究要运用马克思主义的立场、观点和方法,以宽广眼界、敏锐眼光,及时发现新情况;以战略思维、前瞻思考,深入研究新问题;以求实精神、创新方法,善于提出新建议,不断开辟党建研究新境界。这段话当中其实也包含着我们怎么提高或者提升党建研究话语权的问题、影响力的问题。

第一,非常重要的是要有学理支撑。

我们的学理在哪里？党建学科能不能算一个学科？在申报课题的时候，党史党建是单列的，报课题都是单列党史党建。但是从学科规范来看是政治学下面的二级学科。

陈　尧：现在博士点、硕士点申报党建不属于这里面。

周建勇：属于政治学。中共党史属于党史，我们属于大法学，中共党史应该属于历史学。

张仲民：不属于历史，是法学。

周建勇：在国务院以及教育部看来，中共党史包括了党的学说与党的建设，属于政治学下属学科门类，与政治学其他二级学科并列。但是在申报课题的时候，党史党建又是单列，与政治学并列，所以这个问题是有些争议的。不管怎么说，我们的学科支撑第一个是政治学，历史学、社会学也是，从上海市委党校的情况来看，从事党建研究的有社会学、中共党史和政治学，这三个学科的背景比较普遍。

要做学科，我们需要对基本理论、基本概念与基本命题进行研究，形成基本的共识，或者初步共识。比如，什么是中国特色的政党理论，政党理论和政党制度理论的基础知识是哪些，等等。政党理论、政党制度在政治学里面讲得非常多，但是中国特色的政党理论的定位是什么？它在政党制度的国际视野当中是什么样的位置？什么样的类型？我想我们可以研究。我觉得，我们过分拘泥于对中国特色政党制度特殊性的概括，而忽视了作为政党制度的普遍性的内涵，既然有政党，必然形成政党制度，那么，世界上那么多的政党制度，其同异点在哪里，优缺点在哪里，研究不够。再比如什么是民主、党内民主、民主集中制，这些概念和内涵需要有一些共识，包括为什么说"党内民主是党的生命"，不同类型的政党在发展党内民主发展方面有哪些差异。再比如，为什么中国共产党提出了党规党纪严于国法；出来了之后学界是有不同声音的，我们有责任基于学理视角来解释这样的问题。

第二，要注重研究方法的科学性。

经济学、社会学有比较规范的研究方法，政治学也在不断补课，党建研究与之具有共通之处，应当吸收和吸取不同学科的经验，比如田野调查和实证研究。现在有很好的机会，中国的发展给我们提供了非常好的平台，也有很多的机会做出非常实诚的研究成果。我们要做出自己的特色、形成自己的影响，一定要从中国的经验出发，这是我们的优势。很多外国人做中国研究，借用的资料不一定是一手的，他对现实的了解也不一定很准确。

这两天我看到了黄宗智发表的文章《问题意识与学术研究：五十年的回顾》，他里面的很多观点都非常有启发性，其中有一点提到"呼吁学术研究需要从经验论据出发，从而形成更符合中国实际的新概念"。中国在改革开放的发展进程中出现了形形色色的问题，党的建设也面临着各种风险挑战，进行着各种各样的探索、调试，这些现象我们不能视而不见，需要亲自参与、总结和分析各地的党建实践，而且要特别注意，不能将学术性研究等同于实务研究，要注重学理提升和规律性的总结。

第三，注意分享对话和交流，特别是国际的对话和交流。

首先是国内学界的对话。党建研究应当而且可以与其他学科对话，比如政治学、社会学、历史学等，其实学科交叉也是学术研究中一个很鲜明的特点。

其次是向国际学习。在全球化时代，不与世界对话的学科是难以产生话语权的。记得在2015年曾经召开过"中国共产党与世界对话"这样高规格的学术研讨会，可能是由中央对外联络部牵头的，我觉得，这种研讨很有必要。再比如国外对中国发展模式、对"中国模式"的研究，不可避免地涉及中国共产党，福山、沈大伟、麦克法夸尔等对中国共产党的认识，在国际上影响很大，我们怎么看待这些他们的观点？全盘否定？我觉得，首先我们要熟悉他们的观点，和他们交流，和他们对话，和他们接触，这非常重要。要回应首先要沟通，我们要主动跟他们对接（熟悉他们的理论当然是前提），甚至要向他们学习，只有对话才有可能产生共鸣，才可能会形成有针对性的、有质量的学术回应。

再次，介绍中国经验，使中国经验走向世界。中国是一个大的试验场，其中的很多改革既具有特殊性，也有其普遍性，由于海外不少研究者或者语言不通，或者难以获得一手资料，国外研究往往借助于二手资料，缺乏了对中国的深度实践与了解，通过对话客观介绍中国的经验，有助于提升中国本土的话语权。这是我对党建工作的想法。

许　明：我个人认为党建最重要的一个理论关键点是党的建设和执政党的理论基础问题。我在党校待过，也算比较熟悉。党建研究当中的一部分学者也意识到了这个问题，正在努力改善，但是大部分的党建文章都是可以不看的，都是解释文件的，这就损害了党建学者的声誉。这种研究忽视了现在最复杂的社会状况。实际上共产党在领导这么复杂的社会体系往前发展，担负着多大的担子？这是最好的社会学。

何雪松：但是在社会学研究里面，政党的视角比较缺失，政党经常只是作为一个变量。

许　明: 中国有其自身的特殊性,我参加过世界马克思主义大会,研究中国学的学者用西方的概念讲中国社会主义够不够格? 会上这方面的讨论很激烈。中国为什么需要中国共产党领导? 为什么中国的发展是这个特点? 一是漫长的社会演化中封建包袱太重,中国人有历史传承下来的负面的东西;二是"文化大革命"的破坏;第三,后发展国家的共性,东方和西方思想碰撞以后,新生发的矛盾在人类历史上没有出现过,中国共产党解决这样的矛盾,不能用欧洲成熟的社会主义运动的概念来套中国的形势。

我认为,这些问题是党建研究必须要考虑的,执政的基础、理论在哪里,这是可以解释清楚的。为什么少不了共产党领导? 党建理论基础在哪里? 我们是在后发社会中处理社会问题,处理早期工业化向信息化过渡中的问题,处理传统社会的结构变迁问题,解决这样的问题需要智慧,需要强有力的组织来完成。所谓西方的民主并不是中国现实政治的要求。为什么不能这样? 要讲清楚。现在搞得我们有理说不清。

周建勇: 我补充一点,我觉得后发理论是一个好的解释,事实上,这个理论也来自政治学。但是后发有优势,也有劣势。我们强调后发优势,但是也要注意后发劣势,比如经济发展与污染的关系,到底如何认识这个阶段。我自己在做研究的时候,曾经思考过发展型国家理论,这也是一个比较通用的解释,还有一个是东亚模式,甚至我们经常提及的中国模式等,其实都是好的解释性理论,都是可以提升中国经验与话语权的命题,我觉得都有深入研究的必要。

陈　尧: 雪松讲到几个学科的地位问题,经济学当属显学,社会学也不错,但是政治学遮遮掩掩,政治学界存在不足很重要的一个方面是意识形态因素,另一方面跟我们学科的现状也有关系,无论从研究方法来看还是研究的问题意识等均比较落后,最近几年稍有所改观。我们现在使用的学术概念、理论,甚至研究的问题、对象基本都是西方学者提出的,几乎没有我们自己创造的,不知道社会学和经济学这种情况有没有。政治学找不出自己独立的概念或者理论,观点也很少,这是非常值得思考的。

许　明: 中国的政治学材料很丰富,如果站在后发展国家的角度来看,中国的政治学有很广阔的研究场域,现在却变成了这个局面。

陈　尧: 这种情况的出现也有历史的原因,新中国成立后社会学中断了几十年,政治学也同样,80年代才慢慢恢复建立政治学。历史中断了学术延续性,中断以后需要补课,怎么补? 我们有传统,但传统中断了,学科与社会传统割裂,没有办法从传统当中吸取营养。因此,一开始政治学恢复的是马克思主义政治学。社会科学的研究方法是多元的,随着实证主义、经验研究的影响越来越明显,必须用科学的方法来研究现实,所以后来就受到西方学科的影响。政治学受到的影响尤其深远,到现在为止依然是比较全面的西化。

随着中国经济地位的崛起,在经济发展、社会发展以及其他方面形成的制度、文化肯定有不少经验,这种思维逻辑在社会科学界有个说法,叫兼容论。为什么我们讲制度自信、理论自信? 就是这种逻辑的体现。中国经济水平上去了,经验多了,经济发展的成功经验就可以借鉴,很多东西总结以后向世界解释,其他发展中国家来中国学习。如果还是提供给他们一套西方的话语、西化的理论来解释,人家早就品味过了,就没有意义了。

许　明:后发展国家的人来中国,我们必须拿出自己的东西才能满足他们的需求,真正实现我们的"走出去"。

陈　尧:所以这就是包括我自己也在做的第一步工作,对西方的或者中国学界现在使用的这一套西方化的概念、理论、观点要进行反思,哪些是可以借鉴的,哪些具有普遍性,哪些是区域性的,一定要反思。比如说关于民主变革、民主转型的研究,我最近在写一篇文章反思四十年以来的西方民主化研究,得出一些非常有意思的思考。西方民主化研究是整个政治学学科里最热的领域,甚至出版了几份专门研究民主化的专业刊物,如 Journal of Democracy, Democrati-zation。但是,这么些年来,西方民主化研究背后的认识论、方法论出现明显的偏差,这是我文章里的主要观点。西方民主化研究在运用科学方法时非常熟练,充分使用经验方法,实证的、量化的技术,在技术上没有问题,非常科学,但是问题是认识论和方法论出现了偏差,导致即使研究技术再科学,得出的结论也是不客观的。我观察西方的民主变革研究,发现在认识论方面存在几个问题。

第一,亨廷顿出版了著作《第三波》以后,几乎所有的国际学者都认为20世纪70年代以来的政治变革都是朝着民主的方向转变,中国学界也是这个观点,但是现在来看,真的是如此吗? 第三波以来的转型国家真正成功有效地建立了民主政权的非常少,一百多个国家中也就十几二十个,大多数国家陷入停滞不前的状态,这到底是属于向民主转型还是仅仅发生了政治变革? 像伊拉克、埃及,这些国家是不是真正发生民主变革了? 其实大多数国家是换汤不换药,只要通过选举产生的政权就不再是威权政权了。所以这是基本的认识发生了偏差。

第二,西方民主化研究认为民主是政治发生的唯一目标。民主肯定是值得追求的目标,民主能够让大家能够获得平等的发言权,政治参与权,但是人们的社会生活就只是追求民主吗? 生活水平的改善,人身、财产的安全,各种权利的保障,社会公正等,也是政治发展追求的目标,民主只是其中的一个。民主政府制定的政策肯定会影响社会经济发展,但民主制度只是影响民众生活的公共制度之一,而非全部。不能对民主的期望太高,不能指望民主可以解决所有的社会问题。如果实现民主了,上述这些目标能够得到更好的实现,这是理想,但现实显然不是,这就要将不同的政治目标分层、分步骤实现。所以这也是西方民主化研究的问题。

第三,认识论的偏差,认为民主就是建立自由主义民主,如弗朗西斯·福山在1989 年撰文提出"历史的终结论",认为人类社会殊途同归,最后必将建立自由主义民主。但是我们现在发现,自由主义民主并非后发展国家选择政体形式的一剂良方,相反,由于脱离了历史传统和现实国情,转型国家纷纷陷入了自由主义民主的泥潭。自由主义民主本身也日益面临着难以适应社会发展的困境,政府功能普遍失调,在社会安全、医疗卫生、公共教育、基础设施等方面越来越难以满足民众的需要。世界上完全模仿美国建立的民主国家也非常少,大多数国家的政治体制都有自己的特点。那种认为先建立选举民主,再建立自由主义民主的路径并不具有普遍性。各个国家需要结合自身条件,依据历史、社会经济水平、宗教、政治文化甚至国际形势,寻求适合本土国情的政治制度。

第四,认为民主化不需要任何前提条件。该观点认为,建立民主政权没有任何门槛或前提条件,民主变革可以发生在任何一个国家,所有国家均适合民主体制,连最穷的国家也不例外。世界上最穷的国家有许多在非洲,这些国家匆匆建立了民主政权,但是民主化后这些国家在社会经济方面没有任何改善,甚至遭遇了政党恶性竞争、经济水平下滑、严重贫穷、内战等局面。回顾历史和审视当代,建立真正的民主政权要有一定的前提,不是想建就能建立的,在政治发展之前至少要保证基本有效的政府,要有基本的社会生活和正常的秩序,否则建立民主政权有什么意义? 我们现在看一些关于伊拉克、叙利亚老百姓的调查,这些国家的老百姓要不要民主? 要什么样的民主? 吃饭都成问题,生活都成问题。现在西欧面临着严重的难民问题。国际学术界有一个观点认为,难民问题很大程度上跟美国和欧盟的民主推动有关系,他们采取民主推动的策略,认为民主政权的建立不需要前提条件,在任何一个国家都可以推行民主政权。美国和欧盟十分起劲,到头来搬起石头砸了自己脚。

第五,认为民主化或者民主政权的建立,主要靠精英领导者设计就可以了,民主是一个工程,可以像造房子一样搭建起来。西方就有一种民主工程学或宪政工程学的理论,将民主化看作一种建构民主事业的工程。但是现在看来,这种观点明显有缺陷。在政治精英推动、领导下建立民主,仅仅是在中央层次上建立了选举制度或者构建了多党制的局面,但是在地方层次、广泛的社会领域和基层则根本没有变化,还是传统的治理方式和政治运行方式。民主化缺乏坚实、稳定的根基,即便在中央层次建立了所谓的民主政权,也是徒劳的。

从我个人的研究来看,第三波以来的西方民主研究成果汗牛充栋,国际上有大量研究者作出了丰富的研究成果,但是在认识上有缺陷。即便使用实证研究,借助大量的统计数据,包括国际上有一批数据库如世界观价值观调查、民主晴雨表、东亚民主调查等,全部是按照自由民主主义的标准,调查问卷设计存在问题。国外学者包括不少国内学者,基本上都用这一套数据,最后得出结论:现有的国家要么属于民主,要么属于不民主,把政权形态简单使用两分法来分类,这是非常不科学的。

在对西方的学术概念进行反思方面,日本做得比较好,日本现在有很多反思后形成的概念。前几年我去日本访学的时候,日本政治学者谈“亚洲式民主”,阐述民主为什么在亚洲成立,为什么在亚洲国家有不同于西方民主的事物。这一套解释肯定是西方民主无法回答的。日本学者经历了反思阶段,提出了相对普遍性的、有区域性经验的理论。所以这是第一步,首先要反思西方的概念和理论,我们现在也开始做了。

第二步工作就是中国现在经济社会发展了,在政治上肯定也发生了变化,出现了新情况、新关系。目前上海的人均GDP达到了1.5万美元,在国际上属于比较发达城市的水平。中国的人均GDP也达到了7 000多美元。经济社会地位提升了,制度上肯定有贡献,不可能在非常糟糕的制度下产生完全背离的社会经济结果,这就是我们要总结的:我们的经验在哪里? 在这些值得总结的经验或思考的问题中有几个非常重要,在国际政治学界也非常关注的问题,就是为什么西方民主都是竞争性的民主,而中国是一个执政党的非竞争性民主? 这也是中国政治中的关键之问。西方竞争性民主搞得比较好的国家如美国、英国,中国的非竞争性民主也能够进行有效的治理。在西方观念里,政治的领导人或者执政党的产生只能是通过竞选,但是为什么在中国不通过竞争的一个执政党也能够稳定有效地执政? 那种认为竞选是解决政治正当性唯一途径的观点是否不成立? 怎么来回答? 我们现在就要回答一个政党也可以取得政权的正当性问题。

同时,在西方多党竞争的理论中,通常认为政府更替只有靠多党竞争,通过几年一次的选举轮换,才能解决执政党向选民负责的问题。用这个理论解释中国又不通了,唯一一个执政党中国共产党对人民非常负责,这一现象怎么解释?刚刚周建勇老师讲,党建工作者也需要回答这个问题,一个政党居然比西方多党竞争、选举竞争的执政党还要负责,怎么解释?实际上,近年来通过西方政党竞争产生的政府越来越脱离选民的约束,越来越不负责任,这也是现实。

周建勇: 使命型政党,我跟刘建军老师、严海兵师弟在《创新与修复》这本书里面曾经论证了这个概念,我记得复旦大学的陈明明老师用了这个概念。

陈　尧: 这是道义上的解释,比如道德的解释。

周建勇: 我们承担着某种类似于马克斯·韦伯所讲的天职。

陈　尧: 但是这只是一个表象,需要解释的是为什么中国共产党负有使命?回答这个问题,只能凭借中国的经验。现在我们可以来寻求答案了。

值得一提的是,中国共产党十八大以及十八届三中以后提出了一些新概念,对此政治学界可以大做文章。西方很多学者讲中国,经济不好的时候是不民主造成的,经济好的时候也说你不民主,这个怎么解释?如果我们不加区分地使用这个民主范式,永远没有办法回答,永远达不到他们的要求。十八届三中全会提出的"国家治理"是非常好的一个概念,国家治理既包含了如何回应社会的要求,如何使社会变得更好,同时,国家治理也包含民主的成分。如果不民主怎么进行持续的、长远的治理?所以这个概念的提出,在一定程度上可以替代西方的民主范式。作为国内的研究,要建立、形成自己的理论,这些经验的东西完全可以总结、提炼起来。

这么多年来,政治学界在国际上有一定影响的研究,农村基层政治研究可以算一个,在国际上有一定话语权,有一定的借鉴性。基层自治依托于村民自治和村委会有不少成功的经验,相对而言,城市基层自治比较弱一点。从农民自治中形成的基层民主尽管有不少问题,但却是世界上独一无二的,哪个国家有如此广泛的在执政党领导下的基层自治实践?这是我们值得总结经验的地方,而且是完全可以做到的。目前做得比较好的研究,就是研究中国问题,用比较科学的量化的或者案例研究的方法来做调研,把中国的发现和问题讲给世界听,这就是我们走出去的路径之一。中国的研究受到关注首先要有经验,有经验人家就会借鉴;中国也有不足的地方,中国的农村基层自治也存在许多不足,也可以讲出去,让别人看看怎么来解决。现在国际社会有很多人在关注中国,中国经验乃至中国问题,都需要有话语来解释。

第三步,中国政治学要有更好的发展,就要走向世界。我们在未来一定要走出去。为什么福山在国际上有一定的影响力？福山是日裔美国人，但他关注的不是日本问题，也不是美国问题，而是全球性问题。美国经济学界有一个土耳其裔学者阿西莫格鲁教授，曾获得过仅次于诺贝尔经济学奖的克拉克奖，他的著作《国家为什么会失败》在国内很有影响，该书谈论的也是国际社会普遍关心的国家发展问题。中国学者在国际上要有话语权，不能只是谈中国问题。中国经济发展好一些，关注的人就多，经济发展不好，关注的人就少。一直以来，关于中国政治、中国社会的研究在国际社会科学界是小众学科，随着这几年经济发展了，后发展国家也好，西方发达国家也好，关注中国的人多了起来。但是只讲中国问题远远不够，因为中国毕竟是国际社会中的一个案例，我们要走出去。现在国内的学者语言背景不错。中国高校的研究经费也多了，一个课题动辄数十万元，完全可以到国际上去做比较研究，包括政党比较研究、国际共产党建设的比较研究。过去存在的许多障碍，现在基本上都不再是问题了。我们走出去做比较研究，从研究技术上来说没有任何问题，中国的学者比美国学者甚至更有优势，中国人擅长搞计算，这个东西并不复杂，美国人怕麻烦不愿意学这个，我们完全可以做，但是不能用很好的量化技术只研究中国问题这一小众话题，我们可以研究后发展国家，对后发展国家进行比较研究，之后我们可以以更宏观的视野去研究全球性的问题，这样才能真正走向世界。中国的历史研究其实做得很好，但是为什么走不出去？一个重要原因恐怕是研究对象集中于中国历史。还有一个问题就是研究使用的是中文，所以尽管研究做得很好，但人家很少知道。走出去进行比较研究，必须用国际语言讲国际问题，思考一些国际社会普遍性的问题、世界性的问题、全局性的问题，这是我们作为政治学者最高的追求，这样做才能真正在世界上拥有话语权。

许　明：今天的发言都是紧扣主题，非常精彩。哲学学科怎么样？中国哲学怎么样？非常重要。

刘梁剑：中国哲学学科和其他学科类似，依傍西方的问题很突出。这个问题不仅近三十年如此，而且可以追溯到 20 世纪初。比如，冯友兰的《中国哲学史》对于中国哲学学科的创建具有奠基意义，该书绪论就明确认为，写中国哲学史必须参照西洋人的哲学史，从中国的学问中"找出"相应的东西。学界对此已经有了很多反思。从话语的角度来看，其中一个方面便是追问中国哲学学科之中，现有的那一套用来理解中国思想（特别是传统思想）的话语在多大程度上属于"中国"话语？它们在多大程度上能够有效地解释中国思想？

我听了大家的发言,受到很大的启发。何雪松老师从关系社会学、城乡社会学、社会工作三个方面展望社会学的发展,这本身就是很好的话语创新的尝试。何老师在谈到心理治疗的时候还熟练地引用荀子等传统的智慧,让我这样研究中国哲学的人感到了自身学科的危机……

曾　军:是生机,不是危机。

刘梁剑:对,另一方面也是生机。将中国哲学引入社会学、政治学、伦理学等具体学科的研究,这将是中国哲学的一个发展方向。它表明中国传统不是死的东西。除了正统的文献研究工作之外,我们还可以把中国传统作为思想资源来帮助我们解决当下现实的问题。这样一来,一方面,中国哲学本身可以被激活;另一方面,将中国哲学带入具体理论之后,有利于促成社会学的中国学派、政治学的中国学派,等等,它们在术语、思维方式、内在的精神气质等方面可以有很强的中国特色。

哲学是一门反思性的学科,比如,反思一般性的问题(如,中国传统哲学所讲的"性"与"天道"),反思知识如何可能,也可能反思具体学科的基本预设与概念框架,等等。哲学也可以对"话语建设"这个问题本身进行反思,思考为什么会提出这一问题,思考如何进行话语建设,等等。首先,话语建设为什么会成为一个问题? 因为我们感觉到现有的话语不够用、不合用。"话语"这个词的内涵很丰富,它可以涉及术语概念,在术语概念的基础上形成的一种说法、一套理论、一种研究范式,等等。现有的话语不合用,其中一个重要的原因在于,我们的很多术语是从西方翻译过来的,它们可能跟中国的实际(包括生活世界、传统思想等)有脱节、不合拍之处,同时也影响了"中国话语"的形成。此外,很多学科所研究的"问题"也是从西方引进的。话语创新还要求问题创新。

如何进行话语建设? 很重要的一点是"接着说"。冯友兰讲他的哲学体系"新理学"是"接着"传统的宋明理学"说"的。我们可以在更宽泛的意义上使用"接着说":在接续、激活中国传统的思想意义上"接着"中国传统"说";在与西方哲学展开平等对话的基础上,在推进哲学思考的意义上,"接着"西方"说";在从实际生活中体知、提炼问题的意义上,"接着"生活世界"说"。我们正处在一个"全球地方化"的时代,正处在"新轴心时代"的过渡期,上述广义上的"接着说",正是与这样的时代特征相应的思想姿态:采取一种兼顾地方与全球视域视角,同时站在民族国家公民与世界公民的立场上思考问题。

就语言工具而言,我们学习用英语和世界进行交流,这个特别重要。但同样重要的是想办法"说汉语",提出一些基于汉语自身经验的术语。所谓"基于汉语自身经验",我想可以包含两个方面。一方面,实现中国传统思想术语的创造性转化,看看能不能从中国传统思想的术语库中找出一些词,用它们来解释我们当下的生活世界,用它们来讲道理。比如,就拿"讲道理"来说,当我们听到这个词的时候,除了想到逻辑论证之外,还能不能想到中国传统思想的关键词"道"、"理"? 反过来问:中国传统意义上的"道"、"理"还能不能在"讲道理"中扮演重要角色? 如果经过我们的一番努力,包括经典诠释和理论建构等方面的努力能够做到这一点,那么就可以说,我们在一定意义上实现了"道"、"理"这两个中国传统思想术语的现代转化,让它们重新成为我们鲜活的、用来解释生活世界的术语。倘若如此,我们就会感到"讲道理"这个词不大容易翻译成英文,它会有着与"reasoning"或"arguing"等不一样的东西。一个汉语词难以翻译成英文,这种情况常常意味着,这个词承载了某些特别的中国思想的"味道"。"基于汉语自身经验"的第二个方面,我们可以从日常语言中提炼术语。比如,何雪松老师所讲的"关系",如果经过我们的理论发展,让这个词具有比较强的解释力,不仅可以解释中国的本土问题,同时对于西方解释自身的问题也有借鉴意义。到了那时,"中国话语"才算真正形成。

许 明:你看看中国哲学界到现在为止,除了哲学家们讲别人的话语以外,有没有哲学家自己提炼出什么值得一提的话语? 举一个例子。

刘梁剑:这方面也有不少学者做了尝试,比如北京大学陈来教授近年出版的《仁学本体论》。

何雪松:他把"仁"作为本体来思考。

刘梁剑:陈来教授试图围绕"仁"建构一个体系。又比如,杨国荣教授提出"具体的形上学",写了三四本书。其中的一本《成己与成物》,已经翻译成英文,今年会由美国的印第安纳大学出版社出版,英文书名是"Mutual Cultivation of Self and Things"。中山大学的陈少明教授也有很多有意思的想法。比如,他思考中国哲学的方法论问题,追问如何"做哲学"。

许 明:研究中国哲学的人被认为是老古董,只是研究古代文本,而且主要研究古代文本怎么说,宋明理学怎么说,庄子、老子怎么说。不断重复,所以中国哲学史的著作在读者看来,就是一个文本的堆积和人物的罗列。创造新理论、新观念和新的概念体系的机制为什么缺失? 南京大学有一个外国教授说:中国哪里有哲学? 中国的庄子、老子,他们讲的是生活智慧,不是哲学,他们如此说是低估中国哲学。但是,中国哲学界自己做得怎么样？为什么想象不出来哪怕一点点"恶毒"思想？什么原因？我们反思过吗？我们多么盼望中国哲学的研究在中国本土深化出创造性的思想，激活思考的思想激情，这将多么快乐。

我们今天有什么成果超过20世纪三四十年代新儒学吗？海外新儒学进行重要的思想变革，把中西哲学联合起来创造出新的东西。但是海外新儒学以外，大陆的哲学界这么多人，从改革开放到现在这么多年来又是什么状况呢？学科发展要思考这些问题。不知道刘梁剑你怎么想？

刘梁剑：不能再按照原来的范式搞中国哲学，这一点现在可能已经变成了中国哲学学科普遍的自我意识。举一个例子，上学期复旦大学哲学学院孙向晨教授和台湾东海大学的系主任史伟民教授碰头，商量创办一份《汉语哲学评论》刊物，它的办刊宗旨是：推动学界深入交流如何在汉语学术圈建立适合汉语语言本身的哲学方式，有力地凝聚以汉语作为主要学术语言来进行哲学思考的学术共同体。从这件事我们不难看到学界探索中国哲学话语创新的努力。

许　明：现在我们的反思和创造意识更强了，这是好的。过去，我们的思想落后，没有提供内在的精神动力，我们观察世界、观察历史、观察文化、观察人生的动力，立足点不在自己的本土，而在西方，是在移植西方的东西，所以我们的意识形态出现了危机，在核心层面上出现了危机。

于宏源：我的学科是国际关系，这个学科和现实实践有很大的关系。我每年参与外交谈判或者重大的场合，包括巴黎大会，我有一个感悟，即国际话语权和学术的话语是两个概念，国际话语权和国际政治联系在一起，国际性最大的问题是不确定性强，一个国家不知道另外一个国家第二天会做什么。其实这两个话语权存在冲突，怎么融合是一个问题。

这次我参与的巴黎气候大会，很明显地体会到中国有话语权，我们有说"不"的话语权，但是说"是"的话语权在欧美国家，他们提出自下而上地建设新的低碳社会。这背后的逻辑需要解释。我们怎么把学术的话语权和国际关系、国际政治理论话语权结合在一起？中国和俄罗斯有一点相似，俄罗斯历经了两个世纪不懈的现代化努力，他们有人口和资源，但是到今天我们看到他们国家还没有真正实现现代化，这是很悲哀的事情。柴可夫斯基、托尔斯泰等天才人物虽然个别成就辉煌，却并没有对社会整体发生指引作用，也未能帮助俄国社会找到一条完整的，能指导它参与政治运作和经济发展的价值、原理和行为标准。亚历山大二世的改革计划的致命伤在于它基于一个静态世界观,这是对现代世界本质的错误判断,因为它忽略了现代化过程所释放出来的动态力量。对中国来说,我们不仅要有每个领域的话语权,同时话语权也要融合成完整的社会经济的指导原则,形成一套完整的政治话语,包括对中国和世界关系的认识。

许　明:话语权不仅仅是谁说得好,话语权要看实践,真正有利于中国的关系,真正有利于健康文明的发展,这种话语权才是真的话语权。

于宏源:在国际关系和外交学领域,西方实现全球化话语权,是因为他们把一些东西,比如模式和理论应用到了国际社会。例如在巴黎大会上,美国学者提出自下而上新的观念,一百九十多个国家同意了,表示支持,同时又化成了实践,这是值得我们思考的。在外交学界,欧美学者和中国学者有很大不同,欧美学者可以在外交实践的第一线,而且欧美可以把理论和理念总结出来,影响或者引领全球未来发展,解决人类共同面临的挑战和问题,筹谋未来城市发展。中国现在有很多成功之处,在谈判场合我们可以说,我们好的东西太多了,但是没有坚实的理论支撑。形成话语权,要有很好的意图,国外的学者特别注重讲意图,提倡共建理论,要构建宏大的理论。我们怎么样梳理自己背后的理论? 这方面非常欠缺。

在国际关系领域,中国比较有影响的话语权是第三世界理论,这在全世界都有影响,但是这一套理论和中国的改革开放有冲突,难以支撑将来的经济发展。所以国际关系有其特殊性。而且我个人觉得话语权不能代表一个国家的能力强弱,国际上一些小岛国虽然很穷很弱,但是它的话语权对联合国影响很大,可能只有几千人的国家,提出一个理论,比如造成环境伤害必须要赔偿,等等,这个理念经美国学者推动后有很大影响。中国虽然很强,有经济实力,但是我们的原则性东西,我们很多很好的意图没有办法让别人接受,话语权要变成别人接受你、相信你才行。到今天为止,世界的钢产量还要看伦敦,非洲国家相信英国金属期货交易市场,不会到中国大连或者到郑州做期货交易。虽然英国到现在没有任何的钢产基础,但是英国具有足够的规则和技术,很多国家都相信英国的制度和规则。再过几十年,中国的经济大潮散了以后,我们的世界影响是什么? 这是非常值得思考的,我们的话语权能不能在很多领域转化成大家的行为规范,成为别人要遵守的规则? 我们去中亚访问过很多次,中国现在发展得很好,有很大的吸引力,但是怎么卖油、怎么交易,社会规则还是用西方的。

我们好的东西能不能形成全球行为规范? 中国学者能不能提出像英国、美国那样完整的理论? 这是国际关系领域比较多的学者提出的东西,哪怕这些观点再普通,但是一旦形成了共同的行为，张力就是巨大的。我们在谈话语权的时候，有几个方面是完整的链条，包括意图、框架、学习能力、方法论、信息，这几个方面缺一不可。我们有很多东西提出了很好的框架，提了很多的理论，包括国关领域的超级战略设想，但是缺乏信息完整性。在国际政治领域，外交信息很重要，比较政治学也非常重要，而且要考虑其他国家的感受。同时，现在全球的经济模式发生了很大的变化，新兴经济体系出现，这时候出现了很多仅靠现有的知识结构没法解决的问题，构建话语权还要重视提高学习能力，提高自己不断进步、更全面地认知世界的能力。

我们学科需要有常识性、道德性。虽然谈不上话语权，但是文章里面提供的知识和数据，必须是真实的。我们中国学者不缺观点，缺的是观点的真实性。我们参加很多会议，西方的也好、东方的也好，问题不是在于没有观点，而在于这些观点能不能说服别人？为什么在很多国际场合上，中国提出的东西没有人支持？不是他们轻蔑或者歧视，是我们没能拿出更多东西来证实观点。这和学术规范有关系，拿出错误的信息或者自己编造的信息，很难有影响力。中国学者在国际学术期刊发表的文章很多，但是引用率很低。联合国所有的文件都是开放式讨论，各个学科都可以讨论，为什么中国的理论影响不大？一个是选题的问题，第二个可能是真实性欠缺。所以我们还是要从基础做起。至少在目前来说，我们在某些领域，取得话语权或者领先优势是很难的。我们这一代人需要从基本理论、从学科研究的方法打好基础，做铺路石，再过10 年、20 年，我们肯定可以做好。

我们的学术研究有个不好的现象，就是领导提出什么，马上文章就出来了，文章很多，但是含金量不高。如此一窝蜂，扎扎实实的工作怎么做下去？很难。我们要勤勤恳恳做好铺路石，踏脚石，这样我们下一代人才能做得更好，我们要把信息论工作、方法论工作做好，包括其他很多学科的工作，要把知识框架和完整的信息做好，这样下一代人才可能有完整的话语权。

我们有这么多好的学科，好的理念，能不能变成全球共同的行为？如果有一项成功，自然而然就变成了话语权，如果理念上的东西转化不成实践，说得再好也没用，联合国投票就是相信美国，共同行为没法转变。我个人觉得在某些领域话语权就是转化的问题，当然，学科不同，情况也不同，但有一点是相同的，即我们的研究成果只有转化成在全球某些领域觉得必须这样做的行为，才能算是形成话语权。这种共同的行为是我们话语权的基础，如果一个话题后面没有实践，没有其他国家共同的行为，不可能变成话语权。

许　明:导弹多不等于话语权,讲话多也不是话语权。

刘　慧:对西方的理论借鉴,本是无可厚非的。但当前的学科建设发展现状确实如许明教授所言,已经严重丧失了中国话语。传统学科如此,新兴学科也无幸免者。

我从事的是中国民俗学研究。民俗学作为一门人文科学,19世纪中叶由英国学者最早创立。我国民俗学的调查与研究是伴随着五四新文化运动的大潮而兴起的,至今天,民俗学在我国已经走过了将近一个世纪的历程。1997年,教育部调整学科分类目录,将民俗学首次正式列入学科目录,属法学门类、一级学科社会学下属的二级学科,与人口学、人类学相并行。所以说,民俗学是一门既传统又新鲜的学科。因为民俗学是在中国沉寂三十年后才得以复兴的,它的学科建设、理论方法等还处于摸索阶段。在现代化、都市化飞速发展的当代社会,人们的生活方式和社会环境又因社会经济和科学技术的发展而发生了翻天覆地的变化。面对传统与现代的冲突,要求民俗学的研究应该更加贴近现实生活,给予生活文化更多的关注,应树立起参与实践的意识以服务于现代化的事业。民俗学是与整个中国社会经济发展的大背景和国际学术界的影响密切相关的,这也决定了中国民俗学该具有的"应用实践话语"特征。上海民俗学学科发展,在世界民俗学及中国民俗学学科发展大背景下,在上海地区社会发展实际中,尤其体现了这一话语体系的重要。

首先,我与大家分享上海民俗学学科建设概况。上海目前设置民俗学及相关专业的高校、研究机构分别有复旦大学、华东师范大学、上海社会科学院、上海大学、上海师范大学等。上海的民俗学研究在文本与田野、理论与应用、本土与现代、学科自主和跨学科交叉等方面形成了自身的研究特色。主要研究方向包括:民俗传播学、经济民俗学(文化产业)、民族民俗学、应用民俗学、旅游民俗学、生态民俗学(环境民俗学)、性别民俗学、信仰民俗学、都市民俗学、民间文艺学(民间文学理论)等。在一批民俗学者的辛勤耕耘下,承担了一批国家社科基金、教育部人文社科基金和上海市社科基金项目,并累积了一些成果。

自古以来,民俗在政治生活中都承担着重大职能。田兆元教授指出:"无论是观风知俗,还是移风易俗和因风顺俗,都是民俗政治化的表现。民俗的国家认同,民族认同和地方认同,都是一种民俗政治问题,而社会风气,公序良俗的建立,也是社会政治秩序的体现。民俗用于国家治理,民族成员发动,都具有不可替代的功能。或许这种功能太过强大,曾经被希特勒所利用用于宣传种族主义和法西斯主义,带给民俗学伤害。但是我们不能因噎废食,应该继续深入研究政治民俗学的问题,而不是回避这些问题。今天,政府要发挥民俗的爱国主义功能,教育功能,从中都可以看出当代政治管理的科学追求。"其实,不单是在国家层面的重大政治活动中,在日常的社区管理、公共社区治理过程中,也应积极发挥民俗的积极作用。值得一提的是,上海地区高校注重民俗学与社会学、社会工作等的有效结合,其研究越来越贴近社区与民众,最大限度地发挥了民俗的政治服务功能。

经济民俗学是指"研究经济活动中的民俗,同时研究民俗经济。民俗经济由民俗消费平台(如节日消费,婚丧礼仪消费等)和民俗产品生产销售两大部分构成,民俗经济是一种认同性经济,情感性经济,有与其他经济活动不同的逻辑。经济民俗学主要是探索认同性经济的轨迹"。对于经济民俗学的探讨,可以说是滞后于实际经济生活的。2014 年,依托"上海市非物质文化生产性保护创新型项目",以华东师范大学为主体的研究团队展开了深入的田野调查,主要对象便包括诸多上海老字号品牌。无论是经济实体店的调研与开创,还是微商时代网站的管理与运营,都要求经济民俗学研究速成一套理论体系,以用来指导实际经济生活。

民俗学的当代转型转向对于政治民俗学和经济民俗学的研究,这样,民俗学才有可能站到社会的前沿,把握话语权,实现更加全面的发展。

调查研究实践使我们认识到,在今后的学科发展建设中,我们要进一步坚定:理论研究与应用实践相结合的道路。长时间以来,民俗学界讨论得最多的就是民俗学的学科危机问题,其中的核心便是相邻学科人类学、社会学对民俗学的侵蚀问题。其实,对民俗学学科构成最大危机的并非来自学科间的竞争与侵蚀,而是来自学科传统与社会发展的关系问题。比如城镇化问题、人口流动问题、都市少数民族发展问题、都市社会服务现代化问题,等等,这些问题在经济快速发展的上海,尤其显得突出。所以,在现代化进程中所必经的经济改革、政治改革、社会改革、文化改革等,都要求我们的学术研究能作出适时的回应。

我们已经拥有了逐渐完善的学科体系和日益增多的科研成果,但必须清醒地认识到:目前这些研究依然大部分还仅仅停留于理论层面,没有升华到文化产业,民族产业与民族精神建构的高度。因此,结合民俗学学科特点,我们提出未来上海民俗学的发展必须坚定走理论研究与应用实践相结合的道路。以上海市各项文化资源为切入点,进一步整合学科力量,发展民俗文化产业,贡献于城市文化建设。在此,也恳请诸位同仁,能够为新兴学科的发展提供一些好的思路,以壮大整个上海地区人文学科的发展力量。谢谢大家!

许　明：你们的《民俗学概论》是什么版本？

刘　慧：现在是朱纪文版本，其实有很多版本。

许　明：民俗学的内容非常丰富。

刘　慧：我们写论文经常不知道怎么选题。因为没有理论框架，没有一本理论教材，而且西方的教材不适合我们，有一点比较好，那就是基本可以抛弃西方话语。

我们没有本科点，硕士毕业没有相关的岗位给我们，我们想进入事业单位或者考公务员，附加条件是历史学、中文优先，没有民俗学，我们进入不了体制内，体制外要有管理学、经济学或者其他学历，我们也不具备，非常尴尬。

许　明：你们的工作没有做够，成果没有展示，可以和工艺美术研究、艺术研究、文化产业研究、旅游研究相结合。

刘　慧：现在在做尝试，比如上海市民文化节、文化博览会我们也会参与，但是人手非常不够，上海只有五十个人左右，社科院不超过五个人，复旦不超过三个人，力量很微弱。

周　进：我的专业是美术学，挂在艺术学下面，艺术学前几年也发生了比较大的事，在 2011 年的时候，国家修改了学科的目录，艺术学被纳入一级学科的学科目录里。

我今天从艺术学下面的二级学科美术学来说，当然并列的还有电影，舞蹈、音乐学，等等。我参与《上海学术报告》里评议学科发展内容的撰写，是从较为边缘的角度写的，因为平时从事"大美术"教育的工作，我更多涉及审美的东西，大众化的东西，所以这是我对美术学最近这些年以来，特别是对当代美术的基本看法。美术作品在以前描述宏大的事实，注重国家层面的建构，但是现在的艺术慢慢走下去了。比如著名的德国艺术家里希特，英国的"年轻一代艺术家(YBA)"达明安·赫斯特等一大批艺术的潮流，很多时候是对原来经典艺术的解构，慢慢回到当代的概念中。

美国的阿瑟·丹托这个美学家非常厉害，写了非常有名的著作《寻常事物的嬗变》，他从美学与艺术学的角度看寻常事物的变化，比如我们现在喝水用的杯子，在西方现当代里面是作为艺术品呈现的，经过艺术家署名之后的重新创造，就是天价的拍卖品，包括美国的安迪·沃霍尔的作品，改变了世界艺术的走向，艺术学研究往往围绕比较有意思的作品展开讨论。

今天的艺术可以说已经形成大众化的潮流。今天我们呈现这个时代的美术，美术学具有后发优势应该改变前面的东西，前面的人已经做了很多，我们学不完，也要学,包括西方古希腊、古罗马一直研究到后现代,在中国唐宋元明清,很多艺术,包括西方艺术如何进入中国的视野。又比如中国的一级市场——拍卖,中国有钱人已经开始购买毕加索的作品。这种现象很像 90 年代的日本,梵高的作品《向日葵》当时拍卖到了四千多万美元。中国人现在也非常有钱,慢慢集中在非常有影响力的美术作品,对原来东西解构或者重新建立标准,围绕这个趋势做的美术研究,最重要的是把权力交给大众。

我们谈话语权构建,很多人认为自己掌握了某种话语权,但是事实不是这样,只有让大众去构建自己的话语权,才能谈自己有没有话语权的问题。所以美术学必须深入到每个人的生活中间,好像在座的各位,当有价值一千万元的房子的时候,可能会买一万元的美术作品放在家里把玩。所以,话语权代表了美术学在今天的走向问题。

第二个问题,在今天的上海,美术学是不是可以利用外围的环境进行发展?因为任何一个学科的发展如果做成强势,必须要有基础,上海戏剧学院非常厉害,学生考试报名挤破了头,有的专业几百人中才能选一个,上海每年招七千多艺术生。很多优势的东西不是一下子搞出来的,美术学也是这样,比如我们在西洋绘画上没有特别的优势,只是做重复的工作,把一个东西画得很像,把一个东西按部就班地描述出来,像摘要一篇文章一样,没有特别的价值,相反对经典的作品进行了重新的思考,比如美国艺术家杜尚把达芬奇的《蒙娜丽莎》复制品加上小胡子搞得怪怪的,大众看来非常可笑,这是美术的个性和特点,任何的伟大理论要建立在人类普遍的精神上,不能建立在平庸的共性上,要建立在独特的精神思考上。这个社会有许多明星,但是对中国人而言,李白、杜甫一直是最大的明星,永不过时。我们在研究西方梵高、毕加索的时候,要对这个人的个性特点,他的生平以及承受的思想进行研究,而这个东西跟其他研究普遍精神层面有密切的关联,为什么要读名人的传记,了解艺术家的现状?假如一个艺术家是伟大的,他就会对当时代的个人行为和精神价值有着独特的思考。所以艺术的优势不是一天、两天形成的,有先天条件也有后发优势,我们原来是空白,现在走到了这个地步。

美术学发展的优势不是凭空而来的,这个优势是在一定基础上形成的,对于城市艺术而言,可以从主题公园,从重大的民俗活动,重大的庆典,博物馆、公共艺术的展览馆汲取资源。在今天的中国上海,公共艺术的资源是非常丰富的,这个资源能不能切入研究当中?比如今天上海的博物馆数量有一百多个,在世界上排名非常靠前,上海美术馆、当代艺术馆、现代艺术馆等无论是在收藏、在经营还是在社会服务上都慢慢走向国际化,如与法国卢浮宫、美国大都会博物馆、英国泰特美术馆慢慢接轨进行交流,上海的最近很火的迪士尼也和美术学有密切关系,迪士尼营造了世界心理的体验和感受。从这个意义上,美术学外围的东西,能不能契合进研究里面? 把这些东西作为美术学广义的资源?

听了这么多老师的发言,我也受到了很大启发,我从美术学视野谈中国话语三个值得注意的问题。第一,中国特色的美术学不应该是中国现状的美术学的特色,而应该是基于未来发展的概念。第二,是中国的文化和世界各国的文化基础并没有矛盾的地方,应该是共生的,这也是美术学发展的基础。第三,要用国际的话语说国际的问题,不应该局限在某一个领域,应该超越民族和国家的概念,更广泛讨论人的个性、精神的东西,这是永恒的东西。

许 明:非常好,我有问题要交流,中国的画家在美术学院受的训练一点不比西方差,但是为什么现在的作品评判权力在外国人手里?

周 进:我们现在对高校里面的美学标准,对老师的评价标准有问题,而且问题很严重。我研究了国外同行的情况,美国的艺术认可,比如美国对美术专业老师评价标准只有一个,那就是参加多少展览,作品影响力有多少? 作品在博物馆有多少收藏? 获得了多少社会认同? 不需要其他东西。而且很多美术老师,比如弗吉尼亚联邦大学的院长原来是雕塑家,在社会上有了前期的广泛社会积累,再到学校做教师,身份不一样了。而我们却不同,比如上海大学,我曾经在文章里面写过,上海大学美术学院采用高级职称的考核表,就不如之前是独立艺术学院的时候单纯,而且据我所知他们想恢复到独立美术学院的传统,梦想的是要回到艺术学的传统。但是今天在综合性大学的做法是,所有老师在竞争的时候都要看综合评分,教学力量指导,研究的专利论文的数目和要求,撰写,包括科研项目获奖情况,根据一整套体系打分,这样把每个人变成综合的人,必须搞这个搞那个。这是综合的,你是学校老师,应该做这个事、那个事,因为体制里面存有规范的问题。

许 明:我感到纳闷,最不需要原始概念创造的学科,最不需要复杂的精准逻辑构架评判的标准,今天话语权也不在我们这里,作品好坏全是西方说了算。

何雪松:现在海外的当代艺术馆有很多中国的画。

周 进:这些被西方看上的艺术家已经进入了美术史了。

何雪松:前一段时期很多好的作品被他们买光了。

许　明：是资本起作用，政治起作用。

周　进：跟经济密切相关，美术除了欣赏功能之外，必须要承认是一种强化你的人文品位的东西。任何西方人只要在家里有毕加索，觉得很了不起，中国人也是一样，不得了，你的财力非常高。

许　明：刘梁剑说了话语权是逻辑、是一种精神力量。于宏源说了话语权需要有实践的功效，周进提到了资本的话语权，学科中中国话语权建设是纷呈复杂的概念。现在每个都有缺失，实践的话语权发生了问题，资本导向下也出现了问题，丑化现实，几千万的画，外国的资本家、资本集团收购，一下子就炒起来了，学他的满街都是。这种话语权很厉害，把美术教育的方向改变了。

周　进：彻底改变了，给学生上课，人家问这个问题我们无法回答，怎么用一整套的理论方法解答？

许　明：也不用素描、绘画基础了，硬功夫都不用了，产生了一个想法，甚至是很丑陋的想法，认为变异的想法就能主导很多东西。

周　进：形态完全改变了。

许　明：这种现象可能对各位的学科发展都有警醒作用，比如哲学搞话语权有传统的习惯，刺激不是很大，但对他们的美术领域刺激很大，彻底按照西方的胃口来了。

周　进：现在全部颠覆掉了。

何雪松：他们有一个困境，是被中国大学的评估标准害了。

美术设计在大学里面发展也碰到困难，那套标准领导也想改，但没有几个校长能改掉。

许　明：我们今天的座谈非常重要，我们把话语权的问题在学科建设当中深化，分层化，不是简单说中国人不会说话或者我们没有权利，中国大学的美术教育权利在你手里，结果话语权不在你手里，很值得讨论。

易承志：我对公共管理学科的话语谈一些意见，公共管理里面有很大一块内容属于政治学，我也作一点补充。在我看来，近年来公共管理学科建设有了可喜的发展，主要表现在两个方面：一个方面是学科研究的科学化程度得到提升。近年来，科学的研究方法日益受到公共管理学界同行们的重视，北京大学、复旦大学等国内著名高校连续多年举办方法论培训班，一些擅长研究方法的本学科专家撰写了一批卓有影响的方法论文章，推进了科学研究方法在公共管理学界的传播；一批受到系统和严格方法论训练的青年学者加入公共管理学界，身体力行地推动了研究的科学化。老一辈学者也积极支持和大力推动年轻学者学习和运用科学的研究方法进行研究。这些都促进了公共管理学科研究的科学化程度。

另一个方面是学科的影响力不断增强。近年来，国内公共管理的研究者积极参与国际学术交流，国内高校和研究机构联合国际同行召开的高层次学术会议日益增加，国际论文的发表量也快速提升，一些研究者包括青年研究人员开始在《美国政治学评论》、《英国政治学杂志》、《公共行政理论与研究杂志》等相关学科顶级期刊发表论文，一些国内学者被聘为本学科国际主流刊物的编委，被邀请到国外著名高校和国际会议发表主题演说。两年前我在牛津访学期间，就不时在本学科各种讲座和学术会议上看到国内学者的身影。这说明国内学者在国际学界的影响力和话语权得到明显的提升。

然而，与此同时，公共管理学科建设也还面临一些障碍，学科的中国话语还比较弱，主要表现为国内学者使用的相关理论和概念绝大多数仍来自国外尤其是西方学术界，开始好几位老师都讲了这个问题，不少研究者仍然满足于简单套用国外理论分析中国现象，高质量的原创性的成果较少。究其原因，主要体现在几个方面。

一是学科研究方法仍然相对滞后。尽管近年来研究方法已经日益走向规范，但相当一部分研究仍然缺乏科学的研究方法的支持，难以支撑高质量的研究。

二是学界对学科研究的国际化存在歧见。已经有不少研究者批评了国内社会科学研究中存在的一味崇拜国际化和简单抵制国际化的错误认识，这两种认识在公共管理领域也同样存在，对此如果不能正视并加以纠正，就可能会影响到本学科的健康发展。

三是学科的开放性不够。欧博文最近在关于中国研究的一篇演讲中指出，由于学科化的过度推进，中国研究的跨学科交流和研究日益受到限制，带来了中国研究一定程度的空洞化。实际上，欧博文说的这种情况不仅可能存在于像中国研究这样的区域研究领域，也存在于像公共管理这样的学科研究领域。例如，传统上公共管理学尤其是其中的行政管理学研究过于强调学科的特殊性，不够注重与其他学科的交流与合作，但这样做并未能固守住学科的地盘，反而使得其他学科如经济学、社会学等学科将一些原属于公共管理的领域纷纷纳入各自的研究范围，占领了本学科的传统阵地。比如腐败研究、不平等研究、公共产品供给的研究，这些传统属于政治学与公共管理的研究范围，但现在越来越多被经济学家、社会学家占领，而且做得很专业。

我认为要促进中国公共管理学科的健康发展，增强中国话语的影响和地位，就必须突破学科建设上所遇到的障碍,解决中国话语体系建设面临的问题。

为此,一是应继续重视研究方法的训练,进一步推进研究的科学化。当前我们在研究方法上存在着一种似是而非的认识,即将定量研究与定性研究方法对立起来,认为只有定量研究方法才是科学的,而定性研究方法不够科学。实质上,正如方法论大师加里·金及其合作者指出的,科学研究的内容是关于方法的,好的研究,即科学的研究,在形式上既可以是定性的也可以是定量的。不管是定性研究还是定量研究,都应该采用公开的研究程序,遵循规范的研究准则。如果违反科学的研究程序和准则,定量研究可能做得非常糟糕,例如,如果收集的数据都存在很大的问题,或者对数据的分析做不到规范的话,又怎能想象这样的定量研究能做出有质量的成果呢? 就像国外研究者批评糟糕的定量研究时经常提到的"Garbage in, garbage out",进来的是垃圾,不管怎样分析,出来的都是垃圾。好的数据,如果不能进行科学的分析,也得不到好的研究成果;相应的,如果遵循科学的研究程序和准则,定性研究一样可以做得很好。实际上,遵循科学的研究程序和准则,社会科学包括公共管理领域产生了很多好的定性研究。因此,科学的研究方法很重要。为此目的,应该在本学科的课堂上增加方法论的课程,对有兴趣的老师与学生加强方法论的培训。

二是应该协调好学科的国际化与本土化的关系。中国的公共管理学固然不应故步自封,需要加强与国际学界的交流,但更应该立足本土,首先解释、回答好中国本土公共管理领域的重要问题。很难想象,如果连对本土公共管理领域的重要问题都不能解释和回答好,又怎能对公共管理的国际同行提供有价值的贡献呢?

三是应该推进跨学科交流。公共管理学界应主动与其他学科研究者进行跨学科的交流,从学科间的交流和互动中学习研究方法上的长处,吸收学术上的灵感。

曾　军:我谈三个问题。第一个是感谢以及感想,这些年许明老师对我的学术发展产生了重要影响。从 2002 年跟着许明老师在《社会科学报》工作,到现在这么多年的合作,通过做学术编辑、策划组稿,通过与人文社会科学各个学科专家广泛的交流,包括我现在也在编《上海大学学报》社科版,实现了从专家到杂家的转变,从而获得对人文社会科学的整体了解,这对自身的学术发展非常重要。从 2005 年开始,我差不多每年都做文艺学学科年度学术盘点的工作,逐步形成了对本学科领域内的某些学术问题的敏感度。也就是说即使自己不做这一块的研究,但是我知道这个人说什么,那个人说什么,自然而然形成了自己思考问题的背景。这些背景对我个人的研究很有帮助。当我思考某一个具体问题的时候,一方面有自觉问题史的发展脉络的意识,同时还有更大的背景，就是我们与现在所处的某个学术时代中的大问题进行对接，有了这两种问题意识，当我们再研究某个具体问题的时候，视野更开阔一点。

第二，关于中国文学学科的话语权问题。按道理来说，既然是中国文学研究，中国学者应该拥有话语权。但是如果盘点中国文学学科发展的特点的话，恰恰没有。中国现当代文学的研究在这三四十年里都在跟着海外汉学跑，前面的是夏志清，接着是王德威、张旭东、唐小兵。从打破"五四新文学传统"到破除"鲁郭茅巴老曹"座次，再到不断地重写、重读、重返。最初的话语来源大多是海外汉学对中国现当代文学的研究。中国古代文学研究应该有自己的话语权，但我感觉也没有。因为中国古代文学研究从一开始就没有多少生产自己学术话语的能力。这方面我可能说得比较极端。中国古代文学学科的研究话语范式，一直就停留在 20 世纪五六十年代，加上王国维的"一代有一代之文学"，加上一点中国古代的诗话传统、点评方法、印象描述，就构成了中国古代文学理论思维和文学阐释的框架。一直到现在，没有出多少新思想。董乃斌先生讲中国文学的叙事传统，其实是针对海外汉学中的中国文学抒情传统而言的。所以董先生曾开玩笑说，他在中国古代文学界算是另类。比较文学和世界文学学科更难说。因为一直到现在，我们的外国文学研究还停留在追踪诺贝尔文学奖的层次，没有形成对当代世界文学发展态势的准确把握。从这些年中国的外国文学研究使用的理论方法来看，先是后殖民、文化认同；然后就是生态批评。动辄某某作家的生态意识。文艺学这方面不用多说，但是有一个问题特别需要提出来。新世纪以来中国的文艺学研究有一个现象非常值得关注，那就是我们研究的方向之争遮蔽了对于具体问题的探讨。我印象非常深刻的是，好几年前，赵宪章老师曾把这么多年文艺学的文章统计出来，用关键词检索。突然发现出现频率最高的关键词居然就是"文艺学"本身。也就是说，多数的文艺学学者都在谈论文艺学本身的问题，但没有深入研讨文艺学中某一个具体问题。从文学研究与文化研究之争，到文艺学教材之争，再到文学本质问题的探讨，都在文艺学学科层面上讨论。这就大大地遮蔽了文艺学自身的研究能力。因此，目前最重要的事情是扎扎实实工作，讨论很具体的问题，哪怕没有创造性。

第三个问题就是我们怎么样才能拥有中国文学研究话语权？第一点就是我们应该增强文学理论的建设，增强对于中国文学自身的解释力，没有解释能力谈不上话语权。第二点是中国学者要增强对世界文学的解释力，因为我们不能只是研究中国问题，还要研究世界问题，不能只是讲中国的特殊性，还要讲世界的一般性。

中国文论话语有什么特点？能够为世界文学研究话语作出自己哪些贡献？在我看来有三个：一是中国文学研究的诗化传统，不是非常严密的概念理性的分析的东西，是一种感受性的东西，审美具有经验的东西，这个东西直接会成为对世界文学话语的贡献。我正在做相关方面的研究，比如中国的某一个理论某一个现象、某一个话语，怎样渗透到影响西方文论话语的演变？二是伦理取向。伦理是中国讨论问题的很重要的维度和角度，而伦理取向方面我们可以做出很多东西。三是政治关怀，或者比较强烈的政治情结。我想，如果中国文学话语能够从诗化、伦理和政治这几个角度发挥自己的特点，参与世界文论话语体系的构建。这些东西还是可以为世界文论话语作出贡献的。

许　明：今天每个人的发言都非常精彩，不愧是青年曙光学者、长江学者，你们发言的视角、逻辑性以及对资料的把握都非常到位，我们很快就可以发表了。谢谢大家。

当今中国社会性质问题

(2016 年 12 月)

参会嘉宾(按姓氏笔画排序):

韦定广(解放军南京政治学院上海校区教授)

方松华(上海社会科学院中国马克思主义研究所研究员)

许　明(《上海思想界》主编)

李　煜(复旦大学社会学系教授)

余源培(复旦大学哲学学院教授)

陈锡喜(上海交通大学特聘教授)

金志堃(上海社科院青少年研究所原所长)

赵修义(华东师范大学哲学系教授)

袁秉达(中共上海市委党校教授)

徐觉哉(上海社会科学院国外社会主义中心研究员)

蓝蔚青(浙江省公共政策研究院特邀研究员)

一、 要真正搞清楚什么叫"中国特色社会主义"

许　明:各位老师,今天的题目是:当今中国社会性质问题。这是我们设计的基础理论创新系列座谈会之一,也是为十九大的理论准备提供意见。这个问题酝酿了很长时间,从 20 世纪 80 年代至今近四十年,这个问题一直在理论界有争论,有一段时间在不展开争论的情况下,就用中国特色社会主义比较笼统的概念涵盖了。但是中国特色社会主义的内涵,在基础理论上到现在为止都没有很好地展开,它的社会性质、它的主要历史特性、它的社会发展动力、它的主要矛盾、它的阶级阶层、它在社会历史阶段横向平行的比较,都没有很好地展开阐释。

我过去一直在思考这个问题,即辛亥革命以后,中国知识分子在思考中国前途的时候有两个参照系,一个参照系是西方的自由民主主义,凸显了资产阶级的重要性,这一条路有一部分人走了很长时间。还有一条是苏联革命,走马克思主义、列宁主义的一条路,当然中间还有各种各样的政治选择。中国共产党选择了马克思列宁主义道路,在中国社会的历史背景中举这个旗是完全正确的。但中国革命实践的历史证明:马克思的基本原理必须与中国的实际相结合才有落地生根的生命力。毛泽东做到了。实际上,毛泽东在新民主主义革命时期,践行的就是"中国特色的马克思主义"。毛泽东在延安把这条道路理论化、体系化了。在这个过程中主要的反倾向斗争是反对"左"倾的王明等人的,脱离中国实际的政治路线、思想路线。所以,毛泽东在延安创造的是那个时代的中国特色的马克思主义。新民主主义是以毛泽东为代表的中国共产党的杰出理论创造,不仅新民主主义的理论值得借鉴,而且新民主主义的理论创造的经验也值得借鉴。延安的理论创新值得好好琢磨。延安理论创新的重点就是毛泽东在中国新民主主义革命历史时期对中国社会作出了定性。

中国共产党"左"倾教条主义和正确路线的分歧在哪里?在于对中国社会的认知上!毛泽东在延安时期所作的理论总结,从实践论、矛盾论再到中国革命与中国共产党,以及对中国社会作了明确的定位,对中国革命以后的发展有非常重大的启示和引导作用。但问题是,从20世纪40年代到现在七十多年过去了,我们要不要对中国社会重新定义?如果要,什么内容?能不能像论中国革命、中国共产党那样对中国特色社会主义作出深层次分析?它的社会结构、它的主要矛盾、它的历史运动,要不要重新分析?我们没有已经准备好的理论基础,邓小平讲不争论,所以在意识形态上,新的社会状况出现了,而基础理论并没有相应的调整。50年代中期开始定义的中国社会的发展目标是消灭私有制,消灭资本主义,以阶级斗争实现消灭一切剥削阶级和资产阶级特权,并向社会主义高级阶段乃至共产主义过渡。改革开放近四十年,市场经济发展了,非公有制合法了,符合社会需要了。但有人提出要社会主义还是要资本?我说要社会主义,你说要资本,都对都不对,可以不矛盾的。在这样的情况下,我们提出今天的选题,有人说这是宏大问题,不是我们考虑的。在这种情况下,我今天做小小的引言,我们看看这个问题怎么解决?怎么看?理性的基础在哪里的?我们学习毛泽东20世纪40年代考虑问题的方法,是从哪个层次去考虑?模仿都可以。中国社会是什么社会?什么性质?阶级矛盾怎么回事?怎么看?先把这些问题提出来。

二、 毛泽东在延安的理论创新是中国民族革命从实践走向理论跨越的重要一步

金志堃：我回应许明提出的这些看法。我搞研究工作，改革开放四十年来思想上的矛盾争论，在老同志中反应非常强烈。老同志们都经历过新民主主义革命，每一个历史进程都是亲身经历。很多同志说，改革开放以来我们还是回到过去，就说明中国革命还是要分两步走，不能超越，就是毛泽东在延安对新民主主义的论证，不仅在党内影响很深，在知识界影响也非常深。当时我们有很多老同志在大学工作，谈新民主主义时好多教授觉得已把问题讲清楚了。

在社会经济基础落后的情况下，搞社会主义，我们开始学习苏联，但毛泽东一直在寻找中国自己的发展道路。毛泽东认为我们可以加快发展步伐，本来要建设新民主主义，还要准备走十几年到二十年，后来觉得不行了，可以加快。但我国农业生产为主，工业化 156 个项目刚刚开始，大规模的工业建设刚刚开始，怎么可能一下子步入社会主义？但当时谈中国进入了社会主义很高兴。按照马克思的科学社会主义的理论，一个社会的发展有它的规律，人不能凭自己的意志来超越，或者可以任意按照直观性要怎么就怎么，只能是按照规律办事，可以缩短它，少走弯路，但是要实现这样大的历史超越不可能。

改革开放接受了急于过渡的教训，在曲折中逐步清醒过来，将近四十年的路走得非常艰巨，争论不断，进进退退。现在国企改革很难推动，搞混合所有制，搞董事会，要参股，下面不动没有办法，所以很艰难地走过来了。究竟今天我们如何搞社会主义，还有许多未弄清的问题。

我觉得毛泽东在延安的理论创新是中国新民主主义革命从实践走向理论跨越的很重要的一步。为什么中国新民主主义革命比较顺当？就是理论讲清楚了，问题是后来有曲折，我们现在所做的一切都是延安理论的继续，在新的历史阶段重要的发展，包括现在对世界的看法也并不认为一定是战争解决阶级矛盾，战争引导革命，我们已经改成了合作共赢、人类命运共同体。

许 明：在国际问题处理上已经放弃了以阶级斗争为纲。国内在理论上还未完全理清，还说不清楚。

金志堃：我们在推进市场经济改革的同时，对资本主义消极面没有很好地加以防

范和处置。毛泽东讲要注意糖衣炮弹,我们在这方面没有警戒线,所以我们进入了新的历史发展阶段,但是绝对没有跳出无产阶级革命的范畴,这个历史定位一定要讲清楚,不说清楚很多问题讲不明白,这是我比较粗的看法。

许 明:改革的任务并不是听从资本主义的发展并最终引向资本主义,这不是我们的方向。所以,借发展市场经济之名而一味强调私有经济的发展是完全错误的。

三、 新形势带来新问题,理论创新的最大问题是思想禁锢,教条主义盛行

余源培:金老的意见很有启发,历史的教训一定要吸取,但是社会现实是现在不可能回去,研究延安创新的成果不可能再简单恢复到延安既成的观点,尽管我们用心良苦,但是可能不行。原因有三点:第一,我们社会主义已经搞了这么多年,制度自信、理论自信、道路自信,都是基于一点,就是社会主义,党的领导也是党领导了社会主义革命和建设,已形成了社会既定的事实和思维定式,我们再回头还要搞新民主主义,向后的曲折太大,恐怕不少人不能接受。第二,国内外的情况发生了很大变化。从国际来说,毛主席当时在《新民主主义论》里面作了分析,有一个很重要的观点,就是中国革命是世界革命的一部分。我们现在就要判断中国社会主义事业的发展处于什么国际形势,现在世界革命的环境不存在,现在我们还是以和平谋发展,在国际形势上面,怎么对中国国家性质进行定性,需要新的思考。第三,回到新民主主义社会,这样搞就有可能导致被说成把几十年辛苦的历史虚无掉了。

邓小平当年讲话,他说我们的社会主义还"不完全够格",我觉得把这个道理从上到下都要讲透,一是社会主义社会,二是不完全够格。所以我国将长时期处于社会主义初级阶段,这不是一般意义上的社会主义发展的初级阶段,而是具有中国特殊性的初级阶段。这就是当下中国的性质。现在我们进行的社会主义现代化,我一向认为本身就是矛盾的结合体,说明了中国历史和现实的矛盾,一方面我们是进入了社会主义,我们选择了这条道路;但是另一方面我们没有实现现代化,还要搞社会主义现代化,西方资本主义已经现代化,但我们没有。因此,我们要看到我国已经有的是什么,缺少的是什么,这两者之间到底又是什么关系,这样就容易接受。现在年轻人对新民主主义根本没有概念,再讲新民主主义,年轻人有几个知道毛泽东写了《新民主主义论》? 所以要想靠历史的东西来解决当前的现实问题,很难。新民主主义过去六

十多年了,我们国家经历了许多变化,在这样的情况下尽管有的理论工作者心态、想法都是好的,但是历史想回去都不可能回去,只能是按照新途径向前走,尽管有很多陷阱和矛盾,但是现在已经是这样的情况。要向前走,就要搞清楚中国特色社会主义性质,根本目的是要自信。重拾新民主主义主张,除了我们的一些老同志,年轻人可能大多数不会有这种想法。

金志塄:有文章强调一个观点,党领导的新民主主义革命是无产阶级社会主义革命的组成部分,为社会更好更快地进入更高级社会准备,包括物质的、文化的、思想的领域的准备,准备是没有办法回避。怎么看这一段历史时期? 这一段历史时期就是为进入社会主义做准备,不是已经是社会主义了。

余源培:我们对中国共产党的领导,有两点大家是肯定的,第一点是领导了新民主主义革命,第二点是领导了社会主义革命和社会主义建设。现在中国面临的问题,已经不全是《新民主主义论》曾经说到的问题,今天的问题是新的问题,要求新的解答。我认为,中国社会现在不管走了多少崎岖路,对历史我们可以这样看或者那样看,但是必须承认,现在的情况跟当年搞新民主主义有很大区别。新的问题和难题不少,需要积极去"求解",这些问题和难题不是已经都解决了,也不是重新回去搞新民主主义一套就可以了,现在是处于"求解"的过程。但是现在有些人把"求解"看成已经解决了,还有人认为中国的问题根本没有办法解决,是"无解"。所以我既不主张已经解决了,也不同意中国"无解",关键是要"破解",这是当前很重要的问题。要"破解"就要有几个条件。理论创新要有几个条件。第一个条件,党内必须旗帜鲜明地反对教条主义,现在"求解"面对的教条主义主要是本本主义。毛主席在著作当中写道,研究中国革命战争的战略问题,要将三个层次的研究相结合,一是战争的规律,二是革命战争的规律,三是中国革命战争的规律。他说我们的教条主义者就是不研究中国革命战争的特点,主张回到苏俄老套当中去。他老人家用了"老套"两个字,他说这不行,这样的马克思主义没有半点马克思主义的味道。今天要理论创新问题在哪里? 最大的问题是思想禁锢,教条主义相当层面上影响到意识形态创新,不让人家去研究这个问题,或者认为这是本本上已经有结论的问题,是已经解决了的问题,似乎我们已经进入了自由王国。

我认为是"求解"的过程,上下求索路漫漫,党内不破除打着马克思的旗号的"教条主义",我们将面临"无解"的可能,这是一个条件。第二个条件,知识界特别是关心中国社会发展的知识界,要有充分的学术研究成果,对这个问题进行认真讨论。历史上围绕中国社会的性质问题,从郭沫若等人开始,有一批学者有著作,党内有胡乔木等对中国历史的研究,毛泽东写《新民主主义论》等,充分吸取了这些研究成果。讲中国革命问题和社会性质,毛泽东十分重视历史,认清中国从哪里来。因为历史从来都是科学理论创新的重要来源。今天有几个人真正了解中国从哪里来的历史,站得住的专著和成果又有多少?

赵修义: 现在讲中国历史的太多了,问题是有些讲历史的把新民主主义革命时期对中国传统社会的分析都推翻了。比如有的学者说,中国传统社会是等级社会,这是很好的社会,因为等级社会才能稳定。这类的东西很多。这意味着,中国社会将来的取向应该是荀子所设计的社会,甚至就是秦始皇建立的社会。这些论说将我们原来的教育完全推翻了。

余源培: 这涉及对封建社会怎么看?我们还没有搞清楚从哪里来。《新民主主义论》为了回答中国向何处去的问题,是从讲中国的历史特点开始的。自周秦以来,中国就是一个封建社会,其政治和经济都是封建的,反映这种经济和政治的文化也是封建的。自从外国资本主义侵略中国,中国社会逐渐地变成一个半殖民地半封建的社会。我们今天不能忘记我们的社会是从哪里来,如果要谈传统"基因"的话,封建主义是否也是"基因"之一,它对我们今天社会还有哪些方面的影响?包括经济的、政治的、文化的,还有国民性的,只有把这些都搞清楚了,然后才能准确定位我们向何处去、主要任务是什么?现在对此不够重视,人们已经很少谈封建主义的"基因"影响了,甚至是淡忘了封建主义。我觉得毛泽东谈中国性质问题从来就是追根溯源,不是历史虚无主义。他讲得很清楚,要有科学的态度,不要自以为是。我们现在自以为是的人不少,虽然大家对这个问题都有发言权,但是没有学术界的科学成果不行,总的感觉比较虚,不实在。毛泽东没有像今天那么多信息,在山沟里面,但是他对世界和中国的认识很清楚,尽管他晚年犯有错误。现在说网络社会,知识爆炸,我们不缺少信息,缺少的是科学态度,在这种情况下怎么搞清楚中国社会性质问题?所以这是个很重要的问题,现在大家回避对历史和现实的科学研究,华而不实,这个情况很普遍。

陈锡喜: 我写过一篇关于邓小平理论形成过程的特点及其对发展当代中国马克思主义的启示的文章,讲到政治权威和知识界的互动,这是很重要的经验。

余源培: 归结为一个问题就是党风和学风问题。根本的问题就是没有掌握20世纪到现在世界历史和中国历史在矛盾中发展的全部事实,并对其作出精当的分析。

对中国来说,这个矛盾就是复兴中华面临的主要矛盾,就是社会主义和现代化的结合,这是客观历史辩证法提出的新课题。现在存在着一种片面的思维,就是把社会主义和现代化对立起来:要么要社会主义,要么要现代化,两者不可兼得。理由是西方已经在反思和批判现代化,认为讲现代化就不能坚持社会主义,中国的希望在于率先走出现代化。当然也有另一种认识,就是怀疑既然我们还没有实现现代化,搞社会主义是不是太早,违背了历史规律。但是,历史的辩证法走的就是社会主义现代化之路。建立社会主义制度,为实现现代化创造政治前提。由此就产生了社会主义和资本主义关系,社会主义和国家资本主义的关系问题。好多人写文章批国家资本主义,他们或许没有看过列宁晚期的著作,列宁认为否认国家资本主义那是在拿社会主义开玩笑。这确实是矛盾,需要辩证法。我们搞社会主义是为现代化求得政治的条件,但是革命比建设往往要容易得多,建设更加困难,从某一个意义来说,实现现代化比实现革命更加困难。反过来说,如果不实现社会主义,我们就没有政治条件确保现代化的实现。因为向西方学习几十年,老师却老是打学生,证明此路走不通。我们始终摇摆,要么认为很好,要么认为一无是处,当前主要问题是对困难认识不足。还有一个问题就是要解决对苏联模式的认识问题,这个问题我们始终在魔咒当中,不敢否定,当然这种否定我们是扬弃,是前进和发展的一个辩证环节,不是如同把虫子踩死就行了。

韦定广:有一点必须认识到,即苏联模式是全方位的,能不能真正用唯物史观敢于勇于解剖苏共。有人怕解剖了以后我们的合法性、合理性就没有了,这是多虑了。越是清醒地认识社会主义走过的崎岖路,从中吸取经验教训,越是对后人怎么走有益处。中国共产党必须全方位地走出苏联模式。

余源培:不能认为还是老路好。不能回头再走老路。

蓝蔚青:邓小平曾说:"现在我们虽说也在搞社会主义,但事实上不够格。"我们现在不够格,但这个"够格"的参照系并不是苏联模式。

余源培:究竟什么是社会主义,我们还在实践和认识中,没有完结。我想到1953年发生的中国过渡时期经济基础和上层建筑的讨论,我认为中国国情的考察在那次争论当中很明显地提了出来。杨献珍主张由五种经济成分构成一个综合的基础;艾思奇主张过渡时期的经济基础包含资本主义和社会主义两种对立的基础,两者之间存在着"谁战胜谁"的斗争。有三种观点:一是"单一基础论",认为单一的社会主义基础与上层建筑正在形成;二是"综合基础论",认为五种经济成分,包含社会主义和资本主义两种意识形态;三是"无基础论",认为社会主义和资本主义都是因素,经过斗争才能形成社会主义的基础和上层建筑。问题涉及如何理解经济基础和上层建筑,斯大林的观念要不要突破? 根据斯大林的说法,只有占统治地位的生产关系的总和才是基础,占统治地位的意识形态才是上层建筑,按照这一公式,就不应当把资本主义经济和个体经济同社会主义经济一起纳入一个统一的经济基础,上层建筑只能为社会主义经济服务。1953年的讨论许多问题一直持续到60年代、80年代和至今,没有很好地加以解决。我们现在搞中国特色社会主义建设,必须明确地给大家一颗定心丸,中国的经济基础是什么? 现在搞了市场经济,把许多过去认为是体制外的东西从体制外转移到体制内,包括各种非公有制经济,但是它们和公有制为主体之间是什么关系? 始终不太明确,人们不放心,担心非公有制经济发展到一定时候会被"收骨头"。

赵修义:现在定心丸已经出来了。那就是关于保护产权的意见。

四、 要把当代中国追求的三个目标之间的关系真正说清楚

韦定广:听了金老师和余老师的发言很受启发,下面谈谈我对问题的认识,不一定对。首先,我认为讨论这个问题对于当下的中国真的是非常重要。改革开放几十年了,现在是中国社会究竟是什么性质的社会? 国内理论界还是国际舆论,对这个问题分歧非常大。可以说也正因为这个问题不明确,才导致了实践中的混乱和理论上的各种是非,包括许主编刚才讲的现在很多民营企业家惊慌:"共产主义是什么?"疑惑的结果是开始往外跑了。

赵修义:现在发展私有经济,将来搞共产主义。

韦定广:也就是说,由于这个问题不明确,在实践当中已经导致了混乱,包括国企一会儿退一会儿进,农民的土地问题究竟怎么办? 如此等等。

许 明:理论上不仅不明确,而且有倒退的倾向,有人咄咄逼人地提出来要社会主义还是要资本? 只能是二选一。

韦定广:但是,这个问题怎么讨论? 怎么明确? 确实是个很困难的问题。金老师说再回到新民主主义,我赞成余老师讲的回不到过去的观点,因为正如余老师所分析的,存在政治的麻烦,历史进程上的麻烦,而且从理论逻辑来说也讲不通。我们知道,新民主主义是针对旧民主主义提出来的,无论新旧,民主主义的任务主要是反封建、

反殖民,因此,新民主主义主要侧重于对一个特定阶段革命性质的定性。

蓝蔚青:《新民主主义论》明确提出第一步要建立新民主主义的社会,所以新中国成立初期刘少奇提出要巩固新民主主义秩序,但是毛主席跨越了这个目标,马不停蹄地向社会主义过渡。

陈锡喜:毛泽东强调新民主主义革命的前途是社会主义,尽管他在《论联合政府》中提出了新民主主义社会的构想,但是他只是把它看成向社会主义的过渡,而并不承认要建设一个相对独立的新民主主义社会。

韦定广:而毛泽东当时提出新民主主义论,最重要的政治目的是为了确立中国共产党在革命中的领导地位,只有把革命性质定位于新民主主义,中国共产党才在这场革命中具有其领导地位。反过来,如果再将我们今天的社会定位于新民主主义,必然会引起很多思想上、理论上的困惑以及政治上的混乱。那么,这个问题怎么说或者中国社会性质怎么讨论? 我觉得这里存在着几个很关键的理论难题。这几个理论难题不解决,有关社会性质的问题根本说不清楚。首当其冲的仍然是"什么是社会主义"这个命题。改革开放之初,邓小平就说要把这个问题搞清楚,并且在 1992 年年初的南方谈话中,明确提出最对这个问题的解答。但事实上这个问题并没有真正解决。我曾经讲过,邓小平关于"什么是社会主义"的解答,是不完整的解答,他的解释有合理性,但是存在很大的局限性。例如将"什么是社会主义"最终落脚到"共同富裕",然而他自己就讲过:"没有民主就没有社会主义。"所以我认为,他关于什么是社会主义的解释,最多只是对初级阶段社会主义的认识。

余源培:邓小平讲社会主义主要是针对着"文革"当中搞的一套,是为了拨乱反正。

韦定广:对的,是不完全的理论总结。所以现在理论界包括学术界有人提出,不要老是说"中国特色",要讲社会主义普遍性在哪里? 究竟有多少? 这个质疑有些道理,但是,这就涉及什么是社会主义的问题。这个问题并没有真正搞清楚,而是通过"不争论"模糊过去了,但是无论在上层还是在普通老百姓头脑中一直存在困惑,而且非常困惑。所以这个问题不解决,理论自信就不能很好地建立起来。自信在哪里? 马克思说理论要说服人就一定要彻底。

再一个很重要的理论问题,就是当代中国马克思主义和经典的马克思主义究竟是什么关系? 我们经常说二者是一脉相承,然而"脉"在哪里? 究竟什么是"脉"? 理论界一直都没有解释清楚,只是把它当成了套话来说,当成了经来念。这样说无论是老百姓还是大学生都不明白。余老师说要走出教条主义,我们既不要搞教条主义,同时也不能搞肤浅化。然而现在搞得很肤浅,全国各大学建了不少马克思主义学院,真正高质量、高水平的研究成果却很少见到,甚至有些研究离真正的马克思主义越来越远。这个问题我在十年前的一次全国马克思主义理论研讨会上就已提出,大家仔细想一下,如果我们不能把这个"脉"解释清楚或真正把握,又怎么能够说我们的中国特色社会主义理论体系和以经典作家思想为代表的马克思主义是"一脉相承"的关系?又怎么能够阻止人们得出此马非马的结论?

第三个理论问题,就是对当代中国共产党领导人民追求的三个目标之间的关系能不能真正说清楚? 这就是社会主义、现代化和民族伟大复兴。在新中国六十余年的历史进程中,这三个目标大体是依次提出并逐步加以明确的。一开始是要多快好省地建设社会主义,到了邓小平理论则将现代化置于优先地位,民族复兴目标在党的十五大就已经提出了,但真正当作主要奋斗方向与目标则是在十八大以后明确提出"中国梦"。

陈锡喜:习近平总书记解释说,"中国梦"是凝聚中国力量的通俗说法。但是我们的一些宣传解读有分歧。有的权威宣传一边用习近平总书记的话说,中国梦既是国家和民族的梦,也是每一个中国人的梦,一边又斩钉截铁地说,中国梦不是哪一个人、哪一部分人的梦,这不是自相矛盾吗? 习近平总书记说中国梦与包括美国梦在内的世界各国人民的梦是相通的,理论界马上有人强调中国梦和美国梦根本区别,说美国梦是个人梦,我们的是国家梦。这些说法把国家民族整体梦同人民群众的个体梦割裂开来,甚至对立起来了。

韦定广:无论在历史还是现实中,社会主义、现代化与民族伟大复兴各有其不同内涵和侧重点,我们现在将这三个方面都作为奋斗的方向与目标,就其现实性而言是可以的。但问题在于:我们不但要在这三者之间寻求相通相合、相辅相成的内容,而且更要注意这三者之间在内在逻辑上的矛盾。例如,实现社会主义的原则和迅速现代化要求之间就是有矛盾的,在现代化与社会主义的问题上,邓小平作了解释,认为我们的社会主义是现代化过程中的社会主义,我们的现代化是社会主义的现代化。但是怎么理解? 没有搞清楚。

第四个问题,也是很核心很关键的理论问题,就是当下中国的发展无论是经济发展还是社会的发展,是顺应世界文明主潮流的。应该承认,在当下世界文明主潮流中,欧美发达国家居于老大地位、主导地位,而在我们看来,这些国家又都属于资本主义。我们现在已经是社会主义了,我们在五六十年代说社会主义的时候很理直气壮,因为认为西方资本主义在一天天烂下去,但事实上却不是这么回事。

整个人类文明、世界文明存在着一个主潮流,而这个主潮流迄今为止仍然由发达资本主义国家为主导或引导。例如无可否认的是,发达国家率先进入后工业时代、信息社会,又是全球化的主要推动力量。几年前我们曾经把这个问题解释得比较清楚,但是现在似乎又变得比较模糊了,或者说出现左右摇摆现象。谈到中国社会性质,以前我们很理直气壮,因为根据斯大林阐释的历史唯物主义社会发展五形态理论,人类社会是从低向高一个台阶一个台阶地向前发展的,也就是从封建社会到资本主义社会,然后再走向社会主义社会、共产主义社会。我们宣布自己已经是社会主义了,而欧美的发达国家、日本等还处在资本主义阶段,于是我们以一种类似于小学生的心态,觉得我们比他们发展水平高,也就像四年级小学生瞧不起三年级学生一样。但是在改革开放后,我们逐步认识到:我们的社会主义生产力相当落后,尤其在文明方面还远不如发达资本主义国家。这样才有了我们的改革开放和现代化的迅猛发展。但是值得警惕和深思的是,最近几年这种“小学生心态”似乎又回来了。如果坚持这样一种心态、这样一种认识,怎么能够将当代中国发展与世界文明进程之间的关系解释清楚? 而在这方面不说清楚或者不通过争论的方式、探讨的方式搞明白,中国社会就难以继续大踏步地前进。

五、 社会主义初级阶段理论需要有所创新,有所突破

陈锡喜:讲中国梦,要讲清两个关系,一个就是中国梦的整体与个体的关系,另一个是中国梦与社会主义以及现代化的关系。定位今天中国的社会性质,可以用中国梦的实现进程,也可以用社会主义的发展阶段,但必须解释好两者的统一关系。

用新民主主义社会来定位当代中国社会性质,现实的可能性不大,因为除了理论上面的问题外,包括今天的时代条件下,如何坚持和发展新民主主义理论;还有很多政治因素,包括习近平总书记强调“三个决不能”时,两个讲的是毛泽东时代,包括“新民主主义革命的胜利成果决不能丢失,社会主义革命和建设的成就决不能否定”,如果回到用新民主主义社会理论来解释今天,如何不否定社会主义革命成就,理论上政治上都是一个“坎”。现在,关于两个三十年的关系,争论也很大,如果用新民主主义社会来定位当代中国社会性质,很难在理论上妥善处理两个三十年的关系。当然,

今天也有教条主义的反弹,包括提出"文革"也不能全盘否定。习近平总书记讲的是两个"三十年"的时期不能相互否定,而不是说"文化大革命"的理论和实践不能否定。

陈锡喜:很头痛教条主义,而且真的要理论创新,要把延安创新精神继承传递下来,教条主义是很大的障碍,因为延安创新精神的实质,是既反经验主义,又反教条主义,但重点是反教条主义。

蓝蔚青:当时延安整风反对的三风,现在一些人中间很盛行,而且是主观主义、宗派主义、党八股结合在一起的综合征。

陈锡喜:中国今天的社会性质定位,主流的是社会主义初级阶段理论,它支撑了中国特色社会主义实践。邓小平讲坚持基本路线一百年不动摇,理论基础是社会主义初级阶段,也不能否定。习近平总书记讲了一切从实际出发,最大的实际还是要坚持这个。但是社会主义初级阶段理论本身需要有所突破,而不能停留在三十多年前的理论状态。这个理论在当年支撑市场化改革时有很大的贡献,邓小平为什么很强调社会主义初级阶段? 就是要为市场化改革提供理论根据,找不到其他理论根据。我们今天的社会主义初级阶段,社会制度超越了资本主义,但因为生产力不发达,商品经济发展阶段不可逾越,所以要搞市场经济。当年社会主义初级阶段理论为搞市场化改革提供理论辩护很有效的,但也确实蕴含了今天的难题。第一个问题,就是我们已经是第二大经济体,当年社会主义初级阶段所说的经济方面的几个特征,今天恐怕已经过时了。关键问题是,市场经济是社会化大生产的必然选择,越社会化越是需要市场经济,还是生产力不发达的无奈选择,在理论上还需要突破,这样才能够支撑基本路线一百年不动摇的信念。

第二个问题,在经济改革领域中,经济运行机制、经济体制和基本经济制度三者的关系是什么? 当年我们也没有讲清楚,只是说改的是机制和体制,不是制度。但是经过党的十五大,社会主义初级阶段基本经济制度已经改了,多种所有制经济从体制外变到体制内。但是理论上没有彻底解决公有制为主体。什么是主体的问题? 十五大讲国有经济的控制力,但是搞市场经济,公有制、非公有制必然存在竞争,不能靠政策保护公有制主体,现在又提出混合所有制。这需要在理论层面进一步阐述机制、体制和制度,它们都是问题倒逼出来的,由机制逼到体制,由体制倒逼制度,这就需要解放思想,而不是按事先设计好的那一套。

第三个问题,涉及公有制,在马克思的设想中,消灭私有制是实现公有制必经的步骤,而要消灭私有制,只能通过无产阶级革命和无产阶级专政,把生产资料收归国家,但这只是革命的第一步,以后要把国家所有的生产资料回归社会,来实现公有制。在斯大林模式当中,把国有制解释成全民所有制,这是一种意识形态包装。马克思讲未来社会是全社会占有生产资料。对私有制的消灭,是一个方向,但是不是公有制就止于国有制? 包括今天搞的多种所有制,是不是探索一条走向社会所有制的选择阶段?

第四个问题,公平优先还是效率优先,这是价值判断问题,但是涉及制度问题,就是按劳分配和按要素分配关系是什么?

再上升到第五个问题,是政治上的问题。如果经济上是多元化,上升到政治上层面,也形成了争论,就是专政、管理和治理是什么关系? 我们现在对于治理问题没有很好地解释,要么就是把西方政治学治理理论搬过来,没有形成很好的治理理论。治理问题是十八届三中全会的核心问题,也是四中全会的核心问题,改革目标就是国家治理体系和治理能力现代化,以坚持和完善中国特色社会主义制度。只讲治理肯定不完整,但是治理是新的提法,它同坚持和完善中国特色社会主义制度是什么关系? 不能割裂开来,当然也不能回到专政优先,或者两块并列。

这又涉及第六个问题,也就是意识形态上,社会主义意识形态在放和收之间怎么处理? 因为讲思想解放肯定要放,要讲意识形态的斗争肯定是收,现在比较喜欢讲的是马克思主义和反马克思主义的斗争,但是在马克思主义和反马克思主义当中有广阔的中间地带,也就是非马克思主义。

习近平总书记在说在有的领域中马克思主义为什么被边缘化的时候,讲了这与对马克思主义研究和宣传的空泛化和标签化有关,高水平的成果不多。今天搞了这么多马克思主义学院,投了这么多钱。但是从上海今年的哲社评奖可以看出,包括中国特色社会主义理论体系这一大块在内,获奖成果共三百五十多项,而作为从事马克思主义理论学科研究主体的马克思主义学院教师,获奖比例很低,不超过十项。同样,在申报国家和省部级课题中,在马列、科社类中,马克思主义学院教师申报量和立项量比例都很低。《关于进一步加强和改进新形势下高校宣传思想工作的意见》提出马克思主义理论学科领航哲学社会科学其他学科,我说这个提法有必要性,应该作为方向,但现实还无法起到领航作用,从学术水平看,现在能平起平坐就不错了。马克思主义话语权,不是靠上面通过政治上的领导权给予就能掌握的。有人说,现在马克思主义没有声音了,希望领导给话语权。其实从政治上的领导权到话语权有传递关系,但是在传递中也存在信息失真,从领导权到管理权到话语权有权利衰减效应。如果仅仅靠上面赋予领导权就完全能掌握话语权,那么强调马克思主义理论魅力、强调马克思主义的解释能力干什么? 意识形态在放和收之间,还有一大块非马克思主义如何引领的问题。中共中央政治局关于哲学有两次学习会,第一次学历史唯物主义,有人提出不完整。后来有了第二次学辩证唯物主义,有人说,这样才把马克思主义哲学讲全了,因为辩证唯物主义首先强调了是物质决定意识。

怎么讲辩证唯物主义? 习近平总书记在学习会上强调的是要一切从实际出发,学习掌握事物矛盾运动的基本原理,不断强化问题意识,掌握唯物辩证法,以及理论同实践的辩证关系,而决没有回到斯大林的机械唯物主义体系的味道。这涉及马克思主义哲学的基础问题,需要搞清楚。另外还有共产主义和中国特色社会主义两大目标的关系。共产党人的最终价值目标是共产主义,这决不能动摇。

许　明:问题提了很多,对当今中国社会的性质怎么思考?

陈锡喜:还是从社会主义初级阶段理论上有所突破,总的提法不动,但是阶段性是什么特征? 原来讲的是生产力不发达与人民日益增长的物质文化需要的矛盾是主要矛盾,但不仅社会主义初级阶段是如此,恐怕任何社会在任何发展阶段都存在着这样的矛盾,因为生产力一旦发展了,就会产生新的需要。马克思恩格斯在《德意志意识形态》中讲到人类历史发展的基础时,讲得很清楚,特别提出第二种生产。

余源培:那个提出针对的是"以阶级斗争为纲",现在情况不一样。

韦定广:我觉得,在对当今中国社会性质的思考中,要很好地学习和领会列宁晚年的探索。列宁在逝世前留下了一篇《论我国革命》的重要文章,这篇文章与《日记摘录》等另外几篇被统称为"政治遗嘱"。正是在《论我国革命》中,列宁将十月革命的性质及其意义重新定位。以前认为十月革命是一场社会主义革命,目的是在俄罗斯建立社会主义。但是在这篇文章中,列宁讲十月革命后的苏俄,首要任务是以与西欧国家不同的方式来实现西欧的文明,所谓"西欧的文明"也就是我们今天所讲的现代化;先在文明方面赶上西欧国家,然后再开始"走向"社会主义。

陈锡喜:列宁有一个背后的思想,对社会主义来说,资本主义是罪恶,但是对于小生产像汪洋大海的国家来说,资本主义则是幸福,因此,经济文化落后的国家,在无产阶级革命后,要利用资本主义的幸福,避免资本主义的罪恶,通过国家资本主义走向社会主义。

韦定广:也是在"政治遗嘱"中,列宁还明确认为,真正的资本主义对于革命后的苏俄来说是非常必要的，甚至在最后一篇文章即《宁肯少些，但要好些》中，他告诫人们不要奢谈无产阶级文化，现在的苏俄能够有真正的资产阶级文化也就很好了，能够使官僚、农奴制等的文化尽可能少一点也就很不错了。还有，他要求当时的苏共中央不要把共产主义思想带到农村去，认为这是很危险的；在《论粮食税》一文中，他分析当时的苏俄存在五种经济成分，真正的公有经济成分占的比重很少，由此得出结论，资本主义对于当时的苏俄是"幸福"而非"祸害"。我们一直到现在没有把列宁晚年的思想完全吃透，列宁晚年将革命和建设以及执政党建设的许多问题提得非常尖锐，尤其是他的很多观点对于我们今天仍具有十分重要的意义。回到十月革命后的苏俄发展道路、社会性质上来，十月革命的意义在哪里？列宁认为就是使苏俄能够以不同的方式实现西欧的文明，那么，十月革命就其性质而言，其实也就大体相当于中国的新民主主义革命。他认为苏俄当时是一个"半文明"的国家，甚至从很多方面来看是一个"野蛮"国家，在这样的国家没有西欧文明、没有现代化，就谈不上什么社会主义。事实上，我们只有在理论上真正搞彻底，才能把一些问题说清楚，理论不彻底，问题就始终弄不明白。现在全国那么多马院，那么多马工程，有没有真正把马克思的社会主义理论、列宁的基本思想搞清楚？搞明白？最基本的、特别是关系党和国家、社会发展最基本的理论问题都没有搞明白，谈什么理论自信？我经常在国内会议上讲，一些研究人员连基本的理论问题都没有搞明白，就大谈什么理论自信和中国特色，这是很糟糕的事情。

基于上述四个理论问题的思考以及列宁晚年对十月革命后苏俄历史进程的认识，我认为当下中国社会属于"初步社会主义"社会。如何理解？与社会主义初级阶段有什么区别？社会主义初级阶段无疑已经属于社会主义社会，只是相对于高级阶段水平较低而已。就好比中学阶段有初中和高中之别一样，借用这个比方，初步社会主义就如同上海中学的"预备班"。在谈到当代中国的社会主义时，邓小平曾经反复讲我们的社会主义还"不够格"，还不是"真正搞社会主义"，还不能够"理直气壮"地讲社会主义的优越性。那么要到什么时候才能够"真正"搞社会主义呢？才能够"理直气壮"地讲社会主义比资本主义优越性呢？他认为要到比资本主义"更快更好"地实现了现代化之后。在思考当今中国社会性质时，邓小平这些提法仍然值得我们重视和参考。既然当今中国的社会主义还"不够格"，我们还不是"真正"搞社会主义，那就是"预备班"性质的社会主义。这个时期的社会矛盾，主要是社会主义和现代化之间的矛盾。事实上，当下中国所存在的主要问题，例如快速发展背景下的贫富差距扩大、环境严重污染、权钱交易以及大面积的腐败等,都是这一矛盾的典型表现。

六、 不能犯落后于历史阶段或超越历史阶段的错误

徐觉哉:刚才听了很多同仁的发言,很受启发,大家从不同的角度,谈了对当今社会性质的理解。提出这一问题并组织专门的研讨,本身是需要魄力的,当然其中也有很大的难度。这是一个需要进一步讨论和明确的问题,当年中国共产党正是在分析中国社会半殖民地半封建性质的基础上,明确了新民主主义革命的性质。谈到社会性质的问题,我觉得首先需要把握唯物史观的一些基本原理,譬如社会形态理论,就是要强调生产力对社会历史发展的决定作用与合力论的有机统一,同时要强调社会发展是一个有规律可循的历史过程。也就是说,要善于从社会结构状况出发来把握社会发展的状况,并强调什么阶段做什么事,不能犯落后于历史阶段或超越历史阶段的错误。

讲到历史过程理论,需要明确的是,社会的发展是从哪一个阶段发展到哪一个阶段? 为什么这样发展过来? 内在的逻辑是什么? 马克思在这方面给我们揭示了很多规律性的东西,强调了社会结构是一种递层的关系,即像地壳那样,既是分层的,彼此之间又是有联系的,每一层又都是循序渐进的。社会发展是一个依次更替的过程,就是强调社会发展阶段是一种既不能跳过,也不能用法令取消的自然历史进程。这些都是我们看待和判断社会性质的指导原则。

在近四十年的改革开放中,中国共产党不断回应发展的实践,开创了中国特色社会主义的理论成果。纵观中国现代史,如果说新民主主义的政治革命是中国革命的1.0,以社会主义改造为标志的社会革命是中国革命的2.0,那么改革开放便是中国革命的3.0。中国革命3.0之所以会发生,主要原因在于中国革命2.0具有超前的性质,把走上社会主义道路等同于建立了社会主义社会。从这个意义上说,中国革命3.0是对中国革命2.0超越阶段的纠偏,是对传统社会主义的扬弃和否定,是对中国革命1.0的否定之否定。之所以提出这样一种判断,主要的原因是19世纪70年代,马克思在他50年代理论的基础之上,提出了另一条特殊的"非资本主义发展道路",以后列宁在帝国主义背景下提出了一国革命胜利论,但是胜利以后的社会将面临怎样的性质? 当时俄共党内也是认识不清的,许多人认为革命以后自然进入了社会主义社

会。列宁也是后来发现了问题的严重性，从而提出用新经济政策即国家资本主义去纠偏。可以说，传统社会主义国家包括中国在内，走的都是第二条道路，即以超阶段的形式开辟了社会主义道路，因而不具备直接建立社会主义社会的经济社会条件，属于"后发展国家社会主义"，虽然自称"社会主义国家"，实则不成熟、不够格。列宁、邓小平都讲过类似的话。但是，很多人以为从此就进入了社会主义社会，把马克思在发达资本主义条件下所设想的社会主义当作现成模式，盲目地运用于东方落后国家，把现阶段并不具备实现条件的社会主义模式当成现实目标去追求。结果，这种对科学社会主义原理的教条式理解和历史方位上的超前判断，助长了急躁情绪和理想化倾向。我记得普列汉诺夫曾经讲过，在这种情况下，要么不顾人民还没有做好准备的现实而强制推行社会主义措施，从而建立起一个社会主义专制制度；要么迫于现实条件而容许甚至自己去推行资本主义，那时它便成为"一个可笑的政府"。这段话内涵很深刻。

从中国的情况看，当时中央还是很清醒的。我查了当时的文本，毛泽东在《论联合政府》中提到"只有经过民主主义，才能达到社会主义，这是马克思主义的天经地义"，"没有一个由共产党领导的新式的资产阶级性质的彻底的民主革命，要想在殖民地半殖民地半封建的废墟上建立起社会主义社会来，那只是完全的空想"，"现在的中国是多了一个外国的帝国主义和一个本国的封建主义，而不是多了一个本国的资本主义，相反地，我们的资本主义是太少了"。七届二中全会也明确"转变为社会主义"仅仅作为将来的"发展方向"。但自从1953年提出过渡时期总路线以后，仅仅用了三年的时间，在没有充分吸收资本主义成果的情况下，1956年便完成了社会主义改造，完成了由新民主主义向社会主义的转变。我看这里的主要问题在于，对后发国家跨越后的社会形态的质的规定性及其现实社会主义在当前所处的历史方位缺乏认识，它牵涉经济形式的重新定位，牵涉经济体制要不要改革以及朝什么方向转变的问题。同时，还有一个如何认识资本的历史普遍性的问题，尤其对经济落后国家来说，都有一个利用和发展资本的问题。因为我们知道，既不可能离开资本的发展来消灭资本，同样也不可能利用尚未达到自身历史普遍性的资本来消灭资本。列宁认为，这是一种可以而且应当容许其存在并将之纳入一定范围的资本主义，并批判那种"国家资本主义就是资本主义"论调是一种经院式的论断。现在学界有人批判这种以"国家资本主义"方式去解决特定经济形态本身所产生的问题，实属对其内涵缺乏了解所导致的结果。

这里的道理很简单,因为后发国家建立的社会主义,就是在尚未实现资本的历史普遍性的社会中建立的社会主义,如果不能在社会主义条件下进一步发展资本,相反,超越生产力的发展而阻碍资本甚至消灭资本,那么其结果不是消灭资本本身而是被资本所摧毁。但事实上,后发国家革命成功后,都否定了资本主义的存在和发展,然而资本主义制度的终结并不等于这些国家已经完成了资本的历史极限的全部历史使命。改革开放几十年后,现在有人又想到割资本主义的尾巴,实际上是很幼稚的。我们必须清醒,只要资本的运动尚未完成它的历史普遍性,那就必须在新的历史条件下继续完成发展和占有资本文明这一前提性历史任务。这样,就需要在社会主义制度的外壳下,进行资本的运动和资本的积累,完成别的国家在资本主义形式下所实现的工业化、商品化、社会化和现代化的历程,从而完成资本的历史极限所能容纳的全部历史容量,全面占有资本文明的一切积极成果,为社会主义奠定坚实的物质基础。记得恩格斯在驳斥俄国民粹派特加乔夫时讲过这样一段话:"现代社会主义力图实现的变革,简言之就是无产阶级战胜资产阶级,以及通过消灭一切阶级差别来建立新的社会组织。为此不但需要有能实现这个变革的无产阶级,而且还需要有使社会生产力发展到能够彻底消灭阶级差别的资产阶级。……生产力只有在资产阶级手中才达到了这样的发展程度。可见,就是从这一方面说来,资产阶级正如无产阶级本身一样,也是社会主义革命的一个必要的先决条件。"按照这种理论逻辑,社会主义国家的改革开放,要在继续保持社会主义作为资本主义边界的同时,消除社会主义作为资本的边界,从而重新建立继承、引进和发展资本的新的社会主义发展战略。可以这样说,资本问题是所有后发国家面临的共同性课题,而中国特色社会主义理论正是回应了实践向理论提出的挑战。这一理论的本质特征,实际上是一个在无产阶级国家政权下发展资本文明、占有资本文明和发展社会主义的理论,它继承和发展了从列宁新经济政策开始的社会主义如何占有资本文明的探索,回归和丰富了马克思以资本的力量推动文明进程的理论。

那么,应该如何从理论上认识和评估这种"跨越"后的经济社会形态呢?在我看来,在现存的全部关系中虽然包含了一定的社会主义因素,但基本方面仍未超出人类社会以物的依赖关系为特征的第二阶段,也没有进入以自由联合关系为特征的第三阶段。应该看到,现实中的社会主义是与当代资本主义并行发展的阶段,是整个社会主义发展进程中的初始阶段,是实现理想社会主义的物质文化准备阶段。它具有空间的区域性、形式的民族性、过程的长期性、发展的跳跃性和道路的曲折性等特征。

这样,不论在所有制形式和结构、经济形式和资源配置方式、分配关系、阶级关系等方面,还是在上层建筑、意识形态的某些方面,与世界上大多数国家相比,我们不得不承认在很多方面社会主义存在着与资本主义趋同的现象,这是不足为怪的。因此,在当前阶段,姓"公"还是姓"私"、姓"社"还是姓"资",都不会以纯粹的形式表现出来,因此我们在讨论关于劳动、市场、资本、剥削、阶级等问题时,都不能视作抽象的"社会主义"的一般性问题,而是"走上非资本主义发展道路的落后国家在其初级阶段"的特殊性问题,是跨越后的社会形态在自然历史进程中的"返祖现象",是资本追求其本身普遍性的必然反映。有些同志用资本运作过程中出现的一系列反面现象,例如剥削问题、两极分化等问题来否定社会主义的改革,否定社会主义制度的实质,这是不对的。实践已经证明,中国共产党提出的"三个有利于"、"三个代表"、初级阶段、社会主义市场经济等理论,是中国特色社会主义语境下发展资本文明的有力思想武器。

蓝蔚青:社会性质问题很难复杂。按照主导性生产关系分类,有资本主义、共产主义,还有奴隶制社会;但传统讲的五形态中的原始社会和封建社会又不是用生产关系命名的;按主导产业分类有渔猎社会、农耕社会、工业社会、后工业社会(或信息社会、服务业社会、知识经济社会、智能社会);按人与人关系分类又可以分为讲血缘社会、市场经济社会、共享经济社会;按照社会运行机制分类有部族社会、宗族社会、科层社会、契约社会、自治社会(自由人联合体);按照社会转型进程,现在可以说是处在去行政化阶段。按不同标准来分,结论不一样,如果把这些从不同角度、不同层次分类的概念搅在一起,就会变成"鸡对鸭讲"。

许 明:当前中国社会的性质完全有必要重新研究再定位,各种观点的交叉非常模糊。

七、 从中国的社会实际看中国的社会性质

李 煜:我是搞社会分层的,搞社会学的,没有受过任何党史马哲的专业训练,所以是外行,今天是非常好的学习机会,我从外行的角度谈谈自己的感受。最强烈的感受是大家在讨论这个问题时有非常强烈的路径依赖,社会的性质不仅仅是理论问题,而且是实践问题,路径依赖表现是在实践和理论两个方面都非常注重与既有框架的继承性。

从我外行的角度,我的考虑是,先要回答几个问题:第一,靶子和对手是谁？这是首先需要解决的,我们在讨论社会性质的时候,我们的对手就是网上已经有的很多说法,其中一个比较流行的是中国大陆现在社会是"权贵资本主义",这是一些人对当前社会性质的定性,我们的"靶子"是这种观点,需要直接地、有针对性地跟他们辩论。

第二,我们在考虑社会性质的时候,现在这个定性判断准备"管"几年？当初说新民主主义革命也好,之后说初级阶段也好,当时的这个定性要准备管 50 年、管 100 年,现在定的这个性质管几年？我的想法是最多管 30 年、50 年,因为我们当前这个阶段处于一个过渡阶段,是短期的。当然 20 年、30 年以后可能还会变,发展成什么样、有什么特征,现在我们不知道也没有把握,但是要抓住"现在这个阶段突出问题是什么"来概括特征、性质。只想管这些年,以后如果有新发展新情况再说。

第三,理论上当我们回答社会性质的时候,通常都说要到马克思主义的思想宝库找资源,当时我的第一反应是我们社会学理论里面有什么样的概念可以用？传统社会、现代社会、后现代社会,农业社会、工业社会、信息社会,都是这样的路子,好像不太管用,没有能抓住当前的社会特征。因为我们是在说中国,如果说欧洲、非洲、拉丁美洲,可以用这些概念套,但是说中国,说中国特色,说中国社会性质,普遍的社会大发展、大趋势没有意义,要解决中国当前的问题,这些不太好用。那怎么找性质？再回到社会性质问题本身,在社会学自己的训练里面,面对这么大的问题大部分人是拒绝回答的,只有当年马克思的时代那一代社会哲人热衷于回答这样宏大的社会命题,但是这个问题很必要,在理论上、实践上都需要以此为基石。

再回来说,如果在这样的情况下怎么找社会性质？很简单,许老师说所谓的社会性质一定跟当前社会的核心动力和核心矛盾有关联。我很赞同。如果核心的动力不是很清楚,但是核心矛盾在眼前,容易被观察到,那么当前中国社会的核心矛盾,就是我们的抓手和突破口。我认为,当前中国的核心矛盾就是有资源的人和没有资源的人的矛盾,以及有资源的人、没有资源的人内部的矛盾。粗略地说,在中国核心资源有两个,一个是权力,一个就是资产资本,资本可以分两块,一块是民营资本,就是自己的钱,第二块是国有资本,国有资本没有具体主人,我们委托了一批人代管,存在"代理人问题"。不管掌握公共权力的人还是掌握国有资本的人还是私人资本,他们之间会有冲突,最近商人们大谈要降税的事,包括福建老板到美国引发广泛讨论,那是资本家和资本的博弈;老百姓跟老百姓间也有矛盾,比如说在上海外来人口和本地居民最容易互相冲突的都是没有多少资源的人。

蓝蔚青：比如传统出租车司机和网约车司机的矛盾。

李　煜：是，越是社会中下层的市民意见越大，当然更大矛盾是有资源的人和没有资源的人之间的矛盾，可能是主轴。现代社会有个很大的特征，就是现代社会分化成一个个小团体，核心是职业群体，形成基于职业分工的社会关系，如法官与律师、医生和病人、教师与学生、警察与市民、干部与群众，等等，互相之间有联合、合作，也有冲突，社会必须在不断的协调过程中才能保持稳定和发展。政府或者立法机构或者司法机构，也就是国家，扮演了很重要的角色，在中国，这个角色特别重要，中国的国家在全世界的国家里面是最强有力的一个，影响了社会生活、经济生活各个方面，好处有资源和有能力，坏处是什么事都停在"杠头"上。

回到我们怎么把握中国社会的性质这个问题上来。思路还是这样，看当前中国最突出的矛盾是什么，再看突出矛盾表现出的内在逻辑是什么，进而寻求对问题解答。我是空说空想、很不成熟，因为深刻体会到讲中国社会性质靠路径依赖根本不行，但从理论的资源上要更加开放一些，特别要从实践的情况中找更多的资源和源泉，思路可以更放开些。

许　明：李煜是从社会学的角度来回答的。有资源的人和没有资源的人冲突很有意思。

八、 要重视研究社会主义初级阶段的新状态

赵修义：我很赞成李先生说的，现在谈这个问题要有针对性，针对的焦点就是"权贵资本主义"说。主流意识形态没有回答这个问题。这是第一。

第二，许明谈到要研究新民主主义时期、延安时期，我看了一些延安时期的文献，确有启发，但是有两个条件是不同了。一是延安时期毛泽东客观分析中国社会，这个社会是中国共产党要去改变的社会，它的状况是既定的，可以非常客观地作出分析，得出结论。现在经过了六十多年的执政，中国社会变到哪一步，都牵扯到中国共产党六十年来的施政，社会的现状是施政造成的后果。所以对这个问题的分析，对现状的判断，都会涉及以往各个时期的施政，而且会涉及许多价值评价。因此客观的分析就相当困难。二是难以客观地研究，还因为动不动就会涉及意识形态问题。不仅在历史评价上有意识形态问题，有许多的限制，而且在用什么框架来分析现状的时候，也

会有意识形态的限制。

第三,对中国社会现状的看法,往往会涉及公众对未来的预期。现在中国社会现状的问题,往往涉及将来会怎样。可以说关注的焦点,一个是现状怎么样,一个是将会怎么样。权贵资本主义问题不仅仅是回答现在如何,还指向未来,提出了如果是这种状况的话该怎么办? 从什么地方着手? 这些确实是难题。

下面我对于大家讨论的问题谈一点想法。新民主主义说,在老干部老同志当中认同的比较多,但是现在老同志是少数,不能不考虑青年人,尤其是近三十年成长的干部。我比较倾向于不要丢掉邓小平的"社会主义初级阶段"论。改革开放初期,这一论断扫除了很多思想障碍,现在是不是可以沿着这个思路往前走? 现在要回答的问题,就是"初级阶段"经过了三十年的发展,到现在处于什么新状态?

余源培:邓小平理论是中国共产党非常宝贵的思想资源。

蓝蔚青:而且对于现在来说是最直接的合法性基础。

赵修义:初级阶段理论有很多问题都可以讨论,有些问题可以搁置(如主要矛盾问题),主要讲清楚初级阶段是漫长的历史阶段,邓小平讲基本路线要坚持100年、200年,现在经过改革这么多年进入了新的状态,现在经济上用"新常态",是不是可以用"新状态"? 说清楚"新状态"到了什么程度,下一步给我们的预期是什么,这是有条件回答的,不一定事事都要回到马克思、回到列宁。在这一点上要佩服邓小平。这些问题跟马克思、跟列宁的关系留给学者去研究阐释。可以按照《新民主主义论》的思路,其中有两点比较重要,一个是一开始就讲中国革命是世界革命的一部分。现在我们要回答一个问题,就是中国的现代化为什么是世界历史进程一部分,这个观点一定要搞清楚。

余源培:毛泽东认为,研究战争就是要研究三种规律。我们现在第一个层次对人类社会发展规律的认识不够,第二个层次对社会主义发展规律认识不够,光强调中国规律不行,也妨碍了深刻认识中国社会的发展规律。

赵修义:毛泽东还有一句话,从帝国主义这个怪物产生以后,世界的事情就连成一片了。这一条在今天特别要强调,不管全球化怎么走向,必须放到这个格局中去理解、去解释。不放在这个格局就没有办法理解中国。现在常常一讲中国特色就讲中国几千年的传统,但中国有很长一段历史并没有进入马克思所说的世界历史的阶段。第二,《新民主主义论》的框架,十五大报告用的是这个框架。经济政治文化。

九、 初级阶段的社会主义社会是动态发展的，不能固化，不能僵化，不能停滞不前

袁秉达:我谈三点感想。第一,今天这个研究选题内容好、含义深,时机把握得也好,因为每次党代会的政治报告和党章总纲在阐发党的理论、路线和大政方针时,首先要确定当今中国社会的性质问题。只有明确我国社会的性质及其发展的阶段性特征,才能以此作为出发点和立足点,再引申下去谈论中国特色社会主义理论、实践和战略举措,否则一切都免谈。我国现阶段发展正处在社会主义初级阶段,这是中国特色社会主义的理论基石,是基础性的研究,抓得准、讲得深,很有意义。

第二,这是一个很高深的宏大课题,不是光靠政治学、经济学、社会学、党史等单门学科所能解决得了的问题,也不是一次性研讨就能解决的问题。今天时间有限,发言不够畅或者来不及发言,许多深层次问题还没有涉及。我建议搞两三次透彻一点的系列研讨,再细分一下,列出一些具体题目,包括讨论更深层次的问题。比如说,马克思主义关于社会形态划分和社会分阶段发展的基本原理、研究方法、基本原则等等,这些还是要遵循的。历史的经验也值得注意。当年恩格斯、列宁早就对近代中国社会的性质和特点作出过分析和研究,一个讲中国是"半封建"社会,一个讲中国是"半殖民地"社会,1926 年蔡和森第一次将"两半"概念联在一起,用来说明近代中国的社会性质。20 世纪 30 年代,围绕近代中国社会性质问题引发广泛讨论,从党内争论拓展到思想界的争论,张闻天的研究结论贡献巨大。后来,中国是"半殖民地半封建社会"的定论成为中共党内和思想界的共识。毛泽东的理论总结更加全面系统而深刻,毛泽东的"两半论"成为全党观察近代中国社会的出发点和理论依据。当初,没有这一场关于近代中国社会性质的争论和理论上的突破,就不可能有《新民主主义论》的突破,就不可能有新民主主义革命的性质、对象、动力、道路、战略和策略等方面的创新,就不会有中国革命的胜利。

第三,当年,中国共产党研究新民主主义论的立场、观点、方法,特别是理论创新和实践突破的立场观点方法值得总结,但是,不能简单地照搬过去的定论。我既不主张"今天我国仍然处在新民主主义社会"的观点,如果按照这种推论倒回去,就会产生思想理论和实践方面的混乱;我也不主张中国马上、立即就重返世界之巅峰的观点。盲目悲观、过于乐观,或者照搬别国模式都不符合中国的现实国情。我认为,对当今

中国社会性质的定性,还是以"社会主义初级阶段"为好,首先,我国已经进入了社会主义社会;其次,我国的社会主义社会还处在中国特色社会主义的初始阶段,是不发达、不够格、不成熟的社会主义社会,是实现社会主义现代化历史进程的一个特定阶段,还要经过几十年的奋斗才能建成现代化强国。当然,我们还要分析中国进入 G2 以后的社会主义初级阶段的新阶段特点,特别要研究赵老师提出的"社会主义初级阶段的新状态"。

徐觉哉:"三个不"是从量上说明我国社会主义发展阶段的特征,但没有指明当前社会性质的规定性。

赵修义: 私有财产远比资本概念重要,更根本。

袁秉达: 我们从来没有讲过。

蓝蔚青: 我们老是纠结于公与私的矛盾,其实好多都是国与民的关系。

袁秉达: 韦老师提出重视列宁社会主义思想研究的观点很有意义。我认为,列宁关于社会主义社会分阶段发展的思想理论十分丰富,他把马克思讲的"共产主义的第一阶段"分离出来,作为相对独立的社会主义社会,把"共产主义的最高阶段"作为共产主义社会。然后,列宁又进一步把社会主义社会分为若干阶段,包括初级阶段、中级阶段、高级阶段,甚至有可能经过一些过渡性阶段。毛泽东曾经预见过,社会主义社会可能分为不发达社会主义和发达社会主义两个阶段。邓小平进一步提出了社会主义初级阶段的定论,并指出巩固和发展社会主义制度,需要几代人、十几代人,甚至几十代人坚持不懈地努力奋斗。从历史长河来看,我国现阶段上百年的社会主义初级阶段,不过是一个过渡性的发展阶段。是从不发达、不够格、不成熟的社会主义社会,向建成社会主义现代化强国的发达、够格、成熟的社会主义社会前进的一个特定历史阶段。初级阶段的社会主义社会是动态性发展的社会形态,不能固化,不能僵化,不能停滞不前。列宁提出"我们对社会主义的整个看法根本改变了",注意措辞是"整个"、是"根本",不是局部的,不是表象的认识改变,这里面有很多东西值得我们去深入研究。2017 是十月革命一百周年了,思想界讨论中国社会性质这个问题,能不能从东方人口无比众多的最大发展中国家走向社会主义现代化的社会性质和社会发展规律上着力?

韦定广: 十月革命一百周年,是学术界认真回顾和总结 20 世纪国际共产主义运动得失成败的重要契机,更是有效思考和研究中国社会主义问题(包括当代中国社会性质、发展道路等)的时间"窗口"。

蓝蔚青：2017 年是十月革命一百周年，要以此为契机好好研究苏联的历史。中国长期"以俄为师"，要实事求是地总结苏联的经验教训，不要戴着各种有色眼镜看苏联。看到一些实用主义、想当然地谈论苏共失败教训的文章，我总是想起杜牧的《阿房宫赋》中那段深刻总结历史教训的话："灭六国者六国也，非秦也；族秦者秦也，非天下也。嗟乎！使六国各爱其人，则足以拒秦；使秦复爱六国之人，则递三世可至万世而为君，谁得而族灭也？秦人不暇自哀，而后人哀之；后人哀之而不鉴之，亦使后人而复哀后人也。"

文明基础、文化自觉与中国道路

（2017 年 3 月）

参会嘉宾（按姓氏笔画排序）：

丁　耘（复旦大学哲学系教授）

马　庆（上海社会科学院中国马克思主义研究所副研究员）

马丽雅（上海社会科学院中国马克思主义研究所助理研究员）

冯　莉（上海社会科学院中国马克思主义研究所副研究员）

许　明（《上海思想界》主编）

杨国强（华东师范大学思勉人文高等研究院教授）

束　赟（上海社科院政治所助理研究员）

吴晓明（复旦大学马克思主义研究院院长）

陈祥勤（上海社科院中国马克思主义研究所副研究员）

姜佑福（上海社会科学院中国马克思主义研究所副所长）

曹锦清（华东理工大学社会学系教授）

谢遐龄（复旦大学社会发展与公共政策学院教授）

姜佑福：各位老师，下午好！我们今天所要交流的话题主要有以下几点：第一，我们研究中国道路，在何种意义与何种程度上可以采用文明史的视野，它与普遍史的视野是否存在根本性的对立？第二，从文明史的视角研究当代中国道路，古今中西的基本框架是否够用？谢老师认为不够，还有苏俄的因素。那么无论是从古今的角度、中西的角度还是从中俄西的角度等预设的前提出发，中国道路又有哪些核心的要素？或者哪些是属于文明性的要素汇合到中国道路之中，汇合的程度或历史情形如何？第三，文明复兴也好，文化自觉也好，等到"两个一百年"的时候，如果中国完成了现代化，实现了"伟大复兴"，或者真正建成了中国特色社会主义，那个时候的中国和现在的中国相比，有着什么样的关系？那时的中国所拥有的某些核心要素是不是在今天的中国已经潜在地具备了？那时如果我们还不够自信，是不是因为中西等文明的融合还未完成，抑或它只是今天的中国在规模或体量方面的单纯扩张？如果是这样，我们怎样辨别自身的文明身份？今天的中国或者将来的中国可能是什么？可能不是什么？应当是什么？应当不是什么？必然是什么？必然不是什么？问题也应当是结合可能和必然问题来讨论的。第四,如果我们对中国的文化或文明融合有一些根本的认定之后,还有三十年(现在有一些学者也提四个三十年的说法,即中国的革命三十年、建设三十年、改革三十年,还有未来的三十年),未来三十年无论在国际还是在国内都面临着挑战,有来自理论方面、意识形态方面的,也有来自实践方面的挑战,有哪些挑战值得我们今天特别关注？现在我们要探讨的是我草拟的研讨提纲,请各位老师尽量发挥自己的观点,适当回应我的困惑。

许　明:今天这个会议议题很重要,文明史视野中的中西融合和古今贯通如何实现？这其中有哪些问题是绕不过去的？这是一个需要探讨的问题,也是一个关于中国道路文明基础的探讨策划的会、宏观思考的会、总结大思路的会、展开大叙事的会。为此请来上海这方面的顶级专家,以及上海社会科学院的中青年专家,尽心交流,深入探讨。

一、 中国道路的传统文化基础
和"中国"、"苏俄"、"西方"三大文明来源

杨国强:关于中国道路的文明或文化基础,我自己想了三个问题,准备从历史的角度来谈论。

第一是中国文化的问题。对于中国文化,不能纯粹用我们今天所理解的文化概念加以把握,因为中国文化很讲政治,道统、学统、政统,道学政一体,政治的重心在文化,文化的重心也在政治。汉代以降,中国文化便选择"士"作为政府官员的主体。农工商为什么不能成为主体？因为农工商受职业影响,而士代表苍生,进入政府,因而中国政治在历史上始终努力排除两种势力对政治的影响和操纵:一是军人,二是商人,所以,中国传统一直是"抑商"。禁止商人操纵官府在政治上是绝对正确的,军人也是,军人一旦介入政治,操控朝野,就会导致天下大乱,王纲解纽。所以,中国从上至下,从中央到地方,都是一个教化性的社会,地方社会的管理和治理就是教育、教化。到清代为止,全国真正的在职官员27 000来人,如果加上候补官,20万人左右,而当时人口4亿,所以皇权不下县,也没法下到县。一个县几十平方公里,几十万人口,没有基层官吏,靠谁来管理？主要靠百姓认可的具有威望的乡绅乡贤进行管理,

如中国古代的举方正、举孝廉。中国那么大，地域差异和风俗语言差异那么大，靠什么统治社会？中国古代王朝统治没有多少兵力，也没有多少官员，靠的就是文化的统一，靠的是文化所统一的习俗、传统、礼法在基层进行伦理的统治。中国文化统一的要害在于有统一的文字，西方罗马帝国解体之后形成了那么多文字，无法有效形成文化的统一和认同。此外，中国的科举制为文化的统一贡献了非凡的力量，科举读的是同一种书，维系的是同一种意识形态，全国各地录取的士子分配到全国各地去，充实中国统治地方的官员吏员队伍。中国治理天下的传统长期有一种苍生意识，靠的就是这种"士"的阶层，中国传统社会的统治结构就是靠稳定的"士"阶层维系的。

中国儒学的基本精神，你可以从很多方面来讲，可以从仁义、礼仪、礼俗、礼法等方面讲半天，但有两条是最关键的。第一是平天下，孔子说"不患寡而患不均"，这里的"均"不是平均主义，而是平天下的平，是追求公平，追求天下太平；二是安天下，不患贫而患不安，圣人之治天下为的是安天下。这两点是为了安身，此外还有立命。孔子说"五十而知天命"，还说"不知命无以为君子"，这都是要求人知命立命。孔子讲知命不是知晓命运，而是知晓命运不可知，这就是立命；做一件事情成功和失败都是不知的，但只要是道义的，就要非做不可，至于事情怎么发展，结果如何，不是世事可以左右的，只能委之天命；只要是不道义的，就绝不去做，君子要知耻知止。所以，儒学所涉及的对象有两人，一种是民，一种是士君子，前者是需要平天下安天下的，后者是要求知命立命的，儒学大体的视角就是如此。

第二是文化对接的问题。我们今天讲文化自信，说明我们现在还不太自信，不自信是因为今天处于两千年中国传统文化在遭遇各类反弹的时代。现在讲中国道路，就不能不讲中国人对传统的强力反弹，这是历史过程逼出来的反弹，每一次倒逼，导致每一轮反弹。第一次逼出来洋务运动，第二次逼出来戊戌变法，第三次逼出来辛亥革命，等等，就是逐渐用西方的范式来改变改造自己。什么叫变法？什么叫革命？就是改变自己，目的是让自己变成跟西方一样。在这个过程中，西方的范式成为评判现实中国和历史中国的是非标准，变器物否定中国的器物，变制度否定中国的制度，变思想否定中国的思想；中国文化、中国器物、中国思想、中国制度被否定并不是中国本身不好，是因为不像西方，应该用西方之已有来引导中国之未有。先是以日本为榜样，然后以欧美为榜样，再然后以苏俄为榜样，最极端的例子就是清末的"宪政"。但是这些榜样被历史证明它们无法运用于中国现实，效仿西方榜样的过程会出现矛盾和问题。比如说，按照西方的理论，中国古代的政治就是专制，但其实中国没法专制，底层社会很分散,基本处于自治状态;又比如,中国古代是封建社会,现在说又不是封建社会,秦汉之后就搞郡县制了,使得西方的思想无法有效解释中国;西方的习惯是限制政府,但中国的习惯是依靠政府来平天下安天下,因而百姓和政府可以是上下一心的。我们今天是对中国传统文化整体的反弹,但引进的是西方文化的思想,文化与思想有联系,但文化不同于思想,思想是文化的最多变、最不稳定、最能够互相矛盾、最碎片化的东西,当西方的思想进入中国之时,因为它是相互矛盾、变动不居和抽象空洞的,因而很容易被中国消化掉。所以,20世纪以来中国有那么多主义,有那么多理想,有那么多观念的冲突,这直接导致了原来统一的中国文化传统在20世纪的持续分裂,导致中国不得不历经持续的冲突、动乱、战争和革命。

第三是文化自信的问题。因为不自信,所以现在讲自信,自信要重建,反传统导致中国传统的统一形象破碎了,导致中国文化的自我意识的丧失。一两百年来我们总是以西方文化为范式,讲普适性,讲中国要与西方一样,民国时期讲,现在也在讲,然而中国建立文化自信,建立主体性,就要文化与西方不一样,唯有如此才是可能的;此外,我们应该看到,中国今天的文化已经不再只是中国的传统文化,还有西方文化,还有新文化运动以来的马克思主义文化,这三者都是同时存在的,但并没有融汇成一体。我们的困难就在这里,要建立自信,但不够自信。

丁　耘:杨老师讲到中国的道学政三统,这三个统在中国历史上是慢慢分开的,但不至于对立,《中庸》讲到圣和王一体,从中庸开始,道统和政统分开了,这是中国历史的大趋势,道统、正统和学统是分离的,三者是相互区别相互支撑的。我们学术界能做的就是建立学术思想的传统,学统失掉了,道统就表述不清楚,道统失掉了,最后政统也会失掉。现在有一个很大的问题,"80后"或者"90后"的一代学人,跟我们这一代差别很大,更不要说跟谢老师那一代的差别了,一句话概括,他们自觉地传承了什么? 引用文献最多的是什么? 引用文献可以表明学人的学术功底在哪里。现在有很多规定和要求推行学术的国际化,要求国际化的文献和国际化的发表,长此以往,中国自己的学术传承就可能要中断了,没有了。我自己很清楚我是接着传统下来的,但是更年轻的一代就没有这种意识了,他们有的会多种语言,看国外文献,但最大的问题是蔑视中国国内对西方学术研究传统的积累,一笔勾销。这个问题是非常大的,因为一个国家的学术的真正任务就是叙述这个国家的文明,在叙述当中重新传承文明,在一代代不断地解释再解释中把文明传下来。但年轻一代学人没有这种意识,他们觉得西方书更好读,对中国古代书很陌生,虽然对中国古代也不鄙视,但是他们就是觉得自己进不去。当前中国学术的传承就有这样的断裂。

吴晓明:听了几位的发言很受启发,丁耘提到一个关于学统的问题,他的担忧从出发点来说我非常赞同,但过分悲观。观念是进脑子的,脑子里的东西可以变来变去,但很难流进血液,血液里流淌的东西是不容易变的,中国人只要流淌着中国人的血液,就还是中国人。所以,中国的学统的传承问题我并不太担心。

许　明:杨老师讲的问题非常简要明了了,现在我们之所以出现不自信的问题,就是用西方标准反复否定中国的结果。谢遐龄老师在中西框架中加入了苏俄文明因素,阐述非常周到,但我们遭遇的三种文明或者多元文明如何走向融合? 这是一个问题,比如核心价值观,对于三种文明在观念上的融合做得就不够。

谢遐龄:我听下来,杨国强是按照古今中西的路数展开的。我认为古今中西框架不太对,尤其是中西框架,它没有考虑到中国与西方之间,还有第三方的文明,这就是自由派特别反感的苏俄文明。康有为时代还没有苏俄文明的因素,一战是分界线,一战之后苏俄就进来了。苏俄因素为什么不能纳入古今中西的框架? 1949 年之后,尤其改革前,我们奉行的是"以阶级斗争为纲","阶级斗争"是从苏俄来的,它可以追溯到俄罗斯的东正教源头,所以这个文明因素非常重要。

第一,要把文明和文化这两个概念区别开来。文明史是史学概念,是整体性的东西,是思想、道德、哲学、制度、观念和宗教等要素结合在一起的整体,文化却可以是小的,比如说佛教可以认为是一种文化,因为它没有把这个东西与制度关联在一起,因而不能叫佛教文明,马克思主义就是文化,不能说马克思主义文明,而苏俄在 20 世纪形成了一整套制度,辅之以马克思主义的思想观念体系,它可以回溯到俄国的东正教文明。所以,文明与文化这两个东西要区分开来,我们现在讲的文化自觉的概念不是很清晰,这里面包含了文明自觉,也包含了文化自觉。

第二,要讲文明的多元论。过去是讲文明或人类社会的一元论,如马克思主义的五大社会形态,从属于人类社会发展史。有人讲美国的今天就是我们的明天,过去讲苏联的今天就是我们的明天,改革开放后台湾人到大陆说台湾的今天就是你们的明天,这都是一元论的说法。台湾的情况和大陆的情况截然不同,因为台湾没有苏俄文明强有力实体性的存在,实体性的存在就是中国共产党的体制,这一体制是实体化的或实质性的。面对这么一个庞然大物,我们研究文化问题的人居然都视而不见,有的人刻意回避怕触雷,有的人学术不正。所以谈论古今中西问题,忽视第三方的苏俄文明因素实在不应该。文明史的视角就要讲文明的多元论。江泽民曾经讲到人类文明的多样性，有人称之为理论，这不能叫理论，它是现实；在我看来，文明多样性理论的提出，就把马克思主义者所认定的谁战胜谁、谁消灭谁的问题取消了，承认西方是另外一种文明，我们跟它截然不同而且并存。我们说这是对马克思主义的创造性发展，其实这是对马克思主义的方向性改变，它把原来的问题（谁战胜谁、谁消灭谁）给取消了。

第三，在古今中西的比较中，我认为要将苏俄因素纳入其中，形成三元文明框架，一个是西方文明，一个是苏俄文明，一个是中国本土的文明，本土的东西是根，而且是基本不变的。这个模型的基础就是文明多元论。其中，苏俄文明留下了共产党的体制，但现在我们抛弃了"以阶级斗争为纲"等很多东西。中华文明和国外文明最根本的不同，就是西方文明讲真理，中国讲天理。讲真理的一个后果，就是把人群分成基督徒和异教徒、无产阶级和资产阶级、人民和敌人、自己和异己，就是把人群划为二元对立。所以说"以阶级斗争为纲"是从苏俄那里直接过来的，它的根源是基督教，或者说是基督教中的东正教。一旦在理论上确认了真理，就宣布人家为邪恶；中国讲的天理与讲真理不一样，天理就是最恰当的东西，其他的东西都是不恰当的，或者过一点，或者不及一点，但是不能说邪恶，不恰当的东西可以纠正，帮助它完满，所以中国的观念是强调共存，不同道理的共存。"万物并育而不相害，道并行而不相悖"，世界上各个文明不能说是冲突的。二是要相互学习，要共存。谁也消灭不了谁，应该长期共存，相互磨合。

最后，还有一个制度问题，中国道路面临的最大问题是制度问题。在这一点上我们是信心不足的。

丁　耘：回应谢老师。谢老师总结的都对。但1840年以来，中国慢慢融入了世界，那个世界是民族国家的世界，民族国家之间玩的就是敌我关系的游戏。我们当然可以说，没有绝对的敌我，没有绝对的真伪，我们讲天理，不讲真理，讲亲疏，讲恰当和不恰当，讲过和不及。阶级斗争是从苏俄来的，当时毛泽东有一个总结，为什么探索了很多方法最后走俄国人的路？一开始很多知识分子想不通，梁漱溟原来搞乡村建设就是要避免阶级斗争，新中国成立后这条路为什么就没走通？他后来作了反省，到土改的时候做了调查，形成很多结论，其中有一点我印象特别深，梁漱溟认为，斗争会引起团结，外面有一个敌人跟他斗争，内部就团结起来了。正面说是团结也好，反面说是集权或专制也好，专制了又怎么样？没有那么坏，不是你们认为我们专制是错的，而是你对专制评价是错的，专制也是一种制度尝试，这个问题可以倒推到希腊人怎么看波斯人的问题了。中国走现代化的民族国家道路，最终形成了现在的体制。怎么认识这个体制，很多人从中国晚清以来的逻辑看，其实还可以从中国五千年的文明来看，现在的体制不是中国人一开始就想这样，而是最后也只能变成这样。

谢遐龄：我回应一下丁耘讲。将来在国际上哪种文明占上风？这个问题最后是实力讲话，有实力只好跟着你走，天理观还是真理观？并行不悖还是非此即彼？最后就是用实力说话，包括战争。要想有实力，首先国内把实力发展出来，如果我们国内是奉行儒家传统，实力是不是可能发展得比较快比较好？所以，最后还是要回到我们所讨论的道路问题。实力发展不起来，不同意见被压制，大家心存疑虑，哪种文明应该占主流？还是关系能不能迅速地复兴。要真正做到文化自觉或者文明自觉，就要把两个三十年的关系给厘清了。为什么到现在我们的思想还是那么混乱？很重要的原因，就是毛泽东的一些遗产没有继承。什么遗产？这就涉及苏俄文明。列宁创造的独特政党体制和国家体制对中国的影响太深了，这是现实的存在，不得不正视，而且是给我们的遗产。中国共产党从苏俄学来的这一套体制的组织力量在中国历史上从来没有出现过，原来苏俄的东正教文明也没有什么组织，但列宁搞起了一套强有力的组织系统，中国学过来，对中华民族的统一和凝聚产生了极其深远的影响。这是我们重大的力量源泉。当然这种要素也磨损着我们的很多创造力，抑制了很多活力，这是不利的方面。在这套体系里面，个人的创造力又如何发挥出来？这是我们现在面临的问题。苏联为什么最后失败？因为它搞的社会主义比较原教旨，不能有商品货币，斯大林吞吞吐吐地说商品货币是社会主义经济关系的外壳。毛泽东也看到这个问题，但也没有突破，特别是"文革"前夕，毛泽东说凡是搞独立经济核算权的企业就是走资本主义道路，最后也搞不下去了。到了邓小平时代，我们修改了一下，可以搞市场经济，社会主义可以画一个初级阶段，这样理论上就圆过来了，同时我们保留了苏俄的这套政治组织体系，丢弃了计划体制，这就是我们目前所走的道路。

束　赟：我对谢老师所讲的文明多样性的理论以及三个文明理论非常感兴趣。同时我也非常希望能听到谢老师对于吴晓明老师问题的回应，也就是作为一个非轴心文明的苏俄文明，是否能承担起作为文明一极的分量。根据谢老师刚刚的阐述，我觉得谢老师所讲的苏俄文明的核心可能并不是指东正教文明，而是苏联共产党，特别是列宁时期所创造出的一整套组织运行体制。从中国近代的政治和社会进程上看，从苏俄引进的这一套组织方式的确具有深远的影响。所以我希望谢老师的三个文明理论能够成立。

首先要解决的是区分苏俄文明与马克思主义。目前学界提出的三个文明论，更多使用的是中西马这样的概念。谢老师显然是要用苏俄文明替换掉马克思主义理论的位置，那么首先需要回答的就是在什么意义上作出这样的替换？我猜想作出这样的替换，可能一方面是将马克思主义归诸西方文明的延续，另外一方面是更加强调苏俄文明中的组织因素而非思想资源。我们知道在马克思和恩格斯有关共产党的论述中，并没有对共产党的组织作出较为明确的规定。共产党组织的建设主要是由列宁完成的。中国近代无论是国民党还是共产党，所学习的都是列宁的党的组织方式，并且因为中共学习得更为透彻，才得以取得胜利和执政。但是，列宁所建构的这一套组织方式与马克思主义理论究竟有怎么样的关系？是否可以独立为马克思主义而成为一个文明的代表？我觉得这是一个可以进一步商榷的问题。

第二个需要解决的问题就是苏俄文明与基督教文明的关系。在谢老师的表述中我们可以发现，谢老师也是认同苏共的组织方式中有很多是直接来源于东正教的组织方式，这点前人包括福柯等都有所阐述。这样的话，是不是可以说苏俄文明或者苏共的组织方式并不是原生性的，而是与东正教，或者与广义上的基督教文明有着很强的亲缘关系？如此一来，要想使苏俄文明成为文明的一极，就必须阐述清楚苏俄文明在马克思主义思想之外，在基督教文明的组织方式之外，又产生了什么独特的、原创性的东西。

第三，苏俄这一套严密的组织体系与动员体系是否具有独一性。如果说苏俄组织的特征是一党治国，那么放眼世界近代世界政党的发展，我们可以看到在苏共、中共、国民党之外，还有一些政党也具有相似的以组织领导国家的方式，例如新加坡的人民行动党。按照现代政党学的理论而言，一般会将新加坡的人民行动党的组织模式归诸儒家文化。当然我们也可以认为人民行动党组织模式中人才选拔机制以及对党员自身的道德要求可能与苏共的组织体系还是有所不同。如果说苏俄的组织特征是权力结构，即在苏俄的组织体系中产生一种新的权力模式，那么按照福柯的理论，这种新的权力模式的产生，这种不断通过斗争，不断产生权力的模式正是现代社会组织的特征和现代管控技术的核心。其并非苏共所独有，只是苏共的组织模式将之发挥得极为出色。要回答这些问题，本质上就是要回答苏俄文明，或者说苏共组织中到底是什么样的特征，唯此才能使其成为构成现代世界的一极。

二、 中国道路的名实问题、"以中国为中心，以中国为尺度" 的方法问题和制度传承问题

曹锦清:现在我们的一切困惑都可以归结为成长中的烦恼和焦虑,即将复兴还没有正式复兴,有一点自信但自信不足。谈论当前的中国社会,以及中西关系、古今关系,都处于一种迷茫和焦虑的状态。如果彻底地没有自信,被打趴下了,也就没有焦虑了,跟人家学嘛,目标明确,学习赶超,真的赶上了,一个民族的自信上来了,不自信的问题就消失了。因此文化自信的问题不是被解决的,而是自动消失的。现在我们处于即将复兴,还没有完全复兴,还没有完成正式的超越,是在超越的前夜。

知识界对中国即将复兴之际的问题关注不够,这也是常态。最值得忧虑的就是跌倒在复兴的前夜。另外,有一种观点觉得中国这种复兴的形式不符合自由主义的政治性,尤其十八大以来,他们觉得是在政治上倒腾,把当代中国的问题当作转型政体来思考。但是改革开放以来,中国的治理体系、治理能力、治理效果还不错,而西方的治理体系反而出了问题,所以我们有一点自信。总之,我们现在讨论的问题是在复兴前夜略有自信,但自信还不足,也有了观念的反思。

第一,我们要以中国为中心,以中国为尺度和方法,形成名实相符的理论解释和文化表述。鸦片战争以前,我们的表述是以中国为中心,以中国为尺度。近现代以来我们还是中国为中心,但渐渐走上了以西方为尺度的解释道路。因为不以西方为尺度,还守着中国的尺度已经不行了。所以近代以来,我们面临一个完全陌生的工业化的海上游牧民族的到来,这非同小可,热兵器时代来临,还没见着人就被打死了,这一点在当时的中国引起很大的轰动。面对坚船利炮,面对工业化的西方世界,所有非西方国家只有两条路,或者消亡,或者向西方学习。所以,近代以来对传统的反弹也要充分肯定。反弹和否定的结果,就是以西方为方法,为尺度,但归根到底都是以中国为中心,传到中国的各种西方思潮都是民族主义,都是爱国主义。马列主义作为一种尺度,作为一种方法被引进来,作为一种信仰,主要是在共产党和毛泽东那里。所以,以西方为尺度寻找救亡的真理,寻找发展的真理,这在近现代中国是一条必由之路。在这个过程中,我们原先讲器物变革,后来讲制度变革,后来讲思想观念的变革,这通常被视为以西方作为尺度、作为方法的深化。但这好像有点问题,这一点我接受冯友兰先生的说法,他认为洋务运动是正确的,以西方为用度,以中国为本体,但之后

人们开始脱离这一点,全面转向以西方为尺度和方法,直到 30 年代,才渐渐有人明白,西方化和现代化是不一样的。那是 1933—1935 年,中国人第一次区分了西方化和现代化,同时又确立中国现代化的核心是工业化。蒋介石第一次谈到工业化是 1935 年在云南的讲话。共产党在新民主主义革命胜利之后,第一次提出从农业国到工业国的转变。所以这是对西方认识的艰难转型,过去每一次失败都是中国原来的东西丧失了而新的东西还没有学好,而把西方的东西搬过来之后又接着失败。所以,以现代化为中心,以工业化为中心,而这些只能向西方学习。但是如果要以西方为方法,无论是西方的哪一种方法,马列主义、自由主义或者其他什么主义,都要在中国的土壤中实现中国化的转型。

今天的中国在现代化、工业化的道路上达到了什么程度?中央有一系列表述,而且专门制定了中国制造 2025,分成三个十年要达到世界先进的水平,如果 2025 方案实现了,这就为中华民族的伟大复兴奠定了现代化的强大物质基础,制度蕴含在里面,观念也蕴含在里面,因而就有了自信。所以,到目前为止提出的问题均是以中国为中心,但方法还没有转变过来,要获得民族、文明或文化自信,就需要重新以中国为中心,以中国为方法,要重建中国尺度和中国方法,这种新的中国尺度或中国方法是隐藏在中国现代化的成功历程当中的,以及成功的各种制度安排当中的,我们要把它找到,表达出来。

第二,新的中国方法和传统的中国方法之间的关系。新的中国尺度、中国方法与传统中国的尺度和方法肯定有联系,为此,我们要找准制度的联系。我现在正在读唐代杜佑的《通典》,其中没有多少观念,都是制度性的东西,共分"食货"、"选举"、"职官"、"礼"、"乐"、"兵"、"刑"、"州郡"、"边防"九典,这些制度一直延续下来,你没法动它,这才是一脉相承的东西。比如郡县制,毛泽东自己承认,"郡县制"的最后完成是西藏,是 1959 年;东北三省的郡县化是在晚清,1903 年完成的。郡县制对于中国非常重要,离开这个制度安排,我们无法治理如此庞大的版图。"一国两制"中也有历史的经验的因素,我们原来就发明了一国多制,有封建制、郡县制,还有少数民族的土司制,好几种治理方式结合在一起。西南能够稳定进入中国版图,最终克服过去失而复得的问题,就是郡县制在西南地区的确立。郡县制和郡县关联的科层结构,现在叫条块结构,这就是中国为什么盛行扩张的原因,也是为什么要重建核心的原因。如果最高权力分散了,就会出问题。比如说要整治党的腐败,毛泽东的大民主方法不行,必然要恢复传统的治理方式,如巡视制度。

另外,还有土地制度。土地制度本身是有严有宽的。儒家一直有恢复井田的传统,历代也很重视"抑兼并"问题。近现代的三次革命,辛亥革命、国民革命与共产党领导的革命,都与土地有关系,这并不是偶然的。我们谈论传统,如果不能传承到当下,如果不能统一到制度层面,一概都不是传统,都是博物馆化的东西。语言传下来了,文字传下来了,此外还有很多传承到现代的观念的东西,制度的东西。近现代以来对这些传统东西的态度非常奇怪,凡是想终结传统的革命者都为传统在当下的存在而痛心疾首,以为两千年的封建专制应该终结。所以要警醒。既然屡禁不止,批判抛弃都无法奏效,那就说明这些传统是真的有生命力的东西,要给这些东西正名,这就是我们现在要做的文化自觉的表现。制度性的存在,而不是悬空的观念性存在,才是真正的传统,因为制度比观念的生命更永久,制度贯穿朝代。比如说郡县制,两千多年来大体没有怎么动过,一动就出问题,近代以来动得厉害,所以社会也乱得厉害。当前思想界和知识界应当重新发现这些制度性的传承。近现代以来,我们输入了西方很多概念,按照西方的意义、尺度和方法认识来改造中国,而中国固有的东西,屡屡改造,屡屡存活,这说明什么?制度是稳定沿革的,有沿有革,是贯穿王朝或世代的。以实正名,就是将西方的词语按照中国的经验重新理解,同时把重新理解的内容进一步确立起来,以防止西方漂浮的概念对现实内容的无休止的纠缠和否定,这就是文化自觉,就是理论自信。这个工作我们要慢慢准备,不能急,不能停留在造几个词的程度。

靠造几个道德观念给民族,民族就道德了?没有这回事。儒家形成三纲五常花了多少时间?春秋战国之后民族寻找一种稳定的统治思想花了多少年?秦王朝有法家,到了汉初兴起黄老之学,直到董仲舒才确立儒家的统治地位,而且还是儒法并用,这要有一个过程,更新要有一个过程。今天的中国,改革就是一种改制,就是一种更新,这个任务急不得。近代以来,中国一直在寻找尺度,寻找方法,直到今天,重建中国方法,重建中国尺度的时代到来了。1949 年以来,尤其是改革开放以来,我们悟出了不少东西,治国平天下,我们有丰富的经验,把传统套在专制或者封建专制里面是最大的错误,不把这顶帽子拿掉,我们的民族自信就不能翻身。

西方传过来的专制概念对于中国政治传统的理解造成非常大的扭曲。中国强调君主集权,为的是治国理民。历史上一旦君权流失,王纲解纽,天下分崩,百姓就会生灵涂炭。

杨国强:中国的君主集权是君臣直接发生冲突,与百姓没有关系。孙中山临死之前就说,要把党(国民党)放在国家之上,而他恰恰是最先引领革命,引领共和的人。

曹锦清:中国共产党不像西方意义上的共产党,有观点认为它是儒家党。

谢遐龄:这种看法不准确。

曹锦清:"党"这个词在中国语境中一般是负面词汇,这个词在西方的语境中,就是整体分裂为部分,而不能重新整合起来。但今天中国语境中的"党"不是西方意义上的各个部分,而是代表这个国家民族的整体。中国有大一统的传统,秦始皇统一了文字,新中国成立以来尤其改革开放以来基本完成了语言的统一,完成了普通话的普及,这件事要远高于原先文字的统一,十四亿人口语言文字的统一意味着什么? 我和老外谈过,他说看到中国为什么恐惧? 因为有 14 亿人口,欧洲总共才 7 亿人口,欧盟也只有 5 亿人口,中国的人口总量抵得上三个欧盟。

许　明:传统的东西一下子没法分析清楚,器物文明、制度文明和精神文明的关系很复杂,曹老师强调传统的制度和制度传承的合理性,这是很有意义的。

三、 轴心期的中国文明与中国道路的传统文明基础、
当前社会现实和面临的世界考验

吴晓明:我今天交流的内容主要是从姜佑福在提纲中拟定的问题出发。首先,核心问题就是文明史和普遍史的视角问题。普遍史观或世界史观,这个概念主要是维科和德国历史哲学生发出来的,但在效果历史上还是一种单线论历史,但诸如维柯、康德和黑格尔这些人的思想并非单线论那么简单;文明史观是在 20 世纪前后出现的,它是多元论历史,在学术上应当称之为类型学,如斯宾格勒的文明类型学,雅斯贝尔斯的轴心时代论。不论是历史的单线论还是历史的多元论都有问题,最好的是这两种理论的结合,而马克思的世界史观就包含了这种结合的可能性。近现代中国人在讨论思想史时,天生就是一种类型学,如梁启超、胡适、梁漱溟对东西方的思考统统都是类型学。雅斯贝尔斯提出轴心文明论是在 1949 年,他认为轴心期文明主要是印度、中国和希腊。这种文明史观与普遍史观似乎是一种对立,这种对立主要是效果史,而且是特定历史阶段显现的一种形态。比如随着世界史作为现代性的历史展开,随着现代性进入中间阶段,多元论开始兴起,文明史观也相应兴起。黑格尔、马克思的普遍史或世界史,同时也包含了文明或历史的类型学,他们绝不是单线论史观,比如马克思讲到在德国走法国道路的不可行,黑格尔认为不能把法国制度强加到西班

牙。单纯主张文明论或多元论,单纯强调历史的单线论都不合适,普遍史或世界史既包含了文明论,又超越了单线论。这是比较重要的。

其次,是文明的基础和来源问题。关于文明的基础,制度当然非常重要,但文明还有其他的实体性基础。黑格尔在这个问题上比较妥当,他把制度基础和其他基础放在历史的客观进程中来谈论,将制度放在客观历史进程中加以把握。关于文明的来源,这个问题与谢老师的问题相关,他认为古今中西框架意义有限,认为这一框架抹杀了苏俄文明的元素,我完全同意谢老师的想法,丁耘也强调了这一点。历史上很多人都在研究文明,如汤因比讲几十种文明,亨廷顿讲几种文明,尤其是雅斯贝尔斯讲轴心期文明,极其重要。如果我们认为雅斯贝尔斯的观点是有道理的,那么把苏俄放在古今中西文明框架的来源之处,是不太妥当的。因为苏俄没有这样的起源和背景,因为轴心期文明在这一框架中具有非常重要的意义。我一直在想,一种文明如果遭遇巨大挑战时,能否回到自己的传统和起源当中? 如果能够回去,就是有着轴心期文明的起源,所谓传统或起源就是指这样的精神立法,它包含在轴心文明的典籍当中。有没有源头对文明的历史和命运发挥着关键性的作用。从轴心期文明来看,西方文明是能够回溯到源头的,回溯到希腊罗马传统的大文明,中国也可以回溯到中华文明的源头,因而也是一种东方的大文明。

今天的中国,虽然在很大程度上有着从苏俄学来的东西,但从类型的纯正性来看,我觉得中国排在苏俄的前面,虽然新中国比苏联晚成立。苏联解体后,仿佛要一下子滑到西方去了,结果俄罗斯现在的体制不是纯正西方的,维持了半东方的现象,如形成了普京体制。所以,从类型学来说,我觉得中国共产党虽然从苏联学来了一整套组织和制度,但是相比苏联体制,中国的这套体制更加纯正。谢老师对苏俄文明的提议弥补了古今中西框架的重大缺口,但如果从文明的来源看,苏俄因素在中西文明的叙事框架中并不占有太重要的地位。

再次,是中国道路中的文明或文化融合的情况。古今中西问题不可能彻底搞清楚,但它是一个标志,近代以来,当中国面临重大挑战或重大关头时,古今中西的争论马上开始了,争论恰恰意味着文明或文化的交汇融合。当然有一种单线论的历史观认为,中西问题就是古今问题,就是传统的现代化转型问题,这种观点将文明论、文明的多元论和类型学给取消了,这样一来,就纠缠于中国今天发展到历史的哪一个阶段上了,事情就变得很奇怪。所以,文明或文化融合确实在发生,但并不是单纯地传统转入或融入现代。二是黑格尔所讲的民族或文明精神的客观进程,只能自行生成,而不是制造出来的，文明的来源和汇通比我们的想象要深刻得多。如果说有问题要讨论，主要是要讨论如何避免让传统文明或文化沦为一种机械性的文化或者装饰性的文化。这两个词是尼采用的。尼采在讨论希腊文化的时候专门讲过这个问题，他说希腊人当时面临着强大的东方文化，东方文化远高于希腊文化。所以他说，印度人一度为各种宗教发生了混战，而希腊人记住德尔菲的神谕，没有被外来的东西所压垮，而是从自己出发，整理好杂物，而没有沦为东方文化的杂物。这是非常重要的。黑格尔也用了文化结合锻炼概念，西方人有自己的传统，又面临东方的文化，在经历文化结合的艰苦锻炼后，他们才获得了应有的活力。从这方面说，值得一提的是中国化的佛教，梁启超对此有极高的评价，他谈到几点：一是当时中国人接受佛教的主流人群是大臣；二是佛教的教下三家和教外别传是中国人的创造；三是印度的唯识宗是在玄奘那里达到巅峰。所以，中国化的佛教史是中国文化对传来的印度佛教的艰苦结合的锻炼。这个问题非常值得研究。

第四，讲到文明自觉或文化自信。近代以来我们开始了对外学习的过程，波澜壮阔，取得了非常丰硕的成果。但是讲到文明自觉或文化自信，要摆脱学徒状态，提出自己的主张和方法，这一点在最近几十年才逐渐形成。此前的一百多年，中国的学术、思想和文化还处于学徒状态，不能说没有成就，最主要的成就就是通过对外学习实现中西文化或文明的艰苦结合的锻炼。从另一个方面说，面对这么多外来的东西，我们要不被压垮，就必须逐渐获得自我意识，提出自己的主张和方法。现在我们的外部反思的氛围比较严重。如果说以前的教条来自苏联，对苏联教条的认识陷入了外部反思的陷阱，造成中国革命和建设的损失和波折，而毛泽东和邓小平摆脱了教条主义，赢得了中国革命和改革的成功，那么现在的教条都是从西方来的，中国要实现文明自觉和文化自信，就要超越外部反思，克服唯西方的教条主义，逐渐形成成熟的自我主张，这对中国的未来发展非常重要。目前我国的学术界在某种程度上正在经历这样的过程，开始逐渐走出学徒状态。所以，习近平总书记的哲社讲话非常重要，他提出要构建中国特色哲学社会科学。现在有一种感觉，吃饱了穿暖了，但道理说不过人家，所以要有话语权，但话语权要真正形成，就一定要有中国特色哲学社会科学，形成中国的自我主张，这里有两个问题比较重要：一是要讲中国语言，讲汉语，中国的学术必须讲汉语；二是要切入中国的社会现实当中，要切入中国社会的实体性领域当中。

丁　耘：中国道路和中华文明，这两个概念都太大了。文明是什么？我们搞思想史讲观念,但我觉得不如把制度性的沿革、变化和稳定变迁说出来,这样文明的传承就有了实体性的内容。还有中国道路,中国道路的概括已经有一段时间了,21世纪头十年讲中国模式多一点,2010年以来讲中国道路多一些。我现在的看法是,现在对中国道路作理论概括非常困难。因为理论概括带有总结性,黑格尔说智慧的猫头鹰总是最后到来。中国道路正在探索当中,而且还没有遇到重大历史关头的考验,现在还没到对中国道路进行理论总结的时候。比如高考生,在高中成绩一直很好,稳定上升,这不算什么,关键看高考,如果高考没过,以前再好都没用,如果高考这一关过了,那时就可以总结。有人拿中国梦给自己做总结,说毛泽东思想是在延安时期形成的,但如果没有解放战争的胜利,那就很难说了。所以最重要的是思想、理论,最终都要接受历史和实践的考验。

现在的问题在哪里?我们面临的根本问题是古今中西之争,这一点我同意。但现在的挑战笼统说还是来自西方,最重要的是来自欧美旧的世界体系的压力,理论界可以在战略方面帮党和政府作探索,比如说中国道路的尽头是什么?华师大的陈赟同我辩论,他说,中国道路的尽头就是儒家文明复兴,复兴还远,但这是一定要达成的目标。在文化上是可以这样说的,但在地缘或国际政治格局上,复兴的标志是什么?

中国能不能崛起为世界的中心?这一关能不能过?不能过,什么理论解释都没用。很多事情现在还不好说。中国文明有没有力量?抽象地说,我是相信有的,但要落到具体的战略上。

那么,今天的中国随着改革的展开,当前社会性质究竟是什么?现在很多讨论归根到底都与这个问题相关。像20世纪30年代的社会史辩论,一方面对中国原来的文明传统作了总结,另一方面是要回答中国向何处去。现在中国又面临了类似的问题,中国现在处于什么位置?向什么地方发展?这是最难破解的难题。通过对这个问题的破解,我们才能着手解答中国文明的问题。我个人的看法是,对当前中国的社会性质、政治特点、历史走向,除了要考虑中国以前的历史之外,还与国际格局,与世界情况是分不开的。有没有普遍的文明?从文明史的角度看,不能说有适用于全人类的普遍文明,但话说回来,所有文明的基础都有一个普遍性的诉求,没有一个文明的基础说我只为部落立法,中国文明的基础——儒家、道家和佛家都讲到人性,讲人性就是讲普遍性的诉求。现在看来,真正被发现为普遍性的东西,是民族间、文明间、国家间的普遍交往,这是马克思主义所揭示出来的普遍性。世界市场是普遍的,以此为基础的政治制度意识形态是各式各样的。

所以，对当前中国的政治状况和社会状况的认识，离不开对国际形势和世界形势的判断。现在有没有从 19 世纪到 20 世纪传承下来的强大的学术思想传统，能把当前的人类国际形势、世界形势解释得比较清楚？估计比较困难。反而觉得最有希望的还是马克思主义方法论。但对马克思主义要有不同的理解，西方马克思主义成为文化左派的延续，越来越没有出息，注定要失败。苏俄有苏俄的情况，中国有中国的情况，要把中国的事情搞清楚，就不能忽视世界，就要把世界的事情搞清楚。比如说中美关系，中国道路能不能走到一个值得被总结的时刻，取决于中国怎么对付美国，甚至能否取代美国。对付美国要了解美国的社会性质怎么样，是衰落了，还是怎么样。即使美国衰落了，也没有像乐观派想象的那么快，而且美国即使衰落也不可能变成中国的郡县或属国，它只不过是收缩，只不过把地盘势力范围暂时让出来。这个时候我们觉得可以和它共存，和它共赢，这是商业逻辑。当然可以说这是中国传统文化最高明的逻辑，简言之，就是讨价还价，你多一点我多一点的问题，这叫共赢。但美国比苏联要厉害，20 世纪六七十年代进行战略收缩，但从来没有把苏联当作和平合作的对象。毛泽东当年批判批赫鲁晓夫的和平共处和平竞赛就是这样，认为要决断出一个敌人，通过斗争让国际社会团结起来。人家美国一直在用敌对势力的逻辑对待你，你说我们并行不悖，结果怎么样？

鉴于中国与西方尤其与美国之间的复杂关系，我们现在一定要处理好与非西方世界的关系，要与非西方世界和西方世界中极其边缘的文明体或国家进行交往。当年的康有为就很了不起，对当时西方体系中的边缘国家就非常看中。中国现在讲"一带一路"倡议是有眼光的，但是有时候，有思路不等于真的迈出正确的步骤。

吴晓明：关于中国的社会现实和社会性质问题。曹老师讲的制度问题非常重要，但是任何一种制度都是有特定的社会构成其基础，所以研究中国问题和中国的社会性质问题，一定要深入中国的社会现实。姜佑福说要讨论中国道路可能是什么，可能不是什么，应当是什么，不应当是什么，必须是什么，必然不是什么。对这些问题的回答，并不是要作实体性判断，而是给出限度性判断。我同意谢老师在 20 年前提出的观点，中国不存在市民社会，中国进入市民社会的不可能性构成了中国社会的可能性边界或可能性条件。我有两个基本观点，中国不存在原子式个人，这是理解中国社会的钥匙。中国社会的确发生了重大转型，但转型的可能性在于它进入市民社会的不可能性，这就是边界性的特征。这不仅是黑格尔的观点，因为黑格尔把现代世界称为基督教的世俗化，这是类型学的观点。马克思也有同样的观点，他在《论犹太人问题》

中说，"政治民主制之所以是基督教的，是因为在这里，人，不仅一个人，而且每一个人，是享有主权的，是最高的存在物"，政治民主制以市民社会为基础，但"市民社会只有在基督教世界才能完成。基督教把一切民族的、自然的、伦理的、理论的关系变成对人来说是外在的东西，因此只有在基督教的统治下，市民社会才能完全从国家生活分离出来，扯断人的一切类联系，代之以利己主义和自私自利的需要，使人的世界分解为原子式的相互敌对的个人的世界"。研究中国人的社会是中国特色哲学社会科学最基本的任务，而现在很多人的眼睛都盯着书本，尤其国外书本，从不研究中国社会，如果不研究中国社会，不把握中国社会实体性内容，不深入中国社会现实当中。这样做导致的后果，就是没有中国特色的哲学社会科学，也不能获得中国学术的自我主张。

丁耘提到当前中国社会性质的讨论，我们没有做过专门研究。当时中国共产党中央在上海，说要走俄国革命道路，中心城市武装暴动，夺取政权，这就不了解中国社会。当时的中国社会和俄国社会不一样，中国革命不能通过城市武装起义获得成功，所以要农村包围城市，武装夺取政权，这里就有对中国社会性质的基本判断。现在有许多问题我们没有专门研究，有许多东西不能判断。但还是有最基本的东西，我认为中国复兴的前提条件是具备的，当然会面临许许多多的挑战。具体来说，三个前提条件是具备的：一是轴心期文明，在这样纷乱的世界格局当中，轴心期文明可以在面临巨大的威胁和挑战时返回到自己的起源和开端。二是我们的民族充满了活力，马克思当年看到欧洲相当有活力，到了尼采的时候已经感到有些不能胜任了，到了海德格尔更加觉得没有东西保证。而中国人是有活力的，如拼命干活、愿意生孩子、愿意学习，这是很根本的。三是中国的现代化进程在世界历史上非常奇特，虽然中国是后发的现代化国家，但很可能第一个抵达现代性的终点，从而要遭遇现代性界限的挑战。我无法清晰地表述中国可能遭遇到的重大挑战是什么，因为哲学只能描述它的边界，当我们迅速抵达现代性限度的时候，中华文明将要达成对现代性的构成，这意味着新文明诞生的可能性。毛泽东当年讲了两句话：第一句是中国人能够自立于世界民族之林，这就是现代化，中国实现了现代化，就能自立于世界民族之林；第二句是中国应当对世界有较大贡献，这个较大贡献就是中国具有构建一种新文明的可能性。现在社会主义、资本主义有许多事情讲不清楚，但马克思学说重大的优越性在于在现代性文明的终点处提示了新文明类型的可能性，这也是马克思主义中国化的基本前提条件。

四、 古今中西之争、中西马三大传统交汇和"三次"历史学习中的中国道路

陈祥勤: 我主要就"中国道路的文明基础和文化自觉"谈一点自己的理解。

众所周知,近现代以来中国所走的历史道路,以及与之相伴随的文明之争,一般是放在古今中西为基本框架中展开的。就"中西"或"东西"之争来看,如果中国成为西方意义上的单纯的民族国家,国家的基本的经济制度和政治制度也是西方化的,如自由市场制度和自由民主制度,那么,所谓"中西"或"东西"之争也就消失了,或者"东西"之争至多只是西方主导的世界体系内部的争论(如转化为有着"帝国—资本—殖民"烙印的"南北"之争);当然也就不存在真正意义的"古今"之争了,因为到那时,传统(至少是中国传统)已经完全成为过去时,而不是现在时,不是活在当下,对当下的历史、制度和文明构建发挥着潜移默化的作用,中国或"东方"文明传统至多也只是具有现代史的史前史意义,所剩下的活在当下的传统也只剩西方文明传统了。之所以还存在古今中西之争,乃是因为以中国或"东方"为代表的文明或传统("古")仍然活在以欧美或"西方"为代表的现代性历史("今")之中,仍然对现代性世界的历史变迁和制度构建发挥着实质性的作用和影响。从这个意义上说,中国乃是最后一个"东方"国家,同时也是真正意义的"东方"国家(有着迥异于西方的从未中断过的轴心期的文明起源或历史传承),甚至可以说是最后一个或唯一一个有可能凭借自身的历史、制度和文明传承建构出与"西方"体系不一样的"东方"体系的"东方"国家。所以,对于近现代和现当代中国来说,古今中西问题始终是一个涉及大本大源的社会、政治和理论问题,是一个能否在历史和现实的双重迂回中实现"返本开新"的大问题。

一般说来,所谓古今中西问题,就是传统与现代、中国与西方在文化或文明意义上的一般融合或汇通问题,或者用马克思的话来说,是"中国文学"作为一种"民族文学"汇通甚至改写现代性的"世界文学"的问题;但对于当下的中国道路,探寻古今中西问题的主旨和要义,乃是探寻传统中国的文明史,作为一种活在当下的传统,对于现代中国的道路、体制和模式的构成性作用和支配性影响的问题。

冯 莉: 我赞同文明多样性和多元论的看法,不太同意现代文明的"唯西方论"。16 世纪,作为一种与"野蛮"对立的进步状态,当时特指贵族高雅行为的"文明"一词

出现于欧洲。1767年亚当·弗格森《文明社会史论》和1874年爱德华·泰勒的《原始文化》的相继出版,标志着文明程度在欧洲成为评价社会发展的一个价值指标,文明优越论成为欧洲的一种意识形态。1819年前后,"文明"的复数性开始被接受,法国历史学家费尔南·布罗代尔说:"穿越拉芒什海峡(英吉利海峡)或莱茵河,南抵地中海,这些都是值得记忆的确凿经验,所有这一切都突出了文明的复数性,毋庸置疑,每个文明都与众不同……而且,人们难以确定——以什么标准——哪种文明最好。"但是,对其他类型文明的认识和认可,至今并没有改变以亨廷顿为代表的西方学者所坚持的"西方文明是最为优秀的文明"的根本样态。

当然,自近现代以来,西方文明对"三千年未有之变局"的中国影响极其深远。

一是近代中国文明价值理念的欧美日化。借助工业革命而被武装起来的西方在打破了闭关锁国的清王朝的土墙瓦片后,强势的西方工业文明被中国以知识分子为代表的精英阶层所接受,并把它当作改造中国传统社会和实现中华民族复兴的唯一路径。陈独秀在《旧思想与国体问题》一文中指出:"要帝制不再发生,民主共和可以安稳……非先将国民脑子里所有反对共和的旧思想——洗刷干净不可。"作为旧思想的中国传统文明一时间风雨飘摇,从器物、制度到思想,兴盛数百年的欧风美雨完胜被视为"封建糟粕"的东方数千年文明。但从某种意义上来说,这不是东方文明的退步,或者更确切地说,不是东方文明面对西方文明的失败,而只是人类历史转向世界史后,东西方文明价值理念上的差异与时代条件相结合的结果。

二是近现代中国文明价值理念的马列主义化。从本质上说,马克思列宁主义依然属于西方思想文化的一种,是伴随着中国从清末开始提倡的"师夷长技以制夷"、"中学为体西学为用"及至"打倒孔家店"、呼唤"德先生""赛先生"等为主导的东西方文明交互激荡的潮流来到中国本土,并奇迹般地在中国共产党人的领导下不断深入中国基层社会,实现了不同于原有欧美传统文明的社会再造。如果说是西方文明是彻底改造和代替了原有的日本社会,那么和马列主义一脉相承的毛泽东思想、邓小平理论则是基于中国传统文明和文化基础上对西方文明的再运用、再改造和再发展。

三是当代中国文明价值理念的东西方文明胶着化。或者更确切地说,是西方文明对中国道路日渐捉襟见肘的解释过程中所不得不有所示弱的中国传统文明的新复兴。可以确定的是,在每个历史发展阶段,都必须有契合于该历史阶段的思想观念、规章制度和行为习惯,而经历了六十余年社会主义建设的中国仍然在渴求复兴和变强的道路上摸索前进。很显然,这条道路不是欧美文明发展模式,不是东亚其他国家的发展模式,而只能是基于中国国情的具有中国典型特征的发展模式。而在这个摸索期,东西方文明明显处于胶着化状态。突出表现在:一方面中国在政治、经济、文化尤其是经济方面已经取得了辉煌成就,但相当多数人仍然不自信,总是想方设法证明因为不符合某些标准或规范,中国道路或发展历史及现状的"畸形"或"不伦不类"。西方的坚船利炮,不仅打垮了中国的器物和制度,也打垮了中国的精神脊梁;另一方面,则是以"新儒家"为代表的各种传统文化思想的重新崛起,左、中、右路线之间的冲突和对立也逐渐白热化。

在传统文明和现代文明的交互中实现螺旋式上升。绵延数千年的中华传统文明不仅塑造了中国社会的独有的文化和精神,更是成为中国人的价值理念,深入中国人的日常生活和行为规范,并最终成为整个社会的运行准则。在未曾断裂和分裂的历史长河中,其所展现出的中国智慧一直坚韧地存在,并难以割舍,而实际上是无法割舍。《西方文明对中国的冲击及中国文明的嬗变》一文中说:"如果我们将中国传统文化比喻成一棵大树,洋务运动只不过剪断了一些枝叶,辛亥革命则相当于将这棵大树砍断了。但是树断了,树墩还在,一般的树只要树墩还在,还是可以萌发的。"或者更确切地说,任何脱离中国本土实际的割裂、互为体用乃至替换中国的传统文明的做法都是不现实的,或者说是愚蠢的。

历史无数次表明,在中国历史发展中,任何外来文明都必须和中国传统文明相结合以后才能最终在中国大地上生根、发芽、开花、结果。而与此同时,中国文明能够绵延数千年,其根本在于海纳百川、有容乃大。或者说,中国文明的成长、复兴一定是内生的,是一种文化自觉,而绝对不是外来的文明嫁接甚或替代。同为人类发展文明成果,东西方文明只有在对话式的平等交互中获得螺旋式上升,在不断地否定和自我否定中获得长久的生命力。

因此,必须提倡和发展依据历史经验所得出的基于中国实际和实践的东方新文明。这个新东方文明不是以西方工业文明为主体的现代文明,也不是中国旧式传统文明的复归和照搬,而必须是具有中国时代特色的文化传承和文明再塑,它伴随着新的世界政治经济秩序的形成过程,承载着中华民族伟大复兴的历史重任,已经时不我待。

陈祥勤:从古今中西的问题视角来看,现代中国的道路、体制和模式的形成史(即涵盖中国共产党领导的中国革命史、建设史和改革史),至少历经三次学习阶段:

第一阶段,主要是向苏联(苏俄)学习。在这一阶段,中国的基本历史议程就是

"革命",通过"战争"与"革命",锻造现代中国,建立现代民族国家体制。其基本方法就是"以苏联为师","走俄国人的路"。不论是在"国民革命"阶段,还是在中国共产党领导的新民主主义革命和社会主义革命阶段,中国所追随的基本国家体制,就是以苏维埃制度和布尔什维克体制为参照。随着中国革命的成功,中国最终建立起高于资产阶级水平的、具有高度组织和动员能力的、独立自主的社会主义国家政权,确立了以中国共产党为核心和主轴的现代国家体制。

第二阶段,主要是向西方(欧美)学习。在这一阶段,中国的基本历史议程就是"改革",就是通过"改革"与"开放",变革新中国自1949年以来确立的计划体制和集中化的政治模式;其基本方法就是"向西方学习","借鉴欧美发达国家的经验",实现党和国家的基本制度与市场、民主和法治等现代性基本建制的历史性接轨,建立社会主义市场经济体制、民主政治体制和法治国家体制。中国的改革自1978年以来之所以避免了苏联东欧的覆辙,取得巨大成功,就在于它一方面保留了中国的革命传统和社会主义传统的基本遗产,同时推动它与现代市场体系的体制性综合,并且在此基础上逐渐形成适应党和国家基本制度要求的民主体系和法治体系。

第三阶段,关键是向历史(传统)学习。如果当前中国的道路、体制和模式仅限于"向苏联学习"和"向欧美学习"这两种经验的融合,那么,中国道路仍然是未完成的,仍然存在着亟待解决的问题,例如它不足以克服社会主义者所揭示和批判的现代资本主义问题,而这些问题已经成为当前中国经济社会的基本问题症候。要寻求此类问题的解决,我们只能向历史(传统)学习,尤其要向中国的历史和传统学习。例如,吸收传统中国的诸如货殖、财税之政来治理经济、驾驭市场、配置资源和财富的历史经验,学习传统中国以诸如"轻重"、"权衡"、"平准"之术驭天下之市、平天下之利、达天下之治的政治智慧,为当前中国咨未来之政,筹未来之制,谋未来之局。

其实,中国道路的这三次学习的历史,就是"古今"(传统与现代)和"中西"(中国与西方)在中国现当代史中的过程碰撞、交汇与融合的历史,同时也是中国伴随着这种交锋和融合的发展、崛起和复兴过程。当前中国所走的道路,究其制度、体制或模式的构成性来看,有着三个文明来源的地质沉淀层:首先,沉淀的是苏联体制和苏俄传统,其实这一传统是西方内部的一次"东西"之争,它是构成当前中国的体制和模式的核心元素;其次,沉淀的是欧美体制和西方传统,这一传统是现代性文明的西方典型或西方代表,它是构成当前中国的体制和模式的西方元素;第三,是中国的历史和传统的(再)沉淀,这一传统应当是中国道路最深厚的积淀或底蕴,但是要推动中国道路在制度、体制和模式上的真正成熟,我们就应当重新认识、消化或反刍中国的历史、文明和制度传统,从中汲取当前中国的制度革新与创制所需的政治智慧或实践智慧,继而再次沉淀为未来中国的道路、体制和模式的历史基底。

马　庆:众所周知,我们当前的学科建制来自西方,主要是欧美,所以很长一段时间,我们是在以西方的学科范畴、学术概念、思维方式来理解中国、思考中国、改造中国。"封建主义"这个名称可以说是最明显的一个例子。当然,我们也欣喜地看到,在最近二三十年里,越来越多的学者更加自觉地来反思这种削足适履的方式,转而以中国来观中国,甚至以中国来批判西方那种过于自大、无视特殊性的抽象的普遍主义思维方式。从传承上讲,研究中国的学者本来就应该是反西方的,这点在钱穆先生身上很明显。我记得大约十来年前,浙江大学研究西方政治哲学的应奇教授曾经在一套书的序言里面用了这样的标题,"从西化到化西"。我想反映的大概也是这样一种文化自觉。

不过,有这样一种文化自觉可能还仅仅只是最基本、最初步的。因为同样想从中国自身出发,但研究所得却大相径庭的比比皆是。当然了,人文学科本来就不可能有定于一尊的金科玉律,即使是研究同一个人物、同一个具体对象的不同学者,往往也会得出不一样的结论。不过,除了学科本身的性质之外,发生分歧的一个很重要的原因可能还在于对中国当前文化基础或文明基础的认识有所不同。就像杨国强老师刚才讲的,现在面临的中国文化已经不是两千年来传承的文化,而是传统新文化观念当中的马克思主义文化,我们现在面对三种同时存在,但没有汇成一体的文化。这也是我们一直说的中、西、马三者如何合流的问题。我个人觉得,中西马合流虽然还未完全完成,但至少有几点现在就可以讲:首先,中西马必须合流,而且事实上已经交织在一起了,那种以某一支流来排斥其他两支的做法既不可取,也不现实;其次,刚才曹锦清老师谈到了要以中国为中心,以西方为方法,这当然是不错的,曹老师的用意是反对刚才说的那种削足适履的做法,但这里似乎还必须同样强调一点,即中国在这种学习过程中,自身也有一个创造性转化的过程,切忌故步自封,就像习近平总书记讲的,"吸收外来,不忘本来,面向未来";最后,我很赞成丁耘老师说的,所有文明的基础都是一个普遍性的诉求。中国如果想真正成为一个具有影响力的大国,那么其文明肯定是有普遍的吸引力的,不但是中国人自己的为人处世治国安邦之道,而且是体现了人类某些共同追求的理想。例如,被中国深深吸引的贝淡宁教授就用尚贤制来概括中国,与西方的民主制对立。

说到中国道路,除了文化自觉与文明基础以外,可能最关键的还有制度。刚才好几位老师也都谈到了制度问题。谢遐龄老师好像说到了中国目前最大的问题是制度问题。还有几位老师提到了专制问题,认为说专制不好,是西方话语"污名化"造成的,说专制其实就是行政权力集权,专制也是一种制度尝试。这种说法也不无道理。因为中国几千年来基本上是个中央集权的国家,而且当代中国一开始也是以无产阶级专政自居的。不过,如果要为专制正名,可能还是有相当难度的。不说别的,即使在主流意识形态中,我们现在也是在说民主集中制。毕竟,现代以来,民主已经成为世界潮流,浩浩荡荡不可挡。而民主明显是与专制对立的。当然,民主到底是什么,我们可以重新解释,可以跟西方的自由民主不一样。但如果想要否定民主,那可能不太合适。我很赞成复旦大学国政学院陈明明教授的两句话,大意是,中国共产党领导的中国既是一个追求现代化的国家,也是追求民主的国家,这两点是它领导人民的关键所在。刚才曹锦清老师与谢遐龄老师好像有一个争论,是关于中国共产党,曹老师说是受儒家影响,谢老师说是受苏俄乃至基督教的影响,因为有组织。我觉得两位老师说的都有道理,而且也不一定是矛盾的。共产党当然有儒家的影响。以前曹老师在给我们课题组作报告时说过,当前共产党的领导就是在维护以前的郡县制,维护中国的统一。我想这是曹老师认为中共受儒家影响的一个很重要原因。不过,也正是在这一点上,曹老师与谢老师是不矛盾的。这是因为,在中国近现代以来面临如此复杂的情况下,维护中国的统一,并进一步追求中国的现代化,非那种组织化的苏俄模式的共产党无法承担这个任务。用陈明明老师的话说,这是现代化革命必须由共产党完成的原因。至于对中国道路的总体看法,要理解中国模式或者中国道路,最好从民族复兴、现代化、社会主义革命这三条线索来看。

马丽雅:关于文明论的视角,日本近代启蒙思想家福泽谕吉在 1870 年代就写过一本《文明论概略》,书中的一些观点值得我们思考。福泽谕吉写这本书的时候,日本正处于明治维新时期,当时的日本在走向现代化的征途中,需要回答的重大问题之一是如何处理日本自身的文明与西方文明的关系。福泽谕吉作为日本新兴资产阶级的代表,对于西方文明是持开放态度的,他认为西方文明比日本文明先进,所以日本必须以西方为目标,学习西方,奋起直追。在福泽谕吉看来,一个国家要实现变革与文明,必须从改变人民的风气、改变整个社会的道德开始;然而在谈论道德时,需要将公德与私德分开,公德对于一个国家的命运是更为重要的品质;公德并非从天而降,唯有强调法律和制度规范,才是强国治理的基础;政府与人民本非什么骨肉至亲,而是一种陌生人之间的关系,是一种社会分工,在政府与人民的交往中,情谊是不能起主导作用的,必须制定法律、制度等正式的契约关系,使政府与人民都遵守之,反而更能使双方和睦相处;专制制度导致大量伪君子的产生,虽然也不乏仁义之士,但毕竟是少数,不是国家治理可以依赖的;所谓文明,就是一种人民的独立精神,如果人民畏惧政府,就很难在文明上与外国竞争。今天来看,我们固然应该反思福泽谕吉书中带有的西方中心论色彩,但他所提的文明,对我们恐怕也是有启发的,所谓文明,不能空洞化,它必须建基于一定的制度,必须落实于每一个公民的精神气质中。

其次,我们当然应当从历史的视角来研究中国道路,但也不应忘记政治科学历来就有的一个主旨,即对良善生活和良善社会的追求。如同梁漱溟在《中国文化要义》中所说的,"认识老中国,建设新中国",对中国道路的理解离不开五千年的文明进程,离不开前后两个三十年的联系,也离不开积极的和消极的集体意识的激活。美国著名的经济史学家道格拉斯·诺斯曾说过:"历史是至关重要的,它的重要性不仅仅在于我们可以向过去取经,而且还因为现在和未来是通过一个社会制度的连续性连接起来的。"我们同样可以模仿诺斯的话说:思想和观念的历史是至关重要的,它的重要性不仅仅在于我们可以向它取经,而且还因为现在和未来是通过一个人类永恒的追问连接起来的。这个所谓的人类永恒的追问就是:"什么样的生活才是良善的?"而这和中国道路的研究、理解和实践也是分不开的。回顾人类思想的历史,我们就能发现,各个时期的思想家们都在思考这一问题:在古代,我们可以看到中国先秦时期百家争鸣的热闹局面,后来儒释道各家都对良好的政治和社会秩序提出了各自的见解;我们还可以看到柏拉图在其《理想国》中借苏格拉底之口对"什么是正义的城邦"的追问;亚里士多德在其《政治学》中对良善的城邦生活的探讨;奥古斯丁在其《上帝之城》中对人类精神自由和政治自由的沉思;近代西方启蒙运动以来,孟德斯鸠、卢梭、洛克、托克维尔、穆勒等思想家对于实现人的政治自由和社会自由,无不进行了深刻而有益的思考。

但从现实来看,无论是古代世界,还是近现代的资本主义世界,都没有实现人类良善的生活。社会主义思潮和马克思主义的出现,正是在对资本主义进行批判反思的基础上,对人类良善生活的又一次新的追问。在莫尔、圣西门、傅立叶和欧文等空想社会主义者那里,我们看到了他们对资本主义的道德批判和否定。在马克思和恩格斯的努力下,社会主义思想实现了从空想到科学的转变,从此,社会主义有了坚实的科学理论基础。但理论的科学性并不能保证实践中的现实性和合理性。回顾社会主义在苏联实践的那段历史,我们在承认其取得成就的同时,也必须承认,苏联的社会主义实践离"自由人的联合体"这一社会主义的最终目标依然遥远,甚至在某些方面出现了背离。苏联社会主义体制的核心特征,简而言之就是高度集权的政治体制,加上生产资料的国有化和经济管理的计划化。苏联的解体,虽然并不能证明社会主义的失败,但却用生动的历史事实告诉我们,试图依靠全面的控制和计划手段来实现社会主义,实现人的自由全面发展,无异于缘木求鱼。

在人类的现代化历程中,中国相较于西方,可谓是一个地道的后来者。清朝末年,面对腐朽的清政府和严重的帝国主义侵略,许多仁人志士呕心沥血,努力学习和借鉴域外的各种先进思想。也正是在那一时期,社会主义思想传入中国,获得了一批先进知识分子的认同。对于将马列主义作为指导思想的中国共产党人而言,社会主义不仅是一种政治意识形态,还是一种现代化的道路,这点尤其重要。而1978年以来中国实施的改革开放,与其说是当时我们认识到了社会主义是人类普遍交往发展的结果,或社会主义是对资本主义的扬弃等原理,不如说是现实在逼迫我们必须重新反思社会主义。

恩格斯在分析1848—1849年德国革命失败的原因时说过:"这些原因不应该从一些领袖的偶然的动机、优点、缺点或变节中寻找,而应该从每个经历了动荡的国家的总的社会状况和生活条件中寻找。"对中国道路的判断不能仅限于政治或价值判断,而需要客观地分析。只有真正运用马克思主义的基本方法论即运用唯物史观,才是马克思主义者解决问题的合理途径。

许　明:今天诸位老师讲得非常棒,我感触很深,大家对文明的纵深思考,除了观念以外,还有制度的历史发展、沿革和变迁,还有世界秩序和国际格局的角度等。轴心期文明的概念,这非常重要,否定不了。

我的建议有两点:一是不仅要思考轴心时代的特征和关联问题,而且还要思考各轴心文明的历史发展和变迁进程;二是思考文明的基础问题,现在过度注重于文明的观念或精神层面,其实还有制度层面,还有器物层面,器物和制度层面的文明传承更强,这也是重要的问题。

市场与社会主义

（2014 年 2 月）

参会嘉宾（按姓氏笔画排序）：

石　磊（复旦大学经济学院教授）

权　衡（上海社会科学院经济研究所研究员）

许　明（《上海思想界》主编）

孙　力（南京政治学院上海分院教授）

张　宇（中国人民大学经济学院教授）

张　雄（上海财经大学人文学院教授）

赵修义（华东师范大学哲学系教授）

姜义华（复旦大学历史学系教授）

鲁品越（上海财经大学人文学院教授）

许　明：现在有这样的背景，即在意识形态基本问题讨论中有两种极端思潮：一种思潮认为社会主义跟市场不相融，社会主义不能搞市场，搞市场就是资本主义。第二种思潮认为社会主义是次要的，只是一个招牌而已，最好走彻底的自由主义路线。而说到既要社会主义又要市场的"第三种选择"，更多的问题是模糊的、混沌的，不知所措的。既要搞市场、又要搞社会主义的理论根据有吗？马克思说过吗？实践上行得通吗？跟欧洲的市场至上主义有什么区别？跟民主社会主义有什么区别？这在一些干部头脑中不清晰，在理论界也未必清晰。

今天抱着很大的希望请各位开一个局，把相关问题碰撞一下，不求结果只求碰撞，把问题都点出来，争取有一个好的开头，并描述一个前景，然后再展开讨论。我们马上要发表一篇刘福垣的《新资本论大纲》，很有意思的。

张　宇：他原来是发改委副司长。

许　明：原来是中国社会科学院农村发展研究所所长。我们《上海思想界》希望能引发社会主义与市场这个核心关系的系列讨论。

张　雄：非常高兴和非常感谢学界同仁，首先非常感谢张宇教授，是从北京赶来的,在国内政治经济学界,批判意识和哲学意识非常好。同时也感谢赵修义教授和姜义华教授,也得感谢石磊教授,权衡教授。我们也要感谢许主编,给我们这么重要的学术研讨课题,我感觉这个题目会囊括我们十八届三中全会召开以来最敏感的基础性话题,没有比这个更难的话题,也没有比这个更重要的话题,我想学术界应该有责任和义务来攻克它。

一、 落实十八届三中全会决定要克服片面性

张　宇:感谢有机会到上海来交流,很荣幸。现在我们确实有一个问题,理论弱了,思想弱了,不如十年前,二十年前,三十年前,改革这么大事情,基本理论,基本思想探讨越来越少,话语都被一些经济学的,而且是冲在前面的财经、市场、金融等给掌握了,搞哲学思想和理论的退在后面,这是很大的问题。

我讲几个观点。

第一,社会主义和市场经济的关系。

从经典来说,社会主义和市场经济什么关系? 首先,你怎么定义社会主义? 社会主义大家知道有很多种,但是不管怎么定义,总的来说社会主义核心概念强调社会利益、社会目标和社会价值,从这个来讲社会主义有超越市场的东西在。市场强调个人利益、私人利益。无论哪个立场,无论民主社会主义、小资产阶级的社会主义,相对来说与市场冲突要小一点,但是也有冲突。在社会民主党的纲领里,明确讲马克思主义强调私人资本的利益对社会利益的冲突,即便是民主社会主义,也强调对资本主义的限制,强调公平正义,不能完全按照市场原则构建社会。这是一般意义。马克思恩格斯的思想作为经典理论,出发点是社会主义消灭商品生产,国有制计划经济、全面发展都是以消灭商品生产为基础的。为什么要消灭商品生产呢? 道理也很简单,因为商品交换是私人物品的交换,因为有私有制大家才等价交换,如果消灭了私有制,由社会直接调配,或者按照社会需要服务,就不需要私有制生产的东西。

社会发展是一个由必然王国进入自由王国的过程。马克思恩格斯对市场经济否定,不完全是形而上的,还是辩证的,有所保留。有三种情况:

(1) 马克思恩格斯一贯讲,共产主义社会有资源配置的问题,他们叫劳动技术的问题,共产主义社会,劳动的节约,效用和费用的比较,用现代话叫优化资源配置,也是一个永恒的问题,所以讲价值规律的内容,不单单是商品交换形式。

(2)劳作时间节约问题。马克思发现按劳分配、等量劳动交换,已经很接近承认商品交换了,当然他没有完全承认,还是要计划,要消灭私有制,但是已经提出这样的口号。

(3)讲到过渡时期,肯定有过渡时期的经济商品范畴,例如商品、货币、银行、金融体系、土地合作制等。我们搞社会主义市场经济,实践上有巨大的革命和飞跃,理论上来讲没有对马克思主义有根本的修正。

从国有经济来讲,我们是社会主义的国有制,不是共产主义的国有制,每个人的劳动都是等价交换的,不单是非公有制和市场经济交换,是按劳分配意义上的交换,当然这也是商品交换的基础,即便你是公有制也是等量交换的,不是无偿调拨的。

现在社会主义市场经济理论逻辑可以从马克思主义的经典理论直接延伸过来,并没有根本变化,但结论变了,过去是社会主义消灭市场,现在不消灭了,但是理论逻辑是一致的。

第二,社会主义和市场经济的关系。我们现在毫无异议地承认,社会主义建立在市场经济上,社会主义不能离开市场,无论从计算的问题,等价交换的问题,还是从多种所有制的问题,肯定都依赖市场。这已经成为共识了。

社会主义和市场经济的关系,一是社会主义离不开市场,二是社会主义要有优越性超越市场,这才是有积极意义的。如果两个不对立的,没有矛盾和差异就没有统一,资本主义和市场也是对立统一,资本主义不能完全依靠市场,比如说资本主义早期,卡尔·波兰尼讲的是用原始积累,还有企业内部资本和劳动的关系,垂直命令的关系,市场关系,老板和员工命令的关系,资本在一定范围内有垄断权威,如果都是市场,资本主义不可能存在。资本和市场关系是有差别的对立统一关系,既有市场指导,也有社会主义的优越性,结合了才是好的市场经济。

第三,现在改革遇到问题。十八届三中全会讲市场经济的问题,讲市场起决定性作用。我的理解,就是说市场更重要,从理论和实践来说要更重要,比过去做得更大,但是决定性作用是什么意思,没有一个人说得清楚。两者的区别绝不是比过去重要了。这在理论上是什么意思?什么叫决定,决定以后跟社会主义有什么关系?这些不讲清楚,会给后人造成极大的误解。十四大讲社会市场经济的时候,还是两个定义,一个社会主义市场经济,即与社会主义基本制度相结合的市场经济。

赵修义:"社会主义"不是一个形容词,不是多余的东西。

张 宇:市场经济是一般概念,社会主义是特殊概念,特殊要结合一般。社会主义市场经济特点在哪儿？当时讲得不错，现在这个决定是具体的东西，不讲理论可以理解，可以提这么一两句。后来上面的解读里面说，社会主义市场经济是与社会主义相结合的市场经济，但是还不够。应该说，社会主义市场经济在市场起决定性作用的同时发挥社会主义制度的优势。现在对十八届三中全会宣传有片面性，只讲市场决定性作用，不讲更好地发挥政府作用；只讲混合所有制，不讲搞好国有企业；只讲土地流转，不讲坚守土地集体所有和承包。

孙　力：文件报道比较简单，特别是理论宣传很弱。

张　宇：报道比较简单。市场起决定性作用没关系，加一个社会主义，因为你目标是坚持发展中国特色社会主义。

实际上当前是着眼于改革具体层面，在这个层面，市场发挥作用可以理解，也是需要的，但是理论上确实没讲透。程恩富写一篇文章说：市场经济不能是公共品、不能是事业、不能是……最后市场经济在哪？有人说市场经济就是微观基础，市场微观供求决定价格，那不是废话吗？什么市场决定作用？连基础作用都不如了，解读全拉回来了。

第四，《人民日报》上两周有一篇小文章，很正统的观点，讲社会主义市场经济是改革方向，社会主义是社会主义制度和市场经济的结合，既要发挥市场作用也要完善社会制度，共同富裕、社会正义、改善民生这是社会主义的要求。所以现在的改革是双向改革，一方面解决创新市场活力，另一方面完善社会主义的因素，更多体现社会主义，体现人民的利益，为人民而改革，不是为市场、为挣钱改革。

而且当天《环球时报》一篇文章说，过去"私有化"是最大腐败，把国有资产卖掉。习近平总书记讲，国有经济不能削弱还要加强。在一片改革浪潮当中不要让混合所有制变成个人发财的机会。习近平总书记讲话以后，舆论上开始扭转片面性。用彻底市场化办法来解决市场经济固有弊端是南辕北辙，一部分问题是市场作为不够，一部分问题是不应该由市场去做，政治领域、社会领域、民生领域，不能都是市场化。

二、 要重视社会主义制度对市场的调节

孙　力：我搞政治学，我想从社会主义理论角度来谈谈这个问题。

第一，社会主义与市场经济属性的问题。

社会主义市场经济其实有两个很特殊的历史前提和一个重要的理论前提。首

先,它是社会主义在遭遇巨大挫折和挑战以后的一个选择。社会主义本身在计划经济的路上开始走得还是挺好的,后来出现了问题,不光是中国,而是整个社会主义运动都受到重大挫折,后来完全改向了。这是一个很重大的历史变化,在这样的背景之下,我们作了社会主义市场经济的选择。

第二,我们对社会主义重新定位了。我们的社会主义是初级阶段的社会主义。关于社会主义或者共产主义究竟是什么进程?经典著作在开始区分得不是很清楚,后来《哥达纲领批判》分为两个阶段,再后来列宁把社会主义和共产主义区分开来,社会主义就是共产主义的低级阶段,共产主义是社会主义高度发展的产物。中国共产党进一步把社会主义区分出一个初级阶段出来。这样带来一个很重要的判断,社会主义现在还不够格或者说还很落后,是基础还很差的社会主义。这两个历史前提,极大地影响了市场经济的定位。

还有一个重要的理论前提,即从社会主义原则当中还是可以推导出我们今天对市场经济的接受。经典作家在设计社会主义的时候,其实思想是非常明确的,社会主义就是计划经济。恩格斯在《共产主义原理》这篇文章当中谈道:"由社会全体成员组成的共同联合体来共同地和有计划地利用生产力;⋯⋯这就是废除私有制的主要结果。"讲得还是非常明确的。后来在《反杜林论》当中谈道,"一旦社会占有了生产资料,⋯⋯社会生产内部的无政府状态将为有计划的自觉的组织所代替"。"社会的生产无政府状态就让位于按照社会总体和每个成员的需要对生产进行的社会的有计划的调节。"这些思想极大影响了社会主义的发展,是后来我们把计划经济作为社会主义的基本特征或者说基本属性来加以认定的依据。经典作家对市场经济有很明确的否定。

列宁最早用了市场经济的概念,他说:"只要还存在着市场经济,只要还保持着货币权力和资本力量,世界上任何法律都无法消灭不平等和剥削。只有建立起大规模的社会化的计划经济,一切土地、工厂、工具都转归工人阶级所有,才可能消灭一切剥削。"这是把市场经济和剥削制度联在一起,把社会主义实行计划经济同消灭剥削制度、同实现我们的理想联在一起。他们的这些论述是很清楚的,所以,我们想要直接从经典作家那里找到市场经济的依据还是蛮难的,可以说是找不到的。

这样一个理论前提、两个特殊历史前提,制约着我们对社会主义市场经济的认识。那么接下来的必然问题是:社会主义的市场经济,是否高于社会主义的计划经济?你是处在初级阶段这个地方,而马克思、恩格斯所设想的社会主义更高,那么你现在达不到这个水平，降下来了，所以你的社会主义的市场经济其实就低于社会主义计划经济。在学者们的论述当中，是潜藏着这个判定的，有些比较明确，有些是潜藏着的，认为现在实行市场经济，是由于我们的发展还不够而实行的，只不过是阶段性的措施。

那么和这个问题相关联的就是：高水平的社会主义是否应该否定市场经济，是不是当进一步走到更高的社会主义发展阶段时，我们再重新回到计划经济？我觉得这些问题我们理论上没有正面回答，或者说存在着不同的认识。

我个人认为是不是应该有这样两个判断。第一个判断：社会主义的计划经济出问题，是在社会主义生产力水平提高以后出的问题。因为苏联当初的计划经济是很成功的。苏联三个五年计划，把欧洲强国统统超越，二战一结束形成雅尔塔体制。雅尔塔体制主宰世界差不多半个世纪。一个落后的欧洲国家，能够这么快地成为世界超级大国，实行的就是计划经济。苏联实行计划经济以后，特别二战以后对西方国家产生了巨大影响，当时自由主义都很悲观。《自由与繁荣的国度》的前言里面谈道：讲计划经济的三流学者，都能够在美国大学随便找到一个职位，但是自由主义大师们居然在这个时代受到冷落。这是计划经济在初期很成功的体现，包括在中国。中国如果没有初期的，比如说"一五"计划一百五十多个项目奠定了很好的基础的话，难以建成一个完整的工业体系。市场要把这些资源配置到这么广泛的地方，恐怕是不太可能的。由于这样一种背景，恐怕应该把计划经济放到特定的历史条件下来看，把它同社会发展的程度联在一起，就能够看到它的历史合理性。

这种历史合理性实际上是同社会发展主体，即人联系在一起的。社会越是发展，人民群众需求越是多元化，而且这种需求越来越复杂，你根本没有办法用计划来加以满足。什么是共产主义？人的自由发展！自由是什么意思？肯定包含着多样的选择，丰富的选择，在这种情况下，你搞计划经济能够满足吗？

第二个判断：社会主义的市场经济包容了更为强大的生产力。我只是提出来，不一定正确。

许　明：你刚才提出经济发展水平提高后计划经济出了问题，我希望你下面论述指出问题在哪里？为什么社会主义市场经济比它更高级，更完满，更好。

孙　力：选择越是多样化，计划越难满足。生产力水平比较低的情况，比如我们早期的供给制，那个时候大家的需求都比较简单，所以用计划配置的方式，用共产主义供给制，包括苏联的战时共产主义，以及新中国刚刚成立时，很大一批人实行供给制,这都没有问题。因为那个时候大家需求都比较简单,没有多样化需求,还是能够满足的。但是如果多样化了以后,刺激人民对经济、文化、社会的需求大大增长,这时计划经济再要去满足恐怕比较困难了。

第二个判断:我认为社会主义市场经济包容了更强大的生产力。这个就和市场本身特点连在一起。我们在座有很多经济学家,能够比我更深刻地阐述这个问题。市场是资源配置非常有效的手段,通过用脚投票,能够把资源更有效地加以利用,无非谁有能力最有效地把这个产品生产出来,资源由就他来用嘛。

许　明: 从多样化地满足需要来讲改革的必要性,我看还不是根本,这是一个层次,因为它涉及计划经济体制造成的体制性弊端。

孙　力: 对,许主编说得非常精彩,这也是一个问题。

许　明: 我希望讨论下去,再说改革的声音。

孙　力: 这个问题我不展开了,许主编说的问题确实是,比如哈耶克讲计划经济稍微拐一下,就是权力高度集中。

但哈耶克分析计划和权力集中之间的关系,我认为这是可以参考的,这个逻辑是可以思考的。

我想是不是可以有这样两个判断,这是我第一个问题。第二个问题是市场的功能定位和社会主义的制度属性问题。我们看到很多人力图来解释市场的决定性作用,包括中国社会科学院的文章,说决定性作用不是全部作用。实际上还是这个逻辑,用市场功能定位判定社会属性。

用市场功能定位来判断制度属性现在已经不好用了,连现在的自由主义右翼也没有全部否定宏观调控,从亚当·斯密到今天的新自由主义,包括撒切尔也没有完全否定政府的宏观调控,已经不存在全部否定政府的自由主义了。在罗斯福新政或者凯恩斯革命以后,和过去大不一样了,我们理论按照这个逻辑走的话还是讲不清楚的,仍然从功能定位判定制度属性是不行的。

其实邓小平把这个撇开了,说市场不具有制度属性,不是你发挥多大作用的问题。这其实是很聪明的。

赵修义: 是聪明,但是能解释现实吗? 我们引进市场后,经济制度发生多大变化?

鲁品越: 他们说手段不是制度。

孙　力: 制度和手段是嵌在一起运用的。

赵修义: 我觉得这个是大问题,实际上人家提出的这么多问题,都跟这个有关系。

今天我们再用这个东西来解释,解释得通吗? 我不解释别的,就解释中国解释得通吗? 市场改革那么多年来,实际上发生的已经不仅是发展经济的手段,还涉及我们的经济制度了,包括所有制和分配关系等的巨大的改变。

孙　力:最后谈第三个问题,社会主义的政府的价值追求和市场。

许　明:每个问题都非常根本。

孙　力:社会主义的制度安排,其实是有它的价值定位的。有人说资本主义追求效率,社会主义追求公平,虽然很片面,但是反映了社会主义很重要的特征,社会要讲整个社会的共同体,不是讲某一个人,要讲公众,要讲民众,要讲整个社会,公平正义是社会主义不可或缺的价值追求。这体现了社会主义的基本核心的理念。

所以不管你采用怎么样的制度安排,总应该有这样一个价值定位,或者说用这样的价值定位来安排你的制度。邓小平不仅仅是刚才说的聪明,更聪明的是,邓小平根本没有用制度来定义社会主义,邓小平讲社会主义本质的五句话,没有一句是讲制度,他讲的全是功能,就要达到一个什么样的状态:解放生产力,发展生产力,消灭剥削,消除两极分化,最终达到共同富裕。都是功能的表述,不用制度来定义,这也是邓小平的智慧之处。

当时提出这五句话,理论界也有很多不同意见。《共产党宣言》当中就有一句话,即共产党人可以把自己的理论概括为:消灭私有制。有人认为邓小平的五句当中居然没有公有制。我觉得邓小平不讲公有制,并不是说不要公有制,而是用这基本功能框定所有制问题,离开了对所有制的要求,实际上你是实现不了公平正义,实现不了共同富裕的。

这样一种核心的价值追求,实际上体现了社会主义对市场的一种调节,包括制度安排上的调节。制度是可以修改、制定的,通过各方面制度安排来实现社会公平和正义。

我觉得其中比较重要的就是政府的公共服务问题。公共服务或者服务型政府,实际上就体现了面对公众而不是面对少数人的一个资源配置,这实际上对市场的一个弥补,市场是马太效应的,但是公共服务是公平的,我们这些年来在市场经济上出的差错,我觉得大部分可以归到这儿。

比如说教育问题、住房问题、医疗问题等,其实在这些领域提市场化,明显就是错误,失去了公共服务的功能,公共产品,公共供给的功能,失去了对社会大众的托底,失去了对社会公平的一种追求,就失去了社会主义的属性。所以需要通过这种价值

理念完成制度安排,通过制度安排来保证社会一定的公正平等的追求。要达到这样
一个目的。

我就谈这三个问题。

三、 社会主义市场经济改革远未完成

权　衡:题目拿到以后,认真想了一下,理了一下。这么多年没有认真思考基本
理论问题,所以梳理一下觉得蛮好的。现在大家为什么把这个问题又提出来讨论呢?
可能有一个背景,或者说理论上和现实中都存在困惑。邓小平提出搞社会主义市场
经济,实际上是想回答,或者说提出怎么更好地发挥出社会主义制度的优越性,当初
肯定是这样一个考虑。因为我们曾经搞了很长时间的计划经济,但是经济发展其实
比资本主义落后,生产力水平落伍了,并且出了很多问题。所以邓小平说怎么把社会
主义制度优越性发挥出来呢? 那就是搞市场经济。三十多年搞下来,我们发现这个
问题还没有完全解答好,社会主义制度的优越性没有更好地发挥出来。这就引起大
家第二波思考,到底我们搞社会主义市场经济干什么,甚至于出了很多问题,收入差
距问题,社会腐败问题,等等。我们今天讨论社会主义和市场经济,不要再回到原点
上,回到当初那个问题上来说,即社会主义要不要以及为什么要与市场经济相结合。
显然这个问题已经不需要回答了,以为实践已经明确回答了这个问题。需要思考的
问题是,我们经过三十多年以后,社会主义市场经济发展到今天,这个社会主义市场
经济模式,到底是不是比资本主义市场经济模式更有优势?

为什么这样说呢? 张老师谈到了,社会主义条件下能否搞市场经济,从一开始就
有困惑,原因在于马克思讲社会主义阶段,商品关系消亡,产品经济,不可能是市场经
济。马克思经典理论是这么阐述的。但是我们通过思想创新、理论创新,试图去回答
和解决这个问题。我们当时的一个疑问是,社会主义究竟能不能跟市场经济相结合?
甚至西方一些人也说共产党执政背景下怎么能搞市场经济呢? 但是我觉得,我们经
过这些年的发展,实际上已经有了如下四个方面的创新:首先,我们提出社会主义初
级阶段,这个回答了我们刚开始这个问题上的困惑。马克思说你不能跟市场结合,但
我们是社会主义初级阶段,初级阶段的理论能够回答说社会主义可以搞市场经济。
第二,我们提出中国特色社会主义,中国特色社会主义理论也好,制度也好,道路也
好,从实践和理论上回答并坚持社会主义可以搞市场经济。第三,努力实现公有制和

市场经济有机结合,当时提出公有制实现形式多样化,通过实现形式的多样化解决市场经济问题。第四,提出了我们可以用比较长的时间,通过改革来解放和发展生产力,实现社会主义的本质和共同富裕的目的。通过这四个方面,即社会主义初级阶段,中国特色社会主义,公有制实现形式多样化,以及改革和解放生产力,这些理论创新让我们找到搞社会主义市场经济的依据,我们在理论上是这样创新的,在实践上也是这么发展的。

但是从目前的现实层面看,我觉得我们的社会主义市场经济,似乎仍然比资本主义市场经济,更容易受到大家的指责和不满。为什么这样说呢?我觉得社会主义市场经济的发展实践中仍然有这么一些问题还没有回答好,或者说我们在社会主义市场经济建设当中,对有些问题还需要进一步作出更好的回答。

第一个就是如何更好地体现社会主义制度的优越性。社会主义的制度优越性,相比资本主义的制度优越性到底体现在哪里?是更公平,更有效率,还是在哪里?现实是我们可能在很多领域比资本主义还不公平,基尼系数还在不断扩大,人家就会质疑和责问,你越搞市场经济,你的社会主义成分越少。2013 年 3 月我到莫斯科开会,本来叫我讲转型国家的劳动者报酬变化与收入分配问题,结果会议的主席说你能否先回答一个问题,即你们现在到底是社会主义还是资本主义?我说我们是中国特色社会主义,他说还是没有回答他的问题。

许　明:我去法国巴黎参加世界马克思大会,他们就是要问这个问题。

权　衡:我们现在仍然在一些问题上比不过资本主义,本来证明社会主义市场经济应该比资本主义更加公平,更有效率,但从实践来看,我们没有解决好这个问题,我们还没有回答好。

第二个问题是社会主义市场经济,中国特色的社会主义制度,怎么更好地体现国家的治理能力。这个问题也没有回答好。你说你制度好,但是你的治理体系或者治理能力还是这么落后,手段这么落后,或者没有达到现代化。要做到三个自信,关键就是如何体现国家治理能力和治理体系现代化上面。

第三个问题是市场经济与公有制相结合。这个问题也没有完全回答好。我们梳理一下,开始是一大二公,后来公有制、非公有制、外资都可以搞,最近提出混合所有制,包括股份制。股份制其实就是混合所有制,那个时候只是强调国有资本控股,在更大比例上持股,现在大家讨论也可以不控股,但是可以参股,民营也可以参与进来,形成混合所有制经济。这里面其实也会遇到很多问题,比如说大企业集团的股权怎么进一步多元化。现在的垄断还不是市场意义上的垄断,我们进入世界五百强的企业,从数据来看,背后都是强大的行政垄断背景;国有企业领导具有行政级别,不仅经济上有非常高的年薪,政治上同样享受行政级别,这就导致存在机会公平问题、权利公平问题和规则公平问题,这个混合所有制怎么搞?

第四个问题是社会主义市场经济怎么样更好地体现和实现公平正义价值观。我到印度去访学,印度学者跟我讲尼赫鲁总理建国的时候,提出建设印度特色的社会主义,其实质就是公平正义的理念。他说,这方面你们好像问题更多,你们还是不是社会主义?我问他此话怎讲,他说一旦失去公平正义的价值观,那你就失去了大家对社会主义的基本认同。今天我们的社会主义市场经济下的公平问题、差距问题等,确实是存在的,需要从社会主义公平正义的价值观来审视并解决好这个问题。

第五个问题是如何处理好政府与市场的关系。这个问题还是没有解决好,原来计划经济有政府干预,后来讲政府重在宏观调控,现在讲怎么更好地在公平竞争的市场经济环境建设上下功夫。这次十八届三中全会提到机会均等,权利均等,规则均等,能不能实现这个目标?我们现在这三个方面都有不同程度的不均等,使得本来很好的东西,现在大家觉得出了问题。

第六个问题就是如何处理富民和强国的关系。国家和老百姓的关系,是公共和私人的关系,或者说是老百姓利益和国家利益的关系。我们在初次分配上没有反映出来,可能政府所得这一块多了一点,居民收入占比不断下降。最近上海财经大学田国强教授分析富民强国的经济学逻辑,认为经济学在本质上就是讨论从富民再到强国的经济逻辑。如果这个假设是对的话,那么社会主义市场经济在这方面怎么体现?

第七个问题是如何处理好全球化和中国特色的关系,包括国际化和本土化的问题。我们在这些年中经历了一个被卷入全球化的过程,这个过程当中既享受了全球化的红利,但是也出现了社会价值认同混乱、无序的状况。我们需要一个怎样的价值认同、民族认同、国家认同、理论认同、历史文化传统认同呢?如果大家对这些问题都缺乏认同感,那么我们究竟要建设一个什么样的市场经济呢?其实,市场化改革一开始,我们有点不自信,觉得别人的东西可能都是好的。现在感觉到,应当慢慢走向自信,从不自信走向自信,自信的过程其实就是对本土化和国际化关系的重新认识,哪些东西是我们要坚持的,哪些是我们自己的东西。我到国外,一个感觉是西方倒特别强调民族和国家的价值认同感。这显然需要我们思考和重新认识。

第八个问题是社会主义市场经济应该走什么样的工业化和城市化道路。我们走了城乡差别扩大的路子，农民进城形成了城市内部的新二元结构，导致城乡之间出现了不少问题。下一步的城市化模式怎么走？我们的工业化，加上全球化资源配置，结果是高端高附加值两头在外，我们只搞了加工贸易，所以也不是世界工厂，而是加工厂，加工厂拿的是低附加值那一部分。传统的要素禀赋和比较优势在过去还能支撑，现在能继续支撑下去吗？面对劳动力市场结构的变化，劳工成本上升等，怎么来推进可持续的工业化和城市化，这个也没有做好。

第九个问题是社会主义市场经济下如何处理好竞争与垄断的关系。这个问题与经济学上的竞争和垄断市场模式还不一样。最近我在考虑，社会主义市场经济模式应当思考市场模式问题。这个问题过去理论脉络是很清晰的，德国社会市场经济模式也好，或者是东欧国家提出的政府模拟市场理论模式也好，包括后来西方经济理论中有四种市场模式即完全竞争、完全垄断、垄断竞争、寡头。今天我们提出市场起决定性作用以及更好地发挥政府的作用，这到底是哪一种市场经济模式呢？我觉得这方面需要我们自己的理论建树，形成自己的市场理论模式。

最后一个问题，也是最为薄弱的，就是社会主义市场经济的理论依据。包括马克思基本经济理论和西方经济理论的关系怎么处理，这个也要思考。我们一直以来有一个感觉，即搞市场经济，基本的市场经济理论要遵循，应该有宏观经济学、微观经济学等方面的考虑，主流经济学三十多年来确实是这么做的。现在大家一直在问，社会主义市场经济下，马克思主义经济理论的指导性在哪里？它和西方经济理论的关系到底怎么样？为此，应深入思考中国本土化的经济学理论创新问题，包括立足于中国经济发展实践基础上的中国经济学怎么重建？如何构建中国经济学的话语权和影响力？就目前状况看，社会主义市场经济改革的任务还远远没有完成，这也许正是全面深化改革的深层次含义和意义所在。

四、 在劳动价值论这个制高点上建立自己的理论

姜义华：今天大专家在这儿聚会，我是外行，姑妄言之。社会主义跟市场本质究竟是什么？我觉得，就刚才张宇老师说的，是劳动价值。它既是社会主义的本质，也是市场的本质。马克思理论归到原点就是这点，他跟亚当·斯密的差异或者飞跃也在这里。从50年代开始，我进大学就讨论这个问题：劳动和劳动价值在社会主义社会中究竟处在一个什么样的地位？什么是社会主义的本质？它跟资本主义的差异在

什么地方？差异可能就在于是资本在起决定作用，还是劳动在起决定作用。核心问题可能就是在这里。我们讨论资本的时候，是不是把劳动作为整个资本论的核心？马克思研究整个资本主义经济，或者建立他的科学社会主义的时候，最根本的、最核心的东西是什么，我觉得还是不仅肯定了劳动力价值，更肯定了劳动价值。

我们今天要将社会主义和市场统一起来。我们怎么建立自己的理论？跟着人家跑是永远跑不赢的，西方市场经济理论已经那么成熟。你去研究一下西方市场经济理论的整个发展过程，会发现它前前后后变化也很大，你跟着人家跑，总归没有办法自圆其说。如果我们坚持从劳动价值论这个制高点上来研究中国的社会主义和市场，其实可以找到真正的统一点，也可以建立起自己的理论体系。坚持劳动价值是社会主义的原点，或者说是社会主义的核心，社会主义的本质。讲那么多的生产资料公有制也好，计划经济也好，按劳分配也好，核心的东西其实就是一个：劳动。根据马克思的劳动价值理论，自然资源是归整个社会所有的，真正创造社会财富的是劳动。当然，各种各样的土地资源、水资源、空气资源，在社会财富创造中的作用也不容忽视。问题在于对劳动怎么认识，很长一段时间我们对劳动认识比较简单。

劳动，很明显跟资本联系在一起，跟市场联系在一起。最初的原始积累时代，稍后的工业化、城市化时代，劳动更多地讲劳动时间的长短，劳动强度的强弱，《资本论》中所讲的也是劳动时间的长短，劳动强度的强弱。当然，那时已经提到复杂劳动跟简单劳动的差异。其实，劳动价值最初强调的确实是劳动的时间与强度，包括复杂劳动。我们讲社会主义，本质就是真正让社会回归以劳动作为我们的支点。市场其实本质上还是讲劳动价值的等价交换。当然，市场会受到各种各样其他因素的影响，但是最本质的应当就是劳动价值，市场的本质在这里。劳动怎么互相交换。包括抽象劳动、具体劳动也好，直接劳动、间接劳动也好，互相进行交换，方能形成市场。

我想，我们这些年来出的问题，其实都是在这上面，即是不是真正坚持了劳动价值本质。新中国成立初期，我们急急忙忙搞社会主义，最大的问题就是没有真正尊重劳动。那个时候，我们的社会主义出了问题，就在于违背了劳动价值的基本规律。今天我们转向市场经济以后，争论那么多，核心问题还是在这儿。真正劳动致富，老百姓是不会有那么多意见的，我们的问题出在大量地利用权力牟取特殊利益。我们过去将劳动简单化，认为体力劳动才是劳动，知识分子知识型劳动不算劳动，管理者经营管理型劳动不算劳动。他们的劳动价值怎么计算？市场经济还是以劳动创造价值为基础、为核心。今天最大的问题仍然在这一点上，即看你是不是真正坚持了劳动价值。为什么今天对官二代、富二代、星二代大家意见这么大,就是因为他们不是靠劳动而是靠特权一下子占有巨额财富。

张　宇:乱了。

姜义华:根本上就是有没有坚持劳动价值,存在大量钱权交易。为什么你可以得到那么多的资源?

他们中许多人都是利用了和权力的特殊关系,获得这样一些资源。包括房地产行业,有大量的人脉关系,就能够搞到大量的贷款,搞到紧缺的土地。

赵修义:一些有权力关系的先获得资源。

姜义华:问题其实不是出在社会主义本身,只是我们没有坚持劳动价值。同样,市场经济也好,房地产市场也好,土地租赁也好,还有各种各样垄断型企业,都有一个能否坚持劳动价值的问题。

柳宗元的《封建论》里讲,中国郡县制建立以后,公天下的制度在某种意义上已经实际上建立起来,当然每个皇帝都想将天下变成自己的私天下,但是有那套制度,国家治理成为社会精英的公共事务。我们现在同样也是这样的问题,有没有真正坚持公天下? 市场中大量的是非市场的经济,是违背劳动价值规律的东西。真正建立统一的社会主义市场理论,不要忘记老祖宗马克思那里最核心的劳动价值论。

现在可以比较清楚地看到,近代以来,自从资本原始积累以来,劳动本身发生很大的变化。最初主要是体力劳动,包括搞了流水线,每个人在明确的分工之下,都从事高强度的劳动。到今天,劳动已经发生很大的变化,所谓知识经济,就是智慧型劳动、知识型劳动占据支配地位。所以,现在劳动最大的资源是什么? 不是你的体力,而是你的知识、技能,是你的创造力。这些东西,在今天劳动中间贡献究竟有多大?这个问题要研究。社会主义与市场怎么统一? 我觉得要研究劳动本身的这个变化。然后,还要研究组织管理在劳动价值的创造、实现、提升中间起了多大的作用。整个社会的治理,包括国家的治理、企业的管理,在劳动价值的创造、劳动价值的实现、劳动价值的提升上面发挥什么样的作用。我觉得这两三百年下来,对劳动本身需要作专门的研究。马克思《资本论》第一卷出版后,他在留给我们的大量经济学手稿中,事实上一直在研究这些新的问题,最后当然没有完成,但后来我们也没有顺着这个思路继续研究。一直到今天,劳动跟劳动价值本身发生什么样的变化? 在劳动价值实现过程中间,各种各样的要素起什么样的作用? 它们的贡献多大? 在社会持续发展中间,在社会治理、国家治理中间,怎么让所有这些要素各得其位? 我觉得,这是今天要研究的基本问题,也是建立我们自己的理论所不可回避的。过去,在不争论的情况之下,说实话,对这些问题都没有真正下功夫,当然也就不可能从根本理论上建立我们自己的体系。我作为外行,觉得最好从劳动价值本身建立我们自己的理论体系。

赵老师曾专门写过长篇文章,说明亚当·斯密在提倡市场经济时,又写了《道德情操论》。西方在发展市场经济时,有影响非常大的宗教存在,这个宗教在制约着人们的意志和行为。市场从来不是脱离社会化而孤立存在的。一两百年以来,劳动和资本不断抗衡,劳动一直跟权力在抗衡。今天西方社会民主主义,或者西方的市场社会主义,就是在这些抗衡中发展起来的。市场当然要长期运行,像马克思当年所说的周期性经济危机逼使资本主义经济本身进行调整。另外,劳动本身的力量确实越来越大,在西方国家,劳动者的权利、劳动者权利的保护、劳动者对企业的发言权,有了那么多进展,就充分显示了这一点。

劳动本身的作用不能忽视,其实我觉得西方之所以能走到今天,正是显示了劳动本身越来越大的价值。比尔·盖茨能够有那样的创造,让世界有那么大改变,他的贡献就是劳动价值。他不纯粹是资本者。资本,作为累积起来的劳动,是劳动继续在起作用。这不是指那种充满血污的大量依靠赤裸裸掠夺的原始积累时代的资本。所以我觉得,在这样一个问题上,我们应跳出将资本与劳动绝对地对立起来的习惯性思维方式,从一个新的角度来建立我们自己的理论。今天的国家治理也是这样的。刚才讲到公平正义,我觉得核心问题也是在这里。我们今天究竟要坚持什么东西?我觉得从马克思理论中学到的最重要的还是劳动的真正价值,今天社会主义要坚持劳动的价值,共产主义也不能丢掉劳动的价值。尽管那个时候的劳动或许跟今天更不一样了。

2001年建党八十周年时,江泽民在他的讲话中,重提每个人自由全面发展。这是我们的终极目标。它意味着把劳动真正变成责任,变成享受,劳动创造社会财富,创造整个社会的生活。所以我一直讲,什么叫公平?什么叫正义?什么是社会?什么是整个社会?这里面都有标准。用什么来作为公平的标准?什么是正义的标准?应当旗帜非常鲜明地说,每个人都得通过自己的劳动来发展自己,来实现自己。很多人条件不好,就必须解决公平教育问题,让人们拥有接受同样教育的机会,拥有同样进入城市参与就业的机会,如此等等,这就提供了真正的公平、真正的正义。这里首先是他们要拥有同等劳动的权利,有同等显示自己、创造价值的条件。你要给他提供这个基础,这才是社会的公平和社会的正义。

五、 劳动价值本体问题

石　磊:我这个话题跟姜义华老师有一点点关系,我非常赞同姜老师核心观点,实际上叫做劳动价值本体问题,随着改革开放发展当中问题的不断暴露和我们对这些问题不断有新的认识,我们不管有意识还是无意识,事实上又在回到形而上的层面上作价值追问,这反而对了。形而下的东西难免会显得很烦躁,因为它在解决一个一个生存的问题。

姜义华:不能把社会主义最本质的东西丢掉。

石　磊:我补充一点想法,社会稳定性取决于价值核心的稳定性,如果你这个社会基本价值倾向是多元化的,很多个,难免让人感觉你什么都说了结果什么都没说。

美国经常把这个问题简单化,简单化也有好处,自由主义,你接受不接受是你的问题,所有制度安排、政策制定就围绕这个展开,保持他逻辑的完整性。

既然更多地又回到形而上的价值追问,我重点集中在为什么同样是市场经济,社会主义市场经济模式比资本主义的市场经济模式更受指责? 接着权衡的话题,这个问题应该说社会主义市场经济合理性谈得多,就是邓小平最初讲的,社会主义可以有市场,资本主义也可以有计划,这样可以当成两个手段。事实上如果我们真的把这个问题讲清楚了,真的不单纯是社会主义,各自都是相对完整的制度体系,如果真的是手段倒简单,那是技术层面。

张　宇:手段很功利主义,理论上不成立。

石　磊:现在两点可以更好地理解邓小平:第一,他是实践家,我们对他不能从理论上要求太系统太完整。第二,当时提这个问题的背景,是国内贫困,所以为什么后面坚持开放? 如果不坚持社会主义、不坚持改革开放、不发展经济、不改善民生就没有出路。这个话跟他对应起来,就知道为什么这样讲。

张　宇:他当时讲市场,不是指广义上的市场经济体系,当时市场比较小。

石　磊:那个发展阶段上,没有给你完整定义,他几乎没有给其他东西下定义。我自己的理解是几个方面,一个是本来意义上的社会主义,确确实实与市场经济在制度层面上是对立的。如果不用我们现在改革的话语来谈社会主义,社会主义和市场经济天然可以结合这是胡扯。既然本来意义在制度层面上确确实实是对立的,那后面 13 世纪清教徒原始积累,到 16 世纪欧洲文艺复兴,逐步把资本主义和市场经济联为一体的文化障碍包括文化伦理障碍基本消除,即进行了制度性思想启蒙。近代思想启蒙当中,关于自由和民主,契约社会建构,这些方面又作了非常多的尝试。我现在在思考,这绝不是思想家突发奇想,他们都跟我们这些人一样,发展当中面对很多非常棘手的矛盾,无论思想的突破,还是制度上的突破,都是针对一个个具体问题的。

那么有了这个思想启蒙,有了已经完成的两次思想解放,就是宗教革命和文艺复兴,然后再加上与经济市场化所要求的民主制度的建构和法制社会的建构,你看到所有与经济行为相关、与企业和个人两个微观主体相关的法律,都是围绕一个主体,即以制度制约权利。功利社会已经成为非常强大的哲学思想潮流,你面对功利主义,没有很好的权利约束体系、利益约束体系,这个社会一定会崩溃。

一个社会如果没有秩序,我损害你利益,你损害我利益,社会福利将会有减无增。最好方式是联合,为了实现微观主体利益最大化,效益最大化,你要尊重别人的权利、别人的选择,于是最后建构成相对完整的,以均衡为基础的经济制度体系,以权利约束权利为核心的政治制度体系,以强调选择自由和民主为基础的社会建构,解决这三个层次的问题。

至于其他的政策都是内生出来的,你需要这个政策就颁布这个政策,你颁布这个政策是短期的,过一段时间换另外的政策。但万变不离其宗,政策不管有多少个性,绝对不可以挑战自己的国家哲学,这样逐步形成了一套比较完整的、稳定的,至少目前为止可以成为比较有效的一套制度体系,这个有效、稳定、持久的制度体系,给资本主义市场经济以更多的可能。当社会主义市场经济和资本主义市场经济被放在同一个空间和同一个时间上进行比较的时候,第二个问题出来了,市场经济毕竟不是社会主义原有体系当中内生出来的,有人说嫁接其实也不准确,我把它叫做通过改革开放实现了中国的社会主义和平转入市场经济,没有通过大规模的很激进的战争,不是一个阶级推翻一个阶级,而是和平转入,你要想难度小,那就从改革成本最小的地方进行。什么领域改革成本最小? 是农村,因为是制度边缘,因为解决了吃饭问题。所以首先把土地还给农民,这是成本最小的一场改革。

成本次小的改革是什么? 放开非公经济,他压根儿没有指望你自上而下地改革,你给我,我不拒绝,但你没给我,自生自灭我就这么干了。你制度内搞不到的,我就在制度外搞,制度如果有漏洞,我尽可能把漏洞钻大一点。既然预计到这种情况,那么制度建构就很重要,没有很好的制度建构,最后肯定是钻你空子,空子越钻越大,问题越来越多,最终制度体系千疮百孔,迫使我们完善法律制度体系,完善制度建构包括监管体系。这个问题应该倒过来这么看。

第三个成本最低的,就是原有苏联模式的集体经济,最后才是国有企业的改革,因为是制度内改革,谁让改革谁给我付费。这就是为什么早期放开民营经济的时候,没有搞再就业工程。国有企业职工是企业的主人,主人是不能下岗的,不能失业的,如果失业我生存怎么办?第一个国有企业改革的案例,就是沈阳第一爆破机械厂,那很有趣,你宣布他下岗,工人敲着饭盆到你家吃饭,结果厂长一下子明白了,理论上那么复杂的东西,结果工人集体谈判的场面把他提醒了。他说是啊,我怎么让他们下岗呢?结果陪着大家,把家里所有东西吃光了以后,宣布明天继续上班,有我吃的,就有你吃的,一场轰轰烈烈的改革就结束了。这就是体制内改革最初的情况。

事实上,只要你走了改革开放这条路,无论你通过革命方式还是和平转入,你面对的问题是绕不过去的,本来两个制度体系就是不吻合的。

改革开放忙于发展,把过去隐而不宣的、认识到又讨论不清楚的问题丢在一边,对现实的理论问题不屑一顾;现在问题成堆,矛盾亟须解决,不能再继续一个一个丢在那里,又一个一个要把它捡起来。于是我们就发现,没有一个问题是可以忽略的,都是重大问题,都涉及制度问题,中国如果不认认真真地把这些深层次的问题理清楚想清楚,不把制度上深层的问题加以解决的话,我们的发展一种可能是到此为止;另一种可能就是不仅到此为止,还会导致增量矛盾和存量矛盾累积、激化,以至于不可收拾。当一种制度、一个社会演化到全社会缺乏基本价值认同的时候,这就需要从最根本的问题上来思考社会价值建构的问题了。

第三个与之相关的层面。社会主义诞生以来,人们最初对社会主义文明的价值期待是马克思提醒我们的。社会主义共产主义如何如何,最初我们不知道这一切的时候,甚至不知道怎么走向彼岸世界的时候,我们全都抱以极其乐观的期待,接受了马克思主义带给我们的这个制度。然而残酷的现实、复杂艰苦的现实,使我们在实践当中感觉到,原有的价值期待跟现实差距太大了,人们更多地从形而下,从自己的生存体验、生活感受来看现实的时候,难免产生更多的怀疑。现实当中尽管有很多困惑,但是每一个人需要依靠原来这样一个价值追求,但还要考虑怎么走向彼岸,真的能够解决我们面临的现实问题。

从最初的文明价值期待,到社会主义配置效应期待,如果不知道未来共产主义为何物,那就提一个低一点的目标来改善我们的价值期待。中国改革最初就是这样开始的，最高决策人并没有告诉我们，理论家也没有告诉我们，中国改革走向何处去，十二届三中全会总结了六年的改革实践以后才提出解决资源配置效率的问题。对这个问题的关注，是由于对现实生活当中的不满足引起的，贫困、资源配置低效率、严重短缺、普遍的配额制，过去信誓旦旦接受、似乎比资本主义的资源配置更合理、更有效的社会主义制度，居然连基本的生存困难都没有解决。于是我们有理由把改革和资源配置效率结合起来，最后所有关于改革的设想，合理还是不合理，选择什么样的改革举措，就看这个举措有没有可能更好地改善我们的基本生存状况。

赵修义："三个有利于"标准就是这样提出来。

张　雄：最早的提法是社会主义到底有没有效率，应该通过什么方法解决效率的问题。

石　磊：这个问题第二国际讨论过，问题是社会革命成功了，你就是唯一赢家。包括最初希法亭都提出这个问题，考茨基就不相信这个一定有效率。他说不行我自己去实验，他带着自己的理论到北欧搞。你现有的自由资本主义没有解决公平问题，另外你这个社会主义没有解决效率问题，如果把这两个东西合而为一，用这一套东西把这两个问题同时解决，一定证明这套东西是有效的。这个问题的讨论由来已久了。

由来已久的问题，在中国改革开放之初，以同样的方式被提了出来，那就是资源配置的效率，所以中国改革开放迄今为止是围绕提高资源配置效率进行有选择的改革，这样一来带来另外一个问题，只要有助于效率提高我们就接受，但是强调资源配置效率，恰恰是原有的资本主义市场经济建构起来的成熟的东西，虽然我们并没有说要搞成资本主义市场一样的东西，但是强调以效率为标准提高资源配置效率的话，最后一定可以走到跟它一条道上去。

姜义华：这是新自由主义最基础的理论。

石　磊：他们常常问我们，你们说的社会主义跟资本主义有什么区别？这个问题50年代末、60年代初的老一辈学者都知道。苏联的哲学家写过一本书《苏联是社会主义国家》，他们那个时候提出问题，跟我们现在提出的问题逻辑上有相似的地方。当时勃列日涅夫改革也是为了解决低效率的问题，生存困难的问题。你这个做法是不是证明你还是社会主义？如果我们今天的问题出于同样逻辑的话，那大家总会追问，如果仅仅提高市场配置效率，以此为目标来推动改革，来进行建构，那跟社会主义市场经济越走越远，因为两个是同一个东西，是殊途同归。殊途同归是不是坏事我们今天不评判，但从实际可能性趋势来说，极有可能越走越近，从而越来越难以回答别人对我们的追问:到底你还是不是社会主义? 理论界想把这个东西放一放,但是这个问题能放多久呢? 如果我们可以放,执政党能长期放下去吗? 在《新思维》里面,戈尔巴乔夫说"苏联并不是非搞社会主义不可",这句话是心理上击垮共产党的最后一根稻草,共产党一旦宣传不搞社会主义,或者事实上不搞社会主义了,立刻会成为可有可无的一个组织。共产党不可能把这个问题长期放置在那里,因为这个问题很严肃,不单纯是学术问题。

第四点,社会主义市场改革实践当中,客观上形成了社会利益结构的解体和阶层的分化状况,整个社会原来在大一统的计划经济概念下,形成了一个完整的、没有利益阶层结构划分的局面。现在这种大一统的体系已经被撕裂了,而且被碎片化,这个社会已经被碎片化。

碎片化的也就是无价值标准的。面对这样一种情形,在社会矛盾加剧的时候,人们更多的是怀疑市场经济和社会主义制度体系的关系,怀疑市场经济的合理性和可行性。于是就有点类似于资本主义在法国发展处于最快最关键时期,就是18世纪中前期的时候,处在小资产阶级经济学家和古典经济学家之间的西斯蒙第,一方面,面对现实他冷静地说,资本劳动应该什么关系,但一回到他自己的现实生活的苦恼当中的时候,他怀疑已经失去传统。法国小资产阶级情绪非常激动,有一点像我们这样的状态。不是说我们很多人留恋失去的过去,而是现存的状态给我们带来那么多不如意。矛盾总归存在的。由于目标没有给我们稳定的预期,现有的矛盾有长期化扩大化的趋向,认为将来可能解决这个矛盾变得更加困难。现实社会当中公权腐败,使解决这个矛盾的难度增加了。正因为这样,我们理解为什么这一届政府把反腐放在非常重要的地位。

经济上有的时候哪怕慢一点,收入水平低一点,百姓并没有很激烈的情绪。在座很多熟悉历史的老师,中国古代朝代的更迭,往往经济上并不是最坏的时候。当然,经济严重衰退,民不聊生,一定导致制度更迭。我们今天如果仅仅从经济发展层面上来讨论问题的话,可能我们忽视了另外一个悖论,经济发展了,但矛盾也增加了。怎么看这件事? 可以一般化地说,发展了才会感觉到有问题,发展中会产生新问题,这个话等于没说,问题总归在发展中产生的。问题这两个线性相关,一旦发生以后,立刻会导致过去从来没有发现过的,且非常尖锐的更加难以解决的矛盾产生。

第五,与社会主义和平嵌入市场经济相关的制度建构问题。西方经过了13世纪以来长达800多年的长期制度建构。不是说资本主义和市场经济天然结合,不是的,危机就是矛盾的集中爆发,实际上最后是从制度建构上解决这个问题的。其中包括法律建构和完善,各个法律体系自身的完善,以及政策体系的完善和民主自由体系的建构等。西方直到现在也没有从终极意义上解决这些问题。我们现在遇到很严重的问题,当然有些层面解决了。时间还真能说明一些问题,今天遇到的在三十年前想不到。

一个社会的演化是个过程,要分析发展过程当中出现的问题,在发展当中逐步加以解决,不能长期熟视无睹。制度层面上我们没有完成一个系统的建构,所以十八届三中全会决定里面有一句话讲得不错,制度要有稳定性、持续性、连续性,恰恰这又是非常艰苦长期的过程。我们还没有完成这个过程,难免人们会否定社会主义市场竞争的合理性、可行性。

资本主义市场经济、社会主义市场经济,两种市场经济的实践,各自伴随着程度水平不同的技术进步和社会稳定状况。我们不讨论制度问题,制度文明是难定义的,技术进步至少是可以看得着的。资本主义长期的积累获得了优先话语权,当我们以发展为准绳建构基本政策体系的时候,结果发现影响发展的核心就是制度建构能力。资本主义已经走在前面,拥有了优先的话语权,我们显得被动,这是自然历史过程。

这是我想到的几个方面,人们基于现实的状况对社会主义市场经济提出更多的质疑,至少是不满意,而对资本主义市场经济持先入为主的态度。我们对社会主义市场经济有些问题没有想清楚,但方向应该是没问题的。网上情绪非常激动,我们则应认真考虑怎么解决这些问题? 这些问题到了非要解决不可的程度了。

赵修义:说人们对西方的市场经济满意而对中国的市场经济不满意,这个问题其实没有太大的意义。

鲁品越:没有对西方市场经济满意的。

赵修义:布热津斯基在中国开始搞市场经济的时候曾经说,西方发展市场经济就像一个把生蛋煮成熟蛋一样,从计划经济转到市场经济像熟的蛋还原成生蛋一样,这是不可能的事情。意思是,这是世界历史上没有先例的事情,没有哪一种理论给你提供过你有这种可能。确实这不是现有理论和观念都能够解释的一个现象。所以,现在要来回答市场经济跟社会主义的关系问题的时候,恐怕还是要先把做过的事情,也就是把中国的故事讲清楚,中国怎么会一步一步走上市场经济,又怎么走到今天的,这里面到底怎么回事。在原有概念里面比来比去,好像这个故事找不到出路的。

石磊其实讲了许多历史故事,权衡也讲了三十年的过程,我不再重复。但是这个过程意味着什么呢? 我最近读了新出的《斯大林传》,觉得对我们讲的"理论指导实践"要作具体分析。理论给你的东西,往往就是确定最基本的价值目标,或者确定最基本的方向,实际做法是每一步应对当时的迫切问题作出决策,有些是偶然的或者是应急的决策。比如列宁原本没有想到那个时候有革命的可能性,但是利用机会搞起来了。后来搞战时共产主义,那是没有办法了,因为农民不给粮食了,城市里面没有粮食了。转到新经济政策,也不是根据市场经济理论或计划经济理论,只是因为余粮收集制度搞得农村里造反了,更加没有粮食了,所以搞新经济政策,只收粮食税,余下的留给农民。照那本书的说法,新经济政策一直延续到20世纪20年代末,20世纪30年代初才完全取消。那个时候斯大林想着要打仗了,要在十年时间把军备搞起来,搞重工业,要造飞机、要造坦克。但是没有资金,要靠农民来积累,搞剪刀差。搞出了一个苏联模式。

中国有很多事情也是这样。50年代搞统购统销搞得那么急,就是因为城市发展了,粮食没有了。我那个时候在中学里,学校紧急召开全体大会,包括学生也都去,宣布处分两个干部,拿着痰盂罐去买油,当时就是把粮食跟油都控制起来了,两个干部拿着痰盂罐买油就要处分,造成一个震动。

姜义华:相当大一部分是我们头脑里面理论起作用。当时作出统购统销这样的决策,确定过渡时期总路线,都是在这个基础上搞起来的。将城市工商业跟农村隔开,农民没有办法走到市场上去了,只好接受改造。那套理论,大多是苏联模式的东西。

赵修义:理论有两方面的作用,主要有基本的价值追求,有一些基本的框架,还有一些理论是事后对现行的政策作出的解释。很多理论是这么来的。至于为什么要这样解释,当然是针对当时的情况,回答人们的疑虑。其中就包括要解释清楚这样做是不是具有传统上的合法性,与以前的解释是不是连结得起来。这是中国的特点,我们很多理论争论,其实也是这么一个情况。

中国走市场经济,并不是事前有什么市场经济理论,也不是有什么关于市场的具体的说法,就是在解决中国现实问题的时候一步一步提出来的。刚才石磊把这个过程回顾了一下。那个时候邓小平对农村的问题,他提出"经济民主",把所有人积极性调动起来减少限制,他用这个概念。当时,承包制没有人从理论上把他说成是市场经济,现在看来这个东西就是市场经济的开始,然后长途贩运等都开禁了,是一步一步这么开始弄的。

真正提出市场的概念,是南方谈话时。南方谈话讲手段,这个问题我这些年一直在想,当时讲手段,确实有合理性,因为你不讲手段的话,根本没法推行。手段可以有两种理解,一种理解像打火机一样是工具,谁都可以用,完全是中性的,就是要达到提高经济效率的目的。当时,着重要解决的问题是效率,然后是生产力标准问题等,都是在这样一个前提下引出来的。

后来为什么出了那么多的问题? 我觉得,实际上搞了市场以后,起码三个问题是比较突出的。第一是市场出来以后,必定会导致过去禁止的或者过去小范围允许的,作为补充的私有经济大量出现,这就涉及所有制的问题。

第二是涉及分配问题。十四届三中全会决议采用的那些说法,叫做按劳分配为主,又要按要素分配,资本、土地都参与分配。什么叫按劳分配啊? 按劳分配在马克思主义的经典理论里面,是整个社会的分配制度,而不是具体到哪些人怎么分的问题。我以前有过一个被人认为是很荒谬的看法,即资本主义社会里面,劳动和资本分好之后,劳动那一块在劳动者之间也是按劳分配的。实际的演进很明显,基本上就是按要素分配,而且在这个要素分配里面,劳动这一部分多年来呈越来越下降的趋势,问题就出来了。

接下来说第三条,即经济基础同上层建筑的关系相关。市场经济是不是属于经济基础,对上层建筑有没有决定作用? 与这个相关的就是,这个"市场"到底是什么? 始终各说各的,没有搞清楚这个问题,就开始搞市场经济,大家去练摊,全民经商,学校破墙开店。今天讲的市场经济是怎么回事? 到底市场是什么? 今天解释市场,大家都说要按照历史唯物主义,可是在历史唯物主义那个生产力、生产关系、经济基础、上层建筑理论框架里面,市场到底被放在什么地方? 到现在为止都是悬在空中的。说市场是生产力吗? 好像没有人这么说,只说搞市场是为了发展生产力。说市场是生产关系吗? 不敢直接说。我们发明的词开始叫市场机制,后来又发明一个词叫市场体制,到底是什么呢? 到底算不算生产关系啊? 不清楚。这个东西在外国的理论中找不到答案,因为他们不讲生产关系,自由主义讲市场很简单。法国人还写过这种书,就说市场是反资本主义的,市场本质是反资本主义,这些基本的概念、基本的理论问题,都没怎么搞清楚,与上层建筑的关系也就难以解释了。

还有一个问题我想提一下,我们理论研究现在要做的事情,重点应放在哪里? 是提出一些理论来,指导下一步的改革,还是作出更多的解释? 我觉得要作出选择,至少要把两者区分开来。这是两件不完全一样的事情。

姜义华: 其实在前面二十年,公有与私有,计划与自由,一直在较量。在中国农村,农民一直顽强地维护着、争取着他们的自主权。中国工业化选择什么模式,也一直在较量。十一届三中全会把这个口子打开了。农村改革为什么呢? 你现在看毛泽东年谱就清楚,农业合作化、人民公社化,可以向农民一步步让步,最后守住一条线,就是绝不让搞包产到户。但最后,你会发现,还是中国默默无闻的那些农民最强大,是他们给中国的改革开放打开了大门。

许 明: 刚才这个意思对的,但是我说的是什么呢? 在更形而上、更抽象的层面上,对社会主义本质进行反思的层面上,整个80年代这个过程是没有启动的,90年代中早期也没有启动,因为不敢公开怀疑过去有关社会主义的定义,也不敢说苏联模式和所谓的马克思主义的传统有历史局限。过去讲在社会主义的体制下实行市场经济,这与实行社会主义市场经济体制是两个概念,在思考市场与社会主义的关系时可遇到大问题了,并不是光说经济体制,搞个经济改革,搞个联产承包制、混合制等还好办,市场体制条件下社会结构究竟是什么? 我们需要重新定义吗? 我一直说我们没有替代物。这个替代物要确立可是大麻烦事,因为马上就会有对立面:新资本主义。

有些文章说俄罗斯不仅住房不要钱,18平方米要交一点点钱,18平方米以下不要钱,水电煤统统不要钱,不仅不要钱,连电表都取消了。对新资本主义我们到底应该怎么看?

赵修义: 俄罗斯也没有讲他就是资本主义。

许 明: 当然是资本主义的制度,完全是资本主义的制度。

根据十八届三中全会全面深化改革的要求,我们马上要进入中间层次和操作层面的改革,股份制问题,混合所有制问题,反腐败问题,这些都应该做,但是顶层设计呢? 关于社会主义的顶层设计呢?

我认为在操作层面、经济发展层面上,我们分析做得很强,但是理论建构层面方面弱了。我们的社会主义理论发展也好,制度建设也好,确实存在一些问题,这些问题产生的原因,跟我们对社会主义的认知,跟社会主义理论的根本建构有关系。

姜义华: 要说问题,我们前三十年的社会主义问题比今天其实要大得多。这三十多年来的发展中,新问题大量出现,但是绝不代表那个时候就比现在要好。那个时候的问题其实更多。

六、 社会主义是一个至高的原则

鲁品越：先讲一个很虚的问题,即我们的思想方式是不是要改变一下。我们学者总是喜欢按照某种逻辑体系的严密性考察一个社会,这必然会造成各种各样的困惑。实际上,社会是多元力量斗争的结果,这些社会力量本来是不相容的、互相制约的。但是我们在思维习惯上总是要求按照严谨的逻辑实行某一种单纯的主义,如果真的这样实行的话,这个社会肯定搞不好。还是邓小平高明,提出社会主义搞市场经济的概念。社会力量本来就是多元力量,市场经济的优势是通过作为社会关系力量的资本来组织社会再生产,具有强大的自发动力作用,其危害性在于资本积累会导致贫困积累,包括经济贫困与生态贫困等的积累。所以必须用社会主义力量加以制约与驾驭。社会主义市场经济的本质,就是用社会主义力量驾驭与导控资本力量。

《资本论》我看过很多遍,马克思假设的资本主义体系只有单一的资本力量,资本在全社会起唯一的支配作用,由此逻辑地形成的社会体系必然是无法维系的,即使在资本主义国家也不可能行得通。所以后来资本主义不得不引入了一些社会主义因素,但是由资本家统治的西方社会,必然要求资本力量处于支配地位,所以资本主义的本质并没有改变,这是一方面。另一方面,斯大林搞的是纯而又纯的社会主义。在"文革"中,四人帮"宁要社会主义的草,不要资本主义的苗",搞那种逻辑上纯粹的社会主义,同样行不通。一个社会按照某种单一逻辑原则来建构,这个社会非解体不可。道德上也是如此。只讲爱国主义,不讲其他原则,以为只要爱国,杀人放火都可以,行吗? 我们的社会主义也是这样。有人说,社会主义与市场经济不相容,所以社会主义市场经济不成立,这是肤浅的形而上学。社会主义诞生就是为了制约资本主义缺点的,社会主义市场经济的伟大生命力就是用本质上不同的社会主义力量来导控与驾驭市场,将其纳入社会主义轨道,在不相容中走向统一,这是它的伟大生命力之所在。这就是辩证法。

我不同意把社会主义理解为追求公平、正义。表面上看,大家都承认公平正义是普遍价值,但是问题在于什么是公平正义? 这时候就各唱各的调,普遍不起来了。资本主义从来都认为自己是最公平的。按照西方经济学,各种要素分配所引起的商品总价值的增加,公平得很。马克思主义则认为这是最不公平的。至于什么是正义,就更讲不清楚。把社会主义的本质定义为公平正义,会陷入逻辑循环,归结为更加说不清楚的东西,带到更大的无休止的争论中去。

在马克思主义看来,社会主义生产跟资本主义生产的根本差别在于:资本主义生产的最高目的是追求价值增值和作为社会关系力量的资本的积累,通俗地讲,就是追求钱,追求 GDP,而不是使用价值,使用价值只是它实现价值增值和资本积累的工具。而社会主义生产的根本目的是生产出有利于人类生存与发展的使用价值,恩格斯将其概括为"按照社会总体和每个成员的需要"。而它在当代中国的现实体现,正是邓小平提出的"三个有利于":是否有利于发展社会主义社会的生产力,是否有利于增强社会主义国家的综合国力,是否有利于提高人民的生活水平。这是恩格斯关于社会主义生产根本目的的思想在当代的发展。因此,社会主义市场经济,就是用"三个有利于"的社会主义生产目的,来克服和消除"唯钱论"的"商品生产",这是社会主义市场经济建设的目标所在。一旦离开"三个有利于"这个目标,或者把"三个有利于"的目标混同于盲目追求 GDP 的"唯钱论"目标,社会主义就不复存在,中国将会重蹈世界资本主义的历史覆辙。

我不认为西方资本主义市场经济现在受到公认。特别金融危机发生以后,资本主义给全世界带来这么大危机,已经失去了合法性。所以,寄希望于中国的社会主义市场经济。当然,我们的社会主义市场经济不成熟,但社会主义绝对不能丢。现在的问题不是要丢掉社会主义,而是如何利用社会主义制约资本主义,如何让社会主义有力量来驾驭资本主义。这就要讲公有制为主体,各种经济形式共同发展,讲坚持党的领导,坚持社会主义民主政治,等等。

一个社会若使用单一逻辑原则,这个社会非解体不可,道德上单一也会把社会搞垮的。绝对大公无私就好了?若这样,这个社会很难存在发展下去。

真正大公无私的人很可怕。大公小私,一个人有一点牵挂还有制约他的地方。大公小私才是社会常态,一个人道德上不能这么纯粹。

任何一种单一道德都是恶的,哪怕挂着最好的招牌——爱国主义。杀人放火我都是爱国,行吗?什么东西都不能单一道德,同样一个社会制度也是这样,社会主义产生出来就是制约资本主义缺点的,要勇敢承认这个矛盾。

另外我讲一下什么叫社会主义。社会主义和资本主义市场结合这个不存在,现在讲的市场就是资本创造的市场,不存在结合的问题。资本是市场创造的原动力,天然产生了市场经济,资本主义就是市场因素,私人资本主义就是市场经济。

资本主义市场经济的最高目的,就是追求增值。追求增值的过程有其积极的一面,你要追求增值,要投入物质生活当中,这是积极的一面;它追求的不仅是价值增值,它在分配流通过程中也带来了新的意识形态:要求公平正义。社会主义是干什么的? 社会主义就是马克思在《资本论》讲的:不是以私人价值为目的的生产和分配体系。邓小平将"三个有利于"作为目的,生产力是根本,这是生产层次的,消费层次有公共消费的,社会公利,最后是社会主义正义(我有不同看法),公平正义大家都追求,问题是什么是公平正义? 他认为资本主义提倡相同机会是公平,什么是正义就讲不清楚了,社会主义的本质我觉得并不在于公平正义,社会主义追求社会主义的公平正义,那就逻辑循环了吗? 社会主义要追求不是逻辑循环的东西,否则公平正义说不清楚。

我们不能把我们带到更大的争论当中,无休止的争论,社会主义就是"三个有利于",我觉得邓小平这点说得很不错,另外就是追求社会公共利益。资本主义就是资本的最大化,追求私人价值,社会主义就是追求社会的共同利益,这个就是社会主义的本质,社会主义追求公共利益,有的时候会形成一种对资本的制约力量,我们就是要承认二元力量。一切为了挣钱,那社会和国家会马上解体,必须有一个力量加以制约,不制约不得了,西方也是要制约的。

我们国家应该怎么确保有效的制约? 西方资本主义制度仿佛现在受到公认,我不认为是这样的。金融危机发生以后,资本主义失去了合法性,它给全世界带来这么大危机,全世界的萧条,西方人都不说资本主义市场经济好了,资本主义市场经济没有受到大家充分肯定,索罗斯作为资本主义的代表人物,对资本主义的制度都持有怀疑的。我们社会主义当然不成熟,现在还早得很;但是社会主义的旗帜不能丢。现在资本主义市场太大了,我强调资本主义有理由存在,但现在问题是怎么利用社会主义制约资本主义,怎么让社会主义有力量。

我觉得社会主义控制市场,控制资本,然后由市场去决定资源配置,政府不要直接配置资源,政府管市场。怎么配置资源,由哪些资本力量来配置,这个政府不管,这是两个层次的。社会主义是高于资本层次的一种政治、经济的力量,管资本,而不要与资本在同一个层次上抢资源。

七、 市场的人民性

张　雄:大家的发言已经把市场关系问题讨论引向深层次。社会主义市场关涉多方面,其中概念的反思很重要。长期以来,包括国外的学者,把对社会主义、资本主义的论断,跟市场和计划放在一起。我觉得从概念的划分来说,对社会主义的界定、资本主义的界定有着政治制度特定的内在的规定性。

姜义华:准确说是社会制度,不是政治制度。

张　雄:是典型的社会制度的规定性。但是市场跟计划,我觉得这是人类在探讨经济运行模式的一种推论,一种想象和实践,甚至是一个过程。这个问题首先要搞清楚,否则大家都带着很僵化的脑袋,认为只有资本主义跟市场有必然联系,那么,一听社会主义要搞市场思想岂不乱了? 有的同志在发言中说道,现在为什么有那么多的批判? 因为人们大脑已经定型在这个模式分析上,你怎么搞,大家都觉得怪怪的,而且经典作家的文本中也是这样说的。现在你走进市场,必然要把自己矫正过来。现在我们最困惑的一点,就是不同概念混在一起,把对社会制度的判断,跟经济运行的模式混淆在一起,而且捆绑在一起,就变成了它们之间只可以有一个必然的选择,这是第一点。

第二点,我们需要思考的问题,就是市场的本质是什么? 要把这个问题搞清楚。今天上午很多专家提到了这个事,市场的本质究竟是什么? 我个人感觉到,我们今天要好好反思究竟是资本主义设计在先,还是自由发展的市场经济制度市场运行模式比制度在先,这个问题要搞清楚。

我以为市场运行的模式,应该是归属到人类的智慧和文明的创造,应该从这个角度来理解市场。对于市场经济运行模式,应该放在人类制度文明角度来思考,不是说必然归结到资本主义。马基雅维利比亚当·斯密更早地从政治上提出了想法,在《君主论》里面提出一个国家不能靠信仰作动力,推动这个国家的发展,要结束这个游戏规则应该学会用欲望来治理国家,用欲望调动一部分欲望,用欲望整合一部分欲望。马基雅维利已经看到,在中世纪人性被禁锢了,这是政治哲学的信号,那个时候没有说建立资本主义制度,根本就没有。再到英国的亚当·斯密抛出了关于市场宏大叙事的想法和设计,并没有说是专给资本主义设计的;这是整个市场的经济运行模式,市场的现代性是人类拥有的制度文明。市场经济运行模式是自然历史过程。这是从三个阶段理论、三形态理论出发的考虑。人类早先是在一个习俗社会里面生存,在前现代社会里面,人性发展被封闭在一个大一统的关系里,血缘关系是人群共同体的细节。人作为个体没有真正全面发展的机会,根本就没有。从这样一个社会形态,过渡到一个人对物的依赖,这是一个进步,这个进步现在被命名为现代性。这是我们今天理解社会主义市场的一个最重要的理论出发点。资本主义也好，社会主义也好，都回避不了人跟物的依赖关系的问题，市场经济运行模式是这种关系的必然延伸，是一种选择，一种发展，一种创新。所以今天不能够说市场是资本主义的专利，我觉得首先要放到人类历史进化过程当中去考察，看到这是在特定时代、特定时候提出的，就是把空洞的信仰、空洞的习俗，把传统社会前现代的社会习俗，包括中世纪的那样一种靠信仰来推动世界的精神动力论，改换为以欲望驱动的社会发展论。这是人性解放。

马克思后来辩证说明，既是解放，又是对人性自身的约束，这是马克思历史辩证法的深刻之处，这在《共产党宣言》里面讲得非常清楚。我觉得从这个角度来理解，我们似乎心理上比较坦然了一点。

第三点问题，经典著作跟我们今天的关系。这在马恩著作里面都有提及，列宁在晚期作品里面大量提及要重新认识社会主义。我以为他讲的重新认识社会主义是深刻的。一是他想对经典著作里面关于社会主义的预设作一个新的实践方面的修正。为什么要修正？因为列宁经历了实体意义上的社会主义实践。马克思恩格斯对社会主义加以逻辑推理，列宁觉得在一战以后这样一个背景下，而不是在马克思讲的背景下搞社会主义，必须重视货币问题、金融问题、市场问题，列宁后来讲共产党人要学会当红色资本家。关于怎么建设社会主义，列宁后期留下的那么多重要观点，恰恰能够构成我们今天社会主义市场非常重要的议题，因为他经历了实现社会主义的实践，这一点我觉得必须重视。

社会能力怎么解决经济效应？这里面涉及三个问题，单靠劳动时间作为收入分配的依据，这种分配肯定是胡子眉毛一把抓，平均主义，没有经济性，所以没有活力；社会如果变成计划体制，一个国家有那么多的计划，那么多项目都得要计划，你能够精确地统计起来吗？事实上统一不起来，你也没有办法应对。20世纪80年代初就这个问题展开大讨论的时候，对计划体制提出质疑是有道理的。

这么大一个社会主义国家，如果在微观层面不引进竞争机制的话，整个的社会效益从何而来？

20世纪50年代西方搞市场社会主义，南斯拉夫、匈牙利施行以后，有些问题得到解决，但是更多的问题又出来了。我以为，为什么马克思恩格斯没有把社会主义定义在跟市场的关系上？因为当时马克思主要精力放在对当时的资本主义生产关系的解剖，并把它上升到整个资本主义社会的批判。当时的资本主义社会的发展，都处在西方现代性发育和发展的这样一个环境里，所以马克思认为这些东西跟现代性自身发展的内在矛盾性有密切的关系,所以马克思推论出未来的社会主义更注重计划的概念,实际上想扬弃现代性社会,骨子里面认为当时的社会是现代性病入膏肓的社会。19世纪是西方整个自由主义的发展时代,是二律背反凸显的时候。两大阶级劳资关系对立也在这个时候。西方在现代性发育过程当中,到19世纪是彰显现代性本质最突出的时候。所以我认为,马克思之所以在设计未来理想的时候没有把它放在市场概念中思考而放在计划概念中思考,就在于他认为,这个现代性的货币化、资本化的社会有了严重的问题。他依托现代性概念,又要扬弃现代性,就必然在未来社会设计上摒弃市场问题。这一点我们是可以理解的。

现在怎么看待我国今天实行的社会主义与市场相结合的问题?学术界对这个问题的研究还不够深入。我非常同意上午很多专家的看法,在思维方式上如果照搬西方的东西来解释今天中国的实践,肯定是行不通的。有三个重要的问题摆在面前,需要我们下一步去解决。

第一,政治制度与经济运行模式的关系。

我们讨论社会主义与市场的关系,无论从政治、思想、意识形态上来说,都是最根本的问题。放到历史的背景里来考察,我以为在古代社会这不是一个问题,因为古代社会主要是靠少数人的权利来配置社会资源的,因而搞经济的人,都被权力阶层的人鄙视,他们认为这些搞财富的人是庸俗的。

姜义华:应该稍微区分一下。他们认为农业生产者是创造财富,地位很高的,士农工商,商放在后面,他们认为商人是食利者,不创造财富。

张　雄:19世纪进入了政治经济学批判的反思时期。李斯特、西斯蒙第、马克思都执着地进行对现代性经济的批判,关于农民经济、劳苦大众经济都提过,国际生产力的问题也有提过。马克思唯物史观跟李斯特生产力理论学说关联密切,导致了国内关注马克思早期哲学思想转变的研究。马克思告别费尔巴哈,是一个重要的思想转折点。马克思在费尔巴哈时期读了古典政治经济学,把握了政治经济学批判的路径和物质生产。我感觉到这些东西都是非常重要的,我们现在搞社会主义市场经济,首先还要立足我们当下的实践。追求运用最新思想和理论,解决中国当下最新的经济现象。

赵修义:我没说不要理论,只是说,历史上很多理论回过头来看都是为当时做的事情辩护的,都是为做过的事情辩护的一套说辞。

张　雄:尽管这样,学术界,我们还是要留下声音,让历史最后来证明。一个人不要把自己的学术价值看得很高很大,留那么一点声音就可以了,伴随了当下人类生活走下去。

许　明:学术界好多讨论,开始都是作为纯粹学术讨论,现在都变为决策。理论往往是先导的。

张　雄:重要的是搞清楚政治制度和经济运行模式的关系,不要认为政治制度必然引申出经济制度合理性,要作一定的研究分析。接着第二个问题出现了,我们现在能不能思考另外一个问题,即资本主义的市场运行模式跟社会主义的市场运行模式,它们之间在哪些方面有共同点,两者的不同点又在哪里。这个问题要搞清楚。

姜义华:题目本身是比较大的问题,什么叫资本主义市场运行模式,你说得清楚吗? 是法国、德国、北欧的,还是美国的,谁是资本主义市场模式?

张　雄:当然很重要。

姜义华:本身人家已经变化很大,你是讲原始积累时代的资本那样的运行模式? 今天西方资本主义市场运行,已不是马克思写《资本论》时代的模式,那个时代讲了资本的积累过程。你是讲那个时代的资本还是今天的? 经过了150年以后,今天已不存在纯粹的资本主义市场模式,所以你比较今天的模式难度大了,不容易认识清楚。

张　雄:经济学家很清楚,资本主义应该怎么样,社会主义应该怎么样。在当今形势下,我们要多看到两种运行形式里面,实际上作为市场运行模式本真应该是什么。

赵修义:事实上是什么? 还是应该是什么?

张　雄:是什么 Being 的概念,Being as being,就是"是什么"的概念。"是什么"里面,十八届三中全会提出的重要的创新,有些东西已经接近于市场经济运行的新模式。

鲁品越:决定资源配置。

张　雄:资源配置的问题,就是要在阳光下搞社会主义,在阳光下要让资本最大化运行,本来资本只能在资本主义下最大化运行,社会主义我们就不强调了? 要强调,但是要在阳光下。

许　明:我要迫不及待提问一句,这马上引发另外一个问题:在同样的市场经济的基础之上,有一个完全不同于资本主义的社会主义吗?

张　雄:当然有。

许　明:在市场经济条件下,市场经济一般是什么? 在这个条件下,你要明显界定出在这基础上建立的大厦,这是社会主义的,那是资本主义的。这种情况存在吗?

张　雄:当然现在是理念上设计上的存在。我们把问题再引申一下,作为市场的经济运行模式,是人类的制度文明,是一种智慧,不能仅归属到资本社会,包括中国今天为什么提出走市场,就是因为马克思讲的三大形态,历史转到这样的形态里面,必然要跟资本、市场、货币、财富、竞争接触。

第二,今天我们跟资本主义国家,在市场运行上究竟有什么不一样? 说到底,资本主义市场经济的运行模式,轴心里面是资本的概念。它也为人民服务,它那个人民是纳税人。这一点是完全可以理解的,但是骨子里面还是围绕资本。

你到美国去,特有钱的人你是见不到他的,整个社会消费空间都变化,都被资本格式化了,这一点是本质、轴心。

赵修义:我们现在有没有被格式化?

张　雄:我们今天是什么和应该是什么是两个概念。

姜义华:我觉得最大的问题在这里,资源是有两个问题,市场在资源配置中起决定性作用是什么资源? 我看这个不加区分会有很大的问题。公共资源,社会所有的,能都让资本支配? 像土地是公共资源,你应该让资本去支配吗?

张　雄:现在政府打开新观念,可以通过委托形式来经营。

姜义华:这里有很大的问题,公共资源必须是社会所有。怎么配置,只是你的运作形式,不管你用承包制还是其他什么方式。但是,基本公共资源不能听任资本来自由支配,而必须由社会来支配。它是服务于整个社会的。这应该是资本主义和社会主义最大的区别。西方的资本主义发展到今天,大量的公共资源管理也很严格,不能随随便便交由资本去控制。

张　雄:哈贝马斯反思了一下西方金融危机教训,最大的教训是,不光是这些,就连国家自身都被私有化了。

姜义华:问题也在这里。

张　雄:我们先讨论一般的市场,这个不讨论。一天到晚讨论资本主义市场、社会主义市场,是搞不清楚问题的。

赵修义:我认为一般市场是没有意义的。

姜义华:你这样是把自己圈起来,自己制造了陷阱。

许　明:张雄教授这句话没讲完,你刚才讲一般是出发点,你把市场一般作为出发点,讨论两个社会制度,和两个社会共同之处。你讲到资本主义市场特点的轴心理念是以资本为核心,那么社会主义市场的轴心理念是什么呢?

张　雄: 社会主义市场的轴心理念,按照我们今天的设计来说,我只是讲设计,是我们官方提出来的"人民性"三个字。

许　明: "人民性"敢提出来就是创造。但马上有一个问题,资本社会哲学核心理念是资本,我们市场经济核心理念是"人民性",建立在人民性上这样一个社会的经济制度叫市场经济吗?

张　雄: 怎么不叫市场经济呢?

许　明: 资本不再起决定作用叫市场经济吗?

张　雄: 上升到目的因。你不能说目的因没有,是把目的因转换到一个过程里面。

许　明: 市场经济最核心要素,天然跟资本发生必然联系。

张　雄: 你偷换我的概念了。我为什么要讨论一般市场经济,资本动力论不可否定,货币的结算、竞争的机制、经济理性预设都必然存在的。市场模式最基本的几大件,你定义为都是资本主义,这不行。

许　明: "人民性"是经济要素吗?

张　雄: "人民性"不是要素,你搞错了,市场按照科斯的观点,有实务市场和思想市场,上升到思想市场要追溯一个目的因。

赵修义: 科斯的说法,无非用经济学语言说言论自由。

张　雄: 思想市场被他界定,这就是思想市场的内在东西吗? 你不能那样讲,那是不对的。化学家、物理学家、哲学家对物质的理解是不一样的。

赵修义: 你不能把科斯讲的思想市场和我们现在讲的市场合在一起,这两个不能放在一起。

许　明: 张教授有构建一个制度体系善良的愿望,第一是市场一般,不要绝对划分社会主义和资本主义市场经济,第二,资本主义市场经济轴心理论是资本,社会主义市场轴心理论是"人民性",这是自洽的,但难题不少。

赵修义: 逻辑上是自洽的。

张　雄: 如果用事因说,从动力因来说,都是资本动因,玩市场没有资本动因不可能的。

许　明: 我提问题提到陷阱当中去了。

张　雄: 但是它们的区别在目的因上。

姜义华：这个是没有办法说清楚的。

张　雄：我刚才讲什么，你从理论上，从中央理论层次上来讲，必须归到这儿，不然是什么？

许　明：目的因好。

张　宇：看不见、摸不着的主观主义。

许　明：假定这个目的因有道理，我们使用的是为人民的资产，是不是？

张　宇：要在制度和结果上看准，我们是目的论者。

赵修义：政府的人民性和市场人民性两回事。

张　雄：不能对立。如果把政府的人民性和市场的人民性对立起来，我们就都不要讲两种不同属性的资本了。

姜义华：如果你把市场变成人民性，那就是把人民性作为它的终极目标。

张　雄：社会公共利益不是人民吗？不要低估古典政治经济哲学，他们都提人民、人民经济、人民市场。

姜义华：资本主义市场，同样是人民参与。

张　雄：但是我刚才说了，纳税人和非纳税人不一样。

姜义华：现在西方国家不纳税的同样享受社会那么多待遇。

张　雄：那是制度漏洞。

赵修义：制度设计。

鲁品越：他们没办法的。

赵修义：你这个地方讲的资本到底什么意思，是马克思讲的剥削剩余价值上意义的"资本"，还是一般市场上流动的资本？

张　雄：现在的资本跟马克思讲的资本大不一样了，我曾经在文章里面讲五个方面不一样。

赵修义：我认为两个不同层次的问题，你不能否认马克思的东西现在还是有用的。

张　宇：私人资本与国家资本不一样。

赵修义：所以这个地方讲的资本到底什么意思？你这个要说清楚的。

姜义华：国家资本有各种形态，当它成为等级权力资本的时候就是官僚资本。不能用国家资本涵盖了它的全部。

张　雄：我刚才讲了，现在学术界比较混乱，就混乱在这个上面。

227

把资本主义和社会主义捆绑在一个经济运行模式选择上,要么计划,要么市场自由放任。那么市场的经济运行模式没有别的选择吗?现在我们告别了计划了吗?

姜义华:计划没有告别。资本主义可以搞计划,我们不能搞计划吗?实际上年年都搞计划。

张　雄:我讲计划经济的模式,不是单纯讲计划。

姜义华:你指50年代到60年代,我们计划经济模式。

赵修义:全盘计划经济。

张　雄:对于市场经济运行模式,我们人类不能说探讨到今天就终止了,就两种形式。我觉得将来还有更多关于市场经济运行模式本身的各种形式的讨论和探索,包括创新,所以我们不要把眼光狭隘地集中在这两个极端上,你要相信未来人类的智慧,就像恩格斯讲的,未来人类家庭模式,到底一夫一妻还是什么,那是未来人的事情,我们不必为未来人把这个事情界定下来。我们感觉到市场经济运行模式本身是有一种一般规范性的东西,但是由于政治制度的介入渗透,会带来方方面面的影响和选择,会导致方方面面的问题。

对于市场,作为人类的实践文明,我们要反思一下。

许　明:这个观点我同意,对市场一般要加以重视,不要认为社会主义市场和资本主义市场一样,要区分资本主义和社会主义市场的界限。但想要找出核心理念的时候有困惑了。资本主义市场核心理念是资本,社会主义市场核心理念是人民性。但资本事实上在社会主义市场中也起作用,市场跟资本天然地发生联系,社会主义市场跟资本也有关系。我们要研究、探讨,找出社会主义市场经济跟资本主义市场经济的异同在哪里,核心基本范畴的差异、核心概念使用到底在哪里。

鲁品越:计划经济为什么失败?是因为生产力发展而失败了?不是。我认为计划经济恰恰因为社会经济发展了,所以诞生了。

计划经济适应的一种生产力就是大规模的社会化生产力,说到底就是工业化生产力。你可以有计划按比例搞,发多少电,搞多少汽修厂,多少橡胶厂。计划经济不可能创造出一个工业化出来,但能模仿出一个时代来。你不是实行工业化了吗?我模仿,政府利用权力,造汽车厂、钢铁厂,苏联20世纪30年代的奇迹,我们中国20世纪50年代的奇迹就是这么创造出来的。但真正按照生产力发展要求,要创新的。每个计划部门老是把资源分配到各个部门,大家互相瓜分,这是最大的缺点,加上计划经济培养特权阶层,这是致命两大缺点。

计划经济什么时候垮台的？就是在信息革命时代。西方经济信息创新了。这个观点我早就发表过了，没人看。

姜义华：我补充说一点，还是老问题。我同意石磊教授劳动价值本体论这一提法。社会主义市场统一于马克思提出劳动价值本体论。我不太赞成过多地纠缠于社会主义市场经济、资本主义市场经济这两个概念。现实中不存在一个纯粹的资本主义市场经济，它们那里的社会主义东西不见得比我们少。我们这里搞社会主义市场经济，资本主义的成分也不一定比人家少。现在实际情况就是这样。关键在于我们自己目标要明确，自己的理论体系，自己的解释要能够一以贯之。我前面已说过，现在再理一下。

我觉得社会主义跟市场经济统一的要点应当是：

第一，劳动创造价值，劳动是最高的价值。所以核心价值观里面，必须树立劳动神圣观念。如果说，封建社会的最高价值是土地，资本主义社会的最高价值是资本，那么社会主义社会的最高价值就是劳动。每个人都必须劳动，每个人必须是劳动者。当然残疾人、弱势群体应当保护。老人享受他过去的劳动成果，小孩是准备未来参加劳动。劳动是最高的价值。

这里核心的问题是让资本来支配劳动，还是让劳动来支配资本。要保障所有劳动者的利益，保障所有劳动者得到他应得的劳动成果。那种原罪式的资本，今天及以后都必须严格控制。谁支配谁，就是看你把保障劳动者利益放在第一位，还是把保障资本利益放在第一位。资本不会是完全干净的，但是希望资本比较干净，这是社会主义基本的要求。

第二，社会的公共资源不是哪个资本创造的，也不是哪个劳动者创造的，这一部分必须归整个社会所有。怎么运作？它运作的成果必须服务于整个社会。刚才只讲劳动者、资本，其实还有大量的是自然资源，那些资源不是个人所有，而是整个社会所有。土地、空气、水、森林、地下矿物资源，这些都必须为整个社会所有。至于社会怎么运作，用租赁的形式，用承包的形式，不管怎样，它的成果必须服务于整个社会，成为服务社会的最大公共资源。关键是这些公共资源在运作中，怎样有效防止为资本或权力所独占，被用于牟取私利。例如在房地产开发中，许多资本名义上是国家的，实际上是等级权力资本，谁掌握权力就控制资本，存在权力寻租的现象。这是我们今天坚持社会主义道路必须努力加以防止的。

十八届三中全会决定谈到市场在资源配置上起决定性作用，很大一部分是针对上述情况。千万不能变成让我们的等级权力与资本相结合来支配公共资源。这一部分资源也得遵循市场等价劳动互相交换的原则。所以,用各种各样的办法获得这部分公共资源的支配权以牟取私利,作为社会主义是必须防止的。这一部分资源如何真正让市场起决定性作用,是必须加以研究的。

第三,我们坚持社会主义,坚持劳动价值的本体,必须坚持给全体社会成员以同样劳动的机会,以同样创造劳动价值的机会,不仅可以让农民进城,更重要的是要每一个劳动者享有同样受教育的机会。我们还要创造让所有劳动者能够实现自己劳动价值的途径。这是社会主义的基本要求,公平、正义主要就体现在这上面,即大家都有同样受教育的机会,都有能够展示自己的机会。

第四,坚持社会主义跟市场统一,还必须坚持国家的权力,以及那些非劳动产品,包括婚姻、家庭、道德、人性、人情,所有这些,无论如何不要进入市场,这些部分绝对不能市场化。相反,因为市场导致个人本位,导致利益至上,导致追求利益最大化,所以,刚才讲的所有这些领域,特别国家权力和人性、人情等这些领域,必须坚持非市场化。

赵修义:非市场的关系。

姜义华:社会本位、道德本位,这些东西对市场要严格区分开。道德、婚姻、家庭、人性,不能搞得全都只认钱不认人了。人的本位这一部分东西,尤其是国家权力,无论如何不能让市场去决定,去支配。我觉得这就是今天考虑社会主义跟市场关系的时候,坚持劳动价值,坚持用劳动创造价值把这两个统一起来要特别注意的一点。我就讲这么四点。

赵修义:你最后讲的一点,是不是可以用这样一个概念表述,就在资本主义发展的过程中间,存在着一个从"市场经济",变成"市场社会"的趋势,这是包括哈贝马斯都提出来的。社会主义一定要防止变成市场社会,社会归社会,市场归市场。

张 雄:经济史学家下的标准定义是,从习俗社会走向市场社会。

赵修义:这个就是跟自由主义经济学帝国主义的区别。

姜义华:《共产党宣言》、《资本论》里面批判婚姻、家庭统统用金钱去决定了,这不是社会主义。

赵修义:这和经济学讲的不一样了,我看到的思想史资料,黑格尔早就提出过这个问题,到19世纪末德国社会学家滕尼斯进一步提出要将"社会关系"区分为Gemeinschaft 和 Gesellschaf 两种。强调不应把各种社会关系都视为市场中的契约关系。他所说的也就是这个意思。我把前者解读为"契约关系",后者解读为"礼俗关系"。所谓的礼俗关系就是各种传统的共同体——家庭、社区、传统、宗教以及民族文化的认同,甚至包括了大学这样的传统的共同体。

姜义华:最大问题是市场渗入婚姻、家庭,导致矛盾普遍化了。还没有结婚就想到财产怎么分割? 市场把我们社会侵蚀掉了。

许　明:我首先跟姜义华老师提一个小问题,劳动支配资本,还是资本支配劳动?最好是劳动来支配资本,但怎么支配?

姜义华:充分保障工会的权力和劳动者的权利。

鲁品越:支配资本家很简单,罗斯福就想出来了。

张　雄:姜义华老师讲劳动支配资本,重点落在劳动者身上。

姜义华:能够起制约资本的作用,要让劳动真正支配资本,那要一个很长的发展过程。

赵修义:不要支配,能制约一下就不错了。能有效地制约资本不错了。

姜义华:这是两个问题。第一是充分保障工人的权利,特别是像山西许多私营煤矿矿工的权益。为什么一些山西煤老板那么有钱? 其实就是因为对矿工进行了剥削。面对这种情况,我们政府,我们的社会主义,有没有足够地支持工人,维护他们的利益?

第二,对资本获得的收入,通过税收加以调节。像加拿大,收入多的,60%和70%作为税收上交,用于社会第二次分配。我们有没有做到? 这也是劳动是不是支配资本很重要的表现。你的累进所得税制是不是完善? 对这样一些高收入,你是不是有足够的制度设计,让他们的一部分收入用于公共服务,而不是现在仅仅是搞一点慈善。为此必须在国家的税收制度上,作出明确的规定。还有,你资本的收入不能全部或大部分传给你的儿子、孙子,必须付出高额的遗产继承税。

赵修义:这些凯恩斯早就说过了。

鲁品越:归根到底是权力和资本有没有勾结,权力站在哪一边。

姜义华:资本起作用,但是要防止资本对劳动进行无情的剥夺,为了实现这个目的,资本也会对权力腐蚀。

许　明:不断地有资本购买权力的典型事件。权力和资本结合再来压制劳动怎么办?

鲁品越:这是最核心的问题。

姜义华：你讲思想要解放，结果一碰到这个问题就不行了。任何一个有组织的力量都是双刃剑，让它发挥作用可能反过来伤到你自己，但是没有这个力量就不可能有效制约权力，使手中的权力真正成为受约束的权力。

鲁品越：现在遇到了不可回避的问题，资本与劳动的对立已成事实。

姜义华：不需要多大的事，甚至一些鸡毛蒜皮的事情，只要一哄而起，可能就会闹大。因为情绪化在很多场合常常会压倒理性。

许　明：这是双刃剑，你不治理慢慢烂下去，要治理就要让工人农民有发言权。

赵修义：要靠政治家智慧。

许　明：药方很难开出。

鲁品越：还是要靠法律。

张　雄：我们首先过高地评估了市场发育的能级和程度，整个社会还是处在习俗的社会结构中，中国社会的忍耐力非常奇怪，在这里不是典型的西方式市场，而是"中国特点的市场"。但是表面上看秩序有些失灵。

姜义华：事实上，在你所说的失灵的情况下，中国还在不断地滚滚向前发展着。

赵修义：不能说都失灵。

张　雄：大转型期，大过渡期当中失灵是正常的，是必然的，慢慢就能过渡过去。

鲁品越：你说劳动支配资本，他资本也被外面资本支配，这边劳动力资本工资提高，东西就可能卖不掉。问题很具体，很复杂，不是单纯的一、二、三。

赵修义：无论如何政策上面要有明确的指向。

石　磊：共产党从最初成立时起，就强调劳动本体论，马克思潜下心来研究劳动价值本体的问题，研究完了以后，他才得出一个结论。马克思处理这个问题非常谨慎，等到把这个问题说完的时候，尽管很多原来的设想没有实现，但在这一点上很自信了。我补充一下姜老师的正确意见，如果我们始终在两要素关键上说谁要支配谁，这里面有矛盾。资本本身也是劳动产物，劳动支配资本还是资本支配劳动，陷入二律背反。资本不是物化的劳动吗？

从劳资两种要素之间的关系来说，无论在发达国家还是欠发达国家，我们普遍看到的是资本雇佣劳动，而不是劳动雇佣资本。劳动雇佣资本在非常特别的情况下才会有，小的企业科技化程度很高，员工掌握专业性资产，董事长不掌握专业性资产，掌握专业性资产的人不开心，可以随时把董事长解雇了。

目前为止劳动雇佣资本只是存在于这种情况下，不在一般形态下。一般形态下为什么会出现资本雇佣劳动,而不是劳动雇佣资本?

从中国目前的经验来看,劳动供给弹性大,经济发展之初,不需要劳动需要钱,所有人出来打工是劳动追逐资本,而不是资本去中西部追逐劳动。那个时候你说广州有什么东西?你说深圳有什么东西?什么资产全都没有。但是如果劳动追逐资本,使城市化发展了,城市群起来了,资本壮大,企业发展起来了,整个财富在这个地方形成以资本积累为基础的形态。于是在国内形成一种倾向,你要想挣钱,你就必须追逐资本,这种情形使城乡发展水平差距拉大,这是要素之间不对称的流动导致的。

在发达国家,到现在为止,仍然是资本不如劳动,以至于一旦要改变劳动权益,必须通过法律,必须法律界定,如果这个制度本身客观上就是资本强于劳动,那保护劳动权利法律是不需要的。1861年,英国第一部工厂法是资产阶级联盟搞起来的,你说资产阶级为什么限制自己的剥削啊?

赵修义:为了长远利益。

石 磊:在生产力发展来看,残酷剥削到一定程度,劳动生产力下降,资本增值能下降。资本从劳动来,资本财富来源剥削到无可复加的时候它会自我否定,它必须限制自己的行为,尽管限制有限。毕竟世界上到现在为止,第一部工厂法是英国资产阶级搞起来的,开创了劳动法制史。

姜义华:后来更多的工人权利是工人在不断的斗争中间争取得来的,包括更多的立法。

鲁品越:后来凯恩斯搞扩大内需也是这样做的。

石 磊:都是要素之间权衡,以至于最后资本所有者都不得不去通过尊重劳动来创造自己的利益。

那些不具有专用性技能的劳动是最容易被边缘化的。为什么最没有专长的人,最不敢跟老板谈工资?你敢提出工资要求,你嫌1 200元低了吗?你走人,立刻有人愿意拿800元接受你这个岗位。资本以及技术的优势,长期累积成规模的优势,你要想找到一个生存之路,靠你劳动的独立存在,这个劳动是潜在的生产要素。马克思讲的,劳动力不被资本所雇,只是潜在的劳动条件,不是现实生产力。只有跟资本相结合,在为资本争取剩余价值的同时,也为自己争取生活条件,也就是必须实现这两个要素之间的结合。

无论这种矛盾存在与否,或者激烈到什么程度,最后还是要实现这种结合,成立种种组织,保护劳工权益,也还是要实现这两种要素更好的结合,而不是让这两种要素分离,劳动事实上离不开资本的,就如同资本离不开劳动一样。这些问题放在中国例外了吗?没有例外。

你看到的差异只是现象上的,本质上其实是一样的,因为只要涉及要素与要素之间的关系,每个要素都不能离开其他要素单独发挥财富效应。不同的是,哪个专用性技术更集中一些,谁可能就获得了控制其他要素的权利。

张　宇:现在的市场,当然有抽象的市场意义,但是,说一般的市场,实际上就是资本主义市场。但是我们要搞社会主义市场,因为你有社会主义制度。你搞社会主义制度,你改革的时候不能走全盘西化的邪路,你不能全盘引进,你要有自己的制度优势。那么何以体现自己的东西,又不太破坏那个东西? 全破坏了就不叫市场经济了,但是你全搬来你就完了。如果全搬来了,表面上叫社会主义市场经济,实际是资本主义市场经济,而且要求政治体制意识形态全变。如果全私有制资本运作,共产党领导什么? 大市场,小政府,然后社会各个领域都是交易,那肯定不行。所以在那个基础上,哪些能接受? 哪些不能接受? 哪些要超越? 要辨别清楚。

这个问题能做的就是通过理论探讨,有一个社会主义市场的概念,毕竟中国创造这一套东西,理论上应该有支撑。社会主义市场经济,除了讲市场,还有社会主义的价值目的、制度这一套东西,这个肯定要讲,不讲就没旗帜,没口号了。

具体做什么呢? 我们叫国有经济为主导,国有企业的改革,第一步不能全是私有经济,中国私有经济比重很高了,国有经济比重不到30%,把这个再卖光了怎么办?国有资本退光了就没有基础了。如果你资本是集体所有制,或者国家所有制,那资本一定不能支配劳动,资本家不是个人。

权　衡:资本直接的关系。

张　宇:在所有制上还是要以国有制为主体,国有经济为主导,不管怎么样都要讲这点。如果都是私有经济这个就不存在了。这个是底线。

农村土地全当资本买卖当然不行。现在不能买卖,农民一人一份,可以用,但是不能买走。现在可以给农民,农民有自己的权利,既不是国家的也不是集体的,这不是完全私有经济,这是底线。

刚才各位老师讲那个公共领域要先守住,哪些公共领域要划定,教育、医疗等,不能全盘交易,全盘交易就完了。现在我们要设定,一定要保护公共领域不全部被资本化,劳工权益不能资本说了算,要把公共领域这一块守住,我们讲基本医疗、基本教育、基本人权,包括政治原则、公益性文化,不能所有出版物都放到市场上去,要支持一些刊物、杂志,要守住公共领域。

再一个你的目标,收入分配要有调节和公平。劳动肯定是本体,但是我们现在有多种要素,其实不复杂,劳动还是本体,要肯定劳动。我们讲正义,在正义的基础上应得,就是劳动应得,鼓励通过劳动得到你所需的东西,这是公正的,符合社会主义的公正原则。

再一个是民生,基本需要不能满足,是活不下去的。没钱但总不能不住房子吧,要有公共民生的东西。

最后一个原则,现在社会主义要讲民主原则,应该大旗举起来。过去讲民主主要因为是专制,现在要以民主约束资本,不能谁有资本谁说了算。民主一人一票,无论在企业、在哪个单位,讲民主,资本才能受到限制,只要不讲民主,资本就很活跃,从企业到国家治理,到每一个环节。

姜义华:这是经典名言。

张　宇:要讲社会主义民主,人民民主,不是靠多党。讲社会民主、人民民主,人民民主是普通老百姓参与决策,必须讲这个。

权　衡:关于资本主义和社会主义的市场经济谁好谁坏的问题,资本主义市场有坏也有好,社会主义市场有好也有坏。但是我想有一点,我们需要一个好的市场经济,而不是坏的市场经济。能不能这样讲,社会主义市场经济,道理上应该比资本主义市场经济更能够创造一个好的经济秩序,而不是一个更坏的经济秩序。资本主义市场经济暴露出那么多问题,如果不是那些问题和矛盾,就不要区分社会主义市场经济和资本主义市场经济了。正因为有那些问题、弊端和一大堆矛盾,因此社会主义应该有更好的优势和基础以及条件,造就一个好的市场经济。

赵修义:有一个概念,不是说我们今天事实上的市场经济,就已经是社会主义市场经济的完成式了,社会主义市场经济是个进行时的东西。

张　宇:它是个理论形态,理想形态。

赵修义:你把理论形态建立起来,把价值目的确立起来才能往前走,你不能把今天的市场经济跟西方一些好处来比,不能说来说去还是说社会主义市场经济就是不行。

权　衡:所以我们讲要克服坏的市场经济,要走向好的市场经济。

姜老师提及的劳动和资本的关系,去年我们正好做了这个研究,我试图从劳动和资本的关系变迁视角解释中国六十多年的经济增长。劳动和资本的关系是最重要的基础关系，到底谁强谁弱，学界确实有争论，刚才姜老师和石老师讲的几条我很赞同，现在如果简单讲劳动雇佣资本，可能会有一点小问题。这是因为，第一，马克思讲到资本有机构成提高，可能会导致劳动与资本关系地位的变化，这是一条。第二，产业经济需要资本投资，往往在这个条件下劳动是比较弱的，你还是要被雇佣于资本。将来到什么时候这个格局可能会改变呢？就是知识经济或者服务经济时代，强调人的劳动力的服务，强调知识创新的时候，那时是人力资本对物质资本的雇佣，因为我有人力资本的专有属性。

我们讨论当中，也不简单说谁雇佣谁，我想有一个概念可以讲，就是劳资契约关系。社会主义条件下劳资契约关系，本身表达了一个市场经济下的平等交换关系；这个等价交换的背后就是劳动和资本的产权界定，劳动的权利、资本的权利，这个也符合市场等价交换。当然另外我们讲到工会制度这些设计方面，我觉得劳资之间是不是讲契约关系为好。

鲁品越：本来应是契约关系。

权　衡：这个契约关系我是讲社会主义的，而不是资本主义的。我前面讲社会主义条件下的契约关系，这里的契约关系和当时资本主义的契约关系不一样。

鲁品越：契约关系上有哪些差别？

权　衡：这个我们想到的。作为后期资助的项目在办，在申请了，后面我们再讨论。这是补充第二点劳资关系，刚才张宇老师讲到，我们国家到现在为止是轻资本成长的环境，在我们那本著作中已经谈到，你很难说资本雇用了劳动。

第三个补充是姜老师讲到劳动价值论非常关键，我们能不能让社会主义市场经济中的劳动与资本有机结合，将它建立在劳动价值论的基础之上。我的想法，对劳动价值论可能要作一些研究或者创新，这是因为现在的劳动内涵和当初已经完全不同了，马克思那个时候劳动的内涵，包括外延也不一样，因为那个时候讲生产性劳动，现在包括非生产性劳动。

姜义华：那时服务业是不算生产性劳动的，不算创造剩余价值的劳动。

赵修义：要区分生产性劳动和非生产性劳动。

权　衡：劳动本身内涵外延要界定；劳动创造价值，这个价值的内涵和外延也要重新界定。因为那个时候劳动创造价值是指活劳动的凝结，这是马克思的观点。现在我们按照这个财富或者价值的概念来说，不仅仅是劳动和活劳动，这里面还有非劳动的创造，即服务和知识。

鲁品越：它讲价值是社会关系不是财富，劳动价值不是财富。

权　衡：劳动创造价值，即价值是人的活劳动的凝结。

鲁品越：劳动创造的价值指的是一种社会性的关系。

权　衡：生产要素创造财富和劳动创造价值是不一样的，是两个东西。

生产的价值是跟交换不一样的，要区分开。包括讲到虚拟经济的概念，包括知识、服务、研发是不是创造价值呢？这些问题如果不能回答，市场经济和劳动价值没法解释的。

鲁品越：价值是人与人之间的关系，从这个意义上解释的不是财富。

权　衡：当初是这么界定，现在这些问题要不要提出来？要不要创新？

张　雄：不矛盾，鲁品越老师从哲学角度，你从现实的角度。

鲁品越：两个问题，两个完全不同的概念。

权　衡：十八届三中全会强调市场在资源配置中的决定性作用，我们需要对资源分分类，不是所有资源都是公益类，要明确什么是市场类、竞争类的。市场决定资源实际上是供求关系决定资源，但是调节供求关系的是价格不是价值，这又跟劳动价值论矛盾了，这些问题确实需要深入讨论。

赵修义：回到边际效用论去了。

我觉得讨论题目是不是限定一下，就是社会主义市场经济。我不赞成把这个市场概念泛化。包括现在对"决定性作用"的解释。我听到过一种解释，例如把权力等都看作资源，那是已经超出经济领域了。现在文件是讲全面改革，"市场的决定性作用"实际上是在经济领域改革里面提的，这个一定要有限制。若是任何领域里面资源都要由市场决定，这个事情就麻烦了。

姜义华：权力不能进入市场。

鲁品越：这资源肯定不指权力。否则还得了！这个资源是指劳动生产要素。

赵修义：就是生产要素论，就是基于要素论的，所以这个东西要界定，要很明确的界定，是经济要素，是配置经济要素，而不是别的东西。

鲁品越：那肯定。

赵修义：如果别的东西弄起来解释，就有泛市场化趋势。

鲁品越：姜义华老师这点我很受启发，但他讲的我原本是不认可的。劳动支配资本怎么可能呢？后来越想越觉得有道理。在天然市场当中，资本处在垄断地位，肯定是资本支配劳动，这是百分之一百的，因为劳动是分散的，资本是集中的，集中支配分散。天然的市场当中从来都是资本支配劳动。不要以为你掌握高科技了，要看什么样的高科技。任何劳动者必须有劳动条件，这个劳动条件是社会化的，你个人不拥有的，必须通过资本代表才能获得。劳动者天然地在市场当中居于劣势，那么劳动怎么支配资本？靠政府，政府代表组织起来的劳动者。

社会主义要素最根本的要求就是政府必须代表劳工利益，这是最根本的。

许　明：我认为现在问题还要复杂些。各位忽略了现在我们处在社会主义初级阶段，资本发展是政府鼓励的，是政府保护的。如果只限制资本、支配资本，只讲劳工利益，不讲资本所有利益，中国特色社会主义是搞不下去的。

权　衡：有一次参加一个收入分配研讨会，我讲了关于收入差距扩大与分配不公的问题。会议结束以后，一个领导拉着我说，劳动与资本，在当前经济社会发展中我两手都要，春节的时候我去看劳动者，表示慰问和送温暖；春节过后，我又得去看望资本一方，鼓励他们加大投资和创业，因为没有创业和投资，谁来提供就业？情况确实如此。

鲁品越：怎么样使政府真正代表劳动者，这很关键。

赵修义：亚当·斯密讲了多少次，统治者不要老是听资本家的话，他们都是从自己私利出发的。

张　雄：你不要把社会弄成穷的人对富的人满腔仇恨，那不行。

赵修义：我把斯密的论述详细引出来，你看看，有没有盲目仇富的意思？斯密认为，有从事着四种工作的资本家：农业家或矿业家、制造者、批发商人、零售商人，也可以称之为"生产性劳动者"，其中，花大力气、投大资本，用于改良农田，提高工艺，改进技术，发明机器，以提高劳动生产率，理应加以赞赏。因为他们与那些靠土地的租金收入的地主不同。地租会随经济的增长而提高，地主却对此毫无贡献。所以，地主是一个"特殊阶级"，"他们不用劳动，不用劳心，更用不着任何计划和打算，就自然可以得到收入。安乐稳定，流于懒惰"。至于占有大量房产，依靠土地增值来不断增加财富者，在斯密心目中，也是与地主类似的，没有资格被当作对经济增长和社会发展有贡献的"建设者"。对其他的依靠世袭或说不清楚的来源握有大额资财，但只知用于满足眼前的享乐、炫耀财富者，斯密十分蔑视。他把这些人统称为"游惰阶级"。

至于政府该如何对待这些富人，斯密也有自己的见解。在他看来："一国君主，对其所属各阶级的人们，应给予公正平等的待遇；仅仅为了促进一个阶级的利益，显然是违反这个原则的。"他特别告诫当政者、立法者不要听从商人和资本家。因为商人的习惯是,尽可能驱逐一切竞争者,"宁可获得独占者小的暂时的利益,也不愿获得统治者大的永久的收入"。而且"商人的利益在若干方面往往和公众利益不同,有时甚至相反。扩张市场,缩小竞争,无疑是一般商人的利益。可是前者虽然往往对公众有利,后者却总是和公众利益相反。缩小竞争,只会使商人的利润提高到自然程度以上,其余市民却为了他们的利益而承受不合理的负担"。所以,对这一阶级建议的法规,要小心翼翼地考察,决不要随意采用。"一般地说,他们的立意在于欺骗公众,甚至在于压迫公众。事实上,公众亦常为他们所欺骗所压迫。"

所以在斯密看来,政治家立法家不应该与商人和资本家混同一气。公共权力和私人的资本应该有明确的界限。

亚当·斯密这些话,在今天还是有道理的。

姜义华:对凭借劳动致富的人,没有多少人怀有仇恨心理,老百姓是对那些靠歪门邪道获得巨额财富的人不满。

张　雄:第一代调皮小男孩打第一桶金是可以理解的。这个社会朝着中产橄榄型社会发育,你不能说有财富的人都是可恶的。

许　明:前几次讨论社会主义社会阶级的关系问题,如果一定要在这个地方把阶级划分得那么清楚,执政党必须代表某一个阶层,这就麻烦了。

张　雄:代表最广大的人民群众。

姜义华:讲利益群体,是最中性的。

张　宇:讲马克思主义肯定要讲阶级分析,讲利益空了。经济分析是马克思的基本观点。

许　明:有一个大前提很简单,现在所有私有企业家,都是执政党、无产阶级政党即共产党制定的政策扶持催生出来的。我们想干什么?催生出来为了打倒他们吗?

张　宇:团结各阶层。

张　雄:你现在讲团结他们,说明现在工人阶级和农民是主体,但现在问题就在这里,主体是被代表的。

许　明:深究下去都是问题,但这又是合理的现实,只要收入合法,不存在"阶级身份"问题。

赵修义:阶级和阶级斗争是两个不同的概念。客观存在阶级,有这种阶级差别和对立存在,但是有没有集成社会力量形成斗争又是一回事。

许　明:还没到斗争的地步,没有到消灭的地步。

239

权　衡：剥削阶级作为一个阶级已经消灭了，但是阶级斗争在一定范围一定时间以一定的形式存在。

张　宇：剥削阶级消灭了，大规模阶级斗争结束了，但是阶级斗争还有，甚至有时候还激烈，这个判断还是对的。

赵修义：我最近看《多元现代性——斯堪的纳维亚的故事》，讲挪威现代化初期有几个阶级，但是相互之间，人民和政府之间建立了基本的信任，没有阶级斗争了，虽然有的时候有矛盾。

阶级这个问题不能单单从政治经济学的概念里面来讨论，我还是那句话，我们要把中国故事这个过程再理理清楚，看看现在遇到什么？理论问题从这个里面生发出来比较好。有几种经济运行方式，20世纪80年代翻译的美国哲学资料里面，早就有人写了，有命令制、市场制这些方式。我们应该把市场经济看作现代化的一个成果。因为现代化是资本主义带头搞起来的，现代化留下来很多文明，除了技术以外，市场经济作为一种建制也是现代化的成果。

今天的讨论有一个缺点，即没有注意到，中国在90年代以后搞的市场经济，是一个在全球化背景下的市场经济，是在苏联解体以后只有一个世界市场的背景下搞市场经济，而搞这个市场经济除了效率之外，很重要的一个就是通过融入世界市场去实现中国的现代化，离开了这些东西去讨论，很多问题没法理解。

我越来越觉得经典马克思主义有一个欠缺，即讲无产阶级世界革命，民族国家概念是不强的，这样，越是到后来问题就越大。十月革命后苏俄开始也是搞世界革命，斯大林有很大转变，从"世界革命论"转到"强国论"，以至于继续到今天的普京，他考虑民族国家在世界上的地位。我们今天讲中国市场经济的时候也有这个问题。在融入世界市场的过程中实现中国的民族复兴，这是我们之所以要走市场经济的道路的一个重要的原因，这一点是不能忽视的。过去作的一些理论解释，当时有它的必要性或合理性，但是到现在还这么说就不够了，解释不了许多问题。这一点是我们要考虑的。

老姜不同意我的意见，我却还是这样的观点：当时很多提法，就是为了让某一项政策有个说得过去的说辞，不致遭到各方面反对。这些提法、说辞跟你设计方面的纯理论的东西是不同的。现在也需要回过头来作一个分析，看看哪些需要改进。我们中国在社会主义基本制度下搞市场，搞到今天有什么问题？社会主义市场经济有哪些好的东西，有哪些不好的东西，有哪些事情应该立即着手去做，所有这一切，都是我们理论界需要继续深入研究的。

鲁品越:到今天社会主义与市场怎么结合还没有解决,你说解决了,我觉得没解决。

张　宇:刚才讲的,如何结合,怎么结合,多少年前已经讲了,下一步怎么搞? 十八届三中全会都有。但是我们下一步应当从理论上解决难题。搞清现在问题出在哪? 将来威胁在哪儿? 理论上有什么问题?

许　明:我们今天就是争论理论。

《资本论》与社会主义市场经济

（2014 年 3 月）

参会嘉宾（按姓氏笔画排序）：

石　涛（中共上海市委党校副教授）

石　磊（复旦大学经济学院党委书记、教授）

许　明（《上海思想界》主编）

沈开艳（上海社会科学院经济研究所副所长、研究员）

陈承明（华东师范大学教授）

张晖明（复旦大学企业研究所所长、教授）

唐珏岚（中共上海市委党校经济学部副主任、教授）

袁恩桢（上海社会科学院研究员）

袁恩桢：《资本论》与社会主义市场经济，是改革开放中的一个重大理论与现实问题，这既涉及《资本论》在当代中国社会主义建设中的现实意义，也关系对社会主义市场经济命题的科学认知。今天到会的都是研究与教授《资本论》的行家，可以就此主题各呈己见，相互切磋，以达深化研究的目的。

一、　研讨背景

石　涛：感谢主办方给我这个机会。我在党校主要是给领导干部，特别是给中青班上过四五次《资本论》导读和当代价值的课程，我是学经济学出身的，在教学的过程中，重点从经济学的角度，我也跟学员们交流了一下，现在一部分人的态度就是《资本论》已经过时了，没有必要再上这个课了。

第二个就是他们感觉马克思在《资本论》中除了批判资本主义以外，更多是对未来社会进行描述，对社会主义市场经济新事物更多停留在设想或者是一种描述状态，没有扎实的实践基础，或者说是历史的逻辑推理的必然结果。党校上这类课纯粹是因为意识形态的要求。在上课过程当中他们提问，比如怎么看待工人阶级的主人翁地位？阶级斗争还存不存在？剥削还谈不谈？这些疑惑在他们头脑里面一直萦绕着，他们特别想获得关于这些问题的彻底的解答。平时工作比较忙没有时间想，党校学习使他们有时间思考这些问题，很希望来党校解决这个问题。

袁恩桢：《资本论》的学习与研究在上海有过几次热潮。第一次是在 1962 年，具有代表性的是上海社会科学院经济研究所，在副院长兼所长姚耐的决策下，集中全所成百名中青年研究人员，花了一年时间，放下手头的其他工作，专心研读三卷《资本论》。研读班以自学为主，辅以名师辅导与集体讨论。请的名师有复旦大学漆琪生与张薰华教授、经济研究所王惟中教授，《资本论》的译者、时任厦门大学校长的王亚南教授等，各人都精通经典、指点江山、风格各异。一年的学习，为经济研究所中青年研究人员打下了扎实的思想和理论基础。我的《价格决定与供求关系》等几篇早期文章，多来自这次学习的启示。

再一次研读《资本论》热潮是在改革开放之后，全国经济理论界掀起了一股学习之风。原因是经济改革的市场化导向，需要从非商品体制向商品体制转型，而马克思在《资本论》中分析的商品理论，无疑是最完善、最透彻的。20 世纪 70 年代末，在上海经济学会之下，成立了上海《资本论》研究会。会长是上海社会科学院党委书记李培南，就《资本论》、商品货币与经济体制改革关系开展了一系列研讨活动。与此同时，全国《资本论》研究会在无锡、厦门等地举行了多次会议，推动《资本论》研究进入了新的阶段。

与此相关的是在 20 世纪 80 年代初，社会主义政治经济学研究被列为国家哲学社会科学"六五规划"课题，由北京的经济研究所、中央党校、黑龙江大学、四川社科院、上海社科院五家单位共同承担。当时的共同认识是，中国经济不能不是一种商品经济，要以《资本论》的研究为基础。上海社会科学院的课题组由雍文远教授领衔，提出社会主义经济仍需以商品为细胞与研究的起点，构建一个既符合《资本论》的逻辑思维，又具有社会主义新特点的体系结构。此书以《社会必要产品论》命名，由于对 20 世纪 80 年代的计划与市场关系认知作了很好的剖析，再加上体系结构的合理，获得了孙冶方经济科学著作奖。

当前正处在经济体制与产业结构的进一步转轨时期，十八届三中全会提出深化发展市场化改革的关键时刻，我们更须进一步学习与领会《资本论》的深刻内涵，把握改革与发展的正确方向。

二、 社会主义可以在更高层面上发展市场经济

陈承明:袁老师是我们的前辈,他最近在《毛泽东邓小平理论研究》上发表了关于市场和政府关系的文章,在十多年前就出过这方面研究的专著,袁老师的学术功底深厚是与长期研究《资本论》密切相关的。《资本论》和社会主义市场经济的关系,是和我们的改革同步发展的。过去我们搞计划经济不成功,再回过头来研究社会主义和市场经济的结合问题,结果取得很大成功。但是市场化改革也带来了负面影响,有些人认为搞市场经济就是搞资本主义,因此认为马克思主义不行了,《资本论》也过时了。现在以习近平同志为核心的党中央已经看到了这种倾向,并开始加以纠正。全面"西化"解决不了中国的问题。我们强调马克思主义和《资本论》的指导作用,并不是要恢复计划经济,而是要在现有的条件下,发展和完善社会主义市场经济。

我的大半生一直和《资本论》打交道,马克思写《资本论》花了 40 年,我教《资本论》也有 40 年了。有些拥护或反对《资本论》的人,没有时间或没有读懂《资本论》,因此他们的拥护或反对常常是表面的、跟风的,没有说服力。社会上的各种思潮总会流行,但是历史唯物主义、客观经济规律的决定作用是不会变的,这里我讲几个观点,谈谈对《资本论》与社会主义市场经济的看法。

第一个观点就是市场经济的来源问题。传统观点认为是私有制产生商品交换和市场经济。因此,社会主义要消灭私有制,就要消灭市场经济,只能搞计划经济,其实这是错误的。《资本论》认为,商品不是私有制的产物,而是原始公有制的产物。商品是在原始社会后期,在公有部落之间的交换中产生的。因此到了社会主义时期,即使消灭了私有制,在公有企业之间仍可进行商品交换。社会主义和市场经济结合的必然性,从商品的来源上得到证明,这个观点的原文可以从《资本论》第一卷第一章第106 页中找到。

第二个观点就是《资本论》第二章中的一句话,商品交换只承认商品属于不同的所有者,而不问生产商品的要素归谁所有。我们延伸下去,商品既然是不同所有者的交换对象,而不问生产商品的要素归谁所有,说明商品形式是中性的,既能与公有制结合,又能与私有制结合,这就为社会主义搞市场经济提供了理论依据。袁老师说了,公有制企业包括国有经济内部不同利益集团之间,也能够进行商品交换。社会主义市场经济与一般市场经济不同的地方在于,原来商品中存在的私人劳动和社会劳

动的矛盾,现在转化为局部劳动和社会劳动的矛盾,说明社会主义可以在更高层面上发展市场经济。

第三个观点就是社会主义市场经济与资本主义市场经济既有本质区别,又有必然联系。现在一碰到具体问题,大家就要问资本主义搞市场经济,社会主义也搞市场经济,那么二者有什么区别呢? 有的人甚至说,社会主义市场经济就是挂着社会主义招牌的资本主义,二者没有区别。这实际上是没有读懂《资本论》,不了解资本主义市场经济与社会主义市场经济的本质区别和必然联系。《资本论》阐述了市场经济的历史发展,它有一个从本源到变异,再到复归的过程。马克思认为,市场经济的本源是小商品经济,市场经济的变异是资本主义市场经济,而市场经济的复归则是社会主义市场经济。马克思指出,这一变化过程是辩证的否定即扬弃,小生产的私有制过渡到大生产的私有制,再过渡到大生产的公有制,这是两次辩证的否定。第一次扬的是私有制,弃的是小生产,第二次扬的是大生产,弃的是私有制。通过两次否定之后,使市场经济在大生产公有制基础上得到发展,所以这个分析揭示了由小生产的市场经济,到资本主义市场经济,再到社会主义市场经济的变化过程。《资本论》帮助我们理解了市场经济从本源、变异到复归的历史演变,解决了资本主义市场经济与社会主义市场经济的本质区别和必然联系的问题。

第四个观点就是许明老师提出的,关于社会主义和市场经济到底能不能结合的问题,这里有三种理论:

第一种是对立论,认为社会主义和市场经济是完全对立的,不能相容的,搞社会主义就要否定市场经济,搞市场经济就是恢复资本主义,把市场经济等同于资本主义。我们批判了这种观点,建立起社会主义市场经济体制。但是至今还有人认为,社会主义市场经济实质是挂社会主义招牌走资本主义道路,说明对立论还有市场,仍在延续。

第二种是中性论,认为市场经济没有基本制度的特性,资本主义可以用,社会主义也可以用。市场经济跟打仗的武器一样,我们可以用它打敌人,敌人也可以用它打我们,武器本身没有阶级性。市场经济只是手段和方法,资本主义可以用,社会主义也可以用,而且我们用了以后效果很好,社会生产力显著提高了。

第三种是内在联系论,这就是我的观点。我认为,既不能把社会主义和市场经济看成是对立的,也不能把市场经济仅仅看成是中性的,而要看到它们的内在联系和有机结合的必然性。有的人认为市场经济是不公平、不合理的,会产生尔虞我诈等问

题,这是由市场经济的运动形式造成的,而市场经济的本质要求与社会主义的发展趋势是完全一致的,表现在以下三个方面:

第一是满足需要。商品首先必须有用,如果商品没有用,就不会有人去买,其价值就不能实现。所以市场经济第一个本质要求是商品有用,其使用价值能满足社会需要。而社会主义的生产目的就是满足需要,要满足全体人民日益增长的物质文化需要。所以在社会主义初级阶段,市场经济成为实现社会主义生产目的的主要途径和基本方式。

第二是劳动平等。商品除了要有用,还要有价值,并通过交换来实现,所以市场经济第二个本质要求是劳动平等。商品交换本质上是等价交换,价值是抽象劳动的凝结,等价交换就是等量劳动相交换,反映了商品生产者之间劳动平等的生产关系。而建立社会主义制度的根本目标之一,就是要消灭剥削,消除两极分化,在社会化大生产条件下实现劳动平等。因此,劳动平等是发展市场经济和健全社会主义经济制度的共同要求。

第三是发展生产力。从本质上讲,市场经济是生产力发展的动力和形式。价值规律和价值增值规律从微观与宏观两个方面,促进了社会生产力的提高。实践表明,有了市场经济,生产力就发展,否定了市场经济,生产力就衰退。过去计划经济时代生产满足不了需要,样样都要凭证供应。而搞了市场经济以后,出现了大多数产品供过于求的状况。因此,发展市场经济成为实现社会主义的根本任务,成为大力发展生产力的有效途径和可靠方法。

《资本论》告诉我们,市场经济的实质有三条,即满足需要、劳动平等和发展生产力,资本主义在这三方面出现了异化现象,而社会主义则要在更高层次上实现这三方面的本质要求。如果搞社会主义不能和市场经济相结合,实际上是不了解市场经济与社会主义的内在联系,不了解它们在本质要求上的一致性,也是我们过去走弯路的历史原因。

最后,市场经济不仅有与社会主义本质要求一致的优越性,而且还有其实现形式与社会主义本质要求相矛盾的局限性,也就是我要讲的第五个观点。市场经济实现形式的最大特点,是人与人的关系要通过物与物的形式来实现。所有物质产品的交换,实质是人们在相互交换劳动,但是采取了商品交换的形式,这就产生了物的关系掩盖人的关系的拜物教现象。在思想觉悟不高和法制管理不严的情况下,使人们产生对物的盲目崇拜,导致权钱交易等腐败现象,对经济社会形成消极破坏作用,这是在市场经济条件下,需要我们特别重视和加以解决的问题。

与《资本论》有关的问题很多,以上讲的五个观点仅仅是抛砖引玉,如果把《资本论》中关于市场经济的一般规律揭示出来,这对社会主义市场经济的促进作用是很大的。过去,人们认为《资本论》只是革命的理论,是揭示资本主义特殊规律的理论,这种认识是片面的。其实,《资本论》在揭示资本主义特殊规律时,也把市场经济的一般规律准确、完整地揭示出来了,所以我们只要撇开《资本论》中关于资本主义特殊性质的论述,把其中关于市场经济一般规律的理论提炼出来,这对社会主义市场经济是完全适用的。过去,由于看不到市场经济的一般性和特殊性的区别,就会产生《资本论》过时的错误观点,就会忽视《资本论》对社会主义市场经济的指导作用,这是值得记取的历史教训。

许 明:我一直高度关注马克思主义当代发展问题,你说"一般规律",很有新鲜感。现在改革的理论家讨论经济问题很少说"一般",你从根本上证明社会主义市场经济合法性,好像回应了这些问题。传统的《资本论》宣传,就是揭示资本主义生产规律的一般理论。你这样解释很有新鲜感。如果成立,对当前改革是有作用的。但是有一个问题仍未厘清,即所有制问题你回避了,商品经济或者市场经济跟所有制没有必然的关系?资本主义一定是异化的结果吗?是原因吗?

陈承明:市场经济从本源到异化,再到复归是一个历史演变的必然过程。因此,从本源到异化,异化是本源的结果,从异化到复归,异化是复归的原因。

许 明:私有制在商品经济发展过程中,在资本主义阶段,跟这个商品和私有制有特殊的、内在的、逻辑的、必然的联系吗?

陈承明:小市场经济就是小生产的私有制,资本主义市场经济就是大生产的私有制,社会主义市场经济则是大生产的公有制。辩证否定就是通过两次否定,实现了市场经济在更高层次上的复归。这里我没有回避所有制问题,而且揭示了从小生产私有制到资本主义私有制,再到社会主义公有制的历史演变过程。

许 明:请你把刘福垣先生的书研究一下,他的观点前提是《资本论》就是传统的解释资本主义商品经济的著作,不可能解释社会主义市场经济,所以他提出了一系列改革和补充,说马克思忽视了这点、忽视了那点,你跟他完全不一样。

石 磊:我谈点想法。"《资本论》与社会主义市场经济"这个题目很大,但是也可以小说,至于刘福垣先生说《资本论》有缺陷有过时的地方,等于没说,因为谁都不能说特定时期的著作变成唯一真理。当我们把时间变量放进来的时候,谁也没有自信,谁有自信谁一定是盲目的,所以这话等于没说。今天发言的题目叫做十八届三中全会决定中的《资本论》思想财富。不要认为在很久以前出版的著作就一定过时,一部经典的伟大高明之处不局限于对当时议事议论的判断,有很多的思想是基于当下的事实,对未来作的判断,否则我们就不能说它是辉煌的经典。

一个是涉及许老师提到的所有制问题,有的地方直接在资本逻辑谈所有制,有的人谈分配的时候在剩余价值论里谈所有制,真正讨论所有制问题的比较多不是在《资本论》里的,之前与历史唯物主义相关的经典理论比较多,包括私有制的起源,在《资本论》里面这个问题已经讨论过了。在那里面在更加高度上讨论价值形态、价值形态的转移形式,一直到价值构成。

与我们这里相关的就是十八届三中全会决定里面讲的,近一段讨论比较多的是混合所有制的问题,中共十六届三中全会决定里面,有一个最早的说法就是公有制可以有多种实现方式,混合所有制就是公有制主要的形式,之后我们一直延续了这个说法,到十八届三中全会决定,在总结了这些年的发展经验和问题基础上,把这个问题再度提了出来,这不是简单重复若干年前的提法,而是在更高层次上对这个问题的再认识、再肯定。马克思在《资本论》里面怎么说股份制?直接描述就是两条,第一条就是如果没有股份制,英国还没有铁路。这里讲的是股份制作为一种融资的方式,一种资本要素重组的方式,克服了个别资本缓慢的积累,尤其是大规模的公共工程项目,如果没有这种新的资本经营的方式直接融资,是很难开展的。放在中国当下现实来看,我们所有的重大工程无不是用这种方式建成的,反之没有这种方式,一定会把国家财政拖垮,这是非常重要的描述。第二就是股份制对私人财产制度的积极扬弃,理解为现在看到的上市公司也好,没有上市的股份有限公司也好,叫做财产法人化。个人不能决定财产转移和用途,所以需要法人治理结构。法人治理结构作为现实制度安排出现的时候,已经默认了不是简单的私人财产,这也是我们在理论上使用混合所有制的基础。混合所有制可能你说是新的提法,是自己独创也可以,但是一定要找思想源泉,财产的规模往往决定财富,财富的规模往往决定财富的用途,达到一定的规模才能有规模绩效,这就是我们在资本的使用形态上,接受和推广混合所有制的重要的原因。

反映在十八届三中全会决定当中,就是土地要素的问题。针对农村土地,十八届三中全会决定里面说,农民的承包权可以入股、投资、抵押。这里默认的基本事实就是土地是要素,如果不是要素,市场定价体系对它是没有意义的,是自在之物不可流动;一旦可以投资、抵押、入股的时候,就获得了类资本的形式即相似于资本。类资本有一个好处就是流动性,因为资本的灵魂在于它的流动性。所以马克思讲到资本流通总公式的时候,从头到尾感觉到有每个要素在里面,因为是在交换。马克思早期在《资本论》第一篇里面讲商品与货币的时候,他没有必要把资本的流动性放进来,他讲流通的时候分析资本的灵魂,一切怎么来的? 后面看到的剩余价值产生与分配,既然每个要素在流动过程当中参与了生产和价值形成的过程,作为资本流动的结果,各个要素如何参与总价值的分配? 这是非常重要的思想的源泉。土地作为要素,要素有回报,农民土地权利不是所有权权利,是使用权,所有权和使用权分开,但不能剥夺农民在物权上面的产权。十八届三中全会决定里面把这部分充分肯定了下来。由于物权是要素产权的一部分,因为中国土地所有权的特征就是农民对土地的经营权和集体对土地的所有权是两权分离。我们不能剥夺农民的利益,必须提出物权法的问题,在这里就是地租,地租分成两个部分。

土地参与的所有权、经营权参与分割这部分,以地租表现出来的时候,过去被政府所有。在法理基础上,城市土地归国家所有,因此理论上或法理上说中国的国家或者代表国家的政府是最大的地主。土地的所有权在地租性质上在全世界都归地主,所以从法理上政府获得地租收益有法律基础。问题是土地资产说到底是全民财富,全民有权根据自己的要素产权享有其中一部分收益。这个收益怎么享有? 在城市,如果政府批租土地,产生的增量收益都以不同份额的货币分解给每个人? 土地分割不能发挥好应有的作用,政府应该怎么做? 第一是取之于地,用之于地,取之于房,用之于房,解决了国家建廉租房、公租房收益来源的问题,这个房既然跟土地相关,跟土地要素所有者权利相关,这部分地租政府可以收,收上来以后可以用。政府制定很高的价格,因为土地根据绝对地租理论,是稀缺资源,不能像卖大白菜一样卖掉,土地卖了长不出来。这是从国家意义上讲的。

中国土地两源化,农村和城市分开,为什么对农民的土地经营权进行补偿? 把土地当作要素,通过要素流转再配置市场进来,借助市场定价机制,把长期固定不变的土地变成流动的资产,农民因此获得财产性收入。在绝对地租意义上是有法律基础的,因为农民是要素的所有者之一。把土地制度真正按照中国的实际状况,考虑到农民土地的真正收益,各地作了很好的探索,这个探索接近于成功的,很好的。

第三个就是劳动力生产要素的生产和再生产问题。再生产理论是包括劳动力再生产的问题,因为劳动力的再生产是资本生产力的前提,这个逻辑在马克思的思考中是清楚的。然而这些年来,我们微观收入分配领域和宏观收入分配领域,恰恰忽视了非常重要的因素,就是在考虑收益分配和再收益分配的时候,往往不是基于劳动力要素的再生产,导致出现了诸多问题。大家批评比较多的是初次分配当中的劳资矛盾,再次分配当中收入不公问题的出现。劳动力再生产分解为三个环节,一个是劳动力的智力再生产,因为劳动力不是简单肉体上的人口,他是有能力的,而且需要不断增强劳动力的劳动能力,这要求国家在要素分配当中,考虑到劳动力是在不断扩大的规模上,不断提高水平上的再生产,否则谈国家创新体系没有意义。没有劳动力再生产的配套条件,谁来创新? 这涉及相关的问题,就是与要素收入分配相关的收入分配结构调整的问题、教育的问题、科技体系创新的问题,前提假设之一就是要考虑到收入分配当中的劳动力的再生产环节,尤其是智力的再生产。

第二个就是体力的再生产,这要靠健康,而健康靠医疗卫生,马克思从来不认为劳动力是私人产品,中国社会主义更不是私人产品,是国家的要素。国家要保护劳动要素,并且让劳动要素不断以增强的能力被再生产出来。健康很重要,健康的钱怎么来? 这涉及国家医改方案当中筹资体系问题。一个国家把更多的劳动力再生产的投资压在个人身上的时候,法理上是说不通的,道理上也是说不通的。这里我们把现实问题跟劳动力要素的再生产结合起来看。劳动力要素再生产的三个环节就是真实的人,人的主观能动性、积极性,人需要跟资本和土地结合,才能使要素真正转换成生产力,但是人终究是第一要素。当我们谈人的时候,显然不是仅仅指肉体意义上的人,人是有思想的人,有情绪的人,这个就涉及再生产靠和谐社会的建构,人与人和谐相处,在愉快的心情下面努力工作,从而把工作当作愉快的过程,而不是出现劳动目的和手段之间的异化。如果在这个地方我们出问题,实际上就是很多人把劳动当作不得已的行为,在这种情况下尽可能偷懒绝不选择勤勉。因为在辛勤劳作过程当中人没有得到补偿,于是每个人以不同方式发泄和表达不满情绪,心失去了和谐。如果能够把人在更高程度上生产出来,必须考虑到收入分配当中对劳动者心理的补偿,为和谐社会的建构作种种制度上的安排。

第四个问题就是生态环境。十八届三中全会讲经济文化政治生态加国防安全。现代生产体系、现代生活体系已经不再是简单的几种传统意义上生产要素的代数和,所有的要素都在一定水平的、一定状态的生态体系下面在发挥作用。资本过多使用会导致环境过多污染,要素的过度消耗,因此把生态环境作为生产要素放进来,而不单单纯考虑过去的劳动、土地、资本三要素。既然生态环境是要素,要对生态环境进行建设,对生态环境进行要素补偿,这个问题在很多国家里面用什么方式实现? 叫代际补偿金。国家建立代际补偿机制,当下的财富增长有部分收益暂时不分配,放在池子里面作为补偿基金。我们这一代人无权把后一代人的不可再生资源消耗掉,包括土地。一旦毁掉不可再生的资源环境,贻害无穷。我们必须有很好的要素补偿机制。十八届三中全会决定正确地把生态文明改革的问题写进去了。这个改革应该包括收入分配体系当中,按多大的比例,什么样的机制来切割宏观收入的分配? 把一定的比例的钱放在里面去,把已经被破坏的生态恢复,用的就是这个钱。还有一部分钱放在池子里面对后一代人进行补偿。

最后一个问题就是生息资本问题,近一段时间国有商业银行说钱没有了,流动性不足了,中国社会是世界上资本最充裕的国家,过去一直说流动性过剩,池子里面有水,水到哪里去了? 到影子银行里面去了! 这一段时间有很多微信群在自说自话或者相互讨论,讨论最开心的是怎么用钱再生钱? 不经意之间流露出资本体系出现了问题,货币体系出了问题。大量的主渠道资金到了影子银行,中国人民银行不能管住非银行金融。这就是困惑,这个问题的实质在哪里? 我们只是说任何虚拟资本,如果社会需要它的话,是因为可以融通资本,可以带来便利,可以帮助价值实现,可以作为流通手段,可以表现为价值形态,因而可以服务实体经济;但一旦离开虚拟资本服务于实体经济,一切倡导的金融创新全部变成误导。温州就是误导,最后实体经济基本死掉了,其他地方由过度虚拟化导致实体经济衰落。马克思在《资本论》三卷当中讲,生息资本就是影子银行,就是高利贷,不是严格意义上的资本。如果是严格意义上的资本,按照马克思对《资本论》分析的逻辑,可以放在资本流动总公式当中。生息资本没有参与价值剩余价值生产,但是一定参与剩余价值分割,分割变成尽可能攫取,于是隔夜利息、拆借利息如此之高,一周利息居然可以高到百分之五点几,年息百分之七点几,每天收到微信鼓励你们买他们的理财产品,我们很难避开。但是看到这个的时候深深担忧,我们的商务成本是这样提高,实体经济的企业不敢借钱了,借不到钱了。不管从哪个角度说,这对实体经济发展都有害。所以金融安全是个重要问题。

许 明:我作为一个听众提问,你刚才说的几点,都是按照马克思的《资本论》的基本观点推导出来的,还是现代西方经济学能够解释的?

石 磊:从科学道理的角度说,不应该在西方现代经济学理论和马克思主义政治经济学之间划一条泾渭分明的界限。如果有科学,真理就有一个。如果按现代西方经济学理论,可以解释要素分配。按照马克思主义的说法,对劳动力边际评价标准是有风险的,我们有没有真的按劳动力贡献来参与微观、宏观初次和再度的收入分配? 有的,但是有很多缺陷。

许　明:如果这些问题在现代西方经济学当中都能得到解释,我们的马克思主义宏观经济学还有必要吗?

石　磊:西方的经济理论比《资本论》早多了。

许　明:如果不是本质区分。现在剩下的问题成为一般经济规律中的根本性问题。许多时候,我们不仅在违背马克思主义,也在违背一般经济规律。我是说大多数党校听众的问题。

陈承明:《资本论》和西方经济学是不能截然分开的,《资本论》是在吸收了亚当·斯密和大卫·李嘉图等古典经济学家的理论的合理部分后,才得到发展和完善的。现代的西方经济学,包括马歇尔、凯恩斯等的经济理论也从《资本论》中汲取了营养。在解决资源配置问题时它们的区别在于,西方经济学只从现象出发来解决问题,因而割裂了劳动价值论和要素分配论之间的必然联系。而马克思经济理论的合理性和科学性就在于,它在解决劳动价值论的同时,又解决了要素分配问题,并揭示了它们之间的内在联系,这就为市场经济和社会主义的结合奠定了理论基础。社会主义要搞按劳分配,市场经济要实行按要素分配,二者能否结合? 我们知道价值是劳动创造的,按劳分配是符合劳动价值论的,但是为什么还要按要素分配? 这就是马克思比西方经济学高明的地方。马克思指出,商品有两个因素:价值和使用价值,价值是劳动创造的,使用价值是多要素共同创造的。如果不承认其他要素也要参与价值分配,那么其他要素的所有者就不愿意参与使用价值的创造,劳动价值也就没有了物质前提。所以按劳分配只能分掉劳动价值的一部分,剩下的部分要按其他要素的贡献分配,这就为按劳分配与按要素分配相结合提供了理论依据。但是,西方经济学没有价值概念,更没有按劳分配与按要素分配相结合的思想,因此只能从现象出发,强调单一的按要素分配。石磊老师为什么能分析得这么深刻? 而且能够跟现实紧密联系,第一是读懂了《资本论》,把《资本论》中的劳动价值论和要素分配论搞清楚了,并用以解决劳动力的再生产问题、土地的流转问题、资金的分配问题等,这么深刻地解决现实经济问题,西方经济学是做不到的。西方经济学最大的缺点就是没有价值理论,它所谓的"价值"实际是均衡价格,或者说只有现象层面的价格理论,没有本质层面的价值理论。西方经济学否定劳动价值论,就像是高楼大厦没有坚实的地基一样,只能是空中楼阁。《资本论》是把地基打牢了以后再建大厦,而西方经济学是在没有地基的前提下建大厦,因此非常容易倒塌。

三、 要在方法论体系上完整地理解马克思主义

张晖明:我们应该在方法论体系上完整地理解马克思主义。尽管马克思《资本论》有许多的论述今天仍然有现实的指导意义,但是我们不能只是拘泥于马克思的某个提法和论断,更多地应该是从经济社会发展的历史进程,在整体上来加深对马克思主义理论的理解。我觉得我们需要很好地检讨,我们建设社会主义的数十年进程,如果再往前数,可从我们党成立开始。实际上,在20世纪三四十年代,我们党在延安时期有很好的实践和理论探索,也积累了一定的理论基础。当然,我们还可以进一步追溯检讨,因为,中国共产党所接受和掌握的马克思主义,很大程度上是苏联咀嚼过的,有可能是有所加工变味了的。所以,我很佩服真正研读原典的人。我们在大学读书期间,对于读《资本论》原典还是花了点工夫的,否则,有可能浮于表面、浅尝辄止。改革开放初期,传统体制的弊端十分明显,改革举措的选择有很大的回旋余地,经过三十多年的改革开放,我们已经取得了世人瞩目的进步,我们今天有比较扎实的经济基础,可以相对从容地开展研究。伴随改革开放的进程,始终有对经济社会存在问题和解决措施选择的不同见解,导致对于改革措施设计存在不同主张。其实,世界社会主义史上始终存在激进和保守的不同主张。如何坚持马克思主义的科学方法,怎么比较客观全面地研读《资本论》建构的东西,是我们应该思考的一个大课题。在思想家眼里,在纯学术研究的大家眼里,包括今天在思潮性分析的许多结论性文章里面,马克思的方法连西方人也都佩服,马克思是站在很高的境界上对人类社会演进规律进行揭示。我们怎么从这种角度读《资本论》?今天座谈会的题目就是"《资本论》与社会主义市场经济",我们怎样从过去研究《资本论》的方法中走出来,怎样摆正今天研究《资本论》的立场观点和方法,检讨政治经济学研究在过去相当长时期里可能存在的教条主义、碎片化等问题。以往有些研究可能只是扣住某几个说法,比如,所有制问题就是其中之一,马克思对所有制的论述在《资本论》当中有一条线,一直到《资本论》第三卷他对所有制概念的拓展,拓展为货币的所有权与现实的所有权,名义的所有权和现实的所有权。我自己在二十多年前的博士论文中讨论现代产权关系时对此作了研究。马克思抓住了从所有权到产权关系具体实现演进的基本方法论,解剖所有制问题、所有制关系。他发现了所有制本身也表现为分工关系进入所有制的实现

过程。过去研究所有制，没有将分工关系引入所有权实现过程，总是扣住以物为主要对象的不可分割的所有制。但是，市场经济发育到一定水平的时候，所有制可以以物的面貌出现，也可以以货币的面貌出现，所以，这个时候资本的流动性、产权配置的流动性，以货币计量方式表现出不同当事人之间权利移动的丰富多样，怎么从这个角度加以实证研究？联系社会主义市场经济的体制建构，真正梳理马克思主义思想的发展，包括所有制理论、商品经济理论，我们还是需要把商品经济和市场经济两者间关系在理论上作出系统回答。

关于商品经济和市场经济是什么关系？我自己作过研究，认为两者本体上是同一个东西，但是，可以表现在不同层次和不同形式上。商品经济表现为当事人之间的经济属性关系，而市场经济是当事人之间互动的运行意义上的东西，这些理论还是需要发展的。所以在这些问题上花工夫、立课题，真正加以深入研究，作系统梳理，是特别必要的。特别是十八届三中全会提出了市场在配置资源中起决定性作用，在理论上阐明市场在配置资源时的"第一动作"机制，在此基础上深入研究如何发挥政府的调控作用。也可以说政府的调控是在市场作用的基础上的"第二性"作用。

第三，进一步开展对所有制的研究。最近我们在讨论混合经济，联系个人的储蓄行为而言，"个人所有制"是消灭不掉的，因为这是人的理性表现。无论当事人收入情况如何，他总是会在自己的收入中选择一定数量进行储蓄，这种个人储蓄行为与金融工具环境相关联，表现为"保障性储蓄"、"积累型储蓄"再到"投资性储蓄"的三个阶段，个人的"投资性储蓄"实际上就是个人所有制的投资活动。简单从所有制和非公有制概念出发，总是简单否定"个人所有制"是不行的，因为现实生活中总是存在"个人（非公）所有制"，实际上，马克思也提过"重建个人所有制"概念。所以今天为什么重提"混合经济"？需要我们有较之以往更加深入的解答。我们不能再简单地用传统的"非公所有制"的概念，联系马克思所说的"重建个人所有制"，必须在理论上有新的发展。但是现实中我们还是用旧的概念，因为我们的头脑中已经接受沉淀下来的对个人所有等同于"私有制"的知识和理解。类似于对于"国有企业"这个概念，今天的理论同样存在混乱，因为我们的头脑里存在着旧有的对"国有企业"的既有概念知识。实际上，今天的国有企业已不是原来计划经济下的国有企业。

怎样挖掘马克思《资本论》的精神财富？最近《文汇报》组织哲学界学者作普及型演讲，复旦大学的王德峰教授说《资本论》不是经济学著作，或者说不仅仅涉及经济学问题，背后有哲学问题，有社会学问题，甚至有政治学问题，因为讨论涉及阶级关系。所以要在《资本论》研究上，发动多学科来开展研究。我们还是要回到袁恩桢老师一直强调的最基础的政治经济学的层面上来开展研究，包括政治经济学对象、政治经济学范畴体系、政治经济学表现形式，我们在这方面的梳理还是有不少欠缺。我们要从政治经济学学科意义上来系统梳理马克思思想，挖掘、弘扬，加以现代化，再回到具体研究内容上把这些概括出来。

许　明：我们的意图就是这个，所以刘先生的文章照样发表，希望引起更大关注，开展一切深入的讨论。现在的问题是《资本论》能不能解释现在的市场经济？陈老师讲能解释，但是可能解释过程当中把有些东西选择性地遗漏了，比如所有制问题没有讲到，也没有解释资本主义和马克思分析的资本主义私有制，跟商品经济和市场经济到底有什么必然的联系？你说是异化的结果，那什么东西是本源？什么东西是造成资本主义私有制的本源？目前的私有制有没有我们传统理解上的资本主义因素？

陈承明：当然有的。

许　明：这个因素跟我们现在所理解的社会主义到底怎么区分？

陈承明：马克思是从发展趋势来说的，资本主义是私有制的大生产，今后社会一定要发展到公有制的大生产，这是一个必然的历史趋势。但是，从资本主义到社会主义的高级阶段要经过许多中间阶段，特别是在中国这样一个落后国家建立社会主义，要经过相当长时期的初级阶段。因而出现了一系列的两重性特征。在所有制关系上，既要有公有制，又要有非公有制；在分配关系上，既要有按劳分配，又要有按要素分配；在调节机制上，既要有市场调节，又要有政府调控；在意识形态上，既要坚持马克思主义经济理论指导，又要吸收西方经济学中的合理部分。我们正在经历一个从落后资本主义到成熟社会主义的过渡时期，这个阶段不可避免地形成具有两重性的社会状态，当然，社会主义仍然是本质、是方向，中国特色的社会主义就是在共产党领导下，在公有制为主体的条件下允许资本发展的社会主义。

许　明：上个星期讨论历史唯物主义和中国特色社会主义，参加会议的都是有很高学术地位、造诣很高的专家，涉及一个普遍现象就是在目前的历史阶段，我们对资本主义持让步态度，有的人提出是资本社会主义，讨论到马克思所谓的跨越卡夫丁峡谷问题，同时吸收、保留资本主义的某些要素问题；所有的看法围绕着对《资本论》的批判性认识。今天的社会主义市场经济跟经典的马克思主义基础理论到底有什么联系？这是一个我们必须搞清楚、弄明白的重大问题。

张晖明：我们党需要有基础理论的建构，我们现有的理论都是碎片的。基础理论建构,这应该是我们学术研究的重点突破方向。

陈承明:大家都希望有一个很经典、很全面、很科学的理论体系出现,能够形成一个充分体现社会主义本质特点的成熟理论,但是目前还十分困难,这要经历一个长期积累和艰苦探索的过程,才能逐步完成。

张晖明:也许今天还不可能形成体系化、严密的逻辑体系。但是中国一定要有自信,要加倍努力。我说一个重要的例子,经济学思想体系当中有德国学派。美国在1900年至1930年接受德国的政治结构国民体系思想,英国人搞新古典经济学。美国人在1948年写了经济学基础,以至于建构起学术体系。我们的学界要学习,但是千万不要迷信。所以我们作中国经济学研究的时候,不是说只回答中国问题,而是要从中国发展中提炼出作为普遍价值的经济学理论来。这个工作类似于美国人二十世纪30年代做的事,也许不是三五年可以做出来,但是我们自己要有眼界,美国人积累了30年,这是我们今天思考的问题。

陈承明:张老师说出了我们的共同愿望,但是我觉得这是一件很困难的事情,要拿出很稳定、很完整的理论体系,是需要全体经济学家的长期共同努力才能最后实现的。但是我们有愿望、有自信,在我们讨论的时候,这个体系当中有些合理的东西已经产生了,已经存在了,只是还不完整,还不成熟,所以需要我们不断去创新、发展和完善。

许　明:我是搞意识形态研究的,我们的方向一致,向来主张思想理论从研究中国问题出发建构自己的思想框架、理论框架。我们共同面对社会主义市场经济和资本主义市场经济,两者都是市场经济,规律一般是存在的。

陈承明:我没有说马克思主义经济学是社会主义市场经济的唯一理论来源。马克思主义理论也不是无源之水和无本之木,马克思在哲学上接受了费尔巴哈的唯物论和黑格尔的辩证法,在经济学上接受了亚当·斯密和大卫·李嘉图的许多经济理论。西方经济学中的有些理论也是来源于马克思的《资本论》,因此不能把西方经济学和马克思主义经济学完全割裂开来。

张晖明:在思想来源上马克思主义是主要来源,非常重要的问题是我们一以贯之地坚持历史唯物主义,而西方主流经济学没有方法论,从这个意义上我们还是马克思主义者。

陈承明:马克思主义和西方经济学有区别,马克思主义更注重质的分析,西方经济学更注重量的分析;马克思主义更注重本质分析,西方经济学更注重现象分析;马克思主义更注重历史分析,西方经济学更注重现状分析;马克思主义更注重规范分析,西方经济学更注重实证分析。因此,它们的理论具有互补性,因而是可以有机结合的。为什么大家对西方经济学容易接受? 因为它说的是现象层面的东西,如价格、弹性、供求等,大家容易理解。但是,马克思主义要透过现象揭示本质,而本质的东西很抽象,常常使人难以理解。这么庞大的西方经济学却没有劳动价值理论,而马克思把全部经济学建筑在劳动价值论的基础之上,体现了两大学术体系之间的本质区别。所以我赞成袁老师的观点,社会主义市场经济理论的研究也要从商品开始,把劳动价值论搞清楚了,把劳动二重性学说搞清楚了,才能揭示出劳动、资本、土地等生产要素在社会主义市场经济中的运行规律。马克思在《资本论》里讲到,许多经济现象层面的问题都早已解决了,但是最本质层面的价值问题,经过人们两千多年的努力,才逐步被察觉和认识,这就说明了揭示事物本质及其规律的艰巨性。

石　磊:还有一点就是马克思为什么能够在本体论意义上把价值源泉问题解决了? 要知道这是很难的,很多人回避这个问题,因为太难了。马克思是怎么解决的? 他有一个过程,为什么《资本论》不是更早期完成? 他早期时候有一点写作的萌芽,在那个时候不能看出跟黑格尔有什么区别,本体论看不出有什么区别。后来一下子感觉到突破性东西,相对完整性的东西出来,因为有三个知识节点,一个是历史,把整个东西当作历史,这是他研究整个体系时阅读当中的重要的部分,他在观察,你写的东西是否具有一般性解释。第二是哲学建构以后方法论解决了。还有就是科学社会主义的理论不完整,科学社会主义真正完整是在《资本论》完成以后。

陈承明:认识和揭示价值本质,不仅有一个主观上是否努力的问题,而且有一个客观上条件是否成熟的问题。在奴隶社会、封建社会虽然已经有了商品货币关系,但是由于商品生产和商品交换的不普遍,因此人们还不可能认识价值本质及其运行规律。只有到了资本主义社会,商品成为劳动产品的一般形式,商品生产和商品交换普遍化,才具备了揭示价值本质及其规律的客观条件,才使马克思能够彻底解决这一疑难问题。

许　明:现在思想界、理论界,甚至一般干部,认为市场经济就是资本主义,就是意识形态,头脑中的条条框框太厉害了。有人为什么对《资本论》质疑? 认为《资本论》解释的是早期资本主义,没有办法解释社会主义市场经济。

石　磊:不局限于意识形态解释的时候,自己宽松很多,我们跳过意识形态。

许　明:当今社会主义市场经济的理论困难被碎片式解释给回避掉了。

石　涛：我从教学的角度说一下，因为我正好在党校给研究生上西方经济学，上课的时候我从经济规律的角度来说，《资本论》讲了好几种经济规律，比如资本主义经济规律，还有一般社会的规律，还有未来社会的规律，但是我们在教学或者以前的宣传过程中，肯定有所取向或者片面性。实用主义只宣传一点。《资本论》首先讲基本规律，我们之所以迷惘，是没有把规律搞清楚。人们误解了，现在谈社会主义市场经济现象的时候，无意中把规律混淆了。真正把规律讲清楚，《资本论》有很强的适应性。比如有领导干部提问，让我用马克思观点把生产性服务业解释一下。我说很好解释，不一定局限于固有的想法，就是从马克思对劳动的几次发展，从工人创造价值，从创造价值的领域几次拓展，包括最后的迂回式几次认识，发展生产性服务业完全符合劳动价值论。这样说了以后底下人说原来《资本论》和以前讲的不一样，语言体系和整个思维换一种角度说，才能被接受。

陈承明：现在党中央提出要让市场在资源配置中起决定性作用，就是要使价值规律起决定性作用。价值规律是在劳动价值的基础上发挥作用的。《资本论》提出了社会必要劳动时间决定商品价值的理论，而社会必要劳动时间有两种含义。第一种含义的社会必要劳动时间决定单位商品的价值量，它促使生产者节约生产单位商品的劳动时间，从而提高企业的微观生产力；同时，第二种含义的社会必要劳动时间决定社会需要商品的价值总量，它通过价格机制和供求机制，促使社会生产按比例发展，从而提高了宏观生产力。因此，《资本论》能够帮助我们更深刻、更准确地理解党中央提出的让市场起决定性作用的内容和要求。

许　明：袁老师的开场白，我作为听众觉得很有启发，就是从商品开始研究，马克思既然研究资本主义社会的商品，这个个别性一定包含某种普遍性，只要商品存在，有关市场一定存在，商品经济、商品一般的规律肯定存在。对商品一般，我们在认可基本规律的情况下，如何区分商品经济条件下社会主义要素和资本主义要素？

袁恩桢：社会主义市场经济或者商品经济有三个层次，第一个层次就是《资本论》里面讲的商品一般，最清晰了。从这里引发了劳动价值论等一系列矛盾。第二个层次就是马克思以后市场经济在资本主义社会的发展，一系列新的问题，怎么用《资本论》的商品一般解释市场的自由发展？这里有发展，有危机问题，这已经是世界性的问题。第三个层次就是市场经济里面社会主义市场经济的因素，这个方面更重要。《资本论》分析的商品一般，比如从异化到商品一般规律，这是马克思相当精彩的对资本的批判。现在商品或者市场经济形态，既有资本主义的市场关系，也有我们市场经济或者商品经济发展不完善,或者比较初级的不完善阶段的商品经济。权钱交易在这里产生。我们为什么会有腐败?有各种各样的原因,说到底最根本的从经济学的角度来说,就是商品败坏,货币败坏。

许 明:即使在社会主义初级阶段,商品的一般特性必然会形成拜物教,腐败必然发生。

袁恩桢:社会主义在市场经济条件下、商品经济条件下形成商品拜物教,一方面是必然的,但是另外社会主义的因素或者公有制商品因素可以限制它。

许 明:我们回到原点,讲社会主义时,我们专家讲都是初级阶段,是中国特色的初级阶段的社会主义。那么初级阶段包括什么内容?说不出来。初级阶段的特色社会主义,跟原来所说的高级社会主义,到底怎么区分?要素在哪里?商品一般发展,即使到了当代中国初级阶段社会主义,社会主义要素能不能被描述出来?在商品一般还是存在的情况下,存在商品经济和市场交换的条件下,在所有资产包括一大部分非公所有制情况下,社会主义市场经济要素在哪里?袁老师提出社会主义公有制是社会主义要素,石磊讲到了混合经济也可以作为社会主义要素,在存在大量的非公所有制情况下,我们的初级阶段社会主义具体内涵能够描述吗?

陈承明:公有制很明显。

许 明:但是混合经济和非公所有制同时存在。

陈承明:通过混合经济的形式可以控制比单一公有制大得多的社会资本和生产规模,为逐步向更高层次的公有制发展创造有利条件。

袁恩桢:现在我们讲的是社会主义初级阶段的基本经济制度,这个制度里面就是公有制为主体,国有企业是指导。在这样的经济条件下,我认为混合所有制里面公有制是发挥控制力的作用。现在这个矛盾越来越尖锐,有些人讲到经济全部放开,非公经济活力比公有制经济的活力更大,只要均等,政府掌握在共产党手里,社会主义体制照样漂亮。这个观点很危险。

四、 加强理论建设,建立理论自信

沈开艳:社会主义能不能换一种角度来理解?因为我现在跟博士生上社会主义政治经济学课的时候,也在说什么是社会主义。我跟他们说,我们的社会形态是从奴隶社会、封建社会、资本主义社会到社会主义社会。什么叫主义?主义就是我信奉什么。资本主义信奉的是商品、资本,是社会追求和崇拜的东西。奴隶社会信奉拥有多少奴隶,信奉拥有财富、社会地位、权威等,封建社会也一样。到了社会主义社会,这个概念是什么? 我认为所有的人群都解决社会福利问题、医疗保障问题、养老问题,等等,就这是社会主义,这里有我们对社会主义的理解问题。如果说把所有的产权归民所有,就是社会主义,归根到底对社会主义的理解是什么,要说到社会主义到底有多少因素在里面,这是很难的。如果说把它理解成公有制是社会主义的最重要的内涵要素,逻辑上肯定是说得通的,因为公有制本身代表所有的人都拥有产权、财富。资本主义金钱至上,就是商品拜物教,等等。所以如果社会主义的公有制解释没有问题,福利经济解决也就没有大的问题。如果反过来说,社会主义不是一定要从所有制这个层面解释,非公所有制是不是也能够与社会主义相融通? 也是可以说得通的。比如说福利经济学的国家也讲财产私有,但是在治理这个国家的时候,是以社会福利造福全民的生存或者民本思想为主的,是不是也可以叫社会主义?

唐珏岚:社会主义初级阶段的终极目标是实现共同富裕。西方福利资本主义似乎具有一些社会主义的因素,但它是诞生于资本主义母体之内的,很难将福利主义等同于社会主义。

陈承明:在我看来,市场经济可以分为两个方面:一个是它的本质要求;另一个是它的实现形式。从本质要求上说,市场经济与社会主义是完全一致的,具体内容在上面已经讲过,但是市场经济的实现形式和社会主义是有矛盾的。商品、货币和资本以物的形式掩盖人的关系,势必产生各种拜物教现象,导致权钱交易等腐败问题的产生。因此,在利用市场经济为社会主义服务的同时,要限制各种拜物教的消极作用。现在党中央加大了反腐力度,一个重要原因也是为深化改革排除障碍。有些人依靠过去的改革获得不少利益,成为既得利益者,现在要深化改革他们就不愿意了。因此,要继续深化改革,使全体人民都能分享改革的成果,就必须冲破这些人的利益藩篱,为改革清除障碍和铺平道路。从这个意义上说,研究和揭示市场经济的运行规律,对继续深化改革是有重要现实意义的。

沈开艳:讲到商品拜物教,如果这个社会以商品经济或者以资本为主,一定会产生商品拜物教,商品拜物教一定会产生腐败,因为都想占有资本,想占有商品,每个人都有欲望,而且社会形态使得人有占有欲望,腐败就一定会产生。靠什么解决? 经济本身是没有办法解决的,必须在经济运行范围之外想办法解决,一个是用法治,用法律手段强制性解决,还有用道德规范和约束。现在我们对马克思或者对《资本论》的理解有几个方面的误区。第一,在谈误区之前,我觉得马克思和《资本论》基本原理是没有错的,基本原理是完全正确的,最基本的就是劳动价值,社会中所有的财富都是靠劳动创造的,要素也会创造价值,其他方面也会创造价值,没有错,这都是固化的劳动,本身靠劳动创造。现在再高科技,跟现在所倡导的体面劳动、尊重劳动者也是一致的,现在社会上轻视蔑视劳动者,没有好好地贯彻《资本论》的观点。尊重劳动也是对实体经济的尊重,金融也好、服务业也好,最后都服务于实体经济,这就是马克思《资本论》或者马克思主义的现实意义和当代价值,这种基本原理到现在没有任何错误。

第二,对马克思《资本论》的最大的曲解就是很多时候反对马克思主义或者批评《资本论》的人,觉得马克思主义是斗争哲学。马克思在《资本论》里面谈到很多关于斗争的问题,比如他谈到最早时候圈地运动是人吃人,资本主义的丧钟敲响了,无产阶级就是为资本主义自己产生的掘墓人,等等。但是当时的历史条件和现在的情况不一样,马克思是处在资本主义初级阶段,看到的是血腥资本家压榨工人,看到的是人吃人,是在商品经济不够发达的情况下出现。但是这个是不是就是马克思的《资本论》全部?不是,这是马克思在当时的社会所看到的一种情况。资本主义国家也在不断修正自己,当马克思看到资本主义有一天灭亡,资本主义丧钟有一天会敲响的时候,他也看到资本主义能发现自己的缺点,不断修正自己的功能。国家修正偏差,西方经济学也在不断想办法解决现实问题。出现了危机,凯恩斯想到了国家要加强宏观调控,宏观调控以后出现滞胀,不考虑意识形态,新古典意识形态等出来了。西方经济学对资本主义理论也在进行不断的修正。

第三就是我们现在对马克思《资本论》的一种误解。前面是对他的曲解,认为马克思纯粹是斗争哲学,或者认为马克思主义或者《资本论》是万能的,是无敌的,完全从教条的立场理解马克思主义,认为我们现在只要讲到中国梦,讲到了三个代表思想,科学发展观,就一定要从马克思主义《资本论》里面找到基本原理,我们拼命在里面找,可能找到只言片语。《资本论》三大卷,《马克思恩格斯全集》又那么大,总能找到一两句话是可以解释的,这是对马克思主义其实是一种很大程度上的曲解。前不久有一个国家重大课题,是关于马克思生态文明思想的,是已经结项了的成果,从马克思《资本论》里面找到了马克思关于资源环境的论述。但这是不是马克思完全针对当时的节能减排、生态文明或者当时资产节约作的论述?我看不是。有的时候很多的学者是从感情角度来对待马克思主义,认为如果我们讲马克思的《资本论》不是万能的,有些地方没有涉及,似乎很伤害感情。马克思主义最主要的观点我们要坚持,不是说所有的东西都可以照搬照抄。

第四,现在社会中间出现了各种各样的问题,经济运行中间出现了各种各样的问题。什么都怪罪马克思,认为就是因为坚持了马克思主义、坚持了《资本论》,等等。其实罪过不在于马克思主义,而是与自己没有好好丰富发展或者真正理解马克思主义有关,而不是说马克思主义本身不行。有很多的事情我们可能没有认真考虑过,比如说,张晖明讲到的什么是商品经济,什么是市场经济,我也想不清楚商品经济和市场经济到底怎么样。他给我启示说商品经济是从属性层面来解释的,市场经济是从运行层面来解释的,这样可能就会有整个的理论体系构建。在法学概念中就是一个至高无上的宪法,宪法不能用来打官司,要由婚姻法解决婚姻,解决离婚纠纷,要有民事诉讼法。我们没有这种理论,但是西方经济学有。我1982年进南京大学学习政治经济学理论,是马克思主义理论这一套。但是从80年代初到现在这么多年来,西方经济学一直在发展,是我们自己的学者没有好好地丰富发展马克思主义,现在我们把所有的社会问题都怪罪马克思。所以我觉得我们要思考的几个问题,就是马克思的基本原理是正确的,马克思《资本论》是没有什么大错的,在这样的前提下是不是要证实一些问题? 马克思主义经典作品是不是包罗万象? 有没有它的局限性? 我们为它的发展做了什么?

另外马克思主义是不是完全可以直接拿过来指导中国实践? 我们一直这样说,建设中国特色的马克思主义理论,但是我们没有建立好这样的一套理论。我们要有三个自信,道路自信、理论自信、制度自信。理论自信如没有完整的理论,只是马克思主义碎片化理论,很难确立。我们希望有人从马克思的《资本论》中间丰富发展了,变成当代的经典。我们有很多经济学家,但是能跟西方经济学匹敌的理论没有。我们停留在1850年的水平,我们到马克思为止。三个自信中间重要的是理论自信,如果没有理论自信,道路自信就没有理论支撑,制度自信就更加虚幻了,大家对制度质疑会更多。现在讲三个自信,最难的就是理论自信,有了理论自信,道路自信、制度自信自然而然很好寻找。现在说马克思主义,《资本论》也好,马克思主义理论也好,要找到最终核心价值观的东西,从马克思主义《资本论》理论里面找到劳动价值,回归它的本源,所有其他一切都是在这个里面再找出来的。

唐珏岚:今天大家围绕《资本论》与社会主义市场经济展开了热烈的讨论,听了很有收获和感触。当前,马克思主义经济学包括《资本论》发展方面确实面临着一些挑战。

一个就是考试的指挥棒问题。例如,经济学专业的学生在硕士生入学考试时,专业课基本考的是《西方经济学》,这对本科阶段学生的学习无疑起到了指挥棒的作用。考经济学的硕士,基本要过"数学(三)",而这恰恰是《西方经济学》学习本身要用到的。无论是考试的导向,还是学科技术支撑,都使得《资本论》这门课在高校的教学当中面临着比较大的挑战。从高校来看,很多学校都不开这门课了。一门课程只有被相当规模的人所关注、专注,才能产生一定的研究氛围,才有可能产生不同视角与观点的碰撞,激发学术的火花。

第二个就是《资本论》究竟应该承载什么样的功能。对于沈老师刚才讲到的我也有同感,我们到底希望《资本论》应该承载什么样的功能? 以前我们把它捧得很高,但有的时候高高举起反而让它摔得很重。今天一些研究《资本论》的论文,也是简单的实用主义,选定一个主题,然后从《资本论》中抠两个相关的字眼。我们有的时候把它过分工具化了,甚至庸俗化了,这样的研究非但没有增强《资本论》的生命力,反而使它陷入一个很尴尬的境地,扼杀了生命力。乃至于今天在一些资本主义国家,有一些学者对它的研究兴趣可能还高于我们,在日本始终有一批学者不断在研究,例如宫川彰等。

许　明:《资本论》中一些基本的东西现在被忽略掉了。在基础理论上,理论哲学才是最根本的。

陈承明:有些不应该联系《资本论》或者《资本论》不能承受的东西不要硬套上去,同时《资本论》已经讲清楚的问题,而被我们忽略的方面还有很多,这是值得我们重视的。

许　明:从商品一般开始,今天社会主义市场经济就有商品一般的问题。

陈承明:当前在收入分配中劳动收入的比重在下降,资本收入的比重在提高,贫富差距加大,两极分化严重,这与轻视马克思的劳动价值论直接有关,也是忽视按劳分配规律的必然后果。

唐珏岚:《资本论》究竟应该承载怎么样的功能? 我个人肯定倾向于《资本论》应该富有生命力。一门学科的生命力,在某种角度就表现为研究人群的持续性。首先要有一定规模的研究人群,只有在该学的时候让他学习了、入耳了、入脑了、入心了,才会产生兴趣。让《资本论》进大学的课堂,应该作为第一步。我们要客观地告诉学生,并不是说每个问题的答案在《资本论》中都能找到,但是《资本论》会告诉你分析问题的方法,在你面对外部世界时能有更清晰的思路。《资本论》提供的不是教条,而是科学思维的方法论。

在《资本论》的教学、研究中,应处理好学习、继承与发展的关系。对德国古典哲学、英法古典政治经济学和空想社会主义的批判是马克思经济学的重要来源,对所处资本主义时代的经济现实、经济问题与理论的探讨同样是马克思经济学的重要来源。今天我们学习《资本论》的目的不应只是为了知道几个概念,而应努力提高运用马克思经济学的方法,分析解决社会主义市场经济问题的能力。十八届三中全会为我们提出了许多有待进一步研究的课题,例如,"公有制经济和非公有制经济都是社会主义市场经济的重要组成部分,都是我国经济社会发展的重要基础"。这一表述,是我们党的文件当中第一次把公有制经济和非公经济相提并论。十八届三中全会再次重申"两个毫不动摇",要求坚持公有制主体地位,发挥国有经济主导作用,这是社会主义的特征所在或者本质所在,但既然有主体有主导,那么相对应的是否是非主导非主体? 这和两个"都是"怎么更好地自圆其说? 我们能否运用《资本论》的研究方法对此作出合理的解释。沈开艳老师正在做一件很有意义的事情,正在牵头创新一门学科。

当前对于《资本论》的教学、研究有不尽如人意的地方,但我们还是要有信心,要看到希望。比如上海市委党校中青班有一个单元的教学就是安排读原著,其中一门课程就是《资本论》,有导读,有学员自学,以及教师的专题讲授,三个半天,在学员有限的在校学习时间中所占的比例还是相当高的。还有中央党校举行精品课比赛,有一门得奖的课程就是《资本论》,一方面这说明这个课是可以讲好的,另一方面也表明我们的课堂确实也需要这样的课程。

陈承明:在历史上先有地球中心说,后来哥白尼提出了太阳中心说来否定地球中心说,虽然太阳中心说也不是完全科学的,但是比地球中心说要正确,哥白尼在提出太阳中心说后却受到大多数人的攻击和谩骂。现在,马克思的《资本论》也是这样,被许多人盲目地攻击和否定,但是马克思主义是真理,是经得起历史考验的,因此最后还是能为大家所接受。

唐珏岚:还有一些概念、关系,怎么样更好融通起来? 比如《资本论》跟马克思主义经济学、社会主义市场经济学的关系,《资本论》和马克思主义经济学的关系,等等。马克思主义经济学跟今天我们要研究的社会主义市场经济学能否直接画等号? 我们是该把我们想发展的一切放在社会主义市场经济学下面,还是仍然装在马克思主义经济学的筐里面?

袁恩桢:今天大家都很投入,社会主义市场经济跟《资本论》的关系,这个题目好。现在社会主义市场经济出来了,怎么运用《资本论》的基本原理进行分析? 而且《资本论》在新的历史时代怎样发展? 这就是今天的主题,各位从不同的角度都说了这个问题,比较透。

许 明:今天的座谈内容将会发表,同期还将发表几篇重头文章,其中就包括刘福垣先生的文章:《新资本论大纲——兼论中间阶级的天然使命》,技术性很强,重新认识剩余价值率和剥削率,其中的基本观点是:在马克思生活的资本主义初级阶段,剥削率还高于剩余价值率,他研究的剩余价值主要目的是揭示利润的源泉和剥削的程度,不经意间忽视了这两个经济范畴的本质区别。我在这里先作个广告,旨在请大家关注。

消费文化与意识形态

（2014 年 11 月）

参会嘉宾（按姓氏笔画排序）：

王　杰（上海交通大学人文学院院长）

刘方喜（中国社会科学院文学研究所研究员）

陆　扬（复旦大学中文系教授）

张　晶（中国传媒大学艺术研究院常务副院长、教授）

周启超（中国社会科学院外国文学研究所研究员）

赵建军（江南大学文学院副院长、教授）

胡惠林（上海交通大学媒体与设计学院文化产业与管理系主任、教授）

曾　军（上海大学文学院教授）

戴　晖（上海交通大学人文学院教授）

一、年轻人的消费观念是被塑造出来的

王　杰：我抛砖引玉先说一下。习近平总书记最近在文艺座谈会上的讲话，对文化消费主义现象提出了很多批评。我们可以从不同的维度讨论，我觉得首先有国际的背景，比如我们跟俄罗斯有某种相同的国际背景和问题。另外中国的传统文化在消费文化里面是起到了很大作用的。中国文化是很特殊的文化，没有宗教，用美育代宗教，在我看来没有解决蔡元培想解决的问题。这还涉及文化政策，二十年来的文化政策也是值得反思。

胡惠林：消费主义文化的形成，知识分子有很大责任。只要看看这十年，甚至再往前推二十年，中国知识界中那么多人发表了大量的鼓动消费主义文化的学术论文，但到今天为止，知识界有没有对它们进行清理？所以不能怪青年人沉迷于消费主义文化，美国密歇根大学教授英格尔哈特分析了代际差异的形成问题。所以，我们现在批评消费主义文化，其实青年人的消费主义文化观是我们给他们种下的。

王　杰：年轻人是被塑造出来，不是自然形成的。

胡惠林：十多年前湖南卫视播出超级女声的时候，我就曾在一次全国广电局长论坛上说过：超级女声毁了我们一代女孩子。有人怪市场经济导向，市场经济是一个问题，但是不能把全部问题都怪在这上面，因为很多市场经济发达的国家也有非常严格的价值导向和要求。在20世纪30年代美国经济危机的时候，美国的电影界曾经有一段时间大量生产放映一些海淫海盗的电影来维持电影产业。美国电影协会中的一个犹太人委员会站出来发表宣言，提出电影要承担社会共同责任，不能任由市场毁了美国电影。可见，资本主义国家意识形态并不是完全不顾前途和未来，而是非常在乎，因此有良知的知识分子包括电影从业人员，包括美国电影协会委员会，都会主动承担起精神文化生产的社会责任。中国近代以来的电影审查制度首先是上海电影院同业公会成员联合起来抵制好莱坞电影，20世纪中国第一项电影审查制度是由上海同业公会提出来，被江苏省采纳，再后来变成上海市的政策，再变成国民政府的政策。我们业界在这个过程中是有良知的。今天的这种对西方学术思潮全盘接收现象是从20世纪80年代开始的。到现在为止我们在文艺学、美学里面的很多研究依然没有摆脱对于现代西方学术的依赖。到今天为止，我们有多少研究脱离了80年代那样的思维方式和思路？在这种情况下，年轻人出现这样那样的消费主义文化观念，根源在于成年人身上，尤其是在成年知识分子，特别是已经成名的知识分子身上，我们对这一状况一直没有认真地清理过。从《英雄》到《满城尽带黄金甲》，我写过文章批评这类影片会毁了中国电影。我们政府管理部门又如何从源头加强管理和引导？这些电影是你审查通过的，这就是导向。所以我在中宣部开会的时候说市场导向也是价值观问题，不能说市场导向不是价值观问题，不能说广告没有价值观，这是错误的。广告告诉你应该有怎样的生活方式，而这种生活方式的选择是和生活价值观的选择联系在一起的。

只要看看我们的小区里面分众传媒的电视广告，全部是精英主义导向，没有倾向于平民大众思维的。那每一个孩子看电影的时候会受到怎样的价值观教育？所以我的观点很简单，那就是出现消费主义文化现象不能怪年轻人，问题出在成年人身上，尤其在成名的知识分子身上。

十多年前我在《学术月刊》发表一篇题为《国家文化安全：经济全球化背景下中国文化产业发展策论》的文章。在今天甚至我们每个家庭都有这样的问题，即如何使我们的下一代生活在一个优良的文化生态环境里的问题。

王　杰：我们播散消费主义的种子，其实自己当时不知道是好还是坏，只是西方人说好我们就播了,比如动漫就被大量引进来。

造成现在这种局面,与中国文化有关,比如说现在的很多文化现象跟《金瓶梅》有某种相似,与《红楼梦》也有相似之处。

消费主义文化的盛行还有一个背景,那就是"文革"以后改革开放搞市场经济,由于人的感性生活曾一度被剥夺,按照弗洛伊德观点,人们就要找渠道释放,在没有释放渠道的时候,消费也是一种释放的方式。所以现在最重要的是找到合理的文化引导方式。

我们现在的市场经济,就是对简单的发展观、对片面追求 GDP 进行批判。但是十年、二十年前,发展是硬道理,经济发展了就是好,因为我们原来很穷,所以要大力发展经济,千方百计把经济搞上去,还要通过教育和文化来发展经济,即文化搭台,经济唱戏。消费文化已经很强烈地渗透到了大学。2008 年我在曼彻斯特,当时英国主义最优秀的学生领袖发表了演讲,抗议大学过分地向公司化转变,特别是工科院校,是很标准的公司化。大学已经没有了原来人文的气息。老师们像各种公司的员工,在自己设定的岗位上去工作,从文化的发展,从教育的发展来看,这样的管理都是不好的。我们对政府的作用也是要反思,我们现在把大学交给市场,甚至出版学术著作都受到市场化影响。我读大学的时候,老师出一本学术著作是很神圣的,学生很敬佩,现在市场化了,导致了现在出版的质量受到一定影响。

胡惠林:我们在作出改革开放决策的时候,对改革开放可能会给我们带来的意识形态上的负面影响估计不足,缺乏预警和预案,因此国门一下子打开之后,苍蝇蚊子都进来了,但是有的蚊子要传播埃博拉病毒,有的蚊子不传播埃博拉病毒,开放了以后有的意识形态是致命的,有的是非致命的,对这样的问题我们估计不足,缺乏预案。

二、 对于消费主义意识形态的隐形危害估计不足

刘方喜:在市场化和全球化的时代,该如何重视意识形态建设? 我觉得,相关部门在这方面还认识不清,对消费主义意识形态的危害性估计还很不足。总体来说,消费主义作为一种意识形态或价值观,其负面影响是隐性的,不那么明显,对国家主流意识形态的冲击看上去也不那么猛烈,其影响不是一下子吞噬对方,而是慢慢地蚕食或腐蚀主流意识形态和核心价值观,其危害绝对不小,而且消除这种危害也要困难得多。历史地看,中国共产党在革命时期的意识形态建设是很成功的。但在改革开放、

建立社会主义市场经济的条件下,以往的成功经验并不能全部直接加以沿用。说实话,我们在这方面的认识还远远跟不上时代,一些认识非常模糊,其中最大的问题是:往往只看到一些显性的意识形态问题,比如鼓吹军队国家化,说共产党一党专政而不讲民主等。这些论调在意识形态上确实具有较大危害性,但是这些负面影响通过摆事实讲道理,相对而言是比较容易消除的。其实,青年人中又有几个人说共产党不好、非要打倒共产党的呢?一般说来,在和平建设时期,大众尤其青年人的直接政治意识相对而言比较淡薄,大多数人更重视日常生活中自己的切身利益和体验。而消费主义作为一种意识形态,其重要特点之一,就是首先直接作用于人的日常生活,通过影响人的日常生活和潜意识进而影响人的价值观,其影响是持久的,因此矫正起来也就比较难。今天在理论上无论建设还是批判,都要重视消费主义意识形态。

总体来说,青年人更容易受消费主义意识形态的影响。一些社会管理者可能有这样的模糊认识:大家只关心吃喝玩乐,就不考虑政治问题了,就不会对社会不满了,如此等等。这种认识其实是站不住脚的,无度的消费欲望一旦被刺激起来而得不到满足,其所可能形成的危害社会稳定的力量恐怕要更大,比如,今天部分青年人因买不起西方大品牌奢侈品和电子消费品而采取种种极端行为的现象,就时有发生。

消费主义意识形态会对我们的文化安全和可持续发展的社会基础形成隐性冲击,认识其危害性,需有全球化眼光。西方学者把"消费主义"定位为晚期资本主义的主导性意识形态之一,在全球化进程中,西方发达国家尤其美国又把消费主义意识形态向全球推销。我有一个基本判断:消费主义对包括中国在内的发展中国家的危害,要比对发达国家的危害严重得多。美国有两大利器在全球范围维持其霸主地位及对潜在竞争者进行打压,一是军事,二是文化,而且还不是像美国自己的学者所说的那样,一个是"硬实力",另一个是"软实力",其实美国人这两手都很"硬",只不过军事是显性的"硬",文化是隐性的"硬"——其实文化的影响力并不"软"。在这方面,我们同样只注意美国在政治上的一些鼓噪,诸如民主化、自由化、私有化等,这些是显性的,而美国推销暗含消费主义意识形态的美国式过度消费的生活方式,对我们的冲击则是隐性的,并且这种冲击也主要是通过影响青年人形成的。我们经常说青年人是祖国的未来,也是共产党的未来,如果青年人在美国推销的消费主义文化中形成消费至上、娱乐至死的生活价值观,我们又将面临怎样的未来呢?表面看上去,消费主义文化并不挑战和冲击共产党的执政权威,但事实上却会腐蚀共产党执政的社会基础;而社会基础的腐化、涣散乃至溃败,对于整个中华民族将是灾难性的。"不战而屈人

269

之兵",消费主义意识形态或许可以做到这一点,对此我们不能不加以警惕。

消费主义作为一种生活价值观和意识形态起源于美国,而历史地看,美国早期主流文化中清教的影响很大,崇尚生产和创造财富,而节制消费娱乐欲望。在消费社会转型中,消费主义开始在美国大行其道,但与清教相关的"生产主义"传统对消费主义始终有所制约,两者间有一种平衡,比如说中产阶级,尤其是上层保守势力,尽管可能也吃喝玩乐,满身名牌,参与过度消费,但是在基本价值观上对消费主义还是有所保留的。中国传统文化被称作"乐感文化",似乎更容易与当代消费主义理念相融合,而不是相制衡。或许你会强调:我们古人所推崇的是精神层面的乐感,但是,当代商业消费主义可以非常容易地把精神文化的因素与物质生理的东西搅和在一起。所以,比起美国来,消费主义对中华民族的危害会更大,我们当前消费文化生活中所出现的种种乱象、怪相,表明这种严重危害已初露端倪。

消费主义的危害绝不仅仅体现在对青年人的价值观念和生活方式的影响上,而且还会产生实实在在的严重恶果:对外在国际分工格局中加重对西方的依赖,对内加剧贫富分化的负面影响。在我们成为第二大经济体前后,我们的商务部似乎是自豪地或者至少说中性地宣布:中国已成为全球第二大奢侈品消费国。我国在物品贸易上有巨大顺差,但在文化贸易上却存在较大逆差。美国与欧盟至今还在控制对我国的高技术出口,与此同时,却总在试图向我们倾销大量文化性的消费品(好莱坞电影等)和符号性的奢侈品等。为什么?对中国会产生什么后果?我这几年在系统地研读马克思政治经济学著作,觉得可以用马克思"社会总生产"理论来分析这些状况:在"生产资料"(第一大部类)—"必需品"—"奢侈品"(两者属于"消费资料",第二大部类)框架中,中国为西方生产必需品,西方卖给中国奢侈品(包括文化产品等)——在这种国际分工和贸易格局中,全球总生产所创造的财富大量流向西方,西方当然非常乐意维持这种格局;而中国想改变这种不平等格局,重要突破点之一就是不断提升第一大部类"生产资料"生产的技术含量和层级,从而形成技术可以不断升级的发达工业体系——这需要大量财富的投入,而当大量财富被奢侈消费所消耗时,国家财富总量投入生产资料生产中的分量必然会相应减少,这是一个再简单也不过的道理了。

前一段时间,欧洲一些国家试图解禁对中国的高技术出口,美国劝说乃至威胁其盟友不要这样做的理由似乎是政治意识形态上的:不要让社会主义中国在军事上强大起来;但其实同时何尝没有经济上的考量呢?中国产业如果始终建立在低层级的技术体系上,在国际分工格局中就必然始终依赖西方——让我们的消费大众尤其青年人热衷于通过购买西方品牌性、符号性的奢侈品来进行炫耀性、竞争性的消费,将会直接或间接地加重这种依赖。

此外,财富在中国内部的流向也并不是均等的,能轻易消费西方各种高价奢侈品的人还是少部分人。在任何制度框架下,贫富分化太严重,想维护社会稳定都很困难。我觉得我们的高层已经意识到我国贫富分化的严重性,并已开始着手解决,但这需要时间,某种程度可以说正在与时间赛跑。而在今天资讯发达的网络时代,一些富人们炫耀性的奢侈消费的负面影响会被不断放大,对于底层人群的不满意情绪来说,无疑是火上浇油,显然是在给国家和社会稳定添乱。

总之,我觉得,我国相关部门对于消费主义意识形态在国际和国内所可能产生的危害,还估计得很不足。

三、 加强对消费文化的意识形态监管

赵建军:我想谈谈对消费文化的意识形态的监控问题。现在,有些消费文化我们知道它有害,但是却不好识别。在市场上,推行消费文化价值观的渠道已经很系统,里面有传统文化,也有西方文化。比如利用培训的渠道,大讲西方的产品如何如何好,不用它会如何如何,这会让你对西方的产品建立崇拜。2000 年年初的时候,我对徐家汇的安利营销部和四道口的安利营销部做过调研,当时蛋白粉卖得很热,纽崔莱刚被推出来。他们大讲销售之道,说不吃植物精华素女人就会变老,男人就不需要了,用非常形象而具有诱惑力的例子,让你觉得不买这个产品简直人生就完了。配合这种销售的是,宣讲时的狂热,鼓掌、齐声喝彩,那真的是一种文化的渗透。我们都知道这种就是传销,但安利一直被划在圈外,说是直销。最近有一种国珍类的产品,也在用这种形式,通过建立宝塔型的销售业绩结构,向亲友进行文化渗透,其主导的观念就是人生最高的目标是追求财富,而把他的产品销售出去,就可以实现人生最大的梦想。我记得当时我对安利就很警觉,觉得产品质量好是一回事,通过产品你宣传什么又是一回事。我当时看到有七八个大学生在里面,就对他们说:"人生可以做很多事情,成功的道路很多,本来你可以更有所作为,一旦陷在这里面,就都看不到想不到了。"年轻人听了没有反驳,作低头深思状。在销售中,有很多错误的价值观,借助虚幻的人生目标掺和进来,加上他们注重用集会的形式进行手段、技法的传授,非常重视实用性,其效果当然比学校的教育要有鼓动性和刺激性。在进行销售培训时,不只

是采用直销或传销这种公开或不公开的,合法的或不合法的手段,大力向普通民众乃至受过高等教育但希望寻找人生之路的人进行鼓动,而且在其他形式的培训渠道中,也充斥着销售文化的不健康的鼓动。2004年,也是在徐家汇,我参加过一个培训师的培训。当时我本能地觉得这是一个新的文化市场,有必要去了解。因此花了两千多元的培训费,最后还拿到一个证书。但后来我并没有从事这方面的事情。为什么呢?因为在价值观上我对它有很深的抵触。培训师的"导师"本来是中国人,却起了个外国名字,讲的时候采取的是利用文化进行"灌输"。从思想解构的角度来说,把这种手段叫做发射导弹,对地打,不对空。讲技法,讲产品是盐,手段是水,可以用各种方法,只要实现目的就行。当手段、技术成为培训的原则和策略的时候,文化价值基本上被拔根了。这使我联想到这些年有那么多的骗子,他们手段高明,一招接着一招,在社会上骗老年人,骗年轻人,而民众中上当的现象非常普遍,可能很多骗子都是经过培训的。这里我们不绝对地说,所有的培训都是这样,但培训行业基本处于自由放任、缺失监管的状态。我们体制内的培训,教师由公家出钱,是被动性派出去的,培训的方式与市场的大不一样。从而,市场的培训就出让给市场了,但是通过这个渠道兜售的销售文化,可能恰恰是我们想都想不到的东西,其影响势头之大,也是我们很难估量的。所以我觉得,要讲销售文化与意识形态的关系,对销售培训的监管,应该是很重要的一个环节。

销售文化在中国传统文化里,属于在外围游荡的一种存在。其本身有个依托,就是要占有商品的出售权。传统社会讲士农工商,商虽然在最后一位,社会评价不高,但古代除了官控的商品之外,对商业奉行的是商道的自由主义。由于天下的老百姓多是买家,是受众,受众有自己的文化,从而商家的商道也要迎合百姓的文化、心理,在商言商,除唯利是图之外,也是讲文化的。如明代中叶以后,徽商、晋商就讲究儒家文化,做天下之商,讲究诚信交易,货真价实。道家文化似乎离商品销售远,但实际也不尽然,唐代柳宗元写过一篇《宋清传》,用的就是道家文化,卖东西给别人如果有不给钱的,打条子的,商家就把所有欠条当着客户的面付之一炬。结果赢得了人心,东西卖得更多,还落一个好名声。这种先予后得的文化策略现在商家也常用,但手段等都更高明了。现在的市场,商家对文化可谓十八般武艺全上,电视、网络上的宣传最典型,虚假广告满天飞,很多似乎是不假的,但实际问题更大,因为他们会"诱敌深入",利用时间差、以次充好、一次性欺骗交易等手段,把人们对市场的信心搞乱,同时最大限度地激发人们在购物时的虚荣心、焦虑心理和恐惧心理。对于产品销售的文化宣传,也是我们要重视的一个重要环节。近些年对这方面通过法律加强了监管,但死角、缝隙很多,要下很大功夫才能改观。而这方面如果做不好,我们即使在文化的正能量方面做了很多工作,但有时还是被他们很轻易地就攻破了堡垒,对价值正能量的解构也就成为现实。

对消费文化的意识形态监管,最关键的是如何让主流文化进去。现在市场很活,不管它运用什么方式,要撕开一个口子,让主流文化打进去。比如,传播吃保健品,他说你不吃我的产品会得病,让你恐惧;吃了我的产品你会显得更有品位,让你满足虚荣心;买我的产品可以更美貌,更年轻,等等。那么我们就要从消除恐惧心、虚荣心和树立科学、文明的人生观着手,培养人们客观、合理的消费选择意识。再比如,传销结合西方教会的方式,或利用中国家庭伦理的方式进行传播,光靠法律抓是抓不完的,特别是现在有了网络销售、微店销售,里面盛行的就是消费主义。要有主流文化的价值观开路,商品卖多卖少,都是消费问题,宣传什么价值观是"主义"问题。讲主流文化,并不是抽象讲政策;讲马克思主义,也不是不允许讲传统文化和西方文化,而是要讲文明、讲道德、讲政策、讲科学、讲爱国主义。要对消费价值观进行过滤,凡是销售商品时也兜售文化垃圾的,就不允许你卖,只有通过正确的销售文化培训才能上岗。

对于上面所讲的,还有一个统一的基础不能不说一下,那就是要提高我们对产品的中国文化内涵的设计。现在年轻人追求高品质的生活,享受"高大上",这都没有错,因为他们相信产品能带来特殊的精神体验,但不能喝高级咖啡首先想到星巴克,买手表则是欧米茄,化妆品则先想到雅诗兰黛。中国自己的商品不精不优,在消费的顶端还是西方产品占上风,西方的价值观、生活方式就会通过产品产生较大的影响。只有在消费文化的根基方面提供了精优的产品,我们才能根本地抓住消费市场的文化主导话语权。如果话语权出让了,那么消费人员、培训渠道都将抓不住,市场越放开就越容易导致人们跟着功利主义走。一旦这样,就会造成消费主义事实上剥夺大多数人的自主选择权的局面,而这种局面往往不是单靠政策、专家学者所能控制的。抓好了基础,再统一加强监管,既能繁荣中国的经济和市场,也能够把中国精神、中国气派、中国梦深入百姓当中,深入他们的生活和工作的方方面面,从而彻底击败唯功利主义、实用主义、拜金主义以及用文化垃圾绑架消费群体的伪消费主义文化。

戴　晖:现在企业培训都是奢侈化,奢侈品市场可以做不同的奢侈品,我们南大哲学系的毕业生,他一开始去企业当老师做培训,现在他自己也当店长,从业已经有5年以上,跟老师在一起觉得他也是老师,因为他在企业里也有老师的形象,而且实际操作能力也很好，具体培训什么，我从来没有仔细过问，但是他们有一套非常强大的培训系统，赚钱比我们老师多。

王　杰：消费文化真的很值得研究，要找到一些问题，政府层面有问题，我们学者自己也有问题。

刘方喜：至少不能推波助澜。

王　杰：批判研究很少，《英雄》出来后，我们也有浅层次批评，但是学理很深的批判很少。关于"007"，开始是小说，之后拍成了电影，现在成为好莱坞最重要的品牌之一。怎样把一部文学作品从一般的文学符号，变成这样的品牌？西方对这个过程作了很细致的研究，其批判性自然就体现出来，我们缺乏这样的研究。

陆　扬：我们的题目是意识形态和消费主义，让我从意识形态说起。大家都知道有一个法国伯爵特拉西，也是哲学家，他在1817年写了一本书《意识形态入门》，由此有了"意识形态"（ideology）这个词，意思是观念的科学。特拉西的本意是希望意识形态可以成为一门客观的科学，它立足于我们的感觉，感觉是神经末端对我们接受事物的反应，所以背后是洛克的唯物主义经验论和孔狄亚克的感觉主义心理学。这个观念的提出，该书具有革命意义。但我们也知道拿破仑对特拉西的意识形态不屑一顾，这也情有可原，拿破仑是皇帝，需要利用宗教，所以宗教作为以往的主流意识形态，舍不得把它一脚踢开。今天宗教作为正统的意识形态已经退居幕后，无论在中国还是西方，所以我们缺少一种信仰支柱。我们今天的主导意识形态是什么？马克思主义？我们都在谈马克思，但是今天怎样重建马克思主义的权威？中国有儒家修身治国平天下的知识分子入世传统，那么道家和释家呢？是不是儒道佛一起更要多元化一些？或者再加上现代性？甚至重提无产阶级专政？这都是问题。《德意志意识形态》中，意识形态本身是贬义词，具体指的是青年德意志派为主的德国本土哲学，马克思和恩格斯不满意德国哲学太多形而上学，天马行空、玄之又玄，就是不涉及实际问题。所以革命导师说意识形态是虚假的意识，认为它具有鲜明的阶级性，而绝不是哪一种普遍公理。

现在文化研究流行阿尔都塞的意识形态理论。阿尔都塞把他的意识形态叫做意识形态国家机器，明确表示他所说的意识形态国家机器和马克思主义理论的国家机器不同。后者包括政府、行政机关、军队、警察、法庭、监狱等，对之阿尔都塞称之为"镇压性质的国家机器"，即便镇压本身可以不直接用暴力形式实行。那么，针对国家机器，"意识形态国家机器"又是什么？阿尔都塞认为它属于无所不在的私人领域，比如宗教、教育、家庭、法律、政治、工会传播,文化,等等。他特别讲到了教育,指出学生从小学法文、算术、自然科学,等等,到了 16 岁或者当工人农民,或者进一步深造,最终为社会输出资本家、经理、职业意识形态家等。所以尽管高谈阔论责任、美德和爱国主义,就像罗兰·巴特《神话学》里黑人士兵向法国国旗敬礼的插图所显示的信息那样,实际上学校就是资本主义意识形态的大本营,不光是学生如此,老师也是如此。这个观点当然是有问题的。阿尔都塞 20 世纪 60 年代出任巴黎高师哲学系主任,在他麾下名流云集,俨然就是红色大本营。像德里达这样出身巴黎高师的桀骜不驯人物比比皆是,他们都不是资产阶级意识形态的驯服工具。所以,阿尔都塞时期的巴黎高师哲学系,到底算是资产阶级的国家机器,还是无产阶级的国家机器?

阿尔都塞晚年在粉丝找上门来的一系列访谈中,重申了早年的相关立场,如"意识形态是一个作用于人们意识的统一观念系统",以及"意识形态扮演一种社会功能:它确保社会成员的凝合"。换言之,意识形态成为了现代社会的一种集体无意识。事实上这也是我们接受的意识形态基本定义。意识形态成为一种集体无意识,那就意味着流行观念主导了我,让我不由自主心甘情愿认为是真的,这也就是阿尔都塞为什么说人类天生就是意识形态的动物。

我们今天来看消费文化,的确如此。大家都在批判消费文化,声讨消费文化。消费文化作为流行的文化研究来说,当然具有积极的意义,因为马克思讲到了我们在劳动中的异化,发生异化的工人阶级在消费领域自己选择买什么,由此得到快感,某种程度上是不是也体现了人的一种解放?这个也有点似是而非。按照消费文化流行理论,香水也好、汽车也好、一本书也好,都显示出价值和品位,比如我十多年前在巴黎做访问学者,法国女性最为时尚、最为浪漫的,是她们不用香奈尔香水,而用五六十元一瓶的香水。还有汽车,在 2000 年的时候,德里达在大学作演讲,我跟复旦的一位教授一起听演讲,德里达大师自己开车过来,主办方迎接他,他开的是一辆两厢的标致,前面撞瘪了一块,购买时只花了几万块钱,当时他已经名满天下。当奢侈成为必须的时候,那就麻烦了;凡事都是物极必反,差不多都要适可而止。

四、 西方跨国资本助推消费主义全球泛滥

刘方喜:前面我谈了消费主义意识形态危害的隐蔽性,下面再谈谈其复杂性。问题的复杂性在于:助推消费主义全球泛滥的力量,首先来自西方跨国资本,而非西方

政府,我们不能忽视消费主义泛滥背后的西方跨国资本的力量。我觉得奢侈消费方面的问题,不能只根据消费者个体心理来分析。不同阶层的人参与奢侈消费的心理不同,同一阶层的个体参与奢侈消费的心理动机也可以非常不同。在这方面,我认为我们尤其不能跟着西方走,西方当代文化研究往往只看到文化符号的"消费",只看到符号消费中的身份认同等,而相对忽视"生产",忽视文化符号消费在社会经济生活中其他方面的影响。过度奢侈消费的危害,应放在社会经济整体结构及全球格局中来加以审视和分析:现在大量的时尚奢侈品其实基本上是"贴牌"经济:许多国际大牌时尚产品的实体性部分由中国人"生产",然后还要引诱中国人去"消费",而西方人在中间通过控制所谓"品牌",把大量财富转移到西方国家。所以,国际资本、跨国公司会调动一切可以调动的文化力量,不遗余力地刺激奢侈消费。总体来说,推广消费主义意识形态的主要力量,首先来自西方跨国资本,而非西方国家,但由于有利于本国资本的扩张,西方政府实际上也会明里暗里采取多种措施助推消费主义的全球泛滥——不能忽视西方政府与其跨国资本在这方面的合谋,尽管跨国资本可能是急先锋。

造出全球流行的"软实力"概念的美国人约瑟夫·奈还造了个词儿叫"巧实力",在我看来,到目前为止,最会用这种"巧实力"的不是西方政府,而是西方跨国资本;而西方推销时尚奢侈品的主要力量,恐怕还不是众多投入不菲的"硬广告",而是各种"软广告":比如被我们的青年人崇拜的各类明星,往往会成为西方奢侈品的代言人;西方奢侈品公司会赞助我们的青年人热衷的各类文化、体育等活动。营造出一种让青年人不知不觉浸淫其中的无处不在的"文化氛围"或"生活环境",大概应算跨国资本最大的"巧实力"了。由此来看,鼓吹时尚奢侈消费而夸大其生活意义的一些中国知识精英们,其实是在有意无意地帮着西方跨国资本在营造这种"文化氛围"。再如,据说随着近期中国政府反腐败力度的不断加大,西方奢侈品在中国的销量在降低;反过来说,中国"有幸"成为全球奢侈品消费第二大国,与腐败问题是相关的。总之,问题很复杂,但对消费主义的危害,绝不应低估。

五、 需要审美文化的整合

张 晶:电视台方面机制是有问题的。收视率为王,没有收视率,饭碗没有了,比如你是制片人,没有收视率饭碗都砸了。包括大家提到的超女之类,现在有很多选秀节目,可以说选秀是消费思潮的表征,所以媒体是有责任的。但是从学者的研究角度方面,很多还是在推波助澜。文化研究里面我们这方面也不够清醒,不够理性,比如所谓"日常生活审美化",对于当前消费主义的文化现象,描述者多,批判者少,缺少整体理性上的担当。从这个角度来说审美文化的问题,还要包括消费文化、大众文化,等等,我们现在的消费文化浅显化,把好的经典东西搞坏了,还有习近平总书记批评的"快餐式消费",还有跟风,这在影视界非常明显,根本的驱动还是消费或者金钱。所以在理论建设上,从意识形态的建设上,都需要从根本上做起。从审美的角度应该从每个建设方面制定价值尺度,对各种文化现象进行整合。我个人主张用"审美文化"作为意识形态的一个点,这样审美文化可以从审美的角度建构一些东西。这次习近平总书记讲话提出的文艺审美的问题,对我们有很大的启示意义。"文艺审美"把很多低俗的东西排除在外,那些格调低下、制作粗糙的东西是不能登大雅之堂的。

作为有良心的知识分子,应该有所担当,有强烈的责任感和义务感。在理论建设方面,我建议用"审美文化"作为整合审美意识形态的概念。对于当前文化领域中的各种文化现象,审美文化可以起到一个过滤的作用。审美文化一方面指涉各种文化现象中的审美成分,另一方面,审美文化是有一个价值体系的。这种审美文化的价值体系,应该在人们的当下审美活动中起着尺度的作用,对现实中的文化现象进行衡量、批判、评价,从而引领审美活动向更高境界发展。因此,在意识形态的建设中,对于文化问题而言,审美文化可以作为一个具有中介意义的论域来进行建构。审美文化不同于一般的意识形态,但应该有意识形态的属性。它和当代社会的文化现实有最为广泛的联系,但又并不沉溺于文化现实之中,而是从美的理想、美的规律乃至美的社会方面来引领文化现实。在艺术的、文化的领域强调意识形态问题,对于一般人来说,可能会感到隔膜,感到生硬,感到外在的压力;而审美文化则有与生俱来的审美意味,有着与文化现实的某种亲切感;但它的价值体系应该得到发掘,得到理性的认识。在价值体系这个层面,更多地发挥评价的功能,这样可以使审美文化发挥调节社会文化的作用。

刘方喜:我反复强调消费主义意识形态危害的隐蔽性和复杂性,而这又与资本和市场逻辑的强大性密切相关。我们研究美学的人可能会希望艺术、美能与市场产生某种平衡而不那么尖锐冲突——或许我们可以这样善意地想,也作一些努力,但与此同时,应充分意识到资本力量的强大。习近平总书记强调文艺不能当市场的奴隶,其实,我们曾经赋予其许多美好愿望的"美",也可能会成为资本的奴隶,而且可能是为资本增殖服务很得力的奴隶。再如，我们现在强调通过市场手段来对传统的或民间的文化资源进行"开发性"保护，但往往是"开发"有余，"保护"不足，甚至以保护之名行破坏之实。市场运作本身有一套体系，而且这套体系力量很强大，进入这套体系想不被资本逻辑所改造，困难很大。

我近期对国家文化战略研究比较感兴趣，觉得高层在这方面的整体战略设想和设计是没问题的，即强调"文化事业"与"文化产业"的协调发展。但基层执行起来往往就会产生偏差，受"一刀切"思维模式的支配，总试图把文化完全交给市场。要命的是，知识界许多人也这么想。协调发展确实很难，但是我们至少首先要意识到：艺术、文化问题不是全部都能在市场之"内"解决的，一些问题恐怕要放在市场之"外"来思考。

王　杰：伯明翰学派对消费文化是有批判的，消费和生产有一个关系，消费是需要的，但是消费变成一种意识形态，变成唯一的核心价值观肯定有问题。

刘方喜：消费主义一旦成为意识形态，就可能掩盖某些社会冲突。在这方面，西方消费文化研究的最大问题是只看到西方世界，却忽视了：当西方面临消费过度的文化困扰时，许多不发达国家却正面临着消费不足的生理困扰（饥饿）。千万不能忘记：我们和西方差距还很大，我们还有人吃不饱饭，研究消费主义文化不能光看北（京）上（海）广（州）。消费主义文化对穷人伤害很大。

胡惠林：我这几年做文化产业研究，发现我们的报纸对自己的文艺作品的宣传报道，与对一个国外节目的宣传报道比较，很不成比例。这个很实证，从中可以看到它的导向。我们有很多节目是很好的，但是我们没有渠道传播，老百姓根本不知道有这么好的东西，等到知道是好的东西，播出已经结束了。前不久有一个欧洲交响乐团来上海演出，我们报纸报道了，因为那天市领导去了。一个 iPhone 新上市就天天报道，引导气氛，年轻人怎么会不受影响？年轻人最赶新潮了。我们看媒体的版面，大多是对外国文艺演出、电影消费的宣传，和对国内相关报道进行比较研究，就知道谁占有主场，是谁的话语权。这种消费导向很明确了，这方面媒体有责任。

其实那些媒体人也是下意识的，没有作为主观意识，这套理论模式全部是大学培养出来的。

赵建军：我们的考核，要求学者出国留学学习国外理论，把它带进来，对人才有这方面的要求。

胡惠林：现在 40 岁左右的人都是媒体的中坚力量，不得了。我们用 30 年时间造成了今天的后果,而要改变这样的状况得花 60 年时间,30 年改变不了,因为要改变一定要花更大力量,更长时间,等到把下一代塑造出来才能改变,这一代人改变很艰难。这是未来国家文化治理、现代化建设的重点和难点。

六、 培育文化消费市场应有国家战略意识的自觉

周启超:文化消费、意识形态与国家安全,这些话题的确很重要,有现实意义。我对俄罗斯有一些了解。在刚刚举行的中俄文化论坛期间,也与俄罗斯学者谈及卢布与美元兑换率陡然波动的背景,认为其背后有文章的看法是不无道理的。一些经济数据背后是有战略操控的。2014 年 9 月初我去莫斯科出席国际翻译家大会时,1 美元换 27 卢布。好像这几年也没有越过 30 卢布;最近不仅越过了 30,1 美元甚至可以换 44 卢布。这是美国在运用石油价格打压俄罗斯。制裁石油资源丰富且以石油为国家经济支柱之一的俄罗斯,最重要的手段之一就是压低石油价格。

我最近比较关心苏联解体以来这二十多年里俄罗斯文艺政策和文化战略的问题。2013 年设计和 2014 年启动的"当代俄罗斯文艺形势与未来发展研究",这是国家社科基金重大项目。我们注意到,苏联解体后叶利钦时期俄罗斯文化对市场放开,包括对西方的市场全面放开,结果是乱象丛生,一塌糊涂;文化市场化,作家被市场裹挟,艺术家被市场裹挟,文艺生产、流通与消费各个环节都被市场裹挟,国家对意识形态的治理可以说崩盘了,国民的精神信仰、核心价值一下子跌入一种真空状态。普京吸取了 20 世纪 90 年代的教训,开始拨乱反正。在文化治理上,普京很重视柔性的引导,重视国家形象建构,重视国家文化安全,譬如对历史教科书编写,就开了好几次会议;很重视有意识地引导,从国家层面上发动文化界、新闻媒体界、科学院学者、作家艺术家来关心俄罗斯国家形象建构。不再是刚性指令,而变成柔性引导。普京亲自主持会议,甚至关心中小学教科书里的意识形态教育。在电影生产与消费上,也有教训。对西方大片,苏联解体后是全面放开,好莱坞借助市场化迅速冲击了俄罗斯电影。其实苏联有自己的电影学派。普京上台以后,他提倡"新俄罗斯思想"。新俄罗斯思想的一个主题就是爱国主义,要全体国民相信:俄罗斯过去是,将来也会是一个强国,并动员起来,投入俄罗斯国家重建。普京清醒地看到,戈尔巴乔夫时期大讲公开性,共产党示弱了,民主化走向自由化,意识形态失控了。从文学思潮来说,解体后一度成为新潮、成为时尚的"后现代主义",在苏联解体之前就已出现,解体之后如狂

飙突进；然而，1998 年前后，后现实主义作为一种文学思潮出现了，有一批作家、批评家和作品。大型文学刊物、作家协会组织、各种文学奖，有意识地引导、鼓励、扶持后现实主义作品。后现实主义直面当下的俄罗斯，关心当下的俄罗斯精神文化生态，从新的视界对苏联进行回望与反思；这是"60 后"、"70 后""新生代"，他们对苏联的评价有很大变化，不像苏联解体前后十分活跃的那些作家、批评家，对苏联全面否定，认定苏联是一片黑暗，那些人主张只有彻底告别苏联模式，只有彻底否定苏联模式，完全否定斯大林，完全否定共产主义，俄罗斯才能有新的道路；如今这些新生代作家批评家并不这样看苏联，他们有自己的苏联观；从他们的作品当中可以看到对俄罗斯有比较复杂的心态，他们认为有历史教训要反思，但苏联并不是漆黑一片。苏联文化中的一些因素在俄罗斯社会发展过程中还是起了积极作用的一面，这是要正视的。应当注意到，新生代作家、批评家已有自己的价值取向。

现在俄罗斯官方在顶层设计层面上有意识重塑他们国家的形象，重塑俄罗斯核心价值观。我们在做的"当代俄罗文艺形势与未来发展研究"这个项目，从理论上讲是带有智库性质的，要对俄罗斯文艺政策进行考察。今日俄罗斯有没有文艺政策可言？一般的看法是，俄罗斯现在哪里还有什么文艺政策呢？文艺生产与消费均被市场化了。不可能再像斯大林时代、戈尔巴乔夫时期那样了。在文艺管理上不再有刚性指令。文艺整个地市场化了。在市场化的文化生产中，俄罗斯文化消费怎样有意识地与西方文化，特别是美国文化相竞争相抗衡？譬如在电影消费市场上怎样与好莱坞大片相竞争相抗衡？这都是值得我们关注的。我且说一说俄罗斯在文学方面的一些举措。在文学这一块，莫斯科前几年已建立一个翻译学院，面向全世界俄罗斯文学翻译者、研究者。莫斯科国际文学翻译家大会已经开了三届，两年一次；2010 年，第一届与会者 150 人，来自 20 个国家；今年第三届与会者已有 250 人，代表了 57 个国家。与会者的机票、住宿全部由俄罗斯提供，在会议时间上与莫斯科国际书展对接。其宗旨就是鼓励全世界的俄罗斯文学翻译者、研究者传播俄罗斯文学优秀作品，关注并投入俄罗斯国家形象建构；俄罗斯科学院有一个项目就是国家形象建构；重塑国家形象，成为一个文化工程。看看莫斯科翻译学院的发起者、莫斯科翻译家大会的主办者之构成，是很有意思的：有民间资本投入；好几家基金会参与；有官方扶持、俄联邦出版与大众通讯社资助；有学术机构，国立外国文学图书馆、俄罗斯科学院的好几个研究所，莫斯科大学、彼得堡大学、高尔基文学院，等等。每次大会，俄联邦总统特使、俄联邦出版与大众通讯社领导都出席。我们注意到，普京在重塑大国形象、提升软实力这方面确实下了不少功夫,重视为民族文化振兴来培育文化消费市场,重视为国家文化安全来治理文化消费市场,重视为掌控意识形态来规范文化消费市场。而我们国内一些人与一些媒体在一味鼓吹消费主义,一些学者一味鼓吹后现代主义的消费主义,一味鼓吹后现代主义的文化产业,心目中似乎全然没有国家形象、国家安全,没有国家意识形态。他们的鼓吹造成一种假象,即当代中国已经就是后现代社会了。其实,在当代中国,后现代、现代与前现代并存。社会结构是复杂的。这些学者自以为是在为民众代言,可是我一直怀疑,他们鼓吹的后现代主义的消费主义是代表中国老百姓而发声吗?

戴　晖:代表的是个人观点,没有考虑公共利益。

周启超:文化研究的情形其实是相当复杂的,我们国内的文化研究鼓吹者当中,有些人是把国外的文化研究中的一些东西给放大了,一些东西给简单化了,立场变了。

刘方喜:立场被置换了,伯明翰学派主要立足于工人阶级立场来谈文化消费,而我们的一些知识精英则热衷于鼓吹富人奢侈消费的价值和意义。

周启超:我们不能简单地看待伯明翰学派,我们要清理反思我们的文化研究中出现的问题。在文化消费方面,国家也应有预警方式:有些问题已经发生了,怎么补救?有些局面已然形成了,怎么扭转? 这需要有文化安全意识,有文化消费、文化传播的战略。韩国就有战略,韩剧在中国如此流行,形成了"韩流"。他们有没有战略意识?我曾问过一些韩国学者,他们没直接回答我,只是欣然一笑。在莫斯科,我到托尔斯泰庄园开会,发现这个一年一度的托尔斯泰作品翻译研讨会原来是由三星公司资助的;列夫·托尔斯泰的孙子,托尔斯泰纪念馆馆长弗拉基米尔·托尔斯泰告诉我们,纪念馆资金匮乏,他们是在利用韩国财团的资金。韩国在其文化传播上有战略意识,流行的韩剧,是以韩国公司的方式进行巧妙的推广;韩剧之流行,体现出一种战略意识,一种推广韩国文化的文化战略意识。

王　杰:韩剧那么流行也是值得我们学者好好反省的,这是一种现象。

周启超:在国家形象的构建上,在文化消费市场的培育上,都应有国家战略意识的自觉,这是一个很现实很重要的问题。在这方面,我们不妨也借鉴借鉴俄罗斯、韩国这些邻居的某些成功经验。

赵建军:周启超先生提出要从国家形象构建的高度加强社会文化建设,刘方喜先生强调国家意识形态,角度很好。对于消费文化我想正面提几点建议。第一,我们应

281

该加强消费文化中的崇高价值。王杰教授的"日常生活中的崇高"这个提法很好，建设消费文化中的崇高价值也是一种"日常生活中的崇高"，甚至比这个范围还要大些。2008年的时候，我参加了一个中宣部的会议，当时中宣部领导作报告，就讲到市场开放背景下，我们的新闻策略也采取开放和疏导。现在对消费文化也一样，也要在开放中疏导和提高它。消费主要处在生活平台，跟普通人的消费欲望紧密联系。对这种欲望进行意识形态的批判，他不会接受。因为普通人的角度跟文化工作者的角度是不一样的。消费中的"日常生活的崇高"，就是销售中的崇高、销售培训中的崇高、销售宣传中的崇高；就是购买意识的崇高、消费欲望的崇高。再往具体说，消费不能跟着感觉走，要有中国情结。国外的商品精致、质量好，也可以买，以功能主义为主，但精神和态度还是自己的。国内产品，要欣赏、鼓励它独特的设计，为没有向国际推广开的商品进行文化设计。比如，古代中国南方的蚕丝产品远销中东和欧洲，传播了中华文明和文化。现在却不大行了，服装合成纤维制品甚至比蚕丝价格还高，其中原因与销售中的文化断裂有关系。我最近看到一个名为"优蚕"的蚕丝被的设计，坚持的就是中国文化的舒适、优质理念，也贯穿了关于蚕丝的历史文化记忆。这种设计就很好，就是在推进实现一种消费中的崇高价值。我们的消费文化，就应该这么走，超出生活的平台，把自己的历史、文化和精神的价值通过我们的产品和消费自己的产品带起来，带活，带出去。

第二，应该对消费文化进行系统的建设。我们不能寄希望于零散发论文或举办某些公益活动，就能实现改造和提升消费文化的目标。马克思主义讲的意识形态，其实讲的就是一种文化权力（权利）和责任。我非常同意许明先生讲的，社会风尚的引导首先由权力决定。权后面的"力"和"利"，两种讲法，权力是意识形态对文化的引导、控制力。权利是用意识形态来因势利导。马克思主义是唯物主义，有面对事实和改造现实的勇气，敢于并且也能够让消费文化接上中国传统和中国当代文明的地气。同时，马克思主义也讲"辩证法"，讲辩证法就有相对性，就讲究策略，对西方消费文化要化为己用，像历史上我们对待佛教文化那样，比如对好莱坞的大制作、巴黎的服装时尚等可以吸收其艺术生产上的"制式化"，但不能机械模仿，要表现中国的人性和情感，老百姓才买账，外国人一看也知道这是中国的。系统的建设，也包括把所发现的消费文化问题，进行整体的综合的治理，做到消费文化正能量的传导有规模、有气势、成系列，利用讲座、利用电视，实现一个个正义的攻占。一旦这样做了，对产品本身也形成了系统而不是零散的文化保护，用这样的策略来占领消费文化的主阵地，这个很重要。

第三，要有"抢"的意识，"抢"消费文化。消费文化是很重要的市场，并且里面也很自由化。原来的市场是跟着计划走的，包括资本主义的市场也有计划，凯恩斯经济学讲的就是平衡。现在不规则的东西越来越多，我们现在的市场基本上是自由的，不是计划的，甚至跟计划是对立的。这里面有很多问题。计划经济是因为产能不足，用计划来控制产品的产出，消费也相应在可掌控的范围内。现在产能过剩，产业有竞争，导致产品的消费文化在相互比拼。不同的文化意识、文化价值和消费欲望、心理绑在一起，在生活的最低位段交接，打成一片。如果把消费文化这一块儿放任不管，不管不顾，加上产品竞争再跟不上，用不了多少年，我们的年轻一代就都丢光了，价值观都跟着人家跑了。所以对消费文化这个市场一定要争抢。在争抢的过程当中，一方面要发挥国家权力的作用，因势利导，让很多市场面上抢不过的给予计划性的支持，但是另一方面也要利用市场本身的活力，利用市场本身的力量和机制等因素跟他们进行抢。这样做我们可以调动起积极方面的力量，让更多的人主动站到消费文化的正能量面上来。而现在我们有一些声音是发不出去的，抢不过市场。比如，大学里面的教学，与市场、与经济沾边的就"热"，相反，基础理论和意识形态就备受冷落。招研究生，搞古代文化的招不过现代的，搞中国的招不过搞外国的。原因是什么？学科越理论，越基础，操作越不便捷，学生就不愿意学，他们嫌费力。比如，论成果评价、学术评奖，研究古代和现代，中国和外国，执行的是无对象差别评审，但实际是同样写1 000字，研究古代的和现代的相比，古代的很难，包括引文文献都很费力。搞马克思主义美学研究也很难。在我们学校马列文论没有人讲。马克思主义和具体学科结合起来，观念、方法都有针对性，效果也比纯粹的马克思主义公开课效果好。但现在不讲了，因为学生不了解，光是自己讲也忙不过来。你挂上网了，学生看名称不大愿意选，也就推掉不讲了。除非是必修才来听。这说明什么问题？大学课程一方面要求讲意识形态，但要求"工程化"；另一方面，对具体课程，真正结合学科有针对性讲意识形态，讲马克思主义，讲传统文化和理论的，得不到理解性的支持，就造成很现实的"抢"不过其他的学科内容。当然，我们也不能指责其他课程抢生源，它们的存在也是必要的。但在一个大学里，如果出现此轻彼重，在学生的选择里出现整体性的兴趣、选择的情绪化倾向，而大学又是根据这个建立起学科淘汰性机制的话，这里面的问题就很大了！从学校再说到社会，社会是一所更大的学校，各种文化交织起来，就像大学里的各种课程一样，它们的存在原本是正常的，都不是强加的，但如果社会的文化风尚也出现了整体性的情绪、兴趣化倾向,造成主流不主流,边缘的不边缘,那就是一种无序状态。文化的无序状态会造成民族心理的损耗,其后果往往很严重,一时不当影响十年计。所以,要在抢的意识上把主流文化突显出来,把各种文化的平衡性凸显出来。不突出主流文化,基础价值会倾斜,不突出文化的平衡性,意识形态的权力监控会成为截流控制,会造成文化构成单纯,文化营养和文化智慧的当下活力和后劲都受影响。比如对后现代的消费文化,就要从发展、宽容的角度上理解。因为后现代对于现代性的东西进行反动之后,能释放一些东西,变得更加自由,更加民主、更加宽松。现代性理性张力大,但矛盾强度大,没有后现代性的制衡会出大问题。再就是,后现代虽然没有中心,没有秩序,但它符合我们自然的存在状态,在这种情况下后现代还是有它的优势的。现在西方人搞后现代理论,也搞后理论主义。所以我们对后现代应该持慎重态度,它也是促成文化活力与平衡的一个重要因素。只要有国际视野,重新建立起市场文化当中属于我们的崇高价值,把传统文化也结合起来,跟我们当代人的生活需求、价值理念、人文理想这些结合起来,在市场文化领域还是可以有所作为的。

七、影响当代中国消费文化观念的三个误区

曾　军:讨论意识形态和消费文化之间的关系是一个非常重要的课题。事实上,围绕消费文化的讨论,不是一个纯粹文化领域里面的问题,而是贯穿社会、经济、文化方方面面的问题。其中,最主要的是意识形态问题。现在的中国还是强政府、小社会的结构,因此,政府主管意识形态的部门应该发挥更大作用。通过对这些年来相关问题的观察和思考,我认为,我们的意识形态管理部门在面对消费文化的时候,存在着一些很重要的观念上的误区或者滞后的地方。

第一个滞后的观念是对我们当前的社会基本矛盾的判断。长期以来,我们都是在社会主义初级阶段的总体框架下,沿用 1956 年中共八大以来提出的基本判断——"人民对于经济文化迅速发展的需要同当前经济文化不能满足人民需要的状况之间的矛盾"(2011 年的中共十七届六中全会在《中共中央关于深化文化体制改革推动社会主义文化大发展大繁荣若干重大问题的决定》中的表述同样是"我国仍处于并将长期处于社会主义初级阶段,人民日益增长的物质文化需要同落后的社会生产之间的矛盾仍然是社会主要矛盾。")。那么,这一基本矛盾的判断是否与中国半个多世纪巨

大发展的现实相适应,是否能够解释日益差异化、复杂化、不均衡化的中国城市文化发展现实? 在人民群众的物质文化需要方面,这一"增长"的判断标准是什么? 我们的文化消费的需求是什么? 是否充足? 如果充足,为什么我们还要"刺激消费"、"拉动消费"? "内需不足"是我国面临金融危机影响之下的暂时性现象,还是未来很长一段时间内的普遍性问题? 我们的文化生产在何种意义上是落后的? 是不能生产足够的量的落后,还是缺乏高水平、高质量的落后? 是技术水平的落后,还是管理能力的落后? 从现实层面来看,新中国成立以来,尤其是中国改革开放以来,中国从饱受战乱剥削之苦的一穷二白、百废待兴的新中国,到改革开放、经济腾飞并一跃而成世界第二大经济体,中国的城市化水平也由 1949 年的 10.64% 发展到 2011 年的 51.3%,中国的部分城市已提前进入"发展起来之后"的阶段,使得中国的城市文化矛盾呈现出更为复杂的现实。这为我们判断中国城市文化发展基本矛盾方面增加了诸多困难:城市发展水平的总体提升虽然说还无法改变中国所处的社会主义初级阶段这一基本性质,但就局部的"发展起来之后的"中国部分城市而言,其文化发展的基本矛盾面显然与"发展中的"绝大多数中西部的中小城市,尤其是广大的农村相比已有很大的不同。前几年我曾就此专门写过一篇文章,现在到了十八大,我们还在提人民群众日益增长的物质文化需要与落后的社会生产之间的矛盾,这个观点是 1956 年提出来的,这个判断已经半个世纪了,我们现在当前真正的生产现状是什么? 我们的消费现状是什么? 我们要好好地清理。

刘方喜:我觉得曾军的这个说法特别重要。以前关于社会基本矛盾的判断的一个主要依据是"产能不足",而我们现在面对的是"产能过剩",相关判断应该有所调整,而这关乎国家整体发展战略。我在这方面也有一个基本判断:以前人民群众的"需要"得不到满足,主要是个"总量"问题,即国家总财富还不能让所有人得到温饱;但现在还有一些人温饱问题没解决,则是"结构"问题,因为国家总财富大概已经远远足以让所有人解决温饱问题了,现在的"结构"是:一些人温饱还没解决,但很多人却开始过度消费了,即一边是消费不足,一边是消费过度——我觉得,这是我们讨论消费主义问题不应忽视的一个重要社会结构背景。

曾　军:第二个误区就是 20 世纪 80 年代末开始简单把文化区分为文化事业和文化产业,认为不能带来经济效益的就是文化事业,我们应该保护;可以走市场的,推向市场,政府不管了,由此产生的影响是,文化事业就是主流文化。而传统文化被保护起来后,没有市场更没有人欣赏。走市场的就不管它的意识形态了,愿意干嘛就干嘛,等于是文化的价值和判断彻底地丧失了正义,所以消费文化就在文化产业的领域里面被放大。

回溯历史,改革开放新时期以来,中国的文化管理和文化建设的核心就是文化体制改革。以改革促发展,以开放促发展,成为社会主义文化建设的主旋律。公共文化服务建设的提出有一个重要的前提,就是文化建设的观念实现了从以文化事业为唯一到文化事业和文化产业二分:所谓"文化事业为唯一"是指将文化等同于社会主义意识形态,强调党和政府要牢牢地掌握文化建设的领导权,以党和政府"办文化"、"管文化"为核心;而所谓"文化事业与文化产业二分"是指经过文化商品属性的大讨论,在社会主义市场经济体制建立的背景下,对文化商品属性的认可,并以营利和非营利作为区分文化产业和文化事业的标准,从而强调党和政府应该将工作重心放在"市场失灵"的文化领域(即"文化事业"),尽管这一时期"公共文化服务"的问题还未提出,但已内含了相关的意思。文化产业与文化事业的分离,凸显了社会主义市场经济体制建设中文化与经济的紧密关联。特别是在当前从工业社会向后工业社会迈进过程中,当代中国,尤其是当代中国都市的社会结构、组织形式、功能作用也在发生重大的变化。也正因为如此,党的十六大报告才得出明确的结论:"当今世界,文化与经济和政治相互交融,在综合国力竞争中的地位和作用越来越突出。"

从社会主义市场经济的角度来看,文化生产因为政治与经济因素的介入而出现分化,从而导致文化机构也呈现出复杂的面貌。文化生产的经济逻辑以营利为目的,在利润的驱动下,促使文化生产向大众文化方向倾斜——可复制的(因而是低成本的)、用以交易的(因而是有利可图的)、致力于满足大多数市民精神文化需要的(因而是市民性、大众性的)特点从而显现出来——这便是文化多样化需求的体现;而文化的政治逻辑则强调文化的社会功能,它需要这种文化能够成为民族独立、城市精神的体现(因而强调文化的独立性与差异化,进而是可识别的),它注重对民族文化、地域文化的继续、保护和发展(从而能够有效地抵御外来不良文化的入侵),它还需要满足普通市民娱乐、休闲、健身、求知、审美等精神需求(而这些往往是公益性的,不能带来丰厚经济利益的)——这便是文化事业必须承担的基本功能。文化的经济逻辑与政治逻辑的分野,导致了截然不同的都市文化生产主体的产生——商业性的文化生产主体形成"文化产业机构",而公益性的文化生产主体则形成"文化事业机构"。

那么,党和政府如何才能实现文化事业的管理和建设呢? 如何才能实现"满足人民群众日益增长的物质和文化需求"呢? 这同样需要重新对过去"办文化"和"管文化"的方法做出反思和改进。2003年,为了适应中国改革发展的新形势和新问题,并汲取SASS危机的经验教训,中国(海南)改革发展研究院提出了"从经济建设型政府转向公共服务型政府"的14条建议,成为推动政府职能转型的重要标志。事实上,公共服务问题的突显得益于兴起于20世纪80年代末90年代初以来的"新公共管理运动",其特征是将商业管理的某些理念、方法和手段引入政府管理行为,通过引入市场竞争机制来提升政府管理和服务水平。2005年2月20日,国务院修订《国务院工作条例》,对公共服务功能予以重点强调:"要强化公共服务职能,完善公共政策,健全公共服务体系,努力提供公共产品和服务。"2005年10月11日,《中共中央关于制定国民经济和社会发展第十一个五年规划的建议》指出,"加大政府对文化事业的投入,逐步形成覆盖全社会的比较完备的公共文化服务体系",这标志着"文化事业"开始摆脱过去比较笼统含混的表述,而被赋予了"公共文化服务"的新内涵。在《十一五时期文化发展规划纲要》中,"公共文化服务"单设一章,分别从"完善公共文化服务网络"、"加强农村文化建设"、"普及文化知识"、"建立健全文化援助机制"和"鼓励社会力量捐助和兴办公益性文化事业"等几方面专题论述,其中颇为重要的有两点:一是强调了政府职能的转变:"积极推进政府职能转变,实行政企分开、政事分开、政资分开和管办分离,切实把政府的职能由主要办文化转到社会管理和公共服务上来。"这段话阐明了文化事业何以向公共文化服务转变的根本原因在于在社会主义市场经济体制建立的大趋势中,政府职能的社会管理和公共服务转向在文化上的体现:一方面,继续坚持文化事业的公益性和文化产业的经济性的二分;另一方面,政府在文化事业推进中的职能由文化主体(即"办文化")转向对文化主体的服务(即"公共文化服务")。2006年,党的十六届六中全会通过《中共中央关于构建社会主义和谐社会若干重大问题的决定》,提出"基本公共服务体系更加完备,政府管理和服务水平有较大提高";"完善公共财政制度,逐步实现基本公共服务均等化。健全公共财政体制,调整财政收支结构,把更多财政资金投向公共服务领域,加大财政在教育、卫生、文化、就业再就业服务、社会保障、生态环境、公共基础设施、社会治安等方面的投入";"建设服务型政府,强化社会管理和公共服务职能",等等。2007年,党的十七大再次提出:"城乡居民最低生活保障制度初步建立,贫困人口基本生活得到保障。居民消费结构优化,衣食住行水平不断提高,享有的公共服务明显增强"。而公共服务的内容则主要包括有形的"公共产品"和无形的"公共服务"两个方面。2011年是"十二五"的开局之年,在"十二五规划纲要"涉及公共文化服务的章节中与"十一五规划纲要"出现了两个重大不同:(1)不再笼统地将文化事业和文化产业并列地放在"丰富人民群众精神文化生活"论述,而是分为"大力发展文化事业"和"加快发展文化产业"专节展开。(2)不再仅仅强调"加大政府对文化事业的投入,逐步形成覆盖全社会的比较完备的公共文化服务体系",而是更加具体地分别从"增强公共文化产品和服务"、"建立健全公共文化服务体系"、"广泛开展群众性文化活动"等多达七个方面展开,其中,"增强公共文化产品和服务供给"成为"大力发展文化事业"各项举措中排在第一位的重要抓手。这充分表明,党和政府在公共文化服务建设方面已取得了新的进展:一方面,公共文化服务与文化产业明确区分,预示着党和政府成为公共文化服务的推动者和管理者,这也就意味着,公共文化服务所承担的公共文化是与主流意识形态相同构的体现社会主义核心价值的文化形态,而公共服务主体则是政府以及政府主导下的组织和个人。另一方面,在具体的文化机构(如文化馆)、文化形态(如地方戏曲)和文化活动(如演艺活动)中,公共文化服务的社会效益价值和经济效益又不是绝对分离的,这就带来了更为复杂的现象:有的文化机构一方面坐享因公共文化服务身份而带来的政府补助;另一方面又运用市场原则开展经营性的文化活动,从而双方面获得好处。有的则采取以经营性文化活动盈利来弥补公共文化服务经费之不足的作法,而这又提出了一个文化产业发展如何反哺公共文化服务的问题。

围绕文化管理与建设所展开的各种体制、机制改革其实都在处理一个基本问题:如何从过去片面地强化文化的政治功能转到如何发挥文化的经济功能? 当文化不再被强行捆绑在政治的战车上之后,文化的自主性要求便生发出自由、多元的价值诉求,并重新与政治进行定位("弘扬主旋律、提倡多样化"正是90年代之后中国在文化与政治关系上所达成的一种共识);随着文化商品性得到认可,文化在市场经济的逻辑下其适应于产业发展的因素得到强化,营利性或经营性/非营利性或非经营性(事业性)则成为区分文化形态的标准。文化事业与文化产业之间的区分是建立在"公益性/经营性"的基础之上的,即能够赚钱的文化,就是文化产业;不能够带来利润的文化,就是文化事业。这一区分逻辑在经济学的"市场失灵"理论中得到支撑。所谓"市场失灵"理论强调市场并非万能的,它也有无法有效分配商品和劳务的时候,也就是说,市场也有其市场规律无法发挥作用的领域或者时刻,这就会造成"市场失灵"的情况;如果一旦"市场失灵",那么政府就应该扮演"救市(场)主"的角色,满足特定"市场"的商品或劳务的需要。很显然,这正是支配将文化区分为公益性文化事业和经营性文化产业的根本逻辑,即市场逻辑。但是,在经济学领域中,导致"市场失灵"

的原因既有外部性原因,也有内部性原因,既有真性市场失灵,也有假性市场失灵。仅仅因为观察所谓"市场失灵"的表象是无法深刻透视其内在的根源的。与之相关的,还有在讨论"公共文化服务体系"的建设中对经济学中"公共产品"概念的误用。在后凯恩斯时代,萨缪尔森明确提出"公共产品"概念,认为,公共产品具有任何人消费这种物品不会致使他人对该物品消费的减少的特征,这其实也是"市场失灵"逻辑下的产物,强调其产品的"非耗费的消费性",即非市场性。这也正是在文化管理和建设中"文化事业"和"文化产业"始终纠缠不清、界限不明的重要原因。

事实上,文化的东西应该是市场之手、政府之手都是作为手段来参与,不能事业应该政府管,产业就是市场管,不是这样的概念,所以这是很重要的误区。

第三,现在政府在市场方面所碰到的问题很复杂,市场在一定意义上是被妖魔化或者被污名化。比如什么东西一切归市场? 一切归市场之后,市场作为手段有自己能力的限制,但是我们过于让市场承担了不应该承担的东西,犯错了就归罪于市场,认为是市场经济犯了错,跟管理功能没有关系,其实这是把政府应承担的管理功能的事情推向了市场。社会主义市场经济建设二十多年,还有很多非市场性的因素在影响着市场经济,对市场进行破坏,比如说封建主义的东西、垄断的东西都是反市场的,但是在我们的市场经济中它们借市场的手段大行其道。有些人对市场经济提出很多批判性意见,比如中国现在的市场经济是走资本主义道路还是权贵的道路? 他们简单地把市场经济等于中国走资本主义道路,这其实是很复杂的问题。

我们的主流文化在青少年文化中严重的缺失。这就提醒我们需要非常重视一问题。当前文化消费的主体是青少年,我们的青年文化缺失在哪里? 比如说我的小孩现在 10 岁,马上进入青年,我开始担心,中小学里面的思想教育、传统文化教育的知识化、教条化非常严重,还有青少年课外阅读的产品非常匮乏,以至于使得郭敬明、韩寒占据了主导地位。他们国内看郭敬明和韩寒,国外就看日本的动漫。我们做伯明翰学派的文化研究,把青年亚文化引进来之后,很有意思地发现,西方的青年亚文化现在成为支配中国青少年的主流文化,这就麻烦了。西方的青年文化是很边缘带有反抗性的,西方青年的主流文化是另外一块,现在西方青年亚文化变成中国青少年主流文化是很麻烦的。面对这样的问题,我们的文化应该成为制约权利和引导市场的重要的力量。

戴 晖:我长期在哲学系从事思想研究,就从思想的角度来谈谈。谈到马克思的思想,现在学界流行的是后现代思潮中对马克思的种种看法,较少关注马克思本身。

马克思是经典的现代思想家,他对"资本"所做的历史性考察,对在将来社会实现劳动者的生产性所作的科学判断,推动了现代世界的发展。

但是目前经典的思想变成了经典的说法,至于这种"说法"有什么用处? 人们不太关心。比如说市场的全球化(世界市场)和多元民族的社会是马克思第一个提出来的,可以参见《马克思恩格斯全集》第 25 卷。建立世界市场,这是资本统治的三大结果之一,其他两个是生产资料的高度集中和劳动本身的社会化以及现代科技的渗透。

面对这样的资本主义的倾向——我们要学习马克思的精神,不是只抓住某个具体的结论——马克思是怎么对待的? 不在意识形态上做过多纠缠,也没有作单个现象上的批判,比如把资产阶级的经济学逐一拿来批判,这样搞不过来,而是在整体上进行批判,把物质生产的历史理解为人的自我生产的历史非常有创新性,有原则上的创新。处理问题在社会组织结构上进行,而不停留于对荒谬的社会现象进行批判和控制,马克思的思想回答了资本主义时代最基本的社会关系的挑战——生产关系的危机。

后现代主义里面也讲马克思,但是已经把思想降低到日常抱怨的水平,"他者"怀着在社会交往之中没有得到公正接纳的感觉,不断提出"更民主"、"更公正"的社会口号,这种词语上的革命在社会批判上没有力量,找不到原本马克思本人的作风。我们今天学习马克思,难道忘了马克思基本的做法吗?

以上是在宏观上举一个例子,市场全球化问题。在微观上《资本论》是怎么写的? 从商品分析开始。我们每个人生活中、工作中所面对的,总离不开商品。不再是物构成世界,而是商品构成世界。现代人的本性要到商品中去发现。马克思就分析了商品的二重性,一个使用价值,一个交换价值,通过劳动力这个商品揭露资本对劳动自身的价值的剥夺,从而也是对人的生产性的剥夺——这是人在资本统治下遭遇的根本问题。

我们对马克思的基本思想重视不够。任何一个商品,包括消费主义推销的各种各样商品,光看现存的商品,看不到实质,里面一定包含人的因素,是什么人生产了商品? 是劳动者,不是消费者,连消费的需求都是人为地激发出来的,离开了人看商品,就看不到商品世界的实质。马克思通过对商品的分析发现了剩余价值理论,这个发现对找出资本主义生产的运动规律起了决定性的作用,推动了马克思思想的发展,政治经济学批判成为生产者的自由社会的助产士。站在实现社会生产的自由这个维度上,马克思关于阶级对立及其消解的学说也是合理的,它标志着马克思的思想超出了所有隶属于意识形态的科学。尤其作为现代思想家,马克思的地位非常巩固,在西方思想界也是这样。

在今天的马克思主义的教育活力不够,人们把马克思的观点与任何一个观点并列起来,当然,其他观点也有活力,不同的思想形态有其各自发挥作用的地方,我们恰好应该把握它们在整体上的界线,防止望文生义,为联想式的假设所误导,错失融会贯通的良机。学习的时候,借助当下的思想力量推动精神发展,提高分析问题、解决问题的能力,但是现在认为马克思本人的思想不能应对现在的问题,这是错误的,政治经济学批判恰好是为资本所规定的世界的科学。这里也涉及在传播方式、教育方法上的问题,过多注重灌输。马克思的思想是整体上有活力的思想,能够打动人心,不是一个教条。

刘方喜:不少人对马克思主义不自信。

戴　晖:马克思的思想值得学习,我们在教育上有点失败,做得让青少年对它不感兴趣,这也要点本事。公民教育应该提倡生产者的文化,劳动者的品位。劳动当然光荣,我在高校这么多年没有拿过大奖,也没有拿过高工资,但是没有乐趣吗? 也许人家觉得不够光荣,但我觉得有乐趣,没有负担。我没有专门作马克思主义哲学的研究,但是我觉得应该公平合理地看待马克思的思想及其传播。学习马克思不是一个说法,不只是意识形态问题,是公民素质问题,这个问题在马克思主义专业的研究领域里面被淡化了。

还有消费主义文化,造成在高校里面脑力劳动者也是被消费的对象,像在超市里面挑选东西一样看待我们的工作。如果国民素质提高了,消费主义就有限了,市场作用就有限了。现在过分注重消费,注意量化,马克思说商品的价格是按照社会平均劳动时间,而不是按照劳动者实际使用的时间来制定的;如果商品是个平均化的样板,必然带有削弱质量的倾向。如果学者也按照平均时间计算工作,怎么快怎么搞,确实只要按照模板写作就可以了。平均化没有创造力,马克思思想的精髓要融入现实,时时保持在当下,我们的制度建设才是会有水平的。如果强调马克思的思想是社会的正面的意识形态,那么马克思的思想本身的活力我们就要抓住。

刘方喜:我觉得戴老师的说法非常精到,消费主义作为一种价值观,强调在过度消费或消费竞争中实现或展现人的价值;而马克思的一个基本思想是强调在"生产"或"创造"中实现和展现人的生命价值——我个人觉得马克思所倡导的自由的"生产主义",乃是批判当代消费主义意识形态的一剂良药。我们对马克思思想的价值的认识其实还远远不够,比如一讲"共产主义",许多人往往就想到跟"消费"相关的"按需分配",并作庸俗化的理解,却忽视了这一点:强调在生产、创造中自由全面地发展自己,也是马克思所谓的"共产主义"的题中应有之义。

王 杰:我同意戴老师说的,消费主义是很复杂的现代意识形态,既有观念形态,又有实践形态。意识形态的生产消费是复杂的机制,对它能够保持清醒的认识和判断真的很重要。消费主义既不能说好也不能说坏,到了一定程度,生产和消费是辩证的,没有消费就没有生产。消费确实是很注重主体,注重消费者的选择。我们没有把马克思好的东西坚持住,而是把消费主义的影响扩大了。这产生了两个不好的现象,一个是过分和权力结合,另一个是过分和市场结合。比如国外学者注意到我们的很多文化园区在搞房地产。这里面有一种内部机制起到了穿针引线的作用,搞了一个文化园区,GDP 就上去了,建设文化园区实际是进行房地产消费。

胡惠林:这种事情是学术与权力、与资本相共谋,学者推波助澜。

王 杰:很多创意产业园区的策划是学者做的。对这些东西马克思主义还是清醒的,有一本叫《审美资本主义》的书,这本书的作者从马克思那里继承了血脉,他提出一个很重要的观点就是品位的问题,认为消费品位关系到工业文明的前途和未来。他讲我们这个时代已经进入文化经济时代,进入社会主义时代,而且他提出了很重要的观点。现在现实中存在很多疑惑观点。资本主义早期发展主要靠技术。在 20 年前开始出现了审美资本主义现象,审美不是技术,但审美却成为经济发展的驱动力,现在一个汽车,一个服装,哪怕实用的机床,更美的卖得更好,因为科学技术发展有极限,但是审美没有极限,想象力没有极限,按照这个逻辑,资本主义是永恒。现在很多人受这种意识形态影响,这就是消费主义意识形态的核心,认为大家很开明,无限消费,越来越好了。这本书的作者不是这样看,马克思在《1844 年经济学哲学手稿》中讲了资本主义生产的不合理性,《21 世纪资本论》从现象上描述,《审美资本主义》这本书从哲理上描述,现在有很大问题是越来越少人占有越来越大的享受占有比例。如果按照审美资本主义发展下去或者消费主义发展下去,会造成世界上发展越来越不平衡,造成中西部越来越不平衡,城市和农村越来越不平衡。

关于户口政策改革,我们中国改革那么巨大的积极发展,是建立在城乡的收入差别很大,城乡的生活质量差别很大的基础上的,农民工收入很低。这么庞大的廉价劳动力驱动了经济快速发展。这个问题不解决,中国要建成和谐社会是很难的,人的心态怎么好得起来? 他在农村辛辛苦苦不能够得到有尊严的生活,只能到城市打工,到了城市你是农民工的身份必然工资很低,一系列的政策、法律都这么规定,所以中国现代化进程还是很复杂。当然我们也不主张一下子把这个问题解决掉,要有个发展的过程,但是我们作为搞理论的人要看清这一点,看到问题的实质,制定文化政策的时候不迷失方向。

刘方喜:我个人觉得,我们的相关政策也在不断有所调整,比如说十七届六中全会提出口号,要使我们的文化产业要成为支柱产业;但是关乎全面改革的十八届三中全会的决定却不提了。习近平总书记还特别强调文艺不要当市场的奴隶——总体来说,在坚定不移地推进市场化改革的同时,也不应忽视市场的负面影响——而这也应是我们讨论消费主义的一个着眼点。

新时期的经济学：问题与前景

（2014 年 11 月）

参与嘉宾（按姓氏笔画排序）：

艾春荣（上海财经大学高等研究院常务副院长）

田国强（上海财经大学经济学院院长）

叶德磊（华东师范大学商学院副院长）

冯帅章（上海财经大学经济学院常任教职教授）

吴玉鸣（华东理工大学商学院教授）

沈　瑶（上海大学经济学院院长）

陈　宪（上海交通大学安泰经济与管理学院经济学院执行院长）

赵修义（华东师范大学哲学系教授）

一、政治经济学和现代经济学两块都要

田国强：新时期的经济学这个题目很有现实意义。十八届三中全会决定中有两个非常重要的提法，一个是"让市场在资源配置中起决定性作用"，另一个更重要的是"推进国家治理体系和治理能力现代化"。这跟我们经济学都有很大关系。十八届四中全会的主题是"依法治国"，这跟政府与市场、政府与社会的边界界定也是高度相关的，市场经济搞得好不好，关键取决于政府职能的定位是否恰当。

在这样的大的背景下，我们今天的座谈会主要聚焦新时期经济学的两个方面：一是学科建设、人才培养；二是科学研究。其中，科学研究又包括两个方面：一方面是关于对经济学学科本身的原创性理论和方法论研究，对世界文明的发展有所贡献；另一方面就是中国问题研究，致力于研究和解决中国社会经济发展中的现实问题。

我在上海财经大学进行经济学教育改革已经十年多了，有很多感触。我刚到上海财大任职的时候与程恩富老师对于怎么处理好政治经济学和现代经济学的关系，曾有过一些不同看法。当时我开展课程体系改革的时候第一件事情，就是要求我们的博士生，不仅是政治经济学专业而是所有的博士生都要上《资本论》。当时，程老师

有不同的看法，认为没必要，认为有些过时了，要上他著的政治经济学。我说中国的特色是坚持马克思主义，《资本论》是马克思主义基本原理，且很有逻辑性，对现代市场制度起到了很大的促进作用。当然，其中可能也有一些假设跟现实有差别，这是由于近一百五十年来经济社会已经发生了很大变化。不管怎样，我希望学生能够接触和了解马克思主义的原典、经典。中国的国策是搞社会主义市场经济，而现代经济学主要是研究市场制度的，也必须要上。所以《资本论》和现代经济学的课程我们的学生都要掌握。

在中国要培养出真正科学的经济学家，我认为必须是三位一体：第一要有历史感和历史深度，能够从比较宽的视野来考虑问题；第二要掌握统计量化实证分析工具；第三要掌握现代经济学理论分析工具。中国的国策是搞社会主义市场经济，为此必须了解市场怎么运作。所以，政治经济学和现代经济学这两块我们都要，这两个完全不矛盾。邓小平同志曾说过，市场和计划都是手段，资本主义好用，社会主义也好用。因为市场基本上是人类共同创造的东西，有规律性，有客观性，科学性含义要远高于意识形态性。

为什么我们国家要让市场在资源配置中起决定性作用呢？这个定位是从技术层面上来探讨怎么让中国的经济实现发展，无疑需要借助现代市场经济学的理论工具，而马克思主义政治经济学则主要是从人类历史发展或者从辩证唯物主义来指明中国的发展方向。很多人把这二者对立起来了，并且持一种相互排斥的态度。我认为这是不对的，特别是在当前思想界有很多动荡，如果不把这个讲清楚、说明白，很可能会把邓小平的改革开放否定掉。

现在有人重提阶级斗争的这个话题。也有人认为，法治不能代替人民民主专政。那么，谁是统治阶级？谁是被统治阶级？"三个代表"重要理论中的先进生产力的代表本来是承认民营企业家对社会的贡献。那么，是不是要将这些民营企业家作为资产阶级纳入专政对象？有时候思想界的思想混沌会导致社会混乱，这就需要党中央拨正航向。如果没有十一届三中全会，怎么有改革开放？如果没有邓小平1992年的南方谈话，怎么可能搞社会主义市场经济？

总之，现代经济学和马克思主义经济学的辩证关系要处理好。面对这股思潮，无论是作为学者和知识分子，还是作为行政管理者，我都是强调两个坚持，坚持两个方面，不可偏废。

学科建设和人才培养为什么重要？因为当前世界格局正在发生非常大的变化，

国际的竞争就是资源的竞争、人才的竞争、制度的竞争和话语权的竞争。中国正在从追随者变成领导者，要真正崛起和复兴一定要有大量的人才，特别是上海要建设国际经济、金融、贸易、航运中心，更是要求我们培养的人才是高层次的。一个标准就是这些人才能够在世界舞台上具有话语权，能够适应现代市场制度建设和发展，以及国家治理体系和治理能力现代化的需要。今天来参加讨论的要么是搞经济学，要么是搞商学，这两个学科的学生是目前大学中占比最大的，约占四分之一。所以，将这些学科的人才培养搞好非常重要。

党的十八届三中全会开得很好，四中全会也很好，但是思想界还是传来种种不同的声音。这种事情在邓小平时代没有发生过，至少是媒体和中央决议高度一致，为什么现在会和中央产生不一致？

新加坡国立大学的郑永年教授最近提出三个三十年的观点，认为习近平总书记在做与毛泽东和邓小平不同的今后三十年的战略布局，很有新意。他并指出，由于改革容易做的已经做了，现在要啃硬骨头，且要突破既得利益对改革的阻碍，需要在政治上结束分权状态，走向集权。确实，一直以来由于政府与市场的边界模糊不清、欠合理，政府在角色错位和越位中陷入寻租、设租泥淖，加之政府在公共服务上的缺位，导致社会公平不足，贪腐猖獗，贫富差距巨大，导致民营经济受制。中国的改革已经到了深水区，在当前改革阻力巨大情况下，需要强有力的推动力，因而有必要将集权作为手段用来推动改革，以此打破旧均衡，建立长治久安的根本性制度，但集权不是为了维护现有利益格局，更不能当作国家长久的治理制度安排来推崇。

执政者要实现国家长治久安、建立历史丰功伟业这样的雄伟目标，那么在进行顶层设计时，着眼几年，乃至30年、50年、70年有一定的必要，但都远远不够，至少必须要着眼于200年，甚至更长！中国有句古话，富不过三代。更有意思的是，人们可能也没有太注意的是，中国没有一个朝代强过200年（基本到不了200年，即使超过200年，那就是两个朝代，如东汉西汉，北宋南宋，或者后面就弱下去了，如明朝、清朝），而英国自"光荣革命"始强盛了320多年，美国自建国强盛了近240年，为什么还看不出任何衰败的明显信号？着眼于3年、5年，抑或30年、50年、70年，乃至200年，盯住的是短期目标、中期目标，还是长期目标，其所对应的改革措施、方式可能会大不一样，所导致的结果也可能会大相径庭。

一方面我们应该为现代市场经济制度在中国的完善，为国家治理体系和治理能力的现代化培养国际人才，另一方面我们也要加强国际话语权的争夺，特别重要的是学术话语权。经济学是一门科学，不能用中国特色将其框死。今天上午北大的萧国亮教授在上财经济史学论坛讲得很好，现在什么都说中国特色，将其作为一个筐，什么都往里装。他认为，中国特色应该以历史作为唯一的判断标准，阶级斗争是中国特色吗？其实也是后来引进的。

研究中国问题，当然要承认根据中国的政治、经济、社会、资源包括区域位置等约束条件，中国的发展是有一定的路径依赖，但是终极目标应该是一致的。和谐社会的概念就很好，民主法治、公平正义、诚信友爱、安定有序、充满活力、人与自然和谐相处，现在提倡的社会主义核心价值观比这个还要丰富、具体，这些都是人类共性的东西。

今天来的冯帅章教授，就是来自上海财大，他博士毕业于美国康奈尔大学，也是截至目前国内经济学界仅有的两三个在 AER 杂志发表论文的学者之一，包括自然科学前三的杂志《美国科学院院刊》上也发表论文，谈到了关于气候和劳动力方面的问题，现在作中国的农民工小孩教育等研究。我们还有另外一个常任教职教授孙宁现在在作市场机制设计方面的研究，他也在国际顶尖的经济学期刊 Econometrica 和 JPE 上发表了 3 篇论文，最近他关于上海车牌拍卖的改进方案，也得到了政府和媒体的高度关注。

我们引进来的人才都是生在红旗下，长在红旗下，热爱国家，学成回国了，对中华民族复兴也是有使命感的，不应该将他们当成外人。我们今天来的有海归派，也有本土派，有经济学专业，也有商学专业，大家把自己的想法讲出来，可能我们考虑和了解的情况不见得全面，但是我们都来自第一线，希望能够通过《上海思想界》这个刊物来呈现和传达我们的想法。大家都希望能够实实在在为国家做些事情。

二、 有必要强调经济学的逻辑分析框架

艾春荣：我接着田院长的思路说，现代经济学引入中国是从 1980 年开始的，从那个时候到现在走过了三十多年，其间经历过很多有关意识形态的争论，争论的要点是要马克思主义经济学还是西方经济学，要不要引入数量方法，经过这么多的争论后，我们基本达成共识，就是经济学学科有其统一的分析框架，该框架从前提假设开始，经过逻辑推导得出最终结论，这个分析框架不存在意识形态问题，和经济体的特征（如美国经济、日本经济、中国经济）没有关系，因此不存在中国经济学、美国经济学或者其他国家经济学的问题。我们采用现代经济学的分析框架来分析中国的经济问

题,美国人也用同样的分析框架分析美国的经济问题,日本用同样的分析框架分析日本的经济问题。日本经济和美国经济当然不一样,他们的经济同中国经济也不一样,原因是各个国家存在的约束条件不同,这跟意识形态没有关系,倒是同社会形态、文化传统相关。在当前的形势下,我们有必要强调经济学是一门科学,强调它的逻辑分析框架,当然如何将这个科学的逻辑分析框架来分析中国经济问题,是我们中国经济学家要做的事情。

平心而论,我国现代经济学的发展和变化,就像我们国家过去三十年经济的发展和变化一样巨大。1980年,我们国家的老师中,知道西方经济学的人数非常少,而知道的人也只是懂得个皮毛。记得当时人民大学翻译了一本经济学原理的书,是萨缪尔森写的,我们都是从那本书学习西方经济学的。如今,我们的教师大都掌握了现代经济学的知识,显然,我们的学生也受益。这不等于说,我们的经济学教育很完美。我观察发现,我们的教育还存在很多问题,许多问题可能跟我们的教育制度有关,跟我们的教师的知识水平和能力有关。我们的教育制度是填鸭式灌输性的,缺乏独立思考能力和批判性思维的训练。

我最近读了一本书,是一个日本记者写的,书中他介绍了印度的人才培养制度,采访了印度非常有名的大学——印度理工学院。为什么以这个学院为例?因为这个学院培养了非常优秀的计算机人才和软件工程师。美国计算机软件行业的大部分软件工程师都是从那个学院毕业的。这位记者想了解他们为什么这么成功。实地采访让他惊讶,在这个培育出杰出计算机工程师的高等学院里居然没有像样的计算机设备。他们训练学生的方式,是靠脑算和心算,用很复杂的心算问题训练他们的大脑,他们强调批判性思维的培养,他们的考试不像我们的,我们的老师的考试题是将平常讲的例题稍微修改一下,甚至是只改改数字,我们的老师担心学生的评教。他们的考试内容可能是学生没有学习过的,而且答案也不是唯一的,他们这样做的目的是启发学生的创新思维。显然我们的教育制度和评价体系还存在许多问题。

我们教育制度的第二个问题是,缺乏对领导力和交流能力的培养。经济学毕竟不是自然科学,自然科学研究可以在实验室里独自完成,不需要很多的交流,但经济学要求将你的想法同其他人沟通,说服其他人认同你的想法。我们的教师大都不具有这种能力,又如何培养学生的沟通能力呢?

教育存在的第三个问题是,我们的学生可能缺乏对经济学的热爱。我们跟国外不一样,国外的学生可以自由选专业,他们一定选他们非常感兴趣的专业,而我们的学生没有这个选择权，他们选择经济学专业可能是父母的选择或者随大流，他们本人对经济学不一定感兴趣。如果他们对经济学不感兴趣，就不会对周围的现象仔细观察，也不会思考经济问题，更不会养成习惯看经济数据，所以他们就只会对付考试，拿一张毕业证。这是我们经济学教育中的问题，未来如何改革，究竟怎么做，需要我们大家探讨。当然，要培养学生的创新性思维、领导力和批判性思维，要求教师具有同等的能力。我们的教师具有这样的水平和能力吗？

我很同意田院长提的在培养人才的时候，要国际化，要能够满足国家经济建设需求高水平人才的目标，我也希望我们的学生，包括从事经济学研究的人，不光是关注我们国家经济建设中的一些问题，更要了解中国经济运行的实际情况。说两句轰动的话，也就是社会上所说的媒体经济学，无法解决中国经济问题。只有科学地分析中国的经济数据，才能够诊断中国的经济问题在哪里。中国经济有很多奇特的现象，不管怎么说，改革开放以来，经济从之前非常落后的水平提升到了现在的水平，结果是有目共睹的，是得到一致肯定的。

问题是，得到的这个结果，是不是付出了很大的代价？这个代价怎么衡量？值吗？回答这个问题要求对中国经济的实际运行情况进行仔细的分析。有的经济学家在这方面做得不够。其实，中国的经济数据是非常有趣的，刚才谈到了中国经济的增长动力机制，深化改革的难点问题等等。看一下中国的数据，发现中国和美国非常不一样，很多制度，在发达经济体很适用，但在中国不行。举一个例子，在公司治理方面，中国的公司法是美国的公司法的翻版，可惜，在中国没有起到应该起的作用。为什么？美国的公司结构是雇主和代理的结构，而在中国特殊政治结构下产生的经济体制，不是一个雇主和一个代理人的关系，而是多个雇主和一个代理人的关系，且多个雇主中还有一个占统治地位，所以在这种结构下，西方的一些行之有效的办法，在中国并不有效。我们政治体制决定经济体制。这给我们经济学界提出了新的研究问题，如何在现有政治体制下最大限度地发挥我们的经济潜能？

看看我国的 GDP 增长数据，就会发现，我们的经济增长可以划分为江泽民时代和胡锦涛时代。中国的经济改革是在江泽民时代大规模开展的，主要任务是从计划经济迈向市场经济，但这个过程是渐进的过程，不是一下子走得完的，是需要时间的。江泽民时代并没有把整个过程走完，因此需要后续的政府进一步深化改革，完成中国经济的市场化过程。江泽民时代，虽然改革遇到了很多的挑战，如三角债问题、亚洲金融危机、价格双轨制问题等，但得益于人口红利，中国经济在快速增长，更重要的是他们为后续政府解决了 WTO 准入问题。胡锦涛时代,人口红利加上 WTO 红利(即自由贸易),保证了中国经济的高速增长,中国政府在这个时候应该做的就是继续完成前一届政府没有走完的过程,进一步深化改革,让市场决定资源要素(劳动力、资本、土地)的分配,可惜,这届政府通过增加货币供给、增加固定资产投资来拉动经济增长。我们搞经济学的都知道边际递减。靠(政府的,而不是市场的)投资,最终会碰到边际效率递减。简单的计算,我们发现,2007 年,一元钱投进去有八毛钱的回报,到 2012 年,一元钱投进去只有两毛钱的回报,今年,可能回报是零。看看今年的数据,就会发现,今年的人民币还是印了不少,但效果不明显。摆在现政府面前的挑战是,一方面要深化改革,另一方面又要保增长。困难非常大,如果十年之前做,困难要小得多。

经济增长的动力无非是投资和需求,如果投资不再拉动中国经济,就得靠需求,包括国内需求和出口需求。未来,外需肯定放缓。这么多年来,政府不知道谈了多少次要扩大内需,但效果不佳。为什么?这是摆在经济学家面前的任务,我们要研究为什么总是扩大消费不成功?什么原因?老百姓没钱花还是有钱不能花?究竟是哪个?西南财经大学有一个调查报告说中国老百姓没有钱花。这又涉及另外一个问题:收入分配问题,我们老百姓的收入的增加是不是跟 GDP 的增长同步?这些问题,给我们经济学界提供了很多很有意思的课题。

三、 中国经济问题研究的本土化和国际化

冯帅章:非常高兴今天有机会参加这样的座谈会,我刚开始拿到座谈会题目:"新时期的经济学,问题与前景"的时候,觉得这个题目很大,不知从何谈起。后来我看了主办者所列的六个参考议题。作为相对比较年轻、博士一毕业就回国的海归学者,我想结合自己的一些经历和体验,来谈谈经济学本土化和中国经济问题研究的国际化问题,我主要谈三点。

第一点就是中国经济的发展,以及发展过程中出现种种问题,给我们提供了现代经济学本土化和经济问题研究国际化很好的机会。

第二点我想结合自己的体会,谈谈如何把握这种机会?尤其是对于我们做经济学研究的。

第三点主要谈谈在这个现代经济学本土化和经济问题研究国际化过程中,我们

面临的主要问题和挑战。

第一，什么是经济问题研究的国际化？我想是基于中国问题的现实，我们的研究对经济学本身，即使在国际范围里面也作出贡献，其中一个重要指标是在国际一流期刊上发表文章，从这个角度来看中国经济发展给我们提供了很好的机会。举一个例子，魏尚进老师和张晓波老师合作的一篇文章，研究的是性别失衡对于竞争性储蓄的影响。他们在文章里面认为中国的过去几十年的储蓄率上升，可以从中国的性别比例失衡来解释，也就是说男性相对于女性越来越多，男性为了找到配偶，必须多存钱。这是一个非常新颖的解释，所以他们这篇文章发表于经济学最好的杂志之一 Journal of Political Economy。这篇文章的最初想法是怎么来的？我听晓波提到过，他们在贵州做调研时，发现当地人非常穷，为了讨媳妇就出去打工，有了钱就修房子，而且房子一定要修得比同村里的人高，因为房子是实力的表现。不这样攀比，就很难讨到媳妇。其实房子修了没有用，因为大多数时间打工，没有时间回来住。基于这样的观察，他们后面利用更有代表性的数据，写出了这样一篇文章。这就是很好的例子。我们中国现在发生了这么多很有意义的事情，从国际范围来看都是很重大，很独特的事情，给我们提供了非常好的机会。只要我们仔细思考，不难发现很多中国现象的普适意义。比如我们中国有独特的户口制度，中国的计划生育政策，包括现在对计划生育政策的一种放松，对于研究生育率相关的问题都是非常有用的实践。还有城乡之间、地区间的人口流动，在世界范围内都找不到这个规模的。

什么是现代经济学的本土化？我认为就是现代经济学研究方法能为我所用，解决中国在社会转型、经济发展中出现的实际问题。从这个角度来说，现代经济学也是大有可为。同样举个例子，西南财经大学甘犁教授的中国家庭金融调查，影响非常大，很多媒体都有报道，为什么？一个重要原因是他们的调查让我们知道了很多看上去很简单，但是以前我们根本不知道的东西，比如中国的收入基尼系数到底是多少？这在发达国家不是问题，政府定期有报道，但是在中国是个问题。西南财大发布的数据收入基尼系数是 0.61，在这之前，中国国家统计局官方并没有发布过全国收入基尼系数。在西南财大发布以后，统计局说，根据他们的数据基尼系数应该是 0.43。还有住房空置率等，也是西南财经大学报道基于他们的调查首先披露的。我们连对经济社会的很多基本情况不知道，可见现代经济学在中国的应用前景有多大。

我再举一个和自己的研究相关的例子。我从 2008 年开始做流动儿童教育的研究，这个问题非常有中国特色和现实意义。上海、北京这些特大城市现在面临的突出挑战是如何控制人口的流入。上海今年收紧了对流动人口的入学门槛，希望通过这样的方法，倒逼流动人口回流。许多外来人口因为没有办法提供政府要求的证件，特别是缴纳社保的记录，其子女就无法在上海上学。这样的人口控制政策是否有效？我觉得可能政府也并没有事先认真研究过。根据我们的调查，因为在上海不能读书而回到老家的流动儿童中，父母也跟着回去的不到10%。他的父母没有回去，尽管小孩回去了，父母还在上海。这样的政策如果意在控制人口，可能不是很有效的政策。而因为政策导致下一代流动儿童在受教育方面受到亏损，制造更多问题，更是得不偿失。类似的政策要经过调研和思考才能做出。这方面现代经济学的方法和技巧真的是大有机会。

第二点，我们作为经济学研究者怎么样来把握这样的机会呢？一方面要充分利用国际经验，加强和国际同行的交流。我以前做过一个关于美国失业率和劳动参与率的研究，这个和中国没有直接关系。现在我开始转向对中国失业率的研究，官方的失业率现在是4.1%，从2009年第三季度以来每个季度都是4.1%，一直到现在，所以没有人信任这样的数据。但失业的度量不是一件特别简单的事情。这样我以前做美国失业率研究时的很多积累就派上了用场。比方说如何界定这个人是失业还是不在劳动力市场，按照美国的定义，在过去4个礼拜里，如果你在非常积极寻找工作就属于失业，如果没有寻找工作或者不是那么积极，就不算失业，不算在劳动力里面。比如说你只是看看报纸里面的招聘广告，不算积极地寻找工作。这里面有很多问题，我们发现在衡量中国失业率的时候，这些问题照样存在，概念上的问题照样存在，这个时候关于美国的研究就发挥了很大的借鉴作用。

除了国际交流之外，另一方面我们还要接地气，特别是对于我们这些从海外回来的人来说，因为对国内的情况并不是很了解。我回来之后进行了大量的数据调研，包括在四川进行了好几轮关于农村家庭的调查，包括在上海对流动儿童的调查，有3 000名学生，来自20多个学校，现在已经小学毕业了，离开了上海，但是还准备继续跟踪调研，研究长期影响。在中国做调研不仅是收集数据，更重要的是通过调研了解实际情况。比如我前面举到的例子，张小波老师因为在贵州的调研，就产生了好的想法，催生了后续重要的研究。我在这方面还是蛮有体会，当然也非常幸运身处在上海财大这样的环境，田老师、艾老师都给了我很大的支持。总而言之，如果真的要做到把我们所学到的有关国际化或者一般性的东西应用在中国，我们一定先搞清楚情况。

如何平衡国际交流和接地气两方面，也就是我们平常所讲的研究要"顶天立地"？怎么样顶天立地,这不是很容易的事情,我觉得我们每个人都要找到自己的比较优势,因为经济学研究也是需要合作的,不是说可以个人每样都做到很好。对我们这些海外回来的学者,我认为应该先去做高水平的学术研究,从这个方面下功夫,到了一定程度后再偏重于政策与现实的应用方面。我做的流动儿童研究就是这样,我们发了几篇英文的纯学术文章,积累的时间也比较长。但我们觉得英文文章国内不一定有很多人看,为了让国内很多人感兴趣的,我们准备出一本中文的书,系统地把一些东西总结在一起。

最后一点,我想结合自己的经历谈谈在把握机会的过程中,我们还面临什么样的问题以及可以有什么方法来面对这些问题。首先,海归学者对国内的情况还是不够了解的。比如很多同事经常问我,做实证研究哪里有数据？这方面现在正在改善,很多学校像西南财大、北大有很多新的数据正在收集。数据收集受到各个学校重视,因为中国这方面工作刚刚开始,很有可能再过几年或者若干年会成为学校的核心竞争力之一。也许有很多老师就因为学校有这样的数据,他就愿意去那个学校。在此我也呼吁能不能有一些跨部门,甚至是跨校之间的合作？真正从很长远的角度来做一些好的调查,因为并不需要每一个研究者、每一个部门或者每一个学校都去收集数据,如果大家都做,时间长了大部分也会被淘汰。这是关于数据的问题。

其次,我们还是面临国际同行对中国问题的不了解,或者对中国问题重要性的认识依然不够。我在跟国外的研究者合作的时候,也发现这个问题。尽管大家都知道中国问题很重要,但是很多东西他们搞不清楚。比如户口制度,有一些外国研究者可能误解为只是一个登记的东西,你住在上海去登记了就有上海户口。当然这需要有个过程,随着越来越多好的研究,越来越多人研究中国经济,这个可以得到改善。

再次,海归人才和国内培养人才之间的交流很少,尤其是跨学校、跨院系之间的交流很少。双方各有所长,国内培养的本土人才对国内情况更加了解,海归人才对与国际接轨方面更加有优势,如何让这两者之间有更多交流,也非常值得探讨。

最后是评价标准的问题,这也是非常重要的问题。上海财大经济学院的发展很大程度上得益于田国强院长从一开始就给我们定了非常好的评价标准,主要看国际期刊一流文章的发表。刚开始时,大家都觉得很困难,包括我在内都认为这个标准是不是太高了,不可能达到。但是这么多年下来越来越多老师达到了标准,甚至超过标准。所以当时制定的评价标准的科学性和前瞻性对学科研究的发展起到了很大的作用。这不仅仅是钱的问题,更多是一种认可,让你觉得自己做的东西在这个地方能得到承认,时间长了这成为一种文化。现在上海财大经济学院内部有这样的文化,如果大家发了好的文章,别的同事为他感到高兴,很羡慕,而不会有别的杂音。大家自然而然把学院的考核评价标准内化为每一位海归老师和本土老师自己认可的标准,这样就很好。国内的评价标准一直在变化,所以一定要有前瞻性。从我自己这两年评长江学者和国家杰出青年的经历来看,国内的标准都在向国家标准靠拢。

田国强:现在中国的经济学家大多没有什么原创,没有大的创新,他们对中国经济改革更多是对接了当时的国家急需,在大家都还不知道市场经济是什么的时候起到了启蒙和普及的作用,同时在通过基本的现代经济学理论和原理来分析中国问题,或者对改革发展作出建言献策方面,也是做得不错的。但是,从对学科本身及对世界文明的贡献度来讲,是非常有限的。同时,我也认为,中国经济改革需要有一些经济学家学而优则仕,成为改革的具体操盘手,否则让那些不懂经济学的官员主导经济改革,可能会非常糟糕。当然,我本人更多是希望作为学者参与其间。特别是在中国共产党领导下,怎么把精英引进来非常重要。

四、 经济学研究需要"新的综合"

陈　宪:要区分学术性研究和政策性研究。现在讲的智库,主要是政策性研究,或者说是基于学术研究的政策性研究。重大的现实问题背后的机制是什么? 对策是什么? 这个在学术上谈不上贡献,因为用的方法和工具都是原来现成的,但提出的建议可能有创新。因为这种建议对有的国家可以这样,有的国家不可以,如果中国不可以,那么,中国的建议应该怎么样? 就像现在讲的法治等问题,现在的研究有两大类,学术性研究和政策性研究。现在我们对年轻人一开始还是鼓励他们做学术性研究,到了一定时候再做政策性研究。现在有些在海外已经取得终身教职的学者回来后,一开始就明确表示要做政策性研究。

我回应一下升等即评职称的标准问题,上次和田院长参加清华大学活动,我也说过。我们这样的学校,包括上海财大、交大在内,从助教到教授的升等,标准应该是一元的。只以论文"论英雄",比较有一致性,对谁都一样。这个东西客观公正,但是考核还是不能这样。冯帅章讲到标准和考核,标准和考核分开,考核可以多元,比如,一些人做政策性研究的东西也能被考核。所以考核可以多元化,升等一元化比较好,对大多数人公平公正。

我当时收到田院长发来的邀请函，看到会议主题是："新时期的经济学：问题与前景"。我觉得，新时期的经济学需要"新综合"，做一个多角度、多视角的梳理，对经济学做梳理，结合现实中的问题。对前景我个人感觉很难把握，但可以做这样的梳理和综合，提出来大家批评。

2008年金融危机以后，经济学既面临大的革命，又需要新的综合。从研究方法、研究背景、研究主线和研究内容这四个方面，可探视到"新综合"的一些轨迹。

对于任何学科，研究方法的沿革和更新，对其发展都至关重要。在亚当·斯密之前和稍后的一个时期，经济学的主要研究方法是逻辑的方法，即演绎推理和论证，对提出的问题和假说进行分析和研究。而且，在那个时代，经济学提出的问题都比较宏大，往往都是整体性的视角。

在19世纪最后的三十年，政治经济学的面貌发生了改变。这一改变在经济学说史上被称为"边际革命"。经济学开始拥有自己的整套工具、系统规则以及定量分析。经济学家们希望曾经是神学、哲学、法学领域的政治经济学，能够成为与数学、物理学的精确和逻辑性相媲美的新科学。马歇尔使这次革命性改变得以实现。他将这门学科的名字从"政治经济学"改为"经济学"，意即经济学已经成为像物理学、数学或其他精确的知识体系一样的科学。马歇尔的主要贡献就是将斯密的理论模型发展为数量化的科学。在这里，经济学和其他实证科学一样，将演绎法和归纳法结合起来，作为其发现普遍规律和创造知识的研究方法。其主要内容或过程是，从观察和经验材料出发进行归纳，得出作为假说的全称肯定判断，然后把假说翻译成数学语言，并进行数学推导，最后对结论进行检验。经济学现在的研究工作往往就是这么展开的。另一方面，从政治经济学宏大的叙事方式，转变到研究经济活动的内在机制，即供求、价格和成本等，以及经济运行的波动和增长等方面，思想的洞察力显然难以深入，仅靠文字语言表达的逻辑分析也无法精确，而是要选择恰当的数学模型，对提出的问题进行假定、推理和证明，并通过经验数据进行验证。由此，科学的经济学彰显其生命力和价值所在。然而，经济学科学化以来，关于经济学运用数学工具出现技术化倾向的争论一直不绝于耳。数学、物理学的方法、模型和概念被运用于很多的学科，可能在经济学中引起的争论是最为激烈和持久的。争论归争论，在现实生活中，我们确实看到经济学家提出的许多问题和假说，需要严密的数学方法对其进行推理和证明，需要可信的数据并进行数量分析和验证，才能揭示其内在关系，进而支持或修正有关论点。尤其在诸如与货币、增长等相关的问题上，数学模型的作用是不可替代的。当然,不考虑研究内容的数学滥用,是反科学的。与此同时,问题价值的参差不齐,研究本身的碎片化,也都是科学的经济学难免的缺陷。

学科发展的另一个重要路径,是生动的现实生活倒逼放松既有的假设。在经济学中,完全竞争和信息对称假设的放松,是十分典型的例证,说明在过去数十年的历史中,经济学不断修改基本假设使之与现实更接近,同时修改后的理论不但能更好地解释现实,并且能够包含已有理论。特别是20世纪90年代以来,心理学的研究发现,在一些情况下人的决策与经济学的理性人假定有系统性偏差。而且,在现实生活中人类行为是完全理性的假设,也日益暴露出过于简单化的取向,再加上精致的计量经济学的推导,进而产生不同程度的误导。行为经济学(包括行为金融学)结合经济学和心理学,吸收现代心理学中的经验证据,修改了经济学中有关人是理性的基本假定,进而研究在这种修改后的理性的条件下市场中人的经济行为,由此得出很多与已有的理论不同的结论,并能够解释一些令人困惑的经济现象。行为经济学之所以正在逐渐被主流经济学接受,也正是因为它运用经济学的现代分析方法,并且将通常的理性假设的情况包含在其中。通常的理性假设在很多情况下是合适的,而在另一些情况下,修改后的理性假设下的理论更能解释现实。近二十多年来,行为经济学在实验经济学,甚至脑生理学的帮助下,在理论和实证方面的研究都取得了重大进展。

因此,从研究方法的角度看,从思想的经济学、科学的经济学到行为的经济学,或者说,从政治经济学、科学经济学到行为经济学,经济学的研究方法在不断演进,但是,它们之间并不是替代的关系,而是不断综合的关系,进而在思想深入、工具发展和假设放松的过程中,形成具有不同里程碑意义的经济学发展的新阶段。

现在所说的主流经济学,它的研究背景,或者说它所基于的经验事实,主要是来自"盎格鲁—撒克逊人"所在的国家。在"盎格鲁—撒克逊人"所在的国家,即今天的大部分欧美国家形成的市场经济模式,被称作盎格鲁—撒克逊模式。主流经济学基本是以这些国家的经验事实为实证基础的。它们的基本经验事实是,市场是自然地发育成熟的,政府是当市场机制出现失灵时,即外部性、公共品和信息不对称等,或经济波动市场又不能自拔时,才干预经济的。主流经济学的微观经济学和宏观经济学,以及公共经济学、制度经济学、信息经济学等分支学科大致就是沿着这个逻辑形成和发展起来的。然而,第二次世界大战以后,通过民族独立建立起来的发展中国家的经验事实,20世纪七八十年代,通过改革计划经济体制,建立市场经济体制的转型经济国家的经验事实,则基本没有被今天的主流经济学顾及。

面对二战后民族独立国家经济发展的现实,在20世纪40年代后期,逐步形成了一个经济学分支学科——发展经济学。它是适应研究背景扩展而发展起来的一门新兴学科。该学科的创始人和代表人物威廉·阿瑟·刘易斯认为,在发展中国家存在二元经济结构,一个是以传统生产方式生产的"维持生计"部门(以农业部门和农村为代表);一个是以现代生产方式生产的"资本主义"部门(以工业部门和城市为代表)。农业部门人口多、增长快,由于边际生产率递减规律,其边际生产率非常低甚至为零,农业部门出现大量剩余劳动力。此时,只要工业部门能够提供稍大于维持农村人口最低生活水平的既定工资,农业部门就将涌入大量劳动力至工业部门,为工业部门的扩张提供无限的劳动力供给。刘易斯用以解释发展中国家经济问题的二元结构理论在经济学界引起广泛争论。刘易斯的理论静态地看待经济发展,忽略了农业部门自身的发展,有牺牲农业发展工业的倾向;忽略了技术进步的作用,没有深入研究农业劳动力剩余的真正原因。与刘易斯同年获得诺贝尔经济学奖的西奥多·舒尔茨认为,农业发展在经济发展中有着重要的地位,没有好的农业基础,经济发展很难成功。而且,由于技术进步,农业的产出增加,劳动生产率提高,由此产生了农业劳动力向工业的转移,以获取更高的收入。同时,工业的发展为农业提供了机械、化肥、水利和耕作等方面的支持,进一步促进了农业技术和农业自身的发展。当然,舒尔茨的研究背景是一般发达国家的情形。以中国为例,农业劳动力的剩余在较大程度上是被城乡分割的制度抑制,导致农村劳动力不能正常流动,进而产生大量隐形失业意义上的剩余劳动力。所以,中国改革开放以来,农村劳动力向工业和城市转移,是在技术进步和制度变革的双重作用下形成的,至少到目前为止,后者的作用大于前者。

20世纪60年代以来,发展经济学逐渐式微,主要原因是结构主义发展经济学的"药方"不对路,发展中国家的发展不尽如人意。结构主义发展经济学认为,后发国家的现代化道路要通过发展大规模的资本密集型产业来完成,因此,在资本稀缺的情况下,政府主导就成为唯一的可能。尽管这种经济政策确实在一段时间里拉动了经济增长,但是,其结果是并不能建立有竞争力的工业体系,且与发达国家的差距越来越大。由于效果不理想,所以发展经济学回归主流经济学,出现了所谓"新自由主义发展经济学",进而提出,应该让政府从市场退出,建立像发达国家一样的市场经济体系。

主要基于中国改革开放以来的经验事实,林毅夫提出了新结构主义经济学。他认为,新结构主义经济学是在新古典经济学理性人的框架下,研究经济结构和结构变革的理论学说。相对于前两轮的发展理论,新结构主义经济学更为深刻地揭示发展的本质,使人们更清晰地认识到,产业结构和促进经济发展的软件是内生的。如果能够按照比较优势发展经济,将极大地调动资本积累的积极性,从而促进发展中国家的可持续健康发展。也就是说,发展战略的选择是否与资源禀赋的比较优势一致,是决定经济体制模式,进而决定经济发展绩效的根本原因,也是一国最终能够具有竞争优势的前提。笔者以为,这些研究把握到了发展中国家的"命门"。人们可以质疑新结构主义经济学的观点和政策主张,但是,从学科发展的意义上说,首先以中国这个世界上最大的发展中国家有关发展的经验事实为背景,构建新版的发展经济学,继而将基于中国经验事实的、可资共享的研究成果贡献给主流经济学,应该是一件有价值的工作。

包括中国在内的若干国家,既是发展中国家,又是体制转型国家,即从计划经济体制转型为市场经济体制的国家。这种转型自发生以来,有两种典型的方式。一是我们经历的中国的渐进式转型;二是根据"华盛顿共识"所主张的私有化、市场化和自由化,一步到位的"休克疗法"式转型。这两种转型方式产生了不同的效果和不同的矛盾。历史地看,这里面有许多问题值得研究。转型国家还会遇到其他各种问题,如樊纲所说的,中国一个重要的后发劣势在于,人们往往会用发达国家比较完善的市场经济制度来直接对比我们当前的制度缺陷,并不认真思考发展阶段的差异和历史背景的差异。许多我们现在面临的问题,发达国家在历史上与我们类似的发展阶段中同样存在过,但是当下的人们不会进行这种历史的比较,而是每每做着当下"横断面"的直接比较,由此提出各种超越历史的诉求,各种"大跃进"或"体制赶超"的主张就会层出不穷。作为经济学者,我们的一个重要责任,就在于提醒人们要有足够的"历史耐心",直面一个落后国家可能面对的发展与改革的特殊问题和特殊困难,积极推动改革,同时坚持以一种平和的心态走过我们必须走过的历史阶段。这段表述既阐明了转型(改革)与发展的关系,也说明直面转型国家经验事实的转型经济学,同样将对主流经济学产生必要的补充和完善。

因此,以先发国家(即今天的大部分发达国家)的经验事实为背景的主流经济学,应当与以后发国家及转型国家(它们也基本是发展中国家)的经验事实为背景的发展经济学和转型经济学,不断进行"新综合",以期整体提高经济学理论的解释力。

关于经济学的研究主线,会有不同的观点。可能比较一致的看法是需求与供给。"微""宏"不分时期的经济学,以后叫微观经济学,起点是需求与供给,并对需求与供给的关系作出了结论:市场出清,即没有过多的需求,也没有过多的供给;或者说,萨伊定律,供给会创造自己的需求;再者,一般均衡,每种商品和要素的需求与供给将各在某一价格下同时趋于相等,社会经济达到全面均衡状态。然而,无论具体原因是什么,1929—1933年"大萧条"的现实表明,市场没有出清,商品市场和要素市场都没有出清,严重的失业是无法否认的局部非均衡,由此,一般均衡不能成立。沿着这一打开的缺口,凯恩斯说,自由的社会不能承受严重的、持续的失业。长期来看,我们也许能够达到充分就业,但从长期来看,我们已经离开这个世界了。而在近期,如果我们任由失业增长下去,就有可能出现革命。所以,国家干预经济成为必要,且短期的经验事实并不支持新古典经济学的货币中性假设:货币供给的增长将导致价格水平的相同比例增长,对于实际产出水平没有产生影响。因此,国家干预不仅必要,而且有效,因为需求会创造自己的供给,这就是凯恩斯革命的"真谛",宏观经济学应运而生。

如果单就宏观经济学而言,说其主线是市场与政府也是有一定道理的。在微观经济活动中,政府是存在于市场之中的。例如,当政府向企业和老百姓收税时,他们是平等的主体。税收的强制性是国家授权于政府的,也就是老百姓授权于政府的,而并不意味着政府凌驾于企业和老百姓之上。在宏观经济活动中,政府干预经济的宏观经济政策是公共政策的一种,无论这种干预是否必要,其效果又是如何,政策的价值目标是且只能是提供稳定的可预期的市场环境。纵观长期以来市场与政府的论战,包括最为著名的凯恩斯与哈耶克的论战,都不是以一种经济思想战胜另一种经济思想,论战的一方被另一方说服告终的,论战的结果都是由实际的经济运行宣布的。一种理论观点的正确与否,最终取决于当时的经济运行情况。这就表明,一种理论观点不能被另一种观点证伪,观点只能被经验证伪。

其实,凯恩斯和哈耶克的理论前提是不同的,他们并没有在同一个视野下看问题。哈耶克论证的是资本主义制度优于社会主义制度,价格体系是最好的信号传递机制,他推崇的是自由市场经济。凯恩斯从来就没有否定过资本主义制度和市场经济,只是认为市场并不是完善的,当危机到来时,或者说当经济处于非常态时,政府不应该无所作为。凯恩斯在《就业、利息和货币通论》中曾经反复强调,他的经济理论是分析短期现象的,是讨论如何克服短期内有效需求不足问题。他认为,只要供给没有达到短期的生产可能性边界,他的对策便是有效的(现在的政府干预恰恰不是在这一条件下做出的)。这两位20世纪最伟大的经济学家似乎从来就没有在一个视野中思考问题。可以说,哈耶克研究的是市场经济的常态,而凯恩斯面对的是市场不能出清时的非常态。如果非要说二人之间存在争论的话,那就是在20世纪70年代"滞涨"出现之后,新自由主义卷土重来,哈耶克表达了自己对于凯恩斯主义的批评:政府干预扭曲了市场机制,凯恩斯主义制造的麻烦比解决的问题多。不过,那时凯恩斯早已作古,一切只有后人去评说了。

在宏观经济学中,由于货币变量的引入,需求与供给可以加总,就有了总需求与总供给这一对范畴,但它们本质上还是属于需求与供给。因此,真正的论战在20世纪上半叶就已经在凯恩斯与熊彼特之间悄无声息地展开了。如果市场与政府是论战的明线的话,这条主线即需求还是供给就是一股暗流。这股暗流一直推着经济学向前发展。需求与供给谁是本源的争论从来就没有像市场与政府的论战那么激烈,但是,如同哲学中唯物主义和唯心主义关于物质本源的争论一样,凯恩斯和熊彼特争论的是经济学的本源:是供给决定需求,还是需求决定供给。熊彼特以其创新理论回答了这个问题。他论及的创新不是科学技术的创新,而是指生产要素和生产条件的重新组合,革命性、破坏性的重新组合,亦即生产函数的重大改变。创新源于企业家才能、企业家精神,所以,熊彼特的创新是企业家创新。熊彼特认为,这是资本主义(市场经济)精神的根本,决定着经济增长和经济周期,决定着生产力(劳动生产率和全要素生产率)的提高,决定着经济发展的长远。

在经济学的框架中,对(总)需求与(总)供给的综合,也是对短期波动和长期增长(发展)的综合,不仅其理论意义重大,而且对于科学制定经济政策,既防止短期(需求)政策长期化,又更加重视供给政策,有着重要的作用,有助于政府在战略层面把握经济发展的走向。

经济学的研究内容林林总总,欲对其进行分类,标志是多重的。尽管如此,我以为,顶层的内容分类,或者说主题性的内容分类,可能是唯一的,那就是财富创造(生产)和财富分配。自亚当·斯密以来,经济学集中关注财富创造,内部分工、社会分工(专业化)、规模经济、经济增长等,都是有关财富创造的研究内容,有关财富分配(包括收入分配)的研究则在很长时间成为陪衬。这在一定程度上可以理解为是经济发展阶段的影响。但是,长期以来,似乎有个倾向,经济学的主要任务是研究资源配置的效率,尽管分配也是一种资源配置,但它往往处于从属地位。这是中国经济学家的集体失职,是一个亟待改变的现实。

其实,早在 20 世纪 60 年代,英国经济学家琼·罗宾逊就发现并提出了这个问题。那时,以罗宾逊夫人为代表的新剑桥学派开始质疑以萨缪尔森为代表的新古典综合派的分配理论。萨缪尔森以边际生产率为依据的分配理论认为,随着资本量的增长,资本的边际生产率不断减低,于是利润率将逐渐下降,工人的实际工资将逐渐提高。其实,资本的边际生产率不断减低,是以假设技术不变为条件的,只要存在技术进步,资本的边际生产率就不仅不会不断下降,而且将根据技术进步的速率,在动态中不断提高。罗宾逊在《现代经济学导论》中指出,"资本"是不能测度的量值,因而资本边际生产率概念是没有意义的,用边际生产率来说明工资率和利润率的理论也是站不住脚的。她采用彼罗·斯拉法的论证方法推论,消费和投资决定利润,而不是相反的情形,如果消费倾向不变,那么"整个经济的利润水平——产量与就业水平——决定于投资水平"。较高的投资率必然带来较高的经济增长率。在经济增长过程中,工资和利润在国民收入中所占的相对份额将朝着不利于工人的方向发生变动。她主张政府采取措施,以实现收入的"均等化"即社会公正。为此,她得到了"凯恩斯左派"的称号。

无独有偶。在经历了 2008 年的金融危机以后,法国经济学家托马斯·皮凯蒂在《21 世纪资本论》中,根据全球二十多个发达国家约三百年的数据,描述了这些国家资本年收益率(r)和经济年增长率(g)的变化趋势,进而发现,除了 1914—1970 年期间,全球主要国家的资本年收益率一直稳定地保持在 4%—5%,而经济年增长率却不到 2%。在 1987—2013 年间,在扣除通胀因素之后,全球的财富水平以年均 2.1% 的速度递增,而收入水平的年增长率却只有 1.4%。也就是说,如果持续地 $r/g>1$,那么,资本收益率就大于经济增长率,这样,资本所有者的收入增长速度就高于普罗大众劳动收入的增长速度,从而社会总体的贫富差距就会不断扩大。皮凯蒂以极其简洁的公式,极有说服力的数据,进一步验证了罗宾逊在四十多年前就提出的问题,有力地证明了市场内生着基于公平的缺陷。皮凯蒂这部学术著作甫出,即引起世界范围的讨论与争议。由此说明,社会公正问题比以往任何时候都更加受到关注。原因其实很简单,正在累积的社会不公正问题,将导致经济增长失去起码的环境。

在财富创造和财富分配的背后,是效率与公平这一经济学的永恒主题。这里有着另一个需要进行的"新综合",那就是,关于市场缺陷的"新综合"。以往对市场缺陷的定义,是指市场失去效率,如出现外部性时。然而,在市场经济演化的过程中,我们发现,除了基于效率缺失的市场缺陷,还有基于公平缺失的市场缺陷,以及市场设计缺陷,主要是针对社会不公平的设计缺陷。

市场经济条件下的贫富差距,需要分别从两种原因来加以认识。其一,内在于市场经济的引起贫富差距扩大的原因,这是共性;其二,不同的外部因素导致的贫富差距扩大,这方面的原因则因不同国家、不同发展条件而各异。市场经济本身会扩大贫富差距,是不争的事实。这里,当然有合理的因素,也就是说,一定程度的贫富差距是市场体系内在的激励机制、竞争机制的客观结果。但是,人的趋利性及人的能力和机遇的不均匀分布,资本的逐利性及资本和财富的不均匀分布,必然会扩大贫富差距。这是市场失去公平的缺陷。人类社会的诸多制度设计,都是为了克服这些缺陷。然而,不可否认的是,存在着市场设计缺陷强化社会不公正的问题。斯蒂格利茨在他的新作《不平等的代价》中指出:"尽管市场力量帮着塑造了不平等的程度,但政府政策塑造了那些市场力量。今天存在的不平等很多都是政府政策的结果,既有因为政府所做的事情,也有因为政府没做的事情。政府有权把钱从社会的上层转移到中底层,反之亦然。"可见,他认为,市场设计缺陷强化了市场本身的基于公平的缺陷。所以,在解决社会不公正的问题上,政府如何做确实至关重要。特别需要强调的是,政府在缩小贫富差距方面的作为,不仅要针对外部因素,即城乡差别、行业垄断、贪污腐败造成的贫富差距,而且要治理市场经济内在的扩大贫富差距的因素,例如,对资本所得征税,对财产征税,尤其是对高额遗产征税,哪怕这些措施将在一定程度上影响效率,影响经济增长,也要在所不辞。

经济学加强对分配问题的研究,加强对扩展的市场缺陷的研究,是又一个重要的"新综合"。

田国强:你讲到皮凯蒂的东西,我对他的一些思想还是有不同看法的。他指出,资本的回报率要比 GDP 增长率高几个百分点,不是一时,而是过去三百年中都是如此。所以,他给出的药方是在世界范围内征收高额财富税。问题是,如果说把收入差别拉平,那还有多少人有积极性去创造财富、去追求创新,所以他没有考虑动态的问题,而这恰恰是熊彼特所强调的。

陈 宪:按照皮凯蒂的逻辑分析下去非常悲观。我认为,不断扩大的贫富差距就是社会的原子弹,最后爆炸了,就是人类社会的悲剧。按照他讲对资本所得收税,资本收税的制度怎么设计? 在法国收税很高,就跑到别的国家去了。

赵修义:现在最大的问题是资本到处可以流动,而劳动力的流动在国家和地区之间是非常困难的。

田国强:我没有他那么悲观。现在互联网金融已经说明了很大问题。互联网金融创新的出现,会促进现实市场经济越来越趋向于亚当·斯密、哈耶克、阿罗-德布鲁(Arrow-Debreu)及科斯等人所描述的市场经济的理想状态。

互联网金融也是对传统金融尤其是银行业的补充。银行业最早的出现是由于贸易的需要而产生支付。随后,由于社会化大生产的出现而产生了对融资的需要,于是投行就出现了。由于信息不对称所导致的风险,这样的融资主要是针对大型企业,而没有解决消费者和中小微企业的融资问题。20世纪六七十年代信用卡的出现解决了消费者的融资问题,但还有最大的一个融资问题没有解决,就是中小微企业融资难的问题。

信息不对称是导致市场失灵,导致风险性巨大(如欺诈、投资失败的风险),从而导致传统融资高风险下的高回报的根源。互联网作为目前效率最高、成本最低、发展最快的一种信息交流和处理方式,它使得互联网金融机构比传统金融机构搜集信息和进行匹配的成本要低,使得市场交易信息沟通更加充分、交易更加公开透明,从而降低了由于信息不对称带来的额外成本,这样融资的风险及交易成本将会大大地降低,从而也会降低金融资本的回报率。

我相信,随着科学技术的发展,信息对称的情况会越来越接近新古典经济学所描述的状态。在那种情况下,皮凯蒂讲的资本回报率高于经济增长率的情况不见得成立。我之所以没有他们那么悲观的原因就是,由于互联网技术的发展以及智能手机的出现,加上大数据、云计算等技术革命,使得个人的消费行为、中小微企业的市场行为和信用记录越来也为外人所知,信息越来越对称。

陈　宪:你说的第二点是因为信息不对称,技术可以起作用,但是信息不对称是制度问题,不是技术问题。

田国强:制度跟技术和生产力水平相关,很多制度是过渡性安排,由一定的经济、文化、科技等条件所决定。

陈　宪:因为资本具有很强的流动性,收税不可操作,把这个问题推向完全不可能。其实不是这样,如果对资本收税,在有限的范围里面哪怕牺牲经济增长也是应该做的,因为现在过于讲财富创造,讲效率。

田国强:我的判断是不需要对资本大量收税,互联网金融的出现是否能解决资本回报太高的问题,10年、20年以后再看。

五、 研究不能只跟着热点转

叶德磊:今天会议的主题是新时期的经济学问题与前景,议程上要讨论的几个问题也带有内在的逻辑关联性。我感觉现在的经济学一个是纯学术研究,还有一个是政策性研究。国外有些经济学家专门做学术性研究,有些原来做学术性研究,之后转为做政策性研究的。我们现在的经济学有什么问题? 一个问题是在很大程度上跟课题的指挥棒转。大家都要申报课题,而申报课题的时候想中标课题,这时就会想,今年评审的热点是什么? 就报这个热点。比如前两年大家都报城镇化,结果立项也确实有很多是城镇化方面的。实际上学术研究跟学者的心灵上的学术自主有关,跟学者以往的研究积累和研究基础有关。所谓的热点是经常变化的,如果学者跟着热点转,就不会有长期来说的研究的一致性,不容易出真正的学术成果。当然,在这方面,自然科学课题比社科课题要好一些,但是也存在这方面的问题。

从另一方面讲,我们的经济学过去是规范性的研究很多,实证性研究较少。改革开放以后随着很多海外经济学者的归国和我国经济研究国际化进程的起步,这方面有了很大的改善。但现在似乎又走向了另一个极端,就是目前过于强调数理方面的研究,模型化研究较多。数理方面的研究当然需要,但是这方面我们的研究一方面做得还不够,跟世界经济学研究在实证方面、模型化方面的研究还有距离,但是另外一方面对这方面是否过于推崇了? 现在很多杂志发表的基本都是实证化研究,有的论文实际上一看题目就知道会是什么实证结果。现在的研究不能说跟现实没有关系,比如研究股票市场肯定是与现实非常有关,但是如果很多人从事这方面的研究,得出几条有关股票市场的不痛不痒的结论,这对中国经济改革的推动有很大的作用吗? 很难说。比如说关于国有企业改革,很奇怪,有的人在微信里谈,微博里谈,但是正儿八经很严肃的学术刊物上的论文很少,甚至可以说是没有。其原因之一可能是有些东西很难进行模型化、实证化处理,这种文章拿到好一点的学术杂志,不会给你登。改革开放初期的论文,可能重点在纯经济学学术方面,从世界范围的角度来说,纯学术上的建树也许并不大,但是对于推动当时中国的经济改革开放立下了汗马功劳。这一类的论文现在很少了,当然这可能是经济理论研究的风格转换方面的问题,也可能有别的方面的原因。

议程上还有一个题目是讲正确处理现代经济学和马克思主义经济学的辩证关

系。马克思主义政治经济学中规范性的分析比较多,定性的分析较多。现代经济学强调研究的数量化、模型化,但是对规范性分析不应排斥。现在好像你写的文章如果没有一点实证数据,文章就不上档次。所以在这方面,马克思主义经济学的分析方法非常值得我们借鉴。这两个方面不是相互排斥的。

第三个问题是中国经济增长总动力机制的重构。关于中国经济增长现在讨论了很多,但是我觉得约束政府行为和减税,应该是经济增长的很重要的动力机制。目前的税较高,要通过减税来刺激经济增长,通过优化收入分配结构来促进经济增长。新剑桥学派的经济增长理论实际上也就是收入分配理论,可见,收入分配问题与经济增长的关系是多么密切。

最后一个问题简单谈谈经济学教育和教学改革的问题。现在教育部讲了,很多高校包括一些985高校可以转为应用型的。我们过去把所有的大学都办的像研究性大学,这是有问题的。就经济学教育而言,有的高校的经济学教学应该着重培养学生的学术理论素养,主要目标应该是培养学生今后从事学术研究的。而有的高校要实行差异化竞争,因为它们的生源质量和师资质量决定了不可能在学术研究方面以及学术人才培养方面有优势,这些高校就不应该定位于去培养学术研究人才了。我曾在一些二本高校看到,他们的经济学专业开设的课程有微观经济学、宏观经济学、劳动经济学、城市经济学、区域经济学、产业经济学,等等,学生学的都是这些理论性的课程,今后就业也有问题。另一方面,经济学到了一定层面也差不多,只要学好了微观经济学、宏观经济学的基本原理和分析方法,学生大体可以自学城市经济学、产业经济学等不少课程。如果北大、交大、财大、复旦等高校的经济学专业的课程设置相同,甚至二本高校的经济学课程也与它们差不多,那就是教育定位上的失败。

六、 要把学术研究与为社会服务问题处理好

沈 瑶:我们学校2011年开始招收博士生,刚刚有点规模,起步发展没有多久。我从这些年我们学院的年轻老师,还有我们的研究生,包括现在的博士生,成长过程中遇到的一些问题来谈谈思考。

首先一个是,我们老师面临一种困惑,比如我们现在有不少年轻老师,他来到我们学院以后,沿着他原来博士论文的研究方向继续往前走,进一步挖掘这当然是好的,也发表了不错的期刊文章,但这之后,他不知道接下去做什么了,后继发展好像没

了方向,这实际上是一个研究视野问题。

我们的学生在论文选题的时候,也不知道找什么样的问题作为自己研究的课题。问题在哪里? 经济学值得研究的问题可以说无穷无尽,但是怎么抓住既有理论意义,又有一定实际意义的课题? 一方面既能够体现国家需求,又能体现地方需求,为上海经济服务。这样的问题怎么样挖掘出来? 我们的年轻老师,包括研究生这方面能力比较欠缺。我们也鼓动老师们或者研究生们多参加一些其他高校尤其老大哥院校举办的各种培训班,听讲座,等等。有时候他们选的题目很小,按道理说把小问题搞清楚也是很好,但常常局限于就小而小,问题研究似乎很透了,但是放在经济学体系里面或者面向社会需求的宏观一点的角度上来看,到底有什么价值? 好像并不清楚,尽管他们选的题目似乎很有意思。举个例子,不久前我参加了国际贸易学会年会,有一位副教授宣讲他的论文,研究的是出口国的金融环境对于出口商选择贸易伙伴及其数量的影响,模型很多,也做了不少数据实证分析,但最后大家觉得没有得出什么结论。大家在进行评论的时候都觉得很有意思:一般情况下,进口国金融环境或者进口商拥有的融资条件,等等,会成为出口商考虑的因素,比如选择什么样的伙伴? 选择多少伙伴? 这还比较合乎常理,但倒过来这与出口国出口商的金融环境有什么关系? 大家提了这个问题,他也答不上来。诸如此类反映了年轻老师或者博士生在选题的时候,他们认为很有意思,但是没有能够想明白这个问题在理论研究体系里面,或者面向社会的重大需求上,到底有多大意义。

艾春荣:青年教师在博士教育阶段,没有接受系统经济学训练,有些人可能跟着导师做了一点点研究就毕业,并未掌握经济学的发展动态,加上他们参加学术研讨的机会太少,多参加就知道当前研究重点是什么。还有,做实证研究不一定非要得出你想要的结果,找出一定的关联性也是好的研究。

沈　瑶:现实中间到底有些什么重大的问题可以研究? 这是个研究视野问题。第二个问题是关于研究方法。叶老师、艾老师和陈老师都已讲到,一个问题,找到了数据,也作了分析,但就是觉得缺了什么。这些年评审博士论文,或者教育部课题或者国家社科课题结项报告,等等,经常会遇到这样的情况,相关关系出来了,数据之间因果关系跟这个有关,跟那个有关,但就是缺少经济学的解释或对于经济现实的解释,这样那样的关系到底能够说明什么道理? 或者说明了现实中什么问题? 语焉不详,常常是短板。说好听点是让人不过瘾,说不好听点,其实并不明白自己研究的真正意义所在。

艾春荣:应当再回到经济学里面去。

沈　瑶:应该回去。尤其要能够进一步解释中国现实到底遭遇了什么样的问题,进而提出有一定操作性的政策建议,等等。

第三个是研究积累问题。研究一定要有积累,我指的是对前人已有研究的关注。我们的研究生,他们的论文或者课题报告,文献很新,数据也非常新非常多,但是实际上他所研究的问题在80年代、90年代就曾经是国内理论界讨论过的热点问题。关注近期的研究成果当然是好的,但是没有进一步去追溯这相关问题的此前研究达到过怎样的程度,看不到那一段文献,无论如何是个缺憾。

艾春荣:显然,这不是规范化研究。规范化研究要求把所有的文献看完后,才能提出新的研究。

沈　瑶:在国际经济贸易领域里面有一些比较热门的话题,比如国内市场开放的广度和深度对外贸增长有什么影响? 国内市场的统一完善优先还是向国际市场开放优先? 这个问题在80年代后期和90年代前期争鸣热点问题。再有,出口产品的品种边界效应问题等,在80年代后期和90年代前半期都曾有不少讨论。但是在现在的许多研究中却没有这一段事情,这是一个比较显著的问题。

再有,是关于研究中的一些概念问题。比如问我们研究生在你们看来到底什么叫数据或者什么叫模型? 他们一说数据就是哪个数据库,比如和金融有关的彭博、万得、企业数据库,以及海关统计等数据库,把它们找来,设计一下模型或者改造一下现有模型把结果做出来。当然已经统计出来的数据肯定是数据,用得好也能够得到有意义的结论。但是就数据而言,冯老师举的贵州例子,通过实际或者田野调查,也可以获得很多有用的第一手数据,有时甚至可以包括来自社会学家或者政论家的非经济问题的文章,这些数据对于经济学研究来说也可能非常有用。我们上海大学社会学科做得很好,他们做了将近十年,他们每年派出研究生,甚至高年级本科生到指定区域或者让他们回家乡进行调查,让他们放假回来提交,好的有奖励。上海财大也做了这样的事情。我们现在跟社会学进行合作,经济学院学生和社会学院学生一起进行田野调查。

再说比如模型,现在说到模型就是数理模型。我很赞成斯蒂格利茨的一句话,模型可以是数学公式,也可以是图表,甚至语言本身也可以构成模型,并不是只有数理公式才算模型。我以这样的理解同我们的年轻老师和研究生进行沟通。

经济学本身是一门显学,现在大家一说经济学就想到是数学。经济学既然是显学,我们说它应该顶天立地,纯学术是顶天,但在为社会服务也好,为政府决策也好,还是要有能够说得清楚的语言,把模型要表达的思想说清楚,否则给别人看一堆数学公式,谁看这些东西? 没有人看! 所以一定还是要把学术研究跟怎么为社会服务的问题处理好,这是经济学能够致用的不可或缺的方面。

吴玉鸣:我是商学院经济学的老师,主要是从事区域学和质量经济学的教学和研究。显然,我们教学和研究的目的是培养人才,而培养人才的目的最终是要社会服务。今天,结合我的教学和研究,尤其是本科层次的教学,我谈谈目前在人才培养、经济学的教学以及社会服务这三方面所存在的一些问题。

第一个是人才培养问题。昨天我们经济学系党支部搞了一个大学人文精神传承与发扬的主题活动。他们也邀请我做演讲,我演讲谈不上,但是我谈了一下我的经历。学生现在对我们大学教育,包括师德的问题有很多看法。当时,有一个学生把社会上传言老师存在的一些问题,如科研经费问题、师德问题等都一一提了出来。这些提问对我造成了非常大的震撼。

我认为目前我们经济学教育在人文精神方面有很多问题。就我们学院来说,在课程设置方面就有一些问题。我们开设的课程比较多,学科也很多,在教学进度方面我们院又分为前 10 周、后 10 周进行考核,这样使学生特别忙。虽然现在出版了很多人文精神方面的书籍,但是去读的学生非常少。甚至连本学科经济学教科书,如国际经济、金融等教科书学生都没有时间认真细读和学习。本科学生们别说是读人文、历史方面的书,仅仅那些的教材都读不过来。其结果,作为本科生培养来说,除了科学和学术专业素养之外,人文精神的培养也严重缺乏。

在国外,大学生除了专业教育以外,人文精神的培养非常受重视。因此,我们不管是老师还是同学,在我们教学研究里面,在我们学习过程中要多一些人文精神的培养。

第二个方面就是教师在经济学教学研究里面存在的一些问题。我们学院有些教师包括我自己大都比较忙,忙于完成各类课题项目和应对种种考核,以至于做学术研究的时间比较有限,造成对社会服务知性研究比较缺乏,对经济观察和理解比较肤浅。这就可能导致一些老师,包括我自己看待学生做的研究比较偏重工具性的东西,而缺乏对经济理论比较好的理解。我感觉到我们院校在经济学教学研究方面只是以理论为主,面对这些问题,我也在不断反思。为此,我自己给学生们安排了实习的时间,这样增加学生们的学习时间和机会。首先要求学生把理论和方法掌握,指导学生用现有的数据，包括大学生创新项目再获取调查数据做相关的研究。其实，我们有些学生很聪明也很主动。例如，有一个学生去年学了统计学后，就以他们的学生宿舍作为对象设计出寝室卫生度模型。一般的直觉判断肯定是女生比男生较干净，女生的卫生度得分应该比较高。但他通过调查的数据进行统计分析后发现，其统计结果却和一般的直觉判断朝向不一致。

因此，我们应要让学生们更多接近社会和参与实践。在"十三五"规划期间我们有很多规划方面的课题，如果让年轻老师、研究生，甚至本科生参与，我们的经济学教学就将会有更强的实践性。

第三方面就是从社会服务这一块。目前，我们商学院主要在空间计量经济学做了一些工作。目前，国家资源环境问题比较严重，生态风险非常大。尤其是大的城市像上海、北京面临着发生城市内部的洪涝灾害等问题。此外我国目前一些地方的鬼城、空城问题非常严重。面对这些现实问题，我们的经济学，尤其区域经济学在理论指导方面是不是有改进的地方？

面对我们的城市健康，城市风险等自然、生态环境问题，除了需要社会科学的经济学，社会学、管理学等学科理论指导，是不是也应该把生态学自然科学理论吸收进来？是不是需要通过社会科学之间和自然科学之间交叉，在理论方面进行一定的创新？当然，在理论方面做创新会非常困难，但是我们做实证研究、应用研究、对策研究的时候是不是可以借鉴一些空间的理论或者生态理论以及资源环境理论？在大数据时代，在互联网时代，是不是可以通过大数据找到实证空间联系？我们也在思考我们学院的空间经济、生态经济是不是能够形成发展空间生态经济学理论？这个理论在区域经济学微观、宏观的研究的基础上，吸收生态学、空间经济学的理论与方法，如3S技术、遥感、GPS技术提出空间生态学理论。从而在空间位置数据信息越来越多的大数据时代，结合中国丰富多彩的理论实践，以使我国的经济学理论创新希望有所突破。

七、 经济学研究科学性是根本

赵修义：我是外行人，感谢许明主编给我学习的机会。听了以后很有收获。我是学哲学的，不过我在大学一年级学得最认真的就是政治经济学，当时赵靖先生给我们上课，非常有兴趣。90年代以后我做思想史和伦理学，研究了市场经济的伦理问题，不得不关注经济学,也读了一些书。但是也有很多问题比较纠结,大家谈的把这些问题点到了,有很多启发。

现在我就这些问题同各位交流。主要有三方面。

第一,经济学的科学体系和意识形态到底什么关系? 我们年轻的时候读政治经济学,那时非常强调政治经济学的阶级性、意识形态性。80 年代的时候思想解放,很多争论也涉及这个问题。我的印象中,整个社会对经济学远远比哲学宽容,哲学有很多问题,如异化和人道主义的问题,现代西方哲学的许多流派都是受到严厉的意识形态批判。对经济学则比较宽容。对经济学不宽容,或者说强调其意识形态性是什么时候开始的呢? 大约十几年前在北京开会,有一位领导在讲话中批了几种思潮。现在这个阶段我很难判断,看的也不多。比如皮凯蒂的书有些评论就是从意识形态的角度着眼的。我自己的看法是这里有几个不同层次的问题。

首先是对经济学说本身如何看? 记得罗宾逊夫人在《经济哲学》中说过,从学说史的角度来看,经济学作为一门研究经济制度的学说,一方面作为科学研究的方法,具有实证的内容;另一方面又总是“每一个时期占主导地位的意识形态的载体”。可以说是科学与意识形态的结合。也就是说经济学家是从事科学的,但是往往也有自己的意识形态的立场,会在自己的学说中自觉或不自觉地表现出来。有些是相当自觉的比如哈耶克。但是,如果只是意识形态而没有科学的论证,没有科学的内容,那么也就不能算是经济学的学说了。刚才陈宪讲几个阶段都有这样的问题。

第二个层面,经济学家作为一个公民,或者说作为一个社会成员,对他所言所写的东西怎么看? 情况很复杂。有的经济学家就经济谈经济或者是专注于经济政策、经济走势的预测,但也有的就说到其他的领域去了,甚至是与经济无关的其他问题。当然这也与有些经济学说有关系。最典型的是有一段时间,有一种经济学帝国主义,以为经济学的一些假设可以解释所有的社会问题。这种学说也传到了中国。我看到过一本中国学者编的书题目就叫《经济学帝国主义》,在序言中作者就宣称“我们就是经济学帝国主义者”。具体的做法就是将经济学中的经济人假设推广到各个领域甚至推广到伦理道德的领域。客观上就强化了自己的意识形态意蕴,跑到一个自己不熟悉的领域,不免就会说一些不当的话。

第三个层面就是就在经济学家的圈子外部,人们是怎么看待经济学的? 这又是一个性质不同的问题。比如,经济部门就希望经济学能够为经济决策或其他的社会政策提供咨询,他们关注的就是“拿办法来”,“拿准确的预测来”。至于公众,有不少人期望经济学家给他们指点迷津，如何理财、如何买房，等等。这里关注的就是就是经济学的科学性。当然也有的关注分配公正等问题，这里就会涉及一些意识形态的问题。至于管理意识形态的部门，往往就把注意力集中在意识形态上面，这是社会分工带来的，也有职业带来的视角所难免的局限性。

近来一段时间，从网络上看从报纸上看，从我参加的会议上听到的一些言论来看，意识形态和科学的关系问题，还是有待澄清的。有一次听到一位先生说，"社会科学（自然包括经济学）要宣传化"，而且说这是学术发展的规律。我听了很惊讶。宣传部门现在确实非常强调意识形态，但是，这样看问题是不是会走向极端？问题很尖锐，需要从理论、历史和现实层面把这个问题澄清了。

从基本的理论的层面，其实邓小平80年代初在理论务虚会上的讲话，已经给了我们一个基本的方向。这个讲话非常强调意识形态，第一次提出了坚持四项基本原则，但是他同时又强调要承认我们的社会科学落后了，要发展社会学、政治学等学科（这些学科都是从20世纪50年代中期之后，当作纯粹的西方意识形态被封杀的）。至于学说史的层面，刚才，陈宪先生从历史上把经济学发展的几个阶段梳理出来了，把马克思主义政治经济学同以前的经济学以及与现当代的经济学之间的承续的关系问题提出来了。很有启发，如果说这两个都没有关系，这是不符合历史事实的。问题是在不同的时代，马克思主义的经济学说与其他的经济学说的关系也是不一样的，需要具体分析。所处的历史条件不同，要解决的问题不同，就会有不同的情况。而所谓的"意识形态"也是不一样的。改革开放以来，尤其是明确了市场体制的改革方向之后，我们要的意识形态就是为改革开放保驾护航的意识形态，而不再是为计划经济体制作辩护的意识形态了。十八届三中全会和四中全会明确了市场要起决定性作用，要建设法治国家，我们的意识形态不再是走老路的意识形态。要从这个角度去看经济学与意识形态之间的关系，提高自觉性。为此就需要把意识形态在什么意义上支撑中国的改革开放，支撑着社会前进搞清楚。希望经济学界对此做点回顾和总结，看看经济学在这个进程中是如何处理科学性和意识形态性之间的关系的，如何从意识形态上推进市场改革，又如何以自己的科学内涵来推进改革开放的。

从自己读经济学著作的体会来看，我觉得对于学者来说，对于研究者来说，科学性是根本，否则不能给意识形态提供真正的支撑。我们年轻的时候读《资本论》并不是盲目地崇拜马克思，而是为它的逻辑力量和具有穿透力的观察所折服。那时我才17岁，译本翻译得也非常拗口，开始一个小时读一页，越读越有味道。所以，科学性是根本的东西。

第二个问题是关于本土化和国际化的问题。这个问题从学科外部看和学科里面看是有很大差别的。即使在外部也是有很大的差别的。意识形态部门和经济决策部门是完全不同的两个视角，两个部门还常常会打架。经济部门关心如何进一步开放，就需要国际化，至少要了解全球经济及其通行的规则，了解不同国家的法律。务虚的部门常常担心国际化被利用，现在有的人提出国外的 SCI 都是有问题的。有的人主张不能作为指标。这些部门有的时候可以不管有没有饭吃、经济如何发展、如何开放？这就要提出一个问题，整个社会来说有分工，有独特的视野是正常的，但是不要过分；过分了会怎么样？历史上教训太多了，不能忘记了。

至于从内部如何看，也就是一个学术本身的问题。但是也有一个其他的学科怎么看和经济学内部怎么看的问题。

至于经济学内部如何对待，冯教授结合自己的工作讲得非常好，给我很大的启发。我的理解主要有两点。第一就是不要回避用外国经济学的方法研究中国问题，这也是一个很好的生长点，可以在这个过程里面进一步改善外国的方法，发展就从这个里面来。改革开放以前，费孝通的江村调查，用的就是马林诺夫斯基的方法，国内外评价都很高。改革开放以后，更为大家所推崇。哲学界我的老师一辈很多大学者有一个说法，对西学不仅要照着讲，还要接着讲、对着讲，最后讲出自己东西。这是一个过程。国际化和本土化也可以这样理解。这个过程肯定存在，总不能凭空创造世界水平中国本土的东西。

第二就是从中国现实的研究中间，提炼出人们没有看到的普遍规律。比如人口老龄化、男女比例失调等对经济的影响。这些都要通过实证研究才能回答。有的时候看一些经济学的文章，往往觉得对中国的真正的问题、真正的情况还是比较隔膜。中国的事情太复杂了，有些情况经济学家说的和老百姓感受到的差别很大，还有很多怪现象真的可以好好研究。之前电视里放上海理财博览会，镜头里居然都是老头老太，这也是中国特色，仔细想想这是个很大的问题，我想不明白老头、老太怎么一天到晚理财？可能有一个道理，不少年轻人现在不得不依靠长辈，否则很难，舆论还指责他们"啃老"。这是大的问题。近来读皮凯蒂的书，他提出的承袭制、租金等问题中国有没有？有的话，有什么特点，怎么对待？这要靠我们自己研究。从自己研究里面也许我们可以发现一些普遍性的规律来。如果老是空洞地议论这个倾向，那个倾向，一会说这个倾向不好，又说那个倾向不好，就是拿不出什么真东西。这种人我们碰到了很多,最后还要靠自己做。

第三点回应一下陈宪,他最后说的一句话我很赞赏,经济学还要想办法和其他学科进行更多的交流和合作。我看皮凯蒂的书有一个感觉,尽管他的书里面有很多缺点,但是比看别人的书有味道,包括他对社会的观察,对当时文学的分析。另外我在读书过程中,包括我跟老朋友交往的过程中,觉得有一个问题,改革开放以来,对中国社会中国的老百姓,特别是中国的农民是怎么一回事,理解不够。我的老朋友王家范先生专门研究明清经济社会,他做了很细致的工作,有一段时间把县级政府的档案作了仔细的研究。这些成果不知经济学界是否注意到。我读亚当·斯密的书,印象很深的一点是他对中国的自耕农非常赞赏,中国的农民和欧洲的农民不一样。由此联想到一个问题:"为什么改革开放以来,中国的农民中间能冒出这么多的企业家?"过去都认为农民愚昧、农民落后。有的同仁常常说农民是落后生产力,果真是这样吗?看中国的实际,改革开放初期商品经济的发展是农民用脚走出来的,这是可以观察到的,只是没有统计的数据。我有一个希望,希望我们的经济学界同仁,能够跟研究中国历史、研究经济史的同仁多多交流合作。还有其他学科,现在得诺贝尔经济学奖的有心理学家,学科发展到这个程度,是不是我们也需要进行更多的跨学科的研究?现在的教育比较机械,对学生教师都框得太严,这样交叉的结合点上的生长点就比较少。

田国强:非常感谢许明教授把赵教授请过来参加这个座谈会。我非常同意您说的观点,经历了早期改革开放出来的一批老学者,他们的思想解放程度很高,这让我们中青年学者感到惭愧。

我回应一下两位的问题。尽管早期经济学主要是一个学习和应用的过程,但这个过程的作用不应该被低估。比如,早期学者型官员或者学者,包括50年代出生的一批学者,甚至后面回来的林毅夫(尽管他很多观点我是认为值得商榷的,只是没有时间跟他争论)等,这些人的思想对中国经济改革起到了很大作用,这个不能低估。即使我对林教授很多观点不同意,但是他在早期参与中国经济改革和教学传播还是好的。

刚刚讲到的国际化和本土化关系,上海财经大学内部对这个问题也有讨论。比如,冯帅章做的东西就很能说明问题,他也提到了中国问题研究也开始到国际杂志上去抢占话语权了,中国的问题、国际的视野、科学的方法,这代表了今后的一个发展方向。所以,现在包括交大、北大、清华越来越多的中国经济学者,无论在海外还是回国以后都开始做中国问题研究。不过,我在咱们上海财经大学经济学院全院大会上也经常对新引进的海归讲,你们刚刚回来,不见得马上就做中国问题,首先对国情社会可能不太理解,如果完全把国外的经济理论照搬过来,没有充分理解制度、环境,可能得出的结论或政策建议是不符合现实或中国国情的,是有很大问题的。

也就是,经济学作为经世济国之学是有巨大外部性的,如果国家一旦实行某个错误的经济政策,很可能带来的是巨大的甚至毁灭性的经济、政治或社会后果,所以做中国问题研究要慎重,要充分考虑各种约束条件。另外,许多人认为经济学太理论,作用不大,其实市场机制包括匹配理论都有很强的应用性,国际化和本土化同等重要,都可以成为研究方向,不仅要有原创性理论研究和创新的空间,对中国问题研究、经济建设发展也是可以有所贡献的。整体上,现在年轻一辈的经济学家开始考虑做原创性研究,无论是研究方法上的,还是用现代经济学分析框架来做中国问题研究,现在的影响力开始变大,这是一个趋势。

经济学发展的交叉不仅是经济学自身的需要,也是其他相关学科发展的需要。为什么说经济学是帝国主义?很大程度上就是其分析框架的普适性和包容性,能够与社会学、心理学等其他学科互相渗透。早前主要是跟其他社会学科交叉,现在又开始跟自然科学交叉了。比如,生物学在生命科学里面是非常火的,现在经济学开始和生物学结合起来,如实验经济学对人的行为进行假设,现在又开始研究人的基因和行为的关系,如果说能够把基因和人的行为关系联系起来,那经济学将会成为一门非常接近自然科学的学科。

所以,如同熊彼特曾经说过,"科学的"经济学家和其他一切对经济课题进行思考、谈论与著述的人们的区别在于掌握了技巧或技术,即历史、统计和"经济理论",这三者结合起来才构成"经济分析"。第一,学生要有历史视角和触觉。第二,要掌握数据统计实证分析方法。第三,要有扎实的理论训练。事实上,实证的最高境界就是历史,理论的最高境界就是哲学,经济学和哲学有非常紧的关系。

我认为,我们应该给经济学的学生开逻辑学方面的课。现在从上到下都不讲逻辑,很多话、很多观念没有逻辑,经不住推敲。科学性是根本,中国历史传统文化中有许多有价值的精髓,但最大的毛病就是没有科学,都是些经验式总结的东西。

艾春荣:我插一下为什么改革开放以来,我国经济学科的发展,包括其他学科的发展都面临困境,都还处在模仿阶段,原创性研究很少,做中国问题的也很少,我想原因同我们国家的制造业从开始引进到模仿,到现在才谈升级创新一样,这是一个学习的过程,也许未来我们会看到更多的研究中国问题的原创性研究。

第二原因是我们的评价体系。现在高校比较短视,每年都要对教师考核,在如此短的时间里,我们的教师怎么可能有时间自由地探讨呢?

田国强:评价体系很重要。关于学科排名,国际和国内就非常不一样。现在有些方面已经开始实行国际标准,尽量减少具体的、频繁的考核。

陈　宪:另外我想说一下,经济学意识形态,哪有意识形态? 我个人的理解因为中国有一个底线,即中国经济一定是国有企业主导,这是至关重要的。没有国有企业占主导地位,无法控制经济。

田国强:很多人其实不知道新自由主义是什么就乱开炮,实际上就是攻击改革开放。

叶德磊:对于新自由主义的具体内涵,应该首先弄清楚。

田国强:十八届三中全会决定一方面提出要让市场在资源配置中起决定性作用,另一方面又提出要让国有经济发挥主导作用,这是内在不一致的。我前段时间写了一篇文章,对近代以来的三次失败的国有化实践进行了系统梳理,一些杂志的编辑反对,没有用,后来被《探索与争鸣》发出来了。国有经济方面如果这个问题不解决,贪污腐败问题就不可能得到真正解决。另外,包括政治体制改革我也专文论述了。

所以,我感到第一个底线是共产党领导执政,但是需要通过党内民主来解决选拔精英的问题,让选拔出来人得到社会认可。

田国强:我们经济学家一定要坚持一个底线,沿着邓小平改革开放道路坚定不移地走下去。

《资本论》与《21世纪资本论》

（2015年5月）

参会嘉宾（按姓氏笔画排序）：

许 明（《上海思想界》主编）

余源培（复旦大学哲学学院教授）

邹诗鹏（复旦大学哲学学院教授）

张 雄（上海财经大学人文学院院长）

陈学明（复旦大学哲学学院教授）

鲁品越（上海财经大学人文学院教授）

蔡博文（台湾实践大学副教务长、教授）

魏小萍（中国社会科学院哲学所研究员）

一、 重新受到关注的财富分配议题

蔡博文:各位学界同仁早上好！今天我要向大家分享一下我的阅读心得。我的题目是：La Retour,用的是法文,有返回、回归的意思,谈的是阅读《21世纪资本论》这本书的一个心得,即"经济学研究议题与研究方法的回归"。台湾的翻译版也是翻译成《21世纪资本论》,但是我们搞经济学的人认为不应该翻译成"资本论"。这本书在台湾卖得非常好,各方面的批判也很多,台湾的繁体中文版是直接由法文翻译过来的,书的封面转引了几位知名经济学家的评价。诺贝尔经济学奖得主克鲁曼说:这是今年甚或往后十年最重要的经济学著作。研究"所得分配"的权威经济学家米兰诺维奇说:"该书是经济思想的分水岭之作……将会影响往后的经济分析（或许也包括政策制定）趋势。"我基本上认同这两位著名经济学家的看法。不过,我的理由是从经济哲学的视野切入。"思想分水岭"指的是:经济学研究有关财富分配议题的回归,分析方法指的是由经济帝国主义返回传统的重视历史、制度的经济社会分析。我这里的经济哲学主要是两个部分:一个就是比较狭义的,在西方经济学界指的是 philosophy of Economics,也就是经济学方法论,借用哲学的研究思维,研究对象是经济学或经济

326

理论。另一个是比较广义的,指的是 Economics and philosophy,重视经济伦理与政治哲学、经济学方法论与本体论。

书很长,我主要针对引论、序论和结论来论证我刚刚讲的概念。《21 世纪资本论》引论的第一句话是:"财富分配是当今最能引起广泛讨论和热烈争辩的议题之一。"在回顾了李嘉图、马克思等学者的一些看法之后,作者提出了一个结论:"让财富分配议题回到经济学研究的核心。"这项呼吁的重要性除了有现实的意涵外,也有着学术理论上的必要性。我认为米兰诺维奇的那句经济思想的分水岭,指的应该就是这件事情,要让财富分配议题回归经济学的研究。

没有错,如果我们回顾经济思想理论史,财富分配的议题确实是被冷淡了。以下提出两项回顾论证:经济学消失的财富分配议题。首先,由权威的经济思想史巨著马克·布劳格的《经济理论的回顾》一书的主题索引查验,分配理论主要就是功能性所得分配、边际生产力理论。有一页是讲斯拉法的模型,其中一段话讲他有关分配的不确定性及取决于阶级斗争的观念与后凯恩斯学派的相通之处。全书中"分配正义"只出现一次,是在讲边际生产力时认为它是一种交换正义,而不是分配正义。也恰好只有这地方谈到"正义"。大家关注的 Inequality 甚至完全没出现。其次,如果把主流经济学看作一门常态科学,就如同托马斯·库恩说的,教科书是学科社群传播学科典范的良好工具。检视一些本科的经济学教材可以发现,大抵会有一单元讲分配不平均的测量(曼昆的书在讲解决不平均的对策时简单地谈到几个分配正义的概念),其他与分配相关的议题就是边际生产力学说。事实上,边际生产力理论是一种要素需求理论,何况其长期均衡值要在完全竞争条件下成立,这背后的意思是说,现实世界里市场结果绝不是公正的。

针对财富分配议题被忽略的问题,皮凯蒂提到为何财富分配的议题没进入经济学的核心讨论? 主要原因有两个:一是库兹涅茨的乐观结论:随着经济发展与成长,所得不均的现象会慢慢缩小,导致后来经济学"重发展、轻分配"的成长理论;二是经济理论演变成过度简化的数学模型,这一点他没有进一步诠释。事实上,皮凯蒂作出的论断是从发展理论的角度看的。从经济学方法论以及学科发展的角度看,我本人认为造成这个后果有两个原因:一是经济学缺少分配正义的理论;二是受功利主义影响的福利经济学。

第一个原因可以从以下两点观察得到。首先,研究分配正义这一概念的历史发现,亚当·斯密是很重视的。大抵早期的正义概念都是有关政治权利的分配而不是财富分配,到了斯密之后,正义才开始被用在有关贫穷的议题上面。可惜,后来经济思想史并没有发展出比较深刻的有关分配正义的理论;其次,在经济学的发展过程中,其后出现了一些以财富分配为名的著作,如威廉·汤普逊的《最能促进人类幸福的财富分配原理的研究》,熊彼特将其归类为社会主义者,范伯伦认为他是马克思的先驱。乔治·拉姆齐的《论财富分配》是针对李嘉图模型进一步论证。康芒斯的《财富的分配》也被认为有社会主义倾向,克拉克的《财富的分配》讲的就是边际生产力说,他们都没有进一步论证有关分配正义的议题。关键就在学科发展过程中受到社会主义、实证主义、马克思主义及古典功利主义的影响(这是一个很有趣的话题,这些干扰让经济学没能形成自己的经济正义分配理论并因此将财富分配的议题排除,我在这里就不另外叙述)。至于第二个原因可以直接检视经济思想史,早期福利经济学认为分配公平是促进效率的一项管道,后来福利经济学为了避免个人间效用比较的问题,将分配问题与效率问题分开,自此,经济学重效率、轻分配的研究取向形成。

不过,近来财富分配的议题已经慢慢为主流经济学界所关注,通过考察两种学术论述可以得到上述的结论。一是经济学界终于有分配正义的体系理论,这由阿马蒂亚·森的系列论著并在其集大成的《正义的理念》一书中试图寻找较具操作性的分配正义理论可见一斑。世界银行在2006年发行的发展报告中就以"平均与发展"为主题,阐释公平如何减少贫困、促进成长。事实上,分配不均的问题从来就不是一个纯经济性议题,而是跟政治哲学与伦理学相关。阿马蒂亚·森的出发点正是如此。主流经济学者如曼昆也发展所谓"正义需求理论"来避免功利主义影响的经济学论述;二是从经济成长、发展理论的学科论述看,在有关"不同等——成长——贫困"的关系文献中,即使主流经济学者也开始关注分配的议题。例如,在内生成长理论部分,开始强调初始条件和政治经济机构的作用。在贫困与不平均的理论部分,开始对贫困进行非功利主义的衡量,对机会不平等进行衡量。在成长对不平均的影响议题、不平均对成长的影响议题方面,更是涌现出大量的文献。

所以,将财富分配议题回归经济学慢慢被学界接受了,问题变成如何回归的问题。我提出以下建议:一是与政治哲学结合,重视经济哲学。二是研究政治、经济制度与历史。社会的公共政策选择其实是一种伦理选择,先确定好一个社会的分配正义目标,才能谈公共政策。这部分因为时间的关系,就不作论述。

我的第一个论证的小结论就是,既然曙光已经出现了,那怎么样把分配的议题回归经济学的研究? 我认为第一,应该要跟政治哲学结合,要非常重视经济哲学。我认为经济学要与哲学相结合,去发展自己,充实自己的分配正义理论,因为基本上这是伦理的选择。朱成全刚才跟我聊天说,他的老师丹尼尔·豪斯曼谈经济政策的时候,认为经济政策一开始都是要作出伦理判断的,纯粹经济学做的就是这一块。实证经济学只能分析公共政策,到后来政策效果怎么样?我们只有把经济学与政治哲学结合起来,把政治经济、经济环境结合起来,才能做到将目标和政治效果结合起来。不同的公共政策,经济学与伦理选择政策不同,目标也不一样。就像你用课税的工具,在不同的国家甚至不同的地区产生的效果也会不一样,因为政治经济环境是不一样的。第二,一定要研究政治、经济制度和历史。一定要研究每个地方的政治、经济、制度等特别的历史。像公司治理,早期的企业都是家族企业,但是公司治理不一样。这是一个契约制度、商业制度,对政策的影响面都不一样,这是我的第二个建议。

我的第二个论证,因为时间关系我快速说一下。第一项结论是资本主义的核心矛盾 r(资本收益率)>g(经济增长率),这也是一般评论谈得最多的地方。请注意此结论,当中有三个环节会造成不平均的扩大:"r>g 这项不均等意味着过去所累积的财富,其增生速度高于产出和工资的成长速度。这项不均等展现出一种根本的逻辑矛盾,企业家不可避免具有转变成收租者的倾向,并对一无所有、只能靠劳动过活的人,拥有愈来愈大的宰制力量。资本一旦形成,自我复制的速度就快过产出增加的速度"。因此,财富不平均的议题研究方法一定要重视个案研究方法,不同经济体造成的原因不同,药方自然就不同。第二项结论:"我把经济学当成社会科学的分支学门,与历史学、社会学、人类学和政治学一样。我特别喜欢'政治经济学'这个说法,虽然看起来相当老派,我却认为这表达了经济学与其他社会科学唯一的不同之处,也就是它在政治上、规范上与道德上的目的。"我主张回归传统经济学重视制度与历史,重视研究对象的本体与研究方法的适用性,这才是走入真实世界的经济学研究方法。经济学不能只是实证经济学,社会科学研究者就像是所有公民一样,应该参与公共理性的辩论并作出抉择,对特定制度与政策表明立场。第三项结论:"所有社会科学家、新闻记者、评论家,所有工会和各种政治阵营的活跃分子,尤其是全体公民,都应该认真看待金钱、金钱的衡量方式,以及与金钱相关的事实和历史。有很多钱的人从来不忘捍卫自己的利益。但是拒绝跟数字打交道,很难符合最不富裕之人的利益。"这结论的书写方式是整本书最难了解的。我的解读是它指出过去财富分配研究方法的缺失,主张用 Top 1%所得的序列资料,并关心政治与经济变化才能显示财富分配的真相,才能了解资本主义财富累积这种由意识形态造成的世袭。

我最后的结论是从经济哲学的角度切入，由经济哲学的基本问题"what is Economics fundamentally about?"出发，论证了回归政治经济学的最重要意涵：作为社会科学的经济学。经济学研究个人选择，导出个别需求，目的也是了解市场需求，换言之，经济学研究应该由关注 representative agent 转为关注 population of people。

二、马克思与皮凯蒂：认识不同，解决问题的思路也不同

魏小萍：我们今天讨论的主题是皮凯蒂的《21世纪资本论》与马克思的《资本论》，我就围绕这一问题来谈谈自己的认识。皮凯蒂在书中讨论了资本主义经济发展进程中的贫富分化问题，在国民财富的分配领域，他以大数据为依据，得出了 r>g 的公式，论证了资本利润收入总是大于国民经济总收入，以此说明社会财富总是在少数人手上集中。他的这一公式从某种程度上论证了马克思的基本观点，资本通过利润的途径，通过占有剩余价值集中了社会财富，从而导致两极分化，以及社会经济结构上的问题，例如经济危机等。

皮凯蒂的分析从利润和社会财富关系的角度来论证资本如何通过利润的途径集中起社会财富，但是对于利润和劳动价值之间的关系没有进行论述。在西方世界和在中国不一样，马克思的"劳动价值论"颇受争议，这涉及一些技术论证上的问题，也涉及一些基本理论问题，同时不乏意识形态因素，国内这方面信息不多。我想皮凯蒂作为一个经济学家，对这一方面的理论争议和马克思劳动价值论存在的问题可能是有所了解的，所以在书中避开了利润和劳动价值之间的关联性问题，直接依据大数据来批判资本通过利润积累的方式，颠覆了现代文明社会赖以存在的劳动价值观。

皮凯蒂没有用按劳分配的概念，但是他对劳动报酬问题的讨论，是奠基在任何人的劳动付出应该得到相应回报这一基本原则基础上的，这在他看来是现代文明社会经济的基础，而社会财富在资本一端的集中，以及由此自然形成的财富分配向世袭制的回归，是对文明社会赖以存在的劳动价值观的颠覆。所以他的这本书从左翼学者的角度，对资本主义经济的分配方式进行批判，但是，他没有进一步探索利润和社会财富的生产以及劳动价值之间的关系，回避了马克思劳动价值理论涉及的理念问题。

因此，从一个角度来说，皮凯蒂的公式印证了马克思理论的基本观点，即资本主义社会的财富在资本一端集中。从另一个角度来说，由于他回避了马克思的劳动价值论，也就同时规避了马克思的理论在当今高科技、信息化、后工业等情况下所遇到

的一些新问题。比如说在书的开端部分,他就将他使用的资本概念和现在人们常说的人力资本概念进行区别。人力资本概念的提出是强调掌握知识、科学、技能、管理能力的主体对于创造财富的贡献,并且能够像非人力资本一样参与利润分配。这一概念在某种情况下被用来质疑马克思的剩余价值理论。皮凯蒂认为,人力资本正好与非人力资本的定义相反,无论何时都不能被另一个人所拥有,也不能在市场中进行永久交易。因此他的讨论剔除了人力资本概念。

这种情况在我国也是存在的,即社会财富的分配在一部分人手上集中,一些人提出这是由于能力、智力、科学技术创造更多的价值,而不是劳动时间。皮凯蒂通过对人力资本的回避,也规避了这样一种可能存在的困惑,即财富和创造价值的主体之间是个什么样的关系。但是他通过大数据,通过量化方式告诫人们,资本对社会财富的集中正在逐渐脱离劳动概念,而成为一种可世袭的力量。

所以说皮凯蒂的这本书,与马克思的《资本论》不同,是用大数据的方式,用定量化的方式,让大家更信服地看到资本主义的发展趋势。但同时由于过于量化的数据分析方式,忽略或者规避对马克思剩余价值理论的研究和思考,使得他的分析深度受限,他的书被人们从左、右两个方面进行讨论。

作为一个关注社会问题的经济学家,皮凯蒂的分析是实证的,并且是具体的,他的论证具有说服力;作为发达资本主义国家的左翼学者,皮凯蒂的批判焦点是当代资本主义发展进程当中,与经济发展相伴而行的收入不平等问题。主要的问题是他没有从社会存在本体论的意义上对财富的价值问题作进一步的哲学层面的思考。仅仅说资本利润的增长快于国民收入的增长,并没有触及真正的问题,诸如资本的利润是谁创造的等关键问题。但是他对这个现象的批判所依据的价值观,还是立足于劳动付出和回报之间的关联性。

不断积累的收入不平等,至少会产生两方面的结果:一个是道德层面的,例如对劳动价值观的颠覆,这是皮凯蒂着重批判的方面;另一个是社会经济结构层面的,例如经济危机、金融危机。在皮凯蒂的这本书中,没有专门讨论这一方面的问题。然而,收入不平等以及由此产生的社会经济结构方面的问题,例如经济危机,在马克思那里是作为资本主义经济必然产生的结果来讨论的。今天的金融危机和马克思讨论的经济危机还是有所区别的,一个是生产过剩的危机,一个是信贷过度的危机,皮凯蒂的讨论没有涉及这个方面。与此相应,皮凯蒂解决问题的思路和马克思也是完全不一样的。

马克思从 19 世纪 40 年代中期就开始尝试通过分配领域解决贫富分化和社会分化的设想。在马克思那里，通过分配领域是解决不了资本主义的基本矛盾的。这不是一个工人和资本家关于利润和工资进行交涉的问题，在马克思看来，不可能通过双方的交涉使得资本利润和工资收入成为一种公平的交易，因为这里涉及劳动价值、劳动力的价值等问题。既然问题出在这个地方，对于马克思而言，解决问题的思路就是改变生产关系。认识问题的方法不同，解决问题的思路就不同。皮凯蒂回避了前面的问题，所以解决问题的思路与马克思也是不一样的。他没有提出生产关系的变革，而是依赖于矫正分配的措施，希望通过高税收的方式、累进税的方式解决问题。在全球化的背景下，他甚至提出在全球对国际流动资本增收累进税。皮凯蒂是法国经济学家，我们知道法国新任总统上台以后，对大资本提出增收高额税收政策，有些富人就带着财富跑到国外去了，所以皮凯蒂相应地提出通过对国际流动资本增收高额累进税的方式来解决贫富差距问题。这样一个措施，其实也就是"头痛医头，脚痛医脚"，他只是把罗尔斯的税收调节或者自由主义左翼的贫富矫正措施在世界范围内进一步贯彻下去，杜绝富人把资本抽出来，到另一个国家去谋取超额剩余价值，同时逃避高额累进税。我们知道 20 年前大量资本来到中国谋取超额利润，因为这里的劳动力成本特别低廉，当我们这里的劳动力价格上涨后，这些国际资本开始向印度、菲律宾、越南进行转移，这种情况正在发生。皮凯蒂看到这种现象，提出更激进的防止社会两极分化的措施。然而这种激进的措施，也仅仅是一种权宜之计，能否真正矫正现代文明社会的劳动价值观被资本主义经济运行方式所颠覆的现象？总之，由于认识方式的不同，对于同样的问题，他与马克思提出了不同的解决社会问题的思路。

三、 资本利润率上升是建立在两极分化基础上的

鲁品越：我写了一篇文章发表在《财经研究》2015 年的第 1 期，文章主要内容是把皮凯蒂和马克思进行比较，二者相同的地方有两点：一个是马克思曾经提出了资本逻辑最后导致了资本积累和贫富积累的两极分化，皮凯蒂从另外一个角度说资本的收益率大于经济增长率；第二点是他们的道义感，马克思当然是批判这种两极分化现象的，但不是所有人都批判这种现象，有人认为 r>g 很好，说明资本的收益率高，我们经济生产运行顺利，是好事而不是坏事。但是皮凯蒂是批判的，马克思也是批判的，价值观是一致的。他们的区别在哪？我认为第一个区别，是两个人的世界观不一样。

皮凯蒂和几乎所有的非马克思主义一样,都是按照公平正义的原则确定一个道德标准。将其确定为永恒的真理和正义,然后用此标准来裁判现实。皮凯蒂发现现实 r>g 不符合这个标准,所以要用理想纠正现实,怎么纠正呢? 他提出国际共同税率政策,这是行不通的乌托邦主义。马克思不是这个观点,马克思是用资本批判资本,即资本在扩张过程中会产生种种社会矛盾,特别是两极分化导致购买力下降,由此导致生产过剩,导致资本主义制度不可持续,必然被社会主义制度所取代。

第二个区别是具体的结论 r>g。马克思认为,利润率是随着资本主义有机构成的提高而下降的,而皮凯蒂认为资本的收益率是在不断提高的,至少不是下降的,所以皮凯蒂在书中批判了马克思,他认为马克思的利润率下降规律早已被现实证明是错误的。那么马克思的利润率下降的规律到底错了没有? 这是一个原则性问题,因为利润率下降规律是马克思主义理论体系中具有根本意义的规律,是与活劳动创造价值一样重要的根本规律。

利润率下降规律的意义在于:第一,验证了"只有活劳动才能创造价值"的理论。马克思说活劳动创造价值,怎么用实践检验呢? 利润下降就是检验活劳动创造价值的。利润率为什么要下降? 随着有机构成的提高,活劳动所占的比重越来越少,所以等额资本所创造的剩余价值下降,因而利润率下降,这就验证了劳动价值论。于是表面看来不可直接验证的"只有活劳动才能创造价值"的理论,找到了一个可检验的客观现实。如果利润率不下降,那么说明马克思劳动价值没有实践基础了。第二,利润率下降规律是资本自我否定的一个具体表现。随着利润率的不断下降,整体利润率下降,使资本积累无法持续下去,从而资本主义制度无法持续。否认这条规律也就否定了整个的马克思主义经济理论。

于是我们面临严峻的理论问题:一方面,皮凯蒂根据大量的历史资料认为资本的收益率不下降;另一方面,马克思说利润率是下降的。看起来似乎两个都正确,但真理只有一条啊,怎么可能两个都正确呢? 我觉得这种表面的矛盾,在科学发展史上是经常遇到的。比如说热力学中的熵定律:绝热系统的熵是不断增大的,整个世界是趋向于熵达到最大值的无序的平衡态。但是达尔文进化论认为事物是从低级向高级发展的,从原始的生物,后来到有序程度越来越高的高级生物,这不矛盾吗? 这个矛盾的双方哪个错了呢? 当然都没错。再举一个例子,根据爱因斯坦相对论等理论,宇宙的整能量是等于零的,趋向于零。但是我们看到宇宙发生了巨大的两极分化,太阳的能量积了那么多,地球靠太阳能来维持生存。如果整个宇宙能量为零,我们的能量从哪来呢？宇宙的正能量是从具有负能量的真空来的，真空是负能态，恒星的能量是正的，正的能量加上负的能量，于是宇宙总能量等于零。

因此，马克思利润率下降规律，与皮凯蒂的资本收益率大于经济增长率，二者虽然矛盾，但正是这种矛盾使得资本主义的发展更具有戏剧性：资本利润率上升是建立在两极分化基础上的。于是我就想到负利率的概念，资本的高利润率是在社会平均利润率下降的背景下进行的。利润率下降规律导致资本间激烈的竞争，因为每个资本都希望自己有高利润率。在空前的激烈竞争面前，世界就越加两极分化，金钱越来越集中到少数人手里头了，最后产生了负利率的背景。那么社会经济系统中，有没有负利率状态呢？负利率状态通俗地讲就是欠债。例如，我们环境欠债，就是处于负利率状态，是资本吸收了环境而产生正利率的，所以资本就有高利润率了。社会总的利润率则是下降的。

比如，公共产品。公共设施免费提供全社会使用，为资本的利润率高起提供了一个条件，而这个免费由全社会来负担的。比如说高速公路收了几年费以后，剩下的又无偿为社会公共服务，这一部分是欠债状态。这是大卫·哈维在《希望的空间》里讲的，英国资本利润率之所以那么高，是因为有大量的公共设施免费供他们使用。

还有一种是发达国家对发展中国家的劳动者的欠债。劳动力使用要自我修复，若把劳动力进行自我修复所需要消耗的劳动价值全部作为工资付给劳动者，工资就比较高，利润率会下降。但是由于劳动力的再生产处于长期的一种亏欠状态。第三世界国家血汗工厂的资本剥夺了劳动者的生命长度，这就是严重的亏欠状态。我的文章中有全面的阐述。总而言之，资本高利润率，通过对生态环境、对发展中国家的劳动力者、对公共设施的欠债引起的，使它们处于负利润率状态。从社会的整体利率来说是下降的，马克思说的没有错。皮凯蒂也没说错，因为这个负利率作为背景，资本的利润率提高了。把皮凯蒂利润率上升规律建立在马克思所说的利润率下降规律的背景下发生的现象，就会使我们认识更加深刻。

四、 要害问题是：如何看待两极分化及其如何解决

陈学明：在我们面前有两本"资本论"，一本马克思的《资本论》，一本是皮凯蒂的《21 世纪资本论》；还有鲁品越教授的《鲜活的资本论》。我想对这三本"资本论"进行比较。

我认为这三本"资本论"的共同的特点是,都揭示了两极分化现象。问题在于这种两极分化现象是如何造成的? 根源是在哪里? 如何解决它? 在这个问题上,三本"资本论"的分析是有区别的。马克思的《资本论》观点也非常明确,马克思把两极分化归结为资本主义生产方式,归结为资本主义私有制,归结为资本逻辑。马克思资本唯物主义是贯穿于经济现象的研究,基本方法就是着眼于通过生产关系来观察和解决问题。

皮凯蒂的《21世纪资本论》确实是一本好书,揭示了西方世界存在严重的两极分化,资本的增值远远超过国民收入的增值。皮凯蒂在资本主义的框架里面来谈论这个问题,探索解决这个问题的出路。

第一,他建议改革现在资本主义社会中财产的继承方法。他认为现在资本主义是用一种承袭制资本主义来取代良性资本主义,子女对父辈财产的继承造成了资本主义社会的两极分化。因此,他自然得出的结论是,要改变资本主义社会的两极分化,就要改变这种对财产的继承法。

第二,他把希望寄托于分配,特别是提出建立一种全球累进资本税,通过分配以及高税收来消除两极分化。

第三,非常意味深长的是,在复旦大学作报告的时候,这样一位大思想家对我们作了一堂报告,讲的是教育,他认为中国也好,世界也好,两极分化是教育的不公平造成的,要通过教育的公平,消除全球的两极分化,把希望寄托在教育公平上面。没有财产的公平,生产关系的公平,能出现教育公平吗? 我认为皮凯蒂尽管揭示了当今世界两极分化现象,但是由于他不敢触动资本主义制度和资本主义的生产关系,他提出的方案和解决的出路是不得要领的。

鲁品越教授或许还没有完全消化皮凯蒂这本书的思想,但是鲁教授在自己的书里面提出的基本观点是,尽管《资本论》出版到现在为止有这么长时间了,但是根据现在的历史事实证明,《资本论》伟大的真理得到了鲜活的展现。他用无可辩驳的思想逻辑力量强调,《资本论》着眼于生产关系,着眼于资本逻辑来分析资本主义社会的两极分化,这个基本思路还是对的,没有过时。刚才他的演讲,实际上也讲明了这个观点,但是他对马克思的《资本论》基本思想,不是简单地复制和重复,而是依据于时代,依据于现在新的材料,又作了很多具有创新的阐说,比如说他提出现在资本对三种自然力的吸收,以及当代社会三种贫困化:劳动力的贫困化、自然资源和环境的贫困化、人的生命关系和精神世界的贫困化。这三个贫困化交织在一起,导致现在资本积累和贫困积累的两极分化,从这里边对当代社会当中资本逻辑的展开,进行了新颖的分析。

实际上鲁品越教授从皮凯蒂出发,又引导我们在更高的程度上,在时代的高度回到了马克思。问题就在于,我们当今无论读皮凯蒂还是读马克思,还是今后读鲁品越,不是为了读而读,而要分析研究当今中国的问题,要面对当今中国实际。

我认为,首要的问题是如何看待两极分化问题,到底两极分化是如何造成的,以及我们如何着手解决? 这才是要害问题,解决这个问题要依据当前中国的历史事实。

我看到,前不久有人居然说,中国当前两极分化还不够,他根据这个思路,来讲工厂应该怎么办,农村应该怎么办,包括农村要取消国家对农民的各种各样的补贴。我来自农村,现在国家对农村、农业的补贴是很多的,如果这些补贴取消了,让农民不生产,加强粮食进口,农民以后怎么办? 到城市流浪打工,成为城市的后备军?

工厂怎么办? 他的思路也很明确,要让我们的工人劳动者减少跟企业所有者或参观者谈判时候的强势地位,让工人的地位降下来,所以不主张建立行业工会,也不主张建立地区工会,不让劳动者团结起来变成一个群体,不让工人有力量、面对工厂所有者或管理人,从而降低劳动者的强势地位,也就是说他们的工资还要降低。

我想,以后跟这类人不要说谈马克思,就是皮凯蒂也不能谈了。现在离开了生产关系,离开了资本逻辑看待中国问题,不仅仅是两极分化的问题,更严重的是生产危机问题。

我感到现在的问题是,马克思一些基本观点、基本立场,我们是不是还认可它? 对于站在资本立场上讲话的人,不关心广大劳动者的人,你跟他谈什么两极分化? 谈什么马克思? 因为这里面首先有一个价值观问题、立场问题。

我们要同时面对两个基本事实:第一,改革开放以来,现在的以资本逻辑为重的生产关系确实创造了财富,这是基本事实。第二个基本事实是,这样的生产关系、这样的生产方式带来两极分化,带来生态危机,也是一个基本事实。这两个基本事实同时存在。问题在于面对两个基本事实,中国如何闯出一条新的道路。如何在不断创造财富的同时解决这些问题。现在人类社会其他地方还没有解决这些问题,中国人要有志气,相信我们有这个能力开辟出一条解决道路来。研究经济哲学、马克思主义的学者,应该承担这样的理论责任。我们确实要思考一下,现在这样的生产方式还能够继续下去吗? 还能够继续创造更高的 GDP 吗? 由此带来的各种各样负面效应,包括生态危机,包括两极分化,我们的社会还能够承受吗? 所以我们确实要有一个正确的态度,正确的理论来面对现在的生产方式。

五、 以积极的心态来欢迎政治经济学的变革

余源培:《21世纪资本论》被英国《经济学人》杂志推荐为最具影响力的"文化政治"读本,连比尔·盖茨都发表了书评。中央"马工程"也向专家们邮寄了这本书。可见对它的学术价值与社会影响力在某种程度上是达成"共识"的。

我想起十多年前,诺贝尔经济学奖获得者阿马蒂亚·森的《以自由看待发展》在我国翻译出版。那时的情况可没有现在热闹。他的著作力图改变传统狭隘发展观的旧范式,阐述人的"实质自由"是发展的最终目的和重要手段。瑞典皇家科学院的公告中特别提到"他结合经济学和哲学的工具,在重大经济学问题讨论中重建了伦理层面";特别是由于阿马蒂亚·森本人强调"自由"是"实质的"而非"抽象的",特别关心社会的实质问题解决,他被称作"穷人经济学的代言人"、"经济学的良心"。我初次翻阅这本书就感到它应当引起哲学界的重视。在经济哲学的讲课中我向研究生介绍这本书,引起一位女博士生的兴趣,并以此为题目写成博士论文,答辩时得到上海财经大学张雄教授的好评。但总的来说,那时哲学工作者对阿马蒂亚·森的著作是兴趣不大的。从那后我就经常在不同场合倡导哲学工作者要重视当代经济学家的重要著作。当年的马克思是我们学习的榜样,他是在经济学和哲学的双重批判的结合中走向历史深处的。20世纪经济学更有发展,对于其中的许多重要著作,我国哲学工作者是读之不够的,研究更显得不够到位。我有个想法:经济界的学者正在比较自觉地向哲学靠拢,然而哲学家向经济学汲取营养则显得相对滞后,无法满足经济学转向向哲学提出的要求。开展经济哲学研究,可以从改变这种状况入手,更加主动地建立哲学与经济学的联盟。这可能是经济哲学研究和创新的一条基本路径。

进一步反思:为什么哲学界对当代经济学有影响的著作重视不够? 原因之一可能是对经济学的实证研究方法有所误解。哲学家一般总是陶醉于"形而上"的思考,往往轻视经济学的"形而下"品质。《21世纪资本论》认为,21世纪的第一个十年,资本积累的速度远远超过收入的增长,资本利润率的增长远远超过生产率的增长。如果你已经跨入拥有大量资本性收入和不动产的富裕阶层,未来你的财富积累速度将是工薪阶层的几何级倍数。照此趋势发展下去,全球收入和财富增长的鸿沟将会进一步扩大,社会贫富两极分化的情况将会更加明显。皮凯蒂的这一结论有三个特点

是值得重视的:一是对资本的批判性。认为现代资本主义社会并不如一些人赞扬的具有经济的"自动"再平衡性活力,相反,这种能力是极其缺少的,市场内生着基于公平的缺陷。二是《21世纪资本论》通过对马尔萨斯、李嘉图、马克思等这些想"大问题"的思想家的理论脉络的梳理,力图从经济学的历史长河中去研究和讨论财富及其分配问题,在一定程度上揭示出经济学的历史性。三是材料比较翔实,用大量的历史数据说明道理,而不是靠逻辑的先验性。由于这一点,一些哲学工作者可能认为它"缺少理论"、"枯燥乏味"。同样,阿马蒂亚·森的著作也具有这一特点。联合国的《人类发展报告》就是按照他的理论框架设计的。这种研究不是理论和概念的抽象讨论,而是一种翔实实证的研究。我想,也许这正是哲学家应当学习的。政治经济学批判是哲学批判走向实际社会生活的途径,经济哲学学科的优势就在这里。

对待经济学研究中的实证性,哲学家应当予以理解;对于经济学大家们的著作,哲学家不能抱"原则在先"的先验态度,而要重视其现实的问题导向。这并不是说可以放弃对经济学的哲学批判,经济学家也不能笼统"拒斥形而上学"——哲学思维。在相当长的时期内,西方主流经济学在保持实证研究的同时,却走向"价值中立"的实证主义,不是历史地批判和对待经济范畴,而是沿着理性工具主义和数理主义方面发展,片面追求数学化、计量化、模型化与精确化,造成脱离现实的人和社会越来越远。哲学研究与其他实证科学研究的不同之处恰恰在于,它的社会功能不是如一般实证科学那样体现在操作层面,而是提供一种综合性的根基性批判,"协调当下的秩序与其价值目的之间关系的努力,是区别现象与本质的努力,是考察事物的基础的努力"。哲学的这种批判能够如马尔库塞所说,"防止人类在现存社会组织慢慢地灌输给它的成员的观点和行为中失去方向"。哲学的批判始终是反思性的,能够引导人类不断从现象趋向本质、从显相走向真相、从现存走向应当、从异化趋向合理。

我以为,哲学家要主动拥抱和引导经济学研究正在发生的转向。我说不清楚转向是从什么时候开始,但诸多现象说明这种转向是客观存在的。从历史发展上看,经济学从哲学(伦理学)分离出来后,第一个时期是作为"政治经济学"存在的,主要是运用演绎推理的逻辑方法,对"理性经济人"的假设进行论证。大约从19世纪最后的30年开始,进入"边际革命"时期,经济学家进一步追求完全摆脱哲学的束缚,主张"价值中立",企图使经济学成为与数学和物理学相媲美的精确的"经济学"。现在情况发生了方向性的改变。阿马蒂亚·森和托马斯·皮凯蒂的著作都证明了这一点。这种转变是异常深刻的。它对传统的功利主义的经济发展观进行了质疑,表现为对经济学是"研究财富增长的学问"的质疑和对"经济财富与人的幸福感受正相关"的假设的质疑;表现在对现代经济学孤芳自赏的叛逆,不是越来越"拆零"式研究而是越来越重视综合(伦理学、心理学、社会学、哲学、自然科学的最新成果)的研究;表现在对经济学"无人身""理性经济人"前提的质疑,不是醉心于越来越"数学化"从而成为"黑板经济学",而是走向对现实的人的发展的关心和对"经济增长成果如何使用的关心";表现在不是宣布经济学研究的"终点"在即,而是越来越关心人类面临的一系列重大问题。经济学发生的这种方向性的改变,是本质性的,是内生的,不是哲学家强加给他们的。正是由于这一点,我觉得非常可贵,《以自由看待发展》和《21 世纪资本论》佐证了这一点。我感觉到有一点遗憾,主要从我个人的经验来讲。遗憾在哪里?就是我们对经济学的了解局限性很大。以我为例,了解的不多。对传统的了解一点,对凯恩斯也可以说了解一点,但是对于当代经济学发生的方向性变革,我们是知之不多的。我们支持这种变革,研究做的也是不多的,而且我个人认为(可能是乱说),我们往往是批判有余,而拥抱不够,引导更不够。我希望经济哲学的研究能在这一方面做出开拓性的工作。

《21 世纪资本论》提出了一个直击人心的重要问题:全球范围出现的收入和财富不平等的趋势日益严重,呈现出分配关系的两极分化,出现劳动与资本间收入的巨大差距,以及这种不平等的世袭化时代的到来。这将可能会撕裂全球化的进程。对于经济学界来说,分配不平等问题作为一个探索主题和关注焦点已经形成。还有两本重要的新书《不平等:如何应对》和《不平等的全球化》,它们的作者均是知名的经济学家,一位是英国的安东尼·阿特金森,一位是法国的弗朗索尔·布吉尼翁。他们都指出:不平等现象在 20 世纪中叶曾经大幅减少,此后经历了很长一段稳定期,而过去二三十年这种现象在大多数发达国家开始再度加剧,在一些发展中国家也在加剧,并不局限于人们经常提到的美国。这种贫富差距扩大现象是复杂的和矛盾的,对此需要作出辩证的分析。家庭间的收入不平等在许多国家一直在上升,但全球范围内的家庭之间的不平等却一直在下降,世界上的赤贫人口从 1990 年的 32% 下降到 2010 年的 16%。在这一方面中国作出了巨大的贡献,因为我们有 13 亿的人口,而这个和改革开放取得的经济发展是联系在一起的。中国人现在已经大部分脱贫,挨饿的问题已经解决了,这是中国社会数百年没有解决的一个大问题。我们不能再走过去的反资本、反市场的老路,因为这一条路会导致普遍的贫困化,这是历史的经验教训。但是另一方面,随着国家经济总量和居民收入水平的逐步提高,收入分配的差距也在逐渐增大。20世纪80年代初,我国的基尼系数大体保持在0.3左右,到了2014年基尼系数是0.473;20%的最富家庭和20%的最低收入家庭相比较,他们之间的收入差异按照官方的统计相差19倍。这个问题是我们必须要正视的,不能将共同富裕放置于虚幻的"彼岸世界"。这个问题是全球性的问题,因为资本逻辑在那里起作用。我们要提高驾驭资本的能力,防止两个"任性",即权力任性和资本任性,尤其要防止两个任性的结合。所以对于分配问题,哲学工作者要辩证理性一点,不要情绪化和片面化。类似的问题还有不少,例如现代化问题、可持续发展问题、科学技术变革问题、知识经济问题、经济全球化问题……这些都是带有全球性的问题,不只是一国的"特殊问题",解决它们要有"世界历史眼光"。真理是逐步获得的,达成某种"共识"是可能和必要的;真理是攀登的过程,不要满足于每一个人都给出一个绝对正确的结论,可能我们一时没有得到正确的结论,但是我们为得出正确的结论作出了贡献。

学习习近平总书记关于"构建人类命运共同体"的论述,结合读《21世纪资本论》,我想强调一下研究人类社会发展普遍性的重要意义。普遍性寓于特殊性之中,否认普遍性是不可取的。研究和解决中国的实际问题,就要将普遍性与特殊性相结合,既不能脱离"国情",也不能脱离"世情",要做到将二者辩证地有机结合。各民族的原始封闭状态由于日益完善的生产方式、交往以及因交往而自然形成的不同民族之间的分工消灭得越是彻底,历史也就越是成为"世界的历史"。毛泽东在《中国革命战争的战略问题》中指出:"战争的规律——这是任何指导战争的人不能不研究和不能不解决的问题。革命战争的规律——这是任何指导革命战争的人不能不研究和不能不解决的问题。中国革命战争的规律——这是任何指导中国革命战争的人不能不研究和不能不解决的问题。"这段论述是从战略高度讲大思路。我们不妨作一下类比:现代化规律——这是任何指导现代化事业的人不能不研究和不能不解决的问题;社会主义现代化的规律——这是任何指导社会主义现代化事业的人不能不研究和不能不解决的问题;中国社会主义现代化的规律——这是任何指导中国社会主义现代化事业的人不能不研究和不能不解决的问题。在这一领域,哲学界可以和经济学界进行更多的对话,经济哲学研究可以带来更好的发展。

归结起来我读《21世纪资本论》的感想是:这是一个经济学面临转变的时期,也是哲学大有作为的时期。只要我们加倍地努力,致力于经济学与哲学的联盟,经济哲学的繁荣是可以期待的。

许 明:各位对《资本论》非常重视,马克思《资本论》学过,《21世纪资本论》也读过。对各位专家报告当中涉及的内容,我有几个问题。

第一个问题,当前中国的思潮走向呈现什么状态?跟《资本论》研究有什么关系?北京我们都认识的一批朋友,在中国政法大学专门有一个关于当前思潮走向的座谈会,他们连续开,最新一期座谈会内容都在我这里,下期准备发。他们有一个重要的观点,就是当前的思潮走向存在多元的不确定的纷争的状态。他们的希望就是,建立一个公共平台,让各种不同的观点能够对话。他们很详细地分析各种思潮的问题。无独有偶,关于各种思潮走向的分析,现在有好几种说法,把中国思潮的光谱分析的非常详细,指名道姓的。不管怎么说,多种思潮似乎成为一种思潮,所有这些思潮都指向中国问题,指向当代中国的路线走向、社会走向、问题走向。今天讨论两本《资本论》的比较,内含着跟中国有关的问题,包括分配公正、社会公平的问题,有非常大的意义。

第二个问题,大家关注的不公正问题、两极分化的问题,大量的思想研究者都在关注。我想问的是,中国产生这些问题的根源在哪里?我感到我们有些经济学家,他们的提法过于文本化,过于一般化,好像就在谈论欧洲问题,抽象的世界性问题。当代中国的不平等的根源究竟在哪里?那么考虑这个问题的时候,有一个非常棘手的关键点。我发现陈学明先生也注意到了,即中国当代的发展既需要资本发展,又要限制资本发展,或者说处在既需要市场又规范市场的非常矛盾的状态,那么这个度怎么把握?你站在最高决策层面,要在什么样的界限上来鼓励发展市场?你鼓励发展市场就是鼓励发展资本,那么其与生俱来的不公正、不公平竞争,非公有化发展一定会扩张的,但是在鼓励的同时,我们要实行社会主义市场经济,社会主义的要求如何实现?我们知识界的要求失之于简单,你变成决策者怎么办?十八届三中全会300多项的改革措施,如何全部实现?李克强总理一再呼吁要"大众创新,万众创业",在这样的情况下你怎么办?你有什么政策?如果"大众创新,万众创业"的情况下,不公平出现了,分配差距加大了,你用什么限制它?《21世纪资本论》提出的税收问题,我们是不是也提出税收问题?我们除了提出税收问题以外,还有没有其他问题需要考虑?我认为针对当代中国的问题,需要考虑它的特殊性。这两难矛盾,很多理论家束手无策,既要这个又要那个,既要市场又要公平,既要发展市场经济,又要社会主义原则,既要发展市场,又要限制市场,怎么办?理论上说说或许是容易的,但是实践操作很困难。

第三个问题,刚才各位专家提出不公平问题,基尼系数问题。我注意到经济学家们没有一个人提出中国的不公平根源在哪里。是简单的资本生产吗? 有统计数字吗? 中国资本生产发展到什么程度? 很多人说由于资本规律造成中国现在的不公平。按照我们的观察,中国当代不公平是不加限制的权力加市场经济的扭曲两者结合造成的,(不是)现在老虎打到一百多个了,所有这些老虎都不是资本问题。所以这个问题要相当重视,在限制中国当代两极分化问题上,不能单纯考虑世界的一般规律。欧洲怎么发展,法国怎么发展,英国怎么发展? 中国是什么情况? 我们迫切需要看到经济学家有没有统计数字来说明造成两极分化这么高是什么原因? 是民营企业发展造成的? 或者是不受限制的权力寻租造成的? 权力寻租的不公平在这个系统当中有多少比重?

第四点,我想提出编辑上的要求。我们的《上海思想界》发了很多有分量的对话,我们原则就是,各种思想充分表露,不要极左极右。"三权分立"的观点不要来,恢复"文化大革命"也不要来。各种观点都可以提出来,但是希望把问题提得尖锐一点,构成高水准的成果。我充分理解张雄院长的要求,我们争取做得漂亮一点,让有关部门高度重视,变成政策。提出的对策要具体,不要声讨,声讨两极分化比较简单,关键是怎么办? 谢谢大家!

六、 当今人类的生存世界已经被深度金融化了

张　雄:以上专家们发言很精彩,很受启发。余源培教授讲的非常深刻,当场即性发言有着诸多思想火花,我感到很有收获。我以为,我们今天之所以站在这里与皮凯蒂进行跨越空间的对话,关键是他用"资本论"范畴来表达他所撰写的著作,我们感到书名概念过大,如果用《21世纪资本论的技术维度分析》,似乎较为妥当。"资本论"这个大概念不是随意用的,只有马克思《资本论》才是真正名实相符的资本论。

皮凯蒂《21世纪资本论》给了我们如此深刻的时代直觉:在资本的驱动下,地球上的财富总量大大超过历史上任何世纪,但解决世界的贫富分化问题却半筹不纳。我以为,作者在书中对全球经济正义的价值判断,有着令人信服的思考,但总体而论这本书是一部未加反思的《21世纪资本论》。关于单纯的技术分析"资本论",其经验形式不能阐明人类生命的真正本质,不能阐明世界历史进化运动的深刻寓意,它至少缺失了如下重要的问题反思:21世纪资本范畴如何定义? 如何解读资本占有剩余的当代特征? 如何分析资本的社会本质和精神现象学的特征? 世界的金融化带来全球

政治格局、经济体系、意识形态等方面的重大变化的背景下,我们如何把握21世纪资本的内在否定性运动的特质? 如何考量生存世界的经济性与人类整体主义精神追求的严重冲突等问题?

显然,资本的技术澄明只能说明资本逻辑外部实存的部分内容。通常从经验或给定体验出发,通过计算的数据和图表进行的抽象与推理,旨在追求从定量的精确性,来感觉资本脱域性的存在并预期未来。遗憾的是,这种单向度的技术结论,只能说明资本形式化运动的外在表现。而精神向度的追问,则注重把资本由感性杂多的性状转向精神的自觉反思领域。如马克思所指出的哲学应当成为改造非理性现实的武器,成为行动的哲学,从市民社会财产关系异化的本体论中寻找扬弃异化事实的历史哲学根据。21世纪的资本同马克思时代的资本有三个共同点:(1)资本追求剩余价值的秉性没有变。(2)资本社会关系本质没有变。(3)资本财富的杠杆效益没有变。但是也有三个方面的不同:(1)21世纪资本金融化的强力发展,导致人类生存世界已被深度金融化了。(2)工具理性智能化,导致资本的精神向度更趋主观性和任性,生存世界的经济性与人类整体主义精神的冲突更为激烈。(3)在中国,21世纪的资本已成为追求普遍理性进步意义上人性自由发展的重要象征,这是21世纪资本话题中最值得关注、最值得期待、最值得提升与总结的具有世界意义的重大事件。

下面我重点讲第一方面:资本金融化的强力发展导致人类生存世界已经被深度金融化了。

金融创新对世界历史进程的重要影响是显而易见的,数千年的世界文明史就是一部人类大胆探索、积极变革社会福利分配制度的金融创新历史。金融从来就是经济与社会试图不断创新的重要工具,历史上荷兰东印度公司创新的融资机制资助欧洲人在全世界范围内航海探险和商业扩张,这是金融史上最重要的事件。在其后的数百年里,金融创新改变经济格局,并且催生资本主义制度的重要特征。13—14世纪,佛罗伦萨推出债权基金,开启了东西方金融大分流的先河,引发了各地金融制度的重大变革。事实上,货币起源伴随着价值量度的起源,金融创新促进了量度创新的工具和手段得以提升,使价值交换方式越来越便利,从而使人的社会交往走向更加深入、更加自觉。

更值得一提的是,20世纪人类的历史从前50年的世界性战争,走向后50年全球性社会转型,一些对资本金融高度敏感的国家,在20世纪末就开始了智能化资本运作工具创新的战略。21世纪可谓是世界走向金融化的世纪,全球资本金融化导致直接性融资占比趋高,但金融危机和欧债危机的爆发,深刻地显现了马克思在《资本论》揭示的资本具有内在否定性的哲学真谛,如何理解由于资本全球化的全球发展,人类生存世界被深度金融化的事实,成为摆在我们面前的一大课题。首先,当今世界资本能够在瞬间以资本金融及其衍生品的方式,把千亿元、万亿元财富或者资产悄悄转移,用最小的代价、最短的时间,完成用军事手段都难以实现的国家战略目的。毋庸置疑,以资本主义为主的现代金融体系在新的经济秩序和分工中有着核心地位,金融战争在某些领域已经替代传统的军事战争,政治家们认为,注重21世纪资本金融大格局的战略,远远比考量传统军事大格局战略更紧迫。

其次,由于资本金融化的快速发展,人类对世界意义的追求也被深度金融化了。这突出反映在,深层意义的时间坐标被金融合约化了,人类的财富被摆放在时间机器中。一方面,时间就是金钱;另一方面,生命过程和金融合约过程相重叠。21世纪人类对资本金融越来越准确、越来越复杂、越来越依赖的心理适应并盲从,已经构成不少民族和国家的集体无意识。证券金融家和投行们不断利用各种模型和工具,在基础产品上进行多重的衍生和虚拟,使整个生存世界沉浸在财富杠杆的巨大效应中,同时也被深深地锁定在随时都将爆发的全球灾难性金融事件的巨大风险中。

生命的本真意义被追求一种价值通约的可转换性贯通,一方面,资本兑换社会权力的功能在智能化工具理性的伴随下变得更神奇,另一方面,在全球金融体系的框架中,个体生命自我意识已被货币流转、资本流转和财富流转而固化、激活、冲动、沮丧。精神超越世俗性的秉性,变得如此脆弱,如此狭隘,如此坚硬。

第二个方面,工具理性的智能化,导致资本的精神向度更趋主观性、意志性和任性。21世纪资本的主体主义主要表现在三方面:(1)从主体性走向自我性。这个我正在思考中。(2)21世纪资本似乎表达了对自由之本质的新规定,资本为人类的自由发展作出了重大贡献,新的自由乃是一种开启,开启了人本身将来能够而且有意识的设定起来的必然性和义务的多样性。实际上,21世纪资本已经把主体自由界定为某种无穷无尽的财富创造和想象力。在资本永无止境的创造性自我面前,精神只有拒绝接受僵硬的资本逻辑所带来命运的安排,才能真正获得内在自由。从界面到网络空间,追求虚拟时代的形而上学,资本通过形象和意义流通,而非通过简单的产品流通,按照预先定义了的现实,通过模式和符码以自我指设的方式生产出来,从而达到比真实还要真实的超现实效果。

第三个方面,生存世界的经济性与人类整体主义精神的冲突更为激烈,我们应当从历史的普遍性与历史特殊性矛盾运动的特点来反思这个问题。

我想最后讲一点,21世纪的"资本论"最值得研究的是中国精神与中国资本的互动问题。这不是单纯资本运动的个别规律,而是极具创新意义的资本特殊规律的研究,是一种在社会制度创新的前提下,探索资本新型运动规律的研究。最终要上升到一般规律。我以为至少有三个值得反思的问题:(1)21世纪资本意识在中国大地上被激活,其现代性的依据是什么?(2)资本如何从经济理性上升到政治理性?全面深化改革的深层寓意,乃是追求资本的解放,即如何创造一个让资本在社会主义阳光下最大化运行的制度体系。(3)中国资本发展的独特的制度资源、精神资源、制度优势、精神优势究竟是什么?

七、 关于资本收益率与经济增长率的分析

邹诗鹏:皮凯蒂的《21世纪资本论》未出中文版时,已引起学界高度关注。总让人感到其背后有一双强大的推手,这不去管它。平心而论,这部包含皮凯蒂及其团队研究成果的集成性著作,显示出对当代资本问题的洞察与思考,且提出了相关方案,著作问题意识强烈、历史资料丰富、视域开阔、富于洞见、引人思考,为较为全面地研究当今全球时代的资本问题,提供了一个难得的文本。但要将其同《资本论》相提并论,显然是不恰当的。无论如何,我不那么认为这是一本严谨的学术著作,坊间一度断言皮凯蒂将获诺贝尔奖,看来也属于误判。不过我仍然愿意借本书特别提出的 r(资本收益率)>g(经济增长率)谈一些看法。

皮凯蒂对资本的规定独树一帜。"本书中提到的'资本'均不包括经济学家们经常提及的(在我的印象中)'人力资本'。人力资本通常包括个人的劳动力、技术、熟练程度和能力。在本书中,资本指的是能够划分所有权、可在市场中交换的非人力资产的总和,不仅包括所有形式的不动产(含居民住宅),还包括公司和政府机构所使用的金融资本和专业资本(厂房、基础设施、机器、专利等)。"可以看出,正如其将国民收入分为资本收入与劳动收入,皮凯蒂也是有意把资本与劳动区分开来。这同马克思对资本的定义完全不同。在马克思看来,资本是带来剩余价值的价值,而剩余价值是由可变资本也即剩余劳动时间创造的,可变资本无疑属于人力资本。然而,在皮凯蒂那里,凡是称为资本的,不是由马克思有意确定的不变资本,就是当时的资本概念还难以指涉的东西,而被皮凯蒂所排斥的人力资本(劳动力),正是马克思所谓剩余价

值形成的前提。将作为剩余价值前提的人力资本公然排除于资本之外,而将非人力资本反过来直接看成是资本,实是完全颠覆了马克思的资本概念,也颠覆了古典经济学的生产理论及其劳动价值论传统。

颠覆马克思资本概念的目的,不外乎是将流动且自洽的金融资本体系独立出来,形成金融资本与实体性资本的对比关系,进而直接给出了 r>g 这一命题。皮凯蒂虽然没有论证这一命题,但命题本身却被视为分析资本主义的核心命题,其称之为"所有结论的整体逻辑"、"分化的根本力量"以及"资本主义的核心矛盾"。可以看出,皮凯蒂其实是以 r>g 取代了马克思所定义的资本主义基本矛盾。在皮凯蒂看来,r>g 的情形"在 19 世纪前一直存在",并"在 21 世纪再次出现"。作为资本主义的典型现象,尤其表现在资本储蓄远高于经济增长并导致社会的非均衡化。"继承财产的人只需要储蓄他们资本收入的一部分,就可以看到资本增长比整体经济增长更快。在这种情况下,相对于那些劳动一生积累的财富,继承财富在财富总量中将不可避免地占绝对主导地位,并且资本的集中程度将维持在很高的水平上,这一水平可能有违现代民主社会力量最为根本的精英价值观和社会公正原则。"在这一过程中,皮凯蒂借用李嘉图的稀缺性原则说明,稀缺性的资本(如房地产与矿山)及其高价产品何以"进一步加剧结构性的分化"。按照皮凯蒂的分析,"r>g 的根本性不平等,它与任何形式的市场缺陷都无关。而恰恰相反,资本市场越完善(以经济学家的角度),r>g 的可能性就越大。"皮凯蒂暗示,r>g 并不是市场化造成的,但市场化却推进了 r>g。

皮凯蒂指出,应通过公共制度及其改革抑制 r>g 的持续扩大,建立全球范围的民主,实现"高水平的国际协作和区域政治一体化",实施全球累进税政策。如此设想无疑是诱人的,但却反映了某种很不成熟的国际政治观。皮凯蒂也坦陈,在国际体系仍受民族国家强力支配的格局下,所谓全球累进税政策依然是"乌托邦"。今日国际政治的基本格局,仍然是胶着且存在着多重矛盾关系的民族国家格局,解决如此格局的矛盾,民主当然是一个基本理念,但不能以为马上就可以建构相应的国际政治制度。

r>g 的理论实质,说到底还是对马克思所批判过的消费逻辑的再现。消费的思想引起了古典经济学有关消费的讨论进而引发了马克思的批判,在马克思之后又再次显化为消费与交换理论(韦伯、西美尔、凡勃伦等),亦在诸如边际效应理论中获得甚为积极的回应,而其最为直接的社会现实基础,即金融资本主义。在消费拉动生产的资本主义时代,最为明显的经济事实必然是金融性资本控制经济增长,因而必然呈现出 r>g 的情形。r>g 不过道出了金融资本主义时代的基本逻辑。显然,若要使得相应的金融危机可控,就必须考虑生产逻辑及其劳动对于消费逻辑的决定与支配关系。当皮凯蒂通过金融化资本否定劳动及其人力资本时,其对于当今地球上仍然存在的不公正,实是置之不顾的。

马克思显然已经看到了 r>g 这一资本主义的基本事实。资本化"从形式规定性方面看,是价值自行增殖过程。价值自行增殖过程既包括预先存在的价值的保存,也包括这一价值的增殖"。"价值自行增殖"乃是 r>g 的不证自明的前提,但马克思显然不满足于如此前提。在很大程度上说,皮凯蒂是将马克思那里作为批判对象的商品经济的常识表达成了资本主义的基本规律。比如,对马克思而言,"没有任何生产过程或流通过程作为媒介",也即"没有内容的形式"的"生息资本",正是政治经济学批判与资本拜物教批判的前提,由此揭穿其何以是"资本的没有概念的形式"以及"生产关系的最高度的颠倒和物化"。现在,皮凯蒂将马克思那里"独立于再生产之外而具有增殖本身价值的能力"看成是资本本身天然具有的增长能力,把马克思那里"抽象"的"生息资本"还原和具体化为资本主义过程,但他并没有实质性地理解马克思所说的"抽象":资本利润从其形式化的资本化过程的抽离,乃是对劳动及其社会生产关系的赤裸裸的剥削,"抽象"乃是对资本主义投机本质的揭示。

皮凯蒂明确宣称自己并不欣赏自以为是的"经济科学",而"更喜欢政治经济学",因为这一学科"传递了经济学和其他社会科学的唯一区别:其政治、规范和道德目的",著作在较为自觉的制度分析与社会政策框架中展开,并实现了经济研究与道德批判的有机结合,作者颇有意味地将其研究范式称为"政治和历史经济学"。应当说,在经济科学已习惯于不关注社会与政治规范,而政治经济学传统又越来越忽视数学模型的状况下,著作显示了一种研究方法的突破。就西方主流经济学已经习惯性地摒弃马克思主义政治经济学传统,但却无力就诸多综合性的经济政治问题形成清晰的判断与分析的情况下,此著作提示了一种重新开放政治经济学传统的巨大可能。作者的政治取向大体属于中偏左,但这部著述所敞开的问题及其讨论,或可引起左、右理论界在经历了持续裂变之后的一次深度对话。关于著作的显赫书名,作者表达出了某种自谦,但就其理论取向及其问题意识而言,此著实是在尝试与马克思的《资本论》展开对话。此著完全颠覆了马克思基于生产逻辑的资本概念,而将资本金融化,并置于社会政治权力关系之中,r>g 取代了古典政治经济学的劳动价值论及马克思的剩余价值学说。不过,从经济思想史的角度看,此说既是古典经济学有关思想的回复,又是对 19 世纪以来的消费交换理论及其边际效应理论的持续巩固,但经过作者的改造与扩容,r>g 更加适合于分析当代金融资本主义及其复杂的经济、政治、社会矛盾。但是,撇开劳动、技术而如此重置的资本逻辑是否能够取代古典的资本逻辑,显然是个问题。为应对 r>g 的矛盾,皮凯蒂提出了实施全球累进税及建立社会国家的设想,但这种理论必然会面临社会实践、学术理论史、社会思想史以及理论内容方面的精细论证。此著对当下中国问题有较大的启发价值,但毕竟只是外部性质的观察,因而启示价值仍然有限。

张　雄:今天我们讨论这两个"资本论"的目的是什么? 这使我想起来,马克思在他青年的时候写了一篇博士论文,他为什么要把古希腊原子论拿出来说事? 一个是讲德谟克利特的原子直线运动,一个是讲伊壁鸠鲁的偏斜运动。没想到西方走的就是这两条道,直线运动就是科学的实证主义,偏斜运动追求的是人本的自由的道路。马克思实际上在他的《资本论》创作过程中,已经被丹尼尔·贝尔深刻地感觉到《资本论》有两种图式,他的第一卷被丹尼尔·贝尔理解为天然性科学的追溯,可以理解为直线的运动。丹尼尔·贝尔再三提示国际学者,别忘了《马克思》第三卷,相当程度上具有历史自由的偏斜运动的特点,恐怕更加适应当代。

从这一点出发,我们来看看皮凯蒂的论证过程,究竟是直线运动,还是偏斜运动? 我认为这里面可能更多的还是有关计量的、数字的、模型的一种分析方法,这是经济学家所经常惯用的方法。

这个问题域有几个非常重要的前沿问题。第一个重要的前沿问题就是《21 世纪资本论》的资本范畴,我们终于开始对它进行沉思、反思、批判认知了。尽管我们现在还不能提出大家都能接受的观点,因为猫头鹰到黄昏时候才起飞,咱们中国的资本还早着呢。

第二,我们终于认识到,资本有两个向度的分析,一个是技术向度的分析,一个是形而上的追问。我觉得把有关资本的理论梳理清楚,搞明白,我们哲学工作者是有义务、有责任的。难道在这样一个全球化、智能化的发展大潮里面,哲学就彻底不在场吗? 我们哲学的在场性在哪里啊? 我觉得我们是不是像海德格尔那样,非要找一个小木屋,就在那里埋着头形而上式地追问问题? 当然那也是哲学。我们更要有马克思唯物史观,走经济哲学这条路,马克思正是走了这条路,所以马克思在今天还被我们提及,就像阿尔文·托夫勒说的,在这个地球上,谁不读马克思,谁就是半个文盲。为什么这么多人要了解马克思? 有人骂他,有人褒扬他,究竟为什么? 我以为一个人随着他的去世,他的思想、他的灵魂大大地超过了他肉体存在的概念,我想这个人是成功的。

所以我觉得有两个分析向度,作为我们来说,更多的契合在精神向度,在形而上的追问上,深刻地反思21世纪资本的是非功过,它给我们人类带来了什么,给我们的历史进化论的意义带来了什么? 我觉得这是非常重要的。

第三,我觉得,也是我们大家共同所讨论的,就是我们终于感觉到,国内的经济哲学研究慢慢地有所凝聚,有所沉淀,给我们的希望指明了一个方向。从告别十年"文革"那样一个动乱的时期,过渡到改革开放的时期,这一段历史的经济哲学的重要性给我们重大的启示,即政治经济学批判才是真正的经济哲学的归宿。马克思《资本论》的副标题就是叫《政治经济学的批判》,我们应该把这个传统给传承下来,给做下去,这是非常有必要的。

今天我们来讨论这两本著作,实际上正如刚才有些学者所说的,《21世纪资本论》怎么能跟马克思的《资本论》相比呢? 现在作为创意来说,这只不过是话的源头,我们实际上不是真的要把这两本书作一个高下的判断,而是说今天21世纪人类的事,世界的事,中国的事,我觉得这一点非常重要。研究哲学的人如果不关注这些,这是失职。马克思当年手握双刃剑,一个向内的自我追求,一个向外的世界批判,我们不能忘记这一点。看看当今世界,金融危机、欧债危机导致整个世界经济的萧条,至今没有结束,但是正是在这样一个世界经济的发展态势下,中国强大起来了,我觉得今天的中国最大的希望、最大的活力就在共产党人的资本哲学上。

共产党人对待资本的概念,不是一下子能够读懂的。早在列宁晚年的时候,他写下了重新认识社会主义,这里面有一个非常重要的观点,那就是共产党人必须要学会做红色资本家,学会金融。这个忠告很可惜没有被重视,因为斯大林领导的苏维埃政权,受到了国内国际复杂的政治、军事的挑战,没有真正把列宁晚期重要的思想加以领会贯通。

但是,值得骄傲的是什么? 中国经过改革开放,十八届三中全会提出了那么重大的理论创新,其中最重要的就是资本的解放。

为什么叫政府该干他自己的事呢? 实际上就是解放,解放市场、解放资本,为什么要让市场经济在资源配置的方面起决定性作用呢? 实际上还是要解决社会主义制度下资本解放的问题,就中国来看,最考验执政者的就是共产党人怎么过好资本这个关。

有人说,只有通过艰苦卓绝的改革开放实践,今后我们才能真正写出中国的"资本论"。我认为,中国的"资本论"从亚当·斯密的《国富论》到马克思的《资本论》,再到我们当代中国共产党的人民财富论。就是我们怎么样把亚当·斯密世俗的实践和黑格尔绝对精神的实践,综合在马克思的《共产党宣言》的那样一个肩负无产阶级伟大使命的《政治经济学批判》的时间和空间里。我觉得这是非常重要的一件事情,是中国历史上绝无仅有的重大历史转折,而且最核心的问题,我们终于找到了,资本的体系,资本的模式,资本的哲学。现在可以清楚地看到,资本的实践走在资本观念的前面,理论界学术界有点落伍了,我们国内的经济哲学,政治经济学学派,应该勇敢地直面当下的改革实践,全面推进中国改革的实践,不断地按照马克思《资本论》政治经济学批判的传统绵延下去,传承下去。把我们理论的思考、批判、创新集聚在这样一个重要的点上。我想这就是中国的希望之所在。

新常态下的国企与国企改革

（2015 年 10 月）

参会嘉宾（按姓氏笔画排序）：

于炎炎（国家电力投资集团公司财务与资产管理部副处长）

王　勇（香港科技大学经济系副教授）

冯帅章（上海财经大学经济学院常任教职教授）

李志龙（国家统计局人口就业司高级统计师）

李　前（国家电力投资集团公司财务部股权处处长）

李　晓（中国华能集团资本运营部评估处副处长）

汪异明（海通开元投资公司总裁兼海通新创投资公司董事长）

张冀湘（交通银行原董事）

陈旭东（上海财经大学高等研究院助理研究员）

林立国（上海财经大学经济学院副教授）

周放生（中国企业改革与发展研究会副会长、国资委原副局长）

胡改蓉（华东政法大学经济法学院教授）

潘妙丽（上海证券交易所资本市场研究所研究员、公司组组长）

冯帅章：非常欢迎大家参加由上海财经大学高等研究院主办的"新常态下的国企与国企改革政策"研讨会。国企改革一直是我国经济改革的难点和重点，在目前经济增速下降，进入新常态的背景下，如何进一步推进国企改革，实现我国经济的转型，并且保持经济的持续增长？ 这是非常重要而且迫切的问题，这次研讨会结合中共中央、国务院发布的《关于深化国有企业改革的指导意见》，从不同的角度来探讨有关国企和国企改革的一系列问题。今天到会嘉宾的发言主题非常全面，既包括国企改革总的概念、目标和思路，又涉及资产管理、资本市场、劳动力市场等具体的方方面面，既有宏观和历史大的视角，又不乏微观层面的经验和见微知著。

我本人对今天的研讨会非常期待。国企改革具有艰巨性和争议性，希望各位嘉宾本着高度的历史责任感，知无不言，言无不尽，不回避重要的敏感问题。因为只有让信息得到更充分的分享,让不同的观点更直接地交流,才有可能对国企改革宏大的问题有更深入、更准确的理解和把握,才有可能提出更有针对性的政策建议。只有大家持建设性的态度进行讨论,彼此尊重,充分交流,我们的研讨才能更有效率。

一、 国企改革首先要解决主人缺位的问题

周放生:中央 22 号文件发出之后,沉寂了若干年的国企改革问题再次成为热点。张冀湘、汪异明都是国资局的老人,我们曾经在一起工作,同时也都是中国国企改革的经历者。国企改革,现在到底应该怎么看? 存在什么问题?

现在大家对国企改革的认识和判断很不一致,甚至比过去的分歧还大。对于国企改革最核心、最关键的问题是什么,大家众说纷纭。我认为十六大解决的是出资人缺位的问题,而当前我们要解决主人缺位的问题,简单归纳起来核心观点就是这样,国企改革的根本问题是主人缺位。

搞好企业有两个因素,一个是内因,一个是外因。毛泽东曾经说过,内因是根据,外因是条件,内因通过外因起作用。毛泽东这段话讲得非常正确。国企改革的内因是什么? 内因就是企业有内在的活力,要让在国企里面的广大干部员工,尤其是经营者、科技人员、业务骨干好好干活,这就是内因。外因是监管,但靠监管是不可能解决问题的,要有主人才能搞好企业。

改革开放初期的农村改革,使农民成为承包土地上的主人。虽然拥有的是收益权,不是所有权,但有了收益权就有了决策权,就可以自己决定种什么东西,可以好好干活了。凡是在农村插过队的都知道,改革之前农民怎么干活? 改革之后农民怎么干活? 天壤之别。同样的道理,企业改革搞了这么多年,这个问题没有解决。我们曾经搞过承包制,但也没有解决这个问题,所以承包制还需要进一步改。

有的人问我凭什么说国企没有主人? 我们都是国企的主人,我们既是国家的主人,也是企业的主人。主人有两个标准,第一,主人不偷自己家的东西。第二,他不但不偷自己家的东西,他也不允许别人偷他们家的东西。如果中石油主要领导干部不是主人,那一千五百万职工都是主人? 这个逻辑通吗? 这个逻辑肯定不成立。国企里面确实有一部分兢兢业业、勤勤恳恳、廉洁奉公、敢于奉献的干部、员工,但是他们不可能都是主人。制度设定让农民当了主人,他就能安心好好干活,而国企企业没有从制度上让骨干员工成为主人。我们国企改革到今天,这个问题还没有解决,依此类

推，中石油、中石化、华润、一汽，很多央企、国企，这个问题都没有解决，大家都认为是在打工，让干就干，不让干，明天就走了，这是很习以为常的看法。

按照这个逻辑往下推，如何成为主人？如何让企业的骨干员工成为主人？回溯到三百年前，晋商票号遇到了同样的委托代理问题。晋商票号的总部在平遥，分号在全国各地，甚至在东南亚一带。比如我是某一个钱庄的老板，李前是我在包头的掌柜，我是委托，他是代理。尽管我选了李前，认为他对我忠心耿耿，但是人心隔肚皮，有点担心。如果每半年骑马过去监管他一次，也不好解决。当时老祖宗用非常简单的问题解决了，就是身股制度，把收益分配好，年底包头分号的所有利润你们拿七成，我拿三成，倒三七，采取分配的机制。李前拿的是收益分红权，不是所有权，分号所有权是我的，而且李前不是一个人拿，分号骨干都有，掌柜拿得最多。

委托代理问题首先是在西方发生的，西方工业革命之后出现了委托代理问题，三百年前我们的老祖宗已经用身股制度或者分红权制度很好的解决委托代理问题。就是使掌柜、骨干伙计成为包头分号的主人，因为收益大头是李前拿，他还携款外逃？他外逃，周围的伙计也不干，你走了我们怎么分红？这样一来，大家都好好干活。根据档案，当年的坏账率只有千分之一。三百年前的山西晋商票号这样的历史事实，已经解决了后来从西方工业革命开始一直没有解决的委托代理问题，我们现在的思路仍是委托代理，用监管看着，这个逻辑完全是错误的。

看看现在的民营企业怎么改革。民营企业在做股改。有一个很有名的郭教授，他之前下海，下海之后同样遇到委托代理问题。他创办公司时就宣布只要30%收益权，70%收益权给骨干员工，这样大家就好好干活了。后来他把民企股改的做法不断推广，办股权激励的培训班，我听过四次课。我再讲一个案例，北京有一家烤鸭店叫四季民富烤鸭店，老板姓季，农民工出身，河北农村出来的最穷的孩子，从洗碗开始，一直做到店堂经理，后来自己独立出来创业，创业8年，在北京开了8个店，请店长委托代理，经营上出了一系列问题，比如回扣问题、浪费问题、冗员问题、投资数额问题。打个比方，假设李前是王子店店长，我是老板，本店2014年实现了300万元利润，我说李前干的不错，2015年是不是增长10%？李前说：老板不行，现在八项规定，谁来吃饭？我看维持住300万元利润不错，意思是不要给我压指标了，我的想法是让李前多干活少拿钱，李前是惦记着少干活多拿钱，我们两个人永远有差异。

我后来改变游戏规则，我说李前2015年你的指标还是300万元，一分钱不增，明年以300万元为基础，增加的利润，你和员工拿七成，我拿三成，增量利润倒三七。到年底出了利润多少? 450万元,至少增长30%—100%,有的企业甚至增长100%,全国搞股改的民企有八千家,上海也有很多家。原来老板定利润330万元不干,说只能完成300万元,后来怎么出来400多万元? 100多万元是怎么来的? 有四个来源。第一,回扣。不但李前吃原料回扣,采购员也吃,现在他们吃回扣,周围的员工不干了,说以前吃的回扣是老板的,现在吃的是我们大家的。不吃回扣采购价格下来了,成本下来了,就变成利润大家分钱。第二,浪费。现在泔水是过去的五分之一,过去灯和水龙头都常开着,浪费的不是我的,是老板的,有的企业一年的浪费是几千万元甚至上亿元。第三,人工成本。过去店里合理的定员是40人,结果李前又从老家招了10个孩子,姑姑、姨妈的孩子,解决了老家10个孩子的工作,但是10个孩子来了不好好干活,员工之间闹矛盾,摆不平。现在改革以后这10个人肯定不能再用,是多余的,人工成本就下来了。第四个原因,大家好好干活,营业收入增加,年利润增加50%—100%。根本的原因就是大家成为主人了,好好干活了。部分行业不景气,但凡是搞股改的民企大多扭亏为盈,利润逆势增长。都是民营企业,搞改革和不搞改革差别非常大。

我再说说国企改革的例子。联想是怎么起来的? 曾经中国科学院和国资局联合给联想发了一个批复,同意把联想35%的分红权给柳传志等人,给联想装了分红权的发动机,联想才能发展到今天。如果没有分红权改革,联想早就没有了,这种例子国内很多。三百年前的例子、民营企业的例子、联想的例子都说明,通过分红权改革能解决员工成为主人的问题。我们现在解决员工成为主人的问题有四个方式,第一,分红权改革,第二,骨干员工持股,第三,科技人员拥有科技成果的知识产权或者股权,第四,新设投资项目团体持股。这四种方式都可以使得广大骨干员工成为企业的主人,实现"劳者有其股"。在这个基础上加强监管,无论什么企业都有可能搞得比较好,民企、外资是一个道理。

现在,有的关于国企改革的讨论已经回到以前的题目了,姓社姓资、姓公姓资,这种讨论意义不大,不是问题的实质,问题的实质是企业没有主人。我们党宣布工人阶级当家作主,我们要把对人民的承诺落地,如果员工成为主人,绝大多数人都不会反对,这才算是抓住问题的实质。避免意识形态争论,我们才能够取得最大公约数。只有聚焦国企怎么改革才能够使员工成为主人,从这个视角来讨论具体的改革方案和技术方案,才能把改革往前推。分红权的改革起步非常容易,主张存量分红,不涉及改制、评估和审计,不审计员工出资,不审计身份置换,这些复杂改革问题都不涉及,起步非常容易,只要确定合理的利润基数就完了,超过部分分成。国企可以不像民企倒三七的步子那么大,一开始可以收窄一点。

二、 如何发挥"党的领导"在国有企业的独特优势

张冀湘:党中央、国务院已经发布了深化改革的指导意见,最近又发布了很多文件,包括关于混合制所有制改革以及文化企业改革的相关文件,还有其他关于加强领导的文件。这一系列文件我非常关注,这一辈子都在研究这个,退休了以后我想很好地回顾总结一下国有企业的改革。

过去我在交行担任董事,曾经还担任了五年的董事会秘书。深化改革的文件下来了以后,我非常认真地细读了,又看了一下交行在 2004 年改制上市以后的改革文件,梳理了这十多年的发展实践。深化改革的指导意见有一个很基本的思路——要以经济建设为中心、坚持问题导向来推进国有企业改革。在学习的过程中,涉及的几个问题我还没有完全搞懂。过去十年当董事的期间,这些问题我就一直在琢磨,直到现在没完全想清楚,所以我把四个问题提出来,希望在座的各位老朋友一起发表意见,给我启发。

第一,什么是国有企业改革进入新时期的主要标志?哪些新情况反映了改革已经进入到一个新的时期?

第二,我们强调要加强党的领导与完善公司治理相结合,但怎么结合? 这好像是提出了问题。但文件里面写的就是完善公司章程,把党的领导写到公司章程里去。这一条以前没有提过,现在提出来要写进去,写进去了就可以结合了吗? 我还没有琢磨好,我不反对写进去,但是这不是关键所在。

第三,如何认识党的领导与企业所有制性质的关系? 我之所以提出这个问题,是因为现在报纸上、文件上都强调党的领导是国有企业的独特优势及政治优势。中国其他企业要不要党的领导? 党的领导的政治优势在非国有企业里面是否体现出来? 混合所有制经济形态发展之后,国有企业怎么定义? 国有企业上市股权分散化以后就存在非公有化,国家没有控股,在这种情况下就应列到非公有化的范围,但我们现在还是笼统地说国有企业。加强党的领导是中国社会主义经济的本质特征,党组织不仅在国有企业,比如我们有一些国有企业搞混合制改革,国有退出了,党的组织不会退出,更不要说很多民营企业里面也有党组织。我到福建去,看到了很多民营企业

的党组织非常活跃,不比国有企业的党组织工作做得差,所以这又是一个问题。

第四个问题是党的领导优势要转化为国有企业的竞争优势,怎么转化? 所以我感觉到指导意见提出了方向,也提出了问题。

先谈第一个问题。国资委有关专家从五个方面论述了指导意见的亮点,最重要的就是在改革的指导思想上提出要全面推进依法治企。这个改革指导思想是以前没有提过的,这是习近平总书记提出的依法治国理念在国有企业领域里面的具体体现。只有全面推进依法治企,才能解决新时期国有经济发展与改革中面临的一系列重大问题,加强和改进党对国有企业的领导,提高国有资本效率,增强国有企业活力,我认为这才是根本保证。所以全面推进依法治企的指导思想的提出,标志着我国国有企业改革与发展进入了一个新的阶段,这是我的基本观点。

我们回顾一下历史,从 1978 年到今天,在国有企业改革的理论认识上,我们经历了三个层次。最早从企业层次来探索国有企业的改革,典型的就是蒋一苇老师在 1978 年发表文章,提出企业本位论,扩大企业自主权。蒋老师说企业是一个经济细胞,经济细胞要有活力就必须有自己的自主权。党中央提出了政企职责分开和两权分离的指导思想,发现两权分离很难,扩大企业自主权出了不少问题,有一句通俗的话叫做"一放就乱,一乱就收,一收就死,一死就叫,一叫就放",国有企业改革进入了恶性循环,政府干预企业的问题一直没有解决。那个时候叫利改税,企业不用上交利润缴税,这些都是常识。后来发现不对,纠正了,国有企业所有者还是国家,政府代表国家行使所有权,我们的认识进入到政府层次。为了解决政企职责分开和两权分离问题,一方面建立企业现代制度,赋予企业真正的法人所有权,另一方面在政府内部把国家所有的管理权职能相对独立起来,就成立了国资委。到 1993 年年底,党的十四届三中全会在建立社会主义体系的决定中,明确提出了改革的指导思想。

在这之后,国家在国有企业建立现代企业制度方面进展非常快,但是企业的腐败问题慢慢出来了,1995 年武汉长江动力集团公司董事长于志安逃走,他原来是劳动模范,全国人大代表,跑到菲律宾去了。企业的领导体制从 1978 年党委领导下的厂长负责制,到 1994 年实行厂长负责制,逐步调整。然后大家感觉到党的领导是不是不够重? 所以 2007 年国资委和国务院发了一个三重一大文件,那个文件下来我的感觉就是要加强党委对企业的领导,国企改革从来就没有放松过加强党的领导,无论是在一开始党委领导下的一元化的领导体制,还是后来的厂长负责制。

怎样加强党的建设? 怎样加强民主管理? 我感觉 1994 年以后,执政党就琢磨这个问题了,我们一直没有离开加强党的领导,但是我们没有从执政党的执政层次考虑国有企业改革的问题,直到习近平总书记提出依法治国的理念,在这个大的框架下全面推进依法治企指导思想才可能提出来,全面推进依法治企的指导思想提出来以后,引发了国有企业改革许多需要探讨的问题。

全面推进依法治企是国有企业经营市场化、国际化、公司化的内在需要。未来十年中国国有企业的发展面临着四大挑战,或者叫做四个战略性的课题需要应对并解决。第一,如何有效地融入国外市场环境,提高国际市场竞争力与抗风险能力?习近平总书记提出强军路线,要能打胜仗。怎么样能打胜仗?推进"一带一路"、中国企业走出去,这才是关键。过去我们打的败仗不少,国有资产的流失案例都是打败仗。现在美国搞 TPP,昨天国家纪委秘书长谈到,TPP 是逼着我们加快推进国有企业的改革,因为在这个协议里对企业的准入提出了很多要求,所以要国际化就必须尊重国际市场的法治环境,规范国有企业的经营行为。

第二,国有企业如何加快转型升级与创新发展。"互联网+"也好,"+互联网"也好,互联网时代社会的生产方式和生活方式都在发生根本性的变化,可以说我们完全进入一个新的时代。现在很多国有企业都面临着如何通过"+互联网",来实现自己的转型升级与创新发展问题。里面突出的问题是人的积极性,也就是人力资本的问题,如果没有一套完善的公司治理和激励机制,不能把人的内在积极性调动出来、激发出来,这些都是空话。

第三,如何利用资本市场优化国有经济结构,有效地发挥国有经济的主导作用。国有经济从根本上说是国家宏观调控,维护国家利益的一个手段,手段怎么用,完全取决于整个国民经济发展的客观需要。我们现在提出来要"有退有进",这个问题提出来很早。我们曾在国资局研究调整并优化国有经济结构,所以不能光考虑做大,更重要的是优化的问题。

第四,推进混合经济之后,怎么实现国有资本与非国有资本的有效融合以及优势互补,进一步提升国民经济整体活力。所谓混合经济,有的说要参与民营经济,有的说要把一部分股权让给民营经济,但问题在于你出让的时候人家来不来?你进去的时候人家要不要?前提是必须依法,不能去了以后又像现在国有企业的一套搞法,所以全面推进依法治企是我们国家未来十年国有企业改革进入新时期的最重要的标志。

第二个问题,加强党的领导与完善公司治理的有机结合,最关键的是要创新党对公司制企业领导的具体工作方式。我的基本观点是要全面推进依法治企的指导思想,必须创新党对公司制企业领导的具体实现方式。国有企业改革的现实基础,是我们完成了国有企业从非公司制企业向公司制企业过渡。国有企业不再是传统的概念,国有企业具体划分为国有独资企业、国有控股企业和国有参股企业,笼统地说国有企业已经不够了。

现在强调加强党的领导和公司治理要结合,核心的问题就是企业党组织的政治核心作用。政治核心作用体现于参与企业重大决策,这是最主要的。在这个问题上,实践中存在矛盾。公司股权多元化以后,导致企业股东大会、董事会和监事会组成单位多元化,所以完整的公司党组织应该包括股东单位的党组织,这是我的基本观点。一个完整的企业肯定包括股东大会、董事会、监事会、经营层全体员工,但是真正具有参与公司重大决策的法律责任权利的是股东单位。问题在于,许多国有控股和参股公司的上级党组织都是通过公司基层党组织来发挥政治核心作用的,直接任命党委书记,推荐董事长和高管成员,没有考虑到法律赋予股东单位参与公司重大决策的责任与权利,结果导致基层党组织代替股东单位党组织行使重大决策权。非董事党委成员没有法律责任,但是拥有重大的决策参与权,权责利不一样。我当董事所以我知道,董事承担法律责任,当董事都是小心谨慎的,党委委员是没有法律责任的,但是党委委员是党派的。所有问题都是党委会先讨论,讨论完了以后上交董事会通过,金融企业现在就是这样。

企业基层党组织,发挥政治核心作用,参与董事会重大决策,无可厚非。但就董事会成员来说,财政部派董事,社保理事会派董事,财政部有党组、社保理事会也有党组,董事都是代表党组织来的,都要对党负责,如果这样来理解就不能单一地把企业党组织当做政治核心,这也是我们党的领导工作方式的问题。

所以中组部在考虑交行党的政治核心作用发挥上,没有考虑财政部党组,没有考虑社保理事会党组,只考虑了交行的党委。企业党组织应该包括股东单位的党组织,不能仅仅是企业的基层组织,以企业基层的党组织来代替股东单位的党组织,参与重大决策,这会造成很多的矛盾。而且我们现在老是说企业里党不管党,不从严治党,整天在管企业,党委会讨论的是什么?95%肯定是企业问题,不是党的问题。涉及的党的问题就是上面发文件下来怎么贯彻落实。主要研究的是企业问题。所以,企业党组织主管企业,弱化管党,这也是非常现实的问题,以至于国有企业腐败问题越来越严重,这两年巡视下来发现的问题太可怕了。

在国有股权的范畴里,加强党的领导可以通过三种方式:第一,依法治企,通过法律约束给企业创造良好的法治环境和市场环境。第二,通过出资人党组委派董事、监事参与,企业基层党组织围绕完善公司治理,增强企业活力来发挥政治核心作用。同时,企业基层党组织要从管企业向管党转变。第三,加强公司股东单位党组织和企业基层党组织,建立沟通制度。这是我们党的工作方式的创新,不能只是把党的领导写入公司章程,而不去具体落实。

第三个问题,党的优势怎么样转化为企业的基本优势。党的领导与企业的所有制性质没有必然联系。党的领导不仅仅是国有企业的优势,也应该成为所有已经建立党组织的企业的政治优势。政治优势能否转化为企业竞争优势,这取决于企业公司治理是否完善,取决于党的核心政治作用能否充分发挥,能否有效促进公司治理。但是现在的章程是这样规定的,即按照所有制性质分类,在国有企业,党组织参与重大决策,在非公有经济中主要是引导,党章里面就是这样规定的。我觉得对此需要反思。搞混合所有制改革之后,有很多国有企业慢慢转为国有参股,甚至是非国有,这不奇怪。怎样保证政治优势? 主要还是靠公司治理。巴塞尔协议、经合组织关于公司治理的重要作用都有相关论述,从 20 世纪 90 年代开始,公司治理已成为现代企业制度建设的核心问题。国内外大量的事例说明,必须通过完善公司治理,才能加强现代企业制度建设,才能建立企业的政治优势。银监会专门对国有商业银行的公司治理改革提出了指引,目标就是为了把国有商业银行办成具有国际竞争力的商业银行。国有商业银行过去十年的改革就是按照银监会的这个思路,所以完善公司治理是改革的核心和关键。

要把党的领导优势转化为企业竞争优势,首先,企业党组织应该适应现代企业制度建设的要求,围绕完善公司治理这一核心内容,改进党建工作内容,创新发挥政治核心作用的途径和方式,使得党组织活动有利于增进企业经营活力,有利于企业可持续高效稳健发展,有利于维护和发展企业股东及相关利益者的利益。着眼于增强中国企业的国际市场竞争力,党的领导要顺应混合所有制经济发展,突破按企业所有制性质的管理思维模式,把公司治理是否完善,作为评价企业党组织是否发挥政治核心作用的标准之一。国资委也提出管企业要向管党建转变,我们企业也有这个问题。这是我的观点,这些问题很敏感,我提出来跟大家一起讨论。

冯帅章:下面开始提问交流。

提问者:请教一下周会长,您讲的非常精彩,谈了通过骨干和团队分红权重构这种激励机制来解决国企主人问题，提升它的效率。我请教三个问题，第一，核心团队的选拔机制是什么？山西的票号掌柜的选拔和国企老总选拔不太一样，如何形成核心团队？这个问题不解决，难以设计出好的激励机制。

第二个问题是您讲到了国企利润的分配问题，但是有一些国企不是以利润最大化目标来考核的，怎么样界定国企的利润增加依据？比如一些垄断企业，怎么确定核心团队的贡献？

第三个问题就是分红权激励机制如何实现短期和长期的协同？

周放生：第一个问题，怎么选拔？这次中央文件讲得很清楚，今后国企的干部制度实行双轨制，一层层都是实行市场化的选拔，选拔问题解决了。第二个适用范围的问题，目前仅适用于充分竞争性领域的国企，公益性、垄断性和关键领域暂时不适用，利润的确定通过年终的审计。第三个防止短期行为的问题，首先，董事会要有考核指标，可能是一组指标，而不是某一项指标。指标都能完成，最后利润分成，分红以后一部分要用作风险抵押，类似于保证金。比如说李前拿了 100 万元分红，制度上规定50% 可以拿走，50% 要留在企业作为风险抵押，如果以后发现做假账，50% 不再给你，可能还要追溯。我们现在的监管制度已经很完善了。问题是中国国企的监管制度是世界上最复杂的，但是该发生的照样发生，什么都不少，说明现在的监管制度起到的作用有限，原因是里面没有主人。所以我的逻辑就是只有解决了内部主人问题之后，现在的监管制度才能真正发挥效力。我们经过几十年尝试，有一套非常成熟的做法，从监管角度来说没什么问题了。

三、 国企改革需要引入竞争

冯帅章：前面谈的是第一个主题，国企改革主要的方案和思路。第二个主题主要集中在宏观视角，首先请高等研究院的陈旭东发言。

陈旭东：我们的演讲基于和田国强院长合作的一篇文章，2014 年发表在《探索与争鸣》杂志上。因为我本人主要做经济思想史和经济史研究，所以我主要从三个方面，即从历史、现实和未来三个维度来探讨我们对国有企业发展和改革的思考。

近代以来中国社会经济制度发生了比较频繁的变动，如果从经济层面来看，有四个比较大的变革区间：第一，洋务运动到清末维新变法；第二，辛亥革命之后民国政府在市场方面的探索；第三，新中国成立之后计划经济的建设；四是改革开放之后市场经济的发展。不同的变革区间里,中国的经济社会制度发生了比较大的变化,国有经济的地位和作用也出现了不同程度的起伏和变化,我们希望通过对于历史的考察,发现并总结对推进国有企业改革乃至全面深化改革可以借鉴的地方。

第一,晚清洋务运动。我们考察发现,在洋务运动当中,很多现代工业企业都是在洋务派手上发展起来的,包括官商合办、官督商办,很多都是洋务派官员一手创办或者由他们委托的总办、会办、督办直接管理,李鸿章在里面起到的作用特别大。但是半官僚半商人的企业运营方式存在很多弊端,最大的有两个:一是因为官商不分使得政商利用官层关系,为企业谋取垄断利益,破坏市场竞争秩序;二是把传统官商不好的作风带到企业里面来,使得企业的投资效率低下。他们办工厂造兵器,由于体制原因生产出很多残次品,这也间接导致了中日甲午战争的失败。

1872年李鸿章提交了奏折,在上海成立了轮船招商局。官督商办,招商集股,募集了100万两白银,但是实际上只收到60万两。这是洋务运动中由军工企业转向兼办民用企业、由官办转向官督商办的第一个企业,在晚清企业变迁当中发挥了作用。早先单纯靠官办企业,后来试图借助商人的力量来追求国家的强大。一开始由朱其昂负责督办,效率非常差,因为朱本身就是商人,同时又是在官场上做。之后李鸿章聘请了一批买办,买办进来了之后,企业经营绩效发生了变化。后期盛宣怀进来了之后,官商格局发生越来越大的变化,官商味道越来越浓厚。

第二,民国经济时期。民国经济史上有黄金十年,也就是民营资本发展的黄金期。当时政府统治经济的倾向越来越明显,主要是战争的因素。国民政府对于经济统治存在政治倾向,1920—1936年国资资本和私人资本变迁中,国资增长明显快于私人资本的增长,尤其是金融业,十几年它的增长率有百分之几千,而私人只有百分之一百多,国民政府变成了金融规则的制定者和裁判者,是高度干预经济的政府,同时也是腐败的政府,所以没有经受住历史的考验。

第三是计划经济的尝试。社会主义改造之后,苏联的集中计划经济体制成为中国的基本参照系,到1956年年底实现了全行业公私合营。计划经济体制发展到1978年的时候,工业部门亏损40亿元,其中国营小企业亏损占到了一半以上,也是不成功的尝试。刚刚两位老前辈都提到了,现在国企改革要有问题导向,要明确解决什么问题。对于当下来说有两个比较重要的问题,第一个比较实际,新时期以来国企效益出现了大幅度下滑,对经济增长形成了拖累,2015年1—8月国有控股企业实现利润同比下降了24.7%,集体企业也下降,股份制企业也下降,而外商企业微幅增长,私营企业利润总额增长 7.3%。所以，一正一反可以看到，它们在应对经济下滑的时候表现出不同的经济绩效，国有企业比重比较大的地方，经济下滑更厉害;民营经济比较活跃的地方，一开始下滑比较大，但是之后回升比较迅速。这跟美国金融危机时的表现一样，一开始下滑比较大，但是自我修复能力比较强。

还有一个问题张董也提到了，即中央巡视组几轮巡视下来，发现有央企陷入了贪污腐败、利益输送、奢侈消费的泥潭，另外在用人唯亲方面也出现了共性的问题，所以说，从宏观上到微观上都具有改革的必要性。下一步改革往何处去? 我主要谈一些思路，不像周会长讲得那么具体。其一，我们国企改革的目标是提高国有企业的效率还是创造公平竞争的体制环境? 前者重要，但是后者更重要，从大的方面来说，我们现在的政策在有些地方存在矛盾，比如做强做大国有企业、发挥国有企业主导作用、跟市场在当中的决定性作用，有一定矛盾之处。从现实中可以看到，不是所有的国有企业都有市场竞争力，对于效益比较差以及丧失市场竞争能力的国有企业应该尽早重组和出清。2003 年以来国有企业在这方面的进展比较有限，所以不能仅仅就国企改革来谈国企改革，重要的是给民营企业改革的机会，用竞争倒逼改革。通过民营企业的股改倒逼，或者通过示范效应或者竞争效应，使得国企的改革有新的思路，是很好的途径。

其二，选人、用人靠组织部、靠政府、靠董事会还是靠市场? 国企改革离不开人，但是政企不分会衍生出很多问题，所以选人、用人是比较重要的环节，涉及公司治理和制度设计的问题。我主要谈这几点。

张冀湘:近十年来，国有企业腐败问题极为突出，这个跟你说的清朝洋务运动之间的腐败有没有雷同现象? 历史研究能否提供借鉴? 能不能解决问题? 我在银行只是看到微观的，银行也是国有企业，机制都一样。他们的优势在理论研究。邓小平在《党和国家领导制度的改革》里面讲到，他吸取了"文化大革命"的教训，觉得中国封建的一套东西，对中国管理体制影响太大了，所以他当时提出了很多改革思想，非常有针对性。现在腐败到了无法容忍的地步，问题爆发出来，应该多搞这样的历史案例好好总结一下，出点真招，厘清问题的根子在什么地方。

四、 本轮国企改革不会对就业产生巨大冲击

冯帅章:周会长和张董的观点进一步明晰了，一个是股权激励，分红激励，一个是

党的建设。张董认为从历史的角度研究国企改革还是大有可为的。下面请国家统计局人口与就业司李志龙高级统计师,说一下国企改革对就业的影响。李博士是就业方面的专家,而且国家统计局一直做这方面的调查,他掌握最新的就业数据。

李志龙:我的工作内容和国有企业改革不是特别接近,但是 90 年代那次改革造成了大量的下岗,大家的记忆比较深刻,所以谈起国有企业改革,大家就会想到国企改革会不会对劳动力市场、对失业率造成比较大的影响? 所以我今天主要就我们在工作中遇到的与国企有关的情况,向各位老师汇报一下,也请各位老师判断后面的形势,进一步做研究。

今天主要讲四个方面的内容,第一个是我们做的主要工作和数据来源。坦白地说,现在我们公布出来的数据比较混乱,我们有很多数据只是政府内部掌握,一直没有公布过。第二是中国现在的劳动力市场的现状和中国特色。第三就是国有企业在稳就业当中的角色。第四是本轮国企改革对就业可能存在的影响。

我们的国家统计局人口就业司主要有两大块工作,一部分是人口方面的数据调查和监测,一部分是就业方面的调查。人口方面主要靠全国人口普查,逢五的时候进行百分之一人口抽样,现在正在做,另外每年有年度人口变动调查,这个调查是千分之一调查,也就是规模调查,国务院要求一年两次。2008 年金融危机,当时为了监测劳动力市场,我们对 31 座城市做了调查,李克强总理说百分之五点几的失业率就是这么调查出来的。2014 年年末习近平总书记在召开中央经济工作会议的时候,提出了新的要求,要我们把劳动力调查扩大到全国。从 2015 年 7 月份开始,我们已经在全国开始进行月度调查,每个月 12 万户的样本。另外还有同城镇单位劳资统计,由各个单位填劳资报表,还有季度的企业用工调查,是每个季度做的。此外也做一些就业大数据的研究,最后是私营企业抽样调查和劳资配合。城镇单位劳资统计不包括私营企业,现在统计年鉴公布的数据,除了三产数据劳动力市场调查之外,其他数据是由城镇单位劳资统计的数字,私营和个体来自工商局的数据,所以数据口径有问题,看年鉴上的数会发现有一些矛盾。

国有经济的定义现在处于比较混乱的状态,我们经常接到咨询电话,询问现在国有经济的占比情况。但是现在我们的统计口径是按照工商局企业登记注册类型分的,比较复杂。比如说有国有单位、国有独资企业、国有联营、国有参股,不同口径定义不一样。国有参股企业算不算我们讲的国有企业? 对于国有经济的影响,不同的人员估算的差距较大。之前说 TPP 的时候,美中经济与安全评估委员会测算我们国有经济在国民经济中占到50%左右,当然我们认为他们高估了国有经济的占比,美国彼得森国际经济研究所研究员拉迪估算我们只占30%左右。但是也有一些学者认为50%的估算比较可靠,不同的人员对我们现在国有经济占比的估算差异都很大,主要也跟现在国有企业口径混乱有关系。

从国企就业占城镇就业的情况来看,不同统计口径的差异比较大。从劳资方面来统计,如果仅仅算国有单位,可能只占到城镇就业的5%左右,但是如果按照劳动力调查里面国有和国有控股来说,目前这些企业的就业人员占到城镇就业的16%左右,所以也是不同的口径得出的结果不同。如果加上国有参股就更高了,在这里没有算过国有参股企业,具体的人员怎么估算不好说。

国有控股企业就业在所有企业中的占比,在2015年之前持续下降。当然不是因为裁员,而是每年新增就业总量在增长,民营经济吸纳了更多的就业。但是,从2015年开始,一个很奇怪的现象出现了,下降的趋势改变了,变成了比较平稳的过程。看劳动力市场基本的现状,首先一个是人社部的指标叫城镇新增就业,就业好的时候半年就能完成百分之七八十的目标,但是与真正的就业总量年度之间的差异是背离的,因为人社部城镇新增就业的指标是人次的概念,比如我没有工作了,他介绍了一份工作,干了两个月以后不干了,他又给我介绍工作,在他的统计里面是两次,是人次概念。城镇就业增量是人的变化,当经济形势不好的时候,会频繁地失业,频繁地介绍工作,所以在经济形势不好的时候,这两个数据差异比较大,经济好的时候这两个数据比较接近。

周放生：应该统计一年的净增量。

李志龙：我们看到制造业的占比已经持续下降40个月了。新兴服务业,尤其是"互联网+"、"O2O"的企业吸纳就业比较明显,在之前我们对"滴滴"、"优步",以及"饿了么"做了调查。以"优步"为例,在北京、广州、武汉、成都、上海等城市,司机注册了之后确实干的已经有30万名,其中两成也就是接近6万名司机在这个工作之外没有其他工作,是专职司机,而兼职司机更多了,但是吸纳就业能力持续下降。

周放生：那里面有很多人兼职,白天上班,晚上开专车。

李　前：这些平台吸纳了很多人就业,没有事干的人买一辆车就可以了。

李志龙：除了这个,现在"回家吃饭"等新兴服务业也带动了就业。比如说我父母来我这里,退休了没有事在家做饭,同小区的年轻人不想做饭,天天在外面吃,在网上看见我妈做的饭,预定一下,我妈本来做两个人吃的,现在多做一份,让他来吃。新兴服务业发展很快。

周放生：回归熟人社会了，我们人类社会一开始是熟人社会。

李　前：还能带动其他行业，比如保险行业，万一出了事有保险。

李志龙：现在城镇就业的增加主要靠新成立的企业。劳资统计显示，成立一年以上的企业用工总量下降了，前几年没有出现过这种情况。虽然现在说就业增加，但是以前成立的老企业就业是下降的。其次，从失业角度来说，大学生和青年失业的问题突出，现在已经达到了 2004 年调查以来的峰值。再就是分地域的失业率水平差异特别大，比如东北地区，这个月之前新闻发言人说现在整体的失业率是 5.22，但是实际上东北地区高出两个点以上，到了百分之七八的水平。

周放生：你们统计失业率到底以什么为准？农民工算不算失业？农民算不算失业？到底谁不就业算失业？标准是什么？

李志龙：现在我们的失业标准完全按照国际劳工组织的，以一小时为就业标准，调查之前的一小时在工作就算就业，而失业标准是当时没有工作。农民以前是不算的，有地就不算失业，但是这次改了，跟城里标准一样，不以有地来衡量，你在地里劳动才算工作，如果有地但是没有劳动也算失业，不是以前的没有地才算失业。统计对象要求 16 岁以上，上不封顶。

我们分析劳动力市场的时候发现，中国的失业率水平和大家感觉到的不太一样，到了百分之五点几的时候大家感觉是比较低的。有两个原因，第一个是农民工返乡。农民工返乡，不会反映在流入地就业上升上，所以上升有限，甚至不升高，主要表现在流入地流动人口的减少，但是流动人口我们每年调查一次，只有人口变动调查的时候有可能出人口流动数据。因为农民工返乡的存在，所以导致失业率在这一块不是特别敏感，或者低估了一部分失业率。

另外就是今天的主题，我们的国企有稳定就业的功能。经济形势不好的时候，国企可能出于社会责任不能随便裁员，在这种情况下多采用停工放假、组织学习、减少工作时间这些方式来稳就业。前一段时间开就业形势分析会的时候，国资委举了很多例子，神化集团好多煤矿停了，没有生产，但没有裁员。不过，国企的就业占比今年有所下降，2015 年一开始基本是平的。但是，与此同时我们很明显地看到，国企的平均工作时间有所下滑。国企的稳就业功能是否能够一直持续？目前我们的看法是可能不能持续，因为一个基本的事实是，虽然每次发布经济形势分析的时候，我们说经济形势不错，但是企业利润率持续下滑，而国有企业利润下滑速度超过平均水平。

　　我个人的看法是我们前一轮的国企改革，把下游的生活资料、竞争性市场已经放开了，现在国企基本收缩到上游垄断的行业里面，比如说石油、电信、金融，而这些领域前十年表现出来的利润率比民营企业高，很大程度上并不是由于国企的经营水平高于民营企业，而是由于获得了上游领域的垄断利润。以前，我们有人口红利，经营形势很好的时候，可以通过民营企业的下游企业来支撑上游垄断企业的低效率。但是随着下游的民营企业经营也开始混乱，国企利润下滑明显。也就是说下游民营企业经营的困难，已经传导到了上游的国企，所以如果这个情况持续，虽然国企可以在一定时间内出于社会责任来稳就业，但长此以往是不能持续的。同时，要求国企稳就业对国企本身也不公平，因为这牺牲了国企的灵活经营。

　　前面谈了目前的就业形势和国有企业的稳就业，现在谈谈我的看法。本轮的国企改革跟 20 世纪 90 年代末的国企改革是不一样的。首先是从总量来说，90 年代的时候，国有就业比重比现在大得多，而且多是劳动密集型企业，那一轮改革的时候，由于改革的速度比较快，短时间内造成了大量的下岗职工，对就业市场有巨大的冲击，下岗人员用了十多年的时间才慢慢消化。我们监测到，一直到了 2010 年前后才有所好转。但是本轮改革主要是上游垄断性的国企改革，对就业市场的总量冲击没有那么大。其次，中央现阶段稳就业的思路是明确的，如果一旦出现了失业率飙升或者控制不住情况的时候，会出台更加激进的措施来进行稳就业。

　　基于以上两个理由，这一轮国企改革对就业市场不至于像 90 年代的冲击那么大，但现在有可能的几个影响已经开始显现了。第一，国企吸纳就业人员减少，三季度智联招聘和中国人民大学通过大数据监测，研究不同类型的企业对于就业需求的增长，从数据上，可以看到国企吸纳就业的增长率比较低，在 9% 左右，远远低于民营企业或者其他的股份制企业。国企吸纳就业减少，有可能会加剧大学生就业难和青年就业难。其次，劳务派遣人员的减少在国企是首当其冲的，为了稳增长，国企不能随便裁减在职员工，但可以通过减少劳务派遣降低用工量。前两季度劳务派遣的平均数值，比全年少一些。不同类型的国有企业，不管是国有单位还是国有联营、还是国有独资，数字变化很接近。国企在岗员工的就业流动性不是特别好，有一定的程度的垄断性，但是劳务派遣是市场化的行为，如果经营形势不好可以减少劳务派遣的用工量。

　　我们已经看出劳务派遣的用工量有所下降，这可能会缓慢抬升失业率水平。我们内部做过测算，国企稳就业是拉升常态的东西，很多人会存在隐性失业的问题。如果根据失业比重测算,目前稳就业措施在降低失业率水平方面的贡献约为0.5%—0.8%,如果没有国企稳就业的措施,现有的失业率水平已经突破了内部控制线。这对失业率缓慢抬升缓慢抬升的影响,虽然不像90年代那么大,但具体有多大的影响也不是很清楚。比如说它的影响速度和抬升水平,跟我们的经济走势,包括新兴服务业的发展,中央稳就业措施的决心都是有关系的,还需要持续观察。

通过对新兴服务业,包括"互联网+"创业公司的调研,我们发现,这些企业或者平台对就业,尤其是老大难的就业问题真的有帮助。现在的失业问题主要是结构性的,一个是大学生的失业问题,另外一个就是四五十岁的人员,他们技术能力不是特别高,岁数比较大了到外面找工作不好找。用工单位要么要年轻人,要么要技能好的。但是随着"互联网+衣食住行"的发展,原本比较基础和低端的行业对这一人群进行了吸纳,同时,新兴的"互联网+"企业就业形式比较灵活。

对大学生来说是一样的。我们在调研专车司机时发现,80%的兼职司机中有接近70%都是拥有大学以上学历的人,都是年轻人。他们觉得这个东西比较好玩就做了,而专职司机很多都是年龄偏大的,技术能力不是特别强的中年人比较多。兼职司机中有60%的人对目前现有的工作收入不太满意,他们认为新兴服务业可以增加收入,提高就业质量,解决就业不充分的现象。

国企改革对不同地区就业水平的影响差异较大。陈博士前面提到了东北地区因为国有企业占比较多,本轮国有企业改革会使得该区域的就业形势更加严峻,现在它们的失业率比全国要高,加上国有企业改革占比又高,问题会特别严峻。另外北、上、广和江浙地区,国有经济占比不是特别高,而且民营企业和服务业比较发达,有利于下岗人员再就业,这些地区不会像东北地区所受的冲击那么大。媒体上很多文章说东北地区发展不好,跟人口红利有关,我觉得东北地区有大量的人员流出,是经济形势影响的结果,而不是原因。

五、 上下游产业同步改革才是出路

冯帅章:谢谢李志龙,下面有请香港科技大学王勇副教授。王勇副教授研究的领域是经济增长、宏观发展、贸易、中国经济、印度经济等等,他关于国有企业的改革也有非常好的理论模型与我们分享。

王 勇:首先感谢冯帅章教授邀请我。刚才周会长和张董的发言都比较强调企业内部治理,现在我来谈谈外部治理,因为现在所说的中国国企改革,已经不仅仅是中国的国内问题,而是世界性的问题。今天报告的这部分内容是我2013年被邀在美国国务院和美国财政部作报告时讲的内容。当时我的文章上传到网上,是一篇研究性的论文,我也是名不见经传的研究人员,但是美国人对这个问题特别感兴趣,让我意识到这是国际性的问题。英国《经济学人》杂志是专门研究国家资本主义的,但是2012年有一期讲到的是中国,主要讲中国的国企已经非常大了。在美国国会下面的经济与安全委员会,他们研究中国的"国家资本论",主要就是分析中国的国情。美国人对中国国企改革研究得非常透彻,如果看他们的报告,数据的整理比很多国内的专业人士做得还要好。我在美国外交部作报告的时候,其中有一位作者也在场,他们对中国国企改革非常关注,有很多人都直接用中文交流,所以这是国际性的问题。

现在的国企改革和90年代国企改革有什么不同的地方? 其中很大的区别就是现在的国企,特别是在2007年之前的国企变富了,2011年进入世界500强的企业中,中国一共有57家,57家里面53家是国企,占比为93%。五百强企业最多的是美国企业,有133家,但是他们的国企比重非常小。2014年中国有100家企业进入世界五百强,其中大部分是国企。第二个方面,现在大部分国企都集中在上游的能源、电力、通信等这些方面。在90年代国有企业效率普遍比较差,又有很多银行贷坏账,当时没有人愿意进国企,那为什么国企一下子变富了? 为什么现在大学生愿意去国企就业? 到底什么原因使国企发生了这些变化? 把中国的企业放在宏观的背景下来分析,可以看出和三个因素有关。

第一,与国有企业所处的产业有关。中国与美国和法国相比,进入世界五百强的企业,中国有93%的企业是国企,法国在资本主义国家里面是国有资产比重比较高的,美国就很少了,有一些金融机构,这是为了防止国际金融危机,否则他们的国家注资会更少。而中国的国企将近一半在上游产业里,所以上游是国家垄断,通过国有企业的垄断完成国家垄断,下游简单来说是对资本主义开放的,允许民营企业竞争。为什么在90年代国有企业那么糟? 因为当时国有企业和民营企业都在下游同样产业里面竞争,是一个"水平结构"。那个时候你死我活,民营企业越强,国有企业越是受到损害,这可以解释为什么那个时候民营企业都在扩张。一旦国家对国有企业减少补贴,放手不管,它们就变得越来越糟。而现在的结构是"垂直结构",国有企业和民营企业分别处于上游产业和下游产业,是垂直的,这非常重要。

第二,与中国拥有丰富的劳动力资源有关。中国是个大国,有丰富的劳动力资源。如果中国是一个小国,上游企业不可能这么大,如果是小国,一旦出口增长,一旦扩张生产,劳动力成本马上上去。但是中国大量的劳动力在农村,所以一开始要出口,劳动力源源不断从农业转到工业,这个时候工资上升得比较缓慢,使得下游的民营企业有劳动力优势,所以不断生产,不断出口,不断扩大对上游的能源材料的需求。

第三,与中国的经济结构转型有关。如果中国没有经济结构转型,那么中国农业部门会比较强,上游产业也不会那么多,所以这也和中国的结构转型是分不开的。同时,中国非常积极地参与国际贸易。如果中国是封闭的经济环境,再繁荣发展顶多也就是国内市场,但是中国是开放的经济环境,所以下游很多的商品都是卖到国际市场上去,数据统计显示,2012年中国的国有企业占出口总额不到14%,民营企业才是占主导的。

这几个因素加起来就可以理解,为什么国有企业在那段时间有那么大的利润上升。这是因为,下游的产业放开了,下游的民营企业发展是中国经济增长最大的引擎,它的发展依靠廉价劳动力,在大量的工业化过程中,不断从农业抽取出来劳动力,劳动力非常便宜。同时,中国又参与了国际分工,所以下游的产业已经不再仅仅满足国内需求,而是大量出口到国外,利用劳动力比较优势,这样下游的企业迅速扩张,而要扩大生产规模,就需要更多上游的能源,需要更多的金融服务、更多电力、更多通信,而上游的能源、电信又是国有企业垄断的,所以下游的民营企业发展得越好,上游的国有企业越赚钱,一头奶牛长得越来越肥的时候,挤奶越来越多,这就是我们认为上游国有企业在2001—2007年之所以迅速扩张的非常重要的理由。

为什么现在这几年又不行了? 为什么这几年大量讲的是产能过剩? 这也与我们的分析逻辑一致。2007年国有企业利润率下降得非常厉害,民营企业下降一点,因为2007年、2008年受国际金融危机影响,中国下游外需下降了,出口减少,再加上劳动力升值,下游生产规模受到限制,对上游的能源需求减少了。另外,下游外需疲软、内需不足,也导致了上游下降很快。

在考虑国有企业改革的时候,有一阵子我们不否认国有企业里有很多优秀的企业家,他们想了很多办法治理结构,提高了自身的生产力。但是现在他们中有些人提出国有企业已经做得那么好了,利润提高了,还有必要改革吗? 你们老是指着鼻子骂我们,说90年代改革不好,可现在好了又批评我们。他们说中国国企都已经进入世界五百强了,应该是中国企业的英雄,不应该改革。但是根据我们的分析,上游国企很多利润是经济增长的结果,而不是原因。他们认为自己对中国经济增长作出了贡献。我们承认贡献肯定是有的,但是下游民营企业的贡献才是最关键的,才是导致国企利润提高的主要原因。另外这可能与短暂市场化改革不彻底有关,因为下游的民营企业市场化已经改革好了,但是上游还没有改革好,所以在这个时候产生了一种扭曲,下游民营企业做得越好,上游可以抽到更多资金。在这样的情况下,如果把上游的国企垄断去掉,即允许更多的放开,允许民营企业参加进来。这也和我们现在的结构转型和产业升级有关,因为有些产业是行政性垄断,不允许其他的民营企业进来,但是如果把垄断去掉,不仅能够更好地增加 GDP,而且上游垄断价格下降后,也能使下游的要素成本下降,这样更加有利于下游的民营企业的发展,既有利于它的工业化进程,也有利于吸收更多劳动力从农村进入城市。价格下来以后,对消费者也有好处,还能改善收入分配。现在很多大的国企存在腐败现象,通过垄断利润得到钱。把这些垄断,特别是行政垄断打破,对经济发展将能起到积极的推动作用。

最后,我们来看看这样的增长是否可持续。假设中国已经有充分的就业,很多劳动力已经投入工业部门、现代部门,包括服务业部门,过去几年工资上升速度非常快,同时中国的汇率也在升值,法律体系不断完善,这些因素都促使下游民营企业面临的竞争压力越来越大。举例来说,一个下游民营企业,原来虽然电费或者其他经济成本比较高,但是还能依靠廉价的劳动力优势在世界市场上占有竞争优势。但是如果现在劳动力优势没有了,同时汇率和土地成本也上涨了,在这个时候上游融资成本和其他能源成本再提高,那就会成为压垮他的最后一根稻草,下游民营企业的国际竞争力就彻底被削弱了。下游民营企业被上游垄断企业压垮后,上游的国企的日子也会越来越不好,因为加入世界贸易组织必须承诺放开,如果下游非但不能出口,还要进口,谁来消费上游的能源?如果下游的民营企业死掉,上游的国企也会跟着死,下游的"奶牛"长不大,上游就不能产出"牛奶",所以从这个意义上,我对中国国有企业改革是持乐观态度的,如果不改,就是"死路"一条。

世界市场的竞争通过往上倒逼,最后在乐观的情况下会发生倒逼上游的国有企业必须要降低垄断价格的情形,这样降低下来以后,下游民营企业的压力才会减轻,才会出口。上游国企在降低价格后,生产力会比较低,那么怎么样提高上游国企的生产率?除了刚才讲到的内部治理,包括给他们更多激励,采取一系列激励措施提高生产率外,还有一个很重要的方面,就是外部治理,需要引入更多的竞争。现在很多产业不开放的理由都是借口,不否认是有一部分出于国家安全的考虑,但是更多的是出于维护部门利益的行政性垄断妨碍了其他企业的进入,如果这些企业都没法进入,怎么提高？现在上游的国企压在上面,下游的民企已经被束缚住了,上游卡着不改,下游民营企业便没有办法生存,停在那里,中国可能就会陷入所谓的中等收入陷阱。所以上游不放开不仅是单独企业的问题,而且是涉及宏观经济的问题。

我和林毅夫教授、卫尚进教授做研究,现在中国经济在上升,肯定要结构转型,怎么样从制造业转到服务业？从低质量的制造业往高质量的制造业转型？在服务业里面一方面要发展新兴的服务业,另一方面要大力发展关键性的上游的生产性的服务业。关键部门真的需要放开,需要引入竞争,如果担心外国人控制中国,那么首先可以允许本国的民营企业进来,否则经济增长就很难持续。

这里面涉及一系列问题,因为上游很多产业涉及自然垄断,那么多大程度上是由自然垄断造成的？多大程度上是行政性垄断造成的？从一些相关文件中可以看到,有很多是强制性垄断,涉及六大战略性产业,但是未必所有的都必须由国有企业做,民营企业同样可以做,国家做一定程度的监督就可以了。

这个又和产业政策联系起来,产业升级需要很多创新。现在国家给大型的国有企业大量补贴,认为国有企业能产生更大的创新能力,这和中国的教育制度有关,因为中国的大专院校、研究机构基本都是国有的。但是,怎么样真的促进创新？怎么样和国有企业改革联系起来？这些都是很头痛的问题。还有僵尸性国企怎么改？怎么让它退出？这其中不仅涉及维稳的问题,还涉及一系列保障制度问题,因为所有的改革都是配套的。但并不是说中国的改革要激进的休克疗法,一下子全部放开,对此我是坚决反对的。中国还是要具体产业具体分析,有些产业的确是国家掌控的,如果涉及国防,从战略意义上讲就不要把它当成是企业来看待,而是执行了国防性的公共产品的公共服务功能。

我觉得改革还是应该渐进的,有些产业可以放开。最近出台的一系列文件里都在设计各个分项的改革。一个市场的竞争性、垄断性本身是内生的,是结果,放开了就是竞争性,形成垄断就是垄断性。所以哪些该放开？哪些不该放开？不同的产业之间并不是孤立的,有投入产出的结构。如果把当前的国有企业改革放到中国宏观经济增长、结构转型、产业升级的框架里面,就可以很好地把它与90年代国企改革区分开来。那个时候大家讨论的是中国加入世贸组织会对中国产生什么影响？但是现在的形势已经不一样了,2014年按照购买力平价的计算方式,中国的经济规模已超过美国,成为世界第一大经济体。所以如今中国国企改革承担的功能不是单单涉及中国的国有企业,而是对世界市场的分配的影响。中国现在很多的资本,很多的国有企业走出去,去国外收购别人的矿产企业,这是美国人觉得最不可接受的。按照国家资本主义逻辑,他们认为中国的企业背后有很强的国际背景,到世界各国掠夺资源。从我们中国的角度来说,要看到的问题是中国经济增长关键性的制约因素在什么地方,怎么样帮助中国把结构性的问题解决掉,使经济能顺利地增长。现在的国有企业是处在关键性的部门,所以改革应该用结构性方法来解决。

李博士讲到了一本书,书主要有两个观点:第一个观点是中国国企不重要,所占的比例太小,没有必要讲国有企业;第二个观点是中国的经济增长主要是民营企业作出的贡献,并不是国有企业的功劳。我和他讨论了一个小时,我说基本上同意你的第二个观点,就是中国经济增长大部分是民营企业的功劳,但是不同意第一个观点,说国有企业不重要,因为这样的结论是只看了比例,而没有看结构,如果看结构,国有企业都处在关键性的部门,它们对经济的作用不一样,因此如果把经济结构这一因素考虑进去,那得出的结论就不一样了。他也认同这个看法。

周放生: 有一个问题我要纠正一下,我们经常说五百强,美国财富杂志是这个概念吗? 不是! 是五百大! 被误读的原因一个是五百强杂志误导了中国人,我们中国人喜欢自己把自己放大,我是世界五百强,"强"比"大"感觉上要好很多。

进入名单的企业是怎么来的? 一个因素是中国经济促使世界经济增长,使得企业规模扩大。还有一个很重要的因素是我们把企业给合并了,是把许多企业合并成一张报表统计出来的,是统计局统计出来的,不是自然发展出来的。

王 勇: 看利润总量的确很有规模,但是我们衡量利润除以销售收入,已经把规模控制了。

林立国: 王勇刚才提到上游国企的垄断,破解这个垄断该用哪种方式? 一种是降低进入门槛,允许新的民营企业进入,成立新企业的方式,还有一种是现有国有企业内部的股权改革。对这两种引入民资的方式有没有相关的研究,显示哪一种更有助于提高效率或者效果更好一点?

王 勇: 这个问题讨论涉及混合所有制,要分层来看。大家都知道南北车合并的案例,南车和北车原来在国内都是一家独大的垄断企业,做大以后到国外市场却拼杀得非常厉害,搞恶性竞争,之后出于国家利益考虑将南北车合并。所以说,如果在国际上的产业和国际竞争的时候,中国国企做大确实有好处在里面。但是现在国内的上游企业,在许多并不涉及国防安全的企业中,包括金融行业中,国有企业垄断的很多,以前不开放,是因为中国原来很多上游产业资本非常密集,民营企业根本没有办法做起来,但是经过改革开放经济增长,民营企业有能力即便是资本密集型产业也可以进来,不同产业采用不同方法,有些可以把民营企业引入进来。

张冀湘:政府现在的政策已经非常清晰了,就是要放开,这一点李克强总理思路非常明确,现在正在这么做。

六、 公开透明分步改革防止国有资产流失

王　勇:下一位发言的是中国国家电力投资集团公司的李前处长。

李　前:我今天的发言题目是如何看待国企改革过程中的国有资产流失。现在许多学者都在研究这个问题,包括总书记在谈到国有资产改革和国企改革时,总是把国有资产流失问题当作非常重要的问题在讨论。老百姓对这个问题非常反感,很多改革到最后都是一部分人富了,很多人失业了。如果改革不存在国有资产流失的问题,那就容易多了,所以就这个话题谈谈我的看法。

首先要搞清楚什么叫国有资产流失?大家会说:这还用说吗?但是这个概念必须要先说清楚,不然很多东西就不好说了。国有资产流失是出资者、管理者、经营者因主观故意或过失违反法律行政法规和规章造成国有资产的损失。首先明确资产流失和损失的区别,流失和损失不是一个概念,国有资产流失是从国有权力和国家单位转移到了非国有单位和私人手里,造成了国有资产的流失,也就是资产权益还在,只是所有者换了,国有权益减少了,但是非国有权益增加。这是国有资产流失的一般情况,老百姓产生不满情绪的也就是这种情况。而国有资产损失指的是资产消失了,谁也没有得到好处。我们现在讲的是国有资产流失,就是国有资产的国家权益和国家国有以非法手段,就转移到了非国有单位的私人手里。其中一个关键点就是"非法手段",国有资产没有经过合法的手段就转移到了非国有单位手里,这个时候叫做国有资产流失。国有资产以合法的手段,以公平、公正的方式转到了非国有单位的手里,不能叫国有资产流失,而称之为资源优化配置,这是改革中一个非常主要的问题。经济学研究的问题就是稀缺资源的优化配置,稀缺资源从国有控制下转移到非国有控制下,一般是优化配置的过程,让稀缺资源发挥更大的效应,产生更多的社会效应。

毛泽东说贪污和浪费是极大的浪费。贪污是财富还在但换了主人,而浪费是社会财富和资源都没有了。所以,首先要把资产流失和资产损失区别开,认清如何在国有资产转移为非国有资产过程中,不发生或者少发生国有资产流失,这是我们要研究

的课题。怎么防止国有资产流失？如何才能完成改革？最核心的问题是定价。因为我们买私营企业的东西，这种情况不是改革，但是把国有企业的股权转让出去，这时候是一种重组，就会出现定价问题。定价问题是最核心的。国有资产改革转移到私人手里，企业价格怎么定？所以转让过程中如何定价是一个关键问题？如果是公认价格，公开公平公正地定价，那就不存在流失问题。国有资产委员会在改革过程中首先就应当保证所有程序内容的公开透明，不要总背着企业职工干什么事，对职工保密。现在国家规定产业挂牌转让，就是公开公正透明做这个事，只要是对产权感兴趣的人都可以购买，这种情况下就是公认价格，拿到资产或者股权再经营企业，挣钱那就是我的本事。

但是我们的国有企业在改制过程中说国有资产流失了。现在有些国有企业亏损严重，或者效益不好，人家要买不搭理，但是看别人挣钱，就连篇累牍地进行攻击。因为老百姓有仇富的心理，看人挣钱就是生气，但是人家定价的时候你怎么不买？所以一定把这个事做到公开透明，让所有人让全社会都可以来买这个东西，这是防止国有资产流失的一种手段。

除了企业定价价值，什么是企业真正的价值？企业的价值就是该企业预期自由现金流，以其加权平均资本为贴息率折现的价值，说白了就是企业挣多少钱，在生命周期内带来多少利润，折现以后就知道值多少钱。最简单容易的评判标准，就是买这个企业为了挣钱，能为我们挣多少钱，就给出多少价钱。在合理范围内买企业，这是最基本的判断。

有时候不同的企业估值也会不一样。例如，我们有一个电厂在贵州，原来是国电集团和我们共同合资的，国电持有 51%，我们持有 49%，但是国电经营不好，我们想把电厂买过来，那这个企业到底值多少钱？我们进行了估值，比如这个企业估值 8 亿元，我们拿到这个企业以后可以盈利，但是国电以同样的价格拿到这个企业会亏损，因为在当地我们有一批企业，可以实现对煤炭的控制，形成价格联盟，煤炭企业在我们这里必须降 1 元一吨，但是国电买煤炭还要加价，所以亏损。所以同样的价值对我们有利，但他们接受不了，这就是比较优势。可见在对一个企业进行估值的时候，不同的企业对这个企业的估价是不一样的，这个因素要考虑进去。因为你不懂这一行，你买的企业肯定亏损，我懂这一行，而且有资源花钱买企业，买了企业以后有了效益，就不能叫国有资产流失。在体制下受到很多因素制约，但是换了一种体制和机制可能变成盈利，所以就不是国有资产流失了。

还有就是企业家的精神与企业家的价值,它们体现在企业的价值当中。原来我对这个也不是很清楚,但是我有一个深刻的体会。我最早当工人,之后在企业干过,现在又到国家机关,管企业管股权,最深的感受是,一个单位也好,一个企业也好,一把手的作用很重要。一个烂企业,如果有一个好的企业家,一个好的一把手,可能采取很多措施把它扭亏为盈,但是一个好企业家和差劲的一把手在企业里就会有代沟,这种情况很多。

如何对国企价值进行评估? 一般有三种评估方法,市场法、平衡法、收益法。评估企业能带来多少回报,我们用收益法最合理。办企业是为了挣钱,有多少回报要算出来才能知道值多少钱。评估的价值一定要是当时是转让时候的价格,而不是将来经营以后的价格。还有一个问题,国有企业转让的股权,谁来对它的价值进行确认?现在法律规定是国资委对企业的价值进行评估,有些下面小的企业委托我们集团,中央企业集团进行备案,中介机构进行评估,这里就出现了问题,国资委又是当领队,又当裁判员。原来为了防止国有资产流失,企业间买股权,由国有资产进行评估,现在改成备案,是一种权利,权利可以放弃,交给市场,双方讨价还价是市场的行为,政府不要干预。

国企改革的路径涉及防止国有资产流失,用什么办法来操作? 我们现在说的国企改革,包括股份制、职工持股都是股权转让,也就是卖。在国企改制的过程中,不要想着一步到位把国企一下子卖了,那会出问题,国企当中有很多复杂的国企身份的问题,一票否决压倒一切,几十亿元处理完了就没事了,损失没有人关心,但是职工怎么办? 这是关系职工切身利益的事,是天下大事,不是小事。我们做的事要保证职工的利益,让他知道对自己有好处,他才会支持我们,这样事情才容易干好。但是我们现在做事往往是没有想到职工的利益,这个问题一定要注意了。我们在原先的改革当中,包括中石油很多大型企业采取"时间办法",就是上市的时候买断工龄。我们电力企业也有这么干的,但是效果非常差,职工说我们原来在企业干了这么多年,现在企业挣钱了,你们工资涨了这么多,给我们买断工龄才给了十万元八万元。所以这个事应该根据企业的实际情况,不能一刀切。在处理国有股权转让时,现在国家提出混合所有制,思路很对,先让其他所有者也参与到国企里来,也包括其他国有企业或者其他国有单位,任何国有制形式都可以进来,依法治企。虽然这么多股东都是国有,但利益不一致,所以会互相制衡。根据我们的经验来说,在公司法人治理结构完备的情况下,一般的太多太重大的坏事是干不了的。所以我们觉得国企改革要分步走,转让的时候先转让一部分,哪怕不好的企业,企业效益低的时候转让一部分,企业的性质改变了,法人制结构变化了,企业变好了股份升值了,剩下的股份挣钱,比一下子处理掉要好得多。所以不要一次全都转让,可以分期分批,没有转让剩余的股权转让获得增值,既可以实现改革的目标,又可以保证国有资产保持增值,避免国有资产流失。

七、 做好基础工作,推动国企实质性改革

王　勇:下面有请中国华能集团的李晓副处长,讲关于国有资产问题。

李　晓:很高兴有机会来参加今天的研讨会。我毕业之后一直在华能从事股权管理、监事管理,属于资本运营工作,在工作过程中有很多困惑,借今天这个机会把自己一直没有答案的问题提出来,和大家一起探讨。

第一,中国国有企业改革的目标是什么?我们部门内部也讨论过这个问题,看过很多资料文件,但只有具体目标,没有根本的实质性的目标,是不是国有企业改革就要把国有企业做强做大做优?或者国资委说产权明晰、政企分开、管理科学,深层次目标是什么?需要研究。

第二,中国国有企业改革的动力在哪里?现在做的改革是政府自上到下,那有没有从下到上的国有企业改革的动力?我老家是山东的,山东前些年有一阵风在农村搞社区改造,把老百姓平房搞掉盖楼,现在这股风已经暂停了,因为一部分农民搬进了住宅楼,但现在生活出现了困难,因为年龄大了没有地生活就没有出路,他们在城市里工作不好找,所以从长期来看这股风就自己消失了。因为年轻人都到城市里买房子,不在农村住了,农村的房子常年失修。中国国有企业改革要是没有自下而上的动力,能不能搞好?

第三,洋务运动问题。这可能跟上海是洋务运动的发源地有关。我在来之前在报纸上看到清朝派到英国的第一位驻英公使郭嵩焘,他是一位传统的清朝官员,但是在当了英国的驻英公使以后思想发生了改变,甚至对洋务运动产生了怀疑。当年黄炎培曾经问过毛泽东说,共产党能不能跳出历史周期率?毛泽东说我们找到了办法。今天我们能不能做好当年曾国藩没有做好的思想工作?

第四,为什么现在专门研究国有企业改革的人特别少?是不是哪个学术领域容易出成果,研究这个领域的人就多一点,如果这个领域出成果非常少,那就无人问津?我感觉我们国企改革国资管理并没有出新的东西。

这四个问题提出来,只有问题没有答案,供大家参考。

2015年9月13日中共中央、国务院印发了《关于深化国有企业改革的指导意见》,可以预见,指导意见必将对未来的国资监管和国企运营产生重大的影响。但是我们觉得无论多好的办法,多好的体制,只有执行落实得好,才能发挥应有的作用。关于国有资产管理体制,现在指导意见倾向于以管资本为主,推进国企改革和国资监管,现在媒体报道比较推崇的国有资产管理模式,就是新加坡的"淡马锡模式"。我了解的与淡马锡有关的所有信息都是二手资料,所以不评价"淡马锡模式"的好坏。目前世界上没有一个统一的最佳的国有资产管理模式,每种模式都是各有利弊,没有绝对好坏,"淡马锡模式"在新加坡运转得非常好,但是在中国不一定。举例来说,2002年电力体制改革的时候,对于电网是一张网好还是多张网好,曾对此专门进行考察,外国有多张网也有一张网,当时它们都运转得非常好。投行提出建议,现在回想起来他们不是真懂,他们只是以此获取经济利益。所以不管什么方式,都必须把基础工作做好,如果忽视了基础工作,一味空谈改革,那只是机构名字改了,但不解决问题。

要搞好国企改革,我认为应该做好四个方面的工作。第一,要提高国资监管的效率。首先要明确国资监管的内容,哪些是应该管,哪些不应该管,真正做到简政放权提高效率,这是国企改革的核心难点。我们在基层工作特别头痛,现在企业里面做什么项目整合资产,最难的不是可行性研究,也不是具体操作,最难的是报国资委审批,而且有些要求是永远无法达到的。其次要改进监管的程序和方法,对于国家监管的事项给予明确的受理,提高国资监管的实质性和透明度。

第二,事前做好监管工作。企业国有资产产权登记从1990年至今,财政部和国资委先后投入了大量的人力财力,国务院总理签发了登记管理办法,但是效果不好,产权登记作用没有发挥出来,很多人不知道国有资产产权登记是怎么回事。产权登记只是一个例子,在国资监管还有类似的问题。有一些国企要上市到国资委批的时候,国资委拿出1993年财政部发的文件,说企业在成立当中有问题,财政部审批不通过。可文件是二十多年前的,到现在有没有效?谁也不能说,国资委理由很充分,因为没有人说文件废止了。

第三,加强国资监管的研究。长期以来,国有资产管理是国内研究的重点问题之一,但是一直不是主流,研究水平还有待提高,主要体现为:其一,研究方法比较落后,还是偏重于定性研究,侧重于文件宣传、经验介绍、先进事迹推广,缺乏定量研究。其二,认可程度不是很高。国资委领域权威的杂志创办了二十多年,发行量排名比较靠后,这主要因为国有资产办刊宗旨是以工作宣传为主,并不是专业的学术期刊,但是从一定程度上反映了目前中国国内国资监管的研究现状和研究水平。未来应该投入更大力量加强对国资监管的研究。

第四,企业的资本运营。按照中央的文件规定,在新形势下运营工作的定位和作用更加突出和重要,无论推进集团混合上市还是国有资产改革,还是员工持股,都离不开资本运营,资本运营是推进新一轮国有企业改革的主要方式,但是目前的资本运营水平需要提高。目前只有部分企业在近年成立了专职的资本运营部门,华能集团最早成立资本运营部,其他发电集团在 2005 年以后成立了资本运营部。负责资本运营的部门名称五花八门,有的叫资产管理部,还有的是在财务部下设一个处,等等。过去没有资本运营,但是这项职能一直存在,这个现象说明几点,一是资本运营工作的重要性正在逐渐被企业管理者发现和认识。二是资本运营管理和内容需要进一步挖掘和发挥。对华能集团自身来说感到困惑的是,资本运营部职能没有明确的界定,好像是别的部门不愿意管的事、比较棘手的事就推到资本运营部,尤其好多企业经营不下去,让资本运营部搞不良资产处置,想卖卖不掉,想扭亏没法处理,所以是包袱。

八、 国企改革将成为未来资本市场的重要主体

王　勇: 下一位演讲嘉宾是上海证券交易所资本市场研究中心研究员潘妙丽。

潘妙丽: 我在上海证券交易所资本市场研究所工作,平时关注的主要研究领域是上市公司层面,但是与券商的研究角度不同,我们更加偏向于纵观宏观的层次,包括上市公司层面存在的问题,因为这里面有国有上市公司,所以跟国有企业也有一定的相关。2013 年 12 月底出台国企改革意见及其相关的一系列意见以来,很多观点都认为国企改革的主要战场还是资本市场,因为现在资本市场还是有它的基本功能,包括融资功能、定价功能,所以最公开、最透明的资本市场在促进国企改革方面可以发挥更大的作用。我今天就向大家汇报一下我对资本市场方面的一些看法。

我先介绍资本市场发展的概况,再说一下资本市场如何来促进国企改革。资本市场由于它的融资功能、定价功能,所以大家关注程度非常高,各种改革都会提到资本市场。如果把资本市场放在国家宏观经济改革的大前提下,资本市场情况更加凸显,包括服务经济。中央文件里面提到直接融资的比重,现在直接融资比重 2015 年上半年股权融资只有 4 000 亿元,但是社会融资规模有八九万亿元,按照这个比重来

说是非常低的,如果简单横向比较差距非常大,人家有60%、70%,起码有50%以上。多层次资本市场发展的趋势,资本市场的变革、发展趋势,也会对推动我们国企改革产生巨大的作用。另外还有宏观经济的转型升级,包括发展新兴产业方面,还有一个大的作用就是满足经济社会发展的需要,包括投融资功能,例如国家养老体系,有一段时间大家都在呼吁养老金入市,支持宏观经济国际化战略,包括人民币国际化、汇率国际化、利率国际化都需要资本市场的支持。2014年沪港通开通,也是作为资本市场国际化的重要步骤,虽然沪港通事后来看实际运行量远远没有达到预期的效果,但是还是有其重要的里程碑意义。

股票市场这一块,在座的各位肯定比我更熟悉,相信很多也是老股民。沪深两市总市值非常庞大。另外资本市场发展的脉络,之前只有一个主板、中小板、创业板,逐步发展了股指期货,2014年的沪港通,2015年ETF期权,产品越来越多。此外,我们现在有多层次资本市场,主板、中小板、创业板,这是场内,还有新三板,大家对新三板议论特别多,定义为中国的纳斯达克,还有区域性全国股权交易创新,这些组成了各个权益的资本市场,为上市公司、中小企业,包括国有企业的发展提供了非常好的环境。

我们的多层次资本市场跟国外的多层次资本市场有很大的不同,按照市值规模来说我们是倒三角,人家是正三角,就是主板在场内是金字塔顶,场外的OTC(柜台交易市场)规模越来越大,所以我们现在创业板、中小板场内这一块比较少。另外就是我们市场机构发展越来越多,包括市场里面投资机构,从2003年开始大力发展机构投资者,QFII(合格的境外机构投资者)、各种基金保险,现在投资者群体越来越庞大,该有的长期资金也进来了。但是简单的持股份的比例,如果我们算上自由流通市值,中小投资者持股市值大概在55%左右,但是成交额占比贡献了80%左右的交易量,所以这也是中国特色的资本市场,就是由大量的中小投资者做贡献的。资本市场投资者的结构与其他国家完全不同,其他国家在资本市场形成的过程中,是机构投资者逐步消灭散户投资者的过程,但是在中国散户投资者能真正全部消灭吗?2003年提出常规发展机构投资者向养老金入市,但是到现在为止市值仍然比较低。我们一直在思考如何解决中国资本市场没有提供让资金进来受益的产品或者机制上面还没有有利可图这一问题。

现在资本市场产品体系越来越丰富了,基金、ETF期权慢慢发展起来,资本市场体系越来越健全,包括《公司法》、沪深交易所交易规则和信息披露方面的规则。另外市场体系也在不断完善,在新国九条的倡导下,提高直接融资比重,加强多层次资本市场,包括交易所内部的板块分成都会进行极大的推动。资本市场接下来会进行的几项大的改革措施,一个就是企业的发行注册制改革,相信在座各位对这个问题都研究得非常透。我们一直呼吁注册制改革,证监会和交易所前期做了大量的准备,现在因为IPO暂停了,20年来IPO已经暂停了9次,每次停都是发生市场股灾之后,在投资者倡导下被迫停止的。所以前一段时间注册制产生影响,但是大的发展趋势不会变,注册制也是借鉴了国外成熟市场的发展经验,以信息披露为核心,以投资者需求为导向。我们在发行审核的时候主要是从投资者角度考察企业的前世今生,看重企业历史上有没有污点,以信息披露为核心,各中介机构勤勉尽责,加强监管和惩罚,前端放开之后后端一定要有严格的惩罚,只有两方面统一进行,才能保障注册制正常推进。

上交所正在积极筹备战略新兴产业板。上交所以前定位于主板市场,大型企业上市比较多,但是随着资本市场的发展,越来越多中小企业陆续上市,所以交易所面临分成问题。纽交所和纳斯达克刚开始分为主板、创业板,发展到后来内部分成,包括纽交所也可以搞创业板,纳斯达克有全球精选之类,所以是内部分成。战略性新兴产业定位于七大战略性新兴产业,不可能完全重叠,包括新兴成长性企业、新兴产业,会在发行上市条件,包括信息披露、退市条件,持续监管方面有差异化设置。以上是发展资本市场概况。

下面说一下资本市场怎么和国企改革相结合的问题。2015年9月13日,中共中央、国务院发了《关于深化国有企业改革的指导意见》,我认为指导意见有几个亮点,一个是分类推进国企改革,分为商业类、公益类,包括建立现代企业制度、股权激励以及如何解决管理层利益股东利益一致的问题,等等。周会长的观点我是非常赞同的,用另外的语言来说和资本市场相关,和二级市场相关,还是没有把国有企业管理层、员工的利益和股东的利益进行有效的绑定,周会长说的是利益分成,也是进行绑定,在上市公司里面进行绑定,就是管理层、股东以市场价值最大化为目标,最直接的可能是进行股权激励,让员工持股,这是很根本的也是很重要的一招。国企改革的重中之重,是发展混合所有制经济。推进国有企业的混合所有制改革,引进非国有资本参与国企。还有一点就是鼓励国有资本以多种形式进入非国有制企业,探索实行混合所有制企业员工持股。

国企改革和资本市场是息息相关的。英国20世纪七八十年代推行了国有企业私有化的改革,在那段时间他们股票市场的估值走了一波小牛市,股票市场估值从9倍提升到了18倍,是美国的估值的1.4倍。我统计了一下我们A股市场2014年4月以来,中证出了中证国企改革指数,是按照国有企业改革标的筛选出100个做了指数,与上证指数走势相似,相对来说还可以。所以我们相信国企改革将会是未来资本市场重要的主体,国有企业未来发展的潜力和空间是非常大的。

王　勇:谢谢潘妙丽,现在有时间讨论,大家有什么问题吗?

汪异明:她的研究很有价值,操作的时候可以作为参考。

张冀湘:下一步我们合作研究上市公司国有经济结构运作,这是一个大课题。

王　勇:我有一个问题请教李前处长,是关于国有企业正确定价方面的问题。如果对于国有企业的定价比如让会计事务所来做,他们能不能真的估算得很准确?因为他们习惯于对私营企业的估价,而对于国有企业来说有很多东西都涉及里面的人事关系,能不能做到正确定价?

李　前:正常的买卖值多少钱就是多少钱,没什么流失的问题,但是有的地方发生过资产流失,就是定价低估,故意把价格压低了,让对方占到了便宜。这种情况在改革早期的时候比较多,但是现在不是这么回事。比如国有企业定价股市价格上限非常公正,定价再棒的机构只是一个估值,但是一定要公平公正地把交易的事公开。所有的国有资产转让过程也是公开公正,原始价格定了没有关系,只要大家都能够把信息公开透明了,价格就公正了。

王　勇:但是内部人知道实际上值多少钱,外部人只能通过市场的信息披露,但是不一定很准确。

李　前:内部人控制有几种因素,有些因素比如说企业家的价值,我是企业的经理,非常清楚企业的核心问题在哪里,可能出别人不敢出的价钱把企业买下来,带着一帮职工或者几个关键人物把企业搞得充满生机活力,最终大家都发财了。企业家是价值,不是国有资产。

张冀湘:我们起草国有企业改革办法防止国有资产流失,要公平化。1995年我们开始组建产权交易市场,把投资人的面扩大。当时有很多企业被卖给小企业时就卖低价,把面扩大了,估值就上去了。

李　前:我们做企业转让最后形成竞价,这样就公平了。我是内部人虽然很清楚这家企业,但是别的懂行的人也知道,只不过花那么多钱不敢买,我敢买,关键把企业搞好了以后,对谁都是好事。

张冀湘: 当年民主德国一块钱转让,保证职工就业,保证环保符合条件,这是完全不一样的理念。对于他们来说,只要不是私下违法的交易、不透明的交易就可以了。

李　前: 定价谁也定不准,因为只是估值。比如拿一个清朝的瓷器评值多少钱,要由市场决定。低于10%不能交易了,现在是这样的规则。

王　勇: 还有什么问题需要讨论?

汪异明: 潘妙丽的报告当中有很多数据。你们有没有算过,按照现在新的国有企业分类,商业类股权是多少,非商业类股权是多少? 假如说商业类部分减持?

潘妙丽: 商业类关系国计民生,指导意见里面写得很原则,没有指明哪些可以划分为商业一类或者商业二类。我们讨论过,但是太原则了,没有具体的指导意见,接下来我们要细化。

王　勇: 下一位发言者是国家电力投资集团公司的于炎炎。

九、 现代股权管理应实现从管资产向管资本的转变

于炎炎: 今天我想跟大家分享一下国家电投在股权管理工作方面的心得体会。先向大家简单介绍下国家电投。前不久,原来的中国电力投资集团公司和国家核电进行了重组,这也是国有企业一个比较有影响力的重组。我们是五大独立发电商之一,业务涵盖电力、煤炭、物流等,清洁产业占比将近40%,煤炭产能很大,电解铝产能是世界第五。现在走出去的业务非常丰富,境外项目分布在25个国家和地区。国电投总共70万人,两家香港红筹和五家境内A股。2015年9月份指导意见的出台,为我们下一步建立国有资本投资运营公司明确了发展和建设的方向。我们成立了新的国电投企业集团之后,新的董事长提出下一步发展的方向就是想要打造国有资本投资运营公司。所以,我们围绕国企改革这个总体目标,开展股权管理创新实践,以完善信息化平台为手段,全面提升公司治理水平;以规范企业法人治理结构为主线,以清晰企业投资链条为核心,以发挥监事会、股东会作用为手段,来真正实现从管资产向管资本的转变。

今天我的演讲主要分四个部分:第一是股权管理的特点和难点,第二是股权管理的体系构成,第三是股权管理实施现状,第四是股权管理的发展方向。我到了这里以后才知道,今天在座的很多前辈都是当时国资委成立初期,就开始负责探讨、研究、制定国资管理方向的领导。今天我和大家分享的主题是围绕我们当时建设的初衷,到

多年的成长历程,再到现在国家建立投资集团公司,中电投这么多年的管理总结和现在的实施现状。股权管理的特点和难点,重点还看大型国有企业。因为大型国有企业的特点比较有共同性,一个是管理规模大、投资链条长、结构复杂、调整频繁,在座的大型国有企业的同事们对此都非常有共识;还有就是产业结构错综、境内境外布局广泛,以前在境外投资还体现得不是很明显,但是现在我们的境外投资也成为了管理难点,原因在于境外投资也变得非常频繁,投资决策的落实管控力度不足。站在决策层面来说,国有企业的决策流程还是很严谨的,不管是站在党组会议的角度,还是站在总经理办公会议的角度,包括专题会议的角度,集团公司会议的决策流程很烦琐很严格,大家有很深的体会。但是决策之后的落实一直是管理上的难点,就是有决策,但是到了真正的实施,到最后的结论,全程的跟踪缺乏有效手段,投资过程的监管仍有待提高。这几项是我们总结出来的大型国有企业股权管理的特点。此外,还有股东会、董事会没有发挥应有的治理作用。上午几位前辈已经讲到了,股东会、董事会和党组会与其他的公司决策会议的冲突。管理难点主要集中在家底不清,决策不明,决策执行情况无法跟踪和难以实现对全局的动态把控。我以前在资本部,现在把资本部一部分职能划入了财务部,所以我现在到了财务部,一直主要负责股权管理。核心的管理内容就是摸家底,家里面到底有多少对外投资企业,都投资到什么领域,多大的投资规模,产生多大的投资收益,这是每个企业里面股权管理的核心内容。家底不停变动和发展,所以摸家底变得非常困难。还有,现在在三会议案、决策流程依据公司法和公司章程的法律要求,股东会、董事会、监事会获得了自己应有的法律地位,但是作为集团总部来说,我们对三会的管理也是很大的工作内容。

我们主要集中在三会管理、公司章程的管理、董监事履职的管理、股东方的管理,还有公司其他的具体管理内容。这些细处的描述主要对每项工作里面所包含的内容进行了细分。李处长也讲到在国有企业里面真正做基础管理工作的人很少,但是管理工作量庞大,不可想象。我们集团对外投资目前在统计范围内的有800余家,包括全资控股、参股企业。800余家所有的这类事项以前只有两个人集中在处理;现在有三个人,一个管事的人,全口径。

张冀湘:但是子公司有多少?

于炎炎:全部有统计。我从2010年下半年开始接触股权管理工作,在股权管理工作之前做直接融资,对我来说这是新的学习领域。我刚刚接触股权管理工作的时候,原中国电力投资集团公司股权管理非常松散。首先是没有任何的管理手段,所有的管理只能是眼到手不到,看得到问题但是没有管理职能,触摸不到,也没有精力,那个时候只有李前经理一个人,不可能做好工作。我们在总结工作量和工作幅度的基础上,提出必须要搭建信息化管理平台,只有通过信息化手段,才能实现全方位的管控。历时不到五年,根据我们自己的实际业务需要,搭建了股权管理信息系统平台,但是这个平台可能跟国资委管理系统有重叠。以前产权登记由财务部管,这也是管理中常见的弊端。

李　前:分割在各个部门,自己不干也不让别人干。

于炎炎:当时我们接触不到产权登记系统,依照自己管理需要自主开发了股权管理信息系统。这个系统经过几年的研发和实施,包括应用等,得到了各方面认可。在开始的时候,周局长做了大量的指导,我们还参加了国企改革创新研讨会,拿到了国家认可的奖项,在管理创新上我们还是有心得的。所以我着重讲一下我们的股权管理实施现状。首先就是秉承了全覆盖、无死角、无遗漏、无延迟的管理理念来实现对集团公司股权管理的动态掌握。集团公司股权变动繁多,作为集团公司管理的处室有责任管理业务。最开始我们把文件下到二级单位,二级单位报送上来,他随便填一个数,我们核一个数。现在有了信息化管理手段,情况得到了很大的改善。这是股权管理系统的体现,实时统计出集团公司的层级关系,股权架构。所有的明细全部自动导出,包括股权占比。任何一家公司都有自己的公司档案,在我的那张图里面,所有的企业只要点击进去就会看到公司档案。按照实时更新的原则,所有的企业只要有变动就会更新。

张冀湘:下面也是电脑管理?

于炎炎:800多家全部部署,都有管理系统。而且很多二级公司,它的管理规模也非常大,比如说上海电力、蒙东能源,管理规模都达到10家以上。我们开发的管理体系帮助了他们管理企业,尤其是管理公司都建立了档案。领导关心的管理信息在这里都能查阅到,例如股东构成情况,董、监组成,工商登记基本信息,简单的财务数据等。

李志龙:数据的真实性能得到保证吗?

于炎炎:真实性做到100%不敢保证,但是90%以上完全可以做到,只是时间上可能有误差,但是不会有内容上的误差。同时,我们对于历史信息全部都有留存,只要数据更新一次,系统就会被更新,能查得到历史上有几次更新,什么时间更新的,更新的内容是什么。

我们的建设非常艰辛,这也是国有企业基础管理的难点。因为基础管理面临几个问题,第一是不出成绩,默默无闻,没有机会向党组汇报,也没有机会向总经理办公会汇报。所以在这样的状态下,在国有企业里面大家比较倾向于寻找短平快,能够见效应的锦上添花的工作来做。基础管理工作当时也是李前处长全身心的投入和一直不放弃,一直在坚持的过程中,才能有今天的阶段性成果。

张冀湘: 出来了以后有没有一套分类、整理数据的汇总软件?

李 前: 我们都有。

于炎炎: 每一家国有企业都比较流行上 ERP,巨额投入信息化建设,每个信息化建设项目都是以亿为基础单位来计算的。国家电网的信息化建设投入在整个信息化领域都是知名的,上百亿元的投入。中电投当时也上了 ERP,十几亿元的投入,至今都没有实现全方位的部署,而且中间有很多水土不服的地方。但是我们的股权管理系统靠的是李前处长个人的责任感、热情,坚持到今天只投入了不到 200 万元。

这个系统的开发完全符合日常管理需要,所以它的落地性比较好。我们就是通过标准化、规范化、流程化、信息化的管理方式,来实现集团公司股权的精细化管理效果;唯有借助信息化平台,我们才真正能够实现标准化、规范化、流程化,否则以前采用手工记账的方式做的时候经常走形了。有这样的平台,标准化、流程化、规范化才能得到保障。在流程化梳理过程中,我们对工作的理解更深入,更成体系。

我着重介绍两个内容。因为今天看到的每一个组成部分里面都有非常多的流程做匹配,一个是三会议案的管理,一个是董事、监事履职管理,这两块大家比较关心,而且张司长讲到的也和这个相关联。对中电投来说,三会议案以前受重视程度不是很高。那个时候,我们对外投资企业有限,所以下面根据公司章程开股东会,给我们寄文件或者发邮件来,我们再根据他们的邮件,按照法律要求写法人的授权委托书。以前是一年一授权,授权给谁,怎么表决都可以,什么议案不管了,董事会、监事会完全不管,因为管不过来。现在有了信息化管理平台,从源头到过程是全流程监控的,展示流程图就在我们的体系里面:从下面单位怎么往上报上来,我们怎么审核,审核的过程是怎么样的,到最后档案怎么留存,全部通过股权管理系统实现,后面有实例给大家做具体的讲解。决议最后还会触发其他流程,信息保证实时性,保证更新性,所有的流程之间设立了沟通关系,做了这个触动必须做下一个。这就是后面的统计查询,也有具体的实例跟大家分享。所以整个的一套流程就是三会议案管理,包括最后的档案留存。会议的档案包括:每次会议什么时候开会,哪个公司开会,在哪里开会,会议内容是什么,集团公司内部意见是什么,股东方意见是什么(股东方意见最后给每一位与会者,因为董事、监事拿不到意见单开会会很含糊,不知道集团公司同意不同意),每个董事、监事是出席还是缺席,表决了什么。档案管理流程,在没有信息化管理之前,依赖于纸质的信息存档非常痛苦,前年的议案让我找不可能很快就翻出来,现在则全部是电子化存档的管理方式。

这是我们一个上市公司今年的会议。当时要开会,要通过信息系统先上报,流程上面会包括什么时候开会、在哪开会、开什么会。这是一个董事会,会议的议案内容,有10个议案就挂10个议案的条目,下面有附件,历史档案都在里面留存。这就是打开的附件,里面挂的议案通知,集团公司拿到了议案,要启动内部的审核流程,这就是征求意见单,所有的相关部门都要会签意见,最后全部存档。每个部门同意还是不同意,根据所有部门的会签意见,我们会出具集团公司意见,全部有编号。全部是信息化流程。所以张司长讲到的表决情况,在国电投目前不太会发生,有的时候从我们的层面会拒绝很多的议案,比如说不规范或者不具备开会的条件,建议下一次完善了,条件成熟了之后再上会。因为有完整的审核流程,相关的业务部门也给我们提出很好的意见建议作为把关。拿到意见之后,每个在任的董事、监事是否出席了?董事、监事名字是自动被带出来,每个企业都有自己的档案,里面有董事、监事名单,名单会被自动关联过来,自动导出,是出席、缺席、还是委托的情况,我们都有所了解。

为什么做这样的安排?是因为我们下面的其中一家上市公司有一位集团公司派出的董事,三年没有出席过一次董事会,被上交所问责:你们股东方派出的董事从来不开董事会,为什么?我们意识到董事不是想去就去,不想去就不去的,董事是党组任命的,任何一个董事不是子公司说了算。

李　前:二级单位管三级单位。

于炎炎:只要是国电投派董事,我们就要对董、监事出席情况进行掌握,董事、监事名字要留存,最后有扫描件上传,因此形成每次会议的完整档案。董事、监事要履职。集团公司今年启用专职董、监事尝试模式,这代表了公司治理很重要的方向。对于董事、监事,从参会到表决、调研、建议,到其他工作都进行了全方位的评价。我们为每一位董事、监事建立了个人履职档案,到年底要完成履职报告。这些都是在系统里面自动生成,每一位董事、监事有自己的账户,系统里面会进行汇总。其他方面的管理模式就不仔细地汇报了,如果未来大家有机会也可以到我们公司,进行更深入的交流。投资关系、公司治理、公司章程和股东方关系,全部以信息化、标准化、流程化的方式在管理,信息系统每年更新统计情况,档案存储要存档的东西,管理延伸到根据基础资料的收集可以得到结果。这些图片全部是系统里面自动导出,自动生成的。在世界各地地方投资,包括境外投资里面含 BVI 情况也可以显示出来。参股股权也是我们管理重点,因为全集团公司、各层级参股股权已经不是 150 多家,而是将近 200 家。还有,就是大家一直在讲的混合所有制的构成,我们也在系统里面对不同性质的股东做了分类和标签,可以自动统计国有股东和非国有股东都各有多少,对非国有股东又进行了细分,有民营自然人、外资和集体,所有这些数据都是自动统计出来。

股权变动是国企里面比较常见的,有各种各样的变动模式。新增、注销、增资扩股、股权划转都可以进行基础过程的统计,产业结构一个是地域分布,一个是产业布局,每个都可以查询里面的明细。

李　前:就是每家公司能找到。

于炎炎:这是我拿新能源作为举例。

李志龙:现在产业结构多元化了。

于炎炎:这是光伏进到某个省,省里面有多少家;这是风电进到某一个省,省里面有多少家;公司叫什么名字,点公司名字又进到档案,都是相关联的。最后讲股权管理发展方向,也是基于这些年在股权基础管理工作中形成的目前管理平台的现状。下一步股权管理进一步深化的目标是,国有资产境外股权投资全流程管理。现在只知道投资的地域,投到哪个国家去了,但是怎么投出去怎么收回来,在那里还有没有再向下投资,完全是空白,我们管不了,没有手段。现在讨论的课题,每一家国有企业下面都有大量的参股股权,集中在 3、4 以下的层级,是日常看不到、被忽略掉的,但是都是我们可以进行整合的低效无效资产。企业价值管理也是我们讨论的课题。通过数据的整合,最后每一家企业能够生成自身的企业价值。还有,发挥企业投资决策平台的作用,通过探索企业投资的转型为企业改革提供调整依据,为战略精干主业、优化产业布局提供支撑服务,这是基础管理实现的作用。

十、 决策权配置应明确董事会和党组织的作用与定位

王　勇:下面由华东政法大学经济法学院的胡改蓉教授,谈一下国有公司决策权的配置。

胡改蓉:各位专家,各位学者,大家下午好! 非常荣幸来参加会议。这里是很好

的学习机会,有国资委老领导,还有企业的成功人士,让我得到很重要的信息。我主要侧重于公司法,近年来对国有公司法比较感兴趣,临时接到了任务临时选了题目,针对22号文出台以后自己的想法,给各位专家作汇报。不一定准确,请各位专家指教。主要谈三个问题,第一是董事会在国有公司的决策作用,第二是党组织在国有公司治理中的定位,第三是混改背景下国有公司决策权配置的进一步思考。

先讲第一个,关于国有公司中董事会的认识。在我们国家,国有企业治理机制的发展以1994年公司法的实施为制度支持,有了一次突破和飞跃,从原先以全民企业支撑厂长经理负责制,到现在公司制度的演变,对于改革开放以来国有企业经营效益的提高等是有积极作用的。面临的问题就是在确定了公司制的现代企业制度以后,还面临着从股东会中心主义,到公司的董事会中心主义演变的趋势。在股东会的中心主义下面奉行的是股东会是最高的管理权力机构,公司剩余控制权在公司股东会手中。以美国为代表越来越强调董事会在治理当中的核心作用,基于两个原因:一是效率对制度的需求,董事会在做商业决策的时候,它的效率比股东更加专业,更加快。二是社会本位对于股东本位的校正,涉及企业责任等一系列问题。在我们国家,目前公司法和企业国有资产法强调以股东会为中心,但是这次22号文里面指出充分发挥董事会的决策作用,这句话似乎很简单,但某种程度上是对公司法和企业国有资产法的突破,因为以前都没有出现过董事会决策作用这几个字,为什么在国有公司中也许真的可以先试点以董事会为中心? 我考虑有三个原因。

一是政企分开的要求。今天有很多专家都谈到怎么界定国有公司。从法律的角度,一般是从独资或者控股的角度界定。参股不认为是国有公司,因为国有公司本身是独资或者控股,按照公司法资本多数制的原则来看,如果把公司诸多事项决策权都给了股东,并没有改变政企分开的本质,政府本身是大股东或者独资,现在政企分开决策机制反而给了政府名正言顺地控制企业的路径,为此是不是可以将一些决策权、日常经营权交给董事会,这样有利于政企分开。

二是保护国有资产的客观要求。公司法出台很大程度上是为了配合国企改革,强化公司对股东的控制,害怕国有资产流失,委托代理的存在使得内部人控制现象在国有公司中比较严重。尽管立法是希望股东控制住企业,防止国有资产流失,但是信息不对称造成的成本使得这样做很难起到效果。如果能够有相对客观独立的专业的董事会存在,以外部董事为主或者独立董事为主,对于防止内部人控制反而更有利。

三是防止独立人借鉴。在加拿大,国有公司董事会是经营决策中心。经济合作与发展组织编译的对 OECD 成员国调查报告里面也讲到,意大利国家电网公司也是国家 100%控股的公司,实行的是由七人董事会组成的董事会中心主义的经营决策体系。这些来自我的二手资料,通过看别人的信息得到的,但都说明一点就是董事会作为公司治理的中心或者给他日常经营的决策权有一定合理性。OECD 国有企业治理指引里面,也提到,在 OECD 国家里面对于国有企业管理强调政府的无为而治,政府和企业保持"一臂之距",让董事会对国有企业公司发挥作用。

讲到董事会决策作用的时候涉及一个问题,党组织在国有公司的治理地位。22号文给研究法律的学者提出了一个难题,就是要明确党组织在国有公司中的法律地位。从其他国家公司法来看,很少把公司法和政党的关系联系在一起。要在别的国家的公司法里面找到关于党组织的政治地位、法律地位比较难。但是 22 号文提出来,我们以后在立法上怎么找到突破口?党组织的问题比较敏感,所以早上张司长谈到了,里面有一些内容对我的启发非常大。党组织在公司当中的定位,从 22 号文字面理解来看,从全面性功能向政治性功能转变。我们有两个中心,一个是党组织在公司中的定位,如果给它以法律定位,就是政治核心的定位,董事会是经营决策中心。我们发现在早期的时候,在国有企业中对党组织的定位就是政治核心,但是实际上大家讲到的三重一大也好,等等,很多决策都是党组织做,董事会是形式或者走流程,使之符合公司法的要求而已。在长期国企改革中,并没有真正地理解公司法所讲到的现代企业制度的核心在哪里。

如果现在从表面的政治核心和经营决策中心进行区分,就一定要从本质上把它们的职能真正分开。从本质来说,政治核心就是方向把握,保证党的路线方针政策在国有企业的落实。如果从制度上找依据,就是我们的宪法依据,宪法确定了党的执政地位。作为国有企业来说,强调党的作用也可以理解为执政地位的延伸,从宪法的角度也说得过去。作为经营决策中心,我们认为是营业保证,营业保证在商业性国企和公益性国企中都非常重要,不是说公益性国企就不强调营业保证,公益性国企中提供公共产品的时候,同样存在提供模式的问题,是自己来生产还是通过 PPT 模式来做,还是通过政府采购的模式来做,也要考虑成本的效益,需要相对客观独立的、背景丰富一点的、具有一定商业经验的人士组成董事会,由董事会对公司经营决策进行表决,这样才是理性的制度设计。在强调党组织在国有公司中的政治地位的时候,我们有几个担心。一个是关于双向任职交叉进入的问题,我们进行过很多大型的国企调研,这个做法目前是普适性的做法,很多地方都是这样做。初衷很简单,就是为了减少国有公司的党委会和董事会的摩擦,要减少摩擦最好的方法就是让他的人员交叉起来,在制度表决时候没有那么大的不同性,使得党委会的决议在董事会也能很好通过。这次22号文非常明确地提出了双向任职、交叉进入的问题。

关于党组织在公司法中的定位,我们坚持一点就是公司法作为上市组织的基本法,是不适宜以党的任务对内调整组织关系,对外调整公司和债权人的关系,等等。但是我们也认为公司法不规定,不代表公司治理机制排斥党组织,可以通过党章或者党的文件精神,通过对于党员的管理,来实现党组织在国有公司的植入。因为三个以上的正式党员存在,就要成立党的基层组织,《公司法》第19条规定公司应该为党组织工作提供条件,包括经费等,所以通过对党员的管理是可以实现管理的方式,但还是不适合在公司法中直接写出来。双向任职、交叉进入的出发点是为了减少制度之间的摩擦,但是我们想到一个问题,就是在22号文里面讲得很清楚,董事长和党组书记一般由一人兼任,甚至有的时候由总经理兼任,没有起到监督作用。22号文提出了董事长和党组书记兼任,交叉进入,两会在很大程度上成为一会。在党组书记问题上,第一负责人的权力非常大,但是在董事长的问题上,从公司法角度来说,一直说董事长只是董事会的召集人,他是协调者或者后续事务是否执行的监督者,但是他并不具有特权,尤其在表决的时候董事长和其他董事都是一人一票,这个人本身既是董事长,也是党组书记,开董事会和党委会的时候能不能把两种身份区分开来? 这样做,董事会是否会变成一人董事会,董事长成为董事会的实质控制人? 这个问题尤其是在一人兼任董事长和党组书记的时候比较明显。

第二个问题,党组织在国有公司中如果从法律地位来看只能是政治核心,必须要尊重董事会经营决策的作用。董事会经营决策作用主要是三个方面,重大决策权、用人权、薪酬决定权。董事会三个权力要落实好,关键在于董事会要有独立性,包括人员独立、事项的独立、决议效力的独立。我们对重点问题做探讨,22号文讲到现代企业制度建立的时候说董事会要有三项权力,包括依法选择经营管理者的权利,但是到后半部分的时候又会看到特别强调党管干部的问题。党管干部现在看来很多时候对于大企业来说不光是总经理,副总经理都由党组任命,薪酬的监督权也很难做到。这样一来,怎么样实现二者的协调? 如果单独从现在的实践中来看是矛盾的。我们曾经给上海市国资委做过一个课题探讨国资委履行出资人模式的问题。我们查了资料,以加拿大的国有皇冠公司为例,该公司强调经理任命需要政府官员首脑的同意,但是它在选任高管的时候,董事会自己从市场上选高管,需要哪个专业背景、需要什么资历先选,选了以后报政府批准;如果政府认为不合适,把他抹掉,再选。董事会先选,报政府批,政府不批再重新选择,跟现在党管干部组织部直接任命不一样。加拿大的做法有很大的借鉴意义,董事会了解企业,知道需要什么人选,政治不过关可以否定,那就再选。一方面从市场上选出适合公司的,另一方面保证政治上的需要,是比较好的协调,可以成为借鉴。

说到董事会独立性的时候,我给张司长汇报一个法律方面的困难。我们在研究国有公司董事责任的时候出现困惑,从法律上来说追究董事的责任并不难,如果一个公司董事会作出的决议对公司有害,除承担法律责任以外,对内还要追究董事责任。问题是董事责任怎么追究?董事会决议必须要表决,除非投反对票,如果当时很含糊,最后没有投反对票也不能免责,否则都要承担法律责任。责任一定要到位,责任到位的前提是他一定是自己决定投赞同票还是反对票。否则让他承担责任不公平。但是在国有公司里面,如果都是由党委会作决策,董事会只是走程序,出了问题让董事承担责任,董事会很冤枉,因为他根本没有权力决定这个事情能不能做,你们定好的,我只不过走程序。有时候自己感觉到研究跟国资有关的法律有困惑,这不仅是一个法律问题,到最后变成了政治问题。在法律上,如果从公司法的角度来说这都是非常完善的,但是到了国资以后不全是这样运行了,让他用公司法怎么用?在法学圈子里面研究国有企业法的人并不多,大家更多倾向于研究普通的上市公司法,上市公司法好研究,不会触动政治性问题或者根本不是法律能解决的问题。在法律界研究国有企业法不是特别热,因为法律有边界,碰到政治解决不了,有自己的一套规则,政治不适用没有办法。

还有,要防止董事会成为一个人的董事会。美国的董事会中心特别强调一个理念,即董事会一定是民主决策,不是把这些权力给某一个人,因为把权力给某一个人是很危险的,相关权力要给整个董事会,一定要有会议机制。我们国家对董事会要求非常低,股份公司一年最多开两次会,美国一年平均开9次董事会,开得很频繁。权力给你了,但是不能信息不对称,不了解公司,不来开会。他们强调董事会集中会议机制,强调董事会要多开,大家对公司事情进行充分的交流。我们发现日本的公司法、韩国的公司法,很多国家的公司法对董事长授权有明确的制度边界,但是这一点中国是没有的,包括我们看到国有企业资产法里面都没有规定,董事会对董事长有授权,因为董事会有会议议题,为了考虑议题,应该有授权,但是授权一定要有边界。比如日本和韩国公司有很多共性,公司大的资产处置不能由董事长决定,公司经理人员卸任不能由董事长控制,公司和分公司设立、合并或者撤销不能由董事长决定,大额借贷不能由董事长决定。中国对于公司对外担保不能由董事长决定,如果公司给自己的股东进行担保,必须要由股东会开会决定,被担保的股东实际控股人不能参加表决;如果给其他人担保,由董事会或者章程自己决定,否定了董事长一个人明确的决定权,这对于公司的治理机制完善是有帮助的。

最后一个问题是,防止公司监督机制的失效。我谈一点学习体会,上海国有资本运营研究院内部开闭门研讨会,我参加了,有领导讲到了为什么现在22号文里面对党的要求那么严格? 是因为现在腐败很严重,等等,这是大的背景,不否认党的管理或许放松了,但是放松是唯一的原因吗? 我们有时候想,也许真的是因为以前的权力都是集中在某一个人身上,公司本身真正的相互制衡制约的体制没有建立,使得某一个人的权力比较大。如果公司真正的相互制衡的机制是有的,是起效果、起作用的,比如董事会、监事会、股东会三会分离,三会制衡做得非常好,也许就不会像现在这样。

最后一点是关于混合所有制背景下国有公司决策的思考。在很多地方调研的时候会碰到这样的问题,一方面国有强调控股,要确保话语权,但是民企不是傻瓜,为什么把钱拿出来被你控股? 因为没有话语权就不能参与决策。在某种程度上两者不信任,这是混合的力度问题或者民营资本在什么情况下可以有控制权的问题。现在的22号文非常明确的一点就是分类改革,分为公益性和商业性,对于以后的混改有明确的方向,怎么来提升民营资本话语权? 主要在商业性企业当中,因为商业性企业不存在国家控股的基础,所以欢迎民营充分地投资介入,这里有很小的案例。也是座谈的时候谈到,说上海的一家国企曾经计划把自己的亏损产业和国内的一家比较大的民营企业合资,民企控股,国企同意,但是合并了以后资产非常大,远远高于民企的资产。如果民企按照以后的投资比例来看达不到控股地位,而国企本身经营产业又不行,民企为什么还要把钱拿出来让你经营? 所以放弃了计划,民营、国有企业都觉得可惜。这个案例引出来话题是,控制权多样化设置的需求,我们看到优先股和国家特殊股的痕迹。优先股很早时候法学界就有论文指出,在商业性国有企业当中投资比例很大,如果按照资本多决策权就大来做,民营企业很难拿到话语权。因此能不能把国有的股权变成优先权? 可以获得利润,但是话语权要收缩一下。国家探索管理股一种以英国为代表最早出现的黄金股,一票否决的问题,另外就是双重股权结构的问题,通过股权的多元化设计,既能够吸引民营资本进来,也保证国家在特殊的情况下的话语权问题。

十一、 国企改革的变与不变

王　勇:最后一位发言者是海通的汪异明,题目是私募股权投资基金与国企改革。

汪异明:感谢主办方财大给我这样的机会。我也是经营企业的,所以对中共中央名义下的文件很关注。为了这个会议事先做了资料收集和学习工作,但没有张司长和周会长搞得那么全。关于企业,历史上以中共中央名义下发的有两个文件,一个是1999年的关于国有企业改革与发展若干重大问题的决定,专门只谈国企一个问题,另一个就是这次的22号文。

张冀湘:中央还下发了关于在股份制企业加强党的领导的指导意见,在十五届四中全会之后。

汪异明:但是系统性文件就是这两个,所以两者具有一定的可对比性。我的第一部分就是讨论国企改革本身的变与不变,特别值得总结。前面有一位华能的代表讲得很有道理,为什么这么多年来理论上没有突破? 没有人再深入探讨这些问题。实践当中遇到了越来越多的麻烦,甚至过去不是争议的问题现在也变成了争议问题,身在其中特别值得思考。对比了一下,1999年到现在,当中哪些变化了,哪些不变? 当时讲到了国企改革紧迫性的时候,也提出问题是国有企业不适合市场经济发展的要求,经营机制不灵活,创新能力不强,社会负担重,剩余人员多,比现在困难得很多。经营困难,经济效益下降,职工生活困难,但是那时情况要比现在严重得多。当时提出的改革目标是在2000年实现基本脱困;还有当时我们上华山,张司长带队,给中央仲裁办写政策建议,提到要用多少时间,把国有大中型企业基本建成现代企业制度。

当时提出2010年要基本完成国有企业的战略性调整和改组,这是非常难的任务。要形成比较合理的国有经济合理布局和结构,建立比较完善的现代企业制度,经济效益明显提升,参与市场经济能力、抗风险能力增强,发挥主导作用。在22号文当中,主要目标是什么? 到2020年,国有企业公司制改革基本完成。又五年过去了,往后还要做五年才能基本完成。这个时候已经说要基本建成,是什么问题? 当时提出的指导方针,包括国有经济的机构调整和布局,浓墨重彩写了一大段,基本经济制度不能变,国有经济发挥主导作用,要建立现代企业制度。建立现代企业制度那里面讲到了 16 个字,我参加工作是 1993 年,学的第一个重要文件就是十四届三中全会提出来的建立现代企业制度。过了二十多年,到现在 2015 年,现代企业制度建成了没有?现在等于回到二十多年前,又提出了 16 个字。我读了很亲切,那个时候出去讲课闭着眼睛都能说出来。现在,所有权和政策分离、政企分开都是二十多年前提的事情。这些都没有变,之所以先说没有变,是说明企业改革的大方向一直是正确的,目标也是正确的,指导方针也是正确的,原则都没有变,或者基本上没有变,我们的改革还一直在进行,又遇到了这么多的困难,原因是什么?

我分析了一下,既然原则、方针、方向、目标都没有错,肯定是操作中出了问题,是我们理解当中出了问题,或者就是党中央的决策,党中央的精神都是明确,都是对的,都是科学的,但在执行和落实当中做得不好。我自己感觉新的文件当中总的都没有变,但是也有变的地方。真正的亮点在文件当中有几处,写得跟以前完全不一样,其中一个就是分类,商业类和公益类的,这个说法是第一次听到。我们过去也写了很多文章,国有企业分类改制战略重组,而且向上打报告,只不过没有出现在中央文件里面,但是这次出现在中央文件里面。分类不一样,中央文件定下来是这个分类就是这个分类。还有一个,就是建立现代企业制度方向没有变,16 个字也没有变,但是在具体做法上提出了新的东西,比如优先股制度,甚至是特殊管理股,这些在过去也看到过。

李　前:已经二十多年了,就是为防止恶意收购而设立的。

汪异明:优先股过去提股份制改革的方案时候也提过,这次在文件当中也有了,在顶层设计里面把群众的智慧吸纳进来了。以中央文件的形式定下来,底下操作时会更加给力,过去我们都探讨过,但没有权威,搞了 20 年搞不下去,现在定下来了应该这么做,这也是一个变,积极的变化。最后,混合所有制提法并不新,十五大早就提出来了。

张冀湘:明确提出要发展混合所有制经济。

汪异明:那个时候讲得比现在还要到位,甚至说到股份制是公有制一种实现形式,而且要成为主要的实现形式。现在提到的是混合所有制是基本经济制度重要实现形式。现在学习 22 号文,有点想法。基本经济制度方面,股份制是主要的公有制实现形式,曾在十五大报告里面提出。这次我们 22 号文当中用了一大段专门写股份制所有制,也是比较大的亮点,而且这个当中比以前讲得明白清楚。反过来看讲到混合所有制的时候,多数把股份制改造跟投资主体多元化联系在一起,但是股份制改造跟投资主体多元化,与混合所有制不是一回事。混合所有制应该是从终极层面来说的,必须是国有企业吸收了非国有的成分,才叫混合所有制。这次混改当中有很多人说,混合所有制主要以国有出资人为主,混合所有制没有进步了。党的文件当中已经写得很明白,就是民营资本、国有资本两个优势互补,国有资本干公益性的事情有比较优势。而李前处长上午讲到的,民营资本天生的就是独立,在商业性的领域里面国有资本肯定竞争不过,不是理论问题。

这几个都是比较大的变化和亮点。我讲到国企改革没有变,大的方向都没有变,变的在操作层面。那个时候国有企业不改就很危险,抓大放小纯粹是被形势逼出来的。我们现在的形势没有那时那么困难,但是我们面临的改革越来越紧迫,虽然不敢说就像当时那样马上出乱子,因为有不同的判断。

周放生:我认为是第二次脱困。

李　前:经济持续下滑的问题没法解决,没有招,只有从改革动力上想办法。

汪异明:怎么办? 争论这么多,两个办法。一个就是像小平同志当时说的,不管怎么样,不管白猫还是黑猫,逮住老鼠就是好猫,不争论;要么干脆来一次辩论,统一思想、形成共识。哪个好做? 政策上、理论上梳理一下党的文件。他们讲得都很清楚,特别是集中讲国企,有些话现在看来都讲得很好。十七届三中全会界定集体地位,主要是集体在社会总资产当中占优势,作为经济支柱的主要特征有界定,国有经济控制国民经济的命脉及其对经济发展有主导性作用,所以我们改革遇到姓资姓社的问题,文件里面都有答案。包括十五届四中全会,哪些领域体现了经济主导作用,哪些领域可以控制,哪些领域不要管,都讲得很明白。国有经济需要控制的领域主要包括国家行业、自然垄断产业、提供重要公共产品和服务的行业,以及支柱产业和高新产业当中的重要骨干企业。我们现在既然分成商业类和公益类,两类企业怎么改? 如果分析一下数据,把现在新的口径套进去,商业类多少,上市公司拉一个清单全部都有。具体一家公司,李前这个地方也列得很清楚,一个公司当中也可以分成哪些是商业类、哪些是非商业类,股权多少、比例多少,全部都有,操作并不难。结构从这里开始调整。除了列出来的领域,其他可以通过资产重组与结构调整,该卖的卖,该并购就并购,该处理就处理清楚,包括22号文里面也写了。张司长当时报告的主要精神也是这样。

我个人的一本专著,也是最后一本专著,聚焦国有经济重组和机构调整。我不想写了,因为这些问题不需要再探讨了,早就是操作层面的问题,但现在谁来实施操作?

谁来落实？这个当中一定是遇到利益的挑战，所以这就是现在的问题所在。那个年代一声令下抓大放小，两三年全部解决了，现在一声令下把大型国企该分解的分解，该退回去的就退回去，该减持的就减持，该卖掉的全部卖光。往下怎么样实施？讲到自己行业上，要做这些事，和 PE 一起来做，也不像过去那么困难，那个时候还没有PE。现在中国第一个官办 PE 就是海通，中国和比利时两国达成协议，两国财政部出钱，搞了海风产业。最好的一家，到去年为止收益率45%。欧洲人看不懂，说中国是奇迹。张董事现在还是那里的独立董事。现在一大批 PE 出来了，我国海通 PE 开源底下的基金，加上比利时海通系列 300 亿，做了很多事情。各行业 PE 都有，生物制药、现代农业、航天高科技、文化创意、并购基金都有。

李　前：清洁能源有吗？

汪异明：新兴产业，包括节能减排，跟国家产业未来发展的潜力紧密相关的，我们才会做，包括并购，包括混改。混改本来是今年重中之重的投资方向，而且为了并购已经做了很多准备，准备成为上海市第一个并购基金，30 亿元，走在市场最前面。PE 并不是我们生拉硬扯进来的，而是实实在在存在的。在混改当中，我们需要他们，他们也需要我们。我们找项目的时候是非常明白的，PE 跟国资是互有需要，也就是优势互补。我接着周会长讲分红权，PE 最能体现这个事情。我们现在搞的都是有限合伙，PE 的钱不全是我们的，我们海通出一部分，比如最多出 30%，其他都是社会上国家机构找来的，跟股票市场公募基金不一样，他们都是很小的投资人，而我们合格投资者都是 1 000 万以上，几家大的。大家合伙的理念非常有共识，制度设计上是我们作为 GP 管基金，负有无限责任，有几个项目基金都是合伙人，需要负责任，出了问题身家财产都没有了。我们的责任非常重。别人看到 PE 年化收入多少，但是一旦亏掉了，我们已有的会全部搭进去，是无限责任，所以这种约束力绝对不是国企给你打基础分发奖金。我们有限合伙的基金一旦参股到国有企业当中去，天生是积极的股东。上次董事会通过的决议这次落实多少，上次答应了的有没有做到，我们等着分红。我们当中搭进去很多个人的信誉。我们参股到其中，一个是管理费，你承认我有专业水准，付给我管理费。

李　前：PE 结合国有股分红制更好，因为 PE 的人太聪明了，而且太敬业了。华尔街挣钱最多，干的就是这个活，所以和国有企业结合起来，国有企业的人不行，没有能力，传统产业没有意思，但是新兴的肯定是最棒的。

汪异明：鼓励国有资本以多种方式入股非国有企业，很多人认为是倒退，我看是

"国进民退"。国有企业入股非国有企业,要充分发挥国有资本投资平台作用,通过市场化方式,以公共服务、高新技术、生态环境为重点领域,对成长好潜力大的企业、行业进行股权投资。

李　前:PPP 就是这个模式,政府不能控股。

汪异明:国有进民营,我们的 PE 当中国有的成分很大,但是我们本质上不属于国有企业,虽然我们的干部全部都是政府任命的,但是国有股权只有 23%,所以我们比较奇怪,在干部任命上视同国有,但是在社保理事会财政部那里不把我们当国有。我们作为积极的股东进入只有一个指标,那就是利润,看今年上交多少利润,回报多少,持有人看这个。我们一旦参加,就会盯住指标,你说我是公益性,没有回报就退出了。所以我们的介入,一定是被介入方跟我们有共识,主要是考虑保值增值。

土地制度、户籍制度与城市化研讨会

(2016 年 5 月)

参会嘉宾(按姓氏笔画排序):

    文贯中(美国三一学院经济系终身教授、上海财经大学高等研究院特聘教授)

    石忆邵(同济大学教授、博士生导师)

    田国强(上海财经大学经济学院、高等研究院院长)

    乔依德(上海发展研究基金会副会长兼秘书长)

    刘　愿(华南师范大学经济与管理学院副教授)

    孙　涤(美国加州州立大学商学院教授)

    张蔚文(浙江大学公共管理学院土地管理系副教授)

    陆　铭(上海交通大学经济与管理学院教授)

    陈　钊(复旦大学经济学院教授)

    郑振源(国土管理局规划司原副司长)

    党国英(中国社科院农村发展研究所宏观经济研究室主任)

    章　铮(北京大学光华管理学院副教授)

    程世勇(首都师范大学管理学院副教授)

    程令国(上海财经大学高等研究院副研究员)

    傅蔚冈(上海金融与法律研究院研究员、执行院长)

    路　乾(中央财经大学经济学院讲师)

    蔡继明(清华大学政治经济学研究中心主任)

一、 土地制度是一个有机整体

田国强:大家好!首先对大家前来参会表示欢迎。我们的会议已经开了八年,我们的会议是有意义的,应该坚持下去。作为学者、作为大学、作为研究机构,最重要的就是求真,从学术上、从理论上我们需要做到的就是求真,大家把自己的想法说出来。求真的理念也和中央一致,在十八届三中全会上首次明确"让市场在资源配置中起决定性作用",“决定性作用"就是按照市场的规律来办事,这一点也正是我们会议八年来始终坚持的。

高等研究院一个非常重要的目标,就是研究中国长远重大战略性的问题,像我们会议讨论的土地要素市场就是长远重大的战略性问题,是一个怎么让中华民族长治久安的问题。从这个层面来说会议是非常有意义的。趁此机会感谢文贯中教授这么多年来一直进行学术自由的探讨,在学术上求真很关键,但是事情不解决好,"五大发展理念"很难做到,因为中国要实现经济又好又快可地持续性发展和国家长治久安,关键还在于正确理解发展的逻辑与治理的逻辑,并正确处理二者之间的内在逻辑关联、辩证关系。

我觉得举办这个会议非常重要。考虑中国的国情要务实,把一件事情办成要务实。会议的许多观念,包括文老师《吾民无地:城市化、土地制度与户籍制度的内在逻辑》一书和他的建议,实质上在学术界、在政府研究部门,有不被认同的,但是也有很多观点是大家都同意的。大家都在关心改革,但是应该做什么、谁去做、怎么做,这些根本性的问题却没有讨论,我们的会议就在讨论谁去做、怎么做。

文贯中:我想利用这个机会讲几句话。首先,关于我退休的打算,这是我在五年以前就决定的,理由是自己的年龄。根据善始善终的原则,我今年 70 岁,明年 71 岁,正是我应该退下来的时候。看到有很多年轻人参加我们今年的会议,这表明我们有着许多新生的力量。土地改革和户口制度的改革才刚刚开始,接下来还有很多的问题需要进一步探讨。所以,即使我个人退休了,我们这种"小型"研讨会还是应该继续下去。

我们学者就是要求真,不要搞跟风。如果当年大家都搞跟风,就没有今天中国经济的一片大好形势。例如,如果当年搞跟风,包产到户是不会变为合法的。农民当年面临的风险其实要比我们今天还要高。正因为有很高的政治风险,才有小岗村全体村民按血印,在他们的队长万一被抓,被关进监狱的时候,他们保证抚养队长的家属和小孩。用包产到户代替人民公社是改革有高度风险的一个例子。后来每一项改革,事先都面临某种风险。比如说,在 20 世纪 80 年代初就有人提出要搞全面的市场经济,但这些人连在学术界内都受到排斥。只是到了三年前,在十八届三中全会上通过的历史性《中共中央关于全面深化改革若干重大问题的决定》中,总算提出由要素市场决定性地配置资源。我们在理论上能获得这样大的进步,多亏学术界无数的学者多年来的不懈努力。

这个星期一,我第二次去北京开会,是发改委邀请我,跟土地制度的改革试点有关,出席的有 200 多个地方官员,有 11 个试点的代表做了试点进展的报告,我作为专家点评。有四位专家,一位是国土部前副部长,一位是中国土地协会前会长黄小虎,还有一位是国际经济交流中心副理事长、原发改委综合司司长郑新立。其他人都没有提反对土地私有,郑新立的开场白先说反对土地私有,但是又谈到了很多尖锐的问题,比如说,城乡收入差越来越大,农民相对贫困化,城乡二元结构固化,等等,讨论的问题和我们差不多,只是他的解决问题的思路和我们不一样。

我在发改委的会议上指出,现在各个地方在进行十分细的改革,但是,这些改革太零碎。土地制度是一个有机整体,不能够将这个制度的许许多多的功能从概念上一一分解,每个地方只试验土地制度的很小的一个功能,这样的试验结果是没有全局性意义的。土地作为一个有机体,就像人的身体有机体,在脚上试了一下,耳朵上试了一下,即使成功了,对全身有意义吗? 但是,很可惜,中国目前就是这样在做,把一个很复杂的有机整体无限分解成很小的概念,然后对每一个概念所代表的功能进行割裂式的试验,而且局限在很小的地方内进行这种试验,最后能得出什么结论呢? 这种试验是没有普遍意义的。

我对地方上的干部表示最大的敬意,他们在重重约束之下还在努力搞试验,所以责任不在他们。

在这次会上,重庆市巴南区人民政府代表在发言当中,呼吁对不同用途的土地要提前做规划。他表示,有了规划,就能够确定每块土地的用途。对他的呼吁,我是这样回答。如果没有统一的全国土地市场传出来的价格信号,土地用途的划分就没有客观的基础。因为我们无法得知某种用途的土地已经太多了,而某种用途的土地又太少了。只有所有的土地是可以交易的,某一种用途的土地供应太多了,它的价格就下跌,某一种用途的土地划拨太少了,它的价格就上升。只有经过土地价格的上下波动和套利行为,才能知道,而且很快知道土地分配的比例对不对。但是因为现在所有的土地都不能做交易,或者所谓的交易,往往是国家的一口价,由国家垄断,所以土地的价格是失灵的。因此,土地用途的划分比例也是严重错误的。一方面有两亿六千万农民需要廉租房,另一方面有空城、"鬼城",各种公共设施都齐全,就是没人居住。这种供需严重失调的原因是土地没有真正的市场价格,在市场上形成的价格并不能指引土地的合理配置。

另外就是土地价格的产生。既然说土地的价格对配置是最要紧的,那么,土地的价格是如何产生的呢？土地的价格产生于供需双方的自愿交易。所以，为了进行有效的交易，交易物品的产权一定要明确界定，才不会引起事后的法律纠纷。但是在农村，农户获得土地产权的多少，是根据各个农户在村里总人口中的份额来决定的，跟效率无关。由于村里的人口总在变动，而全村的土地面积一般是不变的，甚至在减少。所以，所有的农地、宅基地的边界是无法最终确定下来的，这也说明土地交易存在潜在风险，因为没人知道所交易的地块是否会因村里人口变化而被重新分配。这又带来土地的抵押问题。所以，如果没有全国统一的劳动市场和土地市场，不但土地的用途无法科学地确定，我们多年来说的一些问题，比如城乡二元化结构，城乡收入差（不是收入比），都会急剧扩大。

在发改委的会上，我还提到有些中国专家把刘易斯模型的意义搞反了。多年以来，一些学者都在说刘易斯拐点已经到了，也就是说，农村中劳动的边际产品为零的那些人全部已经消化掉了，现在轮到要消化劳动的边际产品越来越高的那些农民。如果这是事实，那么农村的劳动边际产品就应该逐渐接近城市的劳动边际产品，城乡收入差进入收敛阶段。可现实是，在拐点到来之后，我们所面对的城乡格局没有出现收敛过程。农村里面剩下的不是劳动的边际产品越来越高的人，而是老弱病残妇，城乡的收入差现在是越来越大，绝对值已经超过 2 万元人民币，超过了农村人均收入几倍，光是城乡之间的收入差已经是农村平均劳动收入的几倍了。

而且，这个状态还将延续到第二代，因为还有 6 000 万名留守儿童。他们不能跟父母团聚，被迫留在老家，也没有其他的技能，以后只能步他们父母的后尘，重新做体力劳动，到城市里面打工。在现行的土地制度和户口制度下，所谓的代际流动性几乎丧失。所以，中国模式不能光看好的一面，这种模式也有很令人担心的一面。为什么刘易斯模型在当年的欧美，现在的东亚地区都有收敛的过程，在中国却出现了发散的过程？这是同户口和土地制度有关系的。在座的各位比我清楚，但我还是想强调指出这一点。我准备在浙江的会议上也详细地讲一下，为何刘易斯模型的政策涵义被中国搞颠倒了。

二、 土地利用总体规划中的农村宅基地问题

陈　钊：下面有请中国社科院农村发展研究所宏观经济研究室主任党国英老师

发言,党老师发言的题目是《土地利用总体规划中的农村宅基地问题》。

党国英:先表达谢意,会议多少年来致力于研究土地制度方面的问题,各方面影响都很大。此外,长期受到在座的各位学者,特别是文老师的治学态度和作风的影响,一言难尽,借此机会表达谢意。

我表达两个意思,一是对我的文章的扼要介绍,二是回答田国强老师说的谁来做、怎么做的问题。先来谈一下文章,提交给国家发改委体改司的报告很长,我扼要说一下我的观点。对制度评价,从"效率、平等、稳定"这三个维度去看都乏善可陈,无论用数学模型和数据都可以证明,现在宅基地制度效率非常低。文章里面有数据和分析。平等也是这样,虽然我们调查发现村庄内部的宅基地平等程度比较高(因为一户盯着一户,不易形成很不平等的状况),但是还有别的因素需要考虑,例如,一些"法人"在农村占有不少土地,使建设用地使用权的分配不很平等。关于农村社会稳定,也与土地制度特别是宅基地制度有关。这样的制度必须改,但是改了以后又存在正当性和合法性的问题。从正当性来看,提出改革宅基地制度是非常有必要的。以后怎么改? 我们的看法都是差不多,三个角度考虑。

一个就是宅基地的取得,再不能实行无偿分配,需要解决历史遗留问题。还有使用过程当中的交易,在总体规划约束之下对交易可以做出规定。我的看法就是,建立"全国农业保护区"制度,保护区内的设施占地面积不会太大。农业保护区内的宅基地交易受到一定限制,农业保护区外的宅基地完全市场化。还有就是退出,宅基地的退出采取什么样的方式? 实践当中关键是能不能自由销售? 能不能卖给城里人? 这些问题都要研究解决。

现在来看改革从上推动比较难,以后究竟怎么办? 田老师提出的问题特别有意思,我从去年到今年,在佛山的几个地方做调查,有一个体会,佛山市中心有一个禅城,相当于城中村,改造不了,被逼到什么程度? 请了专门善于做民主协商的规划师介入工作,简单来说就是充分地让老百姓参与意见,有什么样的利益诉求都可以表达。开始大家以为会吵成一锅粥,因为这样的城中村改造过程中会面临复杂的问题,但是最终达成共识,极大地节约了改造时间。这个事情很有启发,老百姓和官员都有共识,公共的问题要公开,涉及利益方面的处理一定要市场化。

陈　钊:谢谢党老师,下面有请文老师点评。

文贯中:我看了党国英的文章,他的内容非常丰富,比他十分钟的发言丰富得多,所以有兴趣的话建议各位读一下。我很同意他的基本观点,所以变得很难评论了,我只能再把他的重点提出来讨论,也可以有所补充。因为我星期一在北京开会,在会上我了解到一个情况,就是尽管中国的城市化已经达到56.1%,但是农村宅基地总的面积是否相应减少?并没有,还在无序地扩大中。农民进城,土地转化成耕地或者其他用途的耕地,城市化是全国土地使用效率提高的必然途径,但是在中国没有实现,中国城镇化越高,土地的使用效率越低。因为宅基地还在无序蔓延,不让土地交易,土地没有价,农民脑子里面没有概念,他们是根据自己的人口增长要一块土地,在大部分地方是无偿的发包,只有在南方,国英的文章里面提到正在试图有偿化,要出钱才能得到一块宅基地,但是这些地方本身的土地已经非常稀少,在近郊的地方只有几分地,所以大部分土地还在无序扩大。

第二,宅基地可以市场化,可以交易,甚至交易的对象可以扩大到非本村。这点我非常同意,但是补充一点,是不是要基于价格基础之上的全国规划?在有些规划区域里面,也有这些,已经变成空心村,将要消亡的,最后变成农地,这些地方也许宅基地的买卖会受到区化的影响,如果区化里面已经列为农民保护区,就不要再随便卖给城市里面的人,因为以后会很麻烦。基于这样的市场价格基础之上的全国规划,如果以后可以变成城市或者变成郊区,里面的宅基地应该敞开,应该向全国,甚至向全世界都放开。我们现在任何时候都要把农民的收入放在首位,既然农民好不容易有一块宅基地,既然有人感兴趣,就应该推行。

三、 我国农村宅基地转让制度改革

陈　钊:下面有请首都师范大学管理学院副教授程世勇老师发言,他的发言题目是《试论我国农村宅基地转让制度改革》。

程世勇:接着刚才党老师谈到的宅基地问题,我提交的论文题目是《试论我国农村宅基地转让制度改革》。第一个问题,就像文老师说的宅基地是改革的重头戏。这里有三个数据,一个是2005年城乡建设部的数据,一个是2010年国土资源部的数据,还有一个是2013年中科院测算的数据。粗略的估算,我们目前城市总建成区总面积是1亿亩,农村宅基地是2亿亩,这个比例是1∶2。农村建设用地中五分之四是宅基地,有人说宅基地入市之后将产生20万亿元的财富,是改革的重头戏。像党老师所说的,目的农村土地的浪费与配置失衡是非常惊人的。可以归纳为三句话,第一是人口流动和土地流动配置失衡,2.3亿农民工向城市配置,宅基地在农村配置。第二是承包地的产权制度与宅基地产权制度的失衡，因为承包地的产权制度现在已经向城市资本放开了，城市资本可以经营和抵押，农村宅基地是倒退了，所以这两个制度存在失衡。第三个就是城乡双轨制的住宅体制，城市房屋有交换价值，而农村的房屋只有使用价值。

第二个观点就是学术观点的分野和改革阻力。目前理论界的一种观点认为，农村宅基地是农民的一种保障体制。我们要反思，这个观点是否能够站得住脚？是否经得起检验？2.3亿农民工要城市化，把2亿亩宅基地放在农村作为保障，保障的方向完全搞错了。另外，2亿亩农村宅基地，世界上没有这么奢侈的保障制度。

其次，农村农民建房是靠私人货币投资投进去的，现在说是保障制度，好像不合理，房屋的资产价值完全没有得到实现。退一步讲，如果这种观点成立，也仅仅适用于封闭的农业社会。

第三个观点就是宅基地是什么？我们能不能说清楚？中国的集体产权制度下的宅基地，是一种矛盾的统一体，是一个集体成员权的住房保障的特征与私权的财产权的统一，类似于20世纪90年代的国有企业改革前的情形，又想搞市场，又要办社会。成员权的特征决定了农民有户籍，就可以免费获得土地；宅基地私权的财产权特征指的是，这个东西是我的，是可以交易的，在有限的交易范围内可以获取一份货币补偿。所以对于这个制度作评价，可以发现，宅基地产权的内在矛盾使其在市场经济条件下很难有效运作。

第四，我们是社会主义市场经济体制，在社会主义市场经济体制下如何进行市场经济改革？怎么样改革？往保障走还是往市场走？既然是市场经济那就一定要往市场走，以后还是要建立完全的私权化宅基地保障制度，农户的宅基地确权之后可以自由转让，可以自由抵押。很多人探讨的时候说流转买卖，保障怎么办？保障当然是社会化，我们把产权内部的矛盾社会化，原先有集体产权的保障由社会做，剥离农村宅基地的住房保障功能由社会做，要凸显宅基地的物权化的财产权功能，这是市场经济要素流动的内在要求。

农民本身就是完整的经济人，只有市场化或深化宅基地的社会主义市场经济体制改革才能使农民自主地显示其偏好。农民是想一直住在村子里面，短期交易还是长期交易？还有政府主导的宅基地模式，实际上是把宅基地作为保障去思考谋划了，所有的定价都是基于扭曲价格的模式，所以我赞同市场化。

市场也会失灵，我们探讨这个问题必须知道市场会失灵，但政府可以参与。有些地方宅基地配置不合理,需要复垦成农地,政府可以回购,支持政府的土地宏观政策,政府用货币回购宅基地。另外,农村住房保障的社会化,需要政府更多地进行扶持,但政府不要做产权内部的事情,这些应完全由农民作为独立的市场主体来决策。

所以总结一点,我们真的要更新一种理念,建立这样的市场化治理模式,才是合理的。

陈　钊:下面请党国英老师作评论。

党国英:我非常赞成程世勇的分析以及他的结论,特别是我喜欢他关于土地是社会保障这个观点的评论。

要明确区分"集体经济成员权"与"农村社区成员权"两种"成员权",将"壮大集体经济"概念调整为"逐步完善农村社区公共服务"概念。要通过宣传手段,向广大农村干部群众传递"土地承包权即为农民土地财产权"的政策理念。

四、 加快农民工市民化

陈　钊:谢谢!下面发言的是清华大学政治经济学研究中心主任蔡继明老师,他的发言题目是《关于加快农民工市民化的建议》。

蔡继明:我提交了两篇文章,一个是主持人说的题目,还有一个是《推动土地制度三位一体城乡互动的改革》。我把两篇结合在一起,首先简单谈一下为什么要强调加快农民工市民化进程? 我提醒大家注意常住人口和户籍人口这两个数据:2015 年常住人口城镇化率 56.1%,户籍人口的城镇化率很长时间都不公布,到了两会期间才提出来,据说已经达到了 39.9%。很奇怪,因为我查了 2014 年户籍人口的城镇化率只有 36.7%,在一年里户籍人口的城镇化率提高了 3.2 个百分点,怎么可能? 因为 2015 年城镇常住人口才增加了 1.3 个百分点,户籍人口怎么可能一下子增加了 3.2 个百分点? 那意味着有 4 300 万农民工变成了城市户籍人口。这个数据不可相信。我问了国家发改委,他们说是公安部给的数据,2015 年以前的数据不算数了。我怀疑这个数据是根据 2020 年我们计划达到的目标倒算出来的。到了 2020 年户籍人口城镇化率达到 45%,2014 年的 36.7%距离 45%差了 8.3 个百分点,这么大的差距到 2020 年是根本赶不上的。正如未来五年 GDP 增长率也是倒退着算出来的一样,到了 2020 年全面小康,要翻一番,倒推每年至少要保持 6.5%的增长率。既然 2015 你那户籍人口城镇化率已经达到 39.9%,距离 2020 年的 45%就只差 5.1 个百分点,相对来说就容易实现了。

除了户籍人口和常住人口差别之外,还要特别注意镇民和市民的差别。我们平常说的是城镇化,但是城镇里面 658 个城市,2 万个镇。658 个城市市民和 2 万个镇的镇民不可同日而语。和美国不一样,中国镇的行政级别是五级政府里面最低的一级,更重要的是发展水平。目前每一个镇平均人口是 1 万人,超过 5 万人口的镇仅 1 000 多个,占 2 万个镇的 5%左右。怎么让镇民变成市民? 中国的城镇化水平和世界的城市化水平质量差别非常大,尽管现在常住人口城镇化率已经达到 56.1%,超过了世界水平,但是,非户籍城镇常住人口以及 2 亿左右镇民离市民化程度还差得很远。

下面重点讲一下土地。2015 年全国两会召开前夕,全国人大常委会授权国务院在 33 个县市区实行土地改革试点,改革试验区内和试点时期内暂不执行土地管理法和城市房地产管理法相关条款。这种依法改革是对的,但是改革的力度不够。当时我曾批评三块地改革是相互割裂的,而三块地本来是联系在一起的。我们注意到,33 个县市区的试点,15 个试点宅基地制度改革,15 个试点集体建设用地入市改革,只有 3 个试点征地制度改革。33 个试点全部是割裂的。我们刚刚考察了河北,河北定州市是 3 个征地制度改革试点之一。关于征地制度改革他们作了很多探讨,包括征地怎么补偿,被征地农民怎么安置,等等。国土部部长、副部长都前后考察过。我们民进中央经济委员会做了半天考察,座谈时候提出了这样的问题:征地制度改革的核心是缩小征地范围,如果 90%的地不需要征,何谈补偿,补偿有什么意义? 所以把征地制度改革完全落到补偿标准上,是捡了芝麻丢了西瓜,有什么推广价值呢? 显然,征地制度改革即征地范围的缩小与集体经营性建设用地入市是一个问题的两个方面:城市发展,城市化需要一定数量的土地,随着征地范围缩小,必然要求集体土地入市的范围扩大,不同时赋予试点单位集体土地入市的改革权限,两项改革试点最终都将收效甚微。

而农村集体经营性建设用地入市也同时涉及宅基地制度改革。我和党国英教授到重庆大足调研土地试点,其中有 3000 亩经营性建设用地分布在各个村,他们搞了增减挂钩,各个村累计 3 000 亩的经营性建设用地复垦为耕地了,然后在重庆大足的石刻世界文化遗产圈地 3 000 亩,全部变成建设用地。这里涉及一个问题,3 000 亩地显然不够用,而农村还有大量闲置的宅基地,但不允许入市。农村宅基地在建设用地里面占了五分之四,现在允许入市的只限于存量的乡镇企业用地,这是杯水车薪。所以让集体土地入市必然涉及宅基地制度改革,而只允许宅基地在集体所有制内部流转没有意义,其价值很难实现。

所以说,把上述三块地的改革割裂开来,不可能实现中共十八届三中全会提出的全面深化改革土地制度的预期目标。

另一方面,现行的土改试点又把城乡割裂开来,一说到土地制度改革都是讲农地改革。文教授也谈到了土地是整体,城乡土地是互动的。比如说征地制度改革,严格地按照宪法第十条,必须是出于公共利益需要才能征地。但是《宪法》还规定了城市的土地归国家所有,当出于非公共利益不需要征地时,就需要集体土地直接入市,而入市集体土地不符合《宪法》"城市土地属于国家所有"的规定。为此《宪法》第10条应改成两种公有制,即国有土地和集体土地并存。土地制度改革不仅仅是农地的改革,也涉及城市土地所有制结构的调整。所以我强调要三位一体、城乡互动。

接下来顺便说一下,农村宅基地不能流转是不是主流的观点?农村宅基地能不能在集体所有制成员之外流转?中央的文件里面并没有明确限制,是一部分人、一些部门的解读。

陈　钊:下面评论人是上海交通大学经济与管理学院的陆铭老师。

陆　铭:很简单,我支持。另外我们首先不能把那一派观点说成是主流的。还有您讲到关于所有权和买卖的关系,按照那个逻辑推,如果是私有产权就不能卖了,也是很荒谬的。陈锡文面临很大问题,就是在既有的土地制度下,他们提出的"三量齐增"的问题怎么解决?粮食产品增加,库存量增加,进口量也在增加。在理论上没有讲清楚,中国农村人均耕地面积小,城乡化率低,产生城乡差距,在政治上有问题,需要补贴种粮食,补贴之后,农民就会多种粮食,所以现在"三量齐增",跟农民转出不够和人均耕地面积少有关,所以陈锡文解决问题的方案反而造成了问题,他并没有把这个问题说明白。

五、 加快农村转移人口市民化

陈　钊:下面有请郑振源老师,郑老师是原国土管理局规划司副司长,他的题目是《加快农村转移人口市民化》。

郑振源:第一,是农村转移人口市民化具有紧迫性,这是农业现代化的迫切需要。农业经过12年的连增,2015年在20.25亿亩耕地上生产了6.2亿吨粮食,人均452公斤。耕地不缺,粮食安全有保障。2016 年面临的问题是一家一户的小农经营,农业劳动生产率太低。劳动生产率低,农民收入就少,就要进城打工,由此产生谁来种地的问题、留守儿童的问题。因为农业劳动生产率低,政府必须提高粮价,并给农户补贴,保证经营农业有适当的利润,这样农民才有种粮的积极性。粮食价格抬高到超过国际上的粮价,尽管国内粮食很多,粮食还要大量的进口,关税是抗不住进口的。所以造成 2010 年以来粮食生产量、进口量、库存量"三量齐增"。2015 年谷物库存消费比达到 70% 以上,国家粮库里三大主粮有 2.5 亿吨粮食储备,结果造成粮食经营部门大量亏损,国家财政负担加重,内地的民营米面加工厂因买不起库存粮食而停产。粮价下跌,2015 年年底玉米价格下降了 20%,农民可支配收入估计损失 1 437 亿。农业发展陷入困境。2016 年粮食要减产,不减产政府背的包袱越来越重。

怎么解决困局?必须提高农业劳动生产率。怎么提高劳动生产率?必须把农民的承包地转让出去,把耕地集中到种田大户那里,扩大经营规模,采用新技术,才能提高农业劳动生产率,实现现代农业。因此农村转移人口市民化,把他们的承包地转让给种田大户,是实现现代农业的迫切需要。

第二,农村转移人口市民化是新型兴城镇化的迫切需要。2014 年城市里约有 2 亿农村劳动力在城镇就业,这是城镇二三产业的主力军。这些农民工一年从业时间只有 10 个月,春节要回老家,而且流动性很大,今年到这个城市,明年到了另外一个城市,导致城市里面没有稳定的劳动力供应。更严重的是现在第一代农民工已经高龄化了,从 2012 年开始,我国劳动年龄人口持续下降,人口红利逐渐消失。数量型人口红利丧失可以通过提高劳动力的受教育程度和技能水平来弥补。然而,在 2.27 亿 0—14 岁幼少年人口中有 6 100 万是农村的留守儿童,还有跟随父母进城的流动儿童中有 300 万不能在城市里上学。所以 6 500 万的劳动后备军现在受教育的水平很差,将来劳动力少了,必须提高劳动力的教育水平和素质,这样才能弥补劳动力数量减少的空缺。但是我们现在的劳动力后备军是这样的情况,将来城市的劳动力怎么维持?所以,通过农村转移人口的市民化,让所有这些农村的留守儿童、不能上学的流动儿童都能接受城市中好的教育,也是保障新型城镇化优质劳动力供给的迫切需要。

中央已经看到了这个问题,一再发布加快农村转移人口市民化的政令,但是地方上动静不大,因为有几个障碍:一是有些地方政府以好多农民工不愿意放弃农业户口、不愿意在城市落户为由,放松了农村转移人口市民化的工作。二是农民工在农村的宅基地、承包地退不掉,城市又不能为农民工提供住得起的廉租、廉价房,因为住房的制约,农民工不能在城市里落户。三是地方政府财力不足,或者有钱不愿意往这方面投,教育、医疗资源短缺,不能够为农民工和他们的子女提供教育、医疗等公共服务和失业、养老等社会保障。郑州在2001年曾经一度开放户籍,到了2004年关停了,因为大量农民工子弟上学挤不开。四是门槛式的户籍制度改革只注意了在城市中稳定就业、长期居住的农民工的市民化,但是城市里有好多居住不到五年、在城市和农村间、不同城市间漂泊,但却为城市中服务业迫切需要的农民工不能市民化。这是个大问题。五是由小到大梯级递进的户籍制度改革次序与农民工的流向不契合。开放了中小城市的户籍制度改革,大城市还不能开放。农民工多的大城市反而市民化要推迟。尤其是特大城市,以控制城市人口为名,把控制人口同农村转移人口市民化对立起来,把城市需要的农民工挤出城市。这是最大的问题。

解决这些障碍有什么办法?第一,改革土地制度,让农民能卖得掉在农村的宅基地、承包地,即对放弃其宅基地使用权和承包经营权要有足额的财产权补偿。同时将"小产权房"合法化,用集体土地来提供农民工住得起的房子。第二,要进行财税制度改革,要舍得花钱,增加教育、医疗等公共服务设施。第三,给农村转移人口提供与城市户籍居民平等的社会保障制度,现在分散化、碎片化的社会保障制度不能解决农民工的社会保障问题。建议提高中央和省级政府对教育、医疗和社保支出比重,构建全国统一协调的社保制度体系,使社保福利待遇能覆盖全部农民工,并能随人口流动顺畅地转移和接续。第四,加快和深化户籍制度改革,最终实现人口自由迁移。不管大中城市还是小城市,只要有条件就开放,不要有城市大小的限制。

陈　钊:谢谢郑老师,下面评论的是同济大学的石忆邵教授。

石忆邵:我主要谈几个小点。第一,郑老师在报告里对目前的梯度城市化户籍制度改革持反对意见,这一点我们的观点一致。我在前两年写过文章,就是关于中国新型城市化与大城市发展。最近看到一篇有关梯度城市化的文章,我前天刚下载下来,还没来得及读。第二,郑老师的文章是站在农村的角度,三农的角度,如果思路再放开一点,不光是关注输出地,更多关注输入地,关注另一头,把视野放得更宽一点。第三,市民化的好处之一是有利于提振城市消费,可以让我们更加全面地来看这个问题。

六、 户籍事务的成本支出

乔依德:下面发言的是傅蔚冈,他发言的题目是《你要为户籍事务支出多少成本？》。

傅蔚冈：非常高兴，我的文章或者谈不上研究，只是调查，是初步的东西。我们针对 100 多名志愿者（最后收回 70 多份）的调查结果，可以看出户籍制度给我们带来什么弊端或者支出多少成本。另外，考虑到对于户籍研究或者宏观上对它的把握的研究已经做了很多，但是具体的东西存在给我们带来多少麻烦？我们从更微观、更个体的层面上描述现象。

我们讲户籍成本，是指社会各群体为了办理各项事务因为需要户口而消耗的直接成本。第一类为时间成本；第二类其他相关支出，包括但不限于交通费用、印刷费用，等等。这么大的背景被忽略了。上海户籍人口的自然增长率好几年都在零以下，负增长，但是机械增长率还是在增加，因为每年上海都要引进需要的人才。

我们假设一下，一个人一辈子当中与户籍相关的事会遇到哪些？这是我们需要考虑的事，比如 18 岁以前，户籍要迁入学校集体户口；18 岁以后，办理护照、通行证、签证；20 岁，申领（临时）居住证、居住证积分，或者暂住证；22 岁，办理求职过程中的户籍事务、落户等；入职以后，缴纳社保金、公积金、医保等等以及公共服务待遇中的户籍事务；25—30 岁，办理结婚登记、准生证、子女公共医疗保障；25 岁以后，还有买房买车，车牌登记，全国买房买车都和户籍挂钩；30 岁以后，子女入学、随迁子女参加中考、高考；退休以后涉及养老金领取的事情。在日常生活当中会遇到很多类似的事情。

我们一共找了 100 多名志愿者，大部分志愿者处在 26—30 岁，占比 39.42%；此外，"25 岁及以下"和"31—35 岁"这两个年龄段的人数占比也相对较多。这种分布也是我们有意挑选，我们在 500 多个志愿者中挑选了 100 多个，主要和上海的非户籍人口的结构一致。问卷内容主要由 6 个部分构成，第一，本次户籍相关事务的基本信息，包括事由、是否成功、是否需要家人陪同共同办理；第二，户籍事务耗费的时间成本，包括准备相关材料、往返路程和办理过程中消耗的时间；第三，户籍事务消耗的经济成本，包括交通费、手续费、通信费以及可能耗费的住宿费和旷工成本；第四，居民获取户籍手续相关信息的主要渠道；第五，居民自行采取的降低成本消耗的途径及其效果，例如利用年假的情况、委托他人办理、"托关系"的情况及其实际效果等等；第六，办理过程中的服务质量和志愿者的主观感受。我们用了一年时间，比如从今年 7 月 1 日开始，到明年的 6 月 30 日，100 位当中一共 74 位回答并提交了问卷相关事情。

不同类型的户籍事务占比。比如居住证事务占了比较多，户口迁移、计划生育，在报告当中有具体的数字;各类事务成功率,成功率当中最高的是办护照和签证,最低的是社会保障、子女入学,成功率不到50%。这多少也可以反映目前哪些事件比较难办,或者是今后户籍改革当中比较麻烦的事情。

准备材料和往返路程消耗的时间。有很多人办一件事花了两天以上的时间。几年前我去杭州办计划生育证,当天来回办好了,我边上有个来自新疆的为这个事情跑了两次,成本非常高。按照我们的资料小样,95.8%的人在四个小时内完成办理,超过半数的人在一小时内完成办理,消耗的时间主要是因为正常排队。

办理过程中的时间成本。耗费时间成本较高的是办理户籍证、申领居住证、落户和入学。在需要消耗一天以上的25项户籍事务中,有68%必须回户籍所在地办理或者准备材料,必须回户籍地办理的事项占到50.68%。由于大多数办理人处于事业初期,64%的办理人不得不向单位请假。

测算时间和经济成本。我们100多个志愿者当中有一些上海本地户籍。城市居民每年办理户籍平均成功率为78.7%,消耗的经济成本为254.3元,办理一件事,需花3.5小时(都是计算直接耗费的钱,没有把时间折算成钱)。经济成本分为交通费、手续费、通信费、住宿费和旷工费用,经济成本支出办理每件事务平均消耗7元,10元手续费、5元通信费,30.14%的户籍事务将导致平均200元的旷工成本,非本地户籍人员超过243元。

调查中非上海户籍人口的年龄结构,以年轻人占据绝对的地位。他们是整个城市的生命或者希望所在。城市的人口若全都变成像户籍人口一样,上海没有希望。

最后谈谈志愿者的感受。我选了三个:第一,希望主管部门设计办事流程为居民简化程序,减少不必要的来回奔波。有一个志愿者说,明明已经经过市公安局批准,照理说公安局内部都是联网的,为什么一定要我先去浦东领证明,再去长宁领户口迁出单,最后把这份迁出单送到浦东,内部转户口不行吗?商业机构比如申领信用卡直接在网上转移过来了,不会说到这个部门和那个部门,前台和部门之间要做好合理分工。

第二,他们希望消除户籍制度对孩子的影响。现在办理户籍最难的也是大家最希望办的就是孩子入学的问题,也是社会的焦点问题。

第三,很多人对于户籍制度本身的合理性提出质疑,甚至质疑中国是否是统一的国家。比如我来上海,理论上来说大家都是同一个国家的,但是事实上我们是处在两个完全不同户籍当中,这对大家形成民族国家或者统一国家的共识,有很大的障碍,这是我们很不成熟的调查。谢谢！

乔依德：下面请评论人程令国发言。

程令国：非常有幸评论傅老师的文章，读这篇文章我是感同身受，因为周一我自己家里有事，需要办理户籍证明，在办理户籍证明过程中非常感慨，我先给大家分享几个细节，或许会有助于大家更加直观地理解为什么户籍成本这么高。

因为我刚来上海不久，现在的户口还是财大的集体户口。我要开具户籍证明，首先需要到网上先下载申请表格，填写申请理由，拿着表到院里盖章，去学校盖章，然后才能去派出所开证明。在派出所排了一个多小时队，等轮到时我才知道开户籍证明要有一个抬头单位，上海的户籍证明是专事专办，哪个单位需要户籍证明抬头就要写哪个单位，而且开给这个单位的户籍证明不能拿到另一个单位去用。等我搞清楚了单位之后，还得再排队。所有事情办完之后临走时候，办理人员还特意提醒我说一定要注意户籍证明期限，只有一个月，如果这个事情一个月内没有办完，还要重新开证明。读了傅老师的文章之后我按照他的方法大致测试了一下成本，前后大约花费 5个小时，每小时照 50 元钱算，共计 250 元，再加来回打车费 50 元，此次开具户籍证明共花费花了 300 元。

考虑到户籍事务涉及生活当中的方方面面，所以加起来成本是非常惊人的，傅老师的文章最大的贡献就是问卷调查的方式得到了一手资料，根据一手资料对成本给出了直接的测算。并根据上海的整体宏观人口数据，对上海市的户籍事务成本给出了一个量的概念，这无疑将有助于我们下一步推动户籍制度的简化和改革。

接下来，对于傅老师的文章提一些建议，主要集中在调查方法上。首先，因为傅老师的调查对象是招募的志愿者，志愿者和普通人群在代表性上有差异，经济学讲究的是随机抽样，下一步需要改进一下。

另外傅老师限于资金和时间的限制，样本小了一点，导致的结果不太稳健，容易受到极端值的影响。我非常期待傅老师将来在时间和资金允许的情况下，能够在更大范围内进行大样本的随机抽样，并据此作进一步估计，相信这将会有更大价值。

乔依德：我说几句，我对你的发言不甚赞同。因为你的题目和最后的结论完全脱节。有几个事情没有搞清楚。我们做事的成本，行政上的烦琐，跟有户籍和没户籍是两个不同的事情，要分清楚。你的结论是很大的，在一个国家里通过户籍把人分等，你的调查如果针对这个结论，就要调查有户籍和没有户籍对家庭有多大影响，而不是在路上花多少钱，花多少时间，这样算着眼点太小。所以在设计上要重新考虑，我们的讨论就是有户籍和没有户籍给人们带来多大影响,要针对这个来。

我简单说这些。下面请陆铭发言。

七、 人、地配置脱节问题亟需关注

陆　铭:各位老师,前面几位发言老师都有一个共同特点,文章写得很丰富,讲得很简短,我提交的文章讲了常识性的东西,是给政府看的。我讲的内容基于我的研究。前面老师讲到今天中国的问题出在人的配置和地的配置的脱节,中国出现了人的城市化和地的城市化脱节,关键问题在于人是往高处走,但是地往低处走。近十年,中国的人口继续向沿海地区和大城市集中,接下来看地是怎么动的? 我强调的是2003 年的拐点,因为跟刘易斯拐点讨论很有关系。2003 年是上一届政府的第一年,当时他们要平衡中国的地区发展,当人口流出的时候,我们往中国中西部配置更多土地供应。而 2003 年是非常清楚的拐点。这件事导致什么结果? 大量的土地被用来建造工业园和新城,这样就可以招商引资,导致全国现在大量的新区新城建设,每个县都有一个以上的工业园。从发改委的统计数据来看,把新城新区的规划人口加起来可以竟然达到 34 亿! 这样就产生问题了:一方面人往外流,一方面地往那配置,中小城市更严重。结果一定会在房价里面有体现。人口流进的地方土地供应收紧了,人口流出的地方土地供应充足。下面讲的事情有针对性。根据 2015 年中国社会科学的论文分析,在中国的中西部,房价的上涨和工资的上涨是同步的,但是特别注意,在东部,房价上涨超过工资上涨。道理很简单,人在往东部走,这里土地供给收紧了,房价上涨更快。

更重要的问题就是在工资和房价关系里面体现什么关系? 工资和房价的关系是双向的,工资高了买房子称作是需求效应,而我经常强调供给效应。如果一个地方土地供应收紧,人口在流进过程当中房价往上涨,体现为生活成本的上升,而生活成本的上升会阻碍劳动力流入。人口流入被阻碍了以后,还会有一部分人来,对这部分人需要付更高工资,这就是成本效应。2003 年以后中国的工资提高了,同时,中国的利率低,意味着劳动力偏贵,而资本偏便宜,结果搞资本深化,由于是在价格扭曲情况下的资本深化,这种资本深化偏离了中国的比较优势。

这样,在企业这一端表现为收入上涨快于劳动生产率上涨,经济效率下滑,企业的利润被挤压,中国的劳动密集型产业竞争力过早丧失掉了,这是大问题。有没有证据？我给大家看两个表，第一个表是看人均土地供应怎么影响房价。很清楚，在全样本里面，人均土地供应越多房价越低，而且控制了需求端因素，最重要的需求端就是人均GDP，当我把中国的样本分成东部和中西部时候，系数非常像，东部的系数小一点，因为人口密度高，可以提高建筑的容积率，所以房价对于土地供应的弹性小一点。再看第二阶段，就是看房价是怎么影响工资的。根据我讲的逻辑，房价越高的地方，推动工资上升。再看东部和中西部的差异，只有东部存在房价推升工资的机制。

把样本分成2003年之前和2003年以后，只有在东部2004年以后才有房价推动工资的效应。2003年以后中国的工资上涨，是刘易斯拐点吗？不是的，至少不是全是的。当在人口流入地收紧土地供应，成本传导机制影响到成本供给，再影响到工资，这是政策的拐点，不是刘易斯拐点。这样的问题在哪里？就是改革的问题，这是我提交的文章里面讲的事情。中央城市工作会议强调要尊重城市经济发展规律，但规律没有讲清楚。城市规模是内生的，由企业和个人的决策来决定的，而决策就是对于美好生活的向往，对于企业来说就是利润，对于人民来说就是工作目标。有需求的时候做出的决策，企业和人最大化利润或者有效应效用。但这个决策有约束条件，当然包括资源和环境的约束，但是搞经济学的人都知道，只要有价格机制，最后达到的城市规模一定小于约束条件。我们在讨论城市规模的时候，基本条件没有搞清楚，我们不能把城市有资源环境约束作为控制城市规模的理由，在理论上讲不通。

如果讲静态，给定一个时点，资源和环境有总量约束。但是在动态里面，城市容量在长期是可以通过技术和管理来增加的，比如说水不足了，可以建水库；电不足了，上海的电都是西电东输，用的不是本地电，气也不是本地的气。资源付了价格，价格会变成企业和个人是不是到这里来生产和生活的决定因素，但是不会达到把最后一滴水用光，最后一立方气用光，因为价格会调节供需。

从政策的角度来说，如果适应美好生活的向往就增加供给，第一增加供给的总量，第二在政府的职能里面，强调治理由人口带来的负外部性和扩大由人口规模带来的正外部性，当政府的政策是增加供给，减少负外部性和增加正外部性的时候，政府是在帮助一个城市长大，而不是减少。在今天的话题里面很直接的含义是，在给定既有的土地制度下，放宽大城市、特别是特大城市土地供应的管制。

最近，国土资源部、住建部有一个说法，他们说缓解一线城市房价上涨的趋势，必须加大土地供应，另外政策导向里面强调建设用地指标数量和未来吸纳农民工的数量挂钩，如果是这样，我讲的事情就能缓解了。

我们再讨论土地供应的问题。上海说未来土地供应要减量增长,政府有一个理论基础,上海的土地开发强度已经占了45%,即所以比例不能再提高了。我觉得很奇怪,我一直找数据,最近终于找到了。有数据显示,世界上一些大都市圈20%—30%土地作为建设用地。然而,这个类比是错误的,其他都市圈的土地面积比上海大,人口比上海少,当然建设用地占比更小。真正可以跟上海比的是东京圈,东京圈范围的土地面积是上海的两倍。而且东京圈是真正碰到了城市蔓延的边界,左边碰到山,右边是碰到东京湾了。上海加上苏州的面积相当于东京圈的面积,如果在都市圈范围内安排土地供给,上海的建设用地占比是低的。上海扩张面积,往左都是平原,东京碰到山才停下来,这都是理论和实证没有谈清楚的问题。

最后,对于建设用地的配置,现在的政府还施加了几种管理。第一,建设用地指标占比的管理,占比的管理既有中央想管制东部和大城市建设用地指标的问题,也有特大(超大)城市自己作茧自缚的问题。

第二,在建设用地指标给定的情况下,多少地用来做工业?多少地用来做商住?目前是工业用地比重过高,而商住用地偏低。

第三,商住里面多少地作为商业用地?商业比重用地过高,上海中心城区商业用地占70%,住宅用地占30%,商业用地过剩,住宅用地不足,这又是一个问题。住宅用地又管容积率,上海住宅用地容积率管得非常严格。此外,外地人进上海的时候,住在群租房里面,我们又打击群租。所以这一系列链条作用的政府管制,都在增加人、地和住房之间的矛盾,最后的结果就是房价往上涨,推升劳动力成本,削弱经济竞争力。在城市发展中,供给侧改革就是让供给适应需求,本质上是政府管制的放松问题。

陈 钊:中国政府在区域与城乡发展的政策上,重大的政策导向基本都是反市场的。在户籍政策上,市场需要人口进一步向大都市集聚,现实却是严格限制特大城市的人口导入;在土地政策上,市场需要根据土地利用效率来决定怎样配置建设用地,而现实则是由政府来行政分配建设用地指标,这些反市场规律的政策往往导致低效率。但是为什么这种局面一直没有根本的变化?一个原因确实是认识的误区,特别是在平衡发展这件事情上,往往以为要缩小地区发展差异,就需要给中西部等落后地区更多优惠政策,比如更多的投资倾斜、更多的建设用地指标,但这样做却是没有效率的。不仅没有效率,而且事实上也不一定能够实现平衡。因为由政策扭曲所导致的短期投资拉动,很可能形成低效率的产能,甚至最终导致大面积的企业破产、员工失业。这样的话,公平和效率两个目标都没有实现。但是更多的时候,其中的原因可能并不只是认识误区那么简单。比如说我们一直强调三农问题,重视三农问题,但很多农业政策最终对农民是不利的,不管是限制农村土地交易的政策、阻碍外来人口市民化的政策,还是划定耕地红线的保护耕地政策,最终都对农民的利益有所损害,对政策想要保护的对象不利。这恐怕已经不能用认识误区来解释了,当然这里我们也不便对可能的动机作过多的判断。

我们也强调市场要发挥决定性的作用,既然如此,那么政府就应当只是起到监管的作用。但现实却是,政府甚至是在替市场进行选择。比如说城市规模应当多大?城市需要怎样的人才?包括前面提到的我们应该保有多少耕地面积?这些都可以交由市场来决定。政府直接指挥更可能导致一系列的低效率产生。比如对人口规模的限制,现实中我们不仅对外来人口的落户有所限制,也限制他们享有本地公共服务,甚至限制非本地户籍人口子女的入学。在中国这样一个老龄化问题日益显现的大国,城市政府这种限制子女教育的政策,会是什么后果?城市会为此付出沉重的代价,城市竞争力将因此而在不知不觉中丧失。还有一个非常重要的问题是,城市的本地户籍人口为什么不能离开城市?真正有效率的城市,人口应该是自由流动的,在市场机制的作用下应该有进有出,这才是真正的有竞争力的国际大都市。但我们现在做不到,背后有很多政策障碍需要突破。

八、 城市化中的新现象——民营城市

乔依德:下面的发言人是中央财经大学经济学院讲师路乾,他发言的题目是《民营城市:蛟龙工业港》。

路 乾:全国绝大部分城市由政府经营,好处是降低征地拆迁的协调成本,通过连片开发、收取土地出让金弥补基础设施的投资。但也有一些弊端,比如说空城、"鬼城"、征地上访、规划失当等一系列问题。在实践中,中国出现了很多解决问题的方法,其中之一就是民营城市——蛟龙工业港。我 2015 年回国时再次调研,发现这个地区从一个工业园区变成了一个城市。公司老总叫黄玉蛟,他在 2000 年左右从香港回到成都青羊区,本来做肉联厂,但规模太小,国有的工业园区进不去,他就开始租用农民的土地,再建厂房出租。他发现这个模式有很多需求,因为很多小企业拿不到地,不能进入工业园区。旁边的双流县政府发现机会不错,在 2004 年把黄玉蛟招商

引资到双流县,黄玉蛟租用当地的4平方公里土地,创建了双流工业园区。

开始时,在工业园区建厂房获取租金收益,工厂要雇用工人,发现人口越聚越多,聚集了10万人,这10万人有住宿需求、商业需求、娱乐购物需求,于是黄玉蛟逐渐建住宅楼、酒店、商业中心、娱乐设施。他们在购物中心建了五层楼的室内海洋馆,引入了五万种各类海洋鱼类,包括还有两条鲸鲨、南极企鹅。海洋馆吸引了很多人参观学习,因为成都是内陆城市,看不到海,所以对市民的吸引力非常大。

他们不但提供了商业住宅服务需求,而且还提供了公共设施。建立了学校,请来广东的五星教育集团负责运营。农民也从以前老旧的住宅搬入了新的住房。在4平方公里土地上,据估计,有10万人就业,主要是农民工,年产值200亿元,4亿元税收,1 000多家企业。蛟龙公司建立了1 100伏变电站、排洪沟、地下管道、公寓、写字楼等等一系列工业设施。这是民营企业建设的城市。

城市化是大量分散产权集中和重新配置的过程。农村的人口、资源分散,大量农民进城就是资源及其产权集中和重新配置的过程。找工作、买房子、吃饭、交通等等一系列过程,都在不断配置产权,这其中有大量的交易费用。政府可以通过强制力降低交易费用。为什么企业,像蛟龙工业港也能降低城市化中的交易费用? 这主要因为交易费用由三个方面构成:

第一,获得分散产权的协调成本。城市建设需要使用农民的土地,就会有与农民谈判、协调等费用。

第二,基础设施投资的外部性。先征土地引入的企业会雇用工人,这些工人租用了尚未征地拆迁的农房,房子涨价了,面临更高的开发费用。经济学原理上很清楚,修一条路,路旁边的物业增值了,但是修路人没拿到钱,就没有动力修路。政府获得连片土地的开发权,连片滚动开发,将土地出让收益用以覆盖基础设施的投资。

第三,传统村庄缺少有效的规划。村庄里缺少意识、能力、资金作规划。政府规划的太大、太宏观,无法迎合村庄的具体需求。我国的城市比发达国家大很多,有几十万、几百万、几千万的人。规划专家怎么可能收集每个人的信息? 怎么知道在这里建医院还是学校?

蛟龙怎么解决这三个问题? 第一,租用农民土地,不是征地,用谈判的方式解决。我去过其他类似的民营城市都是租用土地,可以通过租用土地获得连片的开发权,取得基础投资的外部收益。租用农地的费用为每亩1 200斤大米的年收益,每三年涨5%,对于住房签了协议,现在进行补偿,2014年达到每户42万。第二,他们和地方政府签订合约,转让规划权。蛟龙获得规划权,在双流县政府备案。这样就可以按照当地的情况和企业的思路来建设城市。避免了政府规划太粗糙,不接地气的问题。第三,收入分成。政府把每年在园区里企业提交税收的 25%,扣除返还给企业的部分,通过奖励等形式返还给蛟龙公司。蛟龙公司把其中的一半返还给企业。双流县政府、蛟龙公司和企业签订了三方的分成合约。这一系列合约安排将基础设施投资的收益,内部化为蛟龙公司开发园区的收益。

类似的例子在北京郑各庄等地也有。例如,在北京郑各庄,由宏福集团建造的城市,在三平方公里农民的土地上,集聚了三万人。基础设施、住宅、休闲、娱乐等设施一应俱全。在河南的新田城,在郑州西南 20 公里的地方,是新田公司在 7 平方公里土地上建了城市。引入了恒大、碧桂园、奥特莱斯等企业。这里的农户,以前一年每亩只能收 400 斤粮食。现在置换到住房后,这个楼整个单元 10 套房子全是他们家的。600 平方米的房子,一平方米换一平方米。企业开发谈判的收益,比政府征地高很多。

这里提出一个理论,是城市的合约性质。从合约的角度看城市,城市的发展不光是人口聚集、供给需求等问题,还有交易费用的问题,交易费用问题要加以解决才能促使政府放权。不同的城市化模式对应不同的交易费用。民营城市能够有效发展,需要几个因素。第一,当地的产权越分散,政府就越愿意介入。比如村改造,政府可以强拆,降低交易费用的能力比企业大。第二,地方政府不履约,企业也不会进入。城市建好了,但政府不通水电气,管道要再收费,在这种情况下企业建城市很难。第三,《土地管理法》对集体土地入市的约束,招商引资的限制,对企业造成了影响。第四,《城乡规划法》对于规划权备案的理解,对现实有影响。长期发展有许多事情要做,《宪法》的规定、《土地管理法》的规定、《城乡规划法》的规定、对地方政府履约的要求,等等,对一系列地方实践都会有影响。

刘　愿:路乾的文章很有意思,做了案例研究,核心就是发现除政府经营城市以外,企业也可以做这个事情,而且做得不错。从他的案例来看,政策含义对于在建设的过程中是否一定要由政府开发、政府征地,提出了不同的发展路径,而这种路径看来是可行的。

我有几个疑问,包括在案例研究里面有不是很清晰的地方。农民首先把他的承包地还给集体,企业再从集体里面租用土地,既然说到土地承包权,说明这些土地当中主体还是农业用地,包括宅基地,从面积来看,建工业园宅基地不够,还有相当一部分农业用地转用的。广东也有类似的情况,很大程度上是地方政府容忍默许这样的做法,实际上严格来说存在一定政策障碍,但是地方政府默许了。

还有一个问题,即经营的层次不仅仅是工业园区的问题,是城市的概念,已经从简单的工业生产扩展到其他服务业、居住等方面,相当于城市,还有提到住房。如果是这样,相当于这些都是小产权房,除了农民回迁以外,工人或者在当地工作的人居住都是采取租用的方式。不会有国有土地基础上商品房的开发,但是里面的图片有很多住房。另外一个问题经营城市不完全像真正的城市,可以公开上市。

路 乾:只要内部人口足够多,10万人交易房子的时候,他们自己交易,就不需要房管局了。

刘 愿:但是没有经过国家征用程序还是保留集体所有,严格来说还是小产权房。即使50年使用权也是如此。

路 乾:法律产权是没有的,这是当地内部10万人认可的产权。

刘 愿:严格来说还是小产权房,跟我们所说的城市有一定差别。由企业经营一个城市很有启发性,这个案例做得不错。我关心的一个问题是:能否推广,跟地方政府的意愿有很大的关系。原来的地方政府没有钱,从农民那里搞钱不容易,我愿意跟你分享,以后你来做,政府给政策,从中获益。问题是如果要推广这样的模式,在其他的地方比如发达城市,或者在不同发展程度的地区,政策上会不会有障碍? 这是我的疑问。

九、 让农民工能够安心住下来,有盼头

章 铮:我就从主持人的观点开始说起。2016年两会期间,主持人在谈及农民工市民化的时候提到,通过大量办中小企业来解决农民工城镇化后的就业。我的观点是:没有就业就没有收入,但有就业不一定有足够的收入。

农民工收入偏低的原因可以追溯到中国20世纪90年代的民工潮。农民工大规模进城是有代价的。当时由于劳动力供过于求,产生了工资往下走的压力;同时又由于农村的生活消费支出仅相当于城市的三分之一,因此只要把家属放在农村,农民工就能够接受远低于城镇职工所要求的工资。结果就如北大卢锋教授所指出的,从2000年到现在,农民工的平均工资一直停留在相当于城镇职工工资的60%的水平上。

农民工工资低产生以下几个结果:

首先,农民工家属留守乡村的问题解决不了,因为农民工收入太低,家属进城他

们负担不起。

其次，让农民工进城就得给他们房子。因为以农民工现有的收入，城市里的日常生活消费支出他们都付不起，更不要说买房子。现在鼓励农民工买房子的措施之一是给他们贷款，贷款要还上二三十年，这对于农民工收入的高低和稳定性提出了更高的要求。

再次，农民工收入低会影响到土地制度的改革。举例说宅基地改革。如果只是进城的农民工有偿放弃宅基地，没有什么副作用，比较好实施。但如果连农民在乡村盖房所需的宅基地都得通过市场购买，则乡村建房费用中就要加上宅基地的地价（现在是集体免费提供），乡村建房成本就会大幅度上涨，进而迫使农民工要求提高工资。

现实中，存在着农民工工资上涨的压力。原因是：第一，农民工的收入＝工资率（计件工资标准）×劳动生产率。以往因为农民工供过于求，在农民工收入达到底限的前提下，企业通过专门使用高劳动生产率的青年农民工，降低了工资率。现在农村劳动力供过于求的情况大大缓和，但年轻农民工资源基本枯竭，能增加的是中老年农民工。中老年农民工相对来说劳动生产率低下，如果工资率不上涨，务工收不抵支，他们就不会愿意进城工作。因此，随着平均年龄的上升，农民工低收入的局面就无法持续。所以，民工荒的原因不是人口红利消失，而是青年农民工的红利没有了。

第二，我们现在提出农民工要城镇化。虽然国家发改委徐林司长在新型城镇化新闻发布会上一再强调，"十三五"规划纲要提出的农民工城镇化率是预期性目标，不是强制性目标，不存在强力去推进，一定要达到。但如果一亿农民工城镇化的目标只完成了两三千万，事情就不好办。而农民工要城镇化，相关的低收入问题必须解决。

现在麻烦的是，不可能只解决进城农民工收入问题。某一年城镇化的农民工只是农民工中的少数。比如蔡继明是进城农民工，他想进城、觉得工资太低，要求涨工资，但他周围暂不进城的农民工工资也很低。蔡继明要涨工资，企业就会把他解雇了，改用章铮这样暂不进城、工资随行就市的农民工。这意味着必须从整体上解决农民工收入问题。这还涉及土地市场和劳动力市场相关价格的联动。

目前，我们一方面提出降成本，这意味着农民工工资要少涨慢涨；另一方面又提出城镇化，而城镇化意味着农民工工资要多涨快涨。这个矛盾难以解决。

蔡继明：农民工买房纯粹是天方夜谭。有资料显示，农民工在他就业地方买房的比例不到1%，在他临近家乡的小城镇买房的比例是15%。农民工现在平均收入3072元，跨省高一点，本地低一点，算一笔账首付都付不起，陈锡文说这一点对了，不能指望让农民工买房去库存。

章　铮:开两会期间,四川推眉山经验,介绍农民工怎么样买房,它的情况是政府给予少量补贴,每平方米 300 元,但是这 300 元的补贴集中放在首付阶段补上去。我用他们的算法算,本来房价是 4 000 元一平方米,100 平方米房子是 40 万元,开发商每平方米让利 200 元,首付的钱从 8 万元降到了 4.6 万元,比例很大,有些人因此买房了。但此后要还的贷款仅本金就有 30.4 万元。我写文章问,买房以后还贷怎么办?

蔡继明:重要的是按照户籍人口和常住人口差别来算,被统计的城镇人口但又没有户口的是 2.2 亿人,1.7 亿人仅仅是城市里面的,还有 5 000 万人是在镇里面的,之所以出现任何一个国家都没有的 6 000 万留守儿童,5 000 万留守妇女,5 000 万留守老人,3 500 万流动儿童,恰恰是因为房价过高,农民进城但无法落户,现在去库存的时候才想起了农民工,这和过去家电卖不出去,为了去产能就搞家电下乡一样。要先把价格降低下来,政府有钱多收购一些库存房,把它变成廉租房,再低价或者转让给农民工,这才是以人为本。

文贯中:现在很奇怪,自称是"三农"问题的专家,口口声声说站在农民利益一方的人,现在变成了改革的阻力,因为按照他们的办法做下去,农民工进城变成很奇怪的问题,他们的生存城市不负责,但是城市又离不开他们的青春和劳动,城市的繁荣就是依靠这种形式的对劳动的占有获得的,这种情况绝对不能再继续下去了。我们在座的人之所以放弃休息,每年来开一次会议,也是想把问题解决掉。这些问题中央也看到了,因为习近平总书记最近的讲话,关注扶贫问题、城乡二元结构。所以,我们的任务是把户口制度和土地制度必然导致现在荒唐结果的逻辑清楚地展现出来,让中央觉得太荒唐了,原来城市的繁荣是建立在对农民工的歧视性的政策和制度上的。在这样做的时候,我们不用担心陈锡文会怎么想,我们的任务是把背后的逻辑讲清楚。

其实,全世界都有城中村的问题,只是人家没有意识形态的问题,没有非公所有制、公有制的问题。但是,城中村形式、贫民窟形式是到处存在的,问题只是怎么把握它的标准。有的贫民窟的标准低到我们无法接受,比如孟买或者菲律宾马尼拉的贫民窟,条件实在是太差了。中国大部分的城中村比那里的贫民窟好得多,例如深圳,多为八层楼的水泥房子,里面也有煤气罐、淋浴的地方,一个小床,只是没有电梯,八层楼得自己走上去,但这对于年轻力壮的农民工不是很大的问题,他们也就是二三十岁。建议国内的同行能不能在城市规划中实事求是地把贫民窟的标准订出来? 中国到底处于什么阶段？可以允许怎么样的一种贫民窟，或者听上去好听些，叫"平民村"更好。规划部门有义务提供这样的服务，这对亿万农民工将是很大的造福，把他们的合法权利定义下来，使城中村合法化，这样可以大大加快农民工的定居问题。如果说政府在城市化过程中有其作用的话，这就是它可以扮演的一个很大的角色，就是提供一个必要的，实事求是的规划，并且提供必要的公共服务。现在有些城中村因为没有公共卫生，即使上海的城中村中都存在随地大小便的问题。有些城中村内的房子实在太密，采光有问题，污染有问题，警车、消防车、救护车也进不去。这是应该解决的。还有小学、基本的诊所应该设立，因为城中村里有那么多人，应该有服务。不应该再熟视无睹，要进去解决问题。建筑过密的地方，逐步做开拓公共绿地、公共场所的工作，使其中的居民下班后或周末的时候有地方去。要在那里增加公园、运动场都等设施。

我曾跟世行的专家讨论贫民村的话题。他们有些人在全世界跑，看到过好的贫民窟和坏的贫民窟。他们说，贫民窟本身不是很可怕，最可怕的是其中的居民丧失社会流动性。比如说，上海1949年以前，贫民窟里面的人有高度流动性，因为当时没有户口限制。他们来上海之后，就可以假设他们是能够成为上海人的，只要他们愿意住下来了。由于有这种预期，他们就会注意小孩的读书，至少要保证他们升小学，他们自身也有积极性钻研技术，从一级技工逐渐变成八级技工，其激励是技术越高，工资也越高。所以，即使工人也会兢兢业业地学习技术。在老板是外国人的场合，工人甚至有积极性学习英语和其他外语，因为如果能够和老板沟通，升级也会快得多。由此可见，如果给人一种盼头，来了以后可以定居，可以升级，可以有所发展，就会发挥自己的能动性，积极学习上进，对自己的子女也会有严格要求。上海作为一个城市，仅仅用了一百多年就冒了出来，上升为世界大都市，其中一个秘诀是使贫民窟里的居民有很高的流动性。

乔依德：听了大家的发言，知道了许多事情，学到了很多。土地问题还是很关键的。现在我们一直强调供给侧结构性改革等，最近又开会了，深改组昨天又讲到改革，当中没有提到土地制度，就讲了农村农业。这个问题是绕不过去的，我们讨论户籍制度、城市化、农民工怎么转，关键还是土地制度改革。并不是说土地改革了，什么问题都解决了，但如果土地制度不改革，其他问题的解决就比较困难。

第二个观点，为什么有些人反对土地制度改革？有一些原则还是要理解，经济运行的内在规律，就是生产要素必须要流动，只有流动了，生产要素才能得到合理的配置,这是前提。很多人自称最关心农民,但生产要素流动是生产要素拥有者的最大利益,这方面还是要多讲。

第三个观点,我们看到报纸上经常说,要尊重农民的意愿,要自愿,主要指土地承包经营权的流转。但是最大的自愿是对农民自己的生产资料的尊重。我们说要让市场发挥主要作用,市场是什么?就是一个个的个体要有自主权,没有自主权的所谓市场不是真正的市场。

第四个观点,我同意蔡继明讲的三位一体,三块土地改革都要连在一起,农田、宅基地、农村建设用地不能相互脱离,因为三者互相间是有关系的。我特别说一项,就是农田的改革。农村农田是集体所有权,农民有承包权,现在可以转让的是承包土地的经营权,承包权不能转让,经营权可以转让。现在大家都在这样说,下一步就推承包权也可转让,实际上承包权就是产权,把所谓集体所有权虚化掉。城市里的房子都在买卖,土地表面上是国家的,一样的道理。农村如果自愿,承包权也可以流转,可否理解为变相把产权转移了,我提出问题供大家讨论。这也许不是最满意的方式,但是容易做。其他东西暂时不改,顺着你的讲法,尊重农民的自愿。他自己判断是否要流转,不是政府一定要你转或不转,是自己判断。我以前也举这个例子,出国留学后留在国外也可以,回来也可以,自己选择判断,有人觉得在国外生活得很好,有的回来做得也很好,让大家有一个选择。同样,我仅仅讲农田改革过程中,在经营权自由转移的基础上再往前走一步,推承包权本身,让他有选择,不是一定要让他这样做。

蔡继明:政府鼓励"互联网+",现在加到了家门口,出现了网约车,交通部长也说网约车很好,他女儿和秘书都坐过,但是就是不容许私家车做网约车,殊不知全国注册网约车上千万,90%都是私家车司机兼职业余时间干,包括大量奔驰、宝马,非要人家签订劳动合同,将私家车注册为运营车,8年报废,人家上百万的车能和不到10万的伊兰特同时报废吗?我来上海的时候在去机场的路上乘坐的就是网约车,司机说一个月挣一万元,在城市里面买不起房子,也租不起房子,在卢沟桥三个司机租了一个院,既可以居住又可以停车,三间房,一家房费才1 000元,孩子在当地上学,老婆什么活都不干,一家三口没有造成妻离子散。现在非要网约车注册,就等于把他赶回老家去,他说农村家里的人可以盖两排十间房,但没有人住。他在郑州买了一套房,等到在北京实在混不下去,孩子要上大学时就去郑州。这不是人为造成的吗?如果两排房子的宅基地能够转让、抵押,让他拿到一笔钱,在北京买房不是不可能。政府想让农民工市民化,但是做法又适得其反。

张蔚文:总的来说我现在比较悲观。刚才提到的让农民工买房,这些都是愿景,现阶段还不如实实在在为农民工做一点事情。由于这不是我的主要研究方向,所以这次开会没有提交文章,我接下来讲的可能也比较发散,仅仅是我的一些思考。

我想起上周在中央财大开会的时候,我们讨论到城中村改造的问题。目前各地推行的几乎都是排斥性改造,有教授举唐家林的例子,改造后跟改造前对比,图片很漂亮。但是有人说,原来住在唐家林的被迫往外迁,新的城中村又出现了。因为城中村改造后只关注原住民,原来户籍在唐家林的农民拿到有几套房子作为补偿,结果是,原来租住在此地的农民工扛不住了,因为改造后房租急剧上涨,而一些白领也不愿意住,因为虽然改造后的唐家林小区房子很漂亮,但是里面住的还是农民,白领也不愿意去住,事情就变得很尴尬。

由此我想到一个方案,在拆迁的时候就征求原住民的意见,回迁后自己住多大面积,出租多大面积,改建的时候区别对待自住和出租的,免得日后为了出租自己乱隔。能不能改建成比较健康的、但又让农民租得起的房屋? 政府能不能在这方面做一些实事? 只要政府想做,有些事情还是能做的。比如说杭州现在办 G20,彭埠镇原来有个脏乱差的地方拆不动,现在政府用三周时间不仅把原来拆不动的地方全部拆掉了,而且还建得像高尔夫球场那么美。这算不算一个务实的案例? 总之,城中村不要进行排斥性改造,把农民工推到城市更外围去的方案值得探讨,政府有没有可能做刚才提到的这些事情?

另外我想提一下深圳的城中村改造。当地的情况是原住民有改造意愿,主动提出来,竞争优先改造权,不需要政府强拆,但政府要有补贴。我们经常看到关于"钉子户"的报道,虽然各个案例背后有其特殊性,但共同之处是个人利益与公共利益发生冲突,公共利益有损害。但是,如果是像深圳那样,原住民主动提出改造意愿,希望借此提高城中村内部的公共条件,"钉子户"问题在内部就解决掉了,不至于搞到跟政府对峙的地步,很多群体性事件也可以避免。

我因为个人现在的工作有所变化,所以关注点也有所调整,原来在土地管理系,现在到城市发展与管理系了。结合城中村改造,我的思考是,之所以出现这样的问题,部分原因是不是我们的城市管理水平太差了? 我们之前太注重建设,而忽视了管理。事实上,应该是三分建设、七分管理。比如说规划,跟美国的规划相比,中国规划偏设计,不太注重公共政策在其中所起的作用。相反,美国的城市规划师经常是同时通晓城市经济或公共政策。而我们正是因为前置的规划就出了问题,造成城市管理的执法难度很大。

刚才乔秘书长讲到联动改革，土地制度改革肯定要有联动。我最近在做一个农业部的试点课题，试点放在浙江某个县，是做农地生产性能评估，为土地流转服务。撇开技术不讲，在调研过程中我们发现，土地流转后实行规模经营，经营大户对资金有了需求，但是根据目前的规定，要抵押，必须经得所有承包户同意并签字后才可以，这在现实当中很难操作，几十户还有点可能，如果土地是从几百户农户手中流转过来的，怎么操作？所以需要金融制度联动改革才行。

最后要向党老师提一个问题，您讲到宅基地改革时可划定农业区，依据是什么？如果自家的地被划进去了，显然不公平，是否还有补偿的问题？

陆　铭：我自己有一个体会，这么多年做了跟今天议题有关的比如农民的问题、土地问题、户籍问题，一方面我跟大家一样有些方面比较悲观，但是从学者的角度来说永远不能悲观，因为我们要看到另外一方面的东西，有些方面在发生变化。上海交通大学和上海市政府合作项目，帮上海市培训局级干部，很多人其实还是不明白，真的把有些道理讲明白了，他还是听的，所以我们借这个机会也要把基本的问题说一下。

前面老师讲的观点我很同意，不能建立在良好的愿望上，你说了他一定会改，现在很多的政策出台有问题，有些理论问题要解决。第一个，就是中国慢慢变成文明社会以后，公共政策的制定的原则现在都没有搞清楚。城市管理作为公共政策的角度来说，最基本的原则在学理上很清楚，就是政治学上讲的"无知之幕"的问题，中国古话说"己所不欲，勿施于人"。政策出来了以后问他，如果你是政策实施的对象干不干？为什么要把这个问题讲清楚？我们要告诉政策制定者，如果今天在你制定公共政策的时候不采取公正的原则，很有可能下一次你会成为制度的牺牲者，也没有人保护你的利益，公共政策的制定里面"无知之幕"或者"己所不欲，勿施于人"是根本原则。

市场和政府的问题，政府主要管外部性，但是我们对很多政策实施没有想清楚。比如以群租为例，我跟政府官员接触，非常典型的是把群租和很多问题联系在一起，比如造成治安问题、环境问题、噪音问题。我说你说的问题我不否认，很多问题跟群租结合在一起，但我的问题是，第一，是不是不群租这些问题就没有了？第二，就算我承认群租的时候这些问题更多，是管问题本身还是管群租？我的问题本质跟美国说黑人犯罪率更高，是管犯罪还是管黑人？道理是一样的，很简单的问题，他们没有想过,他们觉得很有道理,治安问题、环境问题,在既有城市管理制度规则里面有没有?包括消防有没有?有什么必要去针对群租来管理?上海市在"十三五"规划里面写了一句话,在"十三五"发展里,我们要严肃治理交通拥堵、环境污染和群租等城市病。我说全世界没有把群租作为城市病的理论基础和实践经验,因为我在一个房间里面住多少面积是我的事,没有外部性,但是其他事情有外部性,管外部性可以了,房间门里面的事情,除非犯罪才可以管。道理很简单,跟政府人员讲了,他们也明白。

第三个事情也是非常流行的观点,政府给农民工提供公共服务,但他们没有缴税。这个话不对。首先在上海从 2011 年左右开始,所有单位雇用的员工都要缴社会保障税;其次,收入所得税没有缴,有可能是税收制度问题,不能怪农民工,而是要完善税收制度。最后,企业为农民工缴了社会保障税,还因为农民工的贡献而交了增值税。所以,不能说农民工没有缴税。这些基本问题没有说明白。

第二个大的方面问题,现在讨论城市发展的所有问题时讲到根本的一个问题,即很多人认为城市病是人多导致的。但我做过很多年研究,发现,城市病不是人多导致,跟人口规模没有直接的关系,甚至有些方面人口规模还有利于解决城市病。很多公共服务基础设施,当人多了以后才有规模经济效益,尤其是地铁,因为要有网络效应,建三十条地铁解决交通拥堵问题,必须城市有几千万人口才可以。

总体来说城市病是供给和需求矛盾的问题,当供给和需求矛盾问题出现的时候,政府该做的是增加供给,不是控制需求。现在的供给不足跟长期以来低估城市人口增长有关,是政府当年的城市规划没有科学预计人口增长的趋势,现在如果这种思维方式不改变,十年以后北京和上海的城市病只会更严重,不会更轻。

接下来的第二个观点又是错的,即我们认为城市病出现了以后,人多了,做两件事,第一控制总人口,第二做人口疏散。市中心人口疏散的结果导致严重的职住分离,居住到了郊区,但是人们的工作在市中心。在城市中心地区,70% 是商业地产,商业地产是过剩的,人居住到了外面,房价很高,这种情况导致潮汐式的交通拥堵问题。

第三个问题是公共服务和居住分离,特大城市或超大城市,是千万人口以上的城市,人口在扩张,大量新增城市用地处于郊区,但是优质的公共服务集中在市中心。我们用北京的数据做出来,一到寒暑假交通拥堵很快缓解,说明由于家长开车接送小孩,使得北京的交通拥堵。如果这件事解决,至少解决 10% 以上的交通拥堵,出现这种状况不是因为人多,也不是城市化问题,而是政府该做的规划和公共服务基础设施的布局没有搞好。

最后是贫民窟的问题。前面老师已经提到的观点，我非常同意。我在2015年主持亚洲开发银行的一个大课题，中国和印度国际合作的项目组一共有20个左右专家。我们看到别的国家有贫民窟的时候，我们认为人不能再到城市来，但是忘了现在有很多国家在发展中没有出现严重的贫民窟，城市化过程当中出现贫民窟，出现什么样的贫民窟？很多发展中国家（或地区）没有出现很多贫民窟问题。我们在谈贫民窟问题时，要找出具体的原因，而不是因为他们存在贫民窟，我们就不推进城市化。

文贯中：应该把承包权也流转起来，特别是要允许向村外的人流转。可是，现在主要根据成员权获得承包权，使外村人无法稳定地获得土地。但是如果承包权可以公开交易，特别是向村外人交易，就等价于土地的自由买卖。如果不允许承包权的自由交易，则仍然无法回避前面的困局：即每个人的土地边界是和邻居的人口变化相关的。这说明，只要土地是集体所有，每块土地的边界迟早都可能变动。为了防止将来的纠纷，每块土地抵押时，往往几百个人都要同时签字，表示同意。这种做法使土地流转和抵押变得几乎不可操作，也就证实了土地非公有化是不可避免的。

蔡继明：我们看不出有任何理由，一个集体所有制为什么不能把自己的土地卖给另一个村？特别是当本村人都进了城时。

文贯中：问题是在土地抵押的场合，每一块地的地界潜在地会因村里人口的相对变化而变动。

党国英：我调查以后发现确权以后又调剂。张蔚文老师提出的问题，还是基于对我们国家土地形势总的判断，以及为了解决难题提出的，但是我把问题展开说，因为陆铭教授讲的特别有兴趣，对难题的处理办法很聪明，一些话判断很精彩，对这个问题的讨论，有的听清楚了，有的没有听清楚。

还是判断的问题。中国的城市土地的供应，就我掌握的数据，原来注意到西部城市的人口密度比东部要高，很有意思，西部一般认为不应该高，虽然高的量不明显，但确实高。我们对城市土地供应是多还是少？我有一个判断，首先我不认为中国城市的人口多，甚至不认为上海人多，因为通过数据比较发现，中国的人口密度一般不超过1万，这种情况在欧洲非常普遍。特别是荷兰，荷兰跟我们的人口密度差不多，但是我们拥挤。为什么拥挤？就是毛细血管不通，这是主要的原因。

文贯中：城市的道路太少，也反映在十字路口太少。

党国英：最主要的问题是这个。

孙　涤：北京十字路口很大。

陆　铭:最近上海松江也开始堵了。

蔡继明:十字路口小了,密度低了。刘易斯拐点我研究不够。我注意到一个情况,明显的是服务业就业人员的平均年龄在增加,有老年人做服务员,越来越明显。

文贯中:上海是国有商店服务员中老年人多,但是私有商店中比较少。

党国英:劳动供需本身发生了变化,房价拉动工资,工资有一定的独立性,要好好思考这个问题。既然我们人不多,城市人口密度不高,城市承载力还可以增强,特别是中小城市相当空旷,荷兰的城市本身不大,十几万人的城市在我们国家远远没有达到荷兰的密度,密度很低,让我惊讶的是涞源县(河北),从早到晚街道相当空旷。

文贯中:比荷兰低得多,荷兰很密。

党国英:从数据来看,荷兰同样规模的城市,他们的人比我们多,但是从外观来看荷兰并不显得很拥挤,而且相当宜居,1平方公里2万人都可以宜居,我们是1万人以下。所以,首先肯定我们的人不多。既然人不多,为什么我们还要占地? 主要土地财政,拿生地建城市比较省钱。车间里面都有娱乐设施。

农业的特点就是,地越多越好,但是我们希望把土地资源利用好。规划专家说村庄如果自然演化,农民盖房有意不盖在适合耕作的土地上,他会盖在不太适合耕作的土地上,比如高一点的地。大城市周边潜山地带农民住房基本不要户口,不要搞成耕地,就是逆城市化。

蔡继明:土地的城市化快于人口的城市化,我前年毕业的博士生做了研究,他说不存在这个问题,全世界城市化进程中土地城市化都比人口城市化快,不存在所谓1.2的正常比例。

陆　铭:党老师提的问题跟我发言有关,有一些完全同意,但是有一些问题需要作解释。

首先非常同意中国城市加大人口密度,包括街道还可以加,关于人口城市化比土地城市化慢的问题,我们如果只看全国的土地城市化和全国的人口城市化的速度比较,我同意蔡老师说的判断,也没有太快,因为城市总是往边缘扩张,而边缘只要人口密度低于城市平均的,一定是土地扩张速度快于人口速度。如果把中国分成东部、西部、中部,中国西部的土地城市化速度比人口城市化快2倍。全国层面我同意,但是分成东中西,越往内地越往中小城市,土地城市化越来越大。

第二,我没有说北京的拥堵都是因为送小孩,只是说拥堵这个问题不只是人多的问题。

关于刘易斯拐点，我们批评认为中国出现刘易斯拐点的理论着力在什么方面？中国的劳动力供给里面存在老龄化问题，这是客观事实，但是刘易斯拐点是什么？从理论上来说，刘易斯模型，一是供给先给定，如果发现劳动力短缺由人口老龄化所导致，不是刘易斯拐点；二是刘易斯拐点由需求推动，给定供给以后，需求不断往外移；三是刘易斯理论一定是劳动力自由流动的理论，所以在刘易斯理论里面不存在城市化落后于工业化的问题，我们讲的对于刘易斯理论或者刘易斯拐点论适用性的讨论，在中国这个理论的适用性条件是不存在的，所以我们必须要从别的角度考虑，有没有其他的原因导致了中国的工资上涨、劳动力短缺，其中特别重要的是劳动流动的障碍。

最后是关于工资、房价的关系，工资和房价一定是双向影响的，工资是房价的原因，房价也是工资的原因。我只是说在中国房价成为失去工资的原因，被大家严重忽视了，因为中国是非常大的国家，如果劳动力自由流动，按照刘易斯拐点，如果中国东部出现工资上涨，劳动力短缺，中国中西部人口往东部流动就可以了。在流动过程中不会出现城市化滞后于工业化，不会出现户籍城市化更低，也不会出现城乡间收入差距扩大，不会出现劳动收入占比下降。当我们认为中国出现劳动力刘易斯拐点的时候，这几个现象同时存在，所以一定不是刘易斯拐点。什么原因？看到 2003 年工资上涨，当在人口流入地减少住房和土地供应的时候，生活成本上涨，导致劳动力流动减少，进城的劳动力工资上涨，这是一个解释。

蔡继明:农民工从小产权房里面被赶出来了。

傅蔚冈:大家通常说农民工市民化的问题，但是在中国还有另外一个问题，那就是城市人再市民化。我和大家分享一个数据，2015 年国家统计局的数据显示中国有流动人口 2.47 亿人，其中 1.684 亿人属于外出农民工，意味着还有将近 8 000 万人属于城镇居民在流动。

蔡继明:比如说一个小城市的人有户口到了上海，在人口统计的时候，算是上海的常住人口流动人口，在当地不算了？

傅蔚冈:中国有 8 000 万的城市人口在流动，这部分人居住在与他们户籍不一致的城市。这部分人也和农民工一样，他们的孩子没法上学。

蔡继明:但这部分人是有城市户口的流动人口，当地没有，但是他在原来居住地有。

傅蔚冈:原来的城市户口对他来说失去了意义，我们以前只讲农民工问题，而忽略了这部分人口,这是一个非常大的群体,相当于流动人口的三分之一,有8 000万人。所以我们不能简单提农民工城镇化问题,也要包括那些已经在城市里获得当地户籍的人,只要他今后跨城就业,就会面临这个问题。

陆　铭:叫非本地户籍人口,因为流动人口有专门概念,这是非本地城镇户籍的常住人口。

傅蔚冈:第二,关于土地流转或者宅基地,宅基地能不能向非集体内部的人流转?要让土地真正有价值,一定是向非集体内部人转让才能体现。举几个例子。第一,浙江有一个德清县,现在有一样东西很火,那就是民宿。这不是德清当地人发明的,而是来自上海、杭州的很多设计师、投资者发现的。很多设计师来到德清,发现当地风景很好,就把以前废弃的民房租下来,以十多年、二十多年的时间确定租约,重金投入变成民宿,慢慢的德清就从简单的农家乐变成了"洋家乐",成为当下中国精品民宿的典范。德清的例子甚至可以追溯到一百多年前,我们知道德清有一座莫干山,是江浙避暑胜地,在山上修建建筑的绝大多数都是来自上海的达官贵人,也正是因为建筑风格如此不统一,莫干山变成了万国建筑博览会。从德清的例子来看,一个地方的价值由外地人发现,本地人很难发掘出其价值,浦东也是这样。从浦东1992年开放之后,真正从浦西到浦东的人很少,绝大多数的浦东的人是外地涌进来。根据第六次人口普查的数据,2010年人口与2000年相比增长了58.26%,年均增长4.7%;而外省市来浦东新区常住人口更是增长了189.5%,年均增长率为11.22%。目前浦东近550万的人口中,将近70%的人口都是非户籍人口,远高于上海非户籍人口所占的比例。

从以上两个例子来看,集体土地真要有市场、有价值,或者造福于原来的人,一定要考虑外部因素。通过内部的流动很难价值发现,大家也没有买地的冲动。

第三点,还有宅基地。从我个人经验来看,以前乡下或者山里,一个镇有十几个村子,真正实现了村的建制的消灭,我们镇上只有一个村子,离镇政府将近20里地,全部是山路,四年前把建制消灭了全部搬到了山里,其他的村子绝大多数房越盖越多,一个村子300多人,平时在村子里面住的就是100人左右,理论上来说房子应该越来越少,但是实际房子越盖越多。以前我们村里有规矩,房子不盖在田里,只盖在旱地上,因为田更值钱,现在大家不种田了,都往田里面盖。

蔡继明:我们的家乡在幸福的田野上。

傅蔚冈:理论上来说这种现象不应该发生,背后有什么样的机制扭曲了?本来钱可以在县城或者其他地方买更好的房子,举个例子,我们家以前的保姆阿姨很有意思,我问她一年存多少钱? 她说一年可以存十万元,这是三四年前的事。这让我很惊讶。她老公也在上海,但是老公挣得没有她多。存下十万元的前提是她消费得很少,一个月两三千。按照她的思路,从理论上来说在上海买廉租房、经济适用房是没有问题的,但是在现有制度下是不可能买了,她只能把这笔钱拿回去给老家盖房子,把钱重新浪费掉。辛辛苦苦在城市里面挣的钱又浪费了。我们的土地制度或者户籍制度有问题和扭曲,这些扭曲不可能通过技术化的途径来解决,因为想买房但进不来。

十、 土地私有制不仅是经济问题,而是政治问题

郑振源: 土地私有制是政治问题,不仅是经济问题。

党国英: 本来是经济问题,我们当成是政治问题。

郑振源: 是政治问题,所以不要动。可以借鉴英国的办法,英国的土地是皇家所有,但是承认是私有制,因为老百姓拥有保有权,保有权同时也起到了所有权的作用,我们能不能也这样做? 现在承包地的承包经营权还有承包期限的限制,中央也说了承包权长期不变,假如说一块承包地无限期的承包下去,不就跟非公有一样了吗。住宅使用权、宅基地使用权,现在讨论续期的问题,物权法规定可以自动续期,现在就是对要钱不要钱,还没有定。假如说自动续期也不要钱,宅基地也变成私有了。孙宪忠先生写的物权法解释:我们的用益物权带有所有权的性质,跟西方的用益物权不一样,带有所有权的性质,所以我们完全可以走这条路径,实现所有权的功能。

文贯中: 地权必须跟社区内的人口变动之间的关系切断,在英国,地权跟社区内的人口是没有联系的。

郑振源: 保持一定的增长速度,过去靠净出口、靠投资增长,现在不行了,要改,改成靠技术进步、靠提高全要素生产率来促进经济增长。如何提高全要素生产率? 生产要素要按照市场规则自由流动、自由配置、自由组合,这样全要素生产率才能提高。现在我们的土地、劳动力、资本三个要素都没有实现自由流动、自由流转,因为我们存在制度限制。比如劳动力现在有劳动力市场,农民打工什么时候打工? 愿意到哪个城市? 这完全按农民意愿,但有土地制度、户籍制度、社会保障制度限制,所以要实现劳动力自由转移和流动,就要打破这三个制度。

土地问题现在改不动,什么原因? 我和部里面权威人士谈了,他们说现在搞市场配置不行,小产权房不能开放。开放小产权房,垄断性房地产市场就不能保住,从房

地产就拿不到钱。缩小征地范围也不行，我们试点搞了十几年了，每个试点以前都有规定要缩小征地范围，但是十几年了试验结果没有一个试点缩小了，因为缩小了，就没有土地出让金收益。土地补偿费不能提高也是这个原因。提高征地补偿费，出让金收益没有了。所以还需要进行财税制度改革，使财政不依靠土地出让金了，土地制度才能改得动。

我们的建议三个要素配置制度改革都要谈到，不然一个都改不动，所以这三个制度：户籍制度、土地制度和财税制度，财税制度包括社会保障制度，都要配套一起改，这样才能改得动，我们提建议是这样的。

蔡继明：郑老师的意思就是要设计一个激励相容的机制。

郑振源：农民也希望土地私有。在高级合作社的时候，农民要分田单干或包产到户，被否定了。1962年农民又提出包产到户，又被否定。直到小岗村提出包产到户，不动所有权，是使用权的问题，政府才接受。

乔依德：郑老师讲的思路我也讲过，可以有变通的办法，没有根本的冲突。而且文教授提出的也很对，现在确权不能再变动。

文贯中：有人会把土地集体所有看作党的执政基础。

石忆邵：今天很多专家都提了很好的意见，大多数观点我都是赞成的，也有不同的观点，不一定完全赞成。有几个想法，第一个感受，我们的主题就是农村人口城市化，在这个过程中，要注意避免两个倾向，第一个是不能与民争利，这是很多年前在研究市场的时候我提的观点。我当时研究集贸市场，全国搞得比较好的都是不与民争利的，如果过多地与民争利，就搞不好。城市化也是这样，说起来容易做起来难。

日本的土地利用是以公共福祉为导向的，而不是以经济利益最大化为导向的，但是它的经济利益又是世界上最高的。我2015年的一篇文章里面提到，要由土地资本化向土地社会化的理念转变。以公共利益为导向，政府管公共利益，现在不能说政府不管，但是在城市化过程中更多的是管有利益这一块，就是土地财政一块。

第二就是还存在欠公平的倾向。我今年在做上海市人才住房政策方面的课题，这两个月在做调研，发现上海引进人才都是给补贴的，过去是补人，后来是补开发商，现在又是补人，这是上海人才政策的主要变化轨迹。现在的补贴方法是，每个人才政府一个月补房租600元，单位再补200元，加起来就是800元。农民工如果有补贴，租房的压力也就小多了。现在政府政策只补上海的高学历人才，不补农民工。根据我们在上海的调研，过去几年上海的农民工租房，能承受的租金在每月1000元以内，现在提高了一点,不会超过每月1 500元,所以每月1 000—1 500元租金他可以接受,再高他接受不了。如果每月也有800元的租房补贴,情况就不一样了。

第三,更倾向于维稳,远胜于求新。

蔡继明:明确稳定的重要性。

石忆邵:上海这一轮城市规划定了"四根线",维稳是主要的,要控制人口在2 500万,到2016年年底常住人口就可能突破了。2015年减少了15万人,成绩不小。

蔡继明:北京没有减少。速度放慢了。

石忆邵:减少的是哪些人? 意义不是很大,这是我的三个感受。另外对未来,我们有悲观的情绪,因为2016年全球经济都不是很好,所以2016年的悲观情绪多一点。关于人口承载力,拿上海来说,真正超载的只有中心城核心区。

党国英:上海承载总量多少人?

石忆邵:适宜承载量2 000万—2 300万人,最大承载量是2 700万—3 000万人,现在2 400多万人,不到2 500万人。我们把土地分了几类空间,如:工业发展空间、农业生产空间、城镇建设空间,还有农村生活空间绿色生态空间等。我们是先分类,再分级,每一类里面又分了五个等级,我们的估算结果就是上海的人口接近适宜承载力的极限,但是没有达到最大承载力极限,我们用的是2009年的数据。

我们再从感性上来说,上海郊区多少人? 特别是远郊区根本没有超载,所以真正超载的是中心城区核心区。

陆　铭:建设用地可以增加,工业用地可以转化为普通用地。

石忆邵:因为把建设用地上限定到3 226平方公里,每平方公里1万人,建设用地可以扩大,承载力就增加。

蔡继明:国际上没有对城市多大制定上限。

石忆邵:我们的城市规划问题在哪里? 我们问题是北京、上海最后的承载力是超规划的,但是东京早就规划到4 000万人口,现在只有3 700万。

蔡继明:他们限制人口流入。

石忆邵:所以要更多反思我们的规划,人家的规划是没有达到的,这才是问题的根本。

蔡继明:他们有经济承载力,计算是用这个地区的产值占全国GDP的比例,除以这个地区的人口占全国总人口的比例。

石忆邵:对上海的规模有很多观点,对人口规模我们也思考了很多年。

郑振源：没有固定的承载力。

蔡继明：只是一个方面。

石忆邵：我主要谈谈这个。上海未来有两个想法，一是关于上海耕地。北京已经跟国土资源部谈了，2015年我花了几个月的时间，做了上海用地结构合理化方面的研究，目的就是上海未来的用地结构还要进一步优化。优化的最核心内容就是耕地和生态用地，上海耕地面积已经倒挂了，我们最后提出的建议是把上海作为超大城市用地结构改革的示范区。我们当时规划到2020年保留220万—230万亩耕地，到2040年保留200万亩耕地，现在政府还要压低，这次跟国土部谈再压到160万亩。压减下来的耕地做什么用？主要是搞生态建设。

蔡继明：我们做的研究，结论是3000万人。

石忆邵：现在政府要控制人口。

傅蔚冈：至少3500万人。

石忆邵：城市规划最多只能是控制人口密度，不能控制人口规模。

陆　铭：现在已经开发好的临港新城，设计容量80万人，现在只有6万人，晚上只有3万人，而且主要是学生，不要说再增加地，把80万人填进来也增加80万人。

石忆邵：临港新城最初研究可行性的报告，建议开发94平方公里的滩涂，政府觉得太少了，扩大到了200多平方公里，现在到了320平方公里，我们当时90多平方公里规划的时候，按照20万—30万人，他们觉得太少了。当时我提出把世博会的分会场放在临港新城，以此带动临港新城的发展。

陆　铭：现在没有人，越重点建设越浪费，每一年的财政投入不得了。

石忆邵：现在上海还是以近域郊区化为主的。

陆　铭：在临港新城的医院，市中心医生不够，临港新城医院医生很空。如果把2500万控制死了，这种状态就常态。

陈　钊：规划出入太大了。

石忆邵：我们不主张严格控制上海的人口规模。现在上海正在做2040年土地利用总体规划

陆　铭：关于上海耕地保护问题，未来上海建全球城市，只要中国经济达到世界第一，上海一定是全球城市第一，全世界还有哪个全球城市还在种庄稼？

石忆邵：东京都的耕地只占5%左右，是以都市农业形态存在的。

郑振源：美国划定城市发展边界，比城市实际需要大了15%—25%。

石忆邵：他们有预留用地，我们过去没有。

郑振源：假如说边界预留用地不够市场需要，将来房价还要涨。

陈　钊：当前的主导思想是要控制。限制大城市规模的时候，我们做规划要特别小心，因为规划的参数稍微一调，最后的结果可能就差了很多。这个责任重大。我不是规划专家，但我凭直觉就觉得上海的人口到3 000万已经是底线了，我们规划出来的数字低于3 000万，良心上过不去。

蔡继明：凡是反对大城市的人都是居住在大城市，谁也没有居住在小城市说大城市不好。

陈　钊：是的，同时我们是居住在大城市的，但我们坚持说不要控制。

石忆邵：但是主导思想是要控制。

陈　钊：正是因为政府这样想，学者才要特别基于客观的科学依据加以坚持，因为专家的话，会选择性地成为政府决策的依据。我们曾在《学术月刊》上发表过一篇文章，我们用每个国家人口最多的首位城市来预测，发现按此规律，上海的人口规模应该是4 000多万人。所以，如果我们认可一国人口最多的城市存在一定的可比性，那么就不能对上海的人口规模预测得太保守。

现在很多人用所谓的城市承载力不足来作为控制人口规模的理由。讲到承载力，这个概念的提出是为了什么？我的理解是为了预测未来的人口，在城市的发展规划上确定相应的公共服务的配套。但是如果承载力是一个预测的概念，那么我们就应当提醒自己，这种预测往往是根据眼前的技术，眼前的制度或管制进行的。既然是中长期的预测目标，用短期的变量进行预测就是没有意义的。就算是针对短期的规模预测，我们还有市场机制，除了技术的变化、制度的变化之外，还有市场价格的变化。假设真的有所谓的承载力存在，那么一个地方人口超过或接近这个承载力的时候，一定会体现出价信号的变化，比如房价的上涨，或者城市的宜居程度的下降，最终借助市场机制下的选择，实际的城市人口一定不会达到这个临界值。

郑老师最后讲得非常好，我们可以在全要素生产率这个概念下面讲要素的自由流动，讲人口、土地，包括比如说财政资金的安排，因为涉及的面比较广，我们需要一些原则性统领性的概念。另外我们也可以谈一些操作性的东西，比如农村集体土地的入市，特别是关键要突破的是宅基地怎么入市，这个很有必要，因为我们市民化得不够彻底，包括宅基地配置效率的低下，都需要解决。

如何市场化？交易对象或者交易范围要扩大，不然市场没有合理的价值。障碍是在哪里?我们如果提交报告,就要把陈锡文的观点好好地有针对性地应对一下。他说因为农村耕地跟农民的身份挂钩,所以没有身份就不能交易。就算耕地是这样的,但毕竟宅基地不是耕地。

蔡继明:他说宅基地是农民的一种福利。

陈　钊:这个不一样。土地是农民天然的成员权身份带来的,耕地需要耕种。如果只是一种福利,为什么不可以卖给别人?而且限制宅基地的交易,只会降低这种福利的价值。口口声声说这是他的福利,又限制他交易,这是不让农民充分享有这一福利应有的市场价值,是自相矛盾的。所以我们应该试图突破宅基地在这个事情上面的限制,扩大交易对象。既然外国人可以在中国买房子,那么退一步来说,农民可不可以像土地批租一样,将宅基地的权利长期批租出去,一旦批租,交易范围就广了。当然这里会有技术性的问题,我们已经确权了,一旦确权之后,权利是分割的,交易成本很高。但我们可以以确权的土地首先和村签大的合同,由村直接和经营主体签,这样把交易成本内化在村里。我只是谈设想,在这些问题上值得讨论,值得尝试各种可能的做法,寻求不同的制度突破。

程世勇:我回应陈老师的问题,批租制在日本是有的。我们国有土地是批租的,他们是私人土地的批租,日本正在做。日本学者有一个评论,认为日本土地市场是比较失败的制度,因为制度很复杂。国有土地的批租背后的主体就是国家,利益关系非常简单,但是批租后面是无数个所有者,交易成本理论上没有问题,但是现实中成本还是很厉害。

蔡继明:我们的10亩地里面有好多所有者,还有很多经营权。

陈　钊:我们得看和什么比,参照系是什么。在现有各种制度的约束下,如何能够有所突破,能向前跨一步,就是一种改进。当然,这绝不是说这种做法是最理想的。

石忆邵:为什么不准城市人到农村去买地?还是担心城乡差距扩大问题。有房子就是财富,农民收入虽然增加了,但是城里财富更多了。

刘　愿:回应一下陈老师说的,土地批租的事情,类似的操作在目前的案例里面是有的。无非是农民首先把承包经营权还给集体,开发商不可能和单个农民谈判,而是跟集体谈判,在现实当中有很多的实例。

另外,我们从媒体上也看到,北京、上海这两个大城市,总是有一种声音说要控制人口规模。现在城市膨胀,但是我个人观察,现在广州也是一个大城市,他们不喊,我观察了媒体,包括当地政府也不喊口号。北、上、广、深几座城市里面,广州的房价比较平稳,其中有一个很重要的原因。最近看到报道,广州市政府出台文件,北京和上海很反对,甚至禁止群租,但是广州市政府鼓励,允许建更多房子,出租给低收入群体,理由是提供更多的住房供给。广州市不仅没有反对,还鼓励。

陆　铭: 前一段时间开会有人公布统计数字,长期以来,广州的住房供应量是深圳的三倍。

程世勇: 北京两年前全部打破隔断,就 2016 年 5 月又出台了相反的文件。

刘　愿: 对钉子户的态度也不同。原来在广州市中心里面建一个桥,其他都拆了,就剩下一户,是单位的房,原来三十多平方米,现在要求六十多平方米的补偿,政府不答应,最后房子没有拆掉,留在高架桥中间。广州市政府是包容性政府,态度宽容。

张曙光: 坐广州的车去看,高架桥中间有一个楼。这是钉子户。

张蔚文: 杭州也有。

刘　愿: 地方政府的态度不一样。第三,张蔚文老师提到的小产权房要分开来看,小产权房在深圳不一定是农民所有,有可能卖掉了,业主是外地人。无论是后来购买了小产权房的业主还是原来业主,本身希望政府拆迁,因为原来是一栋,按面积1∶1分,市场价格翻好几倍。

张蔚文: 那个地方试点,业主主动到政府申请城中村改造。

刘　愿: 搬迁之后,建了很高档的楼房,住户租不起,要往外走。不同的群体在小产权房的利益是不同的。

蔡继明: 越是这样政府越不要管,企业愿意进去就拆。

刘　愿: 城市地方政府有一种倾向,一定要把城市建得很漂亮、很规则,要面子。广东人有相对务实的态度,比较实用主义。

陆　铭: 我做了研究,我最近看土地产权保护制度,对于新城建设的影响,我们发现从市一级层面来看,一个城市如果历史上土地产权保护好,这个地方新城建设选址靠近老城,规划密度比较高,看城投债负债率比较低,这是城市产权的保护结果。你说的现象就是产权保护体现出来的。

蔡继明: 用地成本高。

陆　铭: 用地成本高就有效率了。

张蔚文: 我是针对石老师说的,你应该做土地利用总体规划的预测。

石忆邵: 预测也是有的。

张蔚文: 规划里面肯定有预测,人口多大?我自己的体会是在土地利用总体规划过程中，留给预测发挥的空间很小，因为预测可以用很多模型，但是有时候就像陈老师说的，是帮着圆一个说法，因为不同模型的预测结果是不一样的。预测是对不确定性问题的决策，确实很难。经济学里面有个笑话：正是因为有了经济学家的存在，才使得气象预报变得更准确了。说的就是预测难的问题。美国规划中的人口预测，是从产业预测开始的，然后预测就业人口，又分为基础产业就业的人口和在非基础产业，即支持产业就业的人口。这样的预测相对要科学很多。我国在土地利用指标高度中央集权化的情况下，预测空间不是太大。本身预测就已经很难把握了，再加那么多干扰因素，这是一个很大的问题。

上海领先全国做城市用地减量规划，我想不通，这在现实中是很难实行的。刚才讲到土地财政，现在已经有了一些新的变化，事实上中央也想改变这种以地谋发展的模式。最近我解读了土地储备方面的一些新政策，包括预算法。新政策对以地融资有很多限制，原来像重庆所谓的八大（投资公司），都被赋予土地储备的功能，其实就是充当地方政府的融资平台，以地抵押，而且抵押很不规范，政府办公大楼，甚至绿地、基础设施等公益性用地全部拿来做抵押了。2013年全国政府性债务审计结果出来以后，暴露出很多问题，促使政府进行改革。现在的最新进展是四个部委，财政部、国土资源部、中国人民银行、银监会联合发文，即4号文件，规定不能再用银行贷款进行土地储备，替代方法是地方政府自己发债。中央这样做的目的之一是实现中央政府与地方政府的切割，中央政府不再对地方政府债务进行兜底。新政策发出的信号很好，会倒逼土地财政改革。根据2013年全国政府性债务审计公告的数据，各级地方政府承诺以土地出让金偿还债务的比例高达37%，其中浙江省这个比例超过60%，新政策对地方政府发出的信号是，不要再想着靠土地出让金偿还债务，何况出让金成本越来越高，例如拆迁成本，收入减去成本后的净收入越来越少，教育、土地整治等都是从这个口子出。所以说这是个很好的信号，会倒逼地方政府改革。

另外想提一下眼下很热的浙江省特色小镇建设，其实现在已经不仅是浙江省，全国都在搞，全国范围内要建1000个特色小镇。拿浙江来讲，领导高度重视，"基金小镇"是省委书记"一号工程"，"梦想小镇"是省长"一号工程"，"云栖小镇"是常务副省长的"一号工程"。特色小镇其实不是一个城镇化的概念，更多的是产业升级的概念，通过特色小镇建设，把产业向政府主导的七大产业门类靠，或者是经典历史产业，浙江省共列了十大经典历史产业，茶叶、丝绸、木雕等等。据说基金小镇已经确定在G20期间要供元首们参观。因为是书记"一号工程"，所以现在企业排队想进基金小镇,是向村里租房子,在"特色小镇"政策正式出台之前,每平方米每天的租金是 0.8 元,租期 20 年,现在最高可以租到 8 元,是之前的 10 倍。特色小镇建设强调政府主导,但以企业为主体,有一个比较好的现象是,已经有企业提出要建特色小镇。但是,根据我们对特色小镇的观察,也存在不少问题,问题在哪里? 过年的时候有一个杂志向我约稿写特色小镇,于是我做了一个简单的统计,得出的数据让人吃惊。目前浙江省省、市、各层级正在建设或培育的特色小镇已超过五百个,浙江省一共才六百多个建制镇,怎么可能建那么特色小镇? 在我看来,能建成 30 个就很不错了。当然特色小镇的理念在很多方面还是可取的。例如它是一种产城融合的概念,不像以前的工业园区,它要达到 3A 级景区的标准,实际上强调的是配套。但是目前来看,即使是发展比较好的基金小镇,周围配套还远远没有起来,所以还是有一定问题的,我们将继续关注。

石忆邵:政府的城镇化模式是成功还是失败? 太多了肯定有问题。

文贯中:不是市场内生的。

杨俊锋:是不是因为省委书记抓的,所以才会有那么多人?

张蔚文:一开始是省长在抓这个事,中央派领导下去调研以后,省委书记也开始重视这个事了。

路　乾:我们的政府想法很好,为公共利益服务,所有的事情都自己做了,做城市规划,修路、修桥、修学校、修医院,所有的支出都要靠土地出让金。要获取土地出让金就要征地,对集体土地入市就不积极。一环扣一环。但是现实中已经有一些做法突破了这种模式,比如民营城市,这样的案例在很多地方都有,租赁农村土地,可以入股,也可以租赁使用,五十年、六十年等把土地租过来。企业投资修路、修桥、修房子。企业也要提供公共服务,比如农民工子弟学校,企业规定,缴税超过多少元的个体户,他的子女可以免费入读学校。有一套制度安排来解决问题。这样政府不需要提供太多公共服务。现在有了这套做法,需要总结出来把道理说清楚。所谓的公共利益、规划、人口问题或者学校不够,实践中已经有办法解决了,政府可以退出来。

大家都表达了悲观的想法,但是现实中已经有了积极的实践做法。把这些做法说清楚,政府的很多行为和理念都会改变。民间自己建城市,也能为公众造很好的城市。

党国英:规划是引入民主机制,地方领导很高兴,农民可以上网。

石忆邵:在美国有一些小城镇实行城市经理制,把城市当做企业来对待。但是中国没有真正过渡到以市场经济为主导,不一定是民营市,市场化的城市也不一定叫民营城市,这个模式是有前提的。

蔡继明：民营城市很有意义，4 000 亩地都是集体建设用地，当然当年置换的时候是合法的，通过各种渠道，得到北京市政府认可的 4 000 亩地。但是现在有一个问题，类似这样的企业管了 10 万人口，但是还是园区，政府的功能将来怎么办？小学可以建，上大学怎么办？三甲医院也搞起来了。这些好解决，中国的城市现在困难是所提供的公共服务做不到。

乔依德：户口怎么上？

蔡继明：不要户口也可以，社保、养老、上大学怎么办？大学不让你办，办私人大学比清华、北大还要好，用不着北京户口也可以上，这个跟不上，这个城市民营不了。

孙　涤：会议的题目取得很好，今天听了一下，各种意见尽管表述不同，但是没人会认为城镇化是以地为本的，而是以人为本，很正确。郑振源老师说得很好，这样的改革是非常庞大的工程，需要把国家的税收财政和户籍的改制、土地产权的改制联系起来，一并考虑规划。张曙光老师今天早上讲了个非常关键的问题，我们还是处在一个身份社会，新中国成立以后人的身份制度加剧了，而且扭曲非常厉害。从 1958 年开始的户籍限制，这座大坝已经把两个群体严格分割，现在水位相差非常悬殊，怎么把它降下来软着陆？如果户籍不改，对共和国是非常危险的事情。开放四十年了，这个巨大的扭曲却没有得到有效触动，现在讨论的问题乱象纷呈，随便哪个干部在城市里面，首先考虑的就是户籍居民的利益，不敢触动户籍居民利益。非城镇户籍的人虽然对城市的发展做了非常大的贡献，但是他们在政策制定上是没有话语权的。因此，户籍改制必定要做顶层设计，只有从一个国家整体来做，自上而下；要在各个省区搞什么试点，问题会很大。

我跟文贯中等等这一辈都有插队落户经验。从城市被驱赶到农村，顿时感觉到尖锐的痛苦，一旦失去了城市户口，我们就什么也不是了。那么现在的农民工的第二代会怎么想？大概也不难想见。看看世界范围内，无论是巴西的问题，埃及的问题，或是土耳其的问题，青年没有受到公平的待遇，是挑战社会建制的最大动力。户籍的限制不改革，可以说，其他东西实在无从说起。

我想提一点，刚才傅蔚冈发言时也谈到了，要积极考虑和测算废除户籍限制会带来什么样的成本？首先要看城市的居民接受的程度是怎样的？中国的政策话语权几乎全部掌控在城市户籍的人手里，没有户籍的，或者在一线城市没有户籍的 8 000 多万的其他城镇户籍人口，这些人将发出强烈的呐喊。这是所有的人都不愿意看到的结果。谢谢大家！

国家金融安全

（2016 年 12 月）

参会嘉宾（按姓氏笔画排序）：

丁剑平（上海财经大学教授、博士生导师）

朱文生（上海立信会计金融学院教授）

许　明（《上海思想界》主编）

许文新（上海立信会计金融学院院长、教授）

肖本华（上海立信会计金融学院教授）

陈文君（上海立信会计金融学院教授）

赵修义（华东师范大学哲学系教授）

贺　瑛（上海商学院副校长、教授）

鹿长余（上海立信会计金融学院教授）

许　明：各位老师，今天研讨的主题是国家金融安全，这是中央十分关注的问题，所以请大家来畅所欲言，可以插话、对话、讨论，无拘无束地把这个问题谈透。

一、 要高度重视对长期金融风险的防范

许文新：讨论今天的话题我认为是恰逢其时。我们国家从 1978 年 12 月 18 日召开的十一届三中全会决定改革以来，到 2016 年已经走过了三十八年历程。这三十八年有两个标志性成果，2010 年 GDP 超过日本，成为仅次于美国的第二大经济实体；2012 年我们占全世界进出口贸易总额的 12%，超过德国，成为全世界第一大进出口国，到 2015 年占全球进出口贸易比例达到 15%。2014 年美国 GDP 15.7 万亿美元，中国 10.2 万亿美元，总体判断就是我国 GDP 的总量相当于美国的三分之二左右。好在我们现在的增长速度比较快，2016 年 1—9 月的 GDP 国家统计资料显示是 6.7%，美国同期约 2.5%，不否认因为它的基数比较大。还有一点，我们国家现在被称为金融大国，但是离强国还有距离。所谓的大国就是我们的金融资产总量非常庞大，到 2016

年9月末M0是6.51万亿元人民币,M1是45.43万亿元人民币,M2是151.64万亿元人民币,M2约相当于美国M2和日本M2的总量,非常了不起。关键是我国外汇储备截至2016年9月末达到3.17万亿美元,我们国家有了这么大金融资产,如何保护、如何保值升值,这正是今天的探讨话题。

说到金融安全,学术语言来说包括两个方面,一是我们国家的金融体系安全,二是我们国家的融资安全。现在从融资安全来看,按照国际上的排名,比如说不良资产如果达到总资产的10%,这个国家的金融安全就有很大的问题,我国离警戒线比较远,尚在安全范畴内。但是我们现在要特别关注的是国内的金融安全,例如现在炒得沸沸扬扬的互联网金融缺陷就非常大。2015年P2P这个领域所谓的点对点融资公司倒闭了928家,这种情况下会引起国内投资者或者融资者的恐慌。国家现在已经意识到了这个问题,北京、上海两市的工商局对现在申请互联网公司营业执照的一家也不批,主要进行整顿清理。

还有一点就是我国传统金融或者说商业银行金融面临的风险问题,原来对这个问题并没有很清醒的认识。比如说国际清算银行(BIS)对所谓的商业银行的风险归纳为八大类,包括流动性、支付、操作风险,等等,我们中国人民银行归纳为十大风险,但是最近发现不管是BIS八大风险,还是人民银行的十大风险,操作风险在中国表现得尤为突出。所谓的操作风险就是金融从业人员由于暴富心理,利用职务之便,在操作过程中非法获利,比如一名银行工作人员卖的理财产品,实际上和他所在商业银行没有任何关系,所以他是利用合法的身份而非法获得了收益,当达到一定金额时便携款潜逃。这种事情非常多,操作风险是很突出的问题。这是关于传统金融的风险。还有一点就是,我们在保护国家金融资产,防范风险方面,也有很多文章可做。因为风险和所谓的金融行业的监管是事物的两个方面,虽然成立了一行三会的监管体系,比原来的监管体系要严密得多,但是我们仍发现几个问题:第一,反应的速度比较慢,发生问题以后究竟有何对策? 第二,我们国家金融风险、市场风险也是非常频繁的。我说的市场风险主要是金融市场里面的资本市场,资本市场特别是股票市场,这是中国老百姓最熟悉或者说是投资人数最多的市场。但是2015年那一场股灾从4月17日开始一直到6月15日,6月15日到了拐点,到9月15日,三个月之间,一天跌停板的上市公司数量达1 000家的居然有17天,市值蒸发22万亿元人民币,而2015年全国人民辛辛苦苦忙了一年创造的GDP是70万亿元人民币。

我们探讨的金融安全问题,金融市场的风险防范,还有融资途径、融资手段的风险防控是长期的重要的任务。金融安全框架下面要研究的事情实在太多。比如说在座的各位都知道,有一个专有名词叫国家储备,包括三大块,外汇储备、黄金储备,还有特别提款权(SDR),我们国家的外汇储备到 2016 年 9 月末是 3.17 万亿美元,2015年中国的黄金产量虽然超过了南非达到 515.88 吨,但是我们国家的黄金储备量和美国还是有非常大的差距,截至现在美国的黄金储备是 8 133.5 吨,美国忽悠全世界人民说黄金不是好东西,该出手就出手,但是美国人近五年来一吨黄金都没有减持,这很说明问题。我们国家在现有的宏观条件下是不是应该把我们的外汇储备和黄金储备作结构上的调整,就是减持美元,增持黄金? 这是需要研究的。在眼下为了长期持有非常稳定的保值增值载体,趁着现在黄金市场价格走低的情况下适当可以增持。

最后一点,现在有一种观点认为人民币在资本项下应该尽早开放,资本项下实现可自由兑换,为人民币国际化装上加速的翅膀。我对这个观点持保留态度。因为对我们国家来说,虽然有庞大的居世界第一位的外汇储备,但是跟我们庞大的金融资产总量相比,我们必须未雨绸缪。邓小平在去世之前曾说过,很担心中国要么不出问题,要出大问题一定是金融业出了问题。他说的是金融风险,他本人是政治家,但他一定从某种直觉上意识到金融一旦出问题,风险和杀伤力究竟有多大! 2008 年次贷危机后,我们国家对资本项下开放非常审慎,这是正确的。如有人问中国资本项下什么时候可以开放? 我马上说没有时间表,这种考虑是基于对长期金融潜在风险防范的考虑。

二、 进一步完善外汇风险准备金制度

肖本华:接到通知后我做了一些准备,结合议题谈几个问题。第一,国家金融安全现在怎么强调重要性都不为过。首先,从国家大安全观出发,国家安全包括很多方面的安全,在改革开放的今天,最大的隐患在金融安全这个方面,而不是军事或其他方面。现在我国金融安全有两个方面的问题,可谓内忧外患。外患方面,因为从当今世界的局势来看,总体是往右转,经济上实施保护主义,对中国的崛起加以遏制,等等,这使得我们的外部环境相当不利,西方国家从维护意识形态出发仍然对中国有敌意;从内忧来看,中国金融体制方面存在的问题比较严重,因为按照金融的理论从长期来说是抑制的,而且从市场结构来说,国有资本背景的金融机构仍然占据了主要地位,金融业对内的开放程度是远远不够的。例如,尽管原来的四大银行改制了,但很

大程度上仍带有浓厚的官方色彩，例如现在的银行行长都有级别，四大银行行长均是副部级，国家开发银行是正部级，我们市场化程度还远远不够。另外随着经济发展，现如今民间积累了很多财富，但是一些富余资本在市场经济体制不完善的情况下，反而给我们造成很大的问题，如现在的资本外流和资产荒等。

2016 年上半年我们给上海市金融办做课题，通过对现在外资金融机构和内资金融机构走出去的调研发现，国外的金融并不如我们想象中的那样开放，也有很多隐性的玻璃门和弹簧门，这说明金融是一个国家最核心的利益。我们开课题座谈会的时候，交通银行和国泰证券谈到他们到美国开设自己的分支机构时，发现里面有很多我们都不知道的壁垒，所以我们中资金融机构走出去的难度相当大。关于上海自贸区，包括现在整体金融的开放首先还是要把金融安全放在第一位，包括怎么样用国际上常见的金融审慎例外原则维护国家利益。就上海自贸区负面清单而言，人家的负面清单是为了维护金融安全，我对你开放，但是最核心的东西放在负面清单里对你加以限制或者禁止，他们的负面清单本质上是在双方签投资协定的限制或禁止的内容。

最后一点，我最近写了一个东西，也是一个建议。近年来，我国人民币贬值压力加大，资本外流较为严重。截至 2016 年 10 月，经过银行进出我国的资金已经连续 16 个月呈现流出超过流入的状态。资金外流对人民币构成贬值压力，人民币从 2016 年年初至今，相对于美元已经下跌约 6%。其中，远期外汇售汇的过快发展不仅是人民币贬值预期的结果，而且还进一步加大了人民币贬值的和资本外流的压力。2015 年 8 月，我国银行代客远期售汇签约额约为 2015 年 1—7 月平均水平的 3 倍。这种情形说明，其中有投机交易。随着人民币汇率双向浮动弹性增强，银行代客远期售汇的过快发展不仅加剧了人民币贬值的压力，也使今后可能出现比较集中的企业平仓亏损或者违约情况，从而增大了银行的信用风险和经营风险。因此在 2015 年 8 月，中国人民银行发布紧急通知，要求从 2015 年 10 月 15 日起，开展代客远期售汇业务的金融机构（含财务公司）交存外汇风险准备金，准备金率暂定为 20%。金融机构在中国人民银行的外汇准备金率冻结期为 1 年，利率暂定为零。2016 年，在允许境外机构进入我国银行间外汇市场后，为防止监管套利，2016 年 7 月，中国外汇交易中心也规定自 2016 年 8 月 15 日起，进入银行间外汇市场的境外金融机构在境外与其客户开展远期售汇业务产生的头寸在银行间外汇市场平盘后，按月对其上一月平盘额交纳外汇风险准备金，准备金率为 20%，准备金利率为零。这种外汇风险准备金制度实质上是无息准备金制度（URR）的一种。

外汇风险准备金制度的实施可以提高商业银行代客远期售汇业务的成本,而商业银行则往往将这部分成本转嫁给客户,因此这一制度对抑制远期外汇售汇交易的过快发展和稳定人民币汇率可起到较为重要的作用。但从2015年我国实施这一制度以来的情况来看,还存在着两个方面的问题。

一是对抑制我国银行代客远期售汇的效果并不十分明显。2016年1—10月,我国银行代客累计远期结汇签约3 870亿元人民币,累计远期售汇签约7 961亿元人民币,累计远期净售汇4 091亿元人民币,仍然保持了较大规模,加大了人民币贬值的压力。

二是加大了部分从事实体经济的企业的负担。尽管风险准备金由金融机构交存,但在实际操作中,一般都会被转嫁给购汇者,因此对于有实际套期保值需求的企业会提高其综合成本,影响我国外贸的平稳发展。

随着特朗普在美国总统选举中的获胜,人民币贬值速度进一步加快。而美联储12月加息的可能性加大,将进一步加大人民币贬值的压力。因此当前有必要进一步完善外汇风险准备金制度,实施外汇风险差别准备金制度以稳定人民币汇率预期和抑制银行代客远期售汇交易的过快发展。因此建议:

一是可将外汇风险准备金率与金融机构代客远期结汇指标挂钩。对远期净售汇占结汇比例较高的金融机构,可规定在20%的基础上适当提高外汇风险准备金比率。还可进一步采取超率累计的外汇风险差别准备金率,即对商业银行远期净售汇占结汇比例越高的部分,适用的准备金率也越高。

二是鼓励金融机构支持有实际套期保值需求的企业进行远期售汇交易。应加强金融监管机构与海关、金融机构等部门的信息共享,甄别远期外汇交易中的投机与正常套期保值,对积极支持企业通过远期售汇交易进行套期保值的金融机构可适当降低外汇风险准备金率。

三是实施差别准备金动态调整措施。即可根据人民币汇率变动及资本外流情况动态调整外汇风险准备金率。

这样对于抑制当前的资本外流,保护实体经济效果会更好,这也是一个不成熟的想法。我抛砖引玉,请大家多多批评指正。

三、 要关注高新技术条件下的金融风险

贺　瑛:我接着来说,看了访谈提纲有一个题目很感兴趣,即反恐怖融资,正确的

术语应该是反洗钱与反恐怖融资，这是国际公认的说法。其实访谈提纲有许多都涉及这一内容，离岸账户，这也是反洗钱、反恐怖融资。第六个，非法集资就是反洗钱内容，第七个，各国对中资银行驻本国银行的机构，玻璃门弹簧门最后制裁中国的是以反洗钱、反恐怖融资的罪名，比如西班牙工商银行事件就是有关反洗钱事件，之前的昆仑银行的事情就是有关恐怖融资，这方面我们教训深刻，不仅影响业务业绩，同时影响国际声誉。

许　明：胆子大，谁给他授权？

贺　瑛：不是授权，他不懂，我们根本不知道什么叫洗钱，什么叫恐怖融资。所以需要普及教育，所以我们金融学院当时首开全球唯——个本科的反洗钱专业，太有必要了。

今天这个议题非常重要，2015年是中国加入国际反洗钱、反恐怖组织十周年。这个金融安全方面的问题对我们国家来说非常重要，在十周年之际需要我们高度重视，普及反洗钱知识需要从全民抓起。现在我们到银行每个地方都有反洗钱小册子，告诉你假币是怎么搞的。这个太基础，其实洗钱的内容很广泛，如非法集资就是洗钱的一种行为，但目前一些金融从业人员都不知道。

许文新：领导层对这个问题的理解还有些模糊，还没有搞清内涵。我们在六年前开设了合规与反洗钱专业，全国的高校里面我们是第一个，是设在金融学院专业下的方向，但是我认为完全有必要在本科层次扩大人才培养，就是扩大学生数量，甚至包括硕士，特别是专业硕士。

贺　瑛：国际上对合规与反洗钱工作高度重视，各家银行都设置相应岗位，从业者必须经过前台、后台最终到这个岗位，可以说外资行最重视的就是这个岗位。中国许多银行没有这个岗位，或者将这个岗位放到法务部，或者放到稽核部，但到底该怎么把这项工作做好并没有搞清楚，所以出现问题也就越多。

赵修义：在这些问题上培养人才太慢了，现在必须要有紧急措施。

贺　瑛：反洗钱工作和我们目前进行的一些改革紧密相连，若不重视，可能会影响改革成效。例如上海建设自贸区，根据国际经验，自贸区往往是洗钱的重灾区，目前我们在做自贸区反洗钱的案例库，已经做好了。这些典型的案例告诉我们世界上各种各样的自贸区是怎么样存在通过离岸账户、通过贸易账户来洗钱的问题的。上海自贸区也有，以前的没有公布，最近几个都是股灾后才抓起来的，才知道他们是利用我们的漏洞进行洗钱。洗钱不仅仅是财产转移，洗白钱的过程就是洗钱的过程，没有真实贸易背景的大多数资金的转移都是洗钱。

许　明：管银行的人不懂，管犯罪的人不懂，没法判断是不是洗钱，所以搞阴谋诡计的人就畅通无阻。

许文新：若干年前炒石油期货巨亏，真的是因为不懂，不是存心的。

贺　瑛：里面还有一个问题，那就是中国的体制。对有些反洗钱是懂的，但是不能操作。比如说我们在反洗钱里面经常做的是尽职调查，尽职调查做的时候通常怎么判定这个人一定是有洗钱的可能？国外是有一个黑名单的。

鹿长余：大机构风控软件全部买国外的，这是最严重的。目前金融机构风控软件全部买国外的，我们总说要有定价权，在金融市场我们有的机构为什么被吃掉，因为国外知道你买卖是什么价位。

贺　瑛：我们当时用新华08替代这个东西。

鹿长余：我们有风控软件，就是因为国企不用，宁可花十倍、二十倍高价钱买国外的。

贺　瑛：好比用了民营的风控软件，人家就会调查为什么选用民营的，用彭博、用路透不会遭调查。没有人想过机密，就知道是成熟的软件。

鹿长余：知道那是世界权威。

贺　瑛：第二个想法就是要关注新技术情况下的金融风险。第一，谈到新技术，除了金融的基础设施，包括终端、软件以外，要明白新技术就是区块链。区块链的1.0版本数字货币，以前人民银行是不推的，但是2016年1月20日人民银行召开了研讨会，开始启动了中国数字货币。我们今天讲的中国数字货币跟比特币不一样，比特币风险更大，因为没有中央银行监管，就是无政府。我们现在做的数字货币一定要考虑这些问题，要清楚里面究竟存在什么风险。我觉得数字货币今后要关注的就是要注意保护隐私、注意秩序、注意违法当中的界定，有的时候为了保护隐私，产生一些违法举动，把社会的秩序破坏了，所以在这些过程中可能产生的危害是未来我们要控制的。

第二，为什么说国家外汇储备要防止流失，要注意数字货币？现在外管可以管住，但是比特币管不住，随意兑换。所以如果未来做数字货币一定是可自由兑换的，但是设计的时候要注意可自由兑换和可控兑换之间的关系，如何利用技术让它可以自由兑换，但是这种自由兑换一定要可控。这是对未来金融发展的预设，前面是对已有事件的安全担忧。

第三,新的技术出现以后可能由于技术不过关而产生风险。对这个风险有人作了统计,现在的统计情况是,每家银行每个月会有20起金融信息漏洞,民营银行总体高于国有银行,高危漏洞占总体漏洞的94.56%。银行APP业务在所有漏洞中成为重灾区,各种各样的漏洞都有。互联网金融的漏洞是最齐全的,所以从这个角度来说,随着金融越来越成熟,科技越来越发达,我们的漏洞也将越来越多,给人的感觉是银行不堪一击,每个月20起案件当中重大的案件占到94.56%,这是什么概念? 高危漏洞,随时会让人攻破。漏洞危害性进入了银行,你的账户、你的密钥系统。你的指令都形同虚设,别人发一条指令过去钱就转了。

许文新:有美国的黑客就喜欢搞这个事情,比如这个国家哪个银行有名,他就专门攻击他们的漏洞。现在要打垮一个国家,除了军事以外,第二可能就是金融。

贺　瑛:最后一点,就是要注意未来对中国金融体系的攻击和对中国的金融封锁。人家一旦撕破脸攻击我国的金融,我们的技术将无法抵挡。为此,我们要有忧患意识,对金融制裁、金融封锁,我们要有相应对的对策。

许文新:我们需要知道自己的软肋在哪里,软肋最容易受到攻击,军事上不说,经济攻击里面最有效的就是金融。

四、 国家金融要规范发展、合规发展

鹿长余:我讲几个我熟悉的问题。第一,必须建立信用评级,没有信用评级,就会使中国的企业被别人乱评,不利于公平竞争。长期以来世界的三大评级机构穆迪、标准普尔、惠誉国际都有压低他国企业评级的倾向。所以我们自己要建立公信力,不能乱评,自己评价很高也不行。

第二,跨境资本流入是否安全。我们现在国有大中型企业财务公司中,有金融机构在设计跨境投资使用的信息数据库,包括交易系统、风控系统,特别是风控系统把后门告诉了人家,因为我们用的都是外国的软件,例如彭博、路透的系统。新华社前几年试图搞自己的系统,结果系统在国内市场上不好用,国内机构大部分用万得资讯,万得是我国的,我们应该支持。新华08做得很乱,从技术上查东西都很不方便,我们还装了四个终端。他们曾经调研过专家意见,但后来不了了之,到最后没有推广,但是这个东西确实要高度重视。

还有跨境资本流动的问题。中国改革开放以来,GDP总量达到世界第二,超过

日本,但是细想一下,每个人身价多少？考虑养老保险、医疗保险,这么多财富掌握在少部分人手里,监控的重点应该是他们。动辄到美国、到加拿大买高档房,现金大量交易的是些什么人？钱从哪里来？这个要有监控。所以监控的重点不是老百姓,而是管钱的人。应该要设定监控名单,我们希望他们自身是廉洁的,但是也要防止。还有影子银行的问题,要规范发展,对于不合规的比如大学生裸贷,明显是犯罪的问题,不管什么理由这种公司都要严惩,要关闭、罚款,要抓,违反国家法律法规就要严肃处理,裸贷高利贷地下钱庄,包括骗钱,都要严格控制。

现在,大家一说 IPO(首次公开募股)就害怕股市跌,其实我们每年的 IPO 不到 1 000 亿元,上市企业通过定向增发每年再融资,已经超过 12 000 亿元。现在 IPO 的钱只是再融资的零头,仅占 6%—7%。为什么再融资那么猖獗？两个途径,某部分人发财,第一,大股东买烂的资产。你是我的朋友,可能资产值仅为 1 亿元,我给你评估 20 亿元,通过财富的转移,把小散户的钱集中到某些人手里,每年金额高达 1 万多亿元。这种现象造成了资源的错配,本来 12 000 亿元可以很好地发展实体经济,如果这些钱直接 IPO 支持创新型企业,三年可以支持 2 万家,现在钱被原有的利益集团买了自己的烂资产。第二,利益集团资金高价变现,有的企业上市四年每年都在融资,把朋友的钱装资金进去,定向增发当中还可以打折,是现有股价的八折、九折,甚至更多折扣,比如市场股价 50 元,增发给他是 20 元、30 元,待股价上升后,再择机高价卖出,受害的都是现在二级市场小股民。

许文新:现在玩的是"空手道"。

鹿长余:一个月前我写了一个再融资调研报告,假设每个创新型企业 IPO 募资 2 亿元,再融资额每年可以支撑 6 000 家上市公司,全部数据都是真实的。很多定向增发是利益集团转移财产,IPO 没有那么严重,现在每年 IPO 只剩下 6%—7%,市场 IPO 占很小一部分。

五、 金融监管要放到国家大格局中去讨论

陈文君:国家金融安全是大格局、大风控的问题,而不是金融领域一家的事情。为什么是大风控？因为凡是金融领域的系统性问题就是大领域的事情,是我们的国家大事,而我们在金融监管体系里面讨论金融的问题,是得不到解决方法的,要放到大格局中考虑。这是我的主要观点。第一,分析一下我们国家金融安全问题的来源。

这个问题很大,面对这么大的问题,作为一个国家如何梳理? 回溯到金融的本质,金融是一个价值流,在座的金融专家都同意,我们讨论金融价值流的安全问题实际上是在讨论大风控问题。风控的关键在哪里? 有很多风险点,简称为节点。安全问题节点越来越复杂也越来越多,每个节点爆发都会引发金融安全的风险,所以人们一下子觉得金融小问题突然变成全社会的大问题。比如,互联网领域 P2P 问题变成社会安定问题,而我们资本领域金融市场的问题变成了国家利益主权财富的问题,是因为这些问题都处在一根链条上。这个其实是新问题。在传统社会里面,微观和宏观当中没有中观的概念,这当中有一段像理论有宏观也有微观,但是从微观到宏观层面太快了,机体当中一个细胞生病了,整个细胞群感染非常快,所以在价值流当中小节点出问题不能忽视,这就是我们现在大风控非常困难的地方。

第二,节点在变多。从外部来说,国际的政治格局、国际的经济情况和金融市场的变化,大宗商品、石油价格、人民币汇率,特别是大宗商品和石油价格,与人民币汇率都是密切相关的。人民币不能出境,大宗商品、黄金连比特币都可以出境,价值出境,货币不出境,大宗商品、黄金之类都是相关联的。我们当时国家机构在设置这些领域的时候分得非常清楚,外汇管理局、黄金体系的贵金属监管都是不同体系,在这些体系当中,他们不是割裂的系统,在市场当中非常相连,而我们的监管却是很割裂,包括反洗钱、反恐怖融资也相当于每个地方割裂了。我补充一个数据,小小的节点比如全世界有 645 种数字货币,市场价值达到 125 亿美元,在金融监管者看来,这种体量不值一提。当初放开做 P2P 的时候有一个指导思想,即"P2P 能翻多少浪?"总市值远远不及市场的一小块,但就是这么小的一点引起了社会的动荡,这说明,节点变多、变复杂,使节点的风控变得更加困难。

第三,作为跨界的一个监管,其实有一个综合国家利益的考虑,有国家利益的价值排序问题,我们在实践当中已经碰到了。当汇市发生风险,股市发生风险,国家作出了明确的选择,汇市在前,股市在后,虽没有人讲过,但操盘的人非常清楚,当这一波发生狂跌止不住的时候,有机会就逃,因为股市价值排序永远在汇市后面。但是明确了一点,国家有价值排序,国家利益不是概念性的问题,是价值排序,是哪个价值最前。在金融与安全问题上,我们说的是金融安全,从国家价值来说是安全金融,首先是安全,其次才是金融。在金融领域讨论国家金融安全问题,跳出这个领域看问题,安全在前、金融在后。

这并不意味着金融不重要,相反金融的重要性在提高。原来金融的重要性是作为第一生产力推手,作为资本的快速应用的推手,当然现在换了一个角度,从金融安全的角度,人家要打垮你,要把你的金融搞垮掉,把经济搞垮掉。现在很有意思的是,非法金融也在利用境外势力,例如 e 租宝,所以现在情况变得非常复杂。

金融的声音并不是我们到全球讲中国的话,我们在国内要讲金融的话,不能说为了安全搞得经济全部死掉,金融发展决不能停滞。并且金融在不断发生变化,会不断贡献新技术,而安全又可以利用新技术。例如在监管领域,今年有个非常热的词叫"技术监管",这个词原来有的,但是从来没有被重视过。最早做技术监管的是美国的FBI,他们最早的国安部门技术监管,用数字用网络的方式来监管。我们专门请教了IBM 回来的专家,这个技术早就有了,而且在国家的安全技术领域讨论过。英国最典型,提出了技术监管的问题,提技术监管有一个背景,英国用了监管沙盒,关键用了区块链技术。我现在从事区块链技术研究的工作,区块链是信任机器,对社会治理很有用,而且这个概念在实施。现在很多国家,包括加拿大、新加坡、马来西亚都用了监管沙盒技术,这对于一个国家的安全是很重要的。因为在新产品推出之前让监管沙盒先试一下,进行模拟场景,现在的 IT 技术非常仿真,可以实现,通过模拟了解这个事情发展到什么程度了,这是国际上提高金融安全非常重要和流行的方式,我们国家也在搞。除此之外,现在中国人民银行已经发布正在做数字货币,也是在前进当中追求国家的安全。从对比特币的态度的转换可以看出一个国家政府和全球主流大国的政府对一个数字货币的态度,首先是抵制,第二是打压,第三是发现不用打压,向他们学习就可以把风险屏蔽了,把有用的技术抽取出来,抽取出里面的代币社区,抽取里面的共享经济,这些抽取出来了以后,制定区块链工信部标准,标准注重国家安全问题,要开源,要自主开发。提问题比较容易,但找到解决的方法真的非常困难,所以我们也是在实验,现在实验经济也是一种做法,如果你们做区块链调研和共享经济的调研,我们可以提供。

六、 资本外逃是中国经济最大的风险

朱文生:从 2015 年到 2016 年,金融外汇市场有几个词比较热,一个是人民币没有贬的基础,简称"人无贬基",但大家看到的是一直在贬;二是讳言资本外逃,但外汇储备从 3.99 万亿美元降了 3.05 万亿美元,在巨额贸易顺差背景下,逃出去很多钱,远不止 1 万亿美元;三是 2015 年股市、债市、汇市等双杀、三杀,经常搞得市场跌停。一

系列现象让我们感觉到金融安全出了大问题。市场涨跌不可怕，真正可怕的是资本外逃，这是中国经济最大的风险。

我梳理了一下，资本外逃指国内政治、经济、制度等因素引发的出于安全动机、避税动机、投机动机或者其他动机，不管是合法、表面合法，还是非法，本国资本流出国境外的现象。

国家发现外逃迹象，马上进行管制。现在的管制及其效果怎么样？比如针对外逃，首先稳定费率，在离岸市场操作，让投机者亏本，不敢投机人民币贬值，干预市场。这样做了以后发现基本稳定了费率，但汇率的基本稳定降低了资本外逃的成本，甚至鼓励资本外逃。因此，只要中国的经济基本面没有根本改善，大家就会想办法在人民币大幅贬值之前拼命跑。波士顿唐人街的美国银行工作人员告诉我，现在十八九岁的人，户头上有七位数、八位数，就是为了不计成本跑。其次，政府加大管制，出了很多措施加大对居民、企业，甚至对跨国公司资金流出的管制，而且 11 月又出台新的管制方法。发改委和外管局认为企业许多投资领域是非理性的，如投资国外房地产、酒店、娱乐业、俱乐部等。还有正面宣传，领导、专家一起上，告诉民众，我们有资本管制最后一道防线；除了美元以外我们还是强势的，说我们贬值是误导。

这样搞管制有什么效果吗？短期少消耗外汇储备的情况下，"低成本"缓解资本流出和本币贬值压力；起到了限制投机套利，严防危机，保护金融产业。但存在管制不当。以至于并没有逆转现在资本外逃的趋势，反而助长资本外逃的情绪。

国际货币基金组织也认为资本需要管理，但是把资本管制放在最后一步，即一个国家面临资本外流，先应该出财政货币政策，再用外汇储备政策干预，最后动用资本管制。IMF 明确说，如果一个国家过度收紧资本管制，等于承认自己的财政货币金融政策失败。以往不管是东南亚金融危机还是其他危机，一些新兴经济体资本管制的实践总体上是失败的，很多国家被迫采取更大幅度的开放。

防止资本外逃的对策包括：

从长期来看，首先要相信中国毕竟是世界第二大经济体，要相信自己长期积累的实力。东南亚金融危机中，例如泰国等垮掉了，过了一些年慢慢恢复，现在经济也还可以。长期要明确解决中国资本外逃的根本途径是提振中国经济，保障公民财富，长期管制是舍本逐末。

短期是另外一种做法。短期要少讲人民币国际化这些东西，多考虑风险防范。大力宣扬资本自由化、人民币国际化这么多年以后，现在短期内重新加强资本管制，虽然令人遗憾,但这是两难选择的理性选择。短期内确实要管制,不能让血汗钱跑了,但是短期内搞资本管制要注意掌握度,不能随心所欲加大管制。而且,短期管制要一视同仁。

另外,以后宣传要讲清楚两个问题,老百姓就可以理解政府的做法。

第一,每一个人的理性会造成集体的不理性。我们的宣传既要客观分析人民币汇率的涨跌趋势,更要说清楚我们都是在一条船上。还要告诉有财富的人,现在的资本管制是短期的,而是为了保证中国经济平稳运行,让中国的资产价格稳定,是为转型升级争取宝贵的时间。

另外各级领导在短期具体经济问题上发言要慎重。在经济规律面前没有谁更高明,每个人都要谦卑。当专家的可以随便讲,但领导要慎言,因为万一讲错了以后老百姓就不信任你了,就失去公信力了。

另外完善产权保护制度是管控资本外逃的非常重要的措施。

七、 金融监管要做到"知己知彼,百战不殆"

丁剑平:大家讲的对我启发很大,我主要讲几个关键点。首先,"知己知彼,百战不殆"。我们不能仅从一个角度看问题,必须从自身和对方两头看问题。对外开放包括自贸区的开放肯定不能往后走倒退路,倒退是没有出路的。其次,2017年虽然因为美联储加息后美元进入升值通道,但是我们要看到特朗普的财政政策能维持多长时间?摆在我们面前的一个很清晰的事情是80%的美元资产是非居民持有的,高利率意味着美国国债要更多的支出利息。这是一个很清晰的路线,0.25个百分点的加息意味着还给中国的东西更多。随着人民币贬值,公众虽然知道中国的外汇储备流失,还要看另外一面,美国民粹主义等造成特朗普采取第二次类似当时对日元的广场协议事件的可能性也在上升,他说要保卫美国本土制造业。美元升值的结果是美国的制造业产品出不去了,再加上很多利息的还债,现在的美国的财政赤字与里根时代相比已经不在一个等级上,如果减税叠加美元加息,还债更让它承受不了。还要做好另一思想准备,即美元极度升值以后的大贬值,导致人民币被迫升值。走一步要同时往前看几步,不只是看眼前。还有欧洲情况也是同样出现不稳定的趋势。人民币在这一轮未来的竞争当中,我们现在的贬值是为了应对未来的危机。日本贬得比中国还要厉害,在下轮危机之前的贬值是有意而为,整个汇市市场都在贬,真正危机的时候,人民币汇率却稳定了,贬值以后却在危机时稳定了,并且有可能被"多头",因为美元的债务不可持续,并非美国就是莺歌燕舞。所以我们的宣传不能只是宣传国内的情况,也要讲清国外的真实情况,向公众讲清美国和欧洲债务问题,美元的股市已到历史最高位,加息意味着泡沫随时被戳破,美国的房地产也是历史最高位,你敢进去吗?换成美元有什么用?美国的股市、房地产、债市都不能进,这样讲清以后趋势可以马上改了。人毕竟是理性的,我们现在是只看了眼前而没有看到后面几步。现在人民币贬值不干预,有人说是为了保卫中国外汇储备,不是储备问题,要干预也可以,现在不干预储备多了,美国的还债更多,但是美国撑得住吗?中国有储备可以撑住,包括自贸区对技术科技人员账户上的钱还是自由兑换的,只要认证账户上第一笔资金人民币是正当来源,就可以将这笔人民币当作美元来使用。中国的开放还在继续推,并不是往后缩,获取人才还是中国改革的重大目标,没有政策优惠,国际科技人才不会来的。为此在上海自贸试验区内跨国公司总部第一笔人民币认定是正当的,进到FT账户上认定是很准的,来源是正确的,就提供便利。还是继续开放,开放的方向不能往后退,退是没有出路的,上海强调"五个中心"建设,当中的"科技创新中心"应摆在第一位。

对科技人才的收入上要创造最好的环境,否则他们为什么要来?中国扩大自贸区都没有税收优惠,中央把税收优惠给香港,但是在资本项目管制方面为什么要放?也就是用便利来充当税收优惠。为什么设立FT账户?就是为了有助于科技创新,为国际的一流人才、为国际跨国公司来沪创造最优环境,没有他们,经济增长就没有了后劲,所以给他们创造环境只要认定人民币正当就等于美元,还是要继续开放,关键第一笔人民币要认定FT的性质,要把好关。目前监管有些问题,当前的联席会议制度大家都在推诿,开会以后不了了之,超级央行制度到现在还没有推出,就是为了人事没有确认,但是一直往后推迟,就比较危险了,监管的体制、监管的制度一定不能再采取联席会议制度,只联席没有责任,大家没有跟上,到最后出事找谁?一个都抓不住,不要为"位置"等问题阻碍监管机构超级央行的形成,要马上跟进,超级央行涉及的监管要落实下去,机构有责任制,责权利要到位,如果责权利不到位,监管没有办法落实。当前权利和责任都要落实下去,一行三会比较成熟了,尤其是新金融形势逼迫,就是要超级央行出来,不是联席会议的制度能解决的问题,全覆盖、穿透式,这些我们都是要在监管当中进行落实下去的。我们要强调开放与监管匹配,包括技术跟上,中国的技术也不差。我前两天评审金融创新奖,在技术上我们不差,人脸识别技术不比美国差,关键在于责权利到位,技术马上会到位。只要监管到位,FT 账户还可以继续向全国推广。目前最大的问题就是让国民知道"人无贬基",即便是历史数据的汇率。这么长历史阶段,日本是所谓自由市场汇率,我最近分析了人民币近四十年的汇率走势,长期来看日本的汇率波动的中轴是人民币汇率,其实人民币汇率还是内外均衡的,偏离不是很远,从长期来看人民币没有贬值基础,其他国家比中国更糟的还有很多。除了要分析金融危机,还要往前看两步,现在强调监管,因为中国资本市场没有彻底开放,强调资本开放后就不倒退,以后要看到美国未来强迫人民币升值的可能性有多大。我们的监管政策要走一步看一步,这是我们目前金融监管的一个方向。现在跨境资本流动等主要技术监管到位了,中国还是会稳定下来,并非人心惶惶一定会出现大量资本外流,资本外流还会流回来,关键看中国自己的经济发展。经济发展在不确定性很大的情况下,要想资金还能够流回来,关键是自身经济的稳定。在资本项目还没有完全开放之前,自贸区开放还是继续往前推,我们要通过媒体告诉国民完全的信息,而不是碎片信息。这是我讲的"知己知彼,百战不殆"。

赵修义:我是外行,今天学习到了很多东西,大家说了很多,有一些我要好好消化。我们比较关心意识形态问题,最近看到连续地发表好几篇文章,文章提出了一个问题,即中国经济有没有投机化的东西? 大家搞投机,不搞实体经济,都搞金融投机了。这里面涉及两个,一个涉及我们的政策问题,宏观经济政策是不是有目标和手段上面的矛盾? 另外涉及社会心态问题,老百姓的问题。这是我从日常生活当中观察到的一些现象,我们社会特别是上海这个地方有些心态很值得警惕。例如,现在上海各种各样大大小小的金融公司多如牛毛,但很多店都关掉了,实体店越来越少,例如我们华师大附近大多数店都关了,剩下的基本都是餐饮类的店,这跟你们讲的影子银行有没有关系? 各位讲的都是大资本,但是从社会心态来看是不是也存在这样的问题? 我听说现在有些人没有多少钱,拿出来 3 万元、5 万元,然后众筹,众筹以后到加拿大、澳大利亚买房。现在的老人对理财很有兴趣,我碰到学校里面的老同事,他们到处打听理财的问题。我觉得这也反映了一些社会心态问题,需要引起重视,因为有时候世界上很小的环境问题会变成社会上的大问题。所以金融安全是全面的问题,不单单是金融,它的破坏不仅仅是金融系统垮台,很可能会变成社会事件。

农村土地、产权制度的深化改革

（2017 年 4 月）

参会嘉宾（按姓氏笔画排序）：

方志权（上海市委农办研究室主任、市农委政策法规处处长）

许　庆（上海财经大学财经研究所教授）

许　明（《上海思想界》主编）

沈开艳（上海社会科学院经济研究所所长）

陈　维（上海社科院经济研究所研究员）

陈伯庚（华东师范大学商学院教授）

陈建华（上海社会科学院经济所政治经济研究室主任）

高　帆（复旦大学经济学院教授、经济学系常务副主任）

戴晓波（上海社会科学院房地产业研究中心主任）

沈开艳：各位专家，今天我跟许老师把各位请到这里，一起来讨论农村土地产权制度怎么样深化改革。这是非常重要和重大的一个话题。这个话题不仅跟我们每个人的切身利益相关，而且与国家的政治制度、经济制度都紧密联系在一起。

上次应许明老师的邀请，我参加了关于户籍制度改革话题的研讨，大家都谈了很多观点、看法和问题，也出了很多好的点子和思路，最后许多学者都觉得户籍制度是和土地制度改革、农村集体产权改革等紧密联系在一起的，二者相辅相成，需要进行联动改革。当时在座的各位学者也比较关注和感兴趣于农村土地制度和产权制度改革。于是，我就和许老师合作组织召开了今天的会议，把我们上海目前各路研究农村土地和产权问题的专家学者都请来了。政府部门我们邀请了上海市委农办研究室的方志权主任，他长期以来一直从事农村土地及集体产权制度改革的理论和实践研究，此外，我们上海的几路研究力量，如复旦、财大、上海社科院经济所、华师大等的相关学者今天都来一起讨论农村土地制度改革，我非常高兴。

我觉得今天的讨论不是去解释某一个政策，解释什么是农村土地和产权制度，或者对目前的农村土地和产权制度作一些表面的阐述，而是要实实在在地讨论问题，希望大家畅所欲言,心有所感、言之为快。

我们知道在 2016 年年底的时候国务院颁布了《关于稳步推进农村集体产权制度改革的意见》(以下简称《意见》),这个意见一出来即为农村集体产权制度改革的推进指明了方向,这个显然涉及现在农村的基本经营制度和我国的基本经济制度等一系列重大理论问题。进一步深化改革的意见出来以后,可能就是要涉及农村长远的、根本的、深刻的、制度性的创新和制度性的变革,就可能成为指导未来我国农村集体产权制度怎么改革的方向性文件。到 2018 年改革开放就是四十年了,农村经济发展成绩巨大。这四十年中国的体制改革和经济发展为什么能够持续高增长? 应该说,土地制度改革及其市场化在我们中国经济的高增长中扮演了一个非常重要的角色,甚至扮演着经济发动机的角色。

第一,我们首先承认了土地是商品,可以有偿使用,但是土地所有权是集体的。土地既然可以有偿使用,那么地方政府在拿到了土地之后,就可以高效、快速地进行规划设计,高效、快速地完成工业化、城市化的改造,这里的深层次原因是我们实现了农村的土地所有权和使用权的分离。当然,实际上我们也已经看到,到目前为止,这样一种以土地为发动机的高增长模式在给中国经济带来快速发展的同时,也带来了很多问题。比如说现在各地政府在主导发展权的方式方法方面没有太多的变化,还是依靠土地财政来拉动 GDP,用土地招商引资,搞基础设施建设,等等。再这样下去,我国的农村土地和农村经济发展会面临很多问题,特别是在农村的集体产权改革方面。我们说产权,它包括所有权、使用权、经营权、处置权、分配权等一系列的权利,也就是说产权是一个大概念,它是一组权利束。现在整个国家在农村土地和产权的改革发展方面,基本是遵循三权分置的方式推进的,也即把各种产权进行分解,按照我们的基本经济制度和当前农村发展的需求给予市场化改革,除了土地的所有权归集体之外,其他权利都可以实施改革。

第二,农村土地的经营权可以归农民,经营权再加上与其相关联的处置权、分配权等,这样一些重大的制度创新是一项管长远、管全局的重大创新。

今天我也是抛砖引玉地讲讲如何对土地这个资源性的产权进行深化改革。我们知道农村土地在《意见》中有三类,第一类是资源性资产,第二类是用于集体统一经营的经营性资产,第三类是用于非经营性的公共资产。现在我们国家对资源性资产的改革,也就是土地的改革主要是抓好土地的承包经营权,对非经营性资产主要是做好处置问题。我们知道,中国农村土地制度的改革和完善最早是从联产承包责任制开始的,从原来的"一大二公"人民公社制度转变到农民自主经营发展上。

当前,农村土地制度改革中存在的问题是农村土地流转试点方向对,但步子较小,理论阐释不够,效果不明显。原有的农村土地产权没有得到进一步改革完善和深化发展,可能还损害了一些农民的基本权益,特别是堵塞了资金向农业投资的渠道,也影响了市场机制在农业生产中决定性作用的发挥。这是制约我国下一步全面深化改革整体推进的一个重要方面。所以我们现在深化农村土地改革要做的事情就是将所有权、承包权、经营权三权分置,通过放活土地的经营权来平等地保护经营主体。

从我国的实践看,在保持土地公有制性质的同时,通过市场化运作如土地的有偿使用推动工业化和城市化的进一步发展,是我国基本经济制度和市场经济有机结合的成功典范。农村土地和产权改革是当前深化产权制度改革的重点。农村土地及产权改革也应着重在第二层次农民土地产权权利的实现上,坚持土地公有制不变的前提下,全面赋予承包权、流转权、继承权、收益权。未来几年,应以推进土地经营权改革为工作重点,特别是要建立符合现代化大生产与市场经济运作规律的土地经营权流转市场,以吸引社会资本进入农业产业,加快农村经济的市场化改革进程,比如建立农民关于土地承包经营问题的申述机制等,通过农地产权改革促进农村中产阶层的兴起。

当然,在下一步的发展中,我们还要考虑更多问题。比如,农村的三权分置会面临什么样的新问题新挑战? 三权分置对我国全面经济改革深化发展会起到什么样的作用,多大的作用? 如果没有农村土地产权的深化改革,我们的全面深化改革可能会遭遇什么样的障碍?

这是我对农村土地产权的一些简单思考,同时提出一些需要大家一起来讨论的问题,下面我们就请在座的各位专家谈谈对农村土地和产权制度问题的思考。

一、 农村土地制度深化改革的方向应是农村土地市场化

陈伯庚:农村土地要不要市场化? 能不能市场化? 如何市场化? 这一连串问题讳莫如深,谁也不敢触及,似乎是个禁区。在农村深化改革的过程中,遵循"解放思想,实事求是"的思想路线,现在应当是打破这个禁区的时候了。

(一)农村土地市场化是必由之路

农村土地具有三重特征:其一,土地是农村所有资源中的第一资源;其二,土地是

农业生产最重要的生产资料;其三,土地是农民最主要的家庭资产,用威廉·配第的话说:"土地是财富之母。"正确处理农民和土地之间的关系是农村深化改革的主线,而农村土地市场化又是农村土地制度深化改革的方向与核心。土地问题是经济问题,必须按经济规律办事,农村土地市场化是客观经济规律发挥作用的结果,是深化农村土地制度改革的必由之路。

1. 农村土地市场化是社会主义市场经济体制的客观要求

中国实行社会主义市场经济体制,就是利用市场机制调节社会资源配置的方式,概括地说,就是遵循价值规律,适应供求关系,体现竞争原则,由客观规律和市场机制调节经济运行。中国通过经济体制改革转轨到社会主义市场经济体制,目的就是把社会主义制度的优越性同市场经济配置资源的高效率结合起来,大大促进生产力的发展。

土地是农村最重要的社会资源,长期以来处于游离于市场经济之外,造成土地资源呆滞、产出很低、效益极差、究其根本原因,都是否定土地市场化之过。党的十八届三中全会通过的《中共中央关于全面深化改革若干重大问题的决定》指出,要充分发挥市场在资源配置中的决定性作用,其内涵当然包括土地资源在内,农村土地只有实行市场化,才能真正提高土地资源的配置效率,充分发挥土地的作用。所以,农村土地市场化是社会主义市场经济规律的客观要求。

2. 农村土地市场化是农村土地制度深化改革的必然趋势

20世纪80年代的农村改革是从农地家庭承包经营开始的,由此调动了农民的生产积极性,大大推动了农业生产发展,改善了农民的生活。但是,这个改革仅仅是土地经营方式的改革,进一步发展必然要触及土地资源配置效率问题。家庭承包经营毕竟是分散的小规模的个体经营,而要实行集中的规模化经营,必须使承包地合理流转,在市场经济条件下,土地流转的最佳途径必然是农村土地市场化,按市场价值给土地作价,根据等价交换原则进行市场交易,这是最公平的。目前,各地在土地规模化经营过程中,土地流转方式基本上是一对一谈判,缺乏法律保障,很不规范,使土地流转遇到了许多困难。农村土地制度深化改革,最终要走市场化道路。

3. 农村土地市场化是增加农民资产性收入的重要渠道

农民收入低,城乡收入差距大,一直是困扰"三农"问题的"短腿",也是实现全面小康的"短板"。实践已经证明,实行家庭联产承包经营责任制,小规模经营只能解决农民温饱问题,不能达到农民共同富裕,只有实行土地市场化、资本化、规模化经营,增加土地资产收入，才能使农民真正富起来。在中国，农村土地仅仅被当作非商品性的实物资源，集体所有的土地既不作价，又不量化到农户，所以农民的土地资产和资产性收益等于零。在经济统计上也从来未纳入统计范围。因此，首先必须肯定农村土地是一种特殊的商品，要合理估价，并通过股份合作制形式，股权量化到农户，明晰土地资产的权属。其次，必须实行市场化经营，使土地在流动中增值，实行土地资本化经营，由此可以大大增加土地资产性收入。

4. 农村土地市场化是城乡发展一体化的必然结果

城乡发展一体化要求城乡土地统一规划，统一土地使用制度。通过土地使用制度改革，城市国有土地使用权早已市场化，招标、拍卖使土地价值大大增值，为城市建设积累了大量资金。而农村土地至今仍非商品化，政府征收农村土地，采用的是非商品化补偿办法，而在农地变性为建设用地、集体土地变性为国有土地以后，则按市场化原则出让，增值的收益全部归地方政府所有。这种土地使用制度"双轨制"使农民的利益大大受损，同时又留下制度性空隙，给贪腐分子以可乘之机。城乡发展一体化要求土地使用制度也一体化，不但建设用地制度市场化，而且集体所有的农地经营权转移同样也必须市场化。

农村土地市场化是国际上所有市场经济国家的通例，中国既然实行社会主义市场经济体制，要充分发挥市场对土地资源配置的决定性作用，就必然要实行土地市场化，这是一条必由之路。

（二）消除农村土地市场化的几种思想障碍

农村土地市场化为什么迟迟不能启动，甚至连提都不敢提？主要存在几种思想障碍，迫切需要澄清和消除。

1. 农村土地市场化绝不等于土地私有化

一提农村土地市场化，便会有人把它同土地私有化联系起来，加以反对。其实这完全是一种误解。在社会主义市场经济体制下，土地是一种特殊商品，所谓土地市场化，就是确认土地是商品，是使用价值和价值的统一体，土地权益的流动必须按照等价交换的原则进行，以达到土地资源的最佳配置，提高土地产出率和使用效益。这种市场化，是在坚持土地集体所有制的前提下进行的，主要是指土地使用权市场化，正如城市国有土地使用权市场化以后，国有土地所有权的性质不变一样，农村土地集体所有制的性质也不变。而且农村土地市场化能提高土地资源配置效率，增加农民收入，更有利于巩固和发展集体经济。

2. 农村土地市场化决不会破坏家庭承包责任制

还有一种担心，认为土地市场化会破坏家庭联产承包责任制，以为土地通过市场化流动会瓦解土地承包制。其实，土地经营权的市场化，恰恰是突破原先那种土地呆滞、小规模经营、效益差的瓶颈，进一步完善和发展家庭联产承包责任制。

在最近召开的中央全面深化改革领导小组第二十七次会议指出：深化农村土地使用制度改革，实行所有权、承包权、经营权三权分置，是家庭承包责任制后，农村改革的又一大制度创新，是农村基本经济制度的自我完善。这一制度创新，为农村土地市场化奠定了制度基础。这就是说，在坚持土地的集体所有制和承包制的前提下，将土地经营权即土地使用权市场化流转，搞活经营权，将为土地规模化经营创造条件。

3. 农村土地市场化决不会影响18亿亩耕地红线

有人以为农村土地市场化，会使土地经营乱了套，使18亿亩耕地的红线难以保持。这种担心不是没有道理，如果不加节制地搞自由市场化，确有这种可能。市场通过价格机制、供求机制和竞争机制，可以使土地资源配置达到最优化。当然也应看到，市场调节也有盲目性、趋利性、分化性的一面，非农用地特别是建设用地收益要高得多，可能会带来负面影响，但是只要加强宏观调控和法制建设，这种不良后果是可以避免的，例如运用土地用途管制规定农业用地经营权市场化交易，必须保持农业用途的基本原则，严格审查经营者主体资格和动机，由此防止土地"非农化"、"非粮化"的不良行为。

从总体上说，农村土地市场化是在坚持土地集体所有制不变、坚持农村土地家庭承包制不变、坚持18亿亩耕地红线不变三原则的前提下进行的，可以消除上述各种顾虑。

（三）推行农村土地市场化的必要条件

实行农村土地市场化，必须具备一定的条件，这些条件主要是：

1. 土地产权主体明晰化

土地属于不动产，位置固定不能移动，土地商品的交易实质上是权属转移，所以，权利人产权主体必须十分明确清晰。在农村土地集体所有、农地承包经营的体制下，首先，土地的集体所有权主体必须是集体经济组织及其法人代表，目前多数地区集体经济组织缺失，土地产权归村委会所有，而村委会是农民的自治性行政组织，不能承担产权代表，硬要这样做，就必然造成以政代企的不合理现象，甚至为土地贪腐提供温床。因此，要明晰集体土地产权，必须尽快构建农村新型集体经济组织，明确经营主体。其次,土地产权主体必须独立化。集体经济必须有独立的经济组织,同时,要推行土地股份制,将股权量化到农户,土地承包权要进行确权登记并颁发土地承包权证,使土地承包户成为集体土地的二级法人,具有权利人资格,从而可以独立地承担法定权利义务,独立地进行土地经营权交易。

2. 土地价值显性化

土地作为商品是有价值和价格的,要使土地投入市场化交易,必须由市场形成价格。农村土地价格可分为土地所有权交易价格和土地使用权交易价格两种。问题在于在长期的计划经济体制下,土地仅仅被当作非商品性的实物资源,既不计算价值,也不可能形成土地价格,当然也就不能投入市场交换。农村土地市场化的一个重要条件就是要确认土地是商品,是使用价值和价值的统一体,可以通过中介机构评估其价值和价格,使之显性化。土地商品的一个重要特征是供给刚性,是稀缺资源,且不能再生,而社会对土地的需求则是无限的,所以,土地价格受需求拉动的影响特别大,从长期看土地有增值的趋势。同时,土地价格受土地的用途影响特别大,同样一宗土地用来种粮食和用来盖房子,效用大不相同,土地价格也大相径庭。这就是地方政府"土地财政"的真正来源,也是农村土地非市场化造成的农民土地财产损失。

3. 土地市场法制化

市场经济是法制经济,同样土地市场必须由法律来规范运行。首先,城乡土地要制定统一的市场化法律。城市国有土地使用权市场化和农村集体土地经营权市场化要处于平等地位,在法律面前一律平等,不能因为农村土地姓"农"就禁止市场化。为此,相关法律应加以修改和纠正。其次,集体建设用地与国有建设用地应当享有同等权利,平等对待。再次,农村土地交易行为必须规范化。按法律规定,集体土地所有权、农户承包经营权都要明确,确权登记发证,发生交易行为后要及时变更,保证权利人利益。市场是天生的"平等派",但也要靠法律来保证。

(四) 农村土地市场化的路径选择

农村土地市场化之路怎么走? 立足国情农情,必须走具有中国特色的农村土地市场化道路,具体途径可分为四个方面:

1. 农村土地所有权变性市场化

所谓"变性",一是指国家征收农村土地,所有制的性质由集体所有制转变为国家所有制;二是指土地用途的性质由农业用地转变为建设用地。这两种"变性"是在同一过程中完成的,土地用途变性是动因,而土地所有制变性是基础。虽然土地增值发生在土地用途改变上,但是土地所有权的转移,却使土地增值的收益落入了地方政府手中。按照非市场化征地补偿办法,集体土地所有者农民仅得到原先农业用地若干年的收益补偿,而土地增值的部分却无法享受。造成这种结果的根本原因是城乡土地制度"双轨制",城市国有土地使用权市场化,由市场形成价格,而农村集体土地非商品、非市场化,所以土地资产不表现为价值和价格,征地时可以被人为压低,农民必然吃亏。政府通过"土地价格剪刀差",积累了大量城市建设资金,而失去土地的农民则又一次被"剥夺"。究其原因就在于农村土地非市场化之过。所以,这不是增加点补偿费的改良办法能解决的,根本办法是要深化土地使用制度改革,实行农村土地市场化。国家征收农村土地,由集体所有制转变为国家所有制,由农业用地转变为建设用地,须按市场化原则作价,不仅要共享土地增值收益,而且要农民得大头,政府得小头,这就是实行农村土地所有权变性市场化的充足理由。

2. 农村土地经营权流转市场化

适应农业现代化、组织化、规模化经营的要求,农村土地流转已成必然趋势。目前最大的难点是土地流转中如何做到供求双方公平合理。世界各国的经验都证明,土地市场化,利用价格机制、供求机制和竞争机制调节是最为公平合理的。农村土地经营权市场化流转,实质上是承包地使用权转让,相当于城市国有土地使用权市场化出让,是完全合法合理的。而要使土地经营权市场化流转真正规范化,必须做到以下三点:一是要构建合格的市场主体。一方面要确认承包权权利人,即对承包的土地确权登记并发证,才有资格成为土地经营权出让者主体。另一方面,要确认土地经营者,即土地使用权人主体,必须明确限定农业用地的性质不能任意改变。只有明确供需双方合格的市场主体,才能使农村土地经营权市场化转让合理合法。二是要建立农村土地经营权流转交易市场中介机构,其功能是促进土地经营权交易,主要提供签订服务协议、流转信息发布公示、价格形成、流转合同签署及登记等服务,真正做到交易公开、公平、公正。三是土地经营权流转的方式以实行土地租赁制比较合适。土地租赁制的优点是:交易双方市场主体明确;租赁期限时间明晰;租赁合同规范,所以土地使用权租赁制能够长期流行下来。

3. 农村集体建设用地市场化

除了转性为国有建设用地之外,农村还有一大块自身的集体建设用地,包括乡镇的集体企业用地,民营企业用地,集体经营型房地产建设用地(如办公楼、商业设施用房、文娱体育设施、乡镇住房建设等)。农村集体建设用地的转让,过去基本仿效国有建设用地征收的补偿办法,也同样是极不合理的。今后也要进行市场化改革,将征收集体建设用地纳入市场化转让办法,使土地增值收益由建设单位与土地集体所有者农民共建共享。

4. 农民宅基地流转市场化

法律规定宅基地属于集体所有,但宅基地又有一定的特殊性,比较复杂。一是宅基地是长期来祖传下来的,农民当作自己的财产;二是宅基地的用途是用来建造农民自己的住宅的,带有建设用地的性质;三是宅基地的占有数量差别很大,经过几十年来的变迁,情况又比较复杂,原有的宅基地有的已建成了住房,有的将建未建,也有的是多余的宅基地。一方面是有的农户需要建房没有宅基地,而不需建房的却有多余的宅基地,这就产生了宅基地流转的必然性。宅基地流转实际上也是农民个人的建设用地使用权的交易,其价格应当比承包农地流转价格高得多,因而同样可以市场化,通过市场竞争形成宅基地使用权价格,公平合理地进行市场交易。

总之,农村土地虽然有一定特点,但并不影响其使用权和经营权可以市场化流转。市场化流转不但公平合理,而且促进土地资源高效率配置。所以,农村土地制度深化改革的方向应是农村土地市场化。

沈开艳:谢谢陈老师。陈老师八十多岁高龄来参加今天的会议精神可嘉。从陈老师的发言中,我们可以感受到他对农村土地问题的深刻思考,特别是他对土地问题、农村产权制度改革的观点我觉得非常与时俱进。比如,他谈到的农村集体产权要明晰化,土地的产权结构要股份化,以及土地的价格要市场化,等等,这些在国家颁布的深化农村产权制度改革的意见中都有涉及,陈老师提出的很多观点和看法与《意见》也是相一致的。实际上,从最早的人民公社这样一种土地制度改革方式到现在,我们在不断的探索和改革中,仍然可以看到农村土地还没有真正的改革到位,还有许多的问题,现在改革的最主要的一个方面就是农村的集体产权制度问题了。

二、 要使农村和农民的土地更具开放的姿态

陈　维:非常高兴参加这个会议,我就谈几个观点。

第一,土地问题在我们国内应该是一个非常重要也是基础性的问题,尤其土地是国家财富和国民财富的基础,实际上与我国现代化进程中的城市化、工业化、农业现代化都有非常密切的联系,土地制度的变更和完善,将促进资源更有效的配置和利

用。这一问题在我国非常敏感,难度很大。所以改革开放将近四十年,中央最近作出了一系列很大的政策性推进,连续出了三个关于农村土地和农村经济发展,特别是农村土地方面变革的政策,应该说都是改革开放以来最具解放农村生产力的大政策。但这应该是一个长期完善的过程。

如果不是从政治的角度,而是从土地的资源利用,土地的完整权限,从政治经济学的角度去考虑,我觉得还存在着一些需要认真对待的方面。

第一,完整的收益权与分割的收益权。我看到中央文件中非常强调要保障农民土地的收益权,但是在实际运作中,收益权体现最充分的仅仅是在农业的耕种,农民的耕种保证你的收益权。但是土地实际上是多样性的,土地参与了城市建设,这个收益权哪里去了?农民没有享受到。这个土地参与了工业化,比如说搞开发区,这个收益权哪里去了?所以我们强调的是更加完整的收益权。我们更加强调土地进入现代化进程的收益权,不是说全部,但是要体现它的收益性。因为现代化发展,无非就是农村现代化、城市化和工业化,在这个过程中,土地都参与了。这些土地有很多都是农村集体的。从现实情况来看,集体土地参与到城市化发展和工业化发展中的收益,极少部分农民能享受到,甚至是没有享受,还可能是被剥夺。所以为什么中国的土地问题这么尖锐?核心就是土地利益分配没有到位,没有一个可以相对公平合理分配土地收益的制度基础和制度保障。现在中央强调收益权,在各类文件中也强调,但是从理论的角度,从政策完善性的角度,我们对于收益权还是要作出更完善、更充分的解释,及政策上的保护。我觉得这是非常重要的。

第二,土地问题在中国确实是一个非常复杂,又是很实际的问题。土地制度与发展模式应该是一致的,所以中国的土地制度为什么是这样的模式,它与我们的发展模式是相关联的。简单来说,在政府主导下的发展模式中,土地一定是被垄断的;如果这个发展模式是市场主导的,政府对土地一定是保护的,要体现出土地的价值和价格,防止社会对土地资源的乱用,对土地资源的开发和利用按照市场规则来搞。但是在政府主导发展模式下,它希望这个土地价格是便宜的,政府可以运用自己的权力来大规模发展工业化、城市化,就很容易廉价地获取到土地资源。所以说到土地制度的完善性,我觉得从最深刻的因素来说,还是我们发展模式的问题。现在,政府逐渐地退出发展主导地位,让市场恢复在发展中的主导地位,我想随着真正市场制度机制的完善,我们的土地制度也会越来越完善。现在的土地制度不完善,正因为我们现在的市场经济并不是一种完全的市场运作,所以必须有土地制度配合才有这种效果出来。

就像雄安新区,就是要通过政府主导,在一个空白的画卷上打造出图画,这完全有可能。但是,从它的可持续性和可复制性来说,各地不可能都这么做。那么雄安模式就非常需要土地资源,就是政府来使用和配置。这是一个典型的例子。这种模式与这种土地制度是完全匹配的。所以不能把这两者分割开,这里面有一个中国模式的问题。这是在这种特殊发展模式下阶段性的土地制度的特征和功能。当然这种模式有很大的成就,同时也表现出很多的弊端。

第三,现在中央对农村土地作了很多的规定,特别是对集体所有制土地现在还是采取一种比较封闭的态度,现在是严控外来的资本进入土地,在一些文件解释中,甚至把外来资本称作是一种恶意的、侵害性的资本。就是说,产权的转让只能在这小集体里面转让,外部的资金要进入很难。但是我想既然作为一种商品,作为一种资源配置,肯定是流通的,肯定是开放的,无论是我们的农业组织,还是开展工业项目都需要外来的资本、外来的技术、外来的先进东西,才能从各个方面把农村搞起来,如果是封闭性的,靠目前的技术,农民自己搞自己的农业,自己搞自己的工业,搞多种经营,那么农村的发展水平永远是落后的。所以我觉得如果这个开放的话,那么就是真正的市场化了。所谓的开放,背后的基础就是市场化。如果农村集体的土地开放了,允许外来的资本进入,给予股份,进行合作,那么这个土地的定价基本上就超越了原来附属的性质,就带有真正市场化的性质和条件,就更加具有进行谈判的能力。不像现在说集体所有制是有清晰界限的,但是在实际做法上还是有区别的。但如果保持这种封闭的运作状态,那么土地的运作效率以及它在整个发展中发挥的效能肯定会受影响。所以要好好研究现在的集体土地无论是农业经营还是多种经营、工业经营,甚至是这种集体所有制土地有没有以参与者的形式进入到城市化和工业化发展领域中。

前几年我们去深圳开会,也讨论了土地问题。他们说准备进行土地方面的一些改革,但是也很谨慎。例如,我们探讨是否能允许农民以土地入股形式参与现代化进程,比如说搞开发区,农村土地以入股形式参与,土地折算成股份,开发区发展起来了,盈利了就按照股份比例来分。我说这个模式是可以探讨的,但是可能那个时候因为各种各样的政策,这个方面的尝试还是非常的艰难。我们当时在几个城市之间考虑农村的土地,怎样流转起来。比如说农民土地进入房地产市场,不一定就是以征地的模式,可以使用土地、以土地入股参与房地产开发的模式来进行,然后从土地开发中获利,这样农民就可以获得大大高于现在的收益,现在农民所获得的实质上也不是收益,是补偿款。

农村和农民的土地在目前的状况下只能是集体所有制形式,但是要考虑怎么样使它更具开放的姿态:一方面可以充分吸纳外来的各种各样的优势资源,加快农村集体的发展;另一方面如何使它能够顺畅地、合法地参与其他领域的现代化进程,并且同时要真正体现集体土地的价值和收益,这是我们要考虑的方向,既保持它的"集体"帽子,同时又使它具有商品主体的性质。

以上就是我的一些简单的想法。

沈开艳:陈维老师刚才说的很多观点我都同意的。比如他说到的第一个观点,农村的土地制度、产权制度是和中国的发展模式密切相关的,甚至这两者之间就是相辅相成、相互作用的,之所以有中国今天这样的经济发展模式是基于中国特殊的土地所有权制度而来的。中国的土地制度模式的特殊性是土地的所有制,也即所有权是归集体或者是归国家的。但与此同时,我国又在走市场化改革的道路,也就是说土地作为一种特殊的商品、特殊的资源,也必须由市场来配置、来定价、来交换,但是目前土地商品的市场化与其他商品是不一样的。正是因为土地的公有制和土地市场化的结合才催生了中国持续三十多年的经济高速度发展,造就了独特的中国发展道路。

另外一点,陈维老师刚才讲到了完整的收益权和分割的收益权概念。现在农民可能获得的比较完整的收益权是在农田方面,而附着于土地上的一些经营性的资产的收益权到底是不是完整? 这个还存有疑问。大概是2016年的11月,在国家出台的一个农村集体产权制度改革的意见中,已经有了一个非常明确的表述,把农村的集体资产分成三类:一类是集体所有的资源性产权,也就是农地;第二类是集体统一经营的经营性资产,这个经营性资产包括集体企业、开发区的厂房、设备、机器,等等;第三类是用于公共服务的非经营性资产,比如农村道路和公共设施,等等。现在按照国家颁发的这一文件,对于资源性资产,也就是农地,主要还是继续抓好土地的承包经营权的确权登记。国内许多地方已经展开了,前面讨论的时候我们还谈到了这种确权的方式是以现在的人口为准还是以过去的人口为准,土地是不是随着人口变动而变动,还是说一旦确权以后就不再作变动,等等。经营性的资产现在要做的就是清产核资,确认全员身份,搞好量化方面的工作,这个方面现在国家对于外来资本的进入是严格控制的,严防外来资本侵入,目的是保护农民的利益。这样一看是不是就是说我们现在鼓励外来资本到农村,主要还是在农地经营方面,而不是经营性资产,经营性资产对外部资本放开的话,可能没有办法控制得住,农民的利益就没有办法得到保护。我觉得国家就是出于保障、保护农民的利益,防止外来资本进入的考虑来制定政策的。除了外来资本的进入这方面,还有经营性资产如果清产核资,国家要做的就是刚才陈维老师说的如何从分割的收益权变成一个完整的收益权,收益权是不是可以全部给农民。

陈　维:我说的是土地被纳入城市化和工业化发展进程以后把农民甩下去了,这个收益不归你,但是这个收益到哪里去了? 农村集体财产的收益权体现在哪里?

沈开艳:除非土地变性,比如说被国家征用以后变成国有的。这个问题我们也可以作一些交流互动。

许　明:你刚才说的参与的思想我觉得很有亮点,就是农民土地参与现代化进程。我是学科以外的观察者,从政府层面考虑,这样的参与有什么困难? 政策上、观念上、执行上有一个前提,即土地必须是农民的。

陈　维:现在处于征收的状况,农民的土地权限是有限的。

许　明:但是实际上也不能把土地完全由农民持有。

陈　维:由农民完全持有也有问题,可能会因此导致整个现代化发展进程没有办法推进,因为城市要发展,工业要发展,土地要价必然会很高。这个在中国是作为一种优势来说的,你看人家的发展多慢,土地利用的阻碍很多,而我们发展得多快。我们现在也要从另一面来反思,这种做法有没有同时认真考虑到农民的合理土地权利和收益。

三、 农村改革实践要防止犯颠覆性错误

方志权:既然是讨论,我也谈谈个人的想法,不一定对。我不是从理论方面来谈的。我谈谈实践过程是如何推进的,谈一下感受。我从一个经历者的角度来说,今天讨论的题目实际上涉及农村土地制度改革以及集体产权制度改革,希望大家要注意一下,我是把这个题目分开来的,一个是农村土地制度改革,还有一个是农村集体产权制度改革。我看一些专家都把农地和非农地、土地制度改革和产权制度改革的很多概念混在一起谈。在今天的研讨会上,我想谈三层意思。

第一,农村改革一定要把握方向,一定要在实践过程中防止犯颠覆性的错误。一旦产生犯颠覆性的错误再想去改就是很难的了,不像一般其他的小改革。因为大家都知道,我们的实践是中国特色的,我们的理论经验拿到日本和美国去交流,他们觉得像听天书一样,他们说我们的实践和理论是独特的,是小众的东西。但事实上,我

们中国特色社会主义理论和实践是很有意思的,所以,如果要研究中国的农村集体产权制度理论,研究农村土地制度改革,一定要把握好方向。推进中国整个农村改革,是以 2016 年 4 月 25 日习近平总书记在安徽小岗村农村改革座谈会上的讲话精神为根本。有几个"三","三个坚定不移",第一是坚定不移深化农村改革,很多农村当中的问题一定要改革,大家说的只有改革才能发展。第二是坚定不移地加快农村发展,不发展不行,改革好了以后还要发展。第三是坚定不移地维护农村和谐稳定。还有就是"三条底线"很明确,第一是坚守土地公有制性质不改变,第二是耕地红线不突破,第三是农民利益不受损。整个改革中,农村改革最完整的制度设计,是十七届三中全会,所有的农村改革是六项制度改革,有土地改革制度,有农村集体产权制度改革,有城乡发展一体化改革,等等,一共有六项改革。我们今天讨论的相关内容,一块是农村土地制度改革,一块是农村产权制度改革,这个要分开来,不要放在一起谈。

土地制度改革又分成三个制度。第一个是农村三块地的改革;第二个是农村承包地的三权分置理论;第三个就是耕地保护补偿制度。这三块东西支撑了土地制度改革。

先谈谈三块地试点改革问题:

第一块地就是征地。全国批准搞了 33 个试点,有 3 个是搞征地改革的,大家可以看到要把我们的征地范围尽可能压缩。为什么压缩? 以往很多地方都是靠土地财政,农民能拿每亩 3 万—5 万元的土地补偿费已经很好了,而现在每亩土地的出让价格都是一千万元左右,所以大家反应比较强烈的是这个问题。对应这个问题,将来要缩小它的征地范围,规范征地程序,还要完善它的增值分层收益分配机制。

第二块地是集体经营性建设用地,就是将来要让集体经济组织的成员同利同权,这里面也有很多值得研究的地方。

第三块地是宅基地,我们现在的价格差得太大。上海曾经也想搞这方面的探索,但是就是因为价格差很大,大家都盯着上海,所以我们都在不同的场合强调,上海对宅基地的改革试点要谨慎,暂时不要试。为什么? 我们试的一些东西拿到全国是推不开的。以上主要是指农村三块地的土地制度改革试点。

第二个就是三权分置,也就是承包地,就是要种粮食的这块土地。现在相关的文件已经发了,已经在改革。对外来社会资本,2017 年和 2016 年的中央一号文件都提出吸引一些外来的资本做农业产业融合发展,就是让它延伸产业。

农村承包地经营权制度中,就是"三权分置"理论。现在我们农经理论界、实际操作部门，与法学界的意见是不一致、不统一的。特别是法学界很有疑虑，承包经营权是用益物权，你把承包权和经营权分开以后又要搞抵押担保，法理上弄不明白，搞不清楚。但是在农经界，特别是实际操作部门就认为这个很好，操作性强，解决了农业现代化发展的大问题。承包地权属"四至"要确清楚，确权好以后把证书发给大家，落实集体所有权以后稳定农户承包权。不然，在上海，搞单个农户人均一亩三分田还行吗？不行的。因此，发展农业现代化就要搞农业适度规模经营，农户将承包权集中委托给集体经济组织，不是村委会，集体经济组织统一发包给有能力的、懂经营、会管理的本地农民（像松江家庭农场主），让他们经营。先让本地农民经营，若干年后的未来可以放开，现阶段我们认为先让郊区本地人当家庭农场主进行经营为妥。

陈　维：现在卡得很紧的。

方志权：现阶段是这样的，本地人可以解决的问题何必要让外来人解决呢？外来资本，大家要了解承包地这一块是允许有条件进来的，只要它有效促进三大产业融合发展的，就可以进来。

所谓的农村土地制度是将三块有机地整合起来，既有三块地的改革试点，又有承包地的"三权分置"，还有耕地保护补偿制度。第三项制度就是整个耕地的保护和补偿制度，这里面还涉及农地农用、农地规划、基本农田保护、干部的离任审计考核，是一套完整的制度。所谓的农村土地制度是三大制度支撑了整个制度。这是我讲的第一层意思。

第二，我们的农村土地制度也好，农村集体产权制度也好，方向都是市场化的，很明晰，但是整个阶段是螺旋形上升的。未来，我觉得完全可以认准这个方向，慢慢地做，扎实地做。中国的情况太复杂，即便是上海的各个区也都不一样，所以我认为方向是市场化的，但是有一个渐进的过程。大家去看最近的两个文件，一个是中共中央、国务院《关于完善产权保护制度依法保护产权的意见》，第二个文件是 2016 年 12 月 26 日印发的中共中央、国务院《关于稳步推进农村集体产权制度改革的意见》。这两个文件实际上是相呼应的，但在相关的表述方面，产权保护与农村集体产权制度改革的十六个字目标的提法与次序都是不一样的。对一般的产权，它叫做归属清晰、权责明确、保护严格、流转顺畅。因为对一般的商品也好，权属很明晰，因此最后一个是面向市场化的流转顺畅。但是农村集体产权制度改革就不一样，也是十六个字，第一、第二是归属清晰、权能完整，实际上就是刚才大家说的农村集体产权是不完整权益的东西，第三个是流转顺畅，第四个是保护严格。所以我说可以用以下两个比喻，一个是放风筝的法理,一个是母鸡下蛋的理论。大家如果深刻研究相关理论的话,就要明白农村的集体资产权能是不完整的,最后的落脚点还是要严格保护。

第三,农村集体产权制度改革实际上是最有中国特色的探索与实践,我认为在将来的改革中将发挥很大的作用。

农村集体产权制度改革,在理论上有了一个新的探索与实践,也就是刚才说的,大家去学习中央的文件。我个人认为,体现了"四个两"。

两个适应,适应市场化,适应城乡发展一体化。

两个防止,防止集体经济由内部少数人侵占并非法处置,将集体资产改弱了,改小了,改垮了;防止农村集体经济被外部资本侵吞并非法控制,将农民权益改虚了,改少了,改没了。

两个促进,促进集体经济发展,集体经济一定要壮大;促进农民收入持续增长,让农民的腰包鼓起来。

两个确保,确保农民的收益保值增值,确保不损害农民的利益。

农村集体产权制度改革现在有很多理论没有搞清楚,原来曾经也说过要将农村集体资产由共同共有变成按份共有的改革,实际上这句话是有问题的。为什么?因为不能把集体资产加以分割,按份共有是可以分割的。因此,在理论方面是一个"总有"的概念。这个概念最早来源于德国。我们所说的改革不是说改革之后把资产分光用光,而是要把改革获得的收益可以分红,也就是鸡下的蛋可以分,这就是我们讲的母鸡理论,产权制度改革不是杀鸡取卵,而是养鸡下蛋。杀鸡取卵之后整个农村集体经济就垮了,就没有了。农村集体经济有四个性质:社区性、合作性、排他性、多功能性。这样一来就形成了母鸡理论。还有一个是放风筝的法理,风筝飞得再高,要有一根线牵着。还有不太准确的比喻,就有点像给小朋友的压岁钱,压岁钱是小朋友的,但是家长要管。这个理论,如果放在西方经济学,是不太好理解的。再比如农村集体产权制度改革总的框架是按照股份合作制改革,既不是股份制,也不是合作制,而是股份合作制。

我个人认为在所有的改革实践中,都要认真梳理清晰,瓶颈在哪里,问题在哪里,逐步解决。农村改革,总的框架和路线图已经确定,但是这个过程是很艰辛的,需要不断探索实践。每个地方的实际情况不一样,不能"一刀切",可以不断进行摸索。

沈开艳:刚才几位老师谈的我觉得是既定前提,在土地公有制这个既定前提下如何进行三权分置改革。文贯中老师的研讨是我们不把土地公有制作为一个前提(详见《上海思想界》2017 年 1—2 月刊），土地所有制这个话题本身能不能谈？也就是刚才说的老母鸡理论，你说老母鸡是集体的，老母鸡拿到家里养，下的蛋多一点收益权归我，这个老母鸡是不能动的，但文老师的意思是这个老母鸡能不能拿到市场上交换。刚才方老师说的，我理解是不能拿到市场上交换，交换的话就是杀鸡取卵。

方志权：农村土地承包制和集体产权制度改革应该分开研究，是两个概念。农村集体产权制度改革当前的改革重点主要是指经营性资产，母鸡理论用在经营性资产的股份产权制度改革方面，不用在承包地方面。经营性资产和承包地是两个不同的对象。

所以我刚才发言的第一层意思是整个土地制度改革，一个是三块地改革，一个是农村承包经营的基本制度，还有一个是耕地保护制度。然后，农村集体产权制度改革是另外一个层面的改革，当前对应的是经营性资产的股份改革。

沈开艳：回到土地本身，这个是集体所有权。

方志权：这个不能用母鸡理论。

沈开艳：这个所有权本身能不能谈？对于国家来说肯定是不能谈的，农村土地的集体所有制性质不变是我们的底线。

方志权：这个讨论应该分开，一个是土地制度，一个是产权制度，是两个不同的制度改革。

四、 中国农村土地制度改革需要社会化、行政化、市场化相结合

戴晓波：第一个是概念，土地具有资源、资产和资本三重属性。第一层面是资源，中国城市土地是国有资源，农村土地是集体资源，这个概念很清楚；第二层面是资产，这个层面比较复杂。农村现在三权分置，其中的土地承包权就是用益物权（相当于30 年的批租权）。但是农经界认为土地承包权不能抵押，这权属只是农民的经营承包权，不是一个资产权。第三层面是产权，包括股权和租赁权等，租赁权基于承包权，所以要确权登记，一旦租赁以后流转以后再叠加了一个产权，但是公司资本不能进去，合作资本和个体资本可以进去，在这个层面我们称之为资本。

第二个是认识，农村有没有房地产。带着城市房地产的观点去研究，发现农村因为农村集体土地和农民宅基地没有确权和市场流转，因此没有农村房地产的概念。今天，农村土地解决三件事很重要，首先是土地自有化，通过确权，农民已经拥有了土

地承包权。其次是农村土地是否可以出村出镇流转,之后农民是否可以改变身份,如果土地不能流转等于是没有自有化。再次是投资下乡后有没有权益? 我认为主要的权益就是资产权,比如是否可以去拿银行抵押贷款? 是否可以把农田整理以后再出让? 现在无论买或租,你都不能在银行中抵押。因此投资人就算账,20 年可以收回投资的就可以下乡,收不下来就不下乡,因为投资的收益拿不到永久性的。这就是房地产权益关系不清晰的问题。

上海的住房子制度改革和房地产市场的建立,就是土地批租、购买自住房和市场流通以及建立住房金融机构,在土地制度、住房市场和住房金融三个方面联动突破的。

许 明: 你说的上海房地产改革三条都兑现了吗?

戴晓波: 都兑现了。第一个土地批租,第二个住房自有化,第三个就是公积金制度建立。

许 明: 按照这个思路怎么解决?

戴晓波: 现在投资人不敢下乡,为什么? 有很多的案例可以说明,老板赚了钱租赁农民的房子做了个民宿,然后农民毁约要求收回自住,打官司赢了,物权法的物权高于合同法的租赁权,房屋由农民收回。老板再打官司告农民归还投资人的装修费和损失,官司也赢了,但是农民还不出钱。这种问题比比皆是。

第三个是思路,解决农村问题的思路就是土地、资产流通、资金需要协同突破。首先要解决农村农田、农民宅基地和农村集体建设用地等三块地使用问题,现在已经开始确权和登记,基础可以。其次要解决土地三权分置问题,也就是资源、资产、资本等三资问题,其核心就是资产市场。中央三权分置意见出来后,还在统一思想和实践探索,需要在承包权是用益物权上加以突破。再次就是在农村中建立农民的资产账户。账户上有土地没钱,有钱没土地。现在农民有资产,没有钱,有了钱就没有资产,不能说又要资产又要钱,你的收益权和资本权是叠加在一起的。所以第三个环节要解决流转中钱的问题,还要解决土地的根本权益中收益权变现的问题。

我非常同意一个观点,我们既不能完全市场化,也不能完全行政化。

第四个是建议,分区域推进投资下乡。实际上投资下乡在中国的中部地区有点问题,但是在中国的东部和西部地区资本下乡已经非常成熟。这里有三个条件,东部地区靠近城市化地区,完全可以按照城市化去做,城乡一体化之后,大城市周边就是往城市化靠,消除二元结构。我这次去了宁夏、新疆建设兵团,他们的千亩地都是在戈壁滩造出来的,一个大企业足以把一个小镇养起来,所以西部这种地方就是集约化、规模化,建设兵团就是一个例子。但是,中国中部的丘陵地带,你会发现不能这样干,这个要按照中国过去的东西一步一步走过来,比如说农村自组织、小镇之类的。

陈　维:特色小镇可能是中国农村发展的一个重要方向和途径。

戴晓波:但是一定要全域,而不是镇区,现在成功的只有镇区,没有全域。

许　明:文贯中教授他们的主张也是基于这样的问题。要投资到特色小镇,但是我投的主体没有权利,小产权可以改变,土地可以改变,在这样的情况下怎么改? 所以他们就提出自有化。对此你怎么解决?

戴晓波:核心问题是投资是否可以下乡? 是否愿意下乡? 现在政府对这个是严格限制,投资者也在观望,农民是无奈。

许　明:最终农民对自己的土地和资产没有权利处置的话,就无法保护,农民没有权益,有资产没有钱,没用。

戴晓波:政府现在不敢转,也不愿意转,所以这就是为什么有一代农民工、二代农民工在代代相传。

因此,在农村土地制度改革中,需要社会化、行政化、市场化结合。政府主要有两件事,一个是监管,另一个是前期起到引导作用。企业需要大胆地试、大胆地闯,农村社会需要转变观念,提高文化和经济素养,接受外来新鲜事物。

五、 对中国的农村土地产权制度应放在整体背景下理解

高　帆:非常高兴今天参加这么重要、这么开放的讨论会。听了前面几位专家的发言很有感触,我觉得讨论农村土地产权问题实际上有三个很重要的维度。围绕这三个维度讲三点看法。

第一,在中国理解土地产权制度问题实际上是有一组前置条件的。这里面的第一个重要前置判断就是农村土地产权制度不是唯一地取决于土地配置效率目标,它实际上在中国长期以来承担着发展战略支撑基点的角色,这是讨论土地产权制度很重要的一个前置条件。比如说1949—1953年中国实施土地改革,我们赋予农民非常完整的土地产权,从所有权到使用权、处置权和收益权,这体现出对"耕者有其田"这个承诺的回应。到了1953—1978年我国实施人民公社制,农村集体拥有一个非常完整的土地产权,那是因为我们要支撑整个中国的重工业优先发展战略,为农业剩余转

为工业发展的资本来源提供制度支持。1978年以后，家庭联产承包责任制取代人民公社制，以此解放和发展农村生产力，实际上我们是在为整个改革开放战略奠定稳定的农村经济社会基础。伴随着改革开放的深入推进，土地产权制度与土地配置效率之间的对应关系在增强，但这种增强受到多种因素的影响，因此增强过程是渐进的，农村土地产权制度事实上承担着超越土地资源配置的多元功能。比如说，它在许多农村地区承担着农民部分社会保障的功能，比如说，对于许多地方政府而言，在财权事权不匹配格局下衍生出对"土地财政"的依赖。概言之，立足整体和宏观背景是我们讨论土地产权制度中需要厘清的第一个前置判断。

第二个前置判断，在中国我们今天看待农村的土地产权制度，要清楚这个土地实际上不是一个同质化的概念，它是有结构属性的，而且不同类型土地之间在制度安排、定价方式等方面往往具有某种"溢出效应"。我们现在农村土地至少有两种类型：农用地和农村建设用地。农村建设用地又分为两种类型：经营性建设用地和非经营性建设用地，尤其是，宅基地是非经营性建设用地的重要组成部分。建设用地又分为两种类型：一种是转向城市用地并变成国有用地的土地，还有一种是没有转向城市用地、土地所有属性还是农村集体的土地，转向城市的土地按照用途又可区分为居住用地、工业用地、商业服务业设施用地等不同类型。

显然，我们可以看到农村的土地实际上是一个非常复杂的系统，这个复杂系统的区分基准无非是两个：要么是按照用途区分，要么就是按照所有制区分。在这个复杂系统中往往不同土地类型之间有"溢出效应"，尤其是，现在农民对耕地往往是拿宅基地的权利性质来作类比。另外，地理上非常靠近的两块农村土地，农村居民对没有转让的农用地往往拿转让出去的城市用地作类比，其将后者的定价水平视为自身土地的"影子价格"。所以我觉得这是在中国讨论土地问题的一个有趣的现象。尽管存在上述关联，但不同土地之间的用途和所有制属性仍存在差别，这就导致我们在理解今天研讨主题的时候，需要对农村土地的概念进行界定，我们到底是在讨论农村复杂土地系统中间的什么土地。就个人理解而言，我觉得今天这个主题比较集中讨论的是农用地，尤其是耕地。这就是我要强调的讨论土地产权结构问题的第二个前置判断，要注意它的结构属性。

第三个前置判断，在中国讨论农村土地产权制度，一定要看到产权主体是有嵌套性质的，这就意味着新制度经济学的产权理论跟中国的土地产权制度存在差异。现在我们稍微回忆一下新制度经济学的产权理论，这一理论强调：第一，产权界定对资源配置是至关重要的,产权界定应该明晰;第二,产权是可以细分,它可以分解成一组或一束权利,从所有权、使用权,到处置权、收益权,在这些细分权利中所有权是决定性的,所有权是派生出使用权等其他权利的基础;第三,不同的细分权利所对应的主体是相对清楚的,所有权、使用权等不同细分权利可以由不同的主体行使,这时候就有一个不同细分权利及其权利主体相互组合的产权结构安排。但是,现在我们把这种理论拿到中国,发现存在着某些不一致。道理很简单,现在我们看改革开放之后的家庭联产承包责任制,土地集体所有权中的"集体"和农户承包经营权中的"农户"是相互交叉的。在一个给定的农村社区中,正是若干个"农户"加总成"集体",分散的"农户"从作为所有权主体的"农户集体"那里获得土地承包经营权,这种权利往往是因为农户是集体成员这种属性而形成的,还有一个很重要、也很独特的格局。

事实上,我国的农村土地除了集体和农户的嵌套,还涉及国家和集体的嵌套。作为农村土地所有者的集体,其具体指向往往是由国家政策法规来界定,在经济社会实践中,"村两委"往往成为事实上的土地所有权中"集体"的代表,考虑到"村两委"的行政机构特征,它们不是仅仅因为土地产权安排而生成的经济机构,由此集体在行使土地所有权时,政府容易依据自上而下的行政序列形成较为显著的介入属性。显然,我国农村土地产权中存在着两重嵌套:国家和集体的嵌套、集体和农户的嵌套。这种嵌套就导致如果我们用产权理论直接理解中国,其往往存在着本土化、依据真实世界改进的需要。例如:在家庭联产承包责任制下,所有权—承包经营权的分离是特殊的,它不是发生在两个对等的初始无关的主体之间,而是存在着个体和总和之间的交叉关系。正是因为农户和集体之间存在着嵌套,在中国我们就不能天然地认为所有权必定高于承包经营权,因为在给定社区中,分散的农户正是形成集体的组成部分,所有权和其他权利之间的结构关系发生了重大变化。

概括起来,在理解中国农村土地产权制度中,应该明确:土地产权制度不唯一对应土地资源配置属性,它需要放置在更宏大的整体经济和社会发展视野中进行考察。作为土地产权制度考察对象的土地概念有结构属性,我们在理解农村土地产权制度时应对其土地对象有明确界定。在中国,农村土地产权细分权利的主体之间实际上具有嵌套属性,所以利用产权理论来分析我国农村土地产权问题时应注意其中的差别。这是我想强调的第一个维度。

第二个维度:如果说前面这三个前置判断是站得住脚的,我们今天如何理解农村土地"三权分置"的实施逻辑? 三权分置现在被看成是我们中国农用地产权改革的基本方向。那么,我们应如何看待这个方向的选择以及在这个方向下面临的挑战?

我觉得我们现在之所以做三权分置,是因为在当前我国的经济社会中间出现了如下几个重要的阶段特征:

第一,现在出现了农村劳动力和人口的快速化流动。2016 年年底中国农民工数量已经达到了 2.817 亿人,其中本地就业的大概是 1.124 亿人,外出就业的有 1.693 亿人,这么庞大的规模导致了农民和农村社区之间的关系开始重构,农民和农村社区之间的关系不再是固定的、紧密捆绑式的,农民群体也开始出现了一个非常明显的分化:留守农村、专注于农业经营的农民和选择外出、从事非农化职业的农民。

第二,农民的收入结构也发生了变化,尤其是农民对于家庭经营性收入的依赖在不断下降。这里有一个数字,1983—2013 年我国农民人均纯收入中,家庭经营性收入的占比从 73.50% 降到了 42.64%。从 2013 年以后,工资性收入取代了家庭经营性收入,变成了农民人均纯收入中的首要来源。所以这就意味着农村土地的配置,尤其是在农业领域中的配置跟农民收入之间的连接关系在弱化,这又是一个新的特点。

第三,现在我们农业的市场需求结构发生了变化,因为现阶段中国整体上处在一个工业化中后期、且服务业趋向非常显著的经济阶段。2012 年我国第三产业占整体GDP 总量的比重提高至 45.3%,该比重首次超过第二产业占比并延续至今,随着时间推移,第三产业占比领先第一产业、第二产业占比的程度在持续扩大,这意味着我国经济在经历工业部门快速发展之后开始步入服务业化的新阶段。就效应来看,中国的服务业化发展格局对农业的影响非常大,尤其是现在我们需要的农业不是一个单纯数量增长的问题,也是一个农业服务化功能增强和差别化农业发展的问题。这也是一个新的变化。

第四,也就是刚才几位专家提到的,正是因为农民的收入结构改变了,农民分化特征凸显了,农业的需求结构变化了,所以农业需要引入新的要素。它已经不再像早期农村家庭那样依靠经验、依靠劳动力要素的密集投入,现在必须要有内外部的、更具有市场瞄准性质的经营主体,我们现在经常用的一个词是"新农人",就是农民的主体需要重塑,农业的技术供给需要重塑,农业的资本来源需要重塑,因为这些都是新阶段的特征派生出来的结果。

容易看出,今天农地产权制度发生变革导源于特定的背景,它因为当前农业的阶段性特征发生了明显变化:农民群体的分化,农民收入结构的转化,整个农业需求结构的变动,外部因素向农业的引入需求持续增强。

现在的问题是怎么来回应这些变化？农村土地的三权分置就是回应变化的一个选择。我们试图在不改变集体所有制的背景下,通过土地承包经营权的分解、再配置以及农民微观经营主体选择空间的扩大来进行回应。这就是我们大概想做的事。

但是在做这个事的过程中,设计和实践并不完全统一,这里面实际上有许多的挑战或者是值得进一步思考的问题。

第一,我们拿三权分置中的集体所有权来说,集体所有权现在最大的表现有两个:一个是土地性质的变更权,还有一个土地利用的监督权,我们今天讲土地流转中有一个土地用途不改变,谁来监督？集体。所以我认为集体所有权主要是指这两种权。但是这里面有一个问题就是集体是谁？早期在人民公社的时候很清晰,但是在人民公社制转向家庭联产承包责任制以后就发生改变了,我们的集体在经济社会实践中变成“村两委”。这就面临一个问题:“村两委”主要是一个行政性的组织,行政性的组织如何承担具有经济性的土地所有权的行使主体？这个问题没有解决,这就是我们现在面临的最实质的问题。也就是现在农民是在特定社区中是依靠农户加和形成集体的,那么分散的农户怎么行使其加和后的集体所有权。举一个极端的例子,在规范意义上的集体所有权,集体成员如果不能实现收益,他可以选择退出,但是现在没有这种权利。此外,现有权利安排还导致了一个结果,由于集体所有权在实践中通常由“村两委”所行使,那么政府就可以通过行政序列对土地要素配置进行介入。所以坚持土地集体所有权一定要理解集体的概念,如何理解集体成员与集体的关系,以及政府力量对集体决策的影响。我觉得这个问题是第一个权利即土地所有权中的问题。

第二个权利就是稳定农户的承包权,实际上就是农村耕地在某一段时间内的承包权。承包权的权利范围包括占有权,比如说农民承包地位维持权,还有一个是收益权,包括分离对价请求权,还有征收补偿权、有偿退出权,还有农户基于成员身份而拥有的继承权。这个权利的主体是集体内部的成员,以农户或农民家庭为基本单位。这里面临的挑战在哪里？最大的挑战就是这个承包权到底有哪些权利？因为这个权利现在是动态变化的。举一个例子,以前农民承包土地之后是不允许流转,现在农户承包土地之后可以在不改变农业用途的情况下流转。现在除了流转方式包括出让、互换、出租等,政府文件在罗列流转方式后用了一个字就是“等”字。这里的“等”是什么意思？是上面这些权利的总结还是还有未罗列完毕的权利？另外就是行使期限。现在有一个重要的政策文本的变化,早期叫土地“承包关系长期不变”,现在叫

"承包关系长久不变",长久不变的具体内涵是什么?

国务院批转《关于2015年深化经济体制改革重点工作的意见》,提出研究落实土地承包关系长久不变的意见。目前具体的政策方案还没有公开发布。

第三,放活土地经营权,我们现在对这个寄予厚望,希望依靠这个制度安排使土地的配置效应尽可能提高。土地经营权是土地承包权让渡以后的一种土地的实际使用权或者是耕作权,它包括了土地让渡后经营者的占有权、经营者自由耕作的使用权、经营收益权、土地经营权入股或抵押等处置权。这个权利是谁在行使?除了土地承包权和经营权统一行使的农户之外,就是我们非常希望的"新农人",也就是我们今天说的专业农户、家庭农场、专业合作经济组织,等等。但是这里面临最大的问题是经营权是依附于承包权和所有权的,如果所有权、承包权的权利边界、期限是不稳定的,那么经营权也就不稳定,这会影响其他的引入以及土地要素配置效率的提高。另外,我们的政策文件中是把土地租赁权和抵押权都是赋予经营权的,但是现在有一个很大的问题就是经营权有所有权、承包权等上位权,那些权利如何和经营权的抵押、租赁等功能之间形成组合关系。比如说我经营这块地,利用经营权抵押了以后如果发生经营亏损,那么因为抵押导致的兑付会不会侵害所有权和承包权,如何在激励经营者的土地配置和维护其他权利主体利益之间找寻平衡,这就是问题。从土地有效配置的角度看,最大的一个问题是经营权具有依附属性,这个依附属性和稳定预期以及物权的诉求之别有冲突。

所以我觉得三权分置的方向比较明确,但是每一种权利背后都有问题。更不要说现在还有一个权利叫做土地承包经营权。现在法律文本中有对土地承包经营权的界定,没有对承包权和经营权的界定。土地承包经营权是农户对耕地某时段的承包和经营权,它包括占有权、使用权、收益权和随时段变动的处置权。按照现有的政策文本,土地承包经营权实际上是一个用益物权,用益物权不是一个完整的物权,其权利主要体现为使用和收益,而且现在土地承包经营权权利的边界也不清楚,就像我刚才说的范围在哪里、期限在哪里也不是能够形成稳定预期。所以我们现在做三权分置这样的制度安排,从土地承包经营权到分解的承包权和经营权,我们主要的目的是要放大一个农户的选择空间,你可以完整地行使土地承包权,也可以部分行使承包权,但是把经营权让渡出去,然后让外部的这些要素进来,提高土地要素的配置效率以适应经济社会背景的变化。

许　明:你刚才提到了一点,即投资的经营者在盈利的情况下可以顺利地履行合同,但是如果亏损,在经营不顺利的情况下物权对土地进行抵押或者抵偿,遇到这时经营权就是有问题的。

高　帆:主要的问题是经营权导源于所有权和承包权,抵押这个行为不单单涉及经营者自身,还涉及所有权和承包权的权利主体,这是一个多元利益相关者的问题。

许　明:如果经营失败,土地又没有办法抵押和补偿,那就卷铺盖走人。

高　帆:是的,如果不赋予土地经营权较为充分的权利,经营者的投资动机就会受到影响,比较好的安排是将抵押权等赋予承包农户,农户是否在流转土地时向经营者让渡抵押权,取决于交易双方的意思一致和契约。实际上我们在制度设计中对土地承包权和经营权是可逆的,我现在可以分解,也可以不分解,或者说一段时间分解,一段时间合并土地承包权,理论上是想这么做的。在实践中遇到的挑战就是在法律规定中作为用益物权的土地承包经营权,和经济性与物权化诉求显著的承包权、经营权不一致,这个缺口状态一直存在。这个缺口存在的话,就导致三权分置的效果到底怎么样还有待观察,我觉得这是实践中的一个很大的问题。

第三个维度,我们今天对农村土地产权制度的理解还是应该坚持实践导向和问题导向。为什么这样说？ 因为我们拿到三权分置以后,我们可能第一个要问的就是为什么到今天还要集体所有制。就像沈老师刚才说的,我们今天的讨论和上一场的讨论有一个很大的问题,就是集体所有制能不能打开,我觉得集体所有制在中国强调有四种解释。第一种解释实现了农民的成员权。从社会发展史的角度看,我们抗日战争、解放战争对农民是靠土地动员的,新中国成立之后,农民通过加入"集体"这一组织体现对土地等要素的占有。第二种解释是承担了公有制的经济属性,比如说现在我国的生产资料以公有制为主体,一个很重要的表现就是靠农村土地的集体所有制来体现。第三种解释就是实现政府对于农村经济的介入。农村土地集体和成员、集体和国家的嵌套,导致政府,尤其是地方政府对土地配置存在着较大程度的介入。第四种解释是提供农民融入城市的缓冲机制。因为农村居民在进入城市时,不能确保所有的流出者均能最终融入城市,部分农村居民融入城市会失败,这就需要农村土地对其退回农村提供安全阀。现在我们的农民工规模超过 2.8 亿人,这 2.8 个亿人是动态的,我们谁也不知道这 2.8 亿人是谁,2.8 亿人中哪些人可以融入城市、哪些人不能最终融入,这是不稳定的。

在这四种解释中,后面的两种解释将土地问题带入更大的背景,也就回到我刚才说的前置判断,这个土地问题在中国是宏观问题,土地产权制度应放置在整体背景来理解,它不仅仅是土地自身的配置效应的问题。由此延伸开来,既然我们能够解释土地所有制的坚持,那我们要回答集体所有制到现在怎么来回应前面的多个阶段特征,我觉得回应当下很重要的一个问题就是要回到对"集体"这个经济组织的准确理解上。具体地说,作为经济组织的"集体"就是一个社区内多个个体因收益比较而组合成的机构,每个个体基于最大化自身利益进行决策考虑,如果不是最大化自身利益可能要退出。可能一个村庄中有 N 个或者至少几个具有土地集体属性的经济组织,也可能集体组织跨村,几个村庄有一个集体经济组织,这可能是土地集体所有制真正的含义。今天农村土地的产权深化问题是跟农村的自组织的发育紧密联系在一起的,这不是一个单纯的经济问题。

第二个问题:在厘清上面的问题背景之下如何推进三权分置? 现在无非是两种思路。第一种思路,我们继续在法律上说土地集体经济权是用益物权,既然说土地承包权是用益物权,很容易导致承包权和经营权的不稳定,刚才已经说了权利的序列不稳定,期限也不稳定,最后导致配置肯定不稳定。第二种思路,修改法律文本,尤其是将土地承包经营权、承包权、经营权分别处置,赋予它们物权属性。我觉得从未来来说,这应该是一个基本的方向。今天我们很多的争论就是来自上面的这两个争论,法学家和经济学者的分歧,主要是这两种思路不一样。

第三个问题:三权分置有哪些风险? 我们在推进三权分置中有哪些东西使得这个变革方向走下去面临约束。我觉得三权分置涉及多个主体,是利益相关者的问题,除了农民、农业经营者之外,这个利益相关者还包括不同层级的政府,比如说中央政府、地方政府,它们的诉求、目标、信息存在着某种程度的偏差。我在 2012 年的时候写过一篇文章就是《土地承包经营权流转中的"不可能三角"》,我们现在要拿土地承包经营权流转来同时实现中央政府、地方政府和农户的目标是做不到的,更不要说土地流转还涉及农户的集体和土地的流入方。在三权分置实施中,如下约束因素是值得关注的:第一,政府和"村两委"对土地所有权的强调,这会相对地压缩了土地的承包权和经营权。第二,承包权实现形式,比如说采取股权方式,与农户城市融入缓冲带的诉求之间的冲突问题。

第三,经营权抵押、入股等处置风险与承包户的权益维护之间的平衡,因为这两组权利存在着上位权利和下位权利的关系。

正是因为有前面三个判断,我国农村土地产权制度的改革深化是一个复杂的、系统的、渐进的过程,这有两重含义:第一重含义,任何理论上完美的方案也许因为利益相关者的约束而难以得到实施,变革方案在理论上非常完美,但是如何解决利益相关者的参与约束和激励相容约束是一个大问题。因为任何一个制度要完善,必须要解决参与约束和激励相容约束,这两个条件如果做不到,那么农村土地改革的完美方案也仅仅是停留于理想。第二重含义,农村土地产权制度的改革一定是在边际上的,比如说我们可以先从经营权的让渡开始,现在已经不可能再出现像家庭联产承包责任制一样,变革的力度和产生的绩效那么庞大。这里有几个原因:第一个原因是现在土地权利中间已经出现了多重利益相关,不同主体的利益有交错。第二个原因是权利结构和利益结构很大程度上有路径依赖性,第三个原因是农村居民对农业和土地的产权依赖程度整体上在下降,现在不单单只是通过土地配置来种田,现在有多重选择,所以土地产权制度改革对农民收入尤其是家庭经营性收入的改变没有像早期的影响那么大。

许 明:你刚才说现在家庭经营性收入占整个农民收入的占比在下降,2013 年工资性收入占比已经达到了 45.25%,这个是全国平均水平吗?

工资性收入取代了家庭经营性收入,变成了农民人均纯收入中的首要来源。那么这种趋势怎么样? 第二个问题在全国范围中所占比例是多大?

高 帆:是的。上海已经达到 70%。

许 明:如果说全国所有的农村和农民工资性收入能达到 70%,农村的收入已经无关紧要了,在这样的情况下农村土地所有制改革似乎就无所谓了。

高 帆:还有一个数字,现在我们一方面是在家庭经营性收入占整个农民收入的占比在下降,2013 年收入只占 42.64%,工资性收入是 45.25%,还有一个就是对家庭经营性收入中再分拆,则种植业、林业、渔业、牧业等农业家庭经营性收入占比的下降更为迅速,1983—2012 年农业家庭经营性收入占农民家庭经营性收入的比重从 76.37% 降至 59.63%,占农民人均纯收入的比重则从 56.13% 降至 26.63%。

许 明:但从意识形态考虑就是为农民保留这块土地,保留这个所有权,不让非公有化在农村蔓延,就是要保证基本制度和农民的根本性收入,但是可能没有深刻地考虑到,现在农民已经不靠这个了。

高 帆:这就和新中国成立和改革开放初期不一样了。

许 明:在这样的情况下政策要作相应的调整,但是我们的整个意识形态是要往后看的。

陈 维:也就是我们保障农民利益的层次要提高,不仅仅是着眼于目前的这些,和整个国家的现代化程度相配套,这个就更要求土地全国统筹,解决"三农"问题。

陈建华:而且还不能"一刀切",上海有上海的解决方法,西部是西部的解决方法,这么大的国家不可能"一刀切"。

许　明:但是我接触福建的农民,他们已经把土地大部分承包出去了。国家的现代化进程发生了根本性变化,在这样的前提下讨论农民问题需要新的角度。这不是给土地松绑吗?

陈　维:一个"紧箍咒"给打开了。

陈建华:现在一种就是刚才提到的财产性收入占了很大的比例,这是一种现象。另外一种是城市到农村去买地的很多,我去老家买地造一个别墅,就是所谓的小产权。这在福建非常活跃。

沈开艳:但是这个小产权房到最后还是没有办法进入市场交易。从戴晓波老师讲的中国要农民非农化,除了户籍制度以外,还有一个就是土地的所有权问题,如果土地是集体所有制性质的,农民是被束缚在集体所有制的土地上面的。

所以我们讨论来讨论去还是回到文教授他们上次谈的逻辑上去了。

许　明:我补充一点。土地的彻底非公有化就是流转,卖就卖掉了,但可能会出现很多农民既没有工作,也没有本事,什么也没有,最后成为一个城市贫民。所以不能让农民失去根本的土地这条红线。今天我们不讨论这个问题。

高　帆:贺雪峰就提出土地和户籍制度以前体现出对农民利益的转移,现在在农民工融入城市进程中有对农民的保护性质。

陈　维:我们现在整个社会保障制度在不断提高,慢慢的就是城乡一体,到时对于你刚才说的没有地,也没有工作的农民,自然会有保障,我们社会的保障度提高了,农民分化的危害就不大了。而且土地也不可能是无偿剥夺的,是市场化地交换,交易了土地,获取了资金,或者是其他的等价物,农村也就真正的市场化和多元化了。

六、 农村土地制度改革要从实际出发,具体情况具体分析

许　庆:刚才方老师的讲法我比较赞同。我们现在讲农村土地,农村土地应该有两种,按照所有制可以分,按照用途可以分,但是实际上我觉得现在讲农村土地制度改革,最主要的是按照区位来分,即它在什么位置。这样,农地就可以分为城郊土地和真正的农地。再深入解释一点,也就是说,城郊土地具有级差地租,可以更换用途,

除了现有农业生产的用途外，还可以变作厂房商品房，等等，而后者，因为区位的因素，也就是农村土地仅仅只能用做农业生产，不能够更换用途，从而也就没有了级差地租。因为上海的土地，跟内地和中西部的土地不一样。现在我国农地分两种类别，城郊土地和农村土地；有两种功能，种粮食和造房子。在这样的情况下就出现了很多问题，我们现在有很多的政策不配套、很脱节，关键是很多问题没有考虑到区位的问题。实际上按照我们的话来说，上海这边有很多的政策之所以不能推出，是不能向中西部地区推广的，因为上海有很强的特殊性，比如说它的土地具有很高的地差地租，但是中西部地区的地很明显的只能用来种粮食。在这样的情况下，我们有些政策要看你怎么想。你考虑的是5%有级差地租靠近城市郊区的土地，还是考虑95%没有级差地租的土地用来种粮食？政府的目标和农民的目标不完全一致，农民的目标只有一个，就是收入最大化；政府的目标有两个，一个要让农民提高收入，缩小城乡收入差别，还有一个就是粮食安全，要大家有饭吃。我们有十几亿人等着吃饭。刚才讨论了很多，但是没有一个人提到粮食安全的问题。现在表面上看我们中国粮食很安全，我们的口粮安全没有问题，但实际上我国的粮食安全面临严峻的挑战。我们每年进口七千多万吨大豆，目的是用来榨油和做饲料，这些大豆如果不进口的话，需要多少亩地来种？需要七亿亩地，而我国目前的耕地是二十多亿亩，也就是说需要三分之一的耕地来种大豆，大家说我国粮食安全的形势严峻不严峻？

就我自己的工作经验来说，很多专家提倡非公有化，非公有化的确可以解决很多问题，但是也会出现很多的问题。非公有化不能解决贫富差距的问题，不能解决粮食安全的问题。以前在清朝的时候土地是非公有化的，仍然解决不了很多的问题。同样，比如刚才说的三权分置的问题，三权分置现在也不是一个新东西，以前江南地区也实行过，其实和三权分置差不多，就是明清时代常见的永佃制。无论公有制还是非公有制，很多问题照样存在，还是解决不了。为什么解决不了？我们以前在苏北做过调研，如果用经营权做抵押，一二十亩没有人要，卖也卖不掉，这和规模太小，交易成本太高有关，我们调查下来规模基本上达到500亩才可以进行抵押和交易。现在进行非公有化，按照农村人口，一户也就十几亩的样子，什么问题还是解决不了，只会产生土地兼并。

讨论中国的土地问题，我们必须要回答一个附属的、更为重要的问题，就是这么多人能到哪里去？现在两亿多近三亿农民工进城打工，前几年中国是世界上第一大贸易国，今年已经变成第二。中国这么多的农民工，城市接纳不了这么多的农民工。

在这样的情况下,如果把这些地方的土地都非公有化,那么这么多的农民怎么办?

我参加过很多的会议,农业部、国土资源部的会议我也参加过。国土资源部的会议很明显,他们考虑的主要是郊区的土地,也就是具有级差地租的这一块。在这样的情况下,95%的农民怎么办? 除了种地,他们没有别的技能。

比如说现在讨论资本下乡的问题,很多资本下乡是为了什么,是为了地,不是为了农业生产。大家可以看看资本下乡是到哪里去,是去城郊土地,还是去真正的农村土地。

即便是资本下乡种田,种田不赚钱,目的是为了混补贴。比如说松江的家庭农场,如果没有补贴也是亏本的。有很多下乡种田不是为了赚钱,而是为了混补贴,如果没有补贴肯定是亏的。所以资本下乡的目的是什么? 还是为了赚钱。

比如说土地确权,大家说了很多,但是土地确权是农民需要的吗? 农民不需要确权。农民需要的是平等,农民需要的是平均。我2015年6月在北京开会,当时2015年2月成都开始土地确权,2月确权,4月又开始调整。农民的需求是什么? 农民的需求是要平均。真正需要确权的是什么? 比如说上海,比如说沿海地区。那里的土地具有级差地租,可以更换用途。

现在谈谈集体产权制度改革这一问题。我2017年1月到广东南海去调研,广东南海有很多的情况是我们想象不到的。有一个区里面的县有70万人,其资产如果不算土地是200多亿元,现金资产100多亿元,如果算上土地有6 000多亿元。我们当时因为农业部的一个评估项目,去了上海的闵行、苏州的吴中、广东的南海、浙江的德清几个区域,这几个地方都是沿海区域,都是富的地方。它们富靠三种资产:耕地、宅基地和集体资产。广东南海那边,卖一块地,一个人可以分一百多万元。这样会出现三种人,原住民、户籍人口、外来人口。三种资产,三种人,这样就会出现很多问题,首先很多外地人即便有了当地户口,也是不能享受的。还有就是结婚出嫁的问题,比如,娶进门的儿媳妇就可以享受,而出嫁的女儿就不能继续享受。

最后谈一谈级差地租的问题。按照马克思主义的说法,级差地租是归公的。按照台湾地区的做法,征地出多少钱都无所谓,到时候收累进税再收回来。这些做法可以供我们参考。

我们现在讲土地制度改革,按照我的看法,土地制度改革是一个漫长的过程,如果最后还是这么多人,根本没有办法,人地比例在这里。

最后总结一下:我们讲土地制度改革一定要考虑到底是什么地? 有没有级差地

租? 它到底在什么位置? 它到底是用来盖房子的还是用来种粮食的? 要把这些想明白了再动手改。

陈建华:针对今天讨论的三个问题我说一些想法。

第一,我同意刚才许老师的意见,中国的土地制度应当有中国特色,中国土地改革应当走中国特色的途径。纯粹资本化的途径不能解决许多现实问题,更不能把资本化绝对化。举个例子,我有一个朋友买了美国佛罗里达州的一块土地,买了以后发现美国规定土地的排水自然而然地流到的别的土地是可以的,但如果是由于投资产生的其他污水,没有地主的同意是不能排放的。但是由于他不了解这一法律,买了这块土地之后以致倾家荡产,这是一个活生生的例子。

另外,土地完全资本化会产生一个问题,就是地主绑架了政府。在美国,比如说纽约也存在土地产权的问题。纽约市市长每年的报告中说得很清楚,它的房地产税占整个城市收入比重是50%,通过控制纽约的房地产就可以控制华盛顿。在小城市中,这种地主控制政府是一个非常突出的问题。资本化制度的运作并不是完美的,产生了很突出的社会问题。以美国为例,现阶段美国有4 600万贫困人口,8 700万人口不参加社会保障,美国的总共人口也只有3亿多。所以我觉得美国模式的资本化或者是新自由主义的产权理论都不是中国解决目前土地问题的一个途径。这是一个错误的途径,中国的土地制度一定要有中国特色的路径。

第二,关于农民非农化。农村与农民历来是中国社会发展的根本。农民非农化是极端错误的思想。农民非农化就会产生一个很大的社会问题。农民非农化了以后,就把贫困转移到了城市中,会造成一定的社会问题。

第三,我们所谈的土地中的三权分置,即承包权、所有权和经营权分置,过去主张承包权与所有权两权分置。我认为不应该就三权分置来谈三权分置的问题,一方面是执行问题,另一方面是三权分置之外的农村本身的治理框架,特别是法律的执行问题。如果在这其中没有一个很严格的法律,执行没有得到很好的保证,哪怕制度设计得再合理,但执行不下去,也是一纸空文。总的来讲,我觉得中国最大的问题一是要约束权力,二是要节制资本,设计制度之后法律要执行,才能把问题解决好,一定不能就农地的三权分置而谈三权分置,如果没有把农地问题周围的治理问题搞清楚,中国的土地问题是不可能得到根本解决的。土地问题是一百多年以来一直悬而未决的问题,把中国土地问题解决了,中国的其他经济与社会问题就会迎刃而解。

沈开艳:今天大家谈了很多内容很多思想,谈了土地制度问题,谈了农村集体产权问题,这两个问题现在都是我们国家当前改革发展中最热的话题。今天谈的内容,我听下来有一个感觉,那就是当我们在谈到土地所有权的时候会面临一个现实问题,即推行土地非公所有制一定会造成社会的贫富两极分化,会产生大量的无产者和失地农民,怎么办? 任何一个国家、任何一个政府最不希望看到的就是贫富两极分化。两极分化会造成富人和穷人两个对抗的阶级,虽然我国农民和历史上相比收入增加了不少,普遍比以前富裕了,但是如果城乡之间的差距还在,哪怕再增收,农民仍然还是一个普遍的贫穷阶层。这也是新中国成立迄今为止一直不主张土地资本化的原因所在。另一方面,在土地公有制的框架下我们要防止的是制度性腐败,因为农民往往很难对土地的买卖、交易等实行监督,很难真正行使他的除了所有权之外的其他权利,这时候可能会产生一些制度性的腐败,如果今后农村的土地改革、产权制度改革,能够在防止普遍贫困,也就是防止城乡之间的差距扩大以及防止自身制度的腐败方面做得更好,我觉得中国农村土地及产权制度改革一定是有成效和有突破的,而且我们也可以看到一些前景,现在政府推出的一系列措施已经逐渐的让更多的除了所有权之外的所有其他产权越来越市场化,越来越归属清晰化。我们今天讨论的第二个效果,是和上一期讨论提出的土地所有权系列进行了对比,今天大家的观点交锋比较多,除了理论问题、政策问题,还谈到了许多操作层面的问题,谈到了三权分置的具体落实问题等等。总之,收获很大,效果很好,谢谢大家!

国企改革理论研讨——以联通混改为例

（2017 年 9 月）

参会嘉宾（按姓氏笔画排序）：

许　明（《上海思想界》主编）

刘晓明（上海社会科学院舆情研究中心原常务副主任）

李正图（上海社会科学院经济研究所研究员）

沈开艳（上海社会科学院经济研究所所长）

陈学明（复旦大学哲学学院教授）

赵修义（华东师范大学哲学系教授）

葛培健（上海张江高科技园区开发股份有限公司总经理）

潘英丽（上海交通大学安泰经济与管理学院教授）

许　明：今天我们开一个小会。最近国企混改引起了大家很多的议论，网上都有不同的消息和不同的观点，针锋相对，非常尖锐。我们收集了一些材料，感到这个问题需要讨论，上海要发声。本期《上海思想界》首先有请刘晓明向大家通报一下。

一、　中国联通混改引发的意识形态争议

刘晓明：我把我们最近关于中国联通混改引起的意识形态的争议这方面的情况进行了一个梳理。2017 年 8 月 20 日左右公布了一个中国联通混改所有制改革方案，被北京的一些主流媒体认为是史上力度最大、最深刻的改革，根据这样一个方案，混改后的联通集团对中国联通 A 股的持股比例从原来的 63.7% 降低到 36.67%，把自己原来 35.2% 的股权让给了百度、阿里、腾讯、京东四大民营企业（BATJ）。改制以后中国联通形成了三三制的募集结构，联通占有 36.67% 的股份，百度、阿里、腾讯、京东等战略投资者占有 35.2% 股份，还有一个是公众股东占 25.4%，员工激励股占 2.7%。这个方案被媒体称作对今后的国企改革具有标杆意义，所以学界、商界包括一些境外媒体高度关注。曾经一些争论不休的意识形态问题，比如说联通这样改是姓资姓社，国

企为什么要引入民营资本,会不会造成国有资产的再一次流失,再一次成为关注的焦点。所以我们根据媒体访问的情况梳理了六个问题。

第一个问题,国企为什么搞不好,问题出在哪里?

很多人对联通引进私有资本感到不可理解,说中国联通是好好的国企,为何一定要分给阿里它们。写这篇文章的作者说:"我们这么大的一个中国,难道离开了阿里,离开了私有资本就找不到善于经营管理企业,提升效率的共产党干部?过去我们的大庆怎么来的?我们的两弹一星是怎么上天的?"别说现在联通是一个效益良好,并且正在快速增长中的企业,即使企业效益不好,也只是选人用人的问题,而不是所有制的问题。还有的学者说,国企搞不好首先是一个体制问题,长期以来我们把大型的国企当作社会单位来管理,我们的干部选拔机制、任用机制、激励机制等都不健全,与市场经济的要求相差甚远。还有一种意见认为,我们现在的国企其实已经不是真正意义上的国企,它和我们原来说的国企的性质已经不同。

第二个问题,联通混改会不会改变国有企业的公有制性质?

刚才说了根据混改的方案,联通集团持股从63.7%降到36.67%,超过35%的股份让渡给了民营企业。支持混改的人认为,即使联通集团自身持有的股份大幅度下降,但是它与中国人寿等其他三家国有企业共同占有的股份合计起来依然是大于51%,国有企业仍然处于绝对的控股地位。反对混改的人说,虽然说现在三家国有企业占的股份仍然大于51%,但是民营资本是不能让它进入国企的,让它进来就是"引狼入室",它们一定会通过蚕食的办法改变国企的公有制性质。如果大批量地进行混合制的改革,一定会形成一个巨大无比的超级怪兽。还有一种意见,联通通过与民营企业合作,获得管理经营方面的优质资源,会大幅度提高国有经济部门的效率,最近四十年的改革开放我们把外国人都请来了,没有必要害怕自己的民营企业,更不必纠结于意识形态问题,这个就是中国特色的社会主义。

第三个问题,联通混改如果把它作为一个标杆形成国企改革政策,会不会造成大量的国有资产流失?

这个问题是所有舆论中最被反对派所关注的。有的学者说混改并不一定会带来国有资产流失,比如说中国社会科学院工业经济研究所黄群慧所长就在《经济参考报》上回答记者的六个问题,其中有人问到国有资产流失的问题,他说只要交易公平、信息公开、法律严明、操作得当,国产资产定价得当,审计、纪检及内部员工等各个方面监管到位,完全可以守住国有资产部流失的"红线"和"底线"。反对意见则认为,说这种说法对于混改过于理想化，与我们的现实社会相去甚远，国企混改的实际操作过程比我们想象的复杂得多。

第四个问题，大批的国企混改，会不会动摇社会主义的基本经济制度？

很多媒体都说，2017 年是国企改革的突破年，在电力、铁路、石油、电信、天然气、军工等关乎国家经济命脉核心领域都要进行混改。2017 年 8 月 3 日《证券时报》报道，中国铁路总公司总经理已经先后会见过马云、马化腾，明确表示欢迎阿里、腾讯两大互联网巨头参与铁路优质资产资本化、股权化、证券化和铁路企业混改。支持者认为，这样可以大大提高国有企业的改革效率。反对者认为，降低国有经济比例违反我国宪法，有颠覆社会主义基本经济制度的嫌疑。有学者说，应该把这个混改方案收回来，大量的私有资本进入国有企业会使国有企业发生本质性的变化，一旦私有资本与执政党的政策发生冲突，则将造成国有企业的混乱，执政党将失去完全属于自己的经济力量。

第五个问题，国企混改能不能有效杜绝腐败问题？

现在我们看到的公开资料中，很少有回答这个问题的，更多的是探讨如何提高企业效率。比如 8 月 21 日《北京晨报》有一篇文章叫《六问联通混改：姓私还是姓公，为什么引入 BATJ？》，反映了社会上关于"联通混改姓私还是姓公"，"为什么要引进 BATJ"，"谁进入董事会"，"员工持股会惠及哪些人"等六个问题，但没有回答如何防止国企领导腐败的问题。有一些学者批评说，国企混改是把国企领导当经济人，忽略了国企领导是有血有肉、有欲望、有利益所在的社会人。混改以后，国企领导与民营资本代表的私人交往，将更加密切和合法化，产生腐败的几率会大大的提高。还有《联通混改的思索——国企改革不止一条路》一文说，相信混改一定会成功，这几年的经济效益一定会上去，如果把这个效益作为"政治正确"并加以宣传，其对于中国公有制体系和负责人是一种思想上的毒药。

第六个问题，国企混改对员工的生活和价值观有什么影响？

对于联通的混改方案，部分人认为"一定会成功的"。但同时认为，拿它作为国企改革标杆，会产生负面效应。原因是，混改以后联通很多的管理层干部获得的"员工持股"，可能有一半的价格是限制性的，有一半的股价，给员工持股是不是好。有些人就此提出了一些意见：这样的持股对于中国移动、中国电信等其他公司来说，如果它们不进行相应的改革，是不是就会产生一种"不平衡心态"？凭什么自己辛辛苦苦地把企业做好了，挣的钱反而没有别人多？对于员工来说也会产生一些消极的因素，一部分人拿着公司的股份,年纪轻轻的就在公司里等着分红利。最重要的是没有股份的人怎么办? 还有一个大家担心混改以后有一部分员工被裁掉。如果出现这样的情况,人与人之间的关系,人的价值评判就会出现背离社会主义核心价值观的现象。有人说,90年代中小企业转制下岗,大量的工人成为社会的"边缘人",生活困难,如果我们再一次进行国有企业的混改,那么社会主义核心价值观会不会在产业工人中逐渐地消解?

十九大前,围绕联通混改的意识形态争论,是当前改革发展过程中遇到的不可回避的问题,支持混改的人是倾向于从经济效益和个人所得的角度去分析,不太考虑意识形态这个政治基础问题。反对混改的人提的问题也很尖锐。反对者更多的顾及国有资产的流失,国企性质的改变导致工人阶级队伍的弱化等问题。国企混改所显示的问题,加剧了原来就存在的意识形态冲突。由于双方都把国企混改作为最难攻克的最后的堡垒,所以,要改和不要改的两个阵营在现在和今后一段时间都会坚守自己的立场,并且不遗余力地为自己辩护,意识形态争论可能是长期的。

许　明:今天会议的规模虽然小,但是谈论的问题非常尖锐,所以请了第一线的老总,搞经济学,搞哲学和意识形态的专家都来了。90年代国有中小企业所有制改造也经过了一番折腾,最终被平息了。于我个人的判断,是因为我们还保留了国有企业这个大阵地,主要的矿山、航空、军工、银行、保险等经济命脉仍然掌握在国家手中,所以不怕,但是现在的情况已经不同。现阶段的混改引起了意识形态争论是必然的,并且非常激烈。

反对改革的人提出,如果全部银行、矿产、保险等全部企业都混改,那么执政的基础在哪里? 我们在采访中就有人提出,国有企业变成私营企业,就是变成了私人的"钱袋子"。混改以后能不能解决国有企业原来的弊病,能不能做大做强做优国企? 能不能解决腐败问题? 我感觉,无论改或者不改都要回答这个真正要害的问题。

二、 回归重启现代企业制度改革方向

葛培健:我也是第一次参加这个范围的会议,刚才听了刘晓明老师的介绍,说实话我很震惊,我没有想到联通混改会引起意识形态这么大的争议,因为我是从上海团市委转业去浦东工作的,曾任国有资产管理处长,经济体制改革处长,之后组织相继派我到企业担任两个上市公司领导,一个是浦东建设(600284),中国核准制下的上市

公司,现在在张江高科(600895)。2017 年 6 月,上海交通大学潘英丽等老师组织了一次内部论坛,我受邀参加并进行了发言,后来有人把我的发言整理出来发表了,文章标题是《打破政企不分的制度性瓶颈》。我对联通混改的方案,从企业操盘者角度说三句话:第一句话是"意料之外";第二句话是"情理之中";第三句话是"有待观察"。

2017 年 8 月 21 日晚上,中国联通在上海证券交易所官网挂出了 27 条信息公告,对混改的方案作了更详细的披露,当中有一个插曲:中国联通曾于 8 月 16 日晚间公布混改公告,但随后又撤下。而对于联通当时撤回混改方案公告的原因,普遍认为是中国联通此次发行的方案与证监会 2 月新发的定增新规有两处相悖,一是未按证监会规定市价发行,二是入股比例超过了规定的 20%,而这是此次定增最核心的内容。

中国证监会经与国家发展改革委等部门依法依规履行相应法定程序后,对中国联通混改涉及的非公开发行股票事项作为个案处理,并同意此次联通混改适用于 2017 年 2 月 17 日中国证监会再融资制度修订前的规则。随后中国证监会发布公告称:"中国证监会认真学习贯彻落实党中央、国务院关于深化国有企业改革的决策部署,深刻认识和理解中国联通混改对于深化国企改革具有先行先试的重大意义。中国联通已在国家发展改革委等部门指导下制定了混改方案。"

中国证监会一开始不同意,但又收回了。后来第二天又正式披露,中国证监会的公告中有一句话叫做"深刻认识和理解中国联通混改对于深化国企改革具有先行先试的重大意义"。联通和一般的竞争性企业不一样。另外,大家也知道这次联通处在混改风口上,联通混改背后主导牵头部委不是国务院国资委,而是权威人士所在的国家发改委,七大行业的混改是由国家发改委主导的,而不是国资委。国家发改委副主任刘鹤曾于 2016 年 9 月 28 日、2017 年 3 月 31 日相继主持召开专题会,研究部署国有企业混合所有制改革试点相关工作,会议明确指出,要按照完善治理、强化激励、突出主业、提高效率的要求,着力抓好混合所有制改革试点,尽快批复实施试点方案,在电力、石油、天然气、铁路、民航、电信、军工等领域迈出实质性步伐。

第一,意料之外——曾经沧海难为水。

此次联通混改,呈现出几大突出亮点:

一是混改放在上市公司层面进行,凸显联通混改实施层次之高。综观以往的混改,都是放在二、三级公司层面进行(例如之前提到的中石化销售公司混改)。现在改革的思维是体现"国资改革带动国企改革或者说是通过国资改革推动国企改革"。国企有很多问题,实质上是由外在因素导致,非企业本身,当然企业本身也存在问题,但是矛盾的主要方面是在外界,最重要的是国资监管的模式。

二是混改的领域(电信行业)处于"垄断行业",表明联通混改力度之大。国资改革基本分为市场竞争类、特殊功能类和公共服务三类,一般来说,在垄断领域搞混改可能性是比较小的,又涉及民生领域,尤其还是在电信行业。而这次联通混改的领域处于垄断行业,表明了联通混改的力度之大。2016年中国移动4G用户达到5.35亿户,中国电信为1.22亿户,中国联通2016年首次突破1亿户,三大电信运营商在全国合计拥有7.57亿用户。这样选择垄断性行业率先混改的社会反响很意外。

三是混改的股权占比趋于分散,国有股与非国有股平分秋色,表明联通混改力求实效。此次联通混改股权占比的国有股与非国有股分配基本持平,让社会感觉力度也比较大。这次联通混改是通过引入战略投资者加上员工持股,把较大比例的股权转让给非国有股东,混改之后联通集团占36.67%(加上中国人寿10.22%、国企产业结构调整基金6.1%等战略投资者,累计的国有股占53%),非国有股方面累计持股35.19%(包括腾讯、百度、阿里、京东、苏宁等战略投资者),另外加上公众股东持股25.4%,员工持股2.7%,合计就是100%。混改后,最大的亮点在于联通集团原来的股权是63.7%,混改后下降为36.67%,也就是从绝对控股变成了相对控股,而相比非国有股东持股的35.19%,两者股比之间的差距是1.48%,连2%都不到,这样做有什么好处?非国有股东的加盟对公司重大事项的决策将形成重大影响,有望成为完善公司治理的重要资本力量。这里面顺便回答许主编的问题。2017年上半年,国务院国资委提出要求,全国央企60家要在年底前完成公司制改造。实际上,《公司法》修改以后,上海国企已按公司法要求全部改制成有限责任公司。而央企仍按照《中华人民共和国全民所有制工业企业法》注册。后来要求央企进行董事会试点,要引进专家董事、外部董事,对"三重一大"决策有所制衡。

四是混改中员工持股倾向明显,限制性股票开垄断性企业之先河。出售限制性股票之前有一次曾在宝钢试点,好像没有批下来,很难,因为有一个背景,即国企领导在"限薪"的背景下施行限制性股票不合时宜。施行限制性股票实际上是要行权对价,可能会对联通未来3年的ROE(净资产收益率)经营存在压力和挑战。上交所对于上市公司股权激励是有明确要求的,受益对象原则上不得低于股权交易日均价的50%,也就是一半对价,实际上联通限制性股票比停牌前价格略高了0.05,总体上是符合中国证监会规定的。国务院国资委,也就是现在所谓53家央企第一梯队,承认了人力资本的价值。国务院国资委研究中心曾对全国2 788家企业的研究,得出混合所有制企业员工持股的效率最高（员工持股最高，其次是外资，第三是民营资本），企业家持股一定的比例对企业效率具有显著增效。大家知道后工业时代人力资源是非常重要的资源，实际上目前也正在大力探索劳动和资本相结合的新公有体制，国务院国资委也一直在研究。

五是混改方案推出了国企经理人市场化选聘、契约化管理和激励机制，直击国企治理软肋。国资流失最大的损失是国企领军人才和核心团队的流失！我最近到碧桂园调研学习科技小镇，去了以后给我的震撼很大。碧桂园董事局主席杨国强有一次跟马明哲两个人打高尔夫球时交流，他问老马："你管这么大的平安集团怎么管理？"他说就是靠人才。回去以后杨国强就交派他们的HR，在全球招募300个职业经理人，最好都是博士。碧桂园现在已经招到了600个职业经理人，更有意思的是，碧桂园还把我们中建五局的局长挖去担任他们的总裁，很多国企包括当地管委会的干部担任公司的副总裁及区域老总。碧桂园第一次实施"成就共享计划"，用我们的语言叫做"超额利润分成机制"，施行后马上有了起色。但是杨国强后来认为，实施"成就共享计划"对成本控制仍然缺乏内在动力，没有引进"家破人亡"机制。为此在这个基础上搞了升级版叫做"同心共享计划"，按照我们的语言叫做"跟投机制"。我就问碧桂园核心团队个人出了多少钱？他说他们领导规定的不能说。我说就说一个大数额，他说一千万元以上，我说这不就是企业内部P2P吗？绩效和混改产生正相关效应，2017年上半年碧桂园已经实现销售近三千亿元，到年底肯定可以超过恒大、万科，成为国内第一，国内第一就是全球第一。我到了他们总裁的办公室，他给我看显示屏，所有的财务动态报表都在显示屏里面，其中有一个"同心共享计划"，100元投资回报时点数是81元。我说的就是一定要引进"家破人亡"机制。所以国企搞不好就是因为这个问题，因为产权与个人没有关联。

许　明：但是国企为什么不引入这种机制？

葛培健：浦东公司是第一家搞国企创投公司跟投试点的，已在上海市国资系统介绍方案多次，但至今仍批不出来。实际上市委组织部早就搞了方案，因为我们上海国资改革二十条政策明确有职业经理人制度，所以我们全部要回归十八届三中全会的决定，我接下来说的"情理之中"就是回归到十八届三中全会精神上来。我告诉大家一个例子，2017年4月云南省政府发表了一个通告，决定免去王明辉云南白药控股有限公司总裁职务，不再保留省属国有企业领导人员身份和相关待遇。第二天董事会披露，决定聘任王明辉担任公司总裁兼CEO，担任云南白药总裁职务的王明辉由国企领导彻底转变为职业经理人。这就是按照十八届三中全会的决定,通过转换经理人通道,原来是由组织配置的,接下来是由董事会配置,一旦搞不好董事会就不聘用你了,而不属于组织部管理的干部将另作安排。你不能"既要又要",我们现在更多地想满足"既要又要"的传统思维,尽管职业经理人的转换通道早就提出,但现在各地试点推出的并不多。

第二,情理之中——蓦然回首,那人却在灯火阑珊处。

我说的"情理之中"是原来就有的,重新梳理国企改革线索可知:

一是回归现代企业制度改革方向的路径探索。1993 年 11 月,十四届三中全会通过《中共中央关于建立社会主义市场经济体制若干问题的决定》,并提出,国有企业改革的方向是建立"产权清晰、权责明确、政企分开、管理科学"的现代企业制度。1994 年开始实施《公司法》,中央和地方共选择了两千五百多家企业,按照现代企业制度的要求进行试点,旨在解决国企如何与市场经济体制融合问题,由于国企改革涉及面广、程序繁琐、成本较高,到现在尚未完全实现。这次联通混改,某种意义上说,是回归重启 1993 年中央提出的以市场化为导向建立现代企业制度的改革路径,同时也是国企继续进行出资人所有权与企业法人财产经营权分离的路径探索。

二是结束"郎顾之争"后重启国企产权改革的逻辑演绎。2004 年 8 月 9 日,香港中文大学教授郎咸平在复旦大学逸夫楼为中美财经媒体高级研修班作了一次题为《格林柯尔:在"国退民进"的盛宴中狂欢》的演讲,直批时任格林柯尔董事长的顾雏军使用多种伎俩侵吞国有资产,引起了全国国资流失的大讨论,最后导致了国企改革的停滞,从中也反映出混改的制度规范和法治缺失可能给国企改革带来的尴尬。所以,本次联通混改的推出,我认为是结束国企舆论之争,也是重塑国企改革的逻辑演绎。

三是推动十八届三中全会以来中央国企改革制度集成落地的样板。2013 年,十八届三中全会中央提出发展混合所有制改革,2015 年 8 月中央发布《关于深化国有企业改革的指导意见》,随后国资委接连出台国企混改、员工持股、完善公司治理、加强企业党建、提升董事会决策能力、分类监管,以及国资委由管资产向管资本转变职能等一系列政策举措,国企改革由此进入"1+N"制度落地实施阶段。此轮联通混改方案的出台,既是历年以来中央推动国企改革制度集成的实践产物,也是推进改革节奏加快,形成示范引领之举。

此次联通混改,我认为是回归重启,既回归 1993 年提出的"现代企业制度"改革方向的路径探索，同时也是十八届三中全会以来中央国企改革"1+N"制度集成落地的样板。所以我叫做"情理之中"，"蓦然回首，那人却在灯火阑珊处"。2004年"郎顾之争"之后国企改革又不敢动，大家都在等"1+N"政策细则的出台。

第三，有待观察——犹抱琵琶半遮面。

从涉及国资管理体制、国资监管方式等几个深层次问题而言，联通混改的效果仍有待检验：

一是方案尚未配套国资管理体制改革，可能由于国资改革滞后影响国企混改目标。这次混改方案没有配套国资管理体制改革，可能由于国资改革的滞后影响国企混改的目标。这是什么概念？1993年我从上海团市委转业到浦东工作，当时还没有国资办，我时任浦东新区财政税务局国有资产管理处处长，我们往往把"国资管理"理解成"国企管理"，甚至习惯于"国资泛指化管理"，我认为这是一个很大的问题，实际上准确来说应该是国有股权管理、国有资本管理，用股权说话。这是我认为的最大的问题。所以我认为混改背后涉及国资监管体制改革，才是国企混改的核心。只有国资改革才能有效牵动和保障国企混改目标的实现。尽管我们感觉到混改后累计国有股毕竟还是占联通持股比的53%，正是这53%，难免有可能使国有股的绝对控股地位造成"行政化管控"，行政决策代替市场决策的风险依然存在，联通是否会回到"行政依赖"的老路有待观察。

二是方案未触及国资监管方式转变，混改的成效有待检验。混改的目的是促进国有企业真正成为自主经营、自负盈亏、自担风险、自我约束、自我发展的市场主体，进而激发企业市场竞争的内在动力和活力。这次联通混改不是一般的引进财务投资者，更多引进的是具有产业协同效应的战略投资者。联通混改试点通过引入具有协同效应和行业领先优势的战略投资者的机制优势，实现企业管理机制现代化和经营机制市场化，从而壮大国有资本力量。说到这里我有一个观点，我认为未来在市场竞争领域充分衡量国有资产、国有资本，应该是以更少的国有资本来支配、引导更多的社会资本，这是国有资本或者是国有资产保值增值的重要标志。所以，如果国资监管方式不转变，无论是引入社会资本、员工持股还是市场化选聘和激励经理层，都难免会局限于只在现有框架下起到经营管理方式的改良，而不是体制机制的改革，更不是结果的改变。这一点上，联通混改的效果有待检验。

葛培健：据悉，中国经济论坛50人中有的对目前混改是持保留态度的。什么原因？他们认为现在要去杠杆，去国有企业的债务杠杆，国家不拿钱，通过证券市场募集社会资本去杠杆,市场上还有这方面的顾虑。

三是新一轮国企改革把党建工作写入公司章程,公司治理可能迎来新的挑战。在 2016 年 10 月 10 日至 11 日全国国有企业党的建设工作会议上,习近平总书记提出来要落实企业党组织在公司治理结构中的法定地位,中组部、国务院国资委要求先在集团公司、后在国有控股上市公司中实行。坚持党对国有企业的领导,发挥企业党组织的领导核心和政治核心作用,把党的建设工作有效融入公司治理,把党建治理优势转化为企业的市场竞争优势,我认为这是非常重要的战略布局,也是提升国企公司治理的重要举措。问题是怎样把党建工作有效地融入公司治理? 党委会与董事会应如何发挥各自作用? 党章党规和公司章程如何融会贯通? 现在很多 70 后的干部又面临新三会、老三会的关系理顺问题,比如说党委书记兼副总经理,董事长兼党委副书记,总经理又是党委副书记,规定公司董事会的党员一定要按照党委会的决议来表决。接下来如果同向操作没有问题,万一投资失误,产生损失,是追求个人董事责任还是党委会的责任? 所以我认为在日常操作中还有很大的挑战,需要进一步在实践中探索。

四是联通混改的实效是否体现目标导向,有待观察。我认为混改不能为混而混,混改的主要目标是在求“合”,多元化的股东成分必须“合”什么? 引入战略投资者旨在追求三个“合”,即战略要合,形成产业协同效应;管理要合,形成体制机制优势互补;多元文化要合,形成企业价值趋同。

所以,我总体认为联通混改一是“意料之外”,体现改革力度之大、层次之深,二是“情理之中”,回归现代企业制度和十八届三中全会决定的路径探索,三是“有待观察”,真正取得改革实效还有待时间观察。

谢谢大家!

许　明:讲得非常清晰,理出了很多的问题。

三、 国企改革要解决政企不分的问题

潘英丽:我想回答三个问题。

第一,混改后由谁主导企业的经营?

现在国有企业的负债率非常高,2015 年央企的平均负债率是 89.5%,国企平均负债率是 74.5%。所有非金融企业的负债率,接下来将达到 GDP 的 200%,假如债务中每年10%的贷款到期需要偿还本金,这将占到GDP的20%,利息由6.5%计,企业还本付息就要占到GDP的33%。负债率这么高是没有办法经营下去的。有人担心混改是不是国营企业拿银行的钱经营不下去后,再拿民营资本来经营?所以民营资本对混改并没有多少积极性。现在混改面临的第一个问题就到底是谁在经营?是民营企业主导国有资本的经营,还是国有企业主导民营资本的使用。现在很多学术研究、实证分析都证明了,国有企业的经营绩效明显比民营企业低,只有民营企业的1/3。2015年的数据显示,民营企业的净资产收益率是10.59%,国有企业是2.87%,央企只有1.89%。从这个角度来说民营资本给国企玩还是由民营企业帮国企把这一摊做起来,这里由谁发挥主导作用是一个大问题。民营企业原来感觉我很难改变你,所以我还是离你远一点。大家对混改有一个顾虑,就是担心国有企业低效率的那套旧体制吞食了新资源,这不是我们希望看到的一个结果。国有企业现在难以为继,因此混改过程中需要拿出更多的诚意,这是一个很重要的方面。

第二,如何看待国有资产流失的问题?

我这里谈一些个人的看法。2003年郎咸平挑起的国企改革大争论,其中一个核心问题涉及国有资产流失问题。这个争论客观上成为国企民营化改革的一个休止符,国企改革实际上自此停顿下来。我当时写了文章并于2004年发表。如何判断国有资产的流失,比如国企每年亏损8 000万元,现在卖给民营企业后天天赚钱。我们是否就可根据之后的盈利说国企当时卖得太贱,国有资产流失了?这个国有资产因为传统体制缺乏活力和动力,没能有效经营,天天在亏损。其实持续亏损的资产实际上相当于负债。学生问我买汽车算投资还是算消费。我说买房算投资,买汽车算负债,因为房价在涨,出租还有收入,而汽车如果不能给我们带来足够的效用,比如大部分时间停在车库里,它实际上是一个负债,汽车不仅折旧很厉害,而且持有车还有各种各样的费用发生。因此,一项资产假如没有回报,而是每年都要付出各种费用,那么它就是负债,因为每年净付出的费用相当于一笔债务付给银行的利息。因此仅从所有权转让后的盈利判断之前的交易导致国有资产流失是不正确的。但是,我认为国有资产定价过低也是可能的。主要原因在于国有企业的技术积累和附着在企业身上的专业技术团队,作为企业的人力资本并未给出相对准确的定价。因为技术团队成员作为个人其专业技能可能无法发挥作用,因为团队成员的技能具有很大的互补性。技术团队的人力资本积累不存在相应的市场定价机制,不能买卖,但是技术团队却是企业未来发展潜力最核心的决定因素。另外国有企业的销售网络、市场占有率、品牌等无形资产往往也没有适当定价。这些软性资源某种意义上比固定资产可能更值钱。

政企不分确实是我们国有企业的很大问题,我深有体会。2002—2011 年间我在央企当过专家委员会委员,参与过两次制定五年规划的讨论。我的体会是国有企业高管的决策偏好体现了国企体制的缺陷。该企业做国际航运,我们建议企业业务布局需要往两头延展考虑岸上业务,以平衡航运业务的周期性波动,应对未来国际贸易增速下降的风险,促进企业可持续发展。央企领导觉得你的建议很好,但是他们不会照着做。原因有三个,一是国资委规定央企必须专业化,不允许多元化经营。企业做什么业务都由国资委说了算,国资委并不了解市场的日常变化。什么都要听国资委的,这就是政企不分的一个重要的特点。第二,高管在作决策时考虑到企业赚多少钱与我个人利益没有关系,但出了问题却要承担个人的领导责任。由于责权利的不对称性,国企高管总体上是偏保守的。第三,我发现企业的重大决策大都是造船或者买船,就是产能扩张再扩张。这样的决策思路完全符合国有企业高管的本性。企业规模越大,国企高管支配的人财物就越多,其个人权力、行政级别和社会地位都是与企业规模成正比的。因此,与民营企业追求利润和经营绩效不同,央企高管大都追求规模扩张,个体理性造成集体非理性结果,造成行业产能严重过剩。我认为,国企改革很重要的一点就是要破除政企不分。

刚才讨论到,混改让民营企业分享了国企的垄断利润,或者说国有企业没有了,国有资本地位下降了。三大电信企业作为垄断性央企其实不太赚钱或者有亏损。联通据说有八亿客户,但是其最大的问题是没有为我们八亿老百姓服务好。大家都知道,电话收费很贵,垄断央企电信服务的性价比是很差的,虽然有八亿客户,但也没有深耕其服务市场,实现流量的套现。如果混改有助于央企更好地为八亿客户服务,并因此获得更好的效益,那就在社会经济福利方面作出了更大的贡献。

许 明:这个服务好和不好跟企业的混改有什么必然的关系吗?

潘英丽:我担心混改不彻底,很可能变成了扭曲的东西。混改并不是最好的选择,混改是一种羞羞答答的、折衷的产物。我们需要关注之前的央企垄断行业,在混改过程中是否加大了行业准入程度和市场有序竞争的程度,而不是像之前国有商业银行股份制改革过程中引进外资银行战略投资者,却限制他们在中国设立分支机构,以外资银行分享国有银行垄断利润和存款人给银行的利差补贴的方式赎卖他们,从而避免其市场竞争。

许　明：请问，即使给你百分之三四十股份的混改，民营企业进去，能够改变原有国有企业的那一套东西吗？如果改变不了怎么办？

潘英丽：可以分开谈，一个是讲能否引入更有效率的体制机制，提高企业经营绩效。第二个涉及国有资本增值问题。我们办国有企业的目的是什么？现在讲国企是我党的执政基础。我对执政基础的理解是两个部分：一是国家的一些重大战略需要推进时，国企是执行者，央企和国企会按政府的意图去执行，民营企业可能指挥不了也不便指挥。第二是国有资本如何实现保值增值。党的十五大提出国有资本战略调整，从竞争性行业退出，实际上集中到了上游产业，但现在国企也是哪里赚钱就往哪里渗透，所以又做大了，又多种经营了，而且凭借其国企和央企的地位获得大量廉价的信贷资金，全面出击，并不是深耕做大真正属于国家重大战略的那些领域。所以我们要分两部分来讨论。一是我们到底是不是需要那么庞大的国有企业充当国家重大战略的执行者。那么庞大的国有企业来做这些事，存在很大的效率损失，没有必要。二是国有资本如何实现保值增值，我觉得这个很重要。假如国有资本天天亏损，像冰棍一样天天融化，我们就要抢救国有资本。所以从这个角度来说，混改还不是很彻底的做法。有些国有企业还是可以切割的，比如说央企的子公司、分公司可以分割后卖给民营企业。当然不一定要全部卖掉，我们可以转让大部分股份，保留小部分股份。国家在这里作为财务投资者，搭民营企业的便车，可以拿百分之十的收益，而我们现在只要百分之二的回报。国有资本所有者也无需动太多脑筋，却有更高的回报。只不过国家干部的岗位减少了，这些人没有大规模的人财物可支配了，因为民营资本做大股东后将从市场引入人才经营企业。但是国有资本因此可以更好地实现保值增值。因此，不要认为国企改革了就是国有资产流失，如果做得好就是国有资产更好的增值。所以国企改革可以看作抢救国有资本，不让它像冰山一样化掉。搭民营企业便车后，我们需要用钱时有更多资本可供使用。我们要搞清楚国有资本和国有企业存在的价值或者存在的目的是什么，我们想要达到什么目的。当然有些人要下岗，他们肯定会反对。

我也在思考员工下岗的问题，这是一个很敏感的问题。假如国有企业切割到民营企业经营的话，一定需要减员增效，特别是垄断国企有很多都是塞进来的，并非企业经营所必需的，民营化经营或市场化经营肯定会有员工下岗安置或再就业问题。这里的问题比较大。原来我们都是同事，我被清退下岗了，留下的员工却实施员工持股，薪酬和投资收支双丰收，形成非常大的反差。下岗员工怎么安置的问题，有很多技术细节需要考虑。

关于"振兴东北"最近我有一个新方案,在林毅夫的"吉林报告"基础上提出了一些新的东西。国企改革涉及新资源被旧体制吞食,还是新资源在一个新体制下运作。我们说一张白纸可以画最新最美的图画。在旧体制上能不能复制新制度,也包括这次联通混改,成功的概率有多大,还是另辟蹊径? 我刚才说的"卖"的意思就是让人家操作,我提出一个问题,在旧体制中有没有可能引入新制度,新旧体制之间的冲突最后到底谁会取胜? 我觉得在旧体制上复制新制度比较困难。除了我们刚才说的一种就是被吞食,第二种就是内部斗争,协调成本会很高。

许 明:关键是36%的人不代表自己,代表某一个组织,代表国家,和个人没有非常密切的关系。那边就是马云自己。

潘英丽:但是这个混改也有一个好处。也就是说通过新的东西进来以后,对原来的经营理念、模式有一个改进,比如说大家坐下来谈,谁的方案好就按照谁的做,肯定有改进,但是最后效果还需拭目以待,还需要观察。当然还是有一些比较棘手的问题需要探讨,包括刚才说的员工问题,是不是全部裁员重新招聘,这里面还有谁留谁去的问题,关于人的安置是一个最复杂的问题。

四、 必须弄清楚国企为什么要改革

陈学明:我第一个要讲的问题是如何看国企改革,如何看待联通的混改,原则是什么。我认为,必须坚持两个基本原则:一是邓小平说的解放思想,实事求是的思想路线。这个一定要记住,既要解放思想,也要实事求是。二是讲政治,也就是习近平总书记说的要有政治意识。共产党是讲政治的。为什么习近平总书记反复讲领导干部第一个要懂政治? 我认为这是我们观察联通混改的原则和出发点,对混改,不能仅仅从经济上观察,更应从政治上分析。

第二,我刚才听了大家发言以后很有收获。关键还在于,必须弄清楚国企为什么要改革? 为什么要混改? 对我来说,以下若干个留在脑海里的问题,弄清楚了,或者说说服我了,我才会拥护混改。

(1)国企的效率低,低到什么程度? 如何造成的? 你要告诉我。刚才潘教授说了国企负债率特别高,为什么高?

(2)我们改革开放三十多年成绩很大,国企起了什么作用? 国家如此地稳定,经济如此地发展,我们的国企是拖后腿还是国家经济的主要推动力。马云的作用大还是国企的作用大? 我也看了很多国外的资料,他们说中国的成功一般都是讲几条,第一条就是中国有共产党领导,因为有一个有力的政府在那里;第二条就是中国可以集中资源干大事。我们的铁路怎么造出来的? 如果我们的国有资本都流失掉,还能干大事吗? 改革开放以来我们成功了,这其中国有企业起了什么作用? 现在都说国有企业不好。实际情况如何?

(3) 有些人说国有企业是控制在官僚集团手里,实际上是官僚集团所有制,事实到底是不是这么回事? 现在国有企业第一线的这些领导,有多少是腐败分子? 能不能说,国有企业名义是属于人民的,实际上是属于官僚集团的? 对此要有一个正确的、基本的估计。

民营企业的老总拼命地工作后发了大财,国有企业的老总拼命做了以后还被人骂,这公平吗? 国有企业也有好领导,都是腐败分子吗? 没有这回事。如果这三点能够说服我,我衷心拥护混改。

第三,混改是中央的指示正在推行。我提六点希望。

第一点,混改再改不要改到文化领域、教育领域、医疗领域。混改要有界限。现在拿红卡的人可能没有体会,一般的人对看病难、看病贵有切身体会。现在到医院看特需门诊要花 500 元的挂号费,而往往真正看医生的时间只有五分钟。为什么出现这一现象? 就是医院一切向钱看的结果。如果医疗也走混改的路,教育也来一个混改,那么将来的后果很严重。意味着民营资本进入这些领域,必然以营利为目的,唯利是图变成基本原则,这意味着什么? 所以我第一点希望就是混改要有一个界限。明确哪些可改,哪些不可改。

第二点,国有资本和谁"混"? 我坚决主张和员工"混",和职业经理人"混",这是中国特色社会主义真正特点之所在。现在的生产方式还是生产资料的占有者和出卖劳动力的生产者的结合,这种生产方式必须改变,改变的一个内容就是让生产者也对企业拥有"股权"。

葛培健:以往国资改革主要是解决出资人到位的问题,但未来国企混改一定要解决主人翁到位的问题。

陈学明:不管怎么样,这是一个方向。马克思反复讲要改变这种生产方式,如果中国能够走出一条道路来,那是莫大的贡献。现在民营企业也在搞混改,老板和员工"混"。民营企业这样做,我们国营企业更要这样做。总而言之,要让劳动者成为企业的主人。

潘英丽：现在有一个问题，只要一个员工，但是有四个人，怎么样安置另外三个人。

陈学明：第三点，从政治出发考虑问题，不管混改改到什么程度，无论如何不能让大量的劳动者下岗。这是一个社会主义国家的政治原则。

潘英丽：这个不用担心。

葛培健：现在的重组改革基本上以不下岗为前提。因为我原来搞过政策，至少三年内不能下岗一个人，仍然保持这个公司的承续，三年以后按照新的考核办法来执行。

陈学明：在我看来，劳动者有自己的劳动岗位，这不仅仅是"谋生"的问题，更重要是有着实现自身价值的平台。劳动权是人的基本权利。失去这一权利就是使人不成其为人。马克思把劳动作为人的本质之所在，要求人们不是在消费领域而是在生产领域寻求幸福与享受是有道理的，这是一个深刻的思想。我认为一个人在国有企业工作，在民营企业工作，感觉是不一样的，从理论上讲，前者是作为雇佣者，而后者是作为"主人"在劳动。

第四点，国企改革是存量混还是增量混，原来国有企业中的国有资本有多少？

葛培健：现在政策规定一定是增量，不能是存量。

陈学明：第五点，我希望国有企业混改以后要交出一份答卷，也就是你们两位刚才讲的国有财产要有实质性的增加，因为这个是经济基础，也是共产党领导的基础，如果没有这一点它存在的合法性也没有了。

第六点，混改要搞，但共产党不能忘记方向。我们现在搞混改是为了更好地往这一方向走，而不是背离这一方向。最近我注意京东的老板刘强东，他也讲共产主义，他深切的感受到共产主义已经来了。马云也讲再发展下去国家一定要有一个大计划，实施计划经济的可能性和现实性在不断增加。连京东老板和马云都不得不承认这个事实，我们为什么不正视这一点呢？

许　明：葛培健你在第一线这么长时间，听了混改这个机制和目标非常明确，你的态度是什么？你认为这场混改有多大的可能性？

葛培健：我们讨论这个问题，实际上不能一概而论。我认为这次混改一定要体现国资改革带动国企改革。国资改革前置条件就是分类改革，我们的混改到底应该是在竞争性领域还是在公益性领域还是准经营性领域，即有公益性的，这是一个很大的方向性问题,简单地讲国资改革、国企改革可能会讲不清楚,所以我说这次的样本的意义在于是垄断性行业的改革。我经手了两百多家企业改制,到现在还没有收到一封举报信。什么原因? 就是刚才许主编说的要增加改革政策的透明度和改制程序的合规性。为什么要混改,混改具有转换激发传统国有企业经营体制机制的内在动力,而不混改,就是目前的行政化管控状态,不会调动现在国企管理人员的积极性。

五、 意识形态要为改革开放作有力的辩护

赵修义: 我听下来有一点感受,每一轮改革都是新的举措,改革是以前没有做过的事情,所以改革的过程一定有不同意见,而且也有风险。但凡重大的举措都是伴随着各种意见的争论。可以说争论是常态,这也是符合"百虑而一致"的常规。这是开放改革得以取得成效的一个极其重要的条件。所以,我认为这次联通改革方案引发的讨论是一件大好事,问题是如何能够平心静气地像陈学明刚才讲的解放思想、实事求是地来探讨。使得这种讨论真正有益于改革方案的完善,有助于形成改革共识,而不是变成一种两极对立的情绪化的舆情事件。

怎么样讨论才好? 学明讲的"意识形态"很重要。但是我觉得,从我们改革开放整个历程来看,意识形态与改革的具体方案这两件事,既有联系又要有区隔。有些人把混改等同于国有资产的私相授受,说"我国是一个社会主义国家,国有资产属于包括我在内的全民所有,其收益由政府代表全民收取并反哺用于国计民生。未经代表全体人民的人大审议和批准,任何人不得私相授受"。在我看来,这就把不同性质和层次的问题混淆在一起。不予厘清,只能越说越乱。既无益于改革,也无益于意识形态。确实我们要反对西方新自由主义的全盘资本化的主张,但是,混改到底意味着什么? 中外合资也好,允许民营企业发展也好,混改(也可以说是国内的公私合营——国资与民企在国资主导下的合营)等也好,如果都归结为国有资产的私相授受,归结为走新自由主义的邪路,那么,还谈什么改革? 这不是给中国特色社会主义带来意识形态上的混乱吗?

学明说要讲政治,这确实也很重要。四十来年的改革,就是这样走过来的。改革一开始想做的事情,都是要把共产党的领导权和经济基础搞好。我并不认为以前的改革仅仅是从效率上来考虑的,最初的经济改革遇到的实际上也是政治问题。邓小平当时有一句话"经济问题就是政治问题",这是在具体场合讲的,当时确实也是

如此。

我感觉国有企业开始改革，其实当时碰到的也是政治问题。前几年我做有关"平均主义"的课题，读了《朱镕基讲话实录》才搞清楚最大的"平均主义"是国有企业吃国家的大锅饭（国有企业从国家得到投资扩大生产规模，但当经营不善等原因遇到困难的时候，都又要依赖于国家来解决）。大量效益不佳的企业人浮于事，还积累了数量庞大的"三角债"，弄得中央财政困难，难以运转，这就是很大的政治问题。我觉得如果从这个过程来看，就是问题导向。中国的改革其实都是着眼于紧迫的问题。为什么到今天还这么强调国企改革，也是从现阶段要解决的问题出发的。抽象地提出共产党能不能搞好国企，这样的提法本身就是有问题的，预设了一个三十多年的国企改革失败的前提。

事实表明，经过这么多年的改革，我们的国有企业壮大了，搞出了那么多的巨无霸，可以进入世界五百强的大型的技术先进的国有企业。这一点要肯定。许多年前我去齐齐哈尔看了两个国有企业，看了确实很寒心。那是原来苏联援建的 141 个项目之一，外面的人叫它"200 工厂"。什么意思？里面的工作人员只能拿到 200 元的工资，许多设备都闲置了，三分之一的人退休，三分之一下岗，但是还是没有活力。如今大型国企能够做到现在这个程度，国有的资本大量增加，国家有那么多钱，怎么能说改革开放四十年的国企改革不成功呢？

葛培健：现在国企改革重点解决两个力，一个是经营活力，一个是内在动力。

赵修义：在新形势下，为什么必须进一步改革，不能停留在原来的基础上？我觉得问题应该从这个地方出发的。问题到底在哪里？刚才葛培健先生和潘英丽教授作了非常具体的分析，有许多数据为证。我想接着说的是，问题还要从未来的趋势来观察。"问题导向"所包含的，不仅仅是一些难以为继的问题，还有从长远的发展看即将或可能遇到的问题，比如，全球技术创新和市场的变化。如今我们在国际上高举经济全球化的旗帜，也有舆论认为中国已经在第三次工业革命中占得先机。国企如何适应这种发展趋势，发挥更大的作用，面临很多极其尖锐的挑战，我们必须正视。最近有文章认为，现在世界上遇到的问题，主要还不是陈学明讲的工人和资本的矛盾，而是跟上了全球化的潮流和跟不上的这两类人群的矛盾。文章从这个视角，分析特朗普上台和英国脱欧。这个视角也许不符合经典，但是从解释社会生活来说，我看有一定的道理。新近的第三次工业革命，数字技术等不仅对经济活动，对整个市场的运作，乃至对整个社会生活，都在产生急剧而深刻的变化。具体到通信，我觉得反对联通方案者称这是个朝阳产业和优质资产，这一条恐怕未必站得住脚。就我个人的感受来说，且不说联通在三大电信中处于末位，就长远看，说不定这就是一个夕阳产业。现在固定电话都不用了，就是我们这些老头、老太还用，我现在还是固定电话配手机，每月就是支付一点点钱，还都用不完。他们提供了服务，但是要盈利恐怕会越来越很难了。再下去怎么办？所以我觉得更大的问题还不是难以为继，可以继多少年，而是，过了多少年以后会不会终结的问题。关键是怎么样赶上这个变化，在下一步占得先机。

葛培健：诺基亚曾经是全球研发投入最多的手机制造商，现在都倒闭了。

赵修义：以后说不定有些银行也会倒闭。

葛培健：现在马云都提出来了无现金支付。

赵修义：现在对马云担忧的也有很多，说他会搞坏这个世界，现在有些舆论对他不好。但是不管怎么说，这是一种难以阻挡的新的变化，代表了一种趋势。真正的改革家就要看得远。我认为朱镕基做的很多事是对的，那个时候上海的纺织行业还是不错的，单靠让外地企业借用商标，就可以赚很多钱。朱镕基把它砍掉了。现在想想，如果不砍掉，恐怕不会有现在的上海。具体的政策我说不清楚，但是我觉得要从这个角度去看待这些问题。至于具体的操作层面，刚才潘英丽讲的我很赞同。实际上即使有再好的方案，它在操作的过程中也会产生很多的问题，这里面的问题只有在操作的过程中不断判断，及时解决，才能最终解决问题。不可能一个方案提出来以后，做下去一定很圆满，之所以作为试点，就是这个道理。

最后从理论研究的角度谈两点建议。

第一，对四十年的改革开放作深入客观的研究。最近习近平总书记在厦门讲了2018 年要纪念改革开放四十周年。希望借此东风，组织学界对这个改革过程作深入细致的研究分析。今天中国社会对改革的认识和评价分歧很大，而且有较大的情绪化的成分。这种情况的产生也不奇怪。改革是一个全新的事业。这是一个探索的过程，也是一个极其曲折的过程，走过不少弯路，付出了不少代价，其间还出现过一些非常荒唐和反常的事情。就国企改革来说，刚才说的中小企业改革中的下岗人员的安置，确实有不少问题。我姐姐、姐夫都是部队复员被安置到纺织厂的。我姐姐她被分配在一个小袜厂里当厂医。工厂关闭之后，医药费常常无法报销，收入也低得很。有一段时期情绪非常低落，现在就好多了，一则许多方面有了改善，另则子女的处境都比较好。但是，有些道理还是有待搞清楚的。出现过的问题，到底是在什么环节上发生的,怎么会发生的,哪些是难免的,哪些又是可以避免的?

我一直在想这里面的问题到底出在哪里,我们是不是清楚了呢?对于发生这些问题的细节有没有搞清楚?要搞清楚,就要直面这个过程,包括它的细节。我昨天看了易中天的一篇文章,题目叫《中国为什么不认错》。认错,就是要承认发生过很多问题,包括一些可以避免的问题。说清楚了,这一页也就可以翻过去了,大家向前看。有错的话错在哪里,也需要厘清。到底是改革的方针错了,意识形态错了,是在操作的环节上出了问题,还是受到机制体制观念等的限制?"错"其实是很自然的事情,试验也可以说是试错,这是认识过程中必定会发生的事情。总结了,就可以做得更好。总之,要直面现实,把我们的改革看作一个获得了巨大成就的事业,同时在改革的过程中确实产生了很多的问题,出现了很多丢人的事情。包括有些高校,曾经一段时间大量破墙开店,想方设法"创收",现在又到处拆违,拆的不少是早些时候号召建起来的。回顾这个过程不是找谁算账,而是要作出总结,把今后的改革做得更好。

第二个想法,我觉得我们现在需要好好地研究一下意识形态如何为改革开放作出辩护。改革开放初有一点动作,但是后来就少了。我发现,现在一些文章还在用20世纪50年代的概念来分析今天的改革。比如说国企改革,把股票让给了私营企业,就是"卖国贼",这是一个什么概念?是新中国成立初期的,那个时候私有企业是改造对象,也就是要把它国有化。那时谁要是想把公有企业的资产卖一些给私人企业主,那当然是"卖国"了。但现在的情况发生了很大的改变,现在国家法律规定人人都可以有私人财产,也规定民营企业的合法性。那么民企在中国到底给它一个什么样的定位?就业、创新民企都有贡献。我最近看到一条消息说,我们国家最困难的航空发动机也突破了,靠的是一家民营企业突破了一种金属冶炼(技术)。所以,到底怎么样去看待共产党领导下的民营企业?这些问题都是需要在理论上作澄清,否则我们停留在20世纪50年代的概念、50年代的教科书,用这些旧概念去解释改革开放,解释今后的发展,会出现很多问题。现在还动不动就把民企当作革命对象,将民营企业家等同于资本的人格化,能说得通吗?还包括刚才陈学明讲的劳动者问题,确实很重要。我也写文章提倡尊重劳动、尊重劳动者,但是我觉得现在的情况确实相当复杂。什么算是劳动?管理算不算劳动?再则,如果机器人再这么发展下去怎么办?中国人口这么多,我们的机器人又要搞到全球领先,劳动者怎么办?原来的劳动者,现在把土地房子租出去收租,还算劳动者吗?9月11日,由复星集团牵头的民营联合体与浙江省政府正式签署"杭绍台铁路PPP项目"投资合同,中国首条民营企业控股高铁产生,复星集团牵头的民营联合体占股为 51%。建成以后,复兴集团负责经营,30 年后资产归国家。我想了半天觉得这件事也许真的是帮国家解决大困难。我们造了那么多的高铁大都是用银行贷款,一算账就知道这个成本收回来很不容易。怎么办?现在 30 年以后东西全部是国家的,这个 BOT 项目 30 年能赚得回来吗? 联想到其他的政策,比如说现在不允许你到外面乱投资,如娱乐、足球,等等,叫你回到国内来投资,投资什么? 投资的都是国家担负不起的东西,经营的好坏都在这个地方。所以现在看这些问题,我们很多的观念也要跟得上已经变化了四十年的情况,如果我们的意识形态跟不上这一步,那么就会出现一种情况,即改革本身是得不到理论上支持的,所以只能讲有效率,但只讲有效率还不行,还需要理论的辩护。

许　明:刚才潘老师提了一个很好的问题:共产党执政跟这场改革的关系。对这个问题到底怎么看? 这是不是一个问题? 陈学明刚才是从政治上考虑。我感觉经济学家有自己的特点,他们从经济考虑经济,说我们考虑的人文问题和意识形态问题都是虚的,经济问题考虑的就是盈利或者亏损。你刚才提到的情况,我本人一直感觉是一个问题。90 年代中小企业改制,使一大批产业工人失去了岗位,实际上在社会中变成了边缘人群,刚才学明说的观点我可以理解,在复旦工作和在民营大学工作给人的感受是不一样的,这批人失去岗位以后变成了被救助的对象。现在时代变了为什么还不能接受? 因为主体没有变化,国有企业工人的主体没有变化,现在成为了最底层的。在目前的社会环境下,共产党执政基础这个问题要不要考虑? 我感觉是要考虑的。这是一个政治命题,同时也是一个涉及全社会的基础性命题,所有的改革都和它有关。

陈学明:政治经济学,经济学与政治相关。

许　明:这个观点我赞同。刚才潘老师说的问题,如果这样混改把最后一块自留地也切割了,那么一定要回答是不是还需要这批产业工人。你可以回答不要,但是你也可以回答要,要是什么方案? 不要什么方案? 要的话马上就引申出来一个问题:这批支柱性的产业不靠混合能搞得好吗? 是不是一定要引进马云的资本来改造它? 有没有办法通过自身改革、自身变革提高竞争力?

陈学明:第一就是政企分开,第二是让员工拥有股份,应该走这条道路。

赵修义:马云是有特殊情况的,他是电子商务行业,通信行业如果不和这个结合起来的话,效益就没有了。

沈开艳:国有企业是不是可以通过自身改革、自身变革实现超前发展? 回答是肯定的。我觉得,和马云们的合作可能就是这种改革的一种表现,既可以通过这种混改方式,也可以通过陈老师说的全员参股的方式。

赵修义:文件讲得很清楚,国有企业分了很多类,这个只是其中的一类。

沈开艳:国有企业改革总是会有出路的,关键是怎么改,并不是说所有的企业都要采取和马云们合作的方式,也不是所有的企业都去全员参股。不同的企业需要寻找到适合这些企业的不同方式。还有一些行业也许不能完全产业化,比如公共服务领域的教育、医疗、养老,等等,这是公共服务、公共产品,公共服务要走纯市场化道路的产业化经营可能就会出现问题,但是非公共服务领域的市场化企业在改革过程中,我觉得各种各样的方式都是可以尝试的。

潘英丽:其实引进四大网络企业,国家可能有战略上的考虑。现在互联网包括支付系统,民间的支付系统已经发展得很快,而且已经覆盖到国外,其实联通的这块业务已慢慢地被人家掏空了,你虽然有八亿用户,但是流量没有办法套现,你没有办法提供更好的服务让我买单。在这样的情况下我们把民营的网络公司和联通公司相关的业务整合进来,其实是帮到了联通,因为有一些协同效益,也不至于对联通构成很大的竞争压力,你中有我,我中有你,和联通一起赚钱,大家都有好处。另外从国家战略考虑,联通可能对这些企业也会产生影响,包括这些民间的网络公司或者是它在国内外运作的时候也体现了国家战略的需要,可能有这种思考。

葛培健:它利用国家的通信骨干技术网,是有战略性考虑的。

六、 深刻准确地理解党的执政基础

沈开艳:刚才各位老师和前辈都说了很多,我深受启发,我讲几点不是很成体系的观点,完全是自己的观点,可能有错漏。

第一,我觉得大家刚才谈的最多的一个问题是关于国有资产流失的问题。担心混改会不会造成国有资产的流失。刘晓明老师刚才也谈到两种意见中,反对的观点最明显的就是认为混改会造成国有资产的流失,其实这个问题早些年在国有企业改革涉及国企出售时已经有过争议。我觉得这里存在一个误区或者说误解。实际上只要学过经济学的人应该会觉得这个问题是不成立的。打个比方,现在有一家值一亿元的国有企业被出售了,许多人就说国有资产流失了一亿元。但是,如果按照马克思主义经济学的理论,这只是一亿元的实物资产变成了一亿元的货币资产,只要是等值、等价的交易，那么就绝对不是流失，而是资产的形态变了。就像一个人，他把自家的价值一千万元的房子卖了，不能说流失了一千万元，因为你拿到了一千万元的货币。如果现在一亿元的国有资产在企业经营，它可以产生利润，现在把它卖掉了，那么这一亿元的资金说不定就可以投资到效益更好的领域，怎么能说流失了呢？那么，什么时候会造成国有资产的流失？那就是在估价的过程中。如果这个企业明明是值一亿元，现在你把它以八千万元的价钱卖掉了，那么国有资产可以认为是失去了两千万元，或者说流失了两千万元，但也不是一亿元。反过来说，也可能估价高了，或者是溢价出售，那么国有资产不是流失的问题，反而还增值了。所以，国资出售也好、混改也好，本身是不会造成国有资产流失的，所以认为混改了就造成国有资产流失了，这是一个误解。混改本身不会造成国有资产的流失，但在国有资产的市场化交易过程中，如果估值和评估出了问题，就会造成流失或增值，高价就是增值，低价就是流失。

葛培健：这次联通估值，在停牌之前有很多的传言，因为是国家发改委主导的改革，实际上它的股价早就上去了，所以是高估的。这次的对象是停牌之前的九折，这个九折已经是高估的，因为我们是审批经济，一定是利好的。

沈开艳：我觉得，关于国有资产流失的问题，如果大家都能明白这个道理，国有企业的改革阻力会小很多。所以，不要说混改，即便国有企业卖掉也不能说是国有资产的流失，特别是实物资产转化成货币资产后，这部分货币资本在下一步的投资中被用得更好，效率更高、效益更佳，那么就为国有资产的保值增值作出贡献了。假定现在联通资产在这样的盈利情况下不进行混改，我们看一下，这些年的利润，2015 年中国移动的资产回报率是 7.6%，中国电信是 3.2%，联通只有 1.7%。而到了 2016 年，中国联通更是悲惨，资产回报率仅为 0.1%，这样下去，2017 年差不多就是负的了。如果在这个时候我们通过混改，让其他的股份进来，新的混改公司到时候资产回报率上升到3%、6%、10%，甚至更高，这对于联通来说不啻是一个福音。这种混改只要对国有资产带来效率的提高，让国有资产更快更好地增值，那么我觉得这样的混改至少从经济学的角度来说就是好的。如果混改的效果是这样的，那我是支持的，这样的混改会给国有资产带来利好，给国有企业带来活力。

有些人担心像联通一样现在还在增值的国有资产，如果让其他的民营企业进来，就会把国有企业的利润分掉了。我觉得这也应该从两个方面看问题。一方面，通过混改，原来企业的利润看上去可能是分配给了百度、阿里巴巴和腾讯了，但是也应该看到混改以后，利润的蛋糕做大了，联通依靠阿里巴巴、百度、腾讯的力量把蛋糕做大,在BAT(百度、阿里、腾讯)获利的同时,也带动了联通的获利,如此双赢,何乐不为?现在有些担心的是混改以后,很多的利益被非国有的一部分股份占有了,从而损害了国有的利益,这当然是不行的。但如果是在现在这样的情况下,只要BAT进来以后能够把原有的存量部分或者增量部分带起来,我觉得至少从经济学意义上来说我是支持的。何况现在我们不是把多么好的一家企业拿来混改,而是把一家难以为继的企业拿来进行混改,至少联通在三家电信垄断企业中它就要被其他两家打败了。比如,我们一直觉得中国电信主要是固话业务,但是它现在在移动领域也搞得生龙活虎。联通呢,固话不行,移动终端也不行,如果在这样难以为继的时候加入一点民企股份,我觉得不是坏事,可以使现在联通的状态改善,或者救活联通,另外也可以和其他两家企业进行良性竞争。国有企业的垄断确实会带来很多的问题,在垄断和打破垄断之间我觉得现在做这样一种尝试是可以的,以后如果说这种尝试不好,那也可以让民企退出,改革就是要试探前行之路嘛。如果做得好,可能慢慢移动也想混改、电信也想混改了,到时垄断就变成竞争了。我们知道在国外都有电信行业资本化的情况,我不是说一定要资本化,但是我觉得有一个慢慢放开的过程,对垄断性国企是好事。

第二,刘老师刚才谈到了很多人在担心联通混改以后会不会改变公有制性质。改变公有制性质的担忧源自联通国有股比重在A股市场上的占比由原来的63%顿减到36%。63%到36%是不是一个性质的改变?是不是不再是公有制了?其实我们回顾历史,在我们国家1978年到现在整个改革开放的历程中,我们对公有制性质的认识在观念上是不断深化和演进的,这个问题又和我国的基本经济制度相关联。我们回想一下,1978年刚刚改革开放的时候,我们提"计划经济为主、市场调节为辅",后来在改革发展的实践中,我们认识到计划经济的许多弊端,慢慢地我们的提法也改变了,提"有计划的商品经济",个体户、私营企业是一种补充,起到拾遗补阙的作用;再后来随着经济的搞活和改革的深化,我们发现拾遗补阙的这部分,在市场上的作用越来越重要,它们慢慢地成长发展起来了,比重也做大了,这时我们对整个基本经济制度的表述也随之改变,我们的理论倒过来开始解释实践,而不是理论引导实践,是先有了私有经济,私有经济壮大了以后说法开始变了,从"拾遗补阙"的"补充"地位,到"并存"到两个"毫不动摇"。为什么要说"并存",不是说我们要在理论上引导其"并存",而是我们发现在改革过程中"并存"已经成为一个事实,我们对公有制和基本经济制度的表述越来越贴近现实。"并存"之后,民营经济活力增大,比重也越来越大,但是我们是公有制经济制度的国家,所以我们对所有制问题的表述还是强调"公有制经济的主体地位"。什么叫做"主体地位"？当时的解释是国有资产或者是国有资本的比重要超过 50%,公有制经济占比超过 50% 就是占据主体地位,具有主导性。可是在此后的发展中我们发现,民营、外资等非公经济比重越来越高,到后来国有企业的比重已经低于 50% 了,这是在改革过程中形成的。低于 50% 以后,客观上对我国的基本经济制度形成了挑战,社会上不同的声音也多了起来。那个时候怎么办？我们到底怎么表述已经形成的事实情况？我们既要坚持市场经济改革道路,又要坚持基本经济制度,这二者是不是自相矛盾了？后来,理论界和实业界都开始思考这个问题,于是一些人士提出了"国有经济的控制力"、"竞争力"的说法,比如说在一家企业中某方占有 51% 以上的股份,那它是处于绝对控股地位,但是在股权分散的情况下,某方也许仅占有 30% 甚至更低如 15% 的股份,它已经是第一大股东了,那么它也是控股的。这就是后来中央文件中提的国有经济的"控制力"一说的由来。再到后来,随着现代企业制度的推进,股份制企业中的国有股甚至不是控股,而只是参股了,参股的企业能不能算在公有制经济的框架下,大家又开始争论,争论来争论去,我们终于看到在十八大报告中提出了一个新的说法,即"混合所有制改革",这成为了当前企业改革的一个方向。所以我们可以看到我们对基本经济制度的认识、对公有制性质的认识也是在不断深化的,这个变化过程是跟着 1978 年的改革开放过来的。现在面临着更多的现实问题,需要我们在理论上加以阐述,比如说"基本经济制度与社会主义市场经济的结合"问题,这个看似老生常谈的话题在今天现实中被赋予了新的内涵,比如说混改、PPP、共享经济等新的企业运营模式出来了以后,国有控股连百分之十几都做不到了,那么我们用一个什么样的概念来解释当前的现象,而且还要肯定我们的基本经济制度,这就考验我们的智慧了。我觉得我们可以提"国有经济的带动力和影响力"。在当前这样的情况下,国有经济在整个国民经济中必须有"影响力"、有"带动力"。

所以我们现在有很多学者确实在担心,我国的公有制性质、基本经济制度等理论问题。我们中央领导集体,对现实经济现象的洞悉,对意识形态的看法,这二者是完全结合起来的,不是说经济问题就是经济问题,意识形态就是意识形态,二者不相干。经济现象出来以后马上就涉及意识形态问题,二者如何协调、适应等是很现实的。最近一段时间国有企业境况不佳,中央也发现了这个问题,所以习近平总书记提出来要"做强做大做优国有经济",这是在实践过程中反映出来的我们国家经济改革的一个现状,确实是审时度势研判后的政策主张。所以这是我讲的公有制的性质,或者说我们基本经济制度的问题。

第三,我们也看到在改革开放的过程中,有些人担心公有制的比重减少会不会对执政党的执政地位带来影响?如果执政党不掌握大量的优质国有企业,会不会失去执政的基础?因为我不是意识形态领域的专家,我只能粗浅地谈谈自己的想法。

我觉得我们对党的执政基础的理解一定要深刻、准确,到底什么是党的执政基础,我觉得不仅仅是党掌握多少经济资源、有多少国有资产,除了经济之外,一个政党赖以执政的基础还包括法制,以及民心。有完善的法制、民心所向,我认为也是党的执政基础。

赵修义:还有一个财政。

沈开艳:它是有权分配这部分的。

赵修义:不是分配,它是掌控这部分资产的,每年还有这么大的税基。

沈开艳:按照赵老师的说法,共产党的经济基础依然是非常强大的。我们有经济基础、有法治基础,还有最重要的民心基础,党的执政地位就是稳固的。现在的民心是什么,就是大家对于改革的共识,中央也说"允许改革有失误,但不允许不改革",这是得民心的话,这就是党的执政基础。

第四,刚才刘老师说的观点中,有一种认为搞混改是同中国的文化和价值观相违背的,我觉得这个也是可以讨论的。中国文化中有个重要的理念是"和而不同",那意思是我们追求和谐的社会、和谐的生活,但是允许不同的多样性的存在,正如孔子说的"君子和而不同,小人同而不和"。如果我们用这种中国传统文化去看待今天的"混改",我觉得就不会有一种违忤之感了。纯而又纯的公有制经济那是"同",让各种不同的经济成分和谐共存于一个企业中,就是"和而不同",就是"混合所有制改革"。这样,无论是从政治正确、道德至上或者是体现中国传统文化价值也好,应该都是可以解释得通的。

第五,刚才陈老师提到了"混改"与文化、医疗、教育领域的企业化、民用化问题,这个问题非常重要,必须正视。我觉得现在的问题首先不是文化、教育、医疗等领域要不要"混改"的问题,而是文化、教育、医疗等行业能不能产业化、企业化、营利性经营的问题,我认为文化、教育、医疗等领域提供的是公共服务和公共产品,不能看作一个企业化运作的产业。

我觉得公共服务这些不能企业化经营,不是说不能搞民办的学校,但是不能是完全以逐利为目的,而且为了盈利不择手段,因为还有一个价值观在其中,我们的文化教育有一个公共价值观在里面,如果完全不择手段,整个的价值观就会被颠覆。公办学校不能走完全产业化道路,民营学校也不能产业化经营,只要掌握好这一条,不是完全以逐利为目的,一部分还承担着社会功能和职能,我觉得民营学校也可以办得很好。反过来想,比如说哈佛大学和 FIT 都是私立的,我觉得不在乎是不是民办,我觉得在乎的一个是教学质量的问题,还有一个是导向的问题,我觉得即便是国外的私立大学也没有全部的逐利。

陈学明:文化要不要引进私人资本和民营资本进去?

沈开艳:我觉得是可以的。

葛培健:2017 年下半年上海市委三大改革,很重要的就是对学校的规范,不管你是公有的还是民办的都要标准。优质的教育资源中,一个民办中学和一个公办中学,教师的收入一定是民办的高,但是民办教师以后的退休和公办的不一样,甚至是公立老师的身份也没有了,实际上也承担了不同所有制学校的一个风险。

陈学明:我和你的想法不一样,你想的是教师的收入,我认为他如果教得好,收入是增加的。我想的是怎么样使寒门子弟和有钱人的子女有同样的权利和资格。比如说在马路边吃饭的民工,这部分人的利益怎么保护?

许 明:共产党执政基础究竟是什么? 沈老师提出了影响力也可以作为控制力,非物质的优势也可以作为执政党执政的基础。

潘英丽:其实有一个问题不是执政的基础,而是执政的合法性基础。我们共产党原来是两个,一个是搞持续保持经济增长,使得老百姓生活一天比一天好,这就是拥护共产党执政的基础。第二个就是现在反腐败。

许 明:我同意你的解释。

陈学明:共产党的执政基础就是为老百姓着想。共产党在农村为老百姓着想搞得不错,现在农村都有基本的保障,养老和医疗都解决了。

许 明:潘英丽说的是有道理的,但是没有回答刚才的问题。过去关于执政基础的物质条件,比如说 51% 或者是百分之多少,是从经济基础出发,这是可以改变的,我们可以重新提出一种理论,经济基础从其他的方面考虑,在理论上我们有没有必要重新这样界定? 在理论上我们有没有必要论证?

沈开艳:从 1978 年改革开放以来,历次党代会的报告都对基本经济制度有清晰的表述,但是这种对基本经济制度的表述每一次都在深化,没有一次是重复不变的。

刚才陈老师说的"混改",我觉得学校也可以引进民间资本,或者说是可以搞"混改"的。但如果混改违背了教育的初衷、违背了社会价值观,造成了公共资源的不公平占有、不公平使用,造成了教学资源等的两极分化,这样的教育是失败的,但这种失败可能是"混改"的结果,但也不必然就是"混改"的结果。

陈学明：我认为在教育系统搞混改,让教育变成营利的机器,让一切向钱看成为教育的原则,那么出现寒门子弟受排挤,教育资源集中于富有人员手中是必然的。

赵修义：私人办学也不一定是以盈利为目的的。

陈学明：不,除了少数"慈善家",多数私人资本进入教育系统,就是为了营利,这是由资本的本性所决定的。

赵修义：你这个是抽象的原则,新中国成立前有多少私立中学,私立中学都是为了赚钱吗?

陈学明：那个是少数。

赵修义：办学不是生产。

陈学明：你看一看在上海能够上民办幼儿园、民办小学、民办初中的多数是什么人的子女,就一清二楚了。没有相当的经济实力,能够参与到从幼儿园开始的"竞争"吗?

赵修义：我觉得现在政府能够把那些培训班管起来就不错了,在培训班上学花的钱比上学不知道要高多少。

沈开艳：我觉得应该尽量避免对公共领域,也就是所谓办学、医疗这些领域的企业化经营。企业化经营可以是国有,也可以是民营,现在的公立学校也在破墙开店,还有办培训班,也在逐利,公立医院也在产业化经营。这些是有问题的,是容易走入歧途的。所以,不管是公办学校、公立医院,还是民办学校、私立医院,都可能逐利经营,这与"混改"本身没有必然的因果关系。关键是我们国家要有一种体制机制,让学校、医院这些公共服务机构不是为着逐利的目的来办。

七、 基于联通谈混改，跳出联通看混改

李正图：听各位哲学教授谈论观点很受启发。葛总谈到联通混改用三句话来概括,十分到位、十分精准,这三句话是:意料之外,情理之中,有待观察。受葛总概括的启发,我想我的发言可以概括为两个方面:

首先,基于联通看混改。所谓联通混改,应当称之为混合所有制企业改革,它不是混改的全部内容。中央倡导的混合所有制经济有两个层次,一个层次是指一个国家、一个区域或者是一个城市的时空中同时存在着公有制企业、非公有制企业,我们可以称这个国家、这个区域或者这个城市的经济是混合所有制经济,这样的混合所有制经济中并没有出现如我们正在讨论的联通内部的混合产权。第二个层次就是今天我们正在讨论的主题,在一个企业中既有私有产权(既可以是国内的民营资本而形成的私有产权,也可以是国外的私人资本而形成的私有产权),也有公有产权,我们叫它混合所有制企业。从这个角度来看,联通这次改革实际上是企业的产权改革。综观国内外企业的产权改革,大致有三种情况:第一种是公有产权与公有产权的混合,这里的公有产权虽然都姓"公",但分别属于不同的主体,譬如中央资本与地方资本的混合,一家中央企业的资本与另一家中央企业的资本的混合,一家地方企业的资本与另一家地方企业的资本的混合。第二种是私有产权与私有产权混合在一起,这是最经典的股份制,是在资本主义市场经济条件下培育和发展起来的,是混合产权的最典型形态。现在我们讨论的联通混改是一种既有公有制,又有非公有制,把公有产权和私有产权放在一家企业中的改革,尽管如此,这样的混合并没有超越经典股份制的原则,仍然是股份制,只不过增添了公有产权这一新内容。因此,我们讨论的股份制,可以是公有股份也可以是私有股份,但是也可以公有和私有并存、共同发展和混合。既然如此,我们在讨论联通混改时,为什么特别强调公有和私有? 我认为,联通混改是改革开放以来第一次在大型国有企业,尤其是大型中央企业中进行。

之所以首先在联通中首次实施混改,我觉得有以下几个方面考虑。第一,三大电信公司中,联通规模最小,因而在联通中进行改革风险最小,如果失败了可以从头再来,如果成功了就可以复制推广,所以国家选择联通进行混改试点是正确的。第二,联通是央企,作为央企的联通混改可以为其他央企混改提供样板、标本。第三,作为央企的联通混改还可以对地方国企的混改树立榜样和提供经验。总的来说,我认为,把联通混改,与改革开放以来我国农村以小岗为起点的家庭联产承包责任制改革、以深圳为起点的对外开放、以苏南为起点的乡镇企业创新、以温州为起点的个体私营经济发展等相提并论,并不为过。

以上是基于联通谈混改。然而,如果我们仅仅在联通内部谈混改并不能更加深刻地理解这次联通混改的战略意义、战略价值。因此,我们必须跳出联通看混改。跳出联通看混合,我们得首先回顾一下改革开放以来我国经济领域的三个方面的理念变迁情况。

20世纪90年代初我们开始搞市场经济,与此同时带来了自由主义经济学(通常称之为西方经济学),现在我们反思一下它对不对,尤其是20世纪末的美国哈佛大学日裔教授福山提出的"历史终结论"。现在我们回过头来看,我们整个经济领域的改革,包括实体经济,自由主义现象是比较严重的,我感觉要比许主编所关注的意识形态里面的自由化还要厉害,并且人们已经习以为常而感觉不到。自由主义经济学与混合所有制是格格不入的,因为它否定公有制的合理性、正当性、合法性。所以我们现在要问,混改是不是对自由主义经济学指导下经济政策的矫正?更进一步,与混改实践相对应的混合所有制经济理论是不是对自由主义经济学的矫正?如果是矫正,我们国家的主流经济学可能就要从纯粹的西方经济学转型到中国特色社会主义政治经济学上来,这一转变必将符合中国道路、中国实践、中国政策、中国经济学的客观演进趋势,而这一趋势正是以联通混改为标志的。从这一客观实践和中国经济学发展高度来看,我认为,如果联通混改继续探索下去,就会和习近平总书记提出的要创建中国特色社会主义政治经济学是相当一致的,这样看来,我们今天在理论和在实际上围绕联通混改来探讨十八届三中全会以来整个国家的混合所有制经济改革就十分有意义,也就是跳出联通看混改。

从1995年开始,中央关于国家企业改革既提出了创建现代企业制度,也提出了构建现代产权制度的要求。现代企业制度和现代产权制度对于当时的中国来说是全新的制度,苏联没有,东欧社会主义国家也没有,中国同样没有。我们1998—2000年搞抓大放小改革的时候,把小的都放掉,变成民营企业;只抓大的,就组建了200家央企,然后再压缩变成了九十多家央企,有了这九十多家央企今天才有可能搞混改。20年来,我国国有企业、民营企业甚至外资企业中的制度建设经历告诫我们,必须拿回企业制度、产权制度和公司治理制度的主导权,按照中国经验、中国道路、中国理论、中国政策来重新构建中国特色企业制度、产权制度和治理制度。这一转变已经有了明显的突破。这就是习近平总书记2016年提出来把党的制度建立在公司,2016年年底的时候我还不理解,认为把党的制度放在公司中是不对的,但是如果我们跳出从欧美照抄照搬过来的现有的企业制度、产权制度和治理制度,再来看中国究竟需要不需要全盘西化的企业制度、产权制度和治理制度,还是需要中国特色的企业制度、产权制度和治理制度?我们在理论上的困惑就可以迎刃而解了。为此,我认为,如果把党的制度融入到企业制度、产权制度和治理制度中去,就可以实现我国国有企业、民营企业和外资企业的企业制度、产权制度和治理制度创新,可能就形成了中国特色的企业制度、产权制度和公司治理,这样看来,我认为,这次主推联通混改就是在这方面的探索。如果探索成功,必将实现我国企业界在企业制度、产权制度和公司治理方面走向中国特色社会主义政治经济学指导下的现代企业制度、现代产权制度和现代公司治理制度改革和创新。

回顾一下我国的产权制度改革,对于今天我们跳出联通看混改也十分必要。我们从 20 世纪 90 年代开始搞产权改革,现在无论是国有企业还是民营企业都要产权明晰。产权明晰带来的结果就是大家都有产权,已经出现了产权过度化倾向。现在我要问,产权明晰肯定是必要的,但过度产权化到底好不好? 如果产权化过度了,到底要不要把它退回来? 我认为,联通混改的实质就是把 100% 的私有产权的过度产权化状况和 100% 的公有产权的过度产权化都降下来,实现“双下降”,“双下降”可能会达到以下两个目的:一是克服公有制企业效率低下弊病,二是克服非公有制企业唯利是图弊端,最终使混合所有制企业履行国有企业、民营企业和外资企业都没有正确处理好的经济责任、社会责任、生态责任甚至政治责任的高度统一难题。如果联通混改达到上述要求,我们觉得这个实验是有一定价值的。把我刚才说的产权经济学和公司治理加在一起,可能我们要创造一个新型的经济学理论来指导中国的经济实践。因为所有的西方经济学理论都没有在 10 亿人口以上的大经济体中做验证,因为世界上 10 亿人口以上的经济体首先是中国,其次是印度。所以,当代中国才能产生原创性的经济学。此外,我们要论证,以联通混改为典型代表的混合所有制企业改革,到底是不是改革开放以来我国国有企业从放权让利到承包制,从现代企业制度、现代产权制度到后面的抓大放小,再到央企改革,这一系列转变必然的逻辑?

最后我们还要从国有经济角度来看联通混改,这也是跳出联通看混改。时下,我们一直在担心国有经济的比重到底是多少,有人说 51% 是绝对控股,有人说 30% 多也可以,但是究竟是多少。国有经济 1% 就不行了吗? 这样一思索,我就想到两个东西,一个是西方国家国有企业中搞的“黄金股”,我当时对黄金股也是推崇备至的,这一制度安排规定只要有一股就决定拥有这个企业的决策权。后来有两个现象让我改变了看法。第一个就是 2015 年的中国股市危机。2015 年 6 月 15—27 日的股市危机相当严重。如果任其发展,就会衍生整个金融危机,金融危机就会带来经济危机,经济危机就会带来社会危机,社会危机就会带来国家政权危机。通过政府不干预的完全市场机制能够化危为机吗? 实事答案已经告诉我们,市场机制高度失灵,是国家政权的干预（公安部干预）才使这次股市危机得以有效化解和避免继续蔓延。2016 年的中国楼市危机，也是国家政权干预的。前几天中央金融工作会议提出来国家金融安全、金融稳定、金融风险防范问题，这些问题主要是一行三会的问题，但不仅仅是它们的问题，也是公安部、最高人民法院、最高人民检察院、国资委、国家发改委等共同面对的问题，也就是说，是整个国家政权要面对的问题，需要国家政权来妥善处理和化解。结合上述股市和楼市的处理经验、教训，再结合这次全国金融工作会议精神，我相信，今后我国在面临可能出现金融安全、金融稳定和金融风险时，必将既采用市场机制的手段，又必须以国家政权为支撑的组合拳，严防死守我国的金融稳定、金融安全和防范金融风险。从上述我国处理股市危机和楼市危机的方法上看，国家采取的措施是非市场化的。这再次引起我们的思考，市场化这个东西走到一定程度（过度市场化）到底好不好？我们知道，股市绝对是市场化的（2015 年的中国股市由于监管不力可以视作是过度市场化的），但是却带来了股市危机，最终是靠国家政权解决的，房市也是国家政权解决的。这表明过度市场化可能会给我国经济发展、社会进步和政治繁荣带来灾难性后果，必须用非市场化方法才能解决。由此看来，我们认为，我国未来如果出现金融安全、金融稳定和金融风险问题，绝对不是市场化能够解决的，所以我们认为市场化要往后退下来。如果从这个角度来看联通混改，我认为当前以联通混改为起点的混合所有制经济改革十分必要也很重要。所以，联通混改这个问题我们要研究它，要跳出联通谈混改。我刚才说的是国有经济，我们的思维如果再往上进一个层次，就需要从整个国民经济角度来看跳出联通看混改了。也就是刚才说的基本经济制度问题，公有制为主体，多种所有制并存，也叫做共同发展。

沈开艳：现在是说"两个毫不动摇"。

李正图：是的。十八届三中全会讲混合所有制经济是我国基本经济制度重要实现形式，这是改革开放以来第一次这样提出来的。从我国基本经济制度和基本经济制度重要实现形式这两个角度考察，如果联通混改做好了，我觉得它可能是全世界从来没有探索的一个经济发展模式，它证明中国道路、中国理论是可行的。因为我刚才说了一个前提，10 亿人口以上的经济体没有哪一个现成的经济理论（包括当前仍然是主流经济学的西方经济学各流派）能够解决，西方经济学解决不了，传统的马克思主义经济学也解决不了，只能是中国特色社会主义政治经济学才能解决它。当前中国特色社会主义政治经济学还没有形成成熟的理论体系，2018 年迎来我国改革开放四十周年，总结改革开放四十周年经验，在马克思主义理论基础上，必将形成指导中国经济发展的中国特色社会主义政治经济学,这其中就包括以联通混改为起点的混合所有制经济理论。总的来说,基于联通看混改和跳出联通看混改,尚有许多经济学理论问题需要深入探讨。

我觉得参加这个会议非常好,是不同专业的学者在一起交流。

许　明:今天的会议人不多,但是非常成功,每一位的发言都非常有质量,这个话题我们还要讨论下去。

社区基层治理

（2016 年 5 月）

参会嘉宾（按姓氏笔画排序）：

文　军（华东师范大学社会发展学院教授）

卢汉龙（上海社会科学院社会学研究所研究员）

刘建军（复旦大学国际关系与公共事务学院教授）

李友梅（上海大学社会学系教授）

何海兵（中共上海市委党校教授）

周　骏（资深媒体人、社区问题专家）

顾　骏（上海大学社会学系教授）

徐中振（上海市社区发展研究会常务副会长）

徐永祥（华东理工大学社会与公共管理学院教授）

黄晓春（上海大学社会学院副教授）

彭　勃（上海交通大学国际与公共事务学院教授）

徐中振：我受《上海思想界》主编许明的委托，召开一个小范围的座谈会，主题是社区基层治理。今天大家可以发散性地讲，谈谈你认为基层社会治理中最重要的事情。插话也可以，补充也可以，问题也好、导向也好，都可以说。

一、 基层治理，关键在于精英参与

顾　骏：我们现在的社会变化得很快，但社区却基本没有变，还是和过去一样，真正参与社区活动的都是没有资源的居民，社会力量难以介入社区，另一方面政府也难以推辞，没有资源的居民只能依赖于政府的投入。反过来在有资源的居民那里，政府就难以介入，他们各自过自己的日子，也不参与社区治理。当然，也有一些地方在尝试不同的做法，例如浙江省提出建立"乡贤参事会"，就是要让有资源的人参与基层治理。被列为乡贤的有三类人，在当地发达的，外出成功的，还有来当地投资经营的。

这些有资源的人回来参加农村治理,给农村建设和治理带来了新力量和新动力。农村要发展,要推进乡村治理,关键在于精英回乡。

当前社区治理最大问题,就是政府希望卸包袱的地方卸不掉,政府想进去的地方又进不去,政府想调动社会力量来解决社区问题,却找不到合适的人选和资源。

精英为什么不能回到农村? 很重要的一个原因是受土地制度的约束,因为土地不能自由买卖,精英回去以后想建几栋房子却没有地方建。所以,土地制度不改,中国农村是很难发展起来的。农村本来是有资源可以流转的,会产生价值,但是偏偏不让土地流转,现在的承包、租赁并没有用,因为没有所有权,政府只要有一条命令下来,马上就不是你的了。这是中国农村治理的问题症结所在。那城市里呢? 从社区里面"长"出什么东西? 如果是一片"不毛之地",精英们回去干嘛?

二、 抓住利益连接点,激发草根民众参与活力

文 军:顾老师讲的观点是属于支持精英治理的模式,我认为这只适合目前发展阶段,应急还可以,要成为一种制度化的东西,可能还需要好好斟酌。如果放任甚至扩大这种精英治理国家的模式,就很容易与底层民众形成一种对抗,其结果将是非常危险的。普通老百姓在自己家门口都不能有效地进行社会参与,还要让精英来帮助治理社区,会导致底层民众和上层精英的对抗,这毫无疑问是非常危险的。从目前的情况来看,如果要让精英回去,精英自身必须有非常高的道德意识并且有很强的治理能力,在这里,道德心和社会责任感非常重要。但是,目前我们有什么有效的制度能够保障精英们能真正地是在为社会大众而不是为精英自己服务? 在这方面,我们也是缺乏制度通道的。目前并没有精英回乡的制度通道和激励机制,这才是最关键的。因此,我们必须为草根民众保留基层参与的制度通道,我们不能因为他们资源少、能力低就否定这部分人的参与权利。反过来想,如果我们不提供一些资源或者不去搭建普通民众的社区参与平台,那他们的参与能力也永远难以形成。社会治理和国家治理一样是靠大家来参与的。人与人的能力有差异,但权利面前应该是平等的。除非一些草根民众自愿放弃参与基层治理的权利,否则我们没有理由把大部分民众排除到基层治理范围之外。

现在即使有些精英想回乡去,但其实也是回不去的。这一点中央也看到了,所以现在提出要提高户籍人口的城镇化比例,农民可以进城落户,但农民的土地明确规定

是不能收上去的,农民是可以再回去的。也就是说,如果农民工进城后不能顺利落户实现市民化,他实际上是可以再回到农村去的。对这个政策目前争议还非常大,有人说农民进城市民化,就应该把原有的联系和利益链条全部斩断,让其按照市民待遇完全融入城市当中去。但国家设计这一政策也是有一定道理的,如果把农民的土地这最后一道保障斩断,在城市里面又活不下去,他们很可能会变成城市的流民,这个后果也是非常可怕的。农村和城市相比,尤其是经济发达地区的农村,它们的利益连接点比较多,我们在基层治理中要想办法调动大家一起来参与,首先要从利益的连接点着手。在抓住居民的利益连接点的基础上,我们通过社区参与来逐步培养居民的公共性和公共精神,并逐步使其跳出自己的利益关切点,在更广泛的基础上来参与社区治理。社区治理的一个难点就是用有什么办法来激活他们的参与活力,我们不能仅靠道德教育、价值引领来推动居民的社区参与。

有关基层治理的问题,还有几个重要问题可以进一步讨论。比如我们现在很多讨论研究的重心都把"治理"的关键放在主体多元这个层面上,我个人认为治理不仅仅是主体多元性的问题,治理涉及价值理念、制度设计以及行动策略三个不同层面,其中暗含着许多两难抉择的问题。比如领导问题,因为治理强调多元主体性和平等性,那一元领导和多元参与如何协调? 这就是一个很大的难点。"治理"这个概念本身是看不出"多元性"这个特征的,但是我们解读的时候都普遍突出治理是主体多元的。另外,我们把"治理"看作是一种目标还是一个过程? 是一种手段还是一种结果? 现在讨论的时候,许多人往往把过程看作目标,把手段看作一种制度结果。

顾　骏:所谓精英治理有其特定含义。第一,精英不是由谁封的,而是自己成长起来的,有能力的都可以成为精英,但不一定有权、有钱或有名。基层论精英,讲的是有资源,包括能力、钱财和社会关系。有了资源,想做好事就能做,换了享受低保的居民,想做好事也不成。所以,精英不是封的,是靠自己在社区里的表现脱颖而出,同普通人有所区别。

第二,精英的行为方面,关键是制度上要有制约,精英有了一定位置后,不能作恶,这才是关键。限制精英作恶的办法很简单,就是通过制度给予弱势人员以政治资源。

第三,无论上层还是下层,社会中有话语权的永远都是精英,区别只在于他是在制度框架内说话,还是制度不接纳。中国传统政治伦理追求"野无遗贤",就是追求把贤人都纳入制度中来。现在各行各业的精英有许多都被吸纳到体制中来了,党员进入党代会,非党员进入人大和政协,在现有制度下都不是问题。问题在于怎么让精英们协同,为基层治理作出更大的贡献。这样才能避免社区治理要人没人的尴尬局面。

三、 社会协同需要多元主体加上流程再造

卢汉龙:我有两个想法,第一,多元主体固然重要,但是多元主体旁边还要加一个再造流程,多元主体和流程再造是结合在一起的。我以前也一直强调社会管理中间很多理论都是来自经济界的,例如"治理"这个词,就是从经济学界的"公司治理"这个概念延伸而来的。以前的企业都是用"管理",80年代全球股份化时代兴起了很多跨国公司,这些跨国企业生产的流程也改变了,从科技研发到生产设计、生产服务、市场销售,再到售后服务的流程都改变了。同时,跨国公司强调多元主体,在企业里经常讲四个主体,董事利益很重要,消费者利益很重要,工厂里面的职工利益很重要,以及社区利益很重要。

跨国公司的"公司治理"强调多元的主体和流程的改变,自20世纪90年代开始把"公司治理"的思想延伸到社会管理领域,最早是联合国提出的。90年代以后联合国发现,以前讲全球治理、管理,就是联合国一百五十几个国家每年开一次会,签订很多国际协定,但是很多协定签了都没用,因为民间制约,特别是一些发展中国家,政府管理能力太差了,所以联合国首先提出来,我们不能仅依靠150个成员国(现在175个),应该要让广大的国际NGO一同参与治理。所以联合国从90年代开始请了1 500多个国际NGO观察员,每年开会它们也来参加,虽然没有投票权,但是这些NGO作为观察员有发言权,而且代表各种不同的声音,所以国家治理就变成了联合国的口号。

我们国家现在谈的"治理"理论,在90年代就已经传进来了,时间上看并不晚,但是到了中国,就出现了问题,多元主体还是不是国际上理解的多元主体? 现在我们的党政机关每一个部门就是一个主体,所谓的大联合、综合治理就是各个党政部门的联合,本质还是一个主体。另外,流程再造也没有很好阐释,而这个恰恰是很重要的。从21世纪开始,全世界社区都在说流程再造,一定要自上而下,凸显出它的多元主体。"社区治理"一定要强调结构,就是党委领导、政府负责、社会协同、公众参与,这是多元主体。前面八个字大家理解了,党委领导、政府负责,在上海这一点做得很好,特别是世博会期间对城市管理十分重视,买了很多单。但是到现在都没有很好地讲

清楚:社会协同和公众参与在哪里？公众怎么参与？流程还是没有再造,这些问题都没有解决。

十八大以后又增加了法治保障。从现实来说,在目前没有多元主体的情况下,法治保障是必须也是必然的。但是对社会治理来说,一定是需要多元机制的。我们社会上所说的法治只是一种制度,宗教、风俗、家庭、教育这些都是在治理过程中非常重要的制度延伸,但我们对这一点不够强调。现在完全是依靠行政方式管理,而很多时候是不合适的。所以多元主体和流程再造一定要在理论上加强,而且要学习国际最先进的治理方法,一定要结合起来。

第二,社会的建设很重要,一定要强调社会组织化程度,让公民组织起来,让他们有一定的话语权,让他们无论是在法律的框架里,还是在社会的风俗、风尚、家庭等这些民间的机制里,都能表达自己的意见、行使自己的权利。

社会建设的核心就是建设社会,就是要让社会组织化。所以这一点还要强调,而且要让知识界和政府部门都认同这个事实。比如讲到基层社区治理,现在业主委员会是最基本的社会组织,靠产权联系,也有法律规范,按照《物权法》《物业管理条例》都有自己的地位,但是现在基层政府不希望业主委员会来分权,导致业主委员会让政府来组织,都是街道办事处或者房屋管理委员会,先跟居委会商量人选,如果有符合他们条件的人员那就组织成立业主委员会,如果找不到那就拖着。

徐中振:我已经多次听到一些对业主委员会很有意见的说法,讲《物业管理条例》是"恶法",如果高档商品房没有业主委员会,那谁来管？居委会根本管不了。一号课题专报里面我写了一条,在每平方米五万元以上的商品房住宅区,业主们对私人购买的市场物品的物业管理是十分敏感强烈的,业主们可以看到保安进去保绿、保洁、维修,但是居委会提供了什么公共品？几乎没有人知道。现在中央说获得感,要有体验,所以社区治理要让老百姓有体验感是很重要的。

四、 从实际机制入手，用本土理论分析问题

李友梅:听了几位老师的发言很受启发。最近几年,我和文学、政治、经济学科的学者在一起交流时,话题常常会聚焦到我们国家进一步发展的理论支持问题。刚才几位老师围绕社会治理、基层社区的共治与自治的讨论,也都涉及了相关理论概念,由于人们现在习惯借助的一些主要理论概念均源自国外,在用来分析我们自己生活

的社会和社区时总是碰到边界讲不清晰的问题。可以说,几乎所有的相关研究都会去界定的"社会"或多或少都与结构性的主体相关,而且还会试图发现该主体的真正作用。然而,对这个主体实际作用的认识需要政治学、社会学等学科的多层次多维度的深入研究,因此研究者可能会意识到"正式的"和"非正式的"等不同机制相互嵌入的现象,而针对这种现象的分析工具往往是非常缺乏的。

目前来看,当人们讨论社会的构成单位时,会提出家庭、社区、各类社团等概念;当人们讨论社会治理的参与者时,还会提出党政组织、社会组织、公众或居民自治组织等这样的概念,因而又会涉及这些单位和组织在国家体制中的位置。大多数研究还没有从这些单位和组织的关系机制层面来讨论社会或社区的存在方式。

现实社会生活中存在着一些相互依赖关系,很值得我们去关注。比如,20世纪50年代以来基于土地制度之上形成的国家与农民之间的相互依赖关系,这种相互依赖关系在很长时期里对于农村的社会秩序和社会整合产生了很重要的保障作用。90年代上海市浦东新区成立,并进入农村经济体制的大改革和城市化大发展阶段。随着征地的大规模推进和土地使用权的急速改变,当地的农民与政府基于土地制度之上的传统相互依赖关系一下子消失了,导致这些征地农民被快速纳入城市体制而遭遇了"生产性退路"和"毛将焉附"等问题。由此引发我们今天思考的是,相较于农村,现在城市社区治理的主要抓手是什么?刚才大家指出了,现在城市社区中管理大于治理,而这个管理还是旧的,几十年前老的制度照样用,政策照样用。也就是说,既存在社会治理的主体问题,也存在社会管理的滞后问题。在这个情况下,即使社区治理是多主体的,也难以对社区治理的主要抓手比较快地形成共识。

因此,研究者们要学习从实际运行机制入手去找到主要问题。但这些主要问题往往比我们所能够想象的要复杂得多。比如关于公民,公民是面对法治国家而言的一种身份,因此不能置其在民间社会之下。再比如现在居民已经成为业主了,为什么还讲居民自治?诸如此类问题都需要我们不仅要在自己国情基础上,而且还要用适合本土研究的理论进行深入而全面的分析。

卢汉龙:业主和居民是不同的概念,但是现在外来人口在这里居住就可以参与选举居民委员会。

徐中振:长住一年以上可以参加选举。

李友梅:有很多问题在理论上和关系层面上没有好好地理清楚,我想这是政府不肯放的一个原因。

卢汉龙：政府抓得太多了，有些东西在社区里面不用管，街道不用管，但现在党过多地干预，不愿意退出。

李友梅：可能是心里没有底。

顾　骏：这几年居委会越来越强势，到现在都有事业编制了。

卢汉龙：能起到什么作用都不知道。

李友梅：自己要有根基，在什么上面建什么关系？这个很重要。

另外，现在统战的群体中相当大的部分是知识分子，知识分子里面有党员，也有非党员。我们经常说知识分子是工人阶级的一部分，但是知识分子的意识是不是工人阶级的意识？这个问题必须认真研究。经济有其所有制结构，社会有所有制结构吗？这些问题都要在理论上为中央梳理清楚。

许　明：我提一个问题，知识分子与社会学家关于怎样治理的问题有这样那样的说法，但现在的治理状态这么多年没有变，出了什么问题吗？老百姓安居乐业，没有出现重大社会矛盾，大家各司其职，有什么必要马上改变路线、改变方针政策、改变机制，更加开放？

李友梅：你的相关性在哪个基础上？我最近在思考一个问题，比如房地产问题。现在房价这么高，已经不仅仅是单纯的经济问题了。将来要还贷，就会跟就业联系在一起。现在有足够的能力让大家充分就业保证还贷能力吗？这关系到社会分化，是很重要的问题。不能让社会成为一把干柴。我最近开始用微信，观察面对有些问题，学生怎么讲？教师怎么讲？青年教师和老年教师反映的就不一样，这就是社会。社会在运作，开始自我解决问题，不想依赖你。

五、 社会政策含混会阻碍地方政府机制创新

黄晓春：这个事情要从不同的角度来看。我们今天讨论社会治理创新的时候，跟十年前相比，已经不是单纯的研究问题。从一个奇怪的现象说起，民间组织管理局编写了一本书，是社会组织的相关法律法规政策，这本书很好，但我任意翻了三十多页就看到两个部门的政策"打架"，前面说不能跨领域、不能竞争，后面说一定要鼓励竞争，明显这两个是存在矛盾的。

在社会领域，在过去二十年中国社会政策是两头摇摆，是不稳定的，一方面有些部门比如民政、发改委和具体政府业务部门，他们很欢迎社会力量，很需要社会的支

持,但是有一部分政府部门如港口、安全、财政,认为社会力量进来要出事。所以严格来说我们的社会政策不是一直往好的方向走,是摇摆性运作,而且社会领域没有像中共中央办公厅这样的中央执行机构管理,所以最后的结果是这个领域政策没有人梳理。长期以来在这个领域的政策高度含混,既要发展,又要监管。然而,宏观政策的含混会产生很大的问题,经济学派意识到这个问题了,因为宏观政策一旦摇摆,就会产生治理风险,而且这种治理风险和一般的治理风险不一样,因为政策摇摆所导致治理风险是往下分配的,比如说,如果政策很含混,风险往下转移,地方政府承担责任,但是同时有很强的激励机制,那又不一样。例如财政分成,地方政府干得越多,自己的提成越高,那就很有激励。再比如竞争激励,干得越好提拔得越高,2005 年前干部晋升和 GDP 有关系,有了强激励,地方政府就愿意先行先试,敢做深层次的改动。但是,现在治理风险往下承担,同时又没有任何强激励,社会治理好了提拔上去的也很少。这是社会领域政策执行最核心的瓶颈。

从中国政府流程执行模式来看,现在遇到的主要瓶颈不是不想解决,问题是等着下面试,但下面不愿意承担风险,又不好好试。

顾 骏:今天的做事模式是有利润就行,成本交给后人支付,现在累积下来的成本不仅有财政债务,还有社会债务、环境债务,财务债务已经列入议事日程,社会债务还没有得到充分考虑。

黄晓春:现在发展社会组织的事恰好赶上中国政府转型,所以发育社会组织的事变成中国政府转型的事,我们投入了很多资金,但是培育的不是社会组织,培育的是政府的外围的职能机构。

顾 骏:可以称为“第二居委会”,其后果是居委会有一套成本,社会组织也有一套成本。

黄晓春:报几个数字。我们的数据中心一直监测上海 NGO 发展状况。第一个我们监测了上海民政局从 2009—2015 年,整整六年时间公益招投标的状况,我们把公益投标领域按照大类进行划分,历史上 395 个社会组织中有 92 个社会组织频繁跨大类活动,上半年搞了妇女项目,下半年搞环保项目,明年搞慈善项目。然而,纵观其他国家的 NGO 没有这样开展活动的,导致这个现象的原因,是我们的 NGO 完全跟着政府购买指挥棒走,所以按照这样的模式发展下去,还能指望 NGO 提供专业化服务吗?第二个属地化特征明显,我们做了上海社区调查,数据显示,85% 的社会组织仅在本街道辖区用,所以被戏称为“民政二科”。

徐中振：街道里面有很多居家养老服务中心。

顾　骏：现在不少社会组织是政府财政的非正式渠道，通过社会组织，政府把公共财政覆盖的范围扩大了。比如，政府购买服务让社会组织来开展临终关怀，但中国没有法律规范临终关怀，这种伦理性事务也属于政府公共责任范围，但通过社会组织，财政口子开得越来越大。

黄晓春：政府想把街道控制权收上来，但街道有自己的灵活性，通过发展社会组织重新扩大"势力范围"，看起来是社会组织，其实是街道的扩张。每个街道都有自己的偏好，都有自己的社会组织，这样做的结果表面看起来我们的社会组织发展起来了，但事实是大量公共资源的反复浪费。

顾　骏：近年发生的许多恶性事件，部分原因在于除了政府以外，没有其他的渠道可以解决问题，市场是经济自我解决问题的场所，社会自我解决问题的场所又在哪里？

徐中振：街道培育的居家养老、服务所、日托所等社会组织，是行政化还是半行政化是一个问题。中国社会正在转型，例如顾骏说到临终关怀，社会有这个需求，但是现在是政府的财政支持这个项目，不在基本公共服务里面。我们在第一次分配的时候，把税收都交给了政府，如果第一次分配我们交一半给政府，一半给基金会，那基金会就可以有更多作为，比如说临终关怀，还有其他更多的福利事业都可以做，甚至私募基金，只要社会上有需求，就可以做。但是现在这些都没办法做，所以只能在政府框架里面。

彭　勃：关于社会治理的重要性，中央肯定是知道的，要不然怎么会要求上海走出一条符合特大城市社会治理特点的新路子？中央是希望我们走新路的，现在上海的新路子做了两年，2016 年调研，2017 年是落实，新的理念有了，上面领导都在说觉得有意思，怎么理解是另外一回事。另外穿了新鞋子，又是招商引资，鞋子已经有了，但是没有找到新的路径，更没有迈出新的步伐。我们调研时问居民：知道上海最新一轮一号课题改革吗？知道的很少，知道的大部分是学者，还有一些居委会干部，剩下的人都不知道。现在社区治理困境在哪里？最核心的一点，我们的社区不是完整的社会共同体，只能是用行政力量建设居民的住宅区，社会是有自我运转的功能，现在是政府替代了社会流程，市场挤占了社区空间，社区根本插不上话，资本和权力结合起来所向披靡。

还有一点，社会抽走了社区资源，真正有资源的人住在社区里面，但是他们的活动和居民区没有关系，他们也根本不感兴趣，社会抽走了社区资源，政府行政力量加上市场和社会是三重格局，所以社区只剩下壳子，不是一个完整的社会共同体，所以谈不上社区治理，只能靠行政力量提供服务。现在提出的社区再造，社区营造更多的还是形态的东西，着力点应该是重新恢复社会共同体应有的功能。现在我们社区治理当中有几个逻辑，一个是行政的逻辑，一个是政治的逻辑，一个是治理的逻辑，每个逻辑的理由大家都很熟悉。现在最大的问题是行政逻辑是最强势的，政治逻辑喊得响，但是没有转化为政策行为，没有和具体的治理行为结合起来。所以在行政逻辑占主导的情况下，社区治理一定带有很强的行政思维和风格，所以我们也不要批判他们，这不是道德的问题，不是文化的问题，是制度约束的问题。

还有搞平台建设，至于平台委员会能不能运转，那是后话。很多时候是空架子，要么就是搞评估，做评估体系，管起来，末位淘汰，再监控，所以他们是用很强的行政思维在搞社会治理，那一定不是社会治理，一定不是社区治理。

顾　骏：现在的问题不在于是不是社会治理，而是他们做了很多但最后的效果没有一样长久的，那些指标体系制定完以后有用过的没有？

六、 必须注重社区治理人才队伍培养

彭　勃：有位从事改革的领导和我说，有一次他去江苏学习，学到一个东西很眼熟，这个东西在十年前江苏就做过，现在重新拿出来改了一下说是创新经验，而且文本保密不能随便给，怕被别人学去了。这些情况是存在的。我们作为学者能够为国家或者为执政者、为社会做什么？第一，我觉得思想文化的东西还是重要的。社会治理需要新的思维，现在政府从宏观来说不相信社会，既不相信忠诚，也不相信能力。一个成熟的社会是可以自我管理的，乡绅社会中中国人可以管好自己，现在是因为管得太多，让以前的社会功能都丧失了。所以社会治理的新思维应该是相信社会、培育社会。

第二，我们的思想应该更多地侧重于可以转化的思想。有些思想讲了也没有用，或者即使认同你的观点，但是没办法做，又或者有些思想具有一定的前瞻性，只能描绘一下未来的蓝图，现在跟他说，他说没有办法做。因此，我们要探讨可转化为政策的思想、智慧，我们做研究能不能帮他们探讨行政力量制约机制？如果社会制约行政力量很难，能不能让下级制约上级？让居民制约居委会？比如清单制的建设，比如我们在流程设计和项目化的设计方面,是不是能够更多出主意? 探讨可以转化的思想,是我们国家当前最需要的。

第三,就是社区精英问题。中国的特点就是事情都能做。中国为什么现在能维持局面? 因为有人才队伍,但是社区治理当中最大的隐患恰恰就是人才队伍问题,现在人才在变化,干部都已经老了,新来的戴眼镜的二十多岁大学毕业生就是党支部书记,这样能当书记吗? 他们更多的是"指尖"书记,在微博、微信上活动,"脚尖"怎么落实? 以前居委会靠"脚尖",现在都是"指尖"居委会干部。应该重视社区治理人才的培养,人才队伍的建设。我们大学里经常开培训班,但几乎没有给社区治理的精英或者社区干部上过课,来培训的都是政府各部门的。我们认为精英都是体制内的,却忽视了发展培养社区治理这支精英的队伍。社区精英在社区里能够影响一批人,能够协调行动的就是精英,哪怕他是吃低保的,如果他在穷人当中有号召力,难道不是精英吗? 社区精英有其独特的特点,不同的小区里面一定有不同的积极分子。我在国外看到很多社区,有高档的社区,也有很差的社区,差的社区里居民社会层次比较低,但是也有社区的意识,也有行动力,也有认同,所以他们也是社区精英。我还是特别强调在党的领导,在资源投入方面,以及在人才队伍的治理建设方面,我们需要有大的动作。

七、 小区是社区治理的重点

周　骏:和在座各位绝大部分都是第一次见面。我在《新民晚报》社干了三十多年,本职工作搞文化,但是2000年搬了新居以后,当了两届业委会主任,和开发商打过好几个官司,有的一审、二审输了,到高院再发回重审,最后都赢了。当了两届业委会主任以后不当了,我在《新民晚报》上写了一篇文章《我当业委会主任》,写我的酸甜苦辣,以及对物业管理的看法,很多读者到报社找我,我才意识到业委会的问题不是一两个小区的事情,而是社会问题。我在本职工作之余开始写社区报道,一写就是十多年。现在我退休了,还在做社区工作,像公益一样,辅导业主委员会。

现在讲到社区治理有几个概念需要搞清楚,社区在中国是行政概念,并不是国外真正意义上的社区。我们的街道就是社区,而社区是由若干小区组成的,所以我们讲社区治理,关键是小区治理,而小区矛盾又主要集中在和物业管理相关的范畴。小区和谐了,社区就和谐;社区和谐了,社会就和谐。我们研究小区的问题,必须了解小区的实际情况，必须对症下药。中国改革开放以后，尤其是伴随着住房改革，城市出现了最大的新兴的市民群体，就是业主。不管社会角色怎么样，回到家里只要有一套房子，有产权，就是业主。但是从原来的市民、居民变为今天的业主，绝大部分人并没有意识到，这不是单纯的名称变化。居民没有权利，业主则是物业的主人，是房子的权利人。这个问题非常重要。从政府角度来说，包括一号课题只提社区治理，不提小区治理，只提居民自治，不提业主自治。什么叫自治？自治管理，一定是权利和义务对等的。电梯坏了到底是换还是修？居民再怎么开会也没用，最后还得业主掏钱解决问题。其实小区很多问题都和房地产开发分不开，是房地产开发留下的后遗症，具体表现为业主和物业服务企业的矛盾。由于政府既当裁判员又当运动员，过度的行政干预结果往往把自己推到了业主的对立面。目前很多小区普遍存在五个"难"：

一是业委会选举、换届难。上海号称是全国业委会成立比例最高的，据说达到80%（北京只有10%），但成立过程困难重重，纠纷不断，堪称中国难度最大的选举。而成立后真正能够依法运作，切实维护好业主权益的不超过5%。一到换届更是难产，常常换了多少年也没有出来。

二是监督业委会难。由于相关法律法规的滞后，业委会成立以后缺乏有效的监督机制，一旦主要成员有私心，广大业主的共同利益很容易被侵害。浦东有一个小区号称是高档国际社区，维修资金上亿元，业委会成立后对维修资金存放在哪家银行意见不同。政府规定上海银行和建设银行都可以放，但业委会为这个事情纠缠了两年没有结果，导致维修资金依旧存在政府的账户里面只能拿活期利息，而不能及时转为定期，仅一年定活期利息差就损失200万元。老百姓意见很大，但是没有办法。街道也不管，生怕引火烧身。

三是业主维权难。我为什么会当两届业委会主任？因为任期届满官司还未了结，担心后任缺乏打持久战的信心，诉讼维权成本太高。比如我们的购房合同约定是中外合资电梯，结果变成了国产电梯。开发商说用了中外合资技术所以就是中外合资电梯，一审、二审都支持开发商。一直打到高院发回重审，业主才讨回公道。

顾　骏：不是法院的问题，是当地政府的问题。当地政府支持开发商，因为财政来源是卖土地，土地的价值通过开发商变现，所以与后期物业相关的事情，政府都是站在开发商和物业的立场上，来对付业主委员会。

周　骏：第四难就是更换物业难。我写的第一篇社区报道就是新老物业交接，老物业不肯走，新物业进不去，十几年过去了，这个问题还是没有解决。

第五难是调整物业费难。现在大部分住宅小区都维持在入住时的物业费水平,物价涨了这么多,最低工资每年上调,但是调整物业费普遍很难。

这五个难是目前小区比较集中的矛盾,其实还有一个难很快将会出现,就是筹集维修资金难。因为早期的商品房逐渐将进入了大修阶段,只要电梯更换,维修资金往往就捉襟见肘,很多业主都表示不愿意再交维修资金。

顾　骏:因为物业用掉的钱没有办法对业主交代,那业主们凭什么交?

周　骏:所以这些矛盾导致小区纠纷不断。我们说安居乐业,不能安居,怎能乐业? 每天回到小区为了侵权维权心烦意乱,眼下最突出的例子就是停车难。小区车库的权属应该归业主共有,因为房子是跟着土地走,为什么房价贵? 并不是房子贵,是土地贵,土地在增值。所有的建筑面积都应该有相应土地分摊,不分摊土地的就属于附属设施,归业主共有。事实上没有一个小区车库分摊土地,是业主承担了高昂的土地费用。开发商既没有承担土地费用,同时也没有承担造价,车库成本都计入了房价,结果开发商卖掉了房子却白占个车库,很荒唐,车库问题已成为商品房小区业主心中永远的痛。2016 年国家放开部分服务价格的控制,不少开发商马上以小区车库权利人的名义纷纷涨价停车费,有一个小区停车位涨到 2 600 元一个月。政府接受媒体采访只是说应该优先考虑业主需求,涨价幅度应该大家协商,等等,这并不能从根本上解决问题。解决小区纠纷非常重要的一把钥匙就是确权,权属问题解决了,很多问题可以迎刃而解。

解决小区问题首先要搞清楚谁是权利人。现在社区治理流行主体多元,政府、房办、居委会、警署、社会组织等很是热闹,但偏偏忽略了最重要的主体——业主才是小区真正的责任主体,设施设备的维修更换都是要业主出钱的。少了这个责任主体的积极性,小区治理就是一句空话。

许　明:社区要安定,小区必须安定,而小区要想安定,业主必须要安定。

周　骏:必须把权利还给权利人,要培养业主自我协商、自我管理、自行解决小区物业管理相关事务的能力,但是现在政府管得太多。2003 年的国务院《物业管理条例》规定,在业主自治中的政府职能是"指导和监督",2007 年出台的《物权法》则是"指导和协助",一词之改体现了国家通过大法对业主私权利的尊重,随后国务院管理条例也马上进行了修订,下位法不能有悖于上位法。但是在具体实践中,基层把指导变成领导,把协助变成了掌控。

中国在城市基层民主的体现之一就是居委会选举,我从来没有参加过选举,从没有人发过选票给我,我也从不认为被侵权。但选举业委会就不同了,因为关系到我们的切身利益。

应该学会对话,学会协商。我一直主张面对基层群体性的冲突,应该首先搞清事实。第二,明辨是非,事实搞清楚了才能分清是非,然后才可能达成共识。小区围绕物业管理、业主自治的事务属于私权利范畴,公权力要谨慎介入。但一些社区基层干部普遍缺乏这方面的意识,别的选举跟老百姓没有直接关系,可以不计较,业委会选举牵涉到广大业主的切身利益,选出不能真正为老百姓服务的业委会,如何维护大家的权益? 一旦真出现问题,还得要政府来解决。浦东有一个街道也是这种情况,十年前很多业委会临近届满,街道自说自话任命不是小区业主的支部书记为换届小组组长,完全无视现有业委会的存在,业主意见很大。我在报上发表文章批评了这种做法,街道找到报社希望和我沟通。他们给我看很多文件,我说不要看文件,给我看法律,哪条法律规定可以这么做的? 他们又说是为了加强党的领导。我说,我们的法律法规都是在共产党领导下制定的,依法办事才体现了党的领导,不是哪个个人可以代表党的领导。我们要有法律意识,要依法办事。依法治国最简单的解释,就是限制政府的权力。现在尤其是在社区这一块,政府的权力没有边界,什么都可以管。

从治理角度说,社区治理重点要放在小区上面,光谈社区是空的。现在有很多政府购买服务,都是当地退休的房办或街道干部成立一个所谓的第三方组织,成为不在编制的政府部门,这样的部门能不能起到第三方作用? 实则不是真正意义上的社会组织。外省市比上海开放,包括法律法规上,上海没有办法解决,江苏解决了。比如物业费税收问题,物业费缴什么税? 本来就是业主集资委托物业公司代收代付,上海到现在为止没有明确的、权威的物业费税收政策,到现在业委会还没有法律地位,这些问题导致小区业主的合法权益不断受到侵害,维权却很难。我们的公职人员、社会精英、知名人士基本上不参与小区维权。

社区治理要解决问题,必须对症下药。上海一号课题搞了三年行动计划,其实六年前也搞过一个三年行动纲要,但是结果如何没人关心。一号课题也算是顶层设计,专家学者搞的,但是不接地气,下面没有办法消化,有很多东西是没法实现的。而且还有法律问题,一号课题把原来房管局的职能都归口到街道,但是国务院《物业管理条例》授权的政府主管部门是区县一级房管部门,有执法权。而街道没有执法权,于是干脆推给居委会。居委会本身缺乏这方面的专业知识,一下子被推到了风口浪尖,现在很多小区的物业纠纷结果变成业委会和居委会之间的冲突。

现在由物业纠纷引发的诉讼很多,不少业主开始学法,懂得通过司法途径来维权,但一些基层政府包括居委会还停留在只会照搬文件而不熟悉法律的层面上。

但是这么做的后果就是政府负担越来越重,因为当业主的权利得不到尊重,他就会把义务也放弃了。虹口区有一个小区,电梯必须更换了,但维修资金不足30%,不能动用,而业委会又没有能力续筹维修资金。物业公司出于安全考虑,只好停掉电梯。老百姓不堪每天爬楼梯,于是到政府上访,最后政府买单解决了。媒体作正面报道,称政府为老百姓排忧解难。上海有五千部高龄电梯亟待更换,难道政府准备承担全部更换费用?

前两天电视台报道一个新闻,世博期间上海很多沿街小商铺由政府出资免费做了统一店招,很漂亮,但是当初权属没有明确,现在很多坏了,出现安全隐患,老百姓投诉,谁来解决这个问题?商铺业主说我不修,当初又不是我们要搞统一形式的店招。看来又得政府买单了。所以政府如何规范自己的权力?这是社区治理必须解决的,行政管得多社区反而没有了活力。

八、 必须推进居委会功能转型与机制创新

徐中振:基层社会治理最根本的是什么?二十年以前上海讲社区建设是工具性的,过去叫文化搭台经济唱戏,1995年、1996年搞社区是为什么?因为一百万人下岗再就业,因为国企改革,城市建设一百万人动拆迁,这样就提出了让社区托底,社区是一个工具性的东西。到了2006年就不一样了,党的十六届六中全会讲和谐社会建设,提到了现代化四位一体的高度,社会建设本身就是目标了。

基层治理必须确立社会本位的理念。为什么我们觉得市场好?因为市场有效率有收益。我们讲社会管理创新的时候提出最大限度地激发社会活力,到了十八届三中全会,又进一步提出了解放和增强社会发展活力,因此我们必须以社会本位的理念来思考和分析基层治理的目标与成效,也就是说治理的基础和重点应该放到发展社会上面来。这样来看社会组织问题、居委会转型问题等,我们就不仅能够认识到社会建设的功能性层面,而且能够提升到治理结构和治理体制的核心层面。

当前我国城市普遍形成的是街道—居委会的社区体制,这种体制往往出现这样一些弊端。一是一体化结构。当前基层社区的突出特征是行政化体制,政府、市场、社会三大结构的分化格局被完全遮蔽了,在居委会组织的体制运行特征中可以看到,

行政管理、公共服务、居民自治三个不同属性的体系几乎被挤压为同质同构的行政化体制。二是全能型组织。突出的表现为组织功能交叉、队伍身份重叠和自治属性弱化。据我们调查,目前居委会组织功能中,行政事务、服务事务和自治事务表现为5∶2∶1的比例。三是行政化机制。居委会组织的"任务"主要来自上级街道和条线行政机构,组织绩效主要体现为"考核"创优指标与奖牌。基层社会的治理主体和活力能力等都难以实现。

实现基层社区的有效治理,必须推进居委会组织的功能转型和机制创新。一是解决居委会组织存在的动员吸纳群众参与不足问题,重点是解决参与机制。主要工作有培育邻里熟人关系,培育扩大文体团队成员规模和丰富活动内容与形式,使居委会组织的治理基础具有更加广泛的资源和队伍。梳理、培育一批自发性社群团队,使一批党员和社群骨干成为居委会"编外干部",居民群众广泛参与到社区治理体系之中,激发社区参与互动的自治机制和活力。二是解决党支部、居委会领导居民自治的实现方式问题,重点是创新组织方式和治理模式。目前居民区治理面临的深层次问题是,已经形成的居民自发性参与资源难以成为治理的组织要素。必须吸纳党员队伍、文体团队、楼组长、居民和业主代表等各类参与资源并使其转化为治理的组织要素,丰富社区治理的活跃细胞和积极要素,使居委会由行政事务工作机构转型为社区自治共同体。三是解决完善基层社区治理体系和提升治理能力问题,重点是创新完善自治体制。我们考察(原卢湾区)五里桥街道的居委会组织体制时,对那里的情况产生深刻印象:居委会委员都是兼职的民选代表(含部分在职居民),而全职人员也很明确是居委会干事或者社工,居民群众对于这样一批居委会委员有很高的评价与认同,而且顺利运行近二十年并没有发生什么问题。我认为,需要在一些具备条件的社区率先探索,大胆改革居委会的组织方式和成员构成,回归于实现居委会作为自治组织的本质属性,体现社区治理的内生性动力与社会活力。

我最近一直在思考,应该在市委一号课题的实施中特别关注"三个自治"的要求和成效,这将是上海基层社会治理可能取得实质性和突破性进展的重要基础与标志,即"自治议题"将体现和解决社区发展的公共性领域和共同体认同;"自治项目"将体现和解决社区参与的组织方式和路径选择;"自治基金"将体现和解决社区资源配置的社会化机制和主体性培育。这些方面的进展将切实地形成与体现参与的活力、治理的动力以及社区共同体的发展。

顾 骏:现在对政府,不要用空想社会主义的态度。傅立叶天天在家里等着明智的国王来找他商量,用社会主义的办法解决资本主义的问题,结果一辈子没有等到。现在和政府对话千万不要用空想的东西,老老实实地给政府看一些问题。十八届五中全会的公报里面,用五个理念来组织文章,而不是按照过去经济、社会、文化、政治逐个领域表述,因为存在许多问题,一个理念就是解决一个问题。现在社会治理中最突出的问题是,政府看上去什么都能解决,但负担越来越重。

九、 社区治理必须体现出公共性

徐中振:只有在社会本位的意义上我们才能讲治理。为什么我不赞成,甚至忽视你们说的成本问题? 成本问题应该放在讲行政系统、政府本位的时候再说,但是政府只要在行政系统里面不惜代价解决问题,甚至仅仅说成本,解决的还是政府行政系统的建构。所以你们说和他讲的成本问题,最后的结果不是把社会组织生产培育出来,反而是加强了行政体系建设。

现在基层社会有比较大的问题。治理有两个方向,一个是自上而下的行政系统,叫街居制,或者乡镇和村社制,自上而下的行政原则和行政逻辑很强,业委会都已经感觉到了,但是自下而上的自治的逻辑很弱。我们现在说基层的队伍是街道的腿,这无可非议,但是问题是加强治理必须要加强的是自下而上的逻辑,是群众的头,比如说业委会组织、居委会选举过程中的参与。甚至我们做实验,居委会可以行政化,但是在行政管理的居委会会发展出自下而上的机构,例如议事会、理事会、弄管会,它们与业委会很像。所以基层社会治理只有加强自下而上的逻辑,秩序才有可能变成自上而下与自下而上治理的秩序或者结构,一个体制才能建立起来。现在体制为什么偏行政化? 因为自下而上的东西没有发展起来,也没有运作起来。

刚才你们说到的治理中要加强自治,过去有一些事情可以通过政府的行政方式来做,比如建一百个文化活动中心,建一百个行政事务受理中心,建一个文明社区,都依靠政府建立了,牌子都挂出来了,但社会并没有参与。今后有什么问题? 比如业委会管理的问题,停车的问题,养宠物的问题,小区里其他公共秩序的问题,这些问题注定是不能用行政的逻辑和行政的方式解决的,所以自下而上的社区公共事务会越来越多,而且这些公共事务溢出行政功能范围,因为政府不可能解决小区里面的车库收费、停车难的问题,搞不好要打官司。在自治领域里面,行政的功能和自治性是会失效的。但是问题是在这样的领域里面,没有很好的共同体,公共事务、公共领域、公共意识,包括公共服务、公共管理没有体现出应有的公共性。原来所有的事情政府都用行政化的体制解决了,现在我们逐步在社区自治这样的意义上来考虑解决。

我还要回应业委会的问题。我们做了很多事情,我请曹锦清到康健街道调查研究社区管理,专门写了一本书。现在的业主委员会为什么很难有好的状况? 在你当业委会主任之前,没有机会参加小区的公共事务,别人要识别你到底是好人还是坏人很困难。曹锦清在康健街道的时候了解到很多问题,如业委会成员勾结公司卷款逃跑,因为大家选的时候不知道这个人是好人还是坏人。最早被选上去的都是那些所谓"头脑活络"的人,因为他参与公共活动多了,第三人就把这样的人选进去了。所以要有公共事务、公共活动的空间,让好的人有空间慢慢表现出来,便于大家来识别你。

最近听到很多业委会内部有矛盾,分不清楚好人还是坏人。因为里面没有公共生活,如果有公共生活,我们就能够识别谁讲什么话,谁是什么立场,谁是愿意奉献的。所以一个大的理念,一个是体制,一个是公共性的东西要出来,政府不能都遮蔽掉。如果五年以后看不到什么,十年以后看不到什么,结构性的社会不出来,会带来很多问题,包括你们说的成本问题也是这样,政府如果这样下去,它的压力负担和风险会越来越大,因为连小区车库的事情都要由政府作主。

顾　骏:业委会出问题首先不是个人问题,而是体制问题。业委会主任到现在没有法人地位,他是自然人,却有权力动用共同资源。但是他是自然人,所以不能追究他的法律责任,业委会主任再胡闹,法律动不了他,所以难免利用权力谋取不当利益。

徐中振:当初业委会立法的时候,为什么不给他法人权利? 给了他法人权利,有问题打官司不得了。

顾　骏:本意为了让他不能维权,结果当他谋取不当利益时,法律也没有办法制约了。

周　骏:小区里首先有侵权,才有维权,我们政府往往对侵权视而不见,老百姓一维权,就认为是不稳定因素。所以现在通过居委会来治理社区,除了可以向政府要钱来解决一些居民的福利问题,未必能达到理想的效果。从未听说过居委会指导或帮助业主维权的。发挥房屋权利人的主观能动性,帮助业主探索良性的、可持续的自治模式,才是小区治理的方向,这需要政府有更多的智慧。

徐中振:业委会这么严重的问题,我们在 1998 年就听到了。业委会问题怎么解决? 他说业委会以后选举的组长必须是党支部书记。

周　骏:结果矛盾依然存在。

顾　骏:在社区里,党支部书记能够与之打交道的,都是弱势人员,结果他在弱势人员的矮子中拔长子,而这样的人占据了位置后,往往特别看重利益。小区选业委会,选家里经济条件好一点的,对这点利益不在乎的业主,效果可以好一点。

徐中振:个案并不说明全部。我们现在做的五个"居委会自治家园"里,有很能干的业委会主任,比如黄浦兴园、古北的新时代景亭、塘桥的桂龙园,这三个地方的业委会主任和党支部居委会关系非常好。

黄晓春:徐老师说的问题很重要,他说的本体意识,要解决今天中国很多重要问题,不能单纯地讲技术性的问题,背后必须要有公共性和公共空间出现,这些出现了以后我们的自治才有意义。但在今天中国瓶颈状况下,公共空间以什么样的方式出现? 这个问题非常困难。

李友梅:考虑基层有一个前提,即我们在中国特色的社会政治背景下,首先体制不要随便动,非要动,动10%可以,让你实践,例如让上海创新实践,走出一条新路来,大量的社会人才进来,所以可以让一点步。在这种情况下,社会可能有前途,将来有一些人来到这里考虑公共空间问题,公共性的问题被提出来,社会允许给它一段时间慢慢长出来。

许　明:我们把道理说出来,让政府知道要维持现状可以,但是五年、十年以后怎么办? 成本很高,社会成本、政治成本很高,政府为什么要在五年内把机制打破? 有必要吗? 经济成本,但是徐先生说经济成本不是主要的,政府有的是钱。五到十年当中不考虑经济成本,但是要考虑什么成本?

徐中振:自主性社会成长是不可避免的。

顾　骏:第一是政府的财政成本,算算已经用了多少人,这样下去政府成为最大的雇主,以后要是财政不那么好了,雇佣人员就无法增长了。第二是创新创业的成本,没有社会活力,不可能有文化活力。第三是执政成本。政府把财政负担和社会矛盾都集中到自己身上,不合适。这样一条条列出来,每一条都要细化,成本怎么表现的,都列出来,领导看了以后觉得有道理,就会看后面,首先要把问题分析到位。

李友梅:如果政府和执政党都不在乎成本,比如财政的成本都不在乎,在乎的是培育出来的社会和他们认同的不一致,这个他们最担心。出现这种情况怎么办?

文　军:中央政府和基层政府思考和行动的逻辑不一样。我们不应把不同层面的政府行动逻辑混在一起来讨论。

卢汉龙:在公共治理方面中央有客观规律,问题现在媒体很重要,要做宣传。比如说 2017 年春节禁放烟花爆竹就做得很成功，政府、公安都出来了，内环基本绝迹了，这也是公共治理的成果。

卢汉龙：禁放烟花爆竹是好的习俗，特别是在大的城市里面。所以要把我们上海是怎么做的，总结出来加以宣传，让社会公众知道。

徐中振：现在中央要求上海走出一条特大型城市社会治理的新路，最直接的感受是加大了对基层社区，特别是居委会的行政资源的投入，有力度的投入，像春节期间治理烟花爆竹燃放，你们在担心成本，但是市政府觉得这样的投入，第一没什么负担和压力，第二这笔钱花得值，中央肯定这是新路子。

代价是什么？ 如果有活力的社会不发育起来，我们政党是没有基础的。现在我们的问题是如何有战略性地整合正在成长起来的社会。治理这条路要走到这个方向，而不是采用党支部书记做业委会选举委员会的组长这种方式来治理。

科学进步与人文、社科发展

（2016 年 9 月）

参会嘉宾（按姓氏笔画排序）：

  王 镇（中国科学院上海微系统所超导研究中心主任）

  成素梅（上海社会科学院哲学所副所长）

  许 明（《上海思想界》主编）

  杜德斌（华东师范大学城市与区域发展学院院长）

  李 辉（上海市科学学研究所副研究员）

  余源培（复旦大学哲学系教授）

  林宝军（中国科学院上海微小卫星工程中心副主任、北斗导航卫星总设计师）

  赵修义（华东师范大学哲学系教授）

  褚君浩（中国科学院院士、华东师范大学信息科学技术学院院长）

  许 明:各位专家,各位老师,社科界对当前的科技发展和自然科学的技术进展不太了解,因此,我们编辑部设计了这样的题目,召开一系列会议,希望搭建起人文社会科学与自然科学沟通对话的桥梁。今天很荣幸地请到了两界的老中青权威在这里交流,请各位敞开谈。

一、 只有掌握了高科技装备国家才有相应的话语权

  林宝军:今天的题目比较大,我结合我的工作谈谈感想和体会。首先,科学对于人类进步来说确实起了非常大的作用,同时,也只有掌握了高科技装备,我们国家才有相应的话语权。到目前为止我参与过最大的两个航天型号工程,一个是神舟飞船,担任副总设计师,另一个是北斗卫星导航系统,是卫星的总设计师。神舟大家更多知道的是杨利伟、翟志刚上天了,也出舱了,包括神舟系列飞船以及天宫上天并实现交会对接,等等,对于政治和国力有影响,对科学进步也有很大的影响,这方面大家相对知道的会少一点。通过神舟飞船或者天宫等手段,中国的空间应用可以说上了一个

大的台阶，在相关问题上更有主动权和话语权了，例如神舟4号装载的主载荷设备——微波遥感器，可以实现全天候、全天时的海洋观测，可以测量亮温、风场、浪高等，也为后续的海洋卫星等应用奠定了基础，只有实现对海况的全面了解，我们才能出得去、回得来。没有相应的高科技装备，我们就很难拥有与我们大国地位相称的话语权，国家安全也难有保障。载人航天工程是中国科学院的院士们发起的，从航天的角度，中国神舟要不要做？分几段做？怎么做？包括现在给中央写的从神舟、空间实验室到空间站的稿子，很多出自我们之手，我们对国家的需求以及发展规划都非常了解。有人说花好几百亿元上去几个人对国家进步有什么用？这个起到了非常大的作用，它可以让我们在世界挺直腰板。类似载人飞船这样的大的系统工程光靠技术是不行的，它需要三方面的能力，技术能力、管理能力和质量保证能力，哪条腿缺了也不行。通过载人航天工程，比如神1到神6以及天宫，在对地观测、军事应用、空间生命、空间材料、空间流通物理、空间天文等方面，都有了跨越性的进步。现在日本载人没有实现，欧洲也没有实现，真正实现的是俄罗斯、美国和中国。可以说，神舟的高技术发展对国民经济，对国家的综合实力或者国家在世界上拥有真正话语权，起到了很大的作用。

其次，我们要在国际竞争中抢占制高点。北斗是GPS等四大导航系统之一，是真正的民族工程、经济工程、军事工程和社会工程。现在时间和位置太重要了，大家通常对位置比较敏感，比如开车出去，位置不对了，就找不到要去的地方；时间其实更重要，时间是战略资源，时间每提高一个量级，能干的事会很多，银行系统、网络系统很多地方需要时间和时间同步。国人现在用的车载导航系统大多用的是GPS，我们在很多方面还受制于人，我们不能把大厦建到别人的地基上呀。到2020年导航产业的产值预计是2万亿元，北斗力争占20%，要达到4000亿元。这是制高点的东西，是国家物联网或者无人机配送、无人驾驶汽车等都离不开的，对于军事应用就更重要了。它的真正意义或者说对国家战略安全来说比神舟更急需，而且更能体现真正的社会价值。对国家、对民族起到的作用、意义更大，更会发挥作用。

第三，可以引入必要的竞争机制。现在这个工作也就是导航工作引进了竞争机制，2015年3月30日发射的第一颗北斗全球组网卫星就是我们中国科学院做的。在中科院进来之前卫星的稳定性差一些，同时价格也很高，我们进来之后这也是一种竞争机制，什么工作都不做，竞争了之后卫星就降价，至少国家省了60亿元。在第一颗卫星上我们创造了第一次采用Ka星间链路、第一次采用国产的高效固放等很多个第一,导航的核心技术——时频达到了国际先进水平。

第四,要提倡工程文化。不管神舟也好,北斗也好,使我们学会了工程和创新。我干了15年的神舟,学会了两个字——"工程",可能搞社会科学的人对此不好理解。通常大家都比较喜欢日本人或者德国人的东西,他们的东西为什么大家喜欢?因为好用。怎么做到好用?他们依靠的是匠人文化。工程和匠人文化很接近,匠人文化是师傅带徒弟的文化,不需要知道为什么,师傅教徒弟怎么做就可以了,不允许有任何投机取巧。比如说一个大厦的玻璃规定一天擦三遍,德国人和日本人会不折不扣地打一遍玻璃水擦一遍,再打一遍玻璃水再擦一遍,再打一遍玻璃水再擦一遍;中国人比较聪明,如果看着很干净,也许擦一遍就不再擦了。日本或者德国的玻璃可能在100年之后还跟新的一样,但是在中国也许10年之后玻璃上的脏东西就再也擦不下来了,这就是按照师傅教的做和自己小聪明做的区别。工程是什么?工程就是按规矩、按规范、按要求去做,这样才能把产品做到极致。搞自然科学的人或科学研究的人往往会忽视这一点,他们更多关注的是学术领先等,希望创新。如果把工程文化和科学文化也就是创新文化加在一起,做出的东西就会既新颖又好用,所以我觉得工程文化是值得提倡的。

第五,在强调工程文化的同时,也要融入创新,而且要搞有实质意义的创新。在做神舟和北斗的时候,我们体会到创新有两方面的含义。一种可能性是确实是别人没有做出来,你做了并实现了,这是一种创新;另一种可能性是别人压根儿不做,是你第一个做出来的。这个东西并不稀奇,只是新,但是没有进步的含义。所以真正的创新应该是解决问题的创新,创新的目的是回答为什么这样做?也就是说,匠人文化是解决要怎么做,师傅教徒弟,不要问为什么,就这么干。有了创新之后,知道了为什么,就可以制定出更合理的制作规范,就可以做到更好,因此工程加创新的效果非常好。我说几个例子。Ka电扫相控阵星间链路,当时大家都认为是发展方向,但同时又认为太难了,感觉做不出来,连美国人都做不出来,你们能够做出来吗?主张用三口锅采用两个轴的机械转动方式实现;但后来我们凭自己的能力、凭创新,确实做出来了,而且效果非常好,超过了预期,双向测距精度接近了激光。另外,时频系统是导航的核心,不但精度与GPS最新的卫星精度相当,而且实现了主备无缝切换,切换的时间在20个皮秒之内,非常短,以至于系统感觉不到切换。无缝切换是导航实现高的连续性的基础,只有导航信号不中断,老百姓用起来才能感觉到皮实、好用,也才能喜欢用北斗,我们会把用户的体验、信号质量、导航精度放到非常重要的位置,做到真正好用,这样老百姓自然会选择北斗。

第六,要以供给侧改革的思路创造用户满意的产品。我们做的产品,不但技术要改革,体制机制也要改革。前几天在北斗航天会议上讲,不考虑用户的需求怎么定发展模式? 我们中科院团队要按在轨交付模式做,我的卫星发射上去,如果好,用户给我们钱,如果不好我们自己买单。只有有了压力之后做的东西才会好。为什么国家花那么多钱还会出问题? 原因是如果没有压力就会不思进取。很多的领域,包括科技领域,比如我们航天领域算超前了,但是还是有计划经济即吃大锅饭的影子。大锅饭的思维或者封建残余的观念一直在影响着我们的方方面面,我举个例子大家容易听明白,比如某小区有2 000人,按照计划体制思路是:每个人早餐能吃3个包子,2 000个人早晨吃6 000个包子,但是6 000个包子肯定是不能完全卖出去的。但是现在做的很多事都是6 000个包子的做法,没有考虑到用户真正想要什么。和用户说我的苹果非常好吃,但用户想要的是梨,不想吃苹果。我们很多做法就是计划经济的做法。再举一个例子,有一次一个总经理扫地,被董事长看见了就骂了他,你是总经理,我给你那么多钱,就是让你给我干你该干的事,如果干扫地这件事,可以花很少钱请人来干。要分工明确、管理明确、责任明确,才能把事干好。如果不把思想和理念搞通,有些事看着像是好事,其实是坏事。如果我们北斗团队81人,没有一个好的机制,肯定干不好,不靠理念创新,光靠苦干,大逻辑不想明白,干得再苦再累也没有用。

第七,思想要解放,做事要有大逻辑。举一个我们北斗卫星的例子,GPS的卫星以及我们国内很多卫星都做得方方正正,但是北斗卫星有什么特点? 我们的卫星只有800多公斤,但是有2 000多瓦功率,单位重量的热密度非常大,最大的问题是散热,长方形在面积相同时,长边的长度一定大,和高度围起来的面积也就是散热面就可以大,所以我们的北斗卫星没有采用以往卫星以及GPS那样的正方形构型,而是长方形构型,散热的问题轻易就解决了,这也是创新。遇到类似的问题,如果大的观念、大的做法、大逻辑不想清楚,光靠苦干,让一帮科技人员天天用最高级的软件仿真,再用十年也不会仿出来好的结果,因为散热通道——散热面积不足。还有,GPS也好,以前的北斗卫星也好,都是竖着飞,我们考虑到北斗卫星的特殊性设计成横着飞,解决了天线多、电磁兼容等问题。总之,如果把大的逻辑想透了,大的体制机制、大的观念想透了,对一个国家民族的进展也会有很大帮助。所以我强调的是不光技术要创新,理念创新也很重要。例如我们提出的功能链设计理念,不但简化了系统设计,减轻了重量,提高了功能密度,也提高了系统的可靠性,以前几吨重的卫星的功能,现在用800多公斤就实现了,而且能力更强,这就是理念创新产生的效果。对科学有用,对社会人文等也一定有用,不但是技术问题,而且理念也应该不断创新。

第八,要逐步引入现代管理机制。科学院的生命力是创新,但也要强调工程,而做工程的人也要强调创新。此外还有一点,就是管理。这方面人文社会科学比我们强,就是市场机制,当年邓小平的包产到户等一系列改革导致中国发生了巨大变化,改善了中国人的生活。某种意义上在科技界或者在工程界很多地方还是大锅饭。为什么我们提在轨交付机制? 现在花了很多的时间,抓质量、抓管理、抓源头,但出事还是很多,而且出事后处理的责任人通常是具体做事的人,有好处时不见得是他,也就是责权利还很难做到统一。所以说机制很重要。我们团队文化非常好,热情也很高,但不能让员工们只靠热情干;没有一流的待遇留不住一流的人才,没有一流的人才肯定干不出一流的事业。这就是以人为本,机制一定要建立起来。我们这些管理者可以强调无私奉献,为民族干事,但作为管理者一定也要把以人为本真正落到实处,而不是遇到了好事都给领导,遇到责任就推给下面的人。真正的好领导是遇到好处能够想到下面的人,遇到责任能够承担起来。我们做神舟的时候也很辛苦,尽管好事不多,但遇到好的事情大家可以分享,遇到责任的时候可以互相担当,所以团队里面所有的人都会心情愉快充满激情地投入工作。真正跟市场机制结合起来的现代管理机制一定要加进来,尽管我们现在还没有做到这一点,不加进来逐渐效率会低,人的积极性也会衰减。

第九,打破旧观念,要把领跑工作变成新常态。再说说小卫星的其他工作。在很多领域,以往中国人都是跟着美国人、跟着西方人走,863项目王大珩先生提出跟踪先进技术,也就是要学别人的先进的东西。通过不断的创新发展,我们已经从跟踪开始变为领跑了。比如前不久发射的暗物质卫星、量子通信卫星,都属于在世界上领跑的项目,这也是中国人的骄傲。小卫星建立12年发了12颗星,第13年一年就要发十几颗星。包括我们路甬祥院长看了以后,他说一开始12年前布局看不见,现在打分是满分,根本就没有想到有这么好的结果。我们是多少人? 当时(2009年)才148个人,到今天为止搞小卫星不到500人,我们现在加起来承担接近几十亿的项目,北斗等项目,几个通过竞争机制竞争的项目我们都胜了,别人现在不敢跟我们竞争。可能通过创新,通过体制机制的改革,对科学技术的发展有作用。供给侧改革一开始觉得这是个概念,跟老百姓没有关系。我们年终总结的时候,江院长说你们这就是供给侧改革,我一下子明白了,我们做的东西老百姓不用吗? 国家不用吗? 是真正国家急需解决的问题，又以很低的成本解决；此类思路对解决目前经济等遇到的困难可能也是有效的，有些关键性的东西要思考。固有的做法束缚着我们，需要打破，很多问题的解决需要创新。

现在很多事情我们都要好好总结。在很多方面，我们并不是很差，而且越做越好。特别是北斗有些功能，美国的 GPS 没有，我们有了，现在他们也要学我们加入这些功能。我们要努力把自己的思想解放了，有些做法或很多事情用通常的想法认为是不可能的，通过一些别开生面的办法使不可能变成可能，就是人类的一个进步。包括神舟、北斗遇到的很多难题，都是把不可能变成可能。当时美国人说中国人不可能上天，因为人上天必须解决一个问题，即飞船在天上任何时刻出故障都能回来，全世界都得有测控条件且有地方降落；美国人可以全球掌控，中国人测控以及能掌控的陆地、海面有限，为了解决这个问题，中国人很聪明，我们全世界落不行，没关系，我在地上画几个圈，在天上任何一个时刻不管哪个时刻出问题，都落在这个圈里面，这样问题就解决了，这就是把不可能变成可能的过程，也就是创新的过程。今天的主题还是强调工程、创新和现代管理的机制，把科学技术和发展结合起来，真正促进大的发展。

许　明：我来自中国社科院，我们原来是中科院的一部分，也经常有交流，但是第一次听这么详细的工程技术，对我们启发很大。社科界希望听到科技界、工程界对当前最新形势、最新的发展，将会对社科界，对中国思想发展、金融发展、社会发展有什么积极的作用。通过各个平台的反复交流传播，就是给社科界提供大量的信息，因为我们现在不了解工程技术和自然科学发展的最新动态，比如量子卫星大家看报纸知道名字而已。发展到什么程度，有什么作用，我们社科界不知道，所以这两个界限要打通。

褚君浩：许老师说的小卫星方面的研究工作，我们中科院上海技术物理研究所也做许多工作，有个研究组并到微系统所小卫星中心，后来又独立运行，发展得非常好，机制非常新。关于现在整个科技界的形势，说三方面情况。

首先，总的说来，现在科技界的形势处于从跟踪到领跑的转折点。过去三十年主要是跟踪，863 项目主要就是跟踪，其他好多项目在一定程度上也主要是跟踪，研究人员思维也都是跟踪，大学里面教的也都是跟踪，外国人有的我们要有，或者他们这样做，我们那样做，在方法上改进。所以过去科学技术的水平就是主要是赶上去。工程技术是这样，学术领域也是这样。我们技术物理研究所做的卫星的有效载荷，在相当程度上都是参照外国人的水平跟着走，尤其是核心器件，也是跟着做。我们国家在前三十年有一个特点,凡是可以进口的东西,中国都做不过人家,就进口;凡是不能进口的东西,中国的科学技术都跑到前面去了。比如说火箭不能进口,所以我们火箭技术上去了,中国发射那么多火箭,成功率非常高。再比如高灵敏红外探测器不能进口,卫星和有效载荷不能进口,都是自己做,我们可以做得很好。反过来能够进口的产品,企业界都依赖进口,自己不发展。我们的核心技术为什么不能上去? 就是这个原因。现在的趋势开始有所变化,就是从跟踪到领跑,反映在很多方面,不仅是原来不能进口的领域,而且原来处于跟踪的领域,现在都往前走了。当然,发展的初期跟踪是需要的,要赶上去,先要跟上去,而且外国人看见我们也会做了,进口设备或者部件价钱会降下来。当然也有另一种情况,你的技术上去以后,尤其跟国防安全有关的技术,他们为了阻挠我们的发展,又把一大堆核心器件禁运了。比如我们有的技术进展很快,他们看到这些工程技术里面要用到核心器件,而核心器件直接关系我们的重大工程,跟国家安全相关,他们就对核心器件禁运。

现在我们加强了从基础研究到原创的技术发明的研究工作。例如技术物理研究所最近发明了一种室温工作高灵敏的太赫兹探测器,从工作原理到器件结构都是创新的东西。类似的科学发现和创新技术,在科学技术的诸多方面都有重大进展,这是总的趋势。希望社会科学界知道我们创新状况,要使得我们的各种政策能够促进从跟踪到领跑的转化,促进研究人员积极性的最大发挥。比如林宝军副总举的关于科研人员收入的例子,每个单位有每个单位的政策,有的单位很高,有的单位偏低,没有大致统一的标准,同一个单位也有很大差别。

许 明:我们有两个问题最关心,你说的创新,第一个问题90年代开始关注这个问题,科技研究的成果有多少可以转化为现实的生产力? 很多科学家的发明放在抽屉里面,90年代中期统计的是95%没有用,5%就不错了,现在情况好一点没有?

林宝军:现在好多了。

许 明:第二个就是科技人员的待遇,像在您这样的位置有没有相应的待遇?

林宝军:我每次开会回国都坐经济舱,我上次从德国回来坐飞机,那次因为身体不适想坐公务舱,可是制度不允许坐公务舱,只能坐经济舱。

许 明:机制问题要严肃地提出来。

褚君浩:有很多新的问题出来了。刚才说的是一个问题,还有科技成果转化的问题。现在也有不同的观点,有的人认为就是没有成果,有的认为有很多成果不能转化。问题在于我们的科研能力和科技成果现在不为企业所认识,这中间缺少一个桥梁,这是非常大的问题。比如研究人员有这个能力,杯子中倒入热水,杯子表面会出来"生日快乐"的字样,有这样的基础,但是企业界经常不愿意前期投入,而是喜欢完全做好的被市场接受的产品。如果你已经做出成品了,他愿意投资做做;但是如果你还没有完全做出来,还要花钱进一步完善,企业家往往不愿意投钱。老师们也有想法,专利已经申请了,文章也登了,评价标准够了,没有必要做后面的事。

林宝军:这是评价机制的问题。

褚君浩:这是评价机制的问题,专利也有了,何必做后面的事情？后面的事情又累,也许成功、也许不成功,有风险。

林宝军:现在很多高校或者科研院所做的工作,只走了 20%的路,80%没有人走。该写的文章写了,该报奖的又报了,再做又苦,需要花精力,但是得不到认可。

二、 在现代科学技术发展的基础上创新思想理念

褚君浩:而且企业界没有看到这个问题。政府现在也有误区,政府说成果产业化要企业为导向,企业为主体,搞项目的钱要投入企业去,而企业对这个项目却不理解。所以有的时候申请项目要想办法找企业陪申请,而企业又往往不愿意做这个事情。所以,以企业为主体要好好理解,有的情况以企业为主体,有的时候就是研究所为主体、大学为主体。比如小卫星也是一个产业,搞小卫星以企业为主体是搞不起来的,靠研究所现在才能够搞出产业,一个卫星投入 3 000 万元、5 000 万元做出来可以卖 2 亿元,就是一个高端企业,所以钱就要投入研究所中。因此以企业为主体要具体分析,不能一概以企业为主体。所有的政策都要求申请一个项目以企业为牵头,不符合实际情况。现在转型的事情有很多科学问题要解决,也有很多政策、理念方面的问题要解决,刚才涉及两个问题,现在从跟踪到领跑处在转折的阶段,制定相关的政策、也需要社科界参与来推动。这是非常灿烂光辉的事,但如果搞得不好就会艰难曲折。

第二点,对于新工业革命还要好好研究。现在我们物质科学技术与产业发展相关,我们国家转型发展面对新工业革命,国际上都在研究新工业革命是什么东西。第一次工业革命从蒸汽机技术开始,第二次从能量守恒转化,电磁学规律发现开始。第一次是从技术到科学,第二次是从科学到技术。相同的是都是技术科学技术科学交替发展,推动产业革命。而且那个时候是一个源头,我们现在的工业革命是在多个领域普遍开始交叉发展。因为现在科学技术发展得非常快,有非常明显的特征。过去

政府认为基础研究就是基础研究,应用研究就是应用研究,当中是隔开的。现在物质科学领域,基础研究和应用研究结合很紧,昨天是实验室里的东西,也许明天、后天就会变成新技术产品。物质科学技术里面基础研究和应用研究是密切结合在一起的,而且它的转化时间是很短的。上海市科创中心要真正具有全球影响力,一定要有许多方面的支撑,规律是你发现的,在规律上面掌握了核心技术,又在这个基础上发展起新的产业。例如,希望王教授发现超导规律新的材料,在新材料的基础上又做出新的器件,再进而促进了一系列产业发展。所以我们科创中心的建设如果仅仅只是把外部的技术引进过来,实施集成,还是不够的。科创中心一定要在许多领域有原创性规律的发现,并在这个基础上面形成核心技术,才能发展壮大。如果仅仅是把外国人东西引进过来,搞合资企业,即使总部在这里也没有用。硅谷,技术是在那里产生的,又从那里辐射到世界;既是人才集中的中心,又是人才发散的中心,不断有人才进硅谷,不断有人才出来,出来的时候把技术又带到全世界,这样才是科创中心。对第三次工业革命的特点规律还要好好研究。尤其是里面有一个重要特点(我在这方面做了课题研究),就是信息技术和实体技术的深度融合,是这次工业革命的主要特点。信息技术本身还在发展,量子信息、大数据都在发展,同时信息技术和能源技术结合,和制造业结合、和材料科学结合、和生命科学深度融合结合,是主要的问题。李克强总理说的"互联网+"有这样的意思,他讲得很具体,但是这样的认识现在还不是非常普遍地为大家理解。所以,可以深入探讨关于新工业革命的问题。

第三个问题,《上海思想界》是非常好的一本杂志,我感到很有意思。尤其是思想界要提出非常重要的一个观点,不是解读领导的话,不是解释,而是希望领导从你们这里面形成他的观点,这个才有贡献。现在很多文章都是解读,解读当然需要,比如政府工作报告贯彻执行时,需要理解解读。但是我们现在更加需要的是思想界如何根据现在科学技术、社会发展的特点,来形成观念、形成理念,来推动发展我们现在的认识,发展现在的认识,让有一些认识变成领导治国的理念。比如说我最近和其他同志一起写了一本书叫《迎接智能时代》,里面有一个观念就是信息的问题,现在社会信息是一个客观存在,但是是非物质的。比如说水和茶叶泡成一杯茶,单独放在一起不是茶水;米和水单独放在一起不是饭,但是米和水在火中加热,在时间空间安排下放在一起就变成了饭。排列是信息、是规则,规则不是物质,米是物质、水是物质,但规则是客观存在的,放在一起烧、焖变成了饭,财富增加了,原来米和水值 0.3 元,在一起煮成了饭就是 1 元。所以信息虽是非物质的,但是客观存在,要好好研究。现在我们研究信息主要围绕怎么传输、怎么获取,这个是后阶段的问题,既然信息客观存在,存在在哪里?在各种规则中。规则有财富性,而且是不守恒的,可以做出这个东西,可以把材料做成方形、平的,做成小卫星,设计方案都是信息,这是规则。但规则可以把材料做成小卫星变成物质性(对象),所以信息是不守恒的,有它的财富性。当今社会,丰富的物质财富又提供了多种可能性,而且人类将来要逐步地走向知识生产,还有现在新的技术量子科学等等,从这个观点来说,社科界和自然科学界要加强交流,在现代科学技术发展的基础上,形成对社会哲学理念新的认识。当时恩格斯写"自然辩证法",是基于自然科学和技术的发展情况,但都是十八九世纪的成果,但20世纪以来科学技术发展非常快,在现在的科学技术发展基础上怎样形成新的思想观念,是非常重要的。也希望搞社会科学、搞社会哲学的人,加以研究。原来的研究工作的特点是对十八九世纪的科学技术发展了解得很清楚,提升到哲学高度来认识,一些研究工作非常权威。但是现在的科学技术发展有了突飞猛进的新进展,很迫切需要研究升华。

许　明：谢谢褚老师。我有一个问题,我是做文化研究美学研究的,也关心这方面的成果,20世纪六七十年代的成果,如熵定律等,对于科学家方法论有什么影响?

褚君浩：方法论在物理学深入研究的同时也是在不断发展的。

许　明：现在习以为常的思想研究的过程是19世纪动力学基础上建立的方法论、决定论,等等,或者20世纪以后新科学、信息科学或者其他的科学发展,涉及微观世界、宏观世界,这样的规律性、基础性的思维科学的变革,对我们一线的科学家在思想方法上有影响吗?或者你们有观察到这一点吗?

褚君浩：在许多宏观物理现象宏观工程科学技术方面还是决定论,可以从初始条件根据规律决定发展轨迹和结果。

林宝军：像学习的过程,它的作用不是表现在具体的言语和知识上,而是变成思维方式和素质以及个人的素养。上过大学、读过研究生的人回去跟没有读过大学的人交流,就会觉得难,不是因为在大学的期间学了什么具体的知识,而是你所学的变成了你的素质,变成你的一种理念,变成你的一种内在的根深蒂固的东西,这个东西非常重要。所以学什么知识不要急功近利,想马上就能用。我跟我的学生提出一个观点,我原来做神舟,北斗没有做过,但现在对北斗非常熟悉,所以学习最重要的是学习能力、分析能力、判断能力以及解决问题的能力。现在给我100亿元,让我干一个不了解的项目,我同样可以组织一个团队干好,为什么?关键是掌握方法,掌握规律性的东西,拿来一个东西怎么定义? 怎么分解难度? 怎么解决过程? 知识对人类的影响,不见得是直接的、显性的,可能是潜移默化的作用。

褚君浩:决定论在很多工程项目中是很明显的,什么结果就是什么结果。当然在决定论中也会有非决定性。比如教 100 个学生,教学过程、条件、生源都非常优化,在这批人中肯定会有杰出人才,但究竟是哪一个,究竟杰出到什么程度? 这又有非决定性。

许　明:我们社科界遇到这样的问题,就是跟着走,改革开放四十年我们都是跟着西方走,是主流,我们的概念、方法、方式,都是跟着走,但现在面临中国话语要转型,要说出自己的话,但是很难。

赵修义:这个跟搞自然科学有很大不同,他们也是在向前看,社科界有向前看的,但是确实存在着一种倾向——向后看。

许　明:从 90 年代开始,就关心思想方法,因为我们是研究创新。我们的科技界对创新有没有一种渴望?

林宝军:为了创新而创新,为了跟别人不一样而创新,那不是真正从本源来说的创新。习近平总书记说不忘初心,创新的目的是什么? 很多人解读说为了出花样,我要说,创新不是为了出花样,是为了解决问题,我们创新为了解决不创新就难于解决的问题。有的时候提出一个理论,是为了解决面临的问题,问题真正定义清楚了,解决办法有了,创新自然出来了,包括现在我们的很多创新的成果都不是从为了创新而来的。

王　镇:今天林总讲的体现了战略布局的重要性。当时卫星由航天部等负责,科学院要做很难切入,江院长从战略高度出发,部署在上海微系统三号楼研制小卫星,他们就是从一栋很小的楼腾飞出去的。现在同样在微系统所三号楼战略性部署了超导电子芯片研究。

林宝军:现在跟航天做法完全不一样。

王　镇:这就是创新。小卫星是做大工程,我们做核心芯片,也是有很远的战略布局。超导电子学就是采用超导材料的微电子学,核心是材料和工艺技术。

许　明:技术成熟吗?

林宝军:现在北斗载荷做到了 100%。

王　镇:上海有很强的微电子工业基础。因为超导器件在低温下工作,达到零下200 多度,但是它有它的独特优势。比如,量子通讯里的单光子探测,就是采用超导探测器。这些芯片就是十年前在三号楼布局开始研制的。2012年中科院布局了上海超导中心专攻超导电子学,现在我们国家只有上海有,我们现在做出来的探测器芯片已经达到了国际先进水准,量子信息领域用的好多探测器都是超导探测器。我们科学院要服务于国家的重大需求,这是科学院的使命。小卫星是这样,我们超导芯片也是这样,还有量子通信等也是科学院提出来的。当初,我们的器件是跟踪别人,首先要赶上人家的水平,填补国家空白,现在我们的产品在国际上已经达到领先的地步。但是理念和文化的培育方面还有欠缺。和林总做工程一样,当时我们做器件和工艺也非常痛苦。有人说中国人太自私,只管自己做好就行,不会考虑到做完了以后其他人也会来用,应该留下一个什么样的状态给下一个人来用。因为我们做工艺是一项团队工程,必须保持整体性。这些理念和文化的培育也需要我们社会科学工作者共同努力。日本人有很好的理念和文化修养,日本的社会设计,包括服务的体系不是从管理方便角度设计的,他们是从使用者的方便出发,这也是供给侧的关系。比如吃饭要吃干净,我们可能考虑的是不浪费,他们除了不浪费还有一个理念,一是表示对做饭人的尊重,二是为了洗碗的人方便,你吃了干净,洗碗的人省事。这些都是从小教育的结果,所以自然而然养成了他们能为别人着想的习惯。我们开车都乱变道,日本人变道的时候要做到不让后面的人踩刹车,这是驾校学车的变道原则,所以他们停车也会考虑别人的方便。但是一个好的理念和文化的形成需要很多代的努力,这是社会科学的工程问题。

林宝军:形成思维习惯、理念。

王　镇:现在科学界经常遇到的是科研经费使用体制的困扰。近几年国家的经济下滑经费紧张,前天财政部驻沪办来电要收缩我们在院里已经计划通过的2018年的设备经费。之所以出现这些情况,并不是国家没钱了,国家对科技的投入并不少,问题是管理体制、使用方法不到位,想用的钱"好用"的钱不多,"不好用"的钱很多,还要追求执行率,这就造成了浪费。给你2 000万元经费规定只能买耗材,但如果想买一个500万元的设备却不能用。还有科研人员的工资,小卫星有横向经费好多了,我们全部是纵向经费,能发工资部分非常有限,所里只给我们一个人一个月2 000元,这是国家发的,剩下的钱自筹。大家都是这样。

褚君浩:中科院比如教授20万元,其中8万元是教授的工资,12万元是岗位津贴,钱都是上面拨下来的,不是靠项目,科学院在20万元里面发放的只有3万元,另外17万元从项目里面扣出来,项目没有就不能发工资。

王　镇：我们经费是有的，但是不允许发工资。

林宝军：事业单位都有这样的问题：有钱不允许发。

王　镇：为什么会形成目前的经费管理体制？现在又出来支付令，买东西由财政部直接付款，这怎么能提高经费使用和管理效益？当然科学人员出过很多问题，我们最大的困惑就形成了互不信任心理，这也是社会学的问题，就是人文诚信的问题。

林宝军：不能因为有几个人不好就对所有人不相信，这是很大的问题。

王　镇：还有南海问题，南海这么远怎么通信？还有海域探潜等一些非常困难的问题，这些东西我们都在研究。中国特别是超导电子学器件起步远落后于西方先进国家，但现在超导材料研究做得非常棒，比如物理所的超导材料研究在国际是领先的。但是超导电子跟半导体、微电子同样需要有技术储备。还有做工艺技术的人的理念，我们几乎从零开始慢慢地培养，现在他们小卫星真的做好了，包括年轻人的理念形成了，我们也有自己的理念，也在培育。现在最大的问题还是科研经费和科技人员待遇问题，研究费并不缺，但是很多想用的钱没有，自由度太小钱无法用在刀口上，现在还有执行率，这些问题都是非常重要的，现在要领跑，如果体制机制上不能领跑，我们怎么能领先国际？

林宝军：说到钱，90%多的科学家并不很苛刻，能一般正常生活就够了，不会要求太高了，挪用科研费的人是少数，钱大部分会花在刀刃上，但也有科学家需要花钱时没有钱。

王　镇：希望做社会科学的专家们研究一下，我们中国人为什么会变得这么浮躁？也许跟目前的评估体系有关，希望给科学家提供一个能够静下心来搞科研的大环境。我们是 50 年代出生，以前大家做什么事情都心平气和，凭良心，中国人最优良的就是不害人，不利己。但是看看目前的社会，像我们的交通秩序混乱就是浮躁的表现。为什么会演变到浮躁？是不是科学进步太快了大家跟不上，或者科学进步太快了，压力把人思维变了？希望做社会科学的学者好好的研究一下，这对民族的发展非常重要，包括诚信。

林宝军：基本教育要从小孩抓起，比如把饭吃干净了，不光是省粮食，也是对洗碗人的尊重，等等。让孩子从道理上接受，当做是观念，当做是习惯，人一旦养成某种好习惯，很多不好的事情自然就解决了，说得高一点就是素养，但是现在有一些教育方法本身就有问题。

王　镇：智商和情商都不可缺，智商很高而情商太低是最可怕的事情。情商高智商低一点也许还好一些。

三、 创新发展需要科技界和社科界协力攻关

赵修义：非常感谢《上海思想界》提供了这么好的机会，真是大开眼界，套用一句时髦的话，"脑洞大开"。我最深的感受是，我们国家这些年在科技方面的进展不是一个量的问题，而是如储院士所说的已经从"跟踪"到"领跑"。我希望社联能把这个专题继续做下去，做得大一点。首先要做的一件事情是要让搞哲学社会科学的人更多了解科技方面的进展。这里包括两个方面，一个是中国的进展，另一个就是整个科学发展的趋势。首先要引起大家的关注和兴趣。现在这方面不如 20 世纪 80 年代。"四人帮"被打倒以后，搞社会科学的人，包括搞哲学的人都非常关注自然科学和技术的进展，有一个非常好的风气，"陈景润热"就是一个标志。大家都关注科学技术。哲学界也是这样。我们哲学系的学生选学数学和自然科学，我们还专门开一些课程（如生物进化论）。当时新编的哲学教材，如李秀林编的那本，吸收了很多新的科学知识，教师备课都要了解这些新知识。哲学界对科学方法论也非常重视，新三论、老三论，不仅哲学界关心，对其他学科也有影响，比如说耗散结构理论，有的历史学家用来分析中国历史。邓小平同志在 1983 年提出三个面向，强调要"面向未来"。《第三次浪潮》一书引起的热潮，我们都记忆犹新。这是符合思想史发展规律的。但是后来不知不觉这种风气逐步在 90 年代以后衰退了。第一步的衰退是大家都开始关注经济，我们搞哲学的人也研究经济，关注社会的经济问题。最近这一段时间社会科学集中关注意识形态，这是好事，但同时又开始出现各种各样的搬弄概念。昨天看到一篇文章，说"民主"早在《尚书》里面就有了，汉武帝百花齐放，有民主风气，所以有汉武雄风。这种违背历史的胡说八道登在高级刊物上面，令人吃惊。我发在微信上面说：历史学家说我们都无话了，也无用了。有几位对社科界提出了批评，这个很重要，值得我们反思。社科界有的时候陷入抽象的争议，抽象讲公平正义。但对于科技发展过程中所涉及的机制体制，包括分配机制，等等，社科界却研究不多。我们要感到惭愧。

开会之前，看了一些文章，有一些想法向各位请教。因时间关系，只说两个。第一个问题，就是褚院长讲到新工业革命，我最近看到有的文章提出，近两年科技的发展（单就人工智能来说）是不是已经显示出即将进入一个"奇点"，或者说是拐点？即对人们的思维方式、认知方式、行为方式以及社会经济将产生前所未料的影响，会出

现一个难以预料的未来？写文章的不是业内的人,他们的理由很多,比较偏重人工智能,有的提出大数据等会使以因果性为基础的思维方式为不确定性所取代,有的认为AlphaGo证明人工智能将来会把人打败。

褚君浩:不能说有一个"奇点"出现,因为科学的发现都是积累的发展。现在出现的情况是,创新的科学思想和创新的科学成果比较多地涌现,或者说有一定规模的涌现。因为这跟积累有关,过去人类的知识就是物理、数学、化学、生物,从深广度来看,重大发现发明的源头点少,而现在科学技术的深广度大大增加,新材料技术、量子技术、生物技术、纳米技术,等等,发现发明的源头点大大增加。而从另一方面来说,这些源头创新点也还在不断发展积累之中。就是量子通信也是处在漫长的探索过程中,即使量子卫星上去了,但仍处在漫长基础研究的发展过程中,不可能一下就出现一个规模化的跃变。暂时来看还处在缓缓的发展过程当中,但是发展到了一定程度还是会量变引起质变,研究多了,规律掌握多了,从发现形成发明,再推动高技术产业和社会发展,那个时候就是革命性的东西。

王　镇:理论基础还是在以前理论的基础上发展,没有完全把以前全部推翻掉,量子力学却把之前的全部推翻掉了。

褚君浩:从牛顿力学到相对论、量子力学是发展的跃变,现在还没有新的跃变出现。现在还处在量子力学联系物质科学技术的推广深化和应用的阶段。同时,对量子力学本身认识还在加深中,从量子力学到固体能带理论再到半导体科学技术已经显示出它的巨大应用潜力,现在光学激光技术也是很好的例子。当前量子力学也还会引导出新的发明,比如量子存储器、量子自旋晶体管、自旋电子学器件,等等。现在微电子技术是用电子具有电荷的特点,所有的器件都是利用了电子的电荷特性;电子还有一个特性就是自旋,自旋特性现在还没有得到充分认识和应用。人们想用电子的自旋特性研制器件,功耗更低,速度更快。对此人们已经研究了多年,最近量子调控计划就是要研究量子器件,现在逐步积累成果,积累成果到一定的时候,科学发现引起科学发明,那个时候就会引起微电子技术的朝代的变化,像我们过去黑白电视变成彩色了,电子管彩色电视变成液晶电视也是变化,现在又发展没有显示屏幕的,可以从手机上发射视频信号到墙壁上的激光投影电视,这又是一个变革,都是逐步发明升级。

林宝军:褚院士说得对,从理论体系来说,从牛顿理论到现在的相对论的角度来说,不同的理论框架体系会产生不同的效果。但从另外一个维度来说,古老的人类利用工具使人类进了一步;后来有了发动机,解决了自动器械问题,发动机的先进程度决定了装备的能力,发动机的出现对人类产生了很大影响;现在计算机以及信息技术出现了,能否产生与发动机不一样的影响力和不一样的变革? 从这个维度来说,计算机以及信息利用给人类带来什么样的影响? 能不能算是突变的现象? 从这个理论维度来说可以分析,也可以考虑理论体系是否飞跃。

赵修义:我看到的文章主要的根据就是人工智能,自己会学习。

褚君浩:人工智能也是发展的,机器人发展也很快。

林宝军:人工智能本身的体系是什么? 这要形成闭环、完整的体系架构,但现在还有差距。比如牛顿的体系,控制学古典控制理论、现代控制理论,都有完美的体系结构,从理论证明到形成闭环,都有一套完整的体系。现在人工智能也需要有一个完整的体系出来,就是说,这个体系的理论基础是什么、怎么证明是受控的,等等,一个体系要有一套完美的能把所有的事说圆的东西,现在人工智能还做不到这个程度。

褚君浩:人工智能能否超越人? 我认为现在还没有这个可能,这个问题可以到相当长的若干年以后再讨论。

林宝军:作为一个理论体系要形成闭环。

许　明:从社会科学家的角度来说,褚老师说是大的阶段,牛顿力学以后到量子没有超过这个阶段,从社会科学界来说综观历史有很多变革的点,现在就处在这样的点上。

褚君浩:现在人工智能还没有到这样,人工智能研究了很长时间,控制汽车怎么走? 脑电波出去,让它左转就左转,这是可以实现,但是人工智能没有超过人,还是人手下的玩偶,也许会搬东西、也许能够开车,还可以下棋,但是到目前为止,还远远没有到达可以超越人的智能时代,一定在人的控制下。

赵修义:我提出这个问题主要给各位提供信息,现在有一些很流行、很畅销的书,都在讨论这些问题,但是这些文章的作者好像都不是科学家,在科学家看来是外行,但这种问题是不是需要由懂行的人回答?

林宝军:需要有人回答。尽管有些东西过了几十年之后,大家会认为一文不值。

王　镇:我给社会科学界提个问题,如果人工智能真正超过了人类,对我们人类是幸福还是不幸?

赵修义:我对这个问题为什么这么关心? 蕴含着王教授提出的问题,也就是我想提出的第二个问题:就是科学技术的发展,产生的社会后果会怎么样? 这个问题现在是现实问题。我看过最极端的一篇文章是网站上发表的,题目是:《科技起点、经济起点、制度拐点》,把科技、经济和制度联系起来。网上的编者将题目改为《人类会不会在不久的将来毁灭?》,这看起来是非常极端的言论,但是里面讲到的问题会引起共鸣。比如现在智能手机的运用已经在改变人类的认知方式、思维方式、交往方式,延伸出来很多社会问题,我们这些老头已经感觉到了,电话越来越少,座机基本用不到,谁还会打电话?语言都变了。由此引申出许多社会问题,比如教育,有的流传很广的文章是说教育就是让小孩学会玩游戏,将来玩比什么都重要;技术的拐点与经济拐点有多大的关系?我们已经看到很多行业衰落了、消失了。人工智能在发展下去会怎么样?有的文章提出,会不会使得人类面临难以克服的社会危机?至少是会让相当多的社会成员无工可做?芬兰已经在实验给大家发最低生活费,就是因为将来可能没有那么多的岗位可安排就业。可能就是出于这种预设。此类问题,我们要不要研究?现在经济学家都在说,人口少了,红利少了。那么人口多起来了,会不会因技术的高度发展而带来就业难呢?这里涉及对技术发展后果的悲观主义和乐观主义。我觉得两者都有一定的道理。好的悲观主义可以让人有忧患意识,防患于未然。20世纪80年代罗马俱乐部的报告就是悲观主义,尽管有些结论被证伪,如石油很快将耗尽,但是对环保意识,对可持续发展的观念的提出是有贡献的。我们现在的舆论是不是乐观主义太多了?报纸上除了说科技的成就之外,就是说新科技如何给百姓的吃穿行带来好处。基于功利主义的那种"乐观主义"是不是过于片面?如今在有些科技领域的应用方面,中国已经处于领先地位(如微信,电商,等等),其正负两面的作用都显现得相当充分了,需要我们自己去研究。再像以前那样从外国的悲观主义中寻求借鉴,不再可行,因为我们在有的领域已经"领跑"。所以除了科普之外,还是要关注科技的社会后果,也要关注科技给人类带来的消极后果。现在这件事,还是有人在做的,也许被视为非主流,学界也没有当回事。我认为其实他们的工作是有意义的。社联可以鼓励和倡导这件事情。

许 明:做一些当年恩格斯做的研究工作。

赵修义:成素梅是研究自然科学哲学的。坦白地说,现在你们的队伍是越来越小。我们学校原来的所很大,现在只有几个人。另外你们做的东西许多人看不懂,太专业了,宏观问题少,可能给搞专业的给自然科学家看得懂。但是从社会的角度来看,更要考虑科学和技术的发展带来的社会后果。

王 镇:科学技术对人类发展会有负面,如何避免负面?

赵修义：如何预防？还要提一个非常重要的问题，既然中国已经在前面引领了，很多消极作用从外国人那里是看不到的。

褚君浩：中国现处在走向引领的过程中。

赵修义：很明显，比如我们的微信是领先的，微信产生什么社会后果？好的不好的，包括电子诈骗，也是中国"领先"的。

林宝军：我前一段时间到德国发现，德国就是 3G 网络，4G 网络很少。

王　镇：我到美国去，我们的滴滴打车在美国都可以用。

赵修义：我提出的问题就是社会科学要适应科技发展，要作出贡献，在这种问题上中国人要早点研究。这不是负能量，是防患于未然，我们如果把这个事情做好了也是领先，也是不错的成绩。

王　镇：社会科学研究的方法可能也要变。因为现在科学的发展、社会的发展不是一个国家、一个民族的事情，是全球性的事情，比如能源问题、环境问题、食粮问题、水资源问题、传染疾病等问题，这些都是 21 世纪全球都要面对的问题，不是我们一个国家。

四、 努力把上海建设成为有全球影响力的科技创新中心

杜德斌：我想围绕上海建设具有全球影响力的科技创新中心谈一些想法。什么是建设具有全球影响力的科技创新中心？我的研究结论是，全球科技创新中心形成的主要标志就是出现一批具有全球有影响力的本土创新企业。现在上海主要还是大量的跨国公司，但缺乏本土创新龙头企业是上海建设科创中心的最大短版。科技创新中心的形成有很多要素，但是企业是最活跃的要素，尤其是科技"引擎"企业，是最活跃、最关键的要素。国际上著名的科技创新中心发展经验表明，一个具有全球影响力的科技创新中心是靠一批具有全球影响力的企业支撑起来的。这样的企业是全球科技创新中心形成的发动机，所以称之为引擎企业。硅谷之所以成为全球最具有影响力的科技创新中心，因为这里出现了惠普、谷歌、特斯拉等一大批科技龙头企业。同样，西雅图是因为这里诞生了波音、微软、亚马逊等著名企业，因而成为世界具有重要影响力的科技创新中心。正是这些企业，通过科技创新，最终把产品销往世界各地，从而对全人类的生产和生活施以重大影响。

引擎企业对科技创新中心形成和发展的作用主要表现在三个方面。其一，它是

城市创新投入的主体力量。因为科技创新首先要资金的投入,谁来投资研发?从世界各国的经验来看,都是企业。企业是研发投入的主体,企业研发投入占到了各个国家研发投入的70%以上,而企业的研发投入主要来自少数大的创新性企业。以硅谷为例,2013年销售额前150的科技企业的研发支出是730亿美元,占美国企业研发支出的四分之一,差不多相当于同年中国研发投入的五分之二。其中,英特尔一年研发投入超过106亿美元,其他还有很多企业研发投入都是在50亿美元以上,而上海所有企业的研发投入还不足100亿美元。其二,科技创新引擎企业是地方科技创新产出的主要贡献者。硅谷地区的英特尔、惠普、硅谷、苹果专利的产出,占了整个地区的30%,其中英特尔一家占了硅谷地区15%。其三,科技引擎企业还是城市创新集群的引领者,一个地方如果没有出现大的科技引擎企业,就不可能形成真正的创新集群。20世纪70年代,硅谷地区集成电路产业出现,使因为英特尔和AMD这两家公司半导体公司的出现,使硅谷成为世界集成电路产业的龙头。80年代随着苹果的出现,带动了个人电脑产业的出现。90年代由于网景、雅虎、谷歌等公司出现,使得硅谷成为互联网产业的龙头。进入21世纪以后,推特、Facebook等一大批公司的出现,推动了社交媒体时代到来。金融危机以后,硅谷产业再次迎来了升级和转型,这个时候又出现了特斯拉这样的龙头企业,它带动硅谷正在向绿色产业转型,所以未来的硅谷将成为"绿谷"。

上海建设具有全球影响力的科技创新中心,最大的短板是缺少本土创新引擎企业。上海是我国最大的经济中心,有很多条件和优势建设具有全球影响力的科技创新中心。但是,对照全球典型的科技创新中心城市,甚至与深圳、北京等城市相比,虽然上海吸纳了大量的跨国公司研发中心,但是本土企业的创新能力整体不高,尤其缺乏本土科技引擎企业。目前深圳有华为、中兴、腾讯,北京有联想、小米,杭州有阿里巴巴等国内外知名的创新企业,而上海没有形成行业性龙头企业。在2014年中国互联网企业前十强中,上海没有一家企业上榜。在2014年中国电子信息企业二十强榜单中,上海也没有一家企业上榜。从企业研发投入来看,上海没有一家年研发投入超过100亿元的企业,华为投入超过600亿元,相当于上海全部企业一年的投入。

上海为什么出不了大的科技引擎企业?这可能与上海文化环境有关。创新不仅仅是深深根植于创新和技术,开放包容的文化是创新的土壤。上海曾经是一个高度开放包容的城市,但是在城市发展的环境变迁中,逐步形成了偏爱舶来的"高大上"文化和"精明规范"的白领文化,这种文化取向恰恰与崇尚冒险的草根创新文化是相排斥的。在这种文化认同下,政府往往对外资企业尤其是所谓世界五百强企业"偏爱有加",而对各类土生的中小企业"关爱不足",对"不见经传"的草根小人物更是包容不足。相比于北京的北漂一族、广东的深圳气质、浙江的"四千精神"和江苏的苏商精神,上海不仅需要包容草根的创新创业环境,同时也更加需要草莽血性的创新创业精神。

上海是我国民族工业的发祥地,曾经是我国最大的制造业中心,工业总产值长期居于全国各省市第一位,曾经拥有许多令全国人民无比骄傲的民族企业和工业品牌。然而,从 20 世纪 90 年代开始,在大量引进外资的浪潮中,这些民族工业企业相继被吞并或关闭,工业品牌丧失殆尽。多年来,上海的实体经济基本被外资控制,工业总产值中外资占 60% 以上。民营企业由于受到外资企业和大型国有企业的双重挤压,难以发展壮大。2016 年中国民营企业五百强榜单中,上海仅有 13 家,而近邻浙江省多达 132 家、江苏省多达 86 家。

上海建设具有全球影响力的科技创新中心,必须培育基于内生的创新"引擎"企业。但是,任何"引擎"企业都是由新创企业或小微企业成长起来的。企业的成长需要有孵化、培育和发展的过程。大家知道,创立于 1939 年的惠普公司,最初只是一家员工只有三人的"车库"企业;创立于 1976 年的苹果公司,最初是由乔布斯和他的两位朋友从他父亲的车库中发展起来的;创立于 1998 年的谷歌公司,是其创始人拉里佩奇和谢尔盖布林借用朋友的车库发展起来的。培育本土"引擎"企业,要从播种、育苗开始,要从小微企业抓起,给小微企业足够生长空间,给民营企业更多的阳光和雨露,让大量中小企业能在自由竞争的环境里自然发展,通过生长、竞争、大浪淘沙、优胜劣汰的筛选机制,在这里生根、发芽、开花、结果,长成参天大树,最终孵育出一批拥有自主知识产权和知名品牌、具有核心竞争力的本土创新型龙头企业。

林宝军:我从北京过来,我的感觉是,上海人和北京人、东北人有明显的不同,可以说更实际。从北京来的人,干事更激情,个人待遇等考虑得少,更多会考虑未来的东西或未来的发展。上海人更关注眼前的三年、五年,但对我们发展下去未来是什么,几乎没有人愿意去想、去听,他们只是说今天这样,明天怎么样。如果这个问题不解决,说什么都没有用。这是很现实的"问题",我觉得没错。但从外面来的人看得更清楚,上海人的奉献精神也好、激情也好,都比外地少。我们北斗的一个副总原来年薪 45 万元,到我这里来年薪只拿 20 万元,对她本人来讲这份工作让她感觉很充实。

王　镇:没有创新文化的土壤。

成素梅：在硅谷科技公司里，大约有百分之七八十也不是本土的美国人。

余源培：今天听了以后很有启发，我们讲思想解放，科技界的思想解放好于社科界的思想解放，社科界如果要思想解放，应当借助于科技界的思维方式和他们的活力。

五、 要重视科技发展带来的思维方式变化

余源培：我觉得，对于科技发展带来的思维方法变化尤其应当给予重视。这种思维方式的变化会直接影响到哲学社会科学的发展。欧洲自然科学 15—18 世纪的发展沉重打击了神学世界观和蒙昧主义，带来了启蒙运动的兴起，推动了生产和社会变革。但是，这种分门别类搜集材料的研究也形成了一种思维习惯，即把事物和过程孤立起来进行考察。这种方法从自然科学中移植到哲学领域，就是形而上学思维方式。到了 19 世纪以后，自然科学的重大发现标志着由"搜集材料"发展到"整理材料"，这样就打击了传统的形而上学，为辩证法思维的兴盛提供了必要和可能。科技发展为哲学社会科学发展提供的最大思想解放，就是思维方式的变革。说到新科技革命对思维方法的影响，以色列学者利奥尔·左雷夫就提出了群体思维的观点，他在《群体的思维》中认为，在互联网时代，社交媒体已经成了大多数人的"生活必需品"，但主要还是发挥其通讯与信息传送功能，忽视了"群体思维"的力量。其实互联网时代的社交，已经将全世界的人类变成了"超级有机体"。在每个人使用社交媒体的后面都存在着强大的资源，挖掘这些资源就需要有群体思维。群体思维不同于追求"一致性"为目的的集体思维。互联网将有可能使人类的群体智慧、知识和心愿连接在一起，使得我们的决策更加合情和合理，使得人类的平均智商得到普遍提高。由此，他提出了"网商"的概念，认为"网商"有可能比"智商"更加重要。我觉得这种看法是相当有道理的，社会科学尤其值得借鉴，不要完全满足于趋同思维，适当多一些发散性思维。倡导群体的思维，有助于社会各项决策的合理性和宏观性，有助于推进全球治理和管理，有助于构建人类命运共同体。

第二点意见，我也是作为一种讨论商榷。林总跟褚院士都提到，我们的科学技术从跟踪到领跑，这个判断是很有道理的，但是还是要再慎重。首先，从整体来说我国还是面临更重要的任务，与世界先进水平还有差距，我们还是需要跟踪全球科技的发展趋势，学习其他国家的先进成果。现在新科学技术是全球的，你中有我，我中有你，

相互渗透。所以要实行开放国策，不能故步自封。到目前为止，几次科技革命都不是首先发生在中国，最早提出第三次工业革命，第四次，甚至第五次还是在西方发达国家，我们还是要跟踪。在跟踪中创新，在创新中跟踪，将"赶"与"超"二者很好结合起来。若干部门里面可以说我们在领跑，但恐怕还不是整个科技领域。其次，能不能说世界科技创新的中心已经转移到中国？这需要有足够的根据。日本学者汤浅光朝对近400年的世界科技发展史深入研究后发现，先后发生了五次大的转移：文艺复兴促使意大利成为中心，工业革命后使英国成为中心，资产阶级大革命使法国成为中心，以后德国成功地将科技与经济相结合成为中心，20世纪以来美国得益于大批科学家的涌入而成为中心。眼下上海和北京都在为建设国际科技创新中心而努力，这种努力还不等于世界科技中心已经转移到了中国，我们还有许多方面的事情要做，尤其是进行科技体制改革和营造好的科技文化氛围。我们还是发展中国家，还会长期长处于社会主义初级阶段。有自省力的自信是长久持久的自信，当然，在某些领域我们肯定处于领跑的局面。

第三点意见，现在对科技创新发展从全球来看主要有两派，一个是乐观派，一个是悲观派，相当对立。马克思认为，科技发展在历史上是一种革命的力量。风力磨带来的是封建地主社会，蒸汽机则带来了工业资本家社会。丹尼尔·贝尔在《后工业社会的来临》中，描述了新社会的雏形：传播和信息技术的爆炸式增长；社会财富创造方式从工业生产转移到信息处理，从产品制造转移到意义的生产和流转；第三产业（服务业）超越农业和制造业成为占比重最大的经济；体力劳动中的人口越来变得越少；各种生产要素在全球范围的流动和重组密切；全球意识形态竞争逐步消解；社会公共领域的民主化得到加强，涌现出"去官僚化"的潮流；文化模式出现对权威和精英的反叛，多元价值和社群主义得到张扬；"全球公共领域"不断孕育形成，等等。总体来说贝尔是持比较乐观态度的。现在看来情况不全是这样，有些甚至相背。就近期出现的问题来说，数据显示，随着新科技的发展，世界不只在政治上四分五裂，经济上的联系程度也在不断降低，贸易保护主义重新抬头，甚至形成全球化面临"终结"的局面。威权主义（精英主义）和民粹主义（民族主义）都有所得势。人工智能创造的财富难于公平、公正分配，"数字鸿沟"依然存在，世界基尼系数已达0.7左右。新科技照理会使人们获得更多的闲暇时间，有可能从事促进人的自由全面发展的各类活动。但事实是"千禧一代"（又称"Y一代"）却由于工作不稳定，失去必要的安全感，心存恐惧和焦虑，成为"工作殉道士"和"加班一族"。历史上工业革命后机器的广泛运用，影响的主要是体力劳动者,如今机器人的广泛运用、各种自动化设备的应用,直接影响到的则是中产阶层,数字化浪潮让办公室的白领和许多服务业的工作都有失业的危险(如"写稿机器人"的出现)。有专家估计,今后 20 年至少有 70%的岗位将受自动化威胁。这将带来个人、企业以致整个社会组织运行方式的相应调整。对此我们做好准备了吗,怎样积极应对?

我是持乐观态度的,不是盲目乐观,而是理性乐观。综观人类的科技发展史可以发现,未来总是值得期待的。19 世纪 30 年代,西欧的人均寿命不过 33 岁,而且在 1800 年以前,没有一个国家的人均寿命超过 40 岁。现在的情况已经大大改善,这明显与科技进步相关。当然这并不是说科技进步是万能的,事实上它是一把"双刃剑",也有负面的作用。科技对人类社会发展的作用不是"单向决定性"、"唯一决定性"和"孤立决定性"作用;我们不能直接把这些负面归罪于科技本身的"原罪",科技发展受到社会生产关系和上层建筑的制约,它与社会的改造是相辅相成的。这就不能不关心社会的健康发展。当代社会最大的病源是什么? 是人类的精神危机,是道德和人文精神的缺乏,是物质主义和享乐主义的泛滥。物质利益似乎成为唯一的价值追求,人性中"恶"得以释放和膨胀,出现了各方面的道德沦丧,患上了全球性的"现代病"。正如未来学学者托夫勒说:"从来没有那么多国家里的人民,感到精神上如此空虚与沉沦。"在这种情况下,科技进步的结果就会异化,似乎是使物质力量成为智慧的生命,而人的生命则化为愚钝的物质力量。人文社会科学恰恰蕴含着对人类生存意义和价值的认识和关心,对社会改造和前景的关照。因此,科学技术和人文社会科学的发展,如同鸟之两翼、车之两轮,理应相互促进、相得益彰,实现它们的功能和价值互补。

最后,我的观点可以归结为:科技进步与人文社会科学发展的交汇点是对"人"的关心,是对人的全面自由健康发展的关心。马克思曾预见:"自然科学往后将包括关于人的科学,正像关于人的科学包括自然科学一样,这将是一门科学。"爱因斯坦在对加州理工学院学生的讲话中指出:"你们只懂得应用科学本身是不够的。关心人本身,应当始终成为一切技术上奋斗的主要目标;关心怎样组织人的劳动和产品分配这样一些尚未解决的重大问题,用以保证我们科学思想的成果会造福于人类,而不致成为祸害。在你们埋头于图表和方程时,千万不要忘记这一点。"在建设中国特色社会主义的过程中,我们应当高度发挥科学技术的第一生产力作用,同时高度重视维护科学理性的人文维度,做到不是将科学技术与人文精神相分离,而是实现科学技术与人文社会科学的同步发展,建立两者之间的联系,共同思考新科技革命带来的挑战,对问题作出跨学科的思索,奉献出经得起历史检验的可靠方案。这不是单纯的"技术理性"能解决的,也不是教条式的社会科学所能解决的,需要的是以问题为导向的卓有成效的合作。

林宝军:科技成果可以变成正能量,也可以变成负能量,希望大家考虑一个事,我们现在的教育,是鼓励正能量,但是有的时候并没有达到正能量的效果。很多事情真正实施起来效果和想象的可能不一样;再深入思考,原来人人都认为都有这样的境界是真正对的,但只是理想的"水中月",是不可及的。怎么样更能提高人们的生活质量,更能让人们生活得更有幸福感,我们科学界缺乏思考,社会人文界思考的结果有政治效果。

成素梅:今天的会议主题与我个人的研究兴趣相吻合,感谢许明老师给了我向大家学习的这个机会。我是研究科技哲学的,本科学的是物理学,后来,转向科学哲学,因此,对今天这个主题很感兴趣。纵观人类历史的发展与社会转型,刚才有老师提到的量子力学和牛顿物理学对思维方式的影响、对社会发展的影响这些都属于我研究的范围,但是,上海在这方面的研究比较弱,科学技术哲学学科是哲学专业的小众群体,在上海很不受重视。比如说,在上海的哲学专业中,"马中西"被列为是上海的紧缺专业,科技哲学、伦理学等不属于紧缺专业,因此,这些专业的学生在留上海工作打分时,就少加两分,在20世纪80年代,华师大的这个专业全国是最强的,但后来萎缩掉了,很可惜。但是,科学技术哲学这个专业在当代科学技术高速发展的今天,它的重要性事实上越来越突出。一方面,从学理上看,科学技术哲学专业有助于架起自然科学和人文社会科学沟通的桥梁,着重研究当代科学技术带来哲学问题和社会问题。但另一方面,这个专业的跨学科性,对研究者的知识背景要求是非常高的,第一,能够读懂自然科学,所以需要有自然科学的教育背景;第二,还需要了解哲学的发展,能够跟哲学家对话。过去,科学技术只是整个社会发展的一个部分,自二战以来,科学技术从边缘走向了核心,越来越变成主导经济社会发展中坚力量。这样,关于科学技术所带来社会问题就成为哲学人文社会科学必须思考与关注的问题。由此,以科学技术为对象的哲学人文社会科学研究在当代中国应该加强,而不是弱化。特别是,要在大学里,设置一些跨学科的专业,比如,国际上很多大学里,就设有科技政策专业,因此,我也想借此机会呼吁,我们应该加强关于科学技术的哲学人文社会研究和队伍的建设。

今天我很高兴,社联能够搭建这么一个自然科学家与哲学人文社会科学家对等对话平台,展开交流,需要时间较短,但收获很大。就今天的主题而言,我想讲三点与大家交流。在讲这三点之前,我先澄清一个概念,就是关于科技革命的理解。我们通常把科技革命与产业革命相提并论,第一次科技革命是蒸汽机的产生,这一次是从工业到科学,先是工业中遇到实际问题,促进了技术的革新,然后,才是科学的发展。蒸汽机的普及带来了西方社会从农业社会向工业社会的转型,在转型过程中会产生许多社会问题;第二次科技革命是电磁学的产生,是从科学到技术,这次革命的结果是,把人类社会从机械化发展到电器化。当前,我们讲的第三次科技革命,是指计算机发明以来所带来的产业革命,有的人叫它第三次革命,也有的叫它第四次革命,这取决于如何划分的问题,有人把从电器化到自动化称为第三次,把自动化到智能化叫做第四次。因为互联网、物联网等一切智能化的发展事实上都是以计算机为基础的。因此,笼统地称第三次科技革命也是可以的,这一次革命是科学、技术与产业一体发展的结果。下面,我围绕今天的主题发表三个看法:

第一,科技进步对社会转型的促进作用显而易见的。我们只要回顾一下第一次工业革命、第二次工业革命和第三次工业革命的兴起与发展,不难看出这一点。与这三次大的科技革命相对应的是经济、社会、文化的大转型,转型就会带来问题,而这些问题恰不是自然科学与技术本身的,而是哲学人文社会科学的问题,或者说,科技革命为哲学人文社会科学的研究提出了新的问题,所以从这个意义来说,人文社会科学的研究不应该无视科学技术的发展,反而应该全方位地反思与研究当代科技发展带来的问题。特别是,与以牛顿力学思维范式为主导的自然科学发展时代相比,当代科学技术的发展本身已经不只是一个单纯的技术性问题,而是涉及人的健康、人类发展方向等与人类自身相关的最基础的问题。比如,近来关于我国发射的量子卫星是不是原始的问题,有没有价值的问题等的争论;最近,网络中热议的杨振宁先生与邱成桐先生关于我国是否应该建设对撞机的问题,今年春节期间关于发现引力波的争论,以及一直以来颇受人关注的转基因问题的争论等。这些不断出现的争论,恰好在一定程度上反映了当代科学技术发展对当代人类社会发展带来的重要影响。科学技术发展本身出现了新的特征,而且与社会发展的关系比过去密切了许多。比如,第一,科学研究的对象越来越失去可视性与可想象性,对其特征的把握越来越困难,带来的争论就越来越多;第二,重大科研项目的上马,已经不是科学家个人的事情,而是整个国家的事情,既涉及资源分配问题,也有公众理解科学的问题,比如,对撞机的问题和转基因的问题;第三,随着科学技术发展的抽象化程度的提高,专家与公众,或者说,专家与新手之间的问题变得突出起来,比如,精英主义与民粹主义的问题等;第四,当代科学技术研究的合作性越来越高,现在的科学研究已经不单单是某个科学家个人的事,而是合作研究。合作包括两个层面,一个是需要得到社会和政府的支持,这是宏观的合作;二是科学家群体之间的合作,比如,粒子物理学研究,就是国际范围的合作,在合作研究过程中,每个人都只清楚项目的某个部分,许多探索性理念是在大家讨论的过程中产生出来的,不再一个人慎思的结果,而是相互激发的结果。

王　镇:现在随着科学进步发展,科学家本身参与国家层面战略决策以及起的作用,跟以前相比越来越重要,在这个前提下科学家所承担的责任也越来越重。

成素梅:是的,当代科学技术的发展必须是负责任的科学技术,研究者是负责任的科学家。

王　镇:科学进步了,话语权越来越大,责任包括伦理、包括道德非常重要。

成素梅:科学研究本身的转型,所带来的问题也是我们人文社会工作者要研究的问题。

第二,从人文社会科学发展来看,人文社会科学的发展,倒过来也会促进科学技术的发展,两者是相辅相成的。人文社会科学研究的深入,对社会发展所起的作用并不比科技进步的作用差,因为如何营造一个良好的科技发展环境,是需要人文社会科学来研究的。但就思维方式而言,似乎是科学研究走在了前面。当前,科学技术的发展已经从牛顿时代转向了量子时代,但是,人文社会科学研究的思维方式似乎在很大程度上还停留在牛顿时代追求决定论的思维方式上。量子时代重要的特征之一是对不确定性的重新认识,过去我们把不确定性或偶然性理解为人类的无知,而在量子力学中,不确定性是对象本身固有的属性。正如量子物理学家玻恩所言,在量子世界里,概率是基本的,必然性反而是概率等于一的特殊情况。这样,系统的不确定性不是由于我们的无知,而是系统本身携带的性质,比如说,在牛顿力学中,三体问题就会出现随机解。同样,在混沌理论中,系统的演化也会有内随机性,有时小的涨落决定系统的演化,比如,我们通常讲的蝴蝶效应。但是我们现有的人文社会科学思维范式还停留在牛顿时代,还热衷于追求决定性。当然,人文社会科学的研究也不能照搬自然科学研究的范式,要有独立的方法与问题域,人文社会科学的研究更需要实践性。这就带出了我要讲的第三个问题。

第三,创新的问题。当前,"创新"似乎成为一个时代的主题。但是,我们要知道,创新其实并不是一个理论问题,而是一个实践的问题。区别在哪里呢?理论问题通常是从概念表征出发,进行理论探索,成果形式是观点、规范等;而实践问题需要身体的投入,获得亲知或体知的经验,倡导的是工匠精神。过去,我们重理论,轻工匠,认为工匠是低级的,理论是高级的。但事实上,只有工匠精神才是创新的基础。人们只有在实践当中专注地工作,才会有创新,如果没有达到专注的状态,没有获得体知的经验教训,就不会有创新的东西出来。从哲学上说,这是不同于笛卡尔哲学传统的另一种哲学范式。目前人文社会科学研究的思维方式还是传统西方哲学的二元论体系,就是人和世界是分开的,人可以规划一切,可以表征世界的规律,可以根据世界的规律来改造世界。但创新是只有在实践中才能做出的,实践活动本身是不确定的,而不确定不是由于无知或者意识不到,而是活动本身的特征,在实践活动中,把握不确定性才是创新的基础。人们在熟练应对的活动中,人与世界是一体的,是融合的,融合的思维方式是现象学的思维方式,它突出了人的训练、素养、判断力的重要性。这种哲学对人工智能的发展产生了很大的影响,比如,西蒙的人工智能模式是二元论的、表征的,以计算主义为主,认为一切都是可以计算的,是理性的结果,基于这种思维方式的人工智能在 20 世纪 70 年代陷入困境;当代人工智能的深入学习范式,抛弃了计算思维,赋予计算机在情境中学习的能力,让机器人与世界融为一体,进行随机学习,强调学习带来了人工智能发展的新高潮。这个事例反映了哲学研究对科学研究的促进作用。只有技艺高超的人,而不是知识渊博的理论流派或理论观点的人,才是有可能带来创新的人。技艺越高超,对局势的把握就越精准,对问题判断力就越强,因而越有可能做出创新。所以,人的创新能力是在艰苦训练和专注工作的基础上养成的,如果我们这样理解创新,那么,我们在政策制定、制度设计等方面带来很大变革。余老师讲的道德判断问题,也是如此。道德能力也是在实践过程中养成的,而不是源于说教,一个人知道再多的道德理论的流派,也并不意味着道德水平就比别人高,道德养成与素养养成一样,是在实践中形成的。

总之,展开这方面的讨论很有意义,希望这类活动能够再细分主题地持续下去。谢谢大家。

六、 新科技革命引发的新世界需要人文社科界去认识和解释

李 辉:科学与人文之间的关系,在英国的斯诺发表演讲《两种文化》后不断被

讨论。但是也正因为斯诺的这一命题,科学与人文的关系被长期框定在"一枚硬币之两面"的框架内。随着当前新科技革命和产业变革的发展,尤其是大数据、互联网的持续冲击,科学与人文之间的关系已经进入新的范式,未来未必一定是硬币的"两面"这种两分法的关系。

我主要从两个方面说明。第一,新科技革命引入了人文社科研究的新范式;第二,新科技革命提出了人文社科研究的新课题。

互联网和大数据对文史哲等基础文科的研究范式其实冲击很大,但是人们对此尚未引起足够的重视,不像理工领域那样积极响应和热情拥抱。我认为,人文学科研究中的怎样做研究、谁来做研究、研究成果怎么呈现等基本的问题,现在都有可能发生根本性改变。

关于怎样做研究的转型,比如说,在传统的史学研究方法里,如果我们研究一个概念在中国历史上的形成及演进,要求一个历史学家大量阅读,找到最初出现这一个概念的文献,以及之后随着时间推移在各种文献中该概念的词义演变过程。这种研究其实是以历史学家个人(一个或一群)的大量阅读为基础的,强烈甚至完全依赖于历史学家个人的体力和智力。

而最近两位硅谷的年轻人,用大数据的手段开创了新的研究方式。他们开发的研究程序,在电子化文献中挖掘,对一些观念的演进已经做到清晰的图示化分析。比如,人们现在使用"美利坚合众国"(the United States)一词时为什么是单数形式(is)?根据他们的软件,他们可以展示出各个时间段中"The United States is"和"The United States are"在美国已出版英文书中的出现频次。从这两个词的出现频率中,很容易看出南北战争结束15年后的1880年,"美国"一词才作为单数名词开始在美国各州普及开来。

他们的这种方法,比通过历史学家的广泛阅读来确定答案更为高效,同时也更为准确。这个例子不仅仅是说历史学中观念史、思想史的一些研究方式有可能发生变化。而是在更大的意义上引出了一个趋势,让机器代替人进行阅读、分析,是不是可能至少局部地替代历史学家的工作?

这个问题并不是一个可以回避的问题,随着近年来人类已有图书的逐步电子化,理论上人类所有的图书都可以电子化,那么以前靠研究者自己占有文献、阅读文献、分析文献从而生产知识的研究方式,可能已经过时。美国国会图书馆前些年已经注意到这一趋势,他们提出了一个问题:"如果有一百万本书在你面前,你怎么办?"受过历史训练的学者即便穷其一生也是无法读完的,但是机器人呢? 如果赋予其一定程序,按照要求去发现规律提炼知识,为什么不可能呢? 况且,学者经常苦恼的"生也有涯",对于机器而言是不存在的,它们完全可以在比一个历史学家寿命长的多的周期里学习和生产知识。

除了研究方法,研究主体自身也在发生变化。随着互联网的发展,众包模式成为科研领域的一种新型合作关系。最近两年,一些理工科的学术论文,其作者人数已经达到 1 000 余人之众。而在文科尤其基础文科领域,学者还是非常喜欢个体户式的研究模式。有些人在研究的过程中遇到问题,可以经过 10 年、20 年甚至更长的时间来等待突破。但是事实上这些问题对于别的人来说或许是可以轻松解决的。在互联网、移动互联网广泛普及的情况下,人们完全可以做到更加有效的分工和合作。

研究成果的发表也在发生变化。发表是硬道理,是一项研究阶段性成果得到认可的展现。但是,书籍、杂志是不是还是必然的发表载体呢? 以前学者出版一本书,即便再严谨的学者也难免会有错误,而他们唯一能改错的机会是下一次再版。如果没有再版机会的话,错误就会永远停在那里。发表在期刊上的文章同样如此。但是,在互联网时代,维基百科式的媒体崛起。一旦发现错误随时可以更改,而且不仅作者自己可以改,其他人也可以修改,全世界的人都可以修改。这一机制保证了所有错误在最短时间得到改正,也保证了知识的最快速更新。

总结以上内容,我认为随着互联网和大数据的发展,人文学科的研究方式正在从个人的皓首穷经向机器学习和众包合作模式转换,研究主体可能正在从个体到群体转换,研究成果的发表也在从长周期的纸媒向电子化、互联网媒体转换。而这所有的这些转换,都代表着研究效率的提升和准确性的提升。

大数据、互联网带来的革命是横跨多领域、多行业的,对包括人文社科领域的革命只是其中的一个方面。事实上,大数据、互联网所带来的新世界,也需要人文社科学者去理解和解释。

互联网的发展让传统经济社会体系中,原本没有联系在一起的个体和机构组成了新的体系。这个数字化的新的体系,经过数据的不断积累,本身经过计算也可以形成新的体系。教育领域的慕课、金融领域的互联网金融、商业领域的电商平台以及出行领域的网约车,都属互联网与大数据结合而形成的新事物。

随着物联网的发展,大数据与物联网的结合也同样形成新事物。当机器与机器联系在一起,当联系后形成的体系的数据被计算,也将衍生出越来越多的新事物。无人机、无人驾驶汽车即属此类。

当然还有第三类，既包括了人与人之间的互联，也包括了机器与机器之间的互联，还包括了机器与人之间的互联，比如德国提出的工业4.0就属于这一类型，这样的体系就更加复杂了。

所以在大数据的冲击下，很多传统领域、行业面临颠覆，表面上看是互联网带来的颠覆，但事实上是因为全新体系的出现，带来了新的价值生产和分配方式，当然也就改变了人们的生产和生活方式。人文社科研究迫切需要关注这些物理现实、虚拟现实、虚实结合的现实。

我认为这种变革起码带来了三种问题，一是互联网和大数据形成的新的平台，将以怎样的形式运行？事实上对这一问题现在还有很多的争论，主要争议并不在技术层面，而是在制度、文化、管理层面。比如网约车在全球各地争议不断，与各国的法律传统有关；而无人驾驶汽车一旦允许上路，整个交通体系的公路、警察、法律等方方面面也都将面临巨大变革。

二是在大数据时代，占据核心地位的人工智能，对人类到底将产生怎样的影响？世界知名咨询公司麦肯锡咨询公司出版的《第二次机器革命》一书，乐观地认为机器智能一定能超越人类的智能，因为机器的学习是指数型增长的，而且理论上可以无限增长。而反对方则认为机器终归是人造的机器。虽有争论，但是这一话题将引发更多哲学层面的思考。另外，《大数据时代》作者舍恩伯格提出人类将从过去的"因果"的思想体系走向"相关"的思想体系，其实冲击力也很大。

第三，在万物互联、机器学习的时代，人类的隐私还是否存在？这一问题也势必将对人类的思想观念产生巨大影响。

总的来说，新科技革命和产业变革引发的新世界，需要人文社科领域去认识和解释。而这种认识和解释，首先需要人文学科尽快去了解和理解。

余源培：爱因斯坦也讲过，在加州理工学院的时候，他对学生讲话的时候说：你们在埋头于图表方程式，千万不要忘记一点，就是光关心科学不够，关心人本身应成为一切技术上奋斗的主要目标。科技怎么服务人？马克思当年说科技的智能结合造成了很多异化现象。今天在资本通行的原则下，几乎处处看看科技进步被异化的现象。我认为在目前的情况下，对于科技工作者和社会工作者而言，中国和世界发展当前最主要的问题是什么？就是缺少道德判断，缺少价值判断。科技的发展如果等同于物质主义，这一条路将不会是光明的和长久的。然而今天中国人看好科技，很大程度上说的还是吃喝玩乐,就是提高人民的物质水平。马克思曾说,技术的胜利似乎是以道德的败坏为代价换来的。随着人类愈益控制自然,个人却似乎愈益成为别人的奴隶和自身的卑劣行为的奴隶。马克思说,科学的纯洁光辉仿佛也只能在愚昧无知的黑暗背景上闪耀。我们的一切发现和进步,似乎结果是使物质力量成为有智慧的生命,而人的生命则化为愚钝的物质力量。人类在今天以后会不会也成为某种机器?如果果真如此,那是非常可悲的。人还是应该在自然界作为主体,有修养道德地对待科学技术。

多维视野中的后真相时代：问题与对策

（2017 年 2 月）

参会嘉宾（按姓氏笔画顺序）：

王金林（复旦大学哲学学院教授）

许　明（《上海思想界》主编）

吴晓明（复旦大学哲学学院教授）

邹诗鹏（复旦大学哲学学院教授）

汪行福（复旦大学哲学学院教授）

张屹峰（上海社会科学院国际关系研究所助理研究员）

陈　龙（苏州大学文正学院文学系主任）

陈　忠（上海财经大学人文学院院长）

孟钟捷（华东师范大学历史系教授）

胡　凌（上海财经大学法学院教授）

胡惠林（上海交通大学媒体与设计学院教授）

徐大建（上海财经大学人文学院经济哲学系教授）

蓝　江（南京大学哲学系教授）

陈　忠：我们非常荣幸能有这个机会请大家到上海财经大学人文学院，首先我们有请吴晓明教授发言。

一、"后真相"及"民粹主义"等现象乃是现代性 发展在特定阶段（终结阶段）上的产物

吴晓明：虽然我不太了解"民粹主义"和"后真相"的具体形态，但这类现象却并非预料之外，因为这是很自然的情况，是合乎逻辑的结果。这些现象乃是现代主观主义的极致。主观性在不加遏制的情况下必然产生这个后果，如果我们对这类现象感到惊讶反而奇怪了。如果现代的民主制仅仅建立在单纯的主观性之上，那么其最终

的结果一定是这样，只是我们现在给它起了一个不太准确的名字，叫"民粹主义"，亚里士多德会把它叫做"暴民政治"。亚氏曾讨论过三种政体，君主制、贵族制和民主制，这三种政体各有优点和缺点，根据不同的情况而来，而这三种政体又都在不同的转化中有其最终结果。

所以民粹主义的形成是很自然的，逻辑的结果一定是这样，其基础就是主观主义，现代哲学集中体现了主观性的发展，所以被叫做主体性哲学。当然它有伟大的功绩，因为中世纪的客观性不再能够继续维持了，所以在近代哲学当中主观性得到了强有力的扩展。但自笛卡尔一直到黑格尔，整个哲学进程中仍然保留着"客观性告诫"和强大的实体性内容，并力图使之与主观性相调和。最后一个起来阻击单纯主观性无限制发展的是黑格尔。实际上从莱布尼兹一直到黑格尔，始终要调和这两个方面，黑格尔的尝试最终失败了，以后几乎是不可遏制的主观主义的无限制发展。

主观性的无限制发展，是由于在社会生活和观念形态中，真正客观的东西、实体性的东西瓦解了。尼采所谓"上帝死了"，正是这个意思。所以海德格尔在《尼采的话"上帝死了"》一文中说：上帝死了，并不仅仅是某个无神论者的意见，而是指"超感性世界"腐烂了，坍塌了，不再具有约束力。超感性世界正是那个一切具有真正实体性和客观性事物活动的领域，即先前所谓真理、理念和一切理性构造物等等的领域。因此，超感性世界的腐烂和坍塌就意味着真正客观性和实体性领域的消遁隐退，意味着"最高价值的自行废黜"，也即意味着"欧洲虚无主义的降临"。在这种情况下，能够起作用的无非是单纯的主观性，是无数主观性之彼此冲突和纠缠的集合，是它们的平均数。显而易见的是，无数主观性的集合并不就是真理：我们可以有一万种乃至一亿种主观意见，但它们的集合或平均数决不是真理，因为真理乃是真正客观的东西和实体性的东西。当这样的东西不再具有约束力时，就很容易用主观性的无限制发展来代替实体性的东西，用主观性的集合来冒充真正的客观性。这就是"后真相"的本质来历，它意味着真理、真相、实体性的东西已然隐遁涣散，因此，从哲学上来说，它理应被当作"欧洲虚无主义之降临"的一部分来加以理解和把握。

超感性世界的瓦解就其特定进程而言意味着"坏的主观性"占据主导地位。"坏的主观性"是黑格尔的一个术语，用以表示主观性的无限制扩张，用以表示主观主义的极致，用以表示主观性通过"坏的无限性"（即可以不断向外扩张并因而是永远达不到的无限性）来拒斥实体性的内容并冒充客观性。这里所谓"坏的"并不是什么价值判断，而是描述这样一种现象实情：主观性以一种无限制的扩张来取代具有实体性内容的客观性。因此，就观念形态而言，"坏的主观性"意味着外部反思成为基本的思维方式，意味着知性科学和伦理主义成为不可动摇的知识常态。在这种情况下，康德哲学——根据效果历史的构造——乃成为恒久的权威，而黑格尔被"当死狗来打"也就成为其经常的命运了。为什么是这样呢？因为黑格尔反对"把对真理的无知当成良知"，他在谈论主观性时始终要求保持哲学上的"客观性告诫"，因而他的哲学乃是主观性无限制发展的一个拦路虎，一个绊脚石。对于马克思来说，他当然深知黑格尔试图以神秘的普遍者来维护客观性的意图已然失效，但必须批判地拯救具有实体性内容的普遍者，才可能重建真正的科学并敞开人类解放的可能性。这当然也成为主观性无限制发展的一个障碍。为了去除这个障碍，时下出现的一种时髦做法就是在对马克思学说的阐释中去除其黑格尔渊源，使之直接衔接康德，以便对马克思的理论作出某种康德式的或准康德式的解释。这种解释当然也就割去了马克思学说中一切社会—历史的实体性内容，使之作为主观的抽象原理并适合于仅仅作外部反思的运用，而马克思的学说也就在这种解释中一方面成为单纯的知性科学，另一方面成为伦理社会主义了。在这个意义上，主观性的无限制发展甚至在某种程度上左右了对马克思学说之阐释的命运。

　　从社会历史方面来说，"坏的主观性"占据主导地位是 20 世纪的本质特征，伽达默尔很正确地把第一次世界大战看作 20 世纪的真正开端。尽管在此之前有对现代世界之基础的非常激进的批判，而现代世界的理论构造也有许多立足于单纯的主观性之上，但从社会的总体来说，就人们的一般观念来说，普遍的和实体性的东西依然还是在某种程度上保持着它的稳固地位。例如，卢梭的"社会契约论"作为一种理论构造以主观性的集合为前提，因此黑格尔批评"契约"不是实体性的东西，仅仅以单个人的任性和主观意见为基础；而马克思则将之看作 18 世纪关于鲁滨孙故事的毫无想象力的虚构。但卢梭还是区分了"众意"和"公意"，前者是单纯主观性的集合，而后者则包含着具有实体性内容的普遍者。然而，正是伴随着第一次世界大战，出现了一种真正的划时代意识。这种意识按伽达默尔的说法是：在以往，"资产阶级时代把对技术进步的信仰同对有保证的自由、至善至美的文明的满怀信心的期待统一起来，但这个时代已经终结"。就哲学而言，在此间终结的不是别的，正是先前居于超感性世界中那些具有真正客观性和实体性的东西，即普遍的理性构造物，亦即在一切领域中的"公理战胜"。最能标识此种划时代意识的事例是尼采的命运：这位先前默默无闻甚至被当作疯子的哲学奇人，在第一次世界大战之后似乎一下子被人们理解了，甚至被当作先知而受到推崇,总之,尼采是被一种划时代的意识重新发现了。这种时代意识当然不是由哲学家创造出来的,但这种时代意识却是——由于超感性世界的垮台因而不能不是——以"坏的主观性"为基础的。在这样一种客观的历史趋势下,当我们在现代性发展的特定阶段上看到"坏的主观性"的极致表现,例如所谓"后真相""民粹主义"或其他,也就不会感到莫名惊诧了。

　　所谓"后真相",无论其具体的所指多么漫无边际,多么隐晦曲折,却总意味着真理、真相的自行隐遁,意味着坚实的客观性已然瓦解而不再具有支配力了。在现代世界得到极大发展的主观性原则,一方面创造出无与伦比的文明财富,另一方面也导致了实体性事物的最终解体,并试图以自身的"坏无限"的集合即"坏的主观性"来构成真正客观性的替代物。但是,这种替代物毫无疑问只是虚假的东西,黑格尔很正确地指证了"坏的主观性"乃是自相矛盾的和趋于解体的东西。虽然黑格尔根本不可能看到今天正在产生出来的许多事物,其中特别是媒体的巨大变革——我们想说的是互联网,但他对无度的主观性之本质的把握却仍然是非常卓越的。例如,就互联网作为主观意见的集合而言(不是就其别的功能而言),这个领域恰恰是"坏的主观性"无限制活动的领域,无论这样的主观性集合是怎样地无边无际,它也并不意味着真正实体的和客观的东西。因为在公共舆论中,实体性的真理和无穷的主观错误是直接混杂在一起的。我们由此很容易理解的一点是:当公共舆论中实体性的东西瓦解更替之际,这个领域也就为"坏的主观性"所占据,直到最后完全成为各种主观意见的集合,成为它们之间彼此冲突驰骋的战场。因此,如果说互联网在主观意见的集合方面乃是一个"坏的主观性"的领域,那么这并不是由互联网造成的,而是因为特定的时代状况造成了主观性的无限制扩张,互联网只不过提供了一个温床,并且助长了用"坏的主观性"来冒充真正客观性的幻觉和观念形态罢了。时下所提出来的所谓"后真相"问题,显然一方面与公共舆论的性质转变有关,另一方面与媒体—互联网等技术手段的变革有关。只要在这样的转向中持续不断地表现出"坏的主观性"愈益强化的优势地位,那么用"后真相"一词来标志这种状况就是合适的。我们在今天的许许多多事例中都可以看到这种状况的表现形式。"民粹主义"的问题境况大体也是如此:事物的本质方面在于"市民社会"(其定义为"一切人反对一切人的战争"),在于这一社会自身的本质及其客观的历史趋势,而这种趋势不能不最后表现为"坏的主观性"达于极致并使自身进入终结阶段。所以马克思在谈到作为政治民主制之趋势的选举改革时说,市民社会在上升到自身抽象之完成的同时也就是抽象之扬弃,"因此,选举改革就是在抽象的政治国家的范围内要求这个国家解体，但同时也要求市民社会解体"。我们今天所谈论的"民粹主义"，如果不意味着这样一种解体的展开过程，又意味着什么呢？

很显然，黑格尔当时试图以一种神秘的实体来阻止"坏的主观性"陷于自行瓦解的努力是失败了，而且事实上这也是此类努力中的最后一个。但是在马克思看来，虽然现代性将完成于"坏的主观性"，虽然在现代性的范围内不可能使由之而来的瓦解过程停顿下来，但重建实体性的普遍者对于人类来说仍然是绝对必要的，它只有在一种新的文明类型——一种新的社会生活——中才能被积极地建构起来。因此，我们今天看到的所谓"后真相"以及"民粹主义"等现象，从根本上来说乃是现代性发展在特定阶段（终结阶段）上的产物，其本质方面应当被理解为"坏的主观性"之合乎逻辑的必然结果，并应当由此出发来对它们展开进一步的批判性分析和具体研究。

陈　忠：吴老师功底深厚，穿透力很强，这个问题确实可以进行好多维度的认识。

二、 要正确面对和处理主观性和客观性的关系问题

胡惠林：我就在思考一个问题。有没有真相？因为后真相肯定是就真相而言的，这本身就隐含一个命题，即客观事物是不是存在真相问题，如果存在真相问题就有"前真相"，真相与后真相怎么来论证它的事情，这就很麻烦。现在突然之间提出这样的概念，我觉得这个问题本身是不是个问题，是不是构成真相性的命题，需要研究。"后真相"是在这次美国选举政治中间被提出来的，像这样的一种选举政治，是形成美国大的政治格局，乃至影响整个世界的结果，所以引起了大家突然之间的思考。现在诸如此类的问题以前都有，问题是为什么以前发生这样的事情没有被关注，也没有后真相的问题，而现在这个时候突然之间被挖掘出来了。

这段时间里谈到的民粹主义问题，思想界多少年前就讨论过。假新闻以前也有，也不少，为什么偏偏现在这个时候承认有假新闻？真真假假，何来真相？就从假新闻非常大众化的概念来说，因为后真相是个非常学术化的概念，而假新闻是一个大众化的表述，一听大家都明白了是在说什么。用我们的一句话说就是"这是谣言"。我们以前用的概念是谣言，不是假新闻。但这二者好像有区别。

后真相和假新闻这两个概念是如何建立起某种关联性的？问题是假新闻引起的一系列问题。刚才吴教授是从整个哲学渊源关系的角度梳理了一下，也有助于我们

来认识真相。这一段时间我自己比较关注于文化安全和国家文化安全的问题，十多年前我提出这个问题的时候，很多朋友包括非常好的学术同行对我说：你这个命题是伪命题。也就是说，我提出来的这个命题是假的嘛！这十几年过来，我一直在找各方面的依据，包括在法律上的依据，包括在国际上有多少国家关于文化安全立法，我一直在回答，即这是不是个问题，或者是不是个命题。

为什么有人跟我讲，你这个命题就是伪命题？就像现在假新闻是一样的道理，你是不是有存在性的问题？所以假新闻出来之后真新闻还有没有？实际上就挑战了真新闻本身是否成立的问题，构成了一个"新闻安全"命题。假新闻对应的是真新闻，真相对应的一定是假象。原有的新闻真实性遭遇到假新闻的结构与威胁，威胁到新闻真实性的生存安全和新闻公信力。新闻不可信，直接威胁到新闻的生存安全。我们在现代生活中如能把后真相问题的讨论和假新闻大众化话语的思考，二者有机地结合起来，就可以帮助我们去思考一些今天的问题。因为这些年我从事文化产业研究，走了许许多多的地方，有过一些经历。有一次，我们做一个"少数民族公共文化服务涉及少数民族文化安全问题"的课题，去了西双版纳哈尼族的一个村，就碰到很难想象的事。我们到了一个农家书屋，居然看到里面放着一本黑格尔的《小逻辑》，我心想，像这样的书哪怕当地有一个人看，都是了不起的伟大事件。过一会，一些妇女都来了，她们的姿势都摆得非常好。我就问，你们经常来这儿看书吗？一位农家书屋的负责人对我说："知道你们要来，你们要拍照片的，所以我们来了。平时，没人来看的。"我说为什么没人看书呢？她说，因为男人们都出去打工了，女人、妇女、老人在家里边，每天在田里忙活都来不及，谁会来看这个书？我们眼见的是有这样的书高高地被放在书架上，但这是真相吗？

这次提出这个问题本身的现象问题可以研讨一下。我在当地还看到一个非常有趣的现象，即房顶上都插了旗，插了三面红旗，有的是插五星红旗，有的是插党旗，有的是插团旗。他们告诉我：插团旗的家有团员，插党旗的家有党员，团员和党员都没有的就插国旗。在上海不可能看到这样的事情。在中国的社会里边我们现在思考的许多问题也是视角问题。许多问题都是站在城市经济、市民社会阶层相对来说高度发达的视角来考虑问题的。如果说我们走出现代型社会，到了农村，情况就会不一样。去年我去黔西南调研移民扶贫搬迁如何发展文化创意产业问题。我第一次真切地看到了国家拿钱帮助特贫山民从大山深处搬下来。那个条件之好，我们在座的各位教授们都会羡慕。

调研过程中我发现一个问题：安家费用完了，用完了以后干什么，怎么办？还要想办法让他有生机。后来我跟当地的领导讨论，从山上搬下来会有巨大的落差和不适应，其中就生产力方式来说有一种巨大的文明不适应。山上的少数民族还是刀耕火种，一下子觉得很难适应，政府完全出于好心要让他们搬下来，而且全部是政府拿钱。就像当年很多老八路、老革命进了城以后不会用抽水马桶是一个道理。现在一定要让他用抽水马桶，这会构成一个文明的冲突。像这种走出大山，带来的文明冲突问题，特别是在老少边远地区，是特别应当引起我们对于"问题真相"的关注的。因为，只有这样，才会使我们的主观愿望与客观效果相统一。

在做文化产业发展规划的时候，常常是主观主义给你画圈、画图，完全脱离当地实际的可能性。我觉得这个问题在讨论的时候确确实实存在主观意愿和客观真实认知上关联性的问题，包括政策的制定。我在湖南长沙时，发现因为中央发改委下达了关于新兴产业的文件，当地马上就要搞科技文化产业，互联网平台、大数据，等等。我就跟他们讲，这样的东西在长沙是可以讨论的，但到了湘西十里大山，在那个地方如何落地就是个问题。我们搞规划不能脱离不同地区文化产业发展的实际。我国正处在并将长期处在社会主义初级阶段，这也是对我国文化国情的基本判断。从文明的等级来讲，中国今天的文明处在三个阶梯上：上海等沿海地区是一个文明等级，到了中部又是一个文明等级，再往上走是完全不一样的。包括他们提出文化产业走廊的时候，我专门去四川走了一下，去了茂县、松潘等地方。白天不算数，晚上看看，那个地方建了非常现代化的文化设施，那些文化设施都会让我们掉眼珠子的。但一到晚上，我就没有看到进行文化消费的人。

生态平衡那么脆弱，但是文化产业走廊规划居然也就是文化部和财政部落地的规划，这就是主观性和客观性的问题。而且这样的规划又和国家发改委关于我们国家的功能空间规划，禁止开发规划功能是有冲突的。我刚才听了吴教授的发言，最大的启发就是我们如何面对和解决主观性和客观性的关系问题。当前我们在政策的制定、规划的研究中，这种问题实在是太多了。

如何正确处理主观愿望和尊重客观性，我们是可以从"后真相"这一问题的提出得到某种启发和警示的。

蓝　江：我还是谈谈自己的看法吧，我从自己的阅读角度来把自己关于后真相这个词的感想谈一下。后真相这个词肯定是与英国脱欧事件，包括之前的苏格兰脱英的事情，以及特朗普获胜这个事件密切相关的。此后，在西方主要媒体，如《纽约时报》《华盛顿邮报》、BBC上都大量使用后真相这个词。这个词之所以会流行起来,是因为大家都感觉到原来我们去获得真相的方法出问题了。比如说,在美国大选之前,许多媒体和民调机构都会有一个民调,这些调查都有大量的数据支撑,这是社会学、政治学都会采用的,被称为科学的调查方法。一般来说,我们认为这种科学的方法可以用来预测谁会当总统。但是结果是,这些调查机构几乎全部错了。美国的几百家调查机构只有一家预测到特朗普可能会获胜,而其他媒体和调查机构全部预测希拉里获胜。

刚才吴晓明老师说的主观性的问题,其实在本质上是伪客观性的问题,社会学上本来有就一个词叫做 quasi-object,指的就是这种看起来像是客观性的主观性,因此,很多社会学和政治学依靠的客观性数据,实际上就是这种伪装成客观性的主观性。之前,我们原来以为可以通过这样的东西去获得真相,帮助我们获得确定性,但是,现在行不通了。大家发现把数据扒开以后可能还有真相。但是这个问题并不是今天才提出来的,学术界尤其是哲学界早就讨论过这个问题,只是之前很少被人们所关注,因为我读到读福柯晚年(1982 年)在比利时鲁汶大学作了一个报告,就是讲真话,做错事。人们如果将自己真实想法说出来,可能在政治上是很不正确的。为了保持这种表面上正确,我们就必须按照既定的言说标准去说话,这种言说肯定与我们真实想法不同。我们在民调的时候发现一个非常大的问题,当媒体去采访美国人,或者电话调查和当面访谈的时候会有政治正确的问题,他们往往会根据主流话语所容许的方式来回答问题,但是,在投票的时候会转投特朗普。很多人在嘴上说一套,投票的时候会做另外一套,有这个情况存在,这并不是他们道德素质成问题,而是一个直接的现实,与福柯讲座的情形相对立,即讲错误的东西,做对的事情,投票的行为才是他们真正的内在选择。这是真实民调预测不出来的东西,也就是说,在数据下面,在采访的材料下面,掩盖了一个真实状况。对于历史和现实的认识都会出现这种状况,话语和数字所表征的也是一种真相,这种真相是符合一定社会科学和政治科学程序,但这个真相并不是真相的全部。实际上,不仅西方如此,当代中国也存在着这种情况。

福柯在 1984 年最后一次法兰西学院的讲座中谈到这个问题的时候,认为实际上真相会发生两遍,不是一遍。第一遍是纯粹的发生,这个东西是不可说,也不可知,也不可认识的东西。但是第二遍则是讲出来的东西,或者说被我们的数据和话语所再现出来的真相。我原来在马克思主义学院教过"思想道德修养与法律基础"这个课,在给学生们解释法律的时候会说明一个概念,叫"法律真实"、"法律真相",法律上的真相和真实发生的事情不是一回事,法律真相仅仅指的是表面上能够呈现出来的那些证据,能够连成一个证据链证明的真相,这是可以在法学的话语体系和法庭辩论的语言中被再现出来的真相,是第二层次的真相,这和事实上所发生的事情是两回事。我们在法庭上的表达,也有很多被证据和话语所证明的东西会对当事人不利,不符合原本发生的状况,一般来说,这就是一个法律真相的问题,这和真实的真相有一定的差距。

真实的真相是一个不能简单被我们理解,甚至不能被直接表达出来的东西,相反真实的发生性的真相始终处在我们话语和证据的背后。今天的问题,可能根本不是真新闻和假新闻的对立,不能简单认为真实的对立面就是虚假,因为民调调查出来的也是真相,是每个人都说出来的东西,他们所调查的数据和统计分析得出的结论全部是真实的,但是这些数据和结论与真实的社会状态并不完全一致。社会学经常用的方法还有访谈的方法,之所需要访谈或者田野研究这类的东西,是因为调查虽然具有真实性,但是真实的调查还不够真实,仅仅是在话语和手机开层面的真实,话语层面和数据分析真实的背后还存在一个真实。话语真实之后还存在一个真实,相当于后真相这样一个概念。这不是真和假的问题,不是说调查和访谈故意去做假,事实上,我们相信从事调查统计以及做访谈的人的品德、能力以及职业操守,我们认为他们做的调查统计和访谈结论全部是真实的,调查程序全部是真实有效的,但是所有真实的程序和步骤收集起来不能证明真实的美国情况。准确来说,在表面上,存在着一个话语体系,这个话语体系保持着它自身的真相,但是在实际操作层面上还存在着另一个真相,而这恰恰是不能被话语体系所消化的真相。

我估计人们可能会关心这样一个话题,在表面上编织的象征话语体制之外呈现出来的真相,即包括网络上,包括正规的媒体,包括西方正规媒体所报道出来的真相背后,是否还存在着另一个不同的真相。这是后真相的原因,我们不能光听媒体上所报道的东西,也不能光听微博、微信所展现出来的。吴晓明老师刚才说了这些自媒体,这其实也是一个被制造出来的真相,大家希望挖掘真实的想法、真实的行为会在什么层面上起作用,话语其实不起作用,话语只是说给我们听听,真实的欲望、真实的行为会在另外一个层面上起作用。实际上对后面产生影响的是真实的行为。我们有一个程序上命名的真相,而且我们往往把这个真相当成一个理所当然的真相。

许 明:特朗普赢了。所有真实的数据都显示希拉里会赢,只有一个网站调查预测特朗普会赢。由于他们的数据和他们的判断使得国内所有的决策机构都认为希拉里会赢,从而作出了误判。

最近我们参与了一个调研报告的起草，某大学的一个报告跟一个统计局的报告在某些问题上的结论是截然相反的。统计局的报告说95%、98%支持，而同样的问题大学的一个网络调查报告显示的结果却完全不一样。调查全部是真实的数据，非常规范，一拨拨的人参与分析报告，但是结论却不一样。那我们有什么途径追求真实？如果这两份报告要我们分析怎么办？采用什么方法，采用什么观点，采用什么数据？最后的结论会不会就是我们原来的观点？后真相问题的提出非常具有现实意义。如何面对事实？了解事实？在今天"坏的主观性"可以滥觞的时代成了一个问题。面对这样的现状我们的理论家，我们的哲学家如何判断，如何解套？

蓝　江：我跟国外的一些朋友交流的时候也很困惑，因为现在的状况的确直接挑战着20世纪建立起来社会学和政治学整套的数据规范体系。

吴晓明：这不是调研、数据和规范的问题，这里的问题要比这些深刻得多。调研失败这种事情多了，经常会发生。杜威和艾森豪威尔那一次竞选是前一天的调研数据，结果第二天全部反转，但是没有出现后真相的问题。问题是特朗普这个人的胜出，对现代普遍认同的一般观念和程序构成挑战。这是更重要的问题，而不是调研失败，所以他会成为一个有代表性的转折点。马克思、尼采当年对资本主义批判多么厉害，直到第一次世界大战转折点才真正出现，尽管这个转折点现在也被遗忘了。我觉得恐怕不仅仅是因为调研失败，调研失败在很大程度上是完全可能的。重要的问题在于"坏的主观性"之偶然的集合，完全超出了一般主观性所能理解和承受的范围。

汪行福：因为大家都预测希拉里会赢，所以希拉里输了。因为一些希拉里拥护的人认为既然希拉里很可能会赢，那我投不投都无所谓了。如果有1%—2%的人觉得这一票无所谓，最后的结果就是希拉里输了。这不是对希拉里、特朗普两个候选人谁输谁赢的真相。

蓝　江：我关注了肯尼迪和尼克松的问题，那个时候出了很大的意外。那次和这次有什么不同？当时的媒体的反映是我们在调查的形式上可能有参数的偏差，可能指标体系不够完善，或者我们不能过多地依靠某一个权威的调查机构的数据，而要把这个数据多元化，借此来平衡某一机构的权威。那个时期，引起质疑的并不是社会学和政治学的科学性和真理性，而这次引起比较大的争议，几百个调查数据全部呈现出来了。原来用多元化的方法来平衡单一权威数据的方法也行不通。这实际上是民间对社会科学和政治科学整个学科标准和规范的怀疑。

现在的问题是，如果现在实际发生的情况是在实际数据发生严重偏差的时候，人们一定会求助于主观主义,因为在新的指标建立起来之前,我们实际上没有任何可以依赖的客观性标准。除非我们能够有信心建立新的数据库,新的数据库必须把众多因素全部纳入进来,重建客观性的地基,彻底摆脱主观主义才是可能性。然而,现在大数据分析对于一些行为上的东西、心理上的东西实际上不能完全分析,而在客观数据分析无法企及的地方,主观形式的东西会主动填充进来。

许　明:为什么一定求助于主观主义?

蓝　江:既然调查出来的东西不可靠或者错误,我就不能把所有的鸡蛋都放在这个篮子里,就会寻求客观数据之外的标准来进行鉴别,主观标准就是一种很重要的资源。例如,很多学校都评职称都以发文章,尤其是C刊数量作为客观标准,但是现在一个问题是,发文章这个标准,遭到了巨大质疑和反对,于是,评职称会导致加大职称评委会的主观权力,也就是说,用主观判断的方式来代替客观标准的方式。当然在政治上会有这样的现象出现,客观指标如果不是百分之百可靠的话,一定会有主观性和考量方式来对客观标准加以平衡。

王金林:现在往往是权威的机构遭到质疑。

许　明:最后的结论就是求助于主观评论。

蓝　江:是在有限数据的基础上的主观主义。

许　明:描述过程当中的这种判断、这种观点,基本上就是某些学者长期坚持的对社会的认知。最后的结论跟调查其实没什么重大的关系。

蓝　江:例如,在一些社会学的文章中,数据不过是一种装饰材料,一些作者为了表现出他的文章好像是客观的,将有利于自己的数据掺杂在文章中,而把不利于自己的数据直接忽略掉了。

三、　后真相时代政府应该考虑的是如何尽可能地还原事实的本相

陈　龙:我这几天也在思考这个问题,我也认为这是一种"症候"。这些问题迟早会出现,表面上好像是经济社会发展到这个时候出现的问题,实际上是现代性发展的结果。当然症候表明是什么地方出了问题,就像我们看病,人发烧了,这是一种症候,产生原因要么是感冒引起的,要么就是体内脏器出现了什么问题。

要说到问题,肯定跟信息技术发展有关系,这就是新媒体。新媒体为什么有问题? 美国大选传统媒体都沮丧得很,因为它们输给了新媒体。传统媒体是站在"政治

正确"的角度进行新闻报道的，有它们自身恪守的伦理尺度。按照传统媒体基本伦理，新闻事件在报道前必须把关，事实是怎么来的一定要核实。新媒体则没有了这个环节，没有审核，社交媒体就是一个平台，谁都可以发布信息，而且不需要承担什么责任，这跟传统媒体完全不一样，《纽约时报》这种老牌媒体敢随便发一个读者发过来的信息吗？必然不敢！它们必须要经过反复核实，确定这是一个事实才敢刊登。这叫把关制度，然而新媒体是没有的，造成了人人都可以发言。

许　明：在现在的情况下每个人都是主编。

陈　龙：对，人人都是主编，人人都有麦克风。这造成了话语的多元化。于是，新媒体时代就进入了话语博弈时代，人人都来玩舆论，争夺话语权，真真假假谁也搞不清楚。现代性发展到今天是坏的主观性考虑，大家都觉得，对每个有野心、有想法的人来说是机遇来了，所以他们要做的工作就是如何争取底层社会的人，做好舆论来抓底层社会这个群体。这个时候很重要的事情就是包装，把自己包装成代表正义、代表国家、代表民族势力。特朗普的口号是"让美国更伟大"，代表民族主义的情怀。这是一个包装，民族主义、民粹主义都把自己包装得很光鲜。

法国大选时，玛丽莲·勒庞与特朗普如出一辙，她宣称一定要让所有的制造业回到法国，一定要让世界用上法国制造的产品，一定要把移民阻挡在法国的外面，要让法国人更像法国人，她也在塑造这种民族认同。这些口号都是一种名义包装。

所以民意包装绕过了"政治正确"的建制派路线，一下子就通过新媒体获得了一种合法性。传播性理论把这种合法性叫做再现政治，把自己的理念包装成合法性的、合理性的东西，真相就找不到了。其实这种现象不是现在才有的，他们会觉得你看我们美国多了不起，把萨达姆打得一塌糊涂，就是在鼓动民族主义。把这些包装出来的东西投入舆情系统，就形成一种博弈，这种博弈很可能是作用于情感认同。底层社会的人很容易从情绪上认同、情感上认同民族主义的东西。

我们现在处在微信、微博的社交媒体时代，各种各样的秘闻太多了，也是真假不辨。它是一种博弈的形式，它要对抗的是官方的意识形态。它是一种认同机制在发挥作用，越是包装成像秘闻一样的东西，越是有人相信。现在越是无法考证，未加证实的东西越是容易被相信，这是由人们的好奇心理决定的。还有所谓的虚拟现实，这个真相不重要了，重要的是可以虚拟出来，弄得很像真实。大数据技术都可以伪装成高度真实的东西，别的不相信，肯定相信数据，只要大数据做出来的东西一定高度精确。它服务于主体和主观性，当现代科技的东西服务主观性就很可怕，主观性的东西插上了现代技术的翅膀那就不得了,可以征服很多人。我觉得这是很可怕的事情。

从传播角度讲现在进入了修辞泛滥的时代,什么东西都用一种修辞的方式来表现,很煽情,容易激发你的热情,你看了之后会热血澎湃,非常激动。到了新媒体时代,修辞成了很重要的方式,几乎没有修辞就没法传递信息。微信里大量的标题党都是刷存在感,都在进行刷屏竞争,为了让帖子不被忘记、不被忽略,大量使用标题党手法,大量的煽情,看了之后不得不转。就是说在后真相时代,话语修辞成为一种常用手段。修辞学从亚里士多德开始兴盛,修辞不过是为了演讲,更有鼓动性、影响力和效果。到今天用了大量的修辞手段,这些都是服务于主观性的。

身处今天社交媒体时代,我们常常被表象所迷惑,雾里看花,真相在哪?很少有人能把修辞包装的东西看透。特别是在新媒体时代缺少把关,缺少筛选制度,就造成了真假莫辨的状态,这很容易把社会搞乱。在这种情况下,封、堵、删这种套路是不行的,当你老是用这种形式,用多了就会激发社会的反感。后真相时代政府应该考虑的是怎么样尽可能地还原事实的本相,尽可能地接近事物的真相。但我们说真相永远是缺席的。很多新媒体信息是碎片化的真实,可能是瞬间的真实,片段的真实,也可能是局部的真实,但是不代表整体的真实,不代表趋势性的真实。现在有很多东西往往是抓住了某一点的片段,某一点的瞬间是真实的,服务于这种修辞目标很容易满足主观性的需求,很容易影响老百姓的判断。

从舆论博弈的大环境来看,如何还原真实?现在我们在新闻领域里经常会发现一个情况,"新闻反转","真相反转"。前面是什么东西,后面很快就有一个代表真相的东西出现了,发现原来前面都是瞎说的。"新闻反转"的现象在某种程度上是一种博弈的结果。

许 明:按照你的立场,还原真相可能吗?

陈 龙:完全还原真相很困难,现阶段只能说材料优先,否则陷入不可知论或者虚无主义。

许 明:因为你没有力量,只能接近真相。

陈 龙:我和你是平等的,我只能说我依据了某些材料,尽管你认为不是真相。

许 明:对方讲我和你的差别就是五十步和一百步的差别。

陈 龙:为什么大家喜欢读一些历史学家的书?他们提供了材料,做到这一步就很好。很多人胡说八道,因为没有提供证明材料。我们相信的是材料,材料不完全可靠,但是有比没有前进了一步。

许　明:真的很困难。

王金林:我觉得不可能。

陈　龙:这是经验事实的真相,不是哲学上讲的真实。

吴晓明:经验范围中的只能叫事实。

王金林:我们现在正在开会讨论后真相的问题,这个事实谁能否认?

吴晓明:我们讲一部书,假定它说的全部是事实,但是,这也完全可以是"用全部历史细节的真实性伪造历史"。这句话是海德格尔说的。假定所有叙述的事情全部是真实的,但是通过对所有这些事情的罗列把本质性的东西遮蔽起来,那就是"伪造历史"。黑格尔讲"现实"乃是本质和实存的统一,是展开过程中的必然性。必须从"现实"的意义上来讲真相,而所谓"事实"只是通过知觉直接给予我们的东西。一本史书中所讲的都可以是事实,勾心斗角、阴谋暗算有没有? 假定都是真的,但是从哲学上来讲真相是什么? 本质的东西和展开过程当中必然的东西。你把这个东西掩盖起来了,那就是用历史细节的真实性来伪造历史。

所以黑格尔讲"理性的狡计":理性不仅是强有力的,而且是狡猾的,它通过某些人的私欲来完成自己的目的。比如说恺撒野心勃勃,这家伙竟想独裁,有没有? 这是事实,但他的事业完成了这样一个历史任务,即摧毁已经腐烂的共和制,而把罗马共和国变成罗马帝国。这是在"现实"的意义上谈论真相。固然我们也可以在"事实"的意义上来谈论真相,但这只是在日常经验的范围内,而不是在"科学"的范围内。如果仅仅把真相停留于经验事实和实存这个范围当中,那么这里就没有真正科学的问题。因为即使一般地罗列事实,在罗列事实的时候已经有取舍了,有价值上的取舍,而且在科学中已经有范畴规定了。

许　明:吴教授的陈述在细节的罗列上是强有力的,但是本质的证明上遇到一个大问题,恺撒结束了腐败的共和制,这个真相是从哪里来的? 于是我可以推论:了解事实的真相要靠理论家。这个进程要做一个推演,你的立场和他的立场都一样。

邹诗鹏:主观主义当然是问题的实质,不过主观主义这顶帽子容易识别,也容易认错,因为客观主义看起来天然正确,作为其对立面的主观主义就天然不正确。但现实中的主观主义经常表现为经验主义,这就有些麻烦了。因为所有人都可能是经验主义者,经验主义基于自己的经验行事,这看上去没有问题,但问题是世界是诸项经验的总和,现在后真相世界实际上是给各种经验提供了表现舞台,于是所有经验背后的那个东西,反倒隐而不彰或故意躲藏起来。后真相世界其实就是话语的世界,而每个表达者所表达的无非是自己认为无坚不摧的经验。现在在很多场合,一些人的经验无非是自己的人生经验,有意思的恰恰是很多人都特别执念于自己的人生经验,然后加以放大,听上去自信满满,但恰恰是这样的经验主义害人不浅。因此,我觉得,要反主观主义,必须同时反经验主义,尤其反对基于自己人生经验而来的经验主义。

许　明:经验主义和教条主义都是主观主义。

邹诗鹏:是的,但将经验主义从主观主义区分出来,经验主义强调经验,强调事实,但都是个人所把握的事实,而不是社会学意义上的社会事实,执迷于个人经验的事实判断往往是靠不住的,无论其怎么打赌发誓。一位优秀的领导者,恰恰是既善于从自己的经历中汲取资源、又能够超越自己经验局限性的智者,智者总是能够超越自我、善于观察生活并能够从历史中吸取智慧的人。

吴晓明:比如说"维基解密",因为它属于政治领域,美国人掩盖了大量事实,解密的东西是真的还是假的?

邹诗鹏:背后就是实证材料和历史自觉的关系,即是如此,细节看起来是真实的,但细节的叠加可以消解整体,即整体的真实。实证研究应当有理由达到对历史的健全的把握,这里面的确有一个历史学家的历史自觉与历史意识的问题,简单地说就是历史感。历史不是单纯的材料堆积,历史本质上具有建构性,就是赋予历史事实以意义。比如,基于一种意义建构,其中就可能选择去掉一些实证材料,看上去与实际的历史史实之间有一些差距,但这不能被看成是实证与意义之间的对立。当然,历史的建构有一定的范式,人类历史经常也会发生历史的重构,但这种重构都是从属于长时段的历史叙事,即让历史叙事更加符合人类对真、善、善的追求。历史真相应当在这一意义上进行把握,而不只是单纯满足人们的猎奇心态。当然,对历史的解释也有其限度,这个限度的确是主观性的限度。从很大程度上说,"后真相世界"的形成,与解释学史学的过渡泛滥是有关的,对历史的过多解释,使之符合我们的感性认识,这样历史就成为任人打扮的小姑娘,在被解释学化的过程中,历史逐渐丧失掉了其客观性。

汪行福:我们到底谈论的是真相还是共识? 现在我们焦虑的是社会没有共识。我们讨论的真相对任何一个东西都存在着一种不同的看法,并且总是有人在说真相,有人在听真相。问题在于听真相的人不认为别人说的是真相。所以这里边存在着政治问题。这里边缺乏一个基本的信任,缺乏对说者权威的信任。伦理的最高境界是说真话,但是并不是所有人都说真话,你没法判断一个人说的是不是真话。所以一定存在一个讲话者的身份的设定,一个老师讲话跟一个父亲讲话在不同的场合有不同的权威。人们互不相信,事情就麻烦了。

现在不仅仅是一个简单真相问题,而是社会秩序的问题,美国现在也是这个问题。因为形象化的真相是没有的,没有一个人能够逼近真相,所以这个问题的本质,实际上是社会能不能有一个有效的运行共识的问题。

邹诗鹏:需要追问的是,政治家探讨真相的意图是什么? 追求并敢于说出真相,在传统时代被视为美德,赋予政治勇气,是英雄主义的表现,并因此能收获民心。但是,在后真相世界里,真相让位于激情,且已不那么重要,追求真相则显得落伍和多余,有时甚至会被看成是伪善者。此时,顺着大众激情而发话者,哪怕他采用的是势利逻辑,也会拥有大众,相反,立足于精英立场反倒被视为小人,特朗普与希拉里,看上去代表的仿佛正是上述两种路数。不过,希拉里未必真的在意真相,她同样在意表演性政治。只要有必要,特朗普同样会无视真相,事实上,正是他成功地利用了大众因民粹化而陷入的后真相状态。问题的关键好像也在于,在后真相世界里,大众才是表演性政治的主体,而政治表演者常常不过是玩偶;责任者的缺席,是后真相世界的一大症结。

汪行福:说真话的人说真话的资格是被认可的。

许　明:我们且认为刚才吴晓明讲的最后的结论就是好的主观性决定真相,但是我们不得不承认还有一个坏的主观性。这两个主观性之间谁是真相? 谁来评价谁是真相? 凭什么? 这个问题就是政治家现在面临的问题。"文革"有一部分人说怎么不好,另一部分人说怎么好。所有的事实都具有细节的真实性,但最后的结论是相反的。你说说,政治家遇到的问题碰到这样不同的认知和判断,该怎么办?

邹诗鹏:应对后真相世界,的确涉及政治与公共生活的建构与重构。现在问题的实质是主流政治是否应对得了民粹主义。而后真相世界其实是将如何处理网络民粹主义提上了议事日程。后真相的主因,乃网络世界中真相湮灭于无限扩展和增值的表现性话语,以至于无法呈现和还原。与传统时代民众有限的公共生活参与度不同,在网络时代,人人都是事件的主体且人们只愿意接受自己看到的世界,网络大众的情绪、意见直接参与、并不断改造和重塑公共话语。与此同时,世界的高度"事件化",使得还原每一个事件的可能性减少且不必要。"真相"随事件性而来,其不断延迟,同时也在分解,或不断出现新的真相,而聚集及其事件化又以自身的力量拒斥真相,莫衷一是。在这一意义上,后真相意指发现真相的无力、无能及不可能。后真相世界默许的价值观,就是犬儒主义,虚无主义则是其极端形式,但后真相现象的土壤、同时也是其典型症候,还是民粹主义。如果说福柯还在承认并寻求"求真意志"并因而肯定世界的真相,那么,鲍德里亚讲的拟象化则直接承认了后真相世界,并因此洞穿彻底的虚无主义。但彻底的虚无主义是后真相的极端形式,我们关心的还是后真相世界背后的民粹主义,应对民粹主义,是避开虚无主义的有效途径,这里首要的理论问题还是如何面对历史,或者说我们如何面对已经和正在被改变的历史。

王金林:我们不能跳出历史来对历史作出判断。那种做法可以归结为黑格尔讲的"坏的主观性"。

邹诗鹏:实际上,撇开网络时代真相的延迟效应,撇开对后真相现象的过分夸大或解读,后真相现象的实质还是在于各种社会矛盾的复杂难解,种种掩藏真相的话语,实际上是虚假意识形态,但必须面对问题即矛盾本身。因此,克服民粹化,摆脱后真相现象对中国可能的消极影响,还需要正视并努力化解社会矛盾,全面深化改革。

王金林:我注意到最近的一篇文章,讲理论创新的。这篇文章是一个信号,试图传递一个信息,就是打算来做合题,也就是把改革开放之前作为正题,把改革开放作为黑格尔意义上的反题,然后来做合题。这篇文章已经引起海外舆论的关注。为什么要做合题?而不坚定地选择正题或是反题?显然这里边首先就有历史的大势在。

所以我觉得一个历史事件具有不具有历史正当性,只有历史能够回答。我们绝对不可以跳出历史来妄断。不能说你是主观意见,我也是主观意见,所以咱们意见的价值、意义是一样的。同样是主观意见,也有高下之别。比如说现在听两个人的发言,某个人能说服我,某个人不能。尽管都是主观的意见,但是客观效果却是不一样的。这是很清楚的。

汪行福:坏的主观性和好的主观性,或者是经验的客观性跟理性的客观性。吴老师提了一个很重要的概念,就是客观性告诫,每个时代做的客观性都是一个告诫。相反无主观性只有客观性会变成教条,死的东西主观性的复活才是一个解放,比如说苏格拉底。这种客观性告诫一定不是回到简单,回到事实的,因为事实总是有谁提供的事实这个问题。客观性告诫总是跟世界历史、人类历史普遍性的趋势联系在一起。所以就这种客观性告诫我想补充一个概念,就是普遍性的告诫,不是个人的部分。当然普遍性这个概念本身有一种足够性,主观上每个人都试图把自己的思想理解为普遍,但是归根到底,你所表达的永远是你所想表达的事实。问题就是普遍性怎么来的?现在普遍性的观念是启蒙时代,人类如何过一种好的生活所需要的基本的理念。

在这个基础上反思观念的东西,以及观念如何进一步完善。包括特朗普这种形式也不能代表现代性。所以现代性在历史过程当中,不能说把西方民主法治国家等同于殖民主义,所以有畸形的形式。这样的理念应该构成我们普遍性的规范基础。只有通过普遍性跟客观性的结合,才有可能去提供一个视角去判断什么是好的主观性,什么是坏的主观性。

我们讨论这个问题到底是为什么? 我今天本来最想听的是什么? 后真相的真相到底是什么? 为什么要讨论这个问题,后真相这个问题提出来要讨论,背后的真相是什么。

邹诗鹏:无论是在事实层面,还是价值层面,我好像都不是那么认可所谓"后真相时代"的说法。"后真相"是一个很具穿透力和表现力的称谓,也形象地描述了当下时代的某些症状,它是当下时代"后"的特征不断加剧的表现。从一些表现上看,人们可以给出当下时代种种"后"的描述:"后现代"、"后传统"、"后形而上学"、"后哲学",等等,慕尼黑安全会议发布的会前报告,一连用了三个"后",即"后真相、后西方、后秩序",以"后真相"打头,其标志意义显而易见。但径直地称为"后真相时代",又有些夸大其词。一个新闻性的术语是否能够转变为学术话语,尚有待时日。相对而言,我愿意称之为"后真相世界"或"后真相现象",它是现象的、症候性的,而非本质的和时代性的。

王金林:这个概念还是有意义的。

陈　忠:这个概念具有批判性。

汪行福:《牛津词典》宣布"后真相"(post-truth)为 2016 年年度词汇,意指"诉诸情感及个人信念,较客观事实更能影响民意"。其实,"后真相"的出现不难想象,就如"后工业"、"后现代"概念一样,不过是为"后"家族增加一个新成员而已。但是,当下对"后真相"的热议有特殊的背景,就是主流媒体和机构在英国脱欧和特朗普竞选中的溃败。严格来说,后真相不是民意难测,而是更大范围的社会紊乱的征候。第 53 届慕尼黑安全会议报告在谈到"后真相、后西方、后秩序"这一主题时注意到,后真相的根本原因是西方社会越来越失去"自由社会以及与之相连的基本价值观"的信念。表面上看,后真相不过是后共识的原因,实际上,后共识是后真相的原因。可以说,当一个社会失去了基本价值和对社会制度的信任,真相的传达与接受之间就会短路,人们在此状态下就会有选择地相信事实,或制造"另类事实"。如果这个概念被助长、推动,最后变成什么都可以信,什么都可以不信,那将会是一个灾难。第二个是走向后现代主义,因为后现代主义最大的问题在某种意义上是一种后真相政治,比如,2000年鲍德里亚在世纪之交说这是政治的人妖时代,人妖时代就是表演,政治就是表演。没有真相就没有正义,整个政治传统都是这样的,但是鲍德里亚说水门事件的真相就在于通过水门事件的真相来掩盖美国政治的真相,美国通过揭露尼克松政治的不法来表明美国一般的政治还是合法的。通过这样的不法来显示合法,这就是鲍德里亚式的分析。所以我认为后真相这个概念放出来以后就收不回去了。

吴晓明:汪行福刚才用了普遍性,把它和社会、历史全部割裂,这个客观的东西可以是普遍的,你把它和社会历史全部分开。现在请问你一个问题,这种抽象的普遍性根本谈不上普遍,你把它保持在一种抽象的普遍性当中。如果说在伯里克利时代共和制、民主制就是普遍性,为什么奥古斯都能够颠覆? 历史为什么不按照这种普遍性来? 当然你可以把它说成是恶劣的,个人野心、坏,但是它是历史。所以王金林讲得对,我们谈论一个东西不可能离开历史,不能在历史之外来谈论这种抽象的东西。马克思讲到工资铁律的事情,马克思说:"如果我废除了雇佣劳动,我当然也就废除了它的规律,不管这些规律是'铁的'还是海绵的"。这个是历史。所以你刚才讲到要用这种抽象的普遍性来对抗相对主义我是不赞成的,因这只是抽象的普遍性,离开历史,在历史之外的东西,社会历史不承认这种东西。

这对我们来讲很重要。康德说的什么叫启蒙? 一个人要有勇气运用自己的理智,你去看看中国的朱熹和王阳明他们什么时候没有应用自己的理智,而陷入宗教蒙昧主义当中去? 根本不是那么回事。如果说中国人要启蒙,我不知道要启什么蒙。要有勇气运用自己的理智看朱熹、王阳明。这是完全不同的东西。我刚才讲的就是这个问题,拿破仑时代的民主制朝气蓬勃,充满了幻想,充满了青年人的朝气。这件事情斯大林说得很清楚,他说:"我们现在的时代是恺撒主义的时代,恺撒主义的时代和伯里克利的时代不一样,拿破仑时代和今天是不一样的。"有一个注释非常有意思,说恺撒在军队和市民当中发表演说,光天化日诅咒发誓,并且在地上打滚要选票。这就是恺撒主义时代所谓的共和制或者民主制,它跟伯里克利时代是一回事吗? 完全不是一回事。

所以汪行福想把普遍性同社会和历史内容分割开来,并且把它变成上帝颁布的东西,我认为至少黑格尔和马克思是绝对不同的。当然知性科学不会赞同用抽象的普遍性来谈论问题,因为社会历史根本不按照这个东西去做。

张屹峰:这段时间认真梳理了一下"后真相"在西方舆论场的主要情况。2016年

11 月,《牛津词典》把"后真相"选为年度英语词汇,西方主流媒体关于"后真相"的讨论非常热烈。上级约稿的目的还是为了评估"后真相"这个话语对我们国内舆论场,对我们国内学术界、思想界的现实冲击与潜在影响。

前面几位老师已经从哲学角度上对"后真相"进行了深入的分析解读。根据我个人的理解,"后真相"并不是否定真相的存在,实际上还是承认有真相的,但是每个人理解的真相都不一样,每个人有自己的解读。我们现在面临的主要挑战在于,所谓的"后真相"这个话语从西方传进来之后,如何避免真相问题上的"多元化"倾向,避免"后真相"走向"反真相",如何应对"后真相"这个西方话语对国内所谓"历史真相"问题造成的舆论压力。

从政治和社会层面上看,西方存在的"后真相"跟中国的情况有明显差别。西方主要是从选举政治的角度上讨论,关注选民忽视甚至漠视事实真相导致民主选举的失范或失效,认为"后真相"是信息化条件下自媒体技术与民粹主义相结合的产物。"后真相"对我们国内的挑战或者危险,可能更多的是在历史问题的"真相"上,尤其是与历史虚无主义思潮相结合。对现实政治的影响可能已经出现一些苗头,但是还没有形成大规模的行动性现象。

王金林:我找了两篇文章,一篇是《经济学人》的文章,标题是《撒谎的艺术》。还有一篇文章是《纽约时报》网站发的,标题叫《后真相政治时代》。看了这两篇文章之后,发现它们都在焦虑一件事,就是后真相政治,譬如英国脱欧公投与美国总统大选。在这个过程中,真相、事实在形成共识或民意的过程当中究竟扮演什么角色? 所谓后真相政治,是说人们的情绪、信念、情感,包括前面好多老师讲到的立场,都会在共识或民意的形成当中扮演比事实更加重要的角色。所以后真相倒不是说完全不管真相,而是说真相退居其次,真相在形成共识或民意当中不是那么重要。

不过,后真相政治也有捏造事实的一面。在这次选举中,特朗普的大众选票比希拉里少 300 万张。特朗普的回答是,因为有几百万非法移民本身没有资格投票,却参与了投票。这完全是胡说八道。这个事情被美国舆论界给抓住了,不断地追问这个事。特朗普班子为此又炮制了一个新的概念,声称特朗普讲这个话是建立在他自己的研究和掌握的资讯之上的,他讲的是一种"另类事实"。把信口雌黄、胡说八道说成是"另类事实",这实在是太"后真相"了。

在新闻学当中有一个概念相当于框架取景,拍照总要有某个取景视角,"另类事实"在新闻学当中是选择性的事实,就是我报道什么,怎么报道,取决于我的选择。譬如，我们今天这个会就有很多事实可报道，我可以着重报道吴老师所说的观点，我也可以着重报道徐老师所谈的观点。这都是事实。但是特朗普说的压根儿就不是事实，完全是莫须有，是胡扯。我觉得这个事情严重在哪儿呢？在现代政治活动中，胡扯会使人丧失政治声誉，而现在胡扯却使我获得点击率，获得存在感，并有巨大的利益。我觉得这是新的东西。

政治上撒谎并不新鲜。但原来是一旦被揭露，后果很严重，当事人会遭到很大的政治危险。现在情况恰恰相反。有时不仅没有风险，反而有意外收获。特朗普自己知道他所说的不是事实，但是他同时知道这么说了之后，他的支持者们反而会力挺他，觉得他政治意志坚定，可以依靠。这是新的东西。我们得看出后真相政治究竟是什么。它首先意味着在形成民意中真相没有情感或信念重要；其次意味着公然捏造事实；最后还意味着谎言败露也不怕，仍有政治利益可得。

后真相谈"感觉真实"，这一点很要紧。特朗普为什么获得很多人的支持，因为很多人感觉他说的是真的。在近代认识论当中，我们作的任何判断前面其实都有一个"我认为"，但是我们不提"我认为"这一点，我们只说。譬如，"太阳东升西落"，这从认识论上看仿佛是在做客观、真理性的判断，但实际上这里仍然有隐蔽的"我认为"。现在这个曾经隐蔽的"我认为"直接出来了。原来在近代认识论当中被省略掉的主观性维度直接出来了，而且层次在下降，从"我认为"下降为"我感觉"。"感觉真实"停留在感觉层面，而这在近代认识论当中根本不上档次，没达到讨论的标准。现在却时来运转，在后真相政治时代，"感觉真实"在形成民意当中扮演了越来越重要的角色。这里边有情感认同问题。譬如，因为认同特朗普，所以感觉他说什么都是真的。这个危害是极大的。运用自己的理性来作判断乃是现代认识论的起码要求。

如何在所谓后真相时代把真相揭示出来，这是一件大事。回到许老师最关心的事。权威部门要知道如果公信力不建立起来的话，整个社会就会丧失信任，就会出现各种"事实"满天飞的情况。权威部门的权威如何确立？最终还是要依靠真相和事实本身。当然政治里边有一系列策略，但是政策之基础，最终还是要依托在事实上。

后真相的出现也许表明我们现在正在自食其果。后现代一系列的解构，包括反本质主义、反基础主义，最后强调话语建构，把现代性和真相全部解构掉了，所以我们现在正在品尝着这一杯苦酒。中间休息的时候我和吴老师在聊，整体上我还是抱着谨慎的乐观态度，我不觉得有什么可怕，这个过程在历史上不断地发生，只是规模不一样。整个人类生活的发展就是知识和资讯不断下降的过程。现在终于下降到每一个民众，每一个有智能手机的人都可以就任何事情发声，真相在众声喧哗中难寻踪迹了。这是一个挑战吗？当然是一个挑战。新的资讯方式、新的社交媒体给我们带来了一系列危机，真相危机、共识危机、权威危机，等等。实名制也许是最简单的应对方式。到时候可以建立个人网络资讯信用。蓄意捏造事实者，要承担资讯信用风险。

四、 后真相反映了竞争性文化建构中因传播性策略不同而带来的差异性结果

孟钟捷：这是我第一次听哲学家讨论这个问题，给我很大的启发。我昨天晚上准备的跟今天大家讨论的有一些差距，但还是有一些共识。我更多考虑的是好的历史文化和坏的历史文化的问题，也就是说这样一个后真相时代所讨论的聚焦问题不是真相到底是什么，事实到底是什么——这不是我们讨论的对象——也不是讨论有人通过后真相到底能够得到一些什么东西，如果不是特朗普，会不会有第二个特朗普出现等，诸如此类的问题。关键问题是为什么特朗普的话，有人相信？我们关注的是：在怎样的社会氛围中，为什么会有一部分人相信这样的一种话，而另外一部分不相信？比如说在座各位不会相信。

这就指向了一个德国历史哲学家吕森（Jörn Rüsen）讨论的话题，即一个社会随着民主化出现会有大量不同品质的历史文化相互竞争，而在这样相互竞争过程中，以往所熟悉的历史文化类型便有可能被旁置。在此基础上，我想讲几点想法。

吕森说，每一种历史文化都有三个维度：政治维度、历史维度和美学维度。美学维度指的是历史叙述里存在着一种传播策略，它负责塑造情感性的认同。这种认识与"后真相"是有关的。

所谓的"后"对历史学来说一点不陌生。我们已经面临了很多的"后"，但不同的后不一样，有些后在历史学中代表时间概念，但有些拥有着批判性的意味，比如说后殖民。在此意义上，后真相到底是什么？它不仅仅是时间、概念上的炮制，这个概念本身也不是由那些实践后真相者造出来的——当然在这点上我就和汪老师有点分歧，我倒不认为我们真的把后真相这一概念抛出来便存在危险，因为后真相不管被定义为什么概念，它实际上就是一种历史文化。它是现实存在的一种现象。这一点是

"真相"。在更大程度上,我们需要分析的是,产生"后真相"的这种历史文化的土壤到底是什么,问题到底出在什么地方。

对此,我只能从历史学的角度,而不是哲学高度来看待问题。如果把历史文化的三个层面放在最近的五六十年来看,我们会看到,就像前面吴老师所讲到的我们怎么来进行叙事的问题。实际上,任何一种关于真相的叙事,按照后现代来讲,都是有问题的。例如历史学家有意地使用了一些材料,制造了一些情节,使用了一些褒贬词,在讲述过程中总会存在一种情感表达。

进一步来说,历史学现在更多愿意讨论政治权力对于历史真相的构建问题。在后殖民理论兴起后,殖民宗主国的东方主义情结遭到了质疑;女权主义说历史上有被遮蔽的女性。所以,任何一种真相的构建,多多少少地都与某些权力的支持相关,反过来也就意味着遮蔽了那些一时一地没有权力的历史主体。后真相在这一点上恰恰有着大量历史实践来做支撑。特朗普说,我代表白人、男性、一群因全球化过程而丧失工作机会的人,因为所谓政治正确而导致失去工作的这群人。这样的后真相,其实建立在某种真相的基础上。这种真相是:确实有一部分白人失去了工作,而精英分子却迫于政治正确而保持沉默。由此,一部分白人男性就觉得自己被抛弃了,他们是在多元化的话语体系里被抛弃的。

但更为重要的是,此前美国也曾出现过总统预测不准的现象,为什么现在特朗普这个事情出来以后,大家都觉得这是所谓后真相呢?

从历史学的角度来看,我们发现,由于大量非专业者进入历史这个行业中,历史叙述的资质被降低了。现在只要你有历史感,只要你愿意说历史,每个人都是主编,人人都是历史学家——这句话在后现代里边是非常流行的。如果我们仔细分析一下,就会发现,非历史专业的人跟新闻传播者的方式完全是一样的。如同公众历史杂志那样,它们的特点是:按照市场机制运作,吸引眼球,存在明显的倾向性——这与专业历史论文不同,我们会以更为辩证和小心谨慎的态度来表达立场,而流行性的非专业书写必定显示出明确的立场性,支持或反对——随后则是用浅显易懂的标题,甚至配合读图时代的需求。更重要的还有煽动性的民意调研。历史学尽管也希望能够通过科学性的方式来证明自己的科学性。但民意调研,特别是网络投票的方式,专业历史学家会自觉与之拉开距离,因为网络投票存在不确定性,背后所包含各种各样的含义其实也是很复杂的。

由此,我认为,后真相实际上反映了竞争性文化建构当中由传播性策略不同而带来的差异性结果。我作为一个专业学者认为，谎话说一无论如何都不会成为真理；但另外一端会说，谎话说一千遍就成为真理。这是一种相互冲突的观念，但在现实生活中的确存在，而且通过"特朗普个案"表现得淋漓尽致。

在这样的情况下，怎么办？历史学试图要做一些努力来应对。

我们承认过去存在的东西不会都成为历史学研究的对象，可是我们在研究的过程中，会注意它的作者身份、运用这份材料者的身份及其意图。这是一种基本的研究规则和讨论模式。然而这种共识在其他历史文化圈中可能是不适用的。例如在大众场合，或许不断重复、通过强制性的推广具有特殊结构的表述，才能让人们接受所谓"真相"。因此，要应对"后真相"，不是简单地和大家说"真相是什么"，而是要进一步地学会"复制"的技巧，或者说大众传播的"奥秘"。

政治权威对真相的塑造，的确是一种事实。但即便如此，很多真相并不是如同"罗生门"那样，永远作为"谜"而存在的。目前深受关注的冷战国际史研究便强调多国档案比较的研究方法。有关"后真相"的应对，多角度的分析和讨论，大概要比单向度地通过"权威发布"更能提高接受度和可信性。在这一点上，对政府部门的建议是：处理所谓"谣言"问题，并不能简单地以为靠"权威发布"便可高枕无忧。事实上，反"后真相"的真相，需要呈现系统化和多元化的论证过程，才能切入"谣言"的要害，从而取信于民。

最后一点或许是最麻烦的，就是真相的复杂化。我自己的研究便是讨论公众史学和历史教育学的问题，其目的是为了探讨和介入公共文化生活中的各种历史书写实践及其问题。我们会看到，面向公众传播的职业历史学家或者职业学者太少了——尽管现在有人讽刺性地批评"砖家"，但实际上真正愿意面对公众的"砖家"并不多。于是，参与公共历史文化建设的任务不断地由那些知道一部分真相的非职业学者来承担。这种发展趋势会让真相本身变得越来越复杂，因为尽管"人人都是历史学家"，但不是所有人都能够心平气和地认识到自己或许不过是"盲人摸象"而已，接触到的只是一部分真相。这种认知在专业历史学家内部是共识，它形成了一种吕森眼中的"好的历史文化"。如果这种共识能够由专业历史学家主动推广到公共历史书写实践中，让更多对历史书写感兴趣、并有意加以实践的非专业学者们都能够接受，那么现在我们所面对的那些"后真相"——无论是特朗普拿出来的那些数据，或者是所谓"民国多好"的想象，所有这些"坏的历史文化"或许便不会进一步流行开来。

五、 后真相现象的根源在于社会秩序
出现了真相传播和接受机制的混乱

汪行福：后真相概念可以从各种角度进行分析，我认为至少有三个层面：认识论层面、社会学层面和政治学层面。在哲学或认识论层面上，"后真相"并非是一个新问题。古希腊和中国先秦时代都有怀疑论和相对主义。西方怀疑论者高尔吉亚提出了三个著名的怀疑论命题：第一，无物存在；第二，如果有物存在，也无法认识它；第三，即使可以认识它，也无法把它说出来告诉别人。庄子、惠施濠上观鱼的对话也是如此。中外怀疑论或诡辩论都认为，人们之所以有烦恼是过于较真，如果我们把一切判断悬置起来，就可以获得内心的宁静。在这个意义上，古代怀疑论者就已经生活在后真相之中了。

在社会学层面，"后真相"可被理解为虚拟现实或信息过剩。吉登斯注意到，现代社会是一个"脱域"的社会，社会流动和交往范围的扩大，人们的生活已经非传统化了。在传统社会中，人们的生活依赖于地方性的、传统继承下来的知识和亲身经验，但今天我们不得不依赖于专业知识和专家了。然而，专家和他们的知识并不能完全取代传统的功能。因为专家在许多问题（如果不是在所有问题上），常常对同样的现象作不同的解释。在这个意义上，我们处在"解释学的冲突"之中。影响我们获得真相的因素是真相的"过剩"和"冗余"。随着互联网和自媒体的出现，我们在一定意义上生活于鲍德里亚所说的虚拟和超现实（hyperreality）之中。"超现实"并非指比现实更高现实，而是虚拟取代了现实成为了更高的现实。按照经济学原理，从过剩和冗余信息中筛选出真实信息是有成本的，当成本过大时，人们就会放弃，转向依靠情感或个人信念。在后真相社会中，人们很容易成为新部落主义，他们的信念和判断不是依赖于事实，而是抱团取暖，依赖群体内部的"共识"。

社会学的解释有其针对性，但"后真相"现象产生的更根本原因还是社会结构的紊乱和社会共识的丧失。此次英国脱欧或特朗普之所以"逆袭"成功，主要原因是新自由主义全球化的失败。正是全球化的失败导致了社会的冲突，社会冲突的加剧必然引起社会共识的解体。第二次世界大战结束后，西方世界形成了一个具有历史性意义上的战后共识，即相信：自由制度的存续需要民主和社会国家福利的支撑。在这里，民主驯服了权力，福利国家驯服了市场。合理的社会需要把市场、民主和福利结

合起来。然而,这一"法治—民主—福利国家"共识很大程度上已经被摧毁了。哈贝马斯早在二十年前就指出,毫无社会关怀的新自由主义的抬头,被社会福利国家制度驯服的资本主义又出现结构性的危机,失望的情绪正在逐步蔓延。2008 年金融危机和最近的难民危机加剧了人们的失望情绪。简单地说,当资本主义的经济全球化无法满足民主政治秩序所需要的必要的互惠性和共享性,资本主义与民主之间的纽带就会断裂,随之而来的是西方社会基本价值和社会共识的瓦解。正是社会共识的瓦解,为非真相现象提供了现实背景。英国脱欧和美国大选等事件不过是后共识所导致的后真相现象的一次剧烈的爆发而已。

我们进入了一个知识的复杂性,知识的差异,知识的矛盾的时代,这个时代使得真相对每个问题有一个最终的答案。我觉得现在讨论的问题还是政治问题,包括特朗普的问题。我们不要把后真相时代当成一个概念,前面许老师讲的在后真相时代如何去应对,本身就把它作为一个时代定论了,但如果这个概念被普及化那就会变成中性的概念,我们时代就是后真相时代。我们确实生活在各种各样的知识源,特别是现在随着网络时代的到来,到了相互矛盾的时代。但现在我们仍然把追求真相、追求事实作为我们的基础。

但如果我们把后真相这样的概念普及化,相对主义就变得很正常,不是一个文化之病了。大家都觉得在这个泥潭里爬是正常的事,就没有人愿意站在岸上说一句真话。包括后现代这个概念,后现代是一个时代概念,不是反现代的概念,但是我们现在已经开始采取反思、批判的态度,不再相信朴素的普遍主义,不再相信简单的客观主义。

所以后现代也有两种,一种后现代是正常的,理解为对现代主义自我迷信的一种反思、批判,一种是抛弃现代主义基本的普遍价值的自我放纵。问题是后真相时代如果被概念化,就会变成自我放纵了。老百姓不会考虑后真相的解释学意义,许多东西需要专家解释,需要大家讨论。真相并不是现成的,但"后真相"实际上拆解了追求真相的冲动。最后大家都生活在没有真相的时代。

今天出现的后真相现象根源不是真理的认识论基础的动摇,也不仅仅是由于现实复杂化和信息过剩导致真相难以被发现和识别,而是由于社会脱序出现了真相传播和接受机制的混乱。在一个大众民主的时代里,真相很少是亲身经历的,绝大多数是通过公共传媒获知的。在这个背景下,如果大众对精英、民间,对主流媒体失去了信任,后真相现象就必然会出现。严格来说,后真相是一种社会病态现象,如果我们把它理解为社会、技术条件的变化必然带来的结果,就会误解它的性质。更重要的是,如果我们把后真相当作社会发展必然会出现的新的社会背景,它很可能会成为一个自我实现的预言。对后真相时代到来的宣告会变成了对它的呼唤,或使后真相合法化。后真相现象不是一种正常的现象,它是社会共识解体后的相对主义和犬儒主义心态的爆发。犬儒主义是一种启蒙了的虚假意识,它可以通过拒绝来自我保护,也可以以轻信来换取自我安慰。在这里,事实被相信与否不是根据更好的证明,而是根据个人的好恶。后真相态度的流行是极其有害的,它不仅会败坏私人道德,而且会瓦解政治的基础。在本质上说,真相问题是政治问题,政治问题是社会问题。没有社会共识就没有真相,没有相对完善的社会秩序不可能形成共识。在没有社会共识的状态下,真相或事实就像发送一封没有人接受的信件。因此,对后真相病症的克服,首先必须改善社会状态,重建合理的社会秩序,创造社会共识。这一结论既适用西方,也适用于当今中国。

邹诗鹏:对后真相世界的无奈,表明当下时代政治对网络民粹化的迁就,也反映了治理网络民粹化现象的艰难。

传统时代的政治思想格局可以概括为社会主义、自由主义与保守主义三大主流政治谱系及其对民粹主义及无政府主义的应对传统,主流政治对民粹主义的应对表现为真相政治以及理性政治对非真相及其情绪性政治的有效抑制,民粹主义及无政府主义只是次要的和有限度的,其表现空间毕竟有限。但是,网络时代,民粹主义不再是次要的,而是直接走向前台,形成与三大主流政治相对峙并富于挑战性的第四大政治谱系。依拉克劳的分析,民粹主义本身成就了一种理性形式。新自由主义与新保守主义的合流,本身就是吸纳民粹主义的结果。实际上,正是晚近以来,西方兴起了新一波的民粹主义。而新民粹主义被右翼政治力量所利用和提倡,正在产生令人不安的政治后果。2016年来的诸多国际政治事件更是推动了这一态势,使得全球文明状况持续降低。与民粹主义相伴随的其他极端形式,如恐怖主义、暴政,等等,也呈愈演愈烈之势,令人忧虑。

现在流行一个说法,叫"不明真相的吃瓜群众",但是,"吃瓜群众"恐怕并非旁观者,网络时代没有旁观者,所谓"人人都有麦克风"。而且,"吃瓜群众"未必追求真相,边吃着瓜,边编发微信,事件就这么制造出来并传遍天下和蛊惑天下,所谓"看戏的不怕事大",不明真相却创造"事件"。后真相世界当然是事件频频出现而真相隐退的世界,推动者正是不明真相的网络大众,换句话说,网络大众追求的是情绪的表达与宣泄，而并非"真相"。事件才是网络时代的真正联结点。事情的事件化是人们话语实践的结果，事情越是事件化，真相越是隐蔽起来。真相敞开的可能性，并不是取决于求真意志，而是取决于话语中止的可能性，但"看客们"的"好事"心态实际上早已淹灭且阻止了求真的意志，剩下的便是一样一样被制造出来的"后真相"。

但是，我们又不能简单地夸大民粹化，甚至于把民粹化看成是民众的本质特征。这涉及正确把握中国现实政治体制的问题，不可不辨。中国实行的是中国共产党领导下的社会主义民主政治，一切相信人民，一切依靠人民，人民当家作主是我们的执政基础与理念。因此，不能把民粹化看成是民众的本质特征，但民粹化毕竟又是一定的社会情绪的反映，积极应对之，是有益于社会主义民主政治建设的。"民主"的本义即"多数人的政治"，与自由主义放任民粹主义因而总是被民粹主义所裹挟不同，社会主义民主政治要求多数人自觉意识到自身作为公民的权利与义务，而不是成为无知的、非理性的大多数，甚至于沦为乌合之众。因此，社会主义民主政治的建设，必然伴随着对民众的持续不断的教化与启蒙。在这里，启蒙的基本含义即开启民智，要让人民逐渐觉悟起来，融入社会大变革的历史潮流，并真正成为国家社会发展变革的主体。社会主义事业也包含着自身的启蒙事业，而且相对于资本主义侧重于物质利益及其自由主义价值观念的启蒙而言，更加艰难。毛泽东当年说，"严重的问题是教育农民"，邓小平说中国社会主义建设将是几代人、十几代人乃至于几十代人的历史任务，都已经估计到了对我们的人民进行社会主义教育任务之艰巨。今天中国的改革开放进入深水区，各种利益矛盾交结，错综复杂，改革任务十分艰巨，以习近平同志为核心的党中央正致力于通过关键少数团结带领大多数人奋力前行，落实治国理念，实现中国人民的共同富裕，尤其需要人民的民主政治意识跟上来，而不是为民粹主义所利用。在这个意义上，我们不赞成启蒙的激进化，但同时也反对将启蒙完全等同于资产阶级式的启蒙，甚至于将启蒙妖魔化。

陈　忠：我们现在把启蒙妖魔化了，归到简单的资产阶级去了。

胡　凌：听了各位专家的讨论，对后真相问题增进了了解，有很多启发。我自己从传播的角度也关注一些相关问题。很多老师都提到了，后真相也不是一个新的问题，长期以来哲学家和社会科学家们一直在讨论。真正的事实是不是存在，可以从一个简单的框架来认识，有以下几个维度。

第一个维度是从信息的生产主体看。上午有老师提到了法律事实，这是在某一个特定场域得到公共认定或认可的事实。例如，法律事实一开始就要接受裁剪；法学院的学生只有通过法官和律师这样的职业训练才能慢慢把一些现实中实际发生的事实转变成法律事实，这些事实是通过基本的规则进行认定和解释的。至少像法律这样的社会系统都有这个功能，在其中普通大众面对的事实会转化成另外一套话语，用一些专业语言交流，并在这一系统内被接受。也就是说从事实的生产主体和过程看，事实或真实很大程度上是经过裁剪的。另外，从科学的角度来讲，真相会不断地被发掘，哪怕我们已经有了一个合法的裁判。多少年后我们发现了真相，但是这个真相未必是法律上的真相，无法推翻了。可见，我们要维持一个社会秩序的话，必须依靠和信赖某种特定领域的权威（包括程序和知识生产的主体）。

第二个维度是传播的维度。传播是非常复杂的过程，尤其在互联网时代渠道越来越多，会导致在这一过程中原初的事实被放大或扭曲，信号得到增强或削弱。

第三个维度是受众自己。我听到的东西和别人听到的东西在理解上不一样，因为事实的接受和我所有的生活经验都有直接关系。

第四个维度就是从个体扩散到全体的过程。也就是说，我接受一个事实和我周围的人一起接受认同这个事实，意义是不一样的，也会产生不同的效果。

我们也可以把这样的框架延伸到互联网上面稍微探讨一下：比如说第一，从生产主体来说，发布者的权威相对来说比较弱，专家在网上的声音被削弱了。

第二，从传播渠道来说，在微信上面只有界面编辑得吸引人、配上各种图片，大家才愿意看，写得非常长的东西大家可能不愿意看，甚至几乎不会看。从传播的角度，大家可以对比微博和微信的架构，如何设计让什么样的信息可以得到更好的传播，字数的限制和传播的渠道都不太一样。微博上大家经常会吵架，但是很难开展理性的讨论；到了微信的朋友圈又变成另外一种样子，微观上的传播设计对传播的效果来说是非常重要的。

第三点从受众来说，大家愿意相信周围的人说的话，在朋友圈里有什么样的声音会直接影响到用户每天接收信息的理性程度或者真实的程度。大家在信息时代有可能会挖掘具体的细节，但大家往往不愿意这么做，即使成本很低，更愿意相信周围的讨论。

最后一点就是扩散。在网上信息扩散的能力非常强，原来只能靠私人之间的话语扩散，现在网上普通人的声音也可以扩散到你想象不到的方面。政治学、传播学都有大量探讨了，本来一个事实是中立的状态，扩散之后反而会产生极端的立场。

还有一点值得注意，即如果我们同意上面的框架，是否意味着真相真的不存在？

从认识的角度来说，所有人可能都同意，事实真相可能是不断流变的，但大家可能会忽视另一种更加重要的力量，即数据权力。预测者和民调公司会依赖脸书去预测特朗普是否会上台，但仍然失败了，因为脸书充斥着假新闻，看上去好像很有道理，吸引人们转发，但是无法据此预测人们群体行为。如果我们简单来说有一个上层的舆论场，那么在上层的舆论场下面还有一个"真相"，这个真相是靠数据建构起来的，不是从舆论场中得到的，而是通过更加复杂的对社会阶层、身份、偏好，进行分析得出，这也是一种真相，可以进行深度挖掘和预测。当然这种预测不代表着绝对真实，而是策略性的，只要在选举中赢了，数据就管用，下一次选举需要根据更全面的数据再继续深挖人们的偏好。

从这个意义上讲，真相变成一种预测，而且越有能力去预测未来会发生什么，越会取得成功，甚至是自我实现的预言。伴随着更多的信息、个人数据、隐私源源不断地生产出来，一种新的知识和技术产生了，并通过算法被不断建构起来。如果成功了，我们就说这是事实，因为它起作用了。我无法主观判断其价值，而是说由技术、市场以及这套知识体系建构起来的系统，其实质就在于我们靠这样的机制如何从社会中挖掘到更多新的信息，如何披露它，以及人们会如何反抗它。比如说，我可能会隐瞒一些信息，我可能不希望被你预测，不希望让你把手伸到我的脑子里，不希望预测我的想法到底是什么。

最后来看看通过不同的社会机制能否帮助解决虚假网络信息的问题。我们可以从法律、市场、社会规范、代码等几个角度思考。首先，从法律上看，为什么在美国会有大量网络假新闻？在中国可能也有假新闻，但是至少从官方的角度来说，是要打击假新闻或谣言的。法律要求所有信息发布者都有内容审核的义务，还有司法解释规定了认定非法传播行为的次数标准。在中国法律规定比国外严格，现在在欧洲很多国家，尤其像法国大选这样的事件前，也开始加强对脸书的监管，有报道说脸书也会采取自我监管和审查，通过技术识别，针对热门话题进行标注。但目前按照法律来说，平台并没有这个义务，真假的辨识度是通过市场竞争，不是靠自我监管约束的。这就涉及第二个因素：市场。市场是否真的让真相通过大众选择出现，大家共同接受真的东西，是有疑问的。如果你事先放了一个假消息在社交媒体上，大家可能都愿意相信它，第二次再纠正假消息的时候，力度就会弱很多。所以纯粹靠市场竞争筛选出真相可能会比较困难。第三还有社会规范的问题，这就涉及信息传播的渠道和认知程度了。在不同的信息群中，社会规范是指大家在多大程度上会愿意传播真消息，而且愿意理性地讨论它,有没有社会压力和共识,这个非常重要。如果大家并不讨论争辩,我只接受我愿意看到的,也没有机会理性地跟人辩论,就无法推进我们对真相的了解和挖掘,因为哪怕你仅仅处在辩论过程中,都会增加对事实的了解。事实上我们发现很多人并不真的在意,只是随手转发而已。最后一点就是代码,如何设计更好的信息架构。架构设计非常重要,这对于很多信息服务的网络平台来说都是如此:如何设计能够达成共识的架构,而不是简单刷信息、简单把信息随手转发给其他人,真相就会在共识中产生。当然,也包括信息过滤的机制,如果没有比较好的过滤机制,人们每天都要接收大量垃圾信息,无助于发现更有价值的事实。

六、 后真相时代的最大问题在于公共性的丧失

许　明:首先从现实出发,中国的现实是非常严峻的,这个问题要充分认识。"后真相"现象在当今中国社会正在弥漫。这完全是借助于新媒体的普及性应用,使"人人都是主编"的情况大量出现。

问题是,善意的主观性从何而来? 过去我们有公共性的东西,我们有一个善意的普遍性共同立场,我们正在缺失公共性,善意主观性背后的基础是公共性。

邹诗鹏:嗯,这一点至关重要,启蒙也有自身的边界,我就曾经专门撰文讨论过启蒙的边界问题。

许　明:这个社会需要立场的"普遍性",五六十年代毛泽东思想具有普遍性。现在普遍性的趋势既造成了我们善意的主观性,也造成了不善意的主观性,或者是各种主观性都混杂在一起,使得许多基本的判断都不能形成共识。应当在寻找新的普遍性,这部分的工作应该做。我们 90 年代就在讨论中国马克思主义文化、传统文化和西方文化,三种文化在三个不同的群体当中各具有公共性,但是三个群体是不交互的,在这种情况下又需要三种线条融合在一起才能完成普遍性。我们奋斗了三十年到现在还没有完成。

三种文化互不交融,互不来往,这种现状对普遍性的建构起了一个非常重要的作用。我们现在茫然失措,用什么药方治疗? 每个人都是主编,都能陈说自己看到的事实,而每个人所看到的又是凭自己狭隘经验所认识的事实,不可能全面。过去表达的机会要层层把关,现在自己敲动键盘就能参与舆论。后真相必然到来。在这样的情况下,请问我们的学界,我们的专家学者该怎么办?

陈　忠：后真相时代所谓的危机在什么地方？原来有机体行动，是分散的，现在后真相时代最大的问题是原来分散的人可能形成集体行动。

许　明：后真相最大的问题在于公共性，基础性的公共问题瓦解了，在这种情况下，纵然你个人有天大的本事，但你能提供新的公共性吗？

陈　忠：可能形成新的公共性。新公共性的未形成导致了现有的状况。

许　明：恺撒这样的历史事件是善意的，是好的。现在民粹主义已经通过互联网等形式能够采取行动了，在美国直接转化为投票行动，导致了整个政权的问题。我是回应你(邹诗鹏)这个问题，公共性的丧失导致现在面临的困境。

陈　忠：鼓励中国学者进行理论创新，没有理论创新讲不透这个问题。

许　明：是这样，创新的政策瓶颈一定要突破。从“后真相”现状看，中国的理论创新任务不是可有可无的软任务，而是必须实现的硬任务。回避创新，回避实现新的公共性，“后真相”将会越演越烈。

邹诗鹏：是的，治理的确不能在左右两极上选边站队，而要取其中，无论是儒家的中庸智慧，还是亚里士多德的中道智慧，都是如此。在当下十分复杂的状况下，更是如此，看来，后真相时代尤其需要杰出政治智慧与卓越的政治技艺。

许　明：现在的宽松程度跟“文革”是不一样的，现在让你自由谈，请问我们的新的公共性能建立了吗？

汪行福：没下水之前问他游泳游的怎么样？就像这个问题。

许　明：不管你提出何种建议，寻找新的公共性，要从我们的出发点应对后真相时代的到来。

陈　忠：以更有包容性的公共性应对后真相。

汪行福：这个公共性、共同性就两点：第一，包容，第二，理智。

许　明：现在我们真的很难作出判断。

陈　忠：形成新的文化需要历史意识。

汪行福：你说你是历史性的判断，共同性在哪里？所以我想的不是真相，而是新共识。

陈　龙：说恺撒那个做法就是真相，太武断了。

徐大建：这个问题我不太懂，听了大家的说法很受启发。所谓“后真相时代”的意义可能有两个：一是对现有认为是科学的社会调查方法产生怀疑：根据这样的科学方法我们还能否得到真相？二是在网络时代，有人可能会为了某种动机利用公共交流平台故意制造假象，引起社会混乱。我的想法，关键是区分事实判断与价值判断。弄清真相不是关键问题。关键在于价值判断或利益的问题，也就是说，即便大家都同意某个真相，仍然会得出不同结论，为此吵得不可开交，甚至会为了利益故意制造假象，而不是真想弄清真相。所以关键还是利益的冲突和争论！怎么从根本上解决问题？大家已经说了，还是要靠价值共识，有了价值共识，真相就不是问题，由真相而来的社会冲突也可得到解决。这个价值共识上面可以做，但是实际上还是要下面先做，通过交流和讨论形成一个价值共识。中国现在怕的不是真相怎么样，而是因为客观的贫富差距太大，所以即便在真相上达到一致意见，还是会吵起来。我们只能在解决价值共识的问题上做一点努力。

当前中国电影的创新发展与市场走向

（2016 年 12 月）

参会嘉宾（按姓氏笔画排序）：

石　川（上海电影家协会副主席、上海戏剧学院教授）

曲春景（上海大学教授、博士生导师）

刘海波（上海大学温哥华电影学院常务副院长）

许　明（《上海思想界》主编）

张　斌（上海大学上海电影学院副教授）

陈犀禾（上海大学上海电影学院教授）

罗　岗（华东师范大学中文系教授、博士生导师）

荣跃明（上海社会科学院文学所所长）

聂欣如（华东师范大学教授、博士生导师）

黄望莉（上海大学上海电影学院副教授）

葛　颖（上海大学上海电影学院副教授）

程　波（上海大学上海电影学院教授）

曾　军（上海大学文学院副院长）

2016 年中国电影呈现出正负两方面的发展态势，一是票房遇挫，二是优秀电影逆势生长显示出良好的发展势头。如何推动电影艺术进一步发展以及在电影消费中实现雅俗共赏的良性循环？上海市社联《上海思想界》、上海大学影视批评与创作中心和上海大学批评理论研究中心联合举办"当前中国电影的创新发展与市场走向"研讨会，共同探讨中国电影艺术在取得良好口碑及文化价值的同时，又能形成对电影市场的正面驱动，并反思和批评"唯票房"倾向导致的中国电影市场扭曲现象。

一、　今天我们难道编不好一个故事？

许　明：作为一个美学专业的学者和电影、影视剧的观赏者，我想发表一下自己的感受。现在中国的改革、转型发展到了极其关键的时刻，许多问题出现，甚至雾霾也成了大问题。这时候，改革更需要强劲的、有力的文化支持，需要建设性的、理性的文化创造和文化批评，电影、电视首当其冲。

影视传播的市场最广，受众最多，普通老百姓不是通过阅读，往往是通过电视、影院、网络接受观念和推动文化市场，在这样的情况下，反思一下当代的中国电影创作是非常必要的。

我不讲大的意识形态问题，我讲审美取向问题。要把当代影视中国的审美取向的问题提出来，要大声疾呼！不知道什么时候开始，我们的艺术创作者、影视创作者、批评家们不约而同地歌颂赞扬捧场搞笑的、低俗无厘头的作品，这种美学风格成为了当代影视传播接受的主流，甚至是主创。有的导演说为什么要"小鲜肉"？就是吸引小女孩，人家就是要看"小鲜肉"。这个感受对我们这一代从改革开放一路走过来的人来说反差太大了。这四十年当中审美取向发生如此大的变化，谈现实主义、浪漫主义已然像开玩笑一样。是不是真的不需要这些东西？为什么学者、理论家一而再再而三地呼吁，甚至抗争都不起作用？怎么一步步滑落到这个地步？最近我很认真地看了美国影片《血战钢锯岭》，尽管有个别情节上有一些失真，例如，在这么高的悬崖峭壁，日本人在上面狙击，美军在下面等候伤员，上面只要扔一个炸弹，下面就全部完了，但他们还等着救人，但除此以外，任何一个情节结构、节奏感、故事都很好，我推荐我的家人看，我说这是美国式的宣传主旋律、宣传核心价值观的最好写照。

美国人是怎么宣传核心价值观的？美国人是怎么宣传他们的主旋律的？做到非看不可，看完后会感动地热泪盈眶。其实做到这一点并不难。我们同样有众多内容鲜活、伟大的抗战题材，在大上海，共产党、国民党、日军三方的战斗很激烈，连这样的故事也编不好，这不是政治问题，是自己的问题，是创作者、批评家和理论家自己的问题。拍上海20世纪三四十年代的抗战剧，故事编不好不说，连故事细节也把握不好。衣服都是新的，眉毛是画的，细节太失真了。而大批抗战神剧中的女兵画眉毛、贴假睫毛，导演难道不懂吗？电影学院的导演是怎么培养出来的？这是美吗？这是真吗？离开了具体语境、具体背景和场景，跟场景矛盾的东西失真的东西不是美的，这样的问题，一波波、一轮轮地通过屏幕，通过电视机、通过网络的传播，传达给一批批的年轻人，不要说英雄主义、浪漫主义，连对历史的真实感受也在慢慢消失，连起码的日常生活的美感也在消失，这是很可怕的。这不能怪影视作品有什么限制，这是我们创作者自己的问题。有人说这个问题是资本的问题,资本要求这样拍的。胡扯!投资方只有疯了,才不想拍又卖座又叫好的片子,拍出了中国的《血战钢锯岭》,难道没有利润吗?没有拍出好的惊心动魄的片子会有利润吗?让你构思一个"血战大上海"的间谍片,我说保证有票房,但他会说难,有各种条条框框。其实,已经有了这么精彩的生活场景,这么精彩的历史故事,当代影视就是做不出好东西来!这是一个问题。这些问题导致急切需要反思我们的审美取向发生了什么变化?出现了什么危机?我们要不要调整?要不要高声疾呼回到正常的审美认知,回到正常的审美感受?这既不是政策问题,也不是资本问题,而是我们的艺术创作本身的问题。

应当明白,现在观众意见最大的是中国电影人拍不出好的故事片,编不好一个无懈可击的故事,缺乏把一个好故事演绎成一部充满细节的逻辑严谨的好影片的才能。一些导演学到了西方电影的一点点噱头,以为拍裸戏、脱戏就会大卖。有的导演故事片拍不好就来玩"深沉",脱不开第五代导演的"观念为先"的笼子。

精心打造一个故事是电影创作的及格分,不知道为什么现今的电影学院培养不出会编织故事的高手。想象力匮乏、逻辑能力低下是不是我们这个时代的顽疾?

二、 IP 大热对我国电影产业发展的影响

荣跃明:在当今影视生产中,IP 是一个广受关注同时又充满争议的话题。对于 IP 成为影视生产中的核心热点,学界有责任进行理性审视和深入分析。目前,学界对于 IP 的讨论,集中在文学经典的改编上,实际上这只是认知的一个维度。要全面深刻地认识 IP 现象,需要有更多的视角,而且要有合适的讨论界面。也就是说,只有把 IP 放在合适的框架里来讨论,才有可能深化对 IP 大热现象的认识。否则就有可能南辕北辙,各说各话,达不成共识,也无助于解决现实问题。从知识背景来说,目前的电影研究者大部分是学电影评论出身。但今天要评价一部电影,光从剧本、导演、演员表演,以及电影镜头画面处理等所谓电影语言来理解是远远不够的,特别是有了 IP 以后,更需要有广阔的视野。而准确认识 IP 的内涵,理解其运作规律,无论是对文艺创作,还是对影视行业的健康发展,都具有重要意义。

(一) IP 热潮形成的动力因素

IP 现象形成有三种动力因素。一是对内容资源和新技术要素的迫切需求。虽然引人关注的 IP 热潮主要是在电影创作生产中形成的。但 IP 的应用不限于电影产

业,不只是原创文学作品改编成电影,也有逆向改编,即原创电影改编成文学作品,或其他文艺样式,如游戏等。实际上整个文化产业发展都受到了 IP 的影响。许多原创作品被改编成各种艺术形式,或者说一个原创作品经由改编进行二次传播甚至更多次传播都需要 IP。

二是网络信息技术的迅猛发展。网络信息技术为文学艺术的发展创造了新的空间,网络信息技术是一种媒介技术,同时也是新的传播工具,是为内容传播服务的,而 IP 成为网络信息技术与文学艺术结合的重要连接点。

三是资本力量的介入。在我国文化体制改革和文化产业发展中,电影行业的产业化和市场化较之于其他艺术样式,不仅进展领先,而且程度最深。经由体制机制改革,电影行业形成了开放格局,原来由国资垄断电影行业的一统局面完全被打破,各种社会资本竞相进入电影行业。对电影作为大众艺术其生产和传播高投入、高风险和高收益特点的认识在不断深化和清晰。不断涌入电影行业的各路资本大佬们,以前是煤老板现在是房地产和互联网大佬,终于发现电影行业绝不像挖煤和造房子那样简单,而是太复杂了。如果对投资风险不能有效识别和管控,生产成本就无法控制,对投资方来说,最后很可能是血本无归。正是这些因素促使进入电影产业的资本大佬们积极推动 IP 的应用。

上述三个因素正在推动 IP 成为影视业发展的核心动力因素。

（二）IP 对于电影产业的价值和意义

对影视行业而言,IP 大热现象表明,影视行业正在沿着市场化、产业化和资本化方向不断深化发展。首先从我国电影产业的当前发展来理解 IP 为什么会成为电影创作的新宠。大概从 2003 年以来,我国电影行业在经历了发展低谷后形成逐年增长的发展态势,最近这几年,不仅国产片已牢牢占据了国内票房市场主要份额,且国内票房已连续多年以年增 30% 的速度高速发展,单部国产片票房也屡屡刷新纪录。但是 2016 年下半年,我国电影票房高速增长的势头有所减缓,2016 年全年国内票房统计数据为 457 亿元人民币,电影票房增长趋缓已成为现实,整个电影产业要想继续保持高速增长,就要转换动力。

《上海电影产业发展报告》对 2015 年电影产业发展态势的分析认为,近几年我国电影行业的高速发展,其内在动力来自工业化和城市化的快速推进。大量的三四线新城建设带动了院线行业的极度扩张,银幕数量的增长率高于国产片的增长率。但是,院线行业的扩张只是为观影提供了硬件设施,而当影院设施达到相对饱和时,进入电影行业的大量社会资本就会沉淀下来。从单个影院的上座率来看,统计数字令人不安。上海人均年观影次数在全国是比较高的,但单个影院的上座率已经出现明显下降,院线资源的浪费和低效已经成为一个重要问题。因此,电影产业发展呈现出一种新趋势,已经进入或者准备进入电影行业的大量资本正向电影产业链的上游转移,即逐步进入到电影产业的制作和宣发行业。

与作为终端的院线行业不一样,院线行业是硬件建设,投资的风险和收益比较清晰,相对容易把控。而电影产业的前端行业,制作和宣发则主要是内容生产和传播,生产过程十分复杂。某种意义上说,中国电影产业的这两个行业尚未真正形成现代工业的标准化运行模式。几年前上海引进了"完片担保"模式,实际上,这一模式在美国主要用于帮助独立制片人的小制作影片,按大电影企业的规范运作模式来识别风险、合理分享收益。而其中的核心要素是"IP"的应用。因此,当前我国电影行业 IP 热现象是这个行业不断沿着市场化、资本化、产业化和国际化方向走向成熟的一个积极信号。

(三)如何借助 IP 大热促进电影产业快速健康发展

在中国的现实语境中,IP 已经被各方赋予了新的意蕴。为什么大家都执着用 IP,而不用这个英语缩写所指代的明确含义,即"知识产权"？语言学有一个定理,语词作为符号,其能指和所指的关系是约定成俗的。在中文语境中,"知识产权"一词所具有的涵义是明确的,而 IP 大热现象表明,IP 这个词已融入了中国人创造的、超出"知识产权"明确涵义的新含义:一方面,资本因其逐利的本性,敏锐地发现了中国电影产业在尝试了各种电影新技术后,影片内容仍然稀薄。而通过 IP,更多的内容资源正在被注入电影制作之中,这对促进中国电影产业的健康发展无疑具有积极意义;但另一方面,资本通过 IP 把更多的内容资源带入了电影制作过程,同时也激发出了生产过程中代表各种生产要素的各方竞争和博弈,而当下电影行业的 IP 大热现象和各种争议,实际上是这种竞争和博弈趋于激烈的体现。

资本具有配置资源的作用,借助于 IP,资本把更多生产要素带进了电影生产过程,把各种生产要素的价值:原创内容、剧本改编、电影摄制新技术、明星导演和演员,以及资金本身,等等——所有的产业要素所具有的价值都表达了出来,也把生产过程各个环节的风险识别了出来。

从根本上说,IP 是内容资源获得市场地位和货币表达形式的法律标志,是内容资源资本化的体现。但是,作为内容资本化的 IP,虽然获得了货币表达形式,并成为电影生产中新的资本类型,但当 IP 成为影视生产的核心因素后,IP 作为资本形态绝不等同于作为电影制作投资的资金资本。电影产业作为一个高度复杂的产业,电影制作过程中代表各种生产要素的各方平等参与生产过程、合理地分担风险和收益,是优秀影片生产并获得票房认可的重要前提。如果代表现金资本的投资方过于强势,缺乏对电影作为内容产品价值意义的尊重、情怀和追求,同样也无助于中国电影产业的健康发展。

2016 年电影票房数据显示中国电影产业发展正在进入一个新阶段,即推动电影产业发展的动力正在全面转向产业链上游的内容制作行业,这是中国电影产业真正做大做强的一个新起点。而 IP 大热现象正可以成为推动我国电影产业尤其是其上游产业链内容制作行业加速向现代产业转变的一个重要契机。

三、 后票补时代电影市场秩序的重建与拓展

石　川:"票补"是从 2015 年到 2016 年讨论比较多的一个问题。所谓"票补"是互联网公司参与电影营销以后产生的现象。现在 80%以上观众通过手机 APP 购票,这些票务公司为了自我促销,对票价进行补贴,让观众可以买到低于市场平均价格的优惠票,让更多人走进影院。这是票补的大背景。有人估计,2015 年全年 440 亿元票房,票补份额占 10%,大概有 40 亿—50 亿元左右。当然这中间也包括片方为了增加排片而直接向院线、影院买票房,以及一些注水票房、虚假票房(午夜场、"幽灵场"和其他无效排片)等泡沫甚至是市场欺诈现象。

2016 年 3 月《叶问 3》事件爆发以后,广电总局加强了对市场的监控力度,对票补、买票房现象态度比较严厉,所以票房泡沫被挤掉一部分。这是导致 2016 年全年票房增幅放缓的主要原因之一。

我所说的"后票补时代",是指 2017 年开始实行的《电影产业促进法》对这个问题有了明确的规定。以后这个问题被纳入了法制化轨道。不过有了立法,不等于在操作层面能解决所有问题。比如对于票补现象,合法与非法的界限究竟何在? 你不能说对票价补贴违法,但购买票房又容易导致泡沫和市场欺诈,你如何从法律上定义? 我觉得全行业还没有形成一个共识,所以现在的《电影产业促进法》只是给了一个原则框架,具体执行起来还是有一定难度的。

2016 年全年走势不如 2015 年,有人就说中国电影拐点到了。我完全不同意这种

看法。我认为 2016 全年的基本面还是好的,表现在几个数据上:第一,全年票房截至 12 月 16 日,已达 432 亿元,而 2015 年同日是 419 亿元;第二,也是截至 12 月 16 日,全年观众数有 13.2 亿人次,2015 年同日为 11.9 亿人次,观众数量也在持续增长;第三,截至 12 月 20 日,全国银幕数达到 40 917 张,日增 26 张。这三个数据说明,市场外延还在进一步扩大,需求也在增加,推动票房增长的基本动力依然保持着。在这种情况下,认为拐点出现就是没有说服力的。票房增幅放缓,我觉得是中盘调整所付出的必然代价。通过这样的调整能带来一个更公平、更透明、更健康的市场秩序,那这个代价就是值得的,有价值的。

但 2016 年也有一些现象值得我们警惕,就是说此前炒作的一些"高概念"并没有兑现,或者并不如预期的那样美好、有效。我把它总结为"三大破产":

第一,IP 破产。现在各大影视公司都是围绕 IP 组织生产,甚至到了"得 IP 者得天下"的地步。但事实上,2016 年 IP 市场反应远不如预期,一些公认的大 IP 票房反应平平,只有像《盗墓笔记》少数几个例外。IP 横行,某种程度上打压了原创,使得原创与 IP 的投入比例失衡。我觉得 2016 年 IP 的表现应该让我们警惕,从而反思 IP 与原创的关系,使之回到理性的轨道。

第二,大数据破产。其实 2015 年百度对《黄金时代》票房的错误预估就已经显示出,所谓大数据的信用也并不可靠。为什么有些人这么迷信大数据? 因为他们对市场没有经验,离开大数据就无法对市场走势进行合理的判断。我并不否认大数据的参考价值,但是中国现在还是个新型市场,这样的市场变量太多,缺乏规范性、稳定性,并且数据统计也有很多问题。比如票务公司后台提供的所谓大数据,真实性究竟有几成? 现在大家都想对虚假数据开战。在这种情况下,仅仅依靠大数据对市场进行判断,是一定要出问题的。

第三,保底发行破产。2016 年保底发行也不如人意。因为时间关系我就不展开了。

最后我想回应一下关于艺术影院的问题。刚才提到,目前中国市场是新型市场,特点就是单一化、低端化,电影供应不够丰富,高票房低口碑现象屡屡发生,不能形成分众化市场。这就必然使得一些观众的消费需求得不到满足,艺术影片在主流市场上无立锥之地。在这个前提下,艺术影院(院线)的问世就成了人们对市场多元化走向的一种预期和探索。上海在全国率先成立了艺术影院联盟,今年又以中国电影资料馆为核心,成立了全国艺术电影放映联盟。这些尝试符合市场未来发展方向,都应该得到鼓励和肯定。

但是说句老实话，我对在商业院线系统内部发展艺术影院的思路，一直持怀疑态度。这就要从目前商业院线的基本模式谈起。这种院线起源于 2002 年度院线制改革，基本发展模式与地方政府土地财政有关。一般是地方政府拿出一块土地，由万达这种房地产开发商来投资开发建造综合型购物广场。开张以后形成统一的商业格局：一楼是化妆品、箱包鞋帽；二、三、四楼是男女服装、电器、居家用品；五楼、六楼是餐饮、影院。大家可以看一看，全国各地，一二三四线城市是不是都是这种格局？电影消费被纳入日常购物、休闲、商业消费的一体化环节，与一般商场一样都是一套高租金、高成本、严考核的商业运行机制。这种机制使得影院根本无法发挥它应有的文化或艺术职能。如果哪个影院经理拿出一两个厅排映小众艺术电影，票房不好的话，他年终考核怎么办？所以我认为在这样一种纯粹的商业机制上，植入艺术影院的概念是非常困难的。

那么有没有其他路子可走？我认为是有的，因为除了电影院之外，每个城市还有许多享受政府财政拨款或者补贴的文化设施和文化机构，比如博物馆、图书馆、文化宫、群众艺术馆、展览馆，等等。这些文化机构，很多物业是自己的，没有租金的问题，有政府拨款和补贴，经营压力也没有这么大。艺术影院为什么不可以和这些机构结合起来呢？比如像上海图书馆这样的大单位，难道就不能拿出一点场地改建一个容纳 200 人的影厅吗？现在没人这样做，是因为思路没朝这个方向想。在过去电影、文化分属政府不同的职能部门，就如同广电局和文化部，但是地方政府不是把电影和文化都合并在一起了吗？为什么不能尝试一下呢？我觉得为了培育市场、提升观众的电影消费层级，就必须要有人率先出来吃一口螃蟹。刚刚说 2016 年全年电影观众超过了 13 亿人次，但平均下来，中国人均年看电影的次数只有 1 次，说明看电影还未形成一种文化消费的常态，大多数观众看电影还是属于看热闹的性质。比如《百鸟朝凤》。没有方励的惊天一跪，这片子大概也就 200 万—300 万元票房，但是方励一跪，成了热点事件，票房一下子飙升到 8 000 多万元。为什么会出现这种现象，我个人认为这跟中国观众的看热闹的观影习惯有关。假如将来有一天，看电影成为与逛商场、下馆子、上网购物一样，形成了稳定的、日常的消费习惯，那么中国电影的黄金时代才能说真正到来了。

今天我们做艺术影院，其实就是为了将来的这一天做准备，培育市场，培育观众。

四、 电影票房与大众电影审美趣味的认识测绘

曾 军:刚才北京大学的李洋教授在微信圈里晒了一幅"迷影精神奖"的海报,上面写着"让票房滚蛋吧,我们聊聊电影"。作为一个电影理论家、一个人文工作者,我们更看重的是作为艺术的电影,希望从电影中获得审美的愉悦,获得思想的启迪。而票房代表的是作为商品、作为产业的电影,追求电影票房意味着迎合大众,意味着媚俗,意味着艺术理想的背离,等等。但是这里最大的悖论恰恰在于,电影是机械复制时代的艺术类型,它完全就是工业革命的产物,从其诞生之日起,就与现代科学技术、与工业生产流水线以及文化消费市场等密不可分。不过,我今天并不想直接来回应这个问题。我关心的问题是,这两套学术话语是否可以彼此兼容? 从审美、从艺术的角度往往侧重于定性分析,那么从产业角度统计出来的数据是否可以通过美学转换,帮助我们实现对电影美学状况的把握? 我想还是有可能的。

所谓"票房"是指电影、戏剧等通过售票的方式而获得的经济利益。不管是主动购买(个人观影),还是被动观影(组织观影),毕竟是真实的观影行为的体现,虽然其中由于统计方式的问题,甚至不乏人为虚构票房的情况出现,但是票房在一定意义上仍然可以成为我们分析大众审美趣味的重要参考。最近有一本书非常有意思,叫《审美资本主义:品味的工业化》,作者阿苏利的核心观点是审美动因成为经济增长的主要动力。具体到电影研究来说,电影票房与审美趣味之间一定是具有非常紧密的内在关联的。甚至可以说,电影票房其实就是大众电影审美趣味的量化体现。好莱坞电影会之所以有一整套基于明星制和类型电影而形成的电影工业体制,正在于其对电影观众审美趣味的准确把握和实时满足。

因时间关系,我今天只讲一组数据,看看我这个想法是否可行。我查了从 2002 年到 2015 年来的中国电影总票房,从 2002 年的 9.2 亿元到 2015 年的 437.69 亿元(2016 年达到 457.12 亿元),增长 46.5 倍。其中 2010 年突破百亿元大关,2013 年突破 200 亿元,到了 2015 年超过 400 亿元,票房井喷,显现出中国电影市场进入繁荣阶段。从进口票房和国产电影票房来看,两者基本上维持了半壁江山的地位。不过,从 2002 年进口票房占 58.2%、国产票房占 41.8%到 2015 年进口票房占 38.42%、国产票房占 61.58%,除了 2003 年和 2012 年各占 50%之外,十五年时间完成了从六四开到四六开的转变,显示出国产电影票房正在发力,并力争获得对中国电影市场的支配性地位。

但是,无论是四六还是六四,引进电影数是非常有限的。以 2015 年为例,国产片 278 部,引进片 80 部。如果将票房平均,单部国产电影票房是 0.976 亿元,而单部引进电影票房是 2.079 亿元。这也就意味着,进口电影片均票房数要远远高于中国电影的片均票房。从大众审美趣味而言,好莱坞大片的吸引力和诱惑力仍然占据绝对的优势,中国电影产业还处于"人海战术"阶段。

如果再往下分析,我们可以把这十几年票房排名前十的电影名单再作细致的分析,比如说,电影类型和风格怎样、导演是谁、档期何时、引起关注的热点和焦点是什么,等等。仅以电影类型为例,2015 年票房前十的主导性国产片电影类型是什么?是喜剧。这就可以回应许明老师所说的为什么搞笑、低俗的喜剧片占据了中国电影市场的感受。但是这也给我们的进一步判断带来新的问题:我们正是利用国产电影的搞笑、低俗的喜剧类型完成对好莱坞惊险、震惊的奇观电影的抵抗。我们无法从情感上判断,这到底是一件好事,还是一件坏事。如果拉长了十几年时间来看中国电影审美趣味的变化,也非常有意思。如刚才提到的张艺谋现象。前几年张艺谋电影一直是中国电影票房的重要保证,从《红高粱》到《菊豆》再到《英雄》《归来》,无论引起了多大的争议,都不可否认的是争议点都来源于张艺谋所刻意想创造的导演个性和风格,但《长城》选择的是彻底的好莱坞化。这个问题你怎么评价?肯定的理由是,他的目标已经不是国内观众,而是进军海外电影市场;否定的理由则是民族特色和个人风格的彻底消失。反映在票房上,中国电影观众的大众审美趣味是否开始出现"去张艺谋化"?还有冯小刚,以前靠贺岁片持续了多年的票房传奇,但这些年的电影风格正在转向,从《集结号》《一九四二》到《唐山大地震》《我不是潘金莲》,观众是否认可并接受这些变化?票房可以从一个侧面说明这个问题。

当然,这些都还只是基于个别数据的统计加上印象式的点击。从方法论上说,还需要有更为细致的分析来支撑。如票房分析还需要考虑票价的变迁问题,由此才能知道真实的"观众数"的变迁;票房的井喷与电影院线市场的发育和发展密不可分,因此,银幕数的增长轨迹,在大中城市和小城镇的区域分布可以为我们提供区域性的大众电影审美趣味的分析可能;小剧场票房与艺术电影的发展可以讨论;网络新媒体经验与电影票房之间的互动关系也值得关注,我们可以探究网络电影视频点击量的统计变化,将微电影和盗版电影的点击量叠加到电影票房上去,进而获得更为具体的"观众观影数",并作为大众审美趣味的分析基础,等等。

五、 中国电影的新格局及其价值诉求

陈犀禾:我的发言跟许明老师的发言有所呼应,也跟罗岗老师的发言有所呼应。但是,我主要不是谈 2016 年的影片及其内容本身,而是从推动当下中国电影发展的各种力量及其总体格局入手展开分析,希望这一分析能够有助于理解他们所谈到的许多电影现象。

我认为,当下中国电影的格局,除了从影片的类型分析以外,也可以从推动电影创作背后的力量进行分析。主要可以分成三块,以前也有学者在文章当中讨论和分析过了这些力量,只不过这三块力量比重的格局随着时间进展发生了变化。第一块主导力量是政府,这一块在中国电影发展中始终是最重要的力量。还有一块就是罗岗老师谈到的第五代,我把第五代中的张艺谋、冯小刚以及第六代中的贾樟柯等划入这一块。代表这一块的电影人有电影情怀,也有一定的社会抱负,他们主要是一批有社会责任感的文化精英,在当下的电影创作中间仍然是一股重要的力量。第三块力量就是观众和市场。从近两年来看,观众和市场力量突然成为主导电影创作的主要力量。观众和市场力量近年来的壮大和资本在背后推动是有密切关系的。这种新格局带来的种种新现象引起了许明老师的关注和批评。我这里的发言不是对这些现象进行批判,也不是把它们合理化,我只是想分析之所以会出现这些现象的原因。

在分析以上三股力量或者电影创作格局时,我们还应该注意到它上面还有一个顶层设计,这个顶层设计就叫"中国梦"。中国梦一般可以理解为是关于中国未来的一个美好的梦想,但究竟什么是美好的? 在某种程度上由于各人理解的不同而仍有比较含糊的地方。当下的一个倾向是,把中国梦联系到当下电影创作的时候,把原来电影创作中的现实主义和浪漫主义所强调的"写实"和"现实关怀"作淡化处理了。比如说,为什么当下喜剧片这么流行? 青春片这么多? 还有武打片,还有穿越片,因为这些流行电影带来了许多快乐的元素,办公楼、客厅、高速公路都是很漂亮的场景,美女帅哥们在这些漂亮的背景中间吃得好,穿得好,背名牌包或者穿漂亮衣服,这带来了许多视觉愉悦和快乐的体验。至于这些电影是不是像 80 年代的电影那样追求表现现实,是不是关怀现实,这不重要! 重要的是这些电影中的年轻人看起来很漂亮和快乐,不管是古代人还是现代人、男孩还是女孩、学生还是白领,他们和真实生活的本来面目是否吻合并不重要,看了舒服就可以。这些电影在表现中国梦的时候主要是渲染了和点缀了中国梦的一些表象。这几年,一批对当下电影市场有号召力的新力量上来了以后,许多文章(包括我自己的一些论文)对他们的电影从市场和产业发展的角度予以充分肯定的居多。但是事实上,从创作和美学的角度来说,很多影片不太敢恭维。清华大学尹鸿教授有一篇文章在论及这批导演的时候,提出了小康社会的概念。大意是这些电影的出现是和小康社会的发展相呼应的。似乎可以这么理解,小康社会里面应该有更多的笑声、漂亮的衣服、豪华的车子、名牌包,这些画面至少跟许多人心目中的中国梦景象在表面上还是吻合的。

但是,中国梦从根本上来说是一种社会理想,跟一般电影理论中的梦幻机制所强调的欲望的满足、走向庸俗和低俗绝对不是一回事。当然,当下一些流行电影营造繁荣的、漂亮的、美丽的、幸福的、快乐的氛围,和中国梦并没有产生很直接、很正面的冲突。至于一些电影刻意追求票房,以至于走向庸俗和低俗,则是和中国梦的理想相悖的。我们现在许多批评家的态度是:有一些东西只要没有触及政治底线,它存在就让它存在吧!事实上,我们今天还是有必要对"中国梦本质怎么理解?"这一问题作进一步澄清。在当下的娱乐片大潮中间,在追求市场业绩中间,对娱乐片和中国梦的关系有必要进行更认真的思考。

对中国梦最经典的表达应该是政府这一块力量始终在推动的主旋律影片。这条线索从80年代提出主旋律电影以后,90年代出现了《大决战》等一系列电影,一直延伸到新世纪的国家形象讨论和相关主题电影的出现,如近年来《建国大业》《建党伟业》这些电影的出现,我觉得都可以纳入这一脉络。主旋律影片强调对家国历史的建构,对中国国家形象的呈现是很正面的,直接回应了中国梦的诉求。

同时,在中国梦的建构中,一些文化精英所推动的有社会关怀、有艺术追求的影片也不容忽视。这里,我想谈一下2016年冯小刚的《我不是潘金莲》。我是比较肯定这部电影的,它是一部有社会追求、对社会正义有一种强烈诉求的影片,当然糅合了一些商业元素,如启用明星范冰冰。在八九十年代,我们常常把这些由文化精英推动的、反思社会问题的严肃电影称为艺术片,因为当年这些电影的一个重要特征是在美学上的创新,同时也有文化上的反思。今天我们在界定这些影片的时候,在新的背景下对"艺术片"这一概念或许应该重新进行建构。虽然陈凯歌、张艺谋从80年代的艺术电影走到今天,他们自己也发生了很多变化。但是作为有理想、有追求、对社会正义始终保持着敏感性的导演,他们还是在一些影片中保持了当年的追求,如张艺谋的

《归来》、冯小刚的《一九四二》等,这样的影片对于中国梦来说也是很重要的。很多人理解中国电影和中国梦关系的时候更强调对国家形象的正面表达、对社会生活幸福感的正面呈现。但是艺术电影对于历史问题的反思、对社会问题的关注、对普通老百姓的生存状态的关注,对于我们官场现状所作的反思,对于建构真正中国梦也是不可或缺的。

中国梦应该是一个强国梦。对政府来说,它可能更关注这一块。对人民来说,他们可能更关注中国梦是不是一个幸福梦,一个快乐的梦。这给许多娱乐片的出现提供了合法性。但是我们还应该看到,中国梦应该也是一个能够走出去、为全世界人民所分享的梦,一个进步的、有普遍价值的梦。我想强调:艺术电影的创作,或者有社会责任感有艺术追求的电影的存在,对中国电影的整体发展,对中国梦作为一种宏大的社会设计是积极的,其作用不可忽视。

六、 徐皓峰电影与大历史观

罗 岗:感谢曲老师邀请我参加这次会议,我不是专业做电影研究,充其量也只能算是一个电影爱好者。所以没法像各位专家那样从产业的角度来谈电影的问题,只能谈一下自己的感受,不过作为"观众"感受,也许在微观上与宏大电影"产业"形成了某种并非不重要的差异。就拿刚才大家提到的张艺谋的《长城》来说吧,这类"奇观电影"自然来源于好莱坞,中国导演无论拍得如何高级,也只不过拍得像"好莱坞"而已。如果中国电影就是追求像"好莱坞",那么《长城》或者能得到一个还算不错的评价。但假如是从"观众"感受出发,这类电影得到的评价可能会不一样。就像徐皓峰说的:"好莱坞的电影观是病理,逻辑清晰、视觉热闹,是对脑力不足、精力不济的药方。问过几位五六十岁的人,看好莱坞近年电影,如《福尔摩斯》系列、《蝙蝠侠》系列,走出影院,常有虚火上升之感,隐隐不适。由此开玩笑说,'好莱坞,不利于养生。'那么'觉得什么电影利于养生?''答了个《归心似箭》',斯琴高娃青春时风韵犹在,她是个村姑,救了个遗落民间的解放军伤兵,求爱遭拒,伤兵要去找队伍,为江山辜负了美人。"(《黎明即起》)

"养"不"养生",并非关键。问题在于徐皓峰有一套自己对电影的看法,而比他年长的第五代导演,到今天恐怕很难说还有一套自己对电影的看法。说到第五代,某种意义上成了"神话"。正如许明老师描述得那样,从20世纪80年代成长起来的一代,当年看《红高粱》,尽管电影院的放映条件很差,技术上与现在的状况根本没法比,可是,所有人看了之后都非常激动。遗憾的是,观众的这种激动只属于过去那个时代,无法延续到当下。绝大多数第五代导演到今天都倒下去了。第五代有一个很大的问题,就是心态上还停留在80年代的辉煌与激动中,于是,不管用什么法子——特效啊、奇观啊、小品啊、艺术电影啊、大明星啊、好莱坞啊……都想在当下此刻重现过去的辉煌与激动。可是他们忘了,当年的辉煌与激动是因为他们的电影与时代敏感的神经合拍了,而现在,却再也没有办法更好地回应这个时代,只能变成一味地"赶时髦"了。

陈凯歌也是为了表示自己不落伍,赶时髦拍了徐皓峰的《道士下山》。徐皓峰不能说是一个大的IP,但他的小说和电影在当代中国是一个相当独特的存在,包括如今大家都在期待《刀背藏身》,不会热映,却值得关注。当代文学与当代电影的命运类似,80年代有过极大的辉煌,在今天同样逐渐失去了回应时代的能量,可是我们在如刘慈欣的科幻小说《三体》,徐皓峰的武林小说《武士会》《刀背藏身》等中,看到了当代文学的另类的可能,可惜当代文学研究界很长时间很麻木,只在《三体》获奖或徐皓峰的电影受到关注后,才有所重视。

一个仅仅停留在过去时代的陈凯歌,很显然没有办法驾驭《道士下山》。《道士下山》不能算是徐皓峰最好的小说,却是最独特的小说之一,完全不按照我们通常所理解的"长篇小说"的"作法"来写,假如硬要把它掰成一个起承转合、有头有尾、充满情节、人物鲜明的"电影",也许就会把这部小说搞砸了。问题在于,陈凯歌不仅不能"点化"徐皓峰的小说,甚至很难理解他的作品。徐皓峰说:"80年代至今的电影实践,则是以抹杀民族优质为前提的,一直在学港片、美国片里的商业元素,我们如此热衷于元素,出现了《电影元素》《戏剧元素》等流行书,只顾偷招,总爱找现成便宜,放弃了思索与传统。"(《人民不答应》)陈凯歌正处于他所说的80年代以来形成的不好的传统中,除了"偷"商业元素的招,也"偷"艺术电影的招,一路西化,既瞧不起自身的民族传统,也看不上革命时代的艺术传统。这种文化精英的心态,再加上启蒙主义的自大,最终酿成了《一个馒头引发的血案》,并不是偶然的。这样的路数当然和徐皓峰的小说格格不入。

和陈凯歌形成对比的是王家卫,他拍《一代宗师》请徐皓峰做编剧,从徐皓峰的《师傅》里面,特别是那本介绍电影幕后的《坐看重围——电影〈师傅〉的武打设计》,可以看出他对咏春下了很大功夫,做了许多研究。不过,《一代宗师》的成功,关键不在于叶问,因为叶问的故事在原来的框架中已经烂熟,之前香港拍的《叶问》系列,甄子丹饰演的叶问若要表达家国情怀,只能是打洋人、打日本人的老套,《一代宗师》能突破老套,就在于徐皓峰在南方咏春拳之外,引入了北方的八卦拳,宫老爷子的出场,一下子提升了《一代宗师》的境界,家国情怀的核心就不仅仅是打洋人、打日本人了,而是拳可以分南北,国难道也可以分南北? 整个故事的核心表面上是北拳南下、武林统一;内里则是与"民国统一"的政治意义联系在一起,后来日本人入侵,也是在"民国统一"的这个背景下发生的,离开了这个背景,一切都变得不好理解,包括妓院明明叫"金楼",为何要改名为"共和楼"。熟悉徐皓峰小说的人,一看电影,就知道这些都是编剧给的,当然导演王家卫也会用。譬如八卦拳的故事,来自徐皓峰的长篇小说《武士会》,这部小说从"庚子事变"开始写,八国联军入侵北京,危中之机是如何重组社会,落脚就在"士"上,但已经不是传统的士大夫,而是所谓"武士"。梁启超借鉴日本的"武士道",说要组织中国的"武士会"——其实,日本没有武士传统,日俄战争前夕,"伪造武士道,只为传统文化找一个向大众传播的载体"(《人民不答应》)——按照徐皓峰的构想。中国进入"现代",才有了"武士",也即需要"武人"来承担"士人"的历史使命:既然整个社会都分崩离析了,那么乱世当中只能用"武力"来维持。

这就使得徐皓峰的作品通常不能被摆放在人们熟悉的武侠文学传统中,套用他电影中一句台词,徐皓峰是"武林中人",不是"武侠中人",他的小说与金庸武侠小说有明显的区别,武林不是江湖,武和侠之间没有必然的关系,但"武"发挥了重组基层社会的力量。《一代宗师》一开头,叶问说半条街的生意是我家的。这不是偶然的设定,而是重新设想"武人"如何与士绅阶层结合起来,才能真正承担起家国的使命。在徐皓峰的作品中,习武的都是富人,打架的才是穷人,这样的安排是和他这一整套"武士会"的历史观联系在一起的。很显然,这样的历史观和我们熟悉的革命史观不同,也与80年代以来流行的现代化史观相异。

徐皓峰的出道,应该从对他的二姥爷、形意拳高手李仲轩先生做口述史《逝去的武林》算起,而且他自己也习拳练武,可以说通过言传身教,徐皓峰建立起了一套内在于中国民间社会的、隐秘的知识传承。这套知识传承也机缘巧合,由于徐皓峰学电影,就给中国电影带来了别样资源。所以,他最具代表性的《师傅》这部片子,把上面我说的很多内涵串联了起来,虽然也动用了当下流行文化中大家熟悉的资源,譬如"民国热",但电影中的"民国"不是"果粉"想象的民国,而只是利用了"武侠电影"这一类型;电影中的"武人"也不是我们想象的"武侠",《师傅》中廖凡饰演的师傅肯定不是"武侠",但他似乎在"民国"这个乱世中承担了某种重要的责任,这就是徐皓峰的别有怀抱吧。

从陈凯歌到徐皓峰,仅仅就从电影的角度来看,也不难发现,随波逐流最要不得,没有自己的坚持,就不会有不一样的电影。陈凯歌那套80年代形成的文化观和历史观不仅很难应对今天已经发生巨大变化的时代,而且最终使得他实际上失去了主心骨,随波逐流、既"媚俗"也"媚雅"而不自知。徐皓峰有一套自己的历史观,不管人们喜欢还是不喜欢,他坚持下来拍自己的电影。在今天这个火爆得有点畸形的中国电影市场,徐皓峰这样的人不是太多,而是太少,中国电影要走出一条自己的路,除了石川老师讲到的现代电影产业结构,或者比较公平的电影市场,等等,最终还要回到中国电影能够提供怎样不同的景观。如果大家都走在一条路上,要不看明星脸,要不看"奇观",要不把故事的时间线打乱,玩几个叙述圈套了事……这样的电影多无聊啊。徐皓峰的存在给当代电影提供了一个重要的标志,我们还有寻找另类表达的可能。

"我们整体上还不是好莱坞,美国也非世界唯一标准。"(《人民不答应》)他这话说对了!

七、《塔洛》导演万玛才旦的创作取向

程　波:首先和各位老师道歉,我今天因为接待万玛才旦导演来晚了。今天晚上万玛才旦的影片《塔洛》在上海大学放映,之后和观众有见面会交流,这是上海电影学院第九届谢晋杯学生作品大赛的系列活动之一,万玛导演是2016年这个大赛的主席团评审成员。今天,我不是专门谈《塔洛》,有一些话题想回应一下。第一,所谓的艺术片艺术电影在中国当代发展的问题。我先说一下象征性的表述:比如说《塔洛》里说着藏语的塔洛,用中文背诵《为人民服务》;《长城》里说着英文的景甜当然还说着中文;《罗曼蒂克消亡史》里面的演员们,说着洋泾浜的上海话。这是一个象征,就是用母语或者不是母语的表达,出自艺术的本真创作还是来源于策略性的东西,它的边界有的时候很模糊的,这也是导致一些作品有争论的原因。我回应一下刚才罗岗老师的话,我很喜欢徐皓峰的《倭寇的踪迹》,但不喜欢《师傅》,因为走上了精英化的老路。陈凯歌的《无极》为什么不好? 把问题想得太复杂了,如果真正回到张艺谋《英雄》的方式,放松下来,精英的意识、启蒙的意识放下来了做商业电影,也许当年《无极》就会很成功。说到张艺谋拍《长城》,我觉得再过十年我们回过头来对它的评论,或许会像今天我们评论当年的《英雄》那样,有很大反差。《长城》这个个案文本并不够好,打分6—7分,但是对于中国电影发展或者对中国电影市场的标志性的作用,就类似于当年的《英雄》。《英雄》在推动国内的电影市场的内需在当年是很有价值的,它拉动内需拓展中国电影市场的方式,用的是西方的手段,却是在相对封闭的国内语境中独立完成的。但是《长城》做的是进入WTO里面去,用全球化资本和运作方式,在进一步拓展中国电影市场的同时,让中国电影市场获得更多的海外份额。其附带的文化输出的意味也从寻根和民俗奇观阶段进入了一个更新的平台上了,这是当代中国电影需要的。尽管说从文本来说有很多问题,但跳开文本,《长城》的价值带有吃螃蟹的意味。

回到《塔洛》,因为万玛才旦是我比较喜欢的导演,我可以说得更坦率一些。《塔洛》很好,但稍显刻意,我最喜欢的是《寻找智美更登》。什么地方刻意? 很重要的感觉就是他在接近或者他不再拒绝所谓的中国电影市场和观众的某种喜好,而不再完全地从个体的角度上出发,所以他在建构更有戏剧性的结构,在建构更加具有可读性的情节,当然这样做的同时,万玛才旦也在坚持自己的表达方式,甚至把自己的表达方式更加风格化。所以像《塔洛》这样的电影从某种意义来说只能是小众的电影。我和张斌聊这个事,我说万玛才旦做的事就像是"塔洛下山",导演在全国各地路演,为了能够多出来几十万元的票房,有一点悲剧性,但是实际上他的行为本身很有《塔洛》的感觉,带有积极进取的意味,他的悲剧性建构在积极进取的背景下,不是退缩或者妥协,对于艺术电影进入市场来说,这很有样本价值。所以从这个意义来说,《塔洛》不仅具有文本价值,在当代中国艺术电影与观众和市场的上下文关系里面,也能看到它的更多价值。

我再回应一下《罗曼蒂克消亡史》,因为我跟李欣导演很熟悉,李导演给葛优配过上海话的音,但是最终没有过审,还是让葛优说上海话,中间冒几句洋泾浜。现在的中国电影商业片不说了,所谓的艺术电影在艺术风格的多样化上和自觉的形式感上都不太够。刚才提到多样性的问题,多样性除了价值观和叙事内容之外,形式也是重要的组成部分,我们有时候对形式探索缺乏认同或者宽容,是评论家自身的形式训练少一点,还是喜好的东西狭窄了一点? 程耳的电影刻意的地方是有的(没有电影是完美的),但是形式和叙事之间有机的结合,以及用某种方式讲的故事能让故事更有意味、更精彩，为什么要对这种形式探索嗤之以鼻？有的评论家不是特别懂，或受不了，说看《罗曼蒂克消亡史》是作为中国人看到了日本电影，作为上海人看到了对上海诋毁的电影，因为日本人是阳刚美的，浅野演得很好，哪怕反转了还是猛男，中国人受到了损害，用所谓的"卑鄙"的手段复仇。这很奇怪，我们都知道"美狄亚"原型，葛优代替了妹妹承载美狄亚的角色，程耳的作品一点不含糊，在大是大非上面一点不含糊，为什么会受不了？我就不明白，为什么会觉得受到了冒犯？艺术电影和观众之间本来就没有天生的隔阂（虽然客观上有），所以艺术电影进入到市场，或者用某种方式接近观众、接近市场的探索，就像我说的非母语或者把母语说得更好这种行为一样，都是非常可取，非常有价值的。《塔洛》的刻意，《罗曼蒂克消亡史》的刻意，都是有价值的。

很多人不一定喜欢"恶之花"，但是不能否认其在世界文化史和人类审美上的地位。对于《罗曼蒂克消亡史》，我有两个具体的问题要回应一下。第一，关于杀孩子的问题，这是一个"美狄亚"原型的运用，合适不合适另外说，但是悲剧性的东西不能完全被残酷单向的东西取消替代。葛优杀死孩子，是因为孩子是唯一能对浅野这个欺骗者、戕害者乃至侵略者惩罚的手段，他只在乎孩子，打死孩子不是逼他承认自己是侵略者，而是让他心痛，别的东西甚至杀了浅野自己都惩罚不了他，只有杀他儿子才是惩罚。这不仅是杀害孩子道德不道德的问题，而是深刻的悲剧性的东西。第二，关于章子怡被虐待的角色的问题。我觉得，章子怡演角色的时候有考量，放下了偶像包袱，作了突破和探索。但是问题是影片里通过文本上传达出来的东西，也许有一些误读，章子怡饰演的形象来源于日本人对于中国人的意淫，浅野捡拾章子怡的手绢也好，摸耳朵也好，就像战前日本对中国的关系。对浅野侵犯绑架乃至让章子怡沦为性奴的生活，就是日本人侵华某一种折射到个体上的隐喻。章子怡的复仇从个体的受损害的女性，甚至受损害当中也有国民性柔弱和斯德哥尔摩综合征的东西在，章子怡演出来，程耳剪掉了一些，没有刻意渲染，没有让斯德哥尔摩表现出来的东西更明确，因为这不符合主流的评审，但是在这上面有深刻的思考，有对于两国关系的一种深刻的象征。章子怡最后复仇拿枪打死浅野，章子怡拿枪对着他，跟前面呼应，前面有柔弱、有恐惧，所以没有开枪，而这个时候有突破、有反省，开枪了，这个跟国民性批判之后，否定之否定的螺旋式上升之后的褒扬结合在一起，凸显了获得人性的自由以后对性侵者的复仇，是突破了某种限制之后的复仇，这个复仇有价值，不仅是正面积极的，而且是合乎历史和人性的。

八、 由《罗曼蒂克消亡史》所引起的对电影创作现状的感想

葛　颖:既然谈到《罗曼蒂克消亡史》,我个人对这个片子的看法,是这个片子没有想象中的那么好,但是我也肯定不像黄望莉老师那样愤怒,这次因为比较特殊,华谊兄弟公司跟我现在参与的关关灯影业合作,这次作为发行环节当中的一环,没有办法,我就有了一个预设的立场。跟别人搞合作,我肯定是说片子好的地方,一般不说不好的地方。但是我个人真正觉得片子没有那么好,虽然我很欣赏这个导演,但是这部片子的个人趣味在里面占的比重太大,一部商业片通常是不该这样的。我比较欣赏的是华谊兄弟的决策者,居然能够为这样的年轻创作者的迷影情结花 1.2 亿元,给了他一个全明星阵容,在中国目前没有人有这样的胆量。

之前华谊的发行部门在做市场调研的时候,几乎所有看过片子的影院经理都说这个片子没戏,而且几乎所有中国国内的发行公司也都不敢接这个片子。华谊兄弟对这个片子是放弃的态度,虽然程耳他们走了很多站,一直在路演,其实是放弃的态度。但是《罗曼蒂克消亡史》依然让我非常激动,我不想就具体内容作评价,这个可以去听喜马拉雅上的同评。我说另一个问题,这个片子让我看到了非常好的现象,就是上海题材的电影终于可以完全摆脱上海资源。虽然在这个片子中上影集团飞了"苍蝇",东方卫视也飞了一下,但是比重很小。我们一直觉得我们是上海人,我们有上海的创作群,上海题材是我们独占的,要搞上海题材非得跟上海合作,包括再有名的李安导演也要从美国飞来在车墩拍。《罗曼蒂克消亡史》没有在上海取景,是在北京拍的,导演是湖北人,之所以有上海情结,是因为曾经在上影厂待了十年,但没有得到赏识,黯然北漂。上海浪费人才的事很多,如果程耳一直在上海,估计我们就看不到他的《罗曼蒂克消亡史》了。最多写个书,上影集团的领导也不会支持他拍这个片子。上海的文化决策者谁有这个胆量? 这个片子在知识界现在引起一股讨论热,黄老师和程老师可以打起来,这么多年没有一部片子让他们两个人打起来。片子本身不管是好还是不好,能够让知识界兴奋起来,是多么难得的现象。

上海题材的电影有多长时间没有让知识界兴奋了? 我们的文化部门脑子要变一下。我觉得上海题材的创作要有新思路、新格局。不是大就是格局,要把握民间审美的趣味,本地性很重要,不要觉得小情小调、鸡零狗碎、野花闲草不上台面。不要以官方审美统御上海题材,老是带着所谓全国视野,那样反倒做不出有亮点的作品。就像

《繁花》，根本上是民间审美回到了创作。这部片子带来的文化兴奋点很多，令人可以进一步思考。

九、 吸引力电影的价值与当下电影技术的发展

黄望莉：最近上海电影评论家协会的微信群里，发生了一场争论，是关于电影《罗曼蒂克消亡史》的两极争论。在座的程波老师、石川老师，还有聂欣如老师也在这个群里面，可能是大家太认真了，观点不一样结果争了起来。原本，我想给的是 6 分，原因在于这部影片还有形式美，可以看出，这个导演是懂电影的人，是看艺术电影成长起来的，他在影片的叙事形式上是没有问题的，我也相信专业人士是因为他叙事形式对传统叙事有挑战，电影语言表达较为精确，而愿意为他喝彩。

但是，我之所以用"气愤"两个字来形容我的观影体验，是因为我看到了导演一张嘲弄观众的脸。影片开始就向观众讲述了一个故事，这个故事是关于电影与观众、个人与欲望的寓言性的故事。且不说这种居高临下的带给观众的不舒服感，而我对这个片子最终给它零分，是因为另外一个问题。有人说我给分有情绪化，一般老师给成绩，没有交卷没有考试的给零分，正常给分是 1—10 分的范围。我接受这种说法，但是我还是坚持给了零分。主要原因在于，希望以极端的方式来提醒电影人，作为一部以商业为目的的电影，太注重形式，太注重"我是艺术家"的自我标签式的表达，这对以商业为目的的电影传统，向观众传递了一种很恶的文化意识，也是当前中国文化电影最需要强调的一个问题，似乎一部影片只要足够艺术，就足以遮盖它在文化意识形态上的缺陷。这是我今天之所以采用极端做法的初衷。

我认为，中国电影今天值得深思的不仅有票补问题，不仅有票房多少的问题，更在于当前中国电影没有找到一个文化的高度。我回应一下许明老师所提的问题，中国电影为什么在不差钱、文化相对宽松的环境下，还出不了传世之作？就在于我们越来越缺乏文化意识，而且在重述历史的过程中，突破了一些底线。我是教电影史的，在世界电影史上，不乏艺术电影的创作。艺术电影在分级制下，其在电影市场上一直是小众的，都是允许出现的。然而，这部影片以主流商业电影的姿态出现在中国的大屏幕上，却以艺术的姿态和标签拍了一部无论对政治、历史还是文化都是恣意涂抹的作品，这是我气愤的原因。我最终选择了零分，是因为这部影片在对中国文化历史的阐述上交了白卷，这是当下中国电影最值得反思的一件事情。下面我们来分析一下：

首先,从女性的角度来看,劳拉·穆尔维早就指出,在作为主流的商业电影中,男性的视角是最为主要的窥视模式,女性是被窥视的对象。事实上,章子怡所扮演的角色从明星/老大的女人,到性奴,满足了男性对女性的一切想象和意淫。如果真像有些人所认为的,《罗曼蒂克消亡史》(简称《罗》)是一部艺术片的话,那么这部电影就是在这一点上,在女性意识上、女性的表达上没有任何的先锋意识,本质上迎合了商业电影的做派,而不是艺术家,艺术家是反主流的,而这部电影确实非常主流。

第二,电影的生产文化意识阴暗,对人性的阴暗表达强调。当时"90后"的女儿陪我看,我很后悔带她看,她说妈妈,我不懂第一场戏就开始杀人。整个影片中,花式杀人法,层出不穷。最后一场戏是舅舅让小六枪杀自己抚养成年的十六七岁的外甥,这且不说逻辑不通,更是破坏了叙事伦理。在西方的影片中,孩子是希望的符号,黑帮片中的老大杀人不眨眼,但基本不杀孩子,坏人的形象才在叙事中建立起来。而葛优所扮演的黑帮老大在蓝天白云荒草之下将穿了白衣服、健康阳光的外甥一枪杀了,不管出于什么目的,健康叙事不应当是这样的。《罗》片中葛优所扮演的形象最后在观众心里瞬间崩塌。所以我感觉到影片向观众灌输的意识形态手段恶劣,不符合主流影像的价值观,也不利于主流意识形态的传递。

总之,在我们很多电影中,为了表现极端情形下的极端人性,就像《罗》片中的"陆先生"作为男主角表现的阴冷的感觉,他是最终逃脱的亦好亦坏的人物,就像昆汀·塔伦蒂诺的影片中的人物一样。但是,《罗》片里面把所有的阴暗、各怀心思、各自的小手段都在银幕上放大。影片打着"艺术"的标签,将性、任意凶杀、阴冷、表面一套背后一套的无道德底线在大银幕上恣意放大。电视没有造成很大冲击,电影带来的冲击远远大于电视,所以我们在电影院里面,在黑匣子当中看到的是放大的极端人性,观众被迫接受了一切。接受了一切以后得到什么? 当下的年轻人得到的是什么? 我女儿不理解传递给她们的是什么。坐在后面一排的应当都是"90后",中国的抗日教育是这样的吗? 对人性的接受是这样的吗? 这种创作观念是中国电影的毒瘤。中国电影不应该是这样的,起码应回归到对电影审美本身基本伦理的问题。

当前电影产业里面产业化不仅仅是在电影创作的前期、中期,还有发行放映等后期,当下,影评也成为产业链当中的一环,就是要为产业链服务。随着影评业的繁荣,有些影评人为了获得自己的利益,也会打着各种自诩"艺术"的角度来评论,而恰恰忽略了中国电影评论的文化意识、文化大格局的评估。《罗》片带给我"愤怒"的感觉,就是因为这部影片里带给我们不健康的社会文化意识，这是我之所以要给这部影片打零分的根本原因。

我再解释一句话，电影不是让创作者事后阐释的，事后评论家的工作与消费者接受是两回事。为了开这个会，我一早就去看了电影《长城》。《长城》的目的不是为了要表达多么深厚的东西，就是跟好莱坞合作的一个好莱坞大片。我的感觉，张艺谋希望在这部影片中要解决的其实是几个方面，一是，如何学好莱坞，学得特别像？技术、艺术、叙事等方面已经像到看不出张艺谋当年是拍《红高粱》的导演。通观张艺谋的每一部片子，他都在试图改变自己，张艺谋的一小步，就会给中国电影带来一大步。所以张艺谋的电影不能纳入烂片范畴内，要重新换一个角度思考。

十、 电影理论对当前电影批评与创作如何形成有益影响

曲春景：围绕《罗曼蒂克消亡史》的争论非常激烈，好评和差评各自立场鲜明但都有道理，程波是从导演对影片的艺术掌控上肯定了作品，而黄望莉是和女儿一起去看的，作为家长，她对影片给孩子的负面影响感到愤怒，所以一定要给这部片子零分。但对导演及影片创作来说，这种分歧又不是本源性的，完全可以做到事先避免。但遗憾的是国内导演在进行电影创作时缺乏对影片问题的深层考虑。电影批评的目的正在于此，让更多导演事先能够建立起对所拍影片的深层认识，接受和听到来自不同研究者的意见。但这个看似简单的问题却很难实现。这也是我们这次会议的一个重要目的，即：电影理论研究对电影批评与创作如何形成有效的影响，提供有益于电影创作的良性动力。

这里包含两个方面，既有电影理论对批评的影响，又有电影批评对创作的影响。目前我们面对的现状是，电影理论呈现出越来越哲学化、抽象化的趋势，而电影批评却越来越大众化、口水化。电影理论哲学化趋势从法国哲学家梅洛庞蒂、德勒兹到郎西埃的电影研究著作中便可看到。影像运动与时间的关系，影像的再现与表现功能，以及电影的情感政治伦理功能，等等，均被这些哲学家纳入绵密复杂而又深刻的思考之中。电影研究从本体论到符号学、到叙事学、到政治美学再到伦理研究，影像从来没有得到过人类智慧如此深入的厚爱和细究。他们提供的研究成果和影像之于意识的深刻见解，确实具有振聋发聩的作用。然而，这些影像理论与鲜活的电影批评以及影片创作的距离却越来越远。不仅电影理论与电影批评形成相互分离和严重

脱节状态,更与电影创作实践丧失关联。一方面,电影理论研究者以其深刻的思辨性取代了对电影创作的热爱,但是另一方面,从哲学或者人类学、精神分析学层面上对电影的分析和解读,显示出一种非常令人震撼的洞察力和分析力。郎西埃从影片的感性分配方式出发,论述影像在感官系统中投射的面积、广度、深度、绵延度,以及导演或者叙述主体对影像的可见性和不可见性、可呈现和不可呈现的控制及其分配方式,指出导演在感性元素的控制和安排上呈现出来的美学取向,并从认知美学的角度讨论导演权利对观众接受方式的控制、导演通过影像配制掌控观众主体的生成等等,这些论断对我们认识电影,提高对电影的解读力和洞察力是非常有效的。

但目前电影批评与这些理论脱节,理论的有效性并没有发挥作用。一些有能力有影响的电影批评家,或受制于制片人的各种设计安排,成为电影产业链中的一环,使批评丧失内在价值反而成为票房的舆论工具;或滞留于学院式影评的象牙塔而不进入大众影评圈子。另外,在自媒体时代人人都是批评家,每个观众都可以在网上发言评论,可以通过微信公众号以及各种自媒体形式给出自己对影片的解读。从现在网站上形成的各种影评效果看,这些大众影评的影响度远超过学院式的专业影评,已经大致控制着人们的观影欲望。很多人看电影先到公众号上查看影评人都在讨论和推送什么影片,从公众号上决定自己看什么电影。大众影评控制着舆论导向,这种舆论导向虽然很通俗很民主,但是也有很强的情绪性和口水化倾向,对电影质量的提高和发展不能起到很好的推动作用,甚至对于思想性艺术性比较强的作品,特别是有一定深度的作品会形成排斥和拒斥。这种非专业人士以及一般观众的情绪化评论很热闹,但影片创作真正需要改进的问题,往往被掩盖在两极化的相互攻击之下,批评砥砺创作的功能或消亡或退场。电影理论工作者对于电影的有效研究及其理论成果很难进入大众影评人的视野。问题很明显,对电影创作能发挥作用的理论研究不能抵达电影创作,能够影响电影创作的大众影评又无法提供有益于创作的精神能量。

中国电影创作为什么长期走不出高票房低口碑怪圈,就像刚才许明老师提的问题,说白了就是导演的思想水平和价值取向非常低,中国导演几乎没有精神诉求。不少大导演拍片资金都没有问题,但是自身思想能力非常低,满足不了观众的期待,还很自负,没有导演能认真坐下来为自己的作品开一次诊断会或讨论会。比如说《罗曼蒂克消亡史》这样的片子,影像语言在用光、构图和色彩上都很精良,摄影师的功底也很深厚,但是,在安排影片的故事结构上出了问题,他想学昆汀、想让观众看两三遍,但故事的阴冷错位使观众一遍都不想看。中国观众期待的是一个好故事。你先满足这个条件之后再进行艺术形式上的探索,如何讲一个好故事,如何适应中国观众的接受能力,如何在精神上品位上给观众带来心灵抚慰而不引起家长的反感,导演对这些最基本的问题都不思考,观众当然不买账了。

电影理论、电影批评、电影创作处在相互分离的状态,而每一部具体影片在创作中存在的问题我们又看得很清楚,就是没有沟通的渠道。理论、批评、创作曾经有过共生共存的美好时代。现在的严重脱节和分化,不仅仅是国内,也是国际性的。我们作为电影理论研究、电影批评,包括在座的理论家大腕,怎样面对这种现象? 十年前我们就曾经在一起讨论过电影批评的出路何在,当时很多年轻人像石川、葛颖、曾军等都提出要进入网络参与大众影评,因为大众影评影响很大。现在大众影评方兴未艾,但情绪化口水化商业化掩盖了真正的电影批评。我们的出路在哪里? 如何使电影理论研究的有效成果对电影批评及电影创作发挥应有的影响作用? 这是我的困惑,希望在座的专家能够就这个问题给些思考的方向。

十一、 中国动画理论中去民族化倾向对创作的影响

聂欣如:中国动画"去民族化"思想的提出,主要是在 2013 年,有一个大背景,就是在 21 世纪初的时候这种说法已经开始出现了,在 2001 年 11 月 21 日的《人民日报》上,有一篇文章说,中国老一辈动画艺术家们为民族动画争得了荣誉,同时把中国动画带进了阳春白雪的象牙塔,远离了市场。这是大的背景,大家奔着钱去,其他东西不重要,市场超过一切。这种思想尽管不是主流,却断断续续一直存在。2013 年是比较关键的一年,有好几本 CSSCI 期刊同时发表文章,非常正面地提出了中国动画应该离开民族性。比如说《美术观察》有一篇文章说,中国动画的发展首先需要期待,更需要放下,尤其是需要宽容,放下一些桎梏,首先是观念的桎梏,把民族化、中国等沉重的话题放一下,今天的我们只能向已经立于艺术神殿大师们致敬,然后走自己的路,今天的动画未必逊色于以往,也没有必要妄自菲薄,古人衣服虽然华美,但是今天的我们穿西装。还有人说,动画已经重回娱乐本质,再喊民族化不合时宜,不利于动画产业的未来。《上海师范大学学报》的一篇文章不但批评中国动画,甚至连中国动画的创始人万氏兄弟都要批评。2013 年看起来已经有些遥远,但 2016 年的今天这类

思想依然存在,比如我们看到《文汇报》发表了两篇"专项基金资助"的文章,都是为"去民族化"辩护的,只不过不再像 2013 年那样,直接不合时宜地摒弃民族化或者说民族化,而是换了一种方法或者换了一种策略,通过重新定义民族概念或者民族性的概念来否定传统。

念一段这篇文章里面的说法:如果缺乏现代视角,传统的文本甚至不能成功塑造当下动画的民族性,如孙悟空作为中国文化传统形象,如果不经过恰当的现代阐述,很难为世界受众接受,在传统与现代的张力中,动画的民族性在于对各种文化文本的挑选和凝聚,如要选择传统文本需要用现代的目光来改写。

这是在颠覆一般对于"民族性"的概念,并由此来否定传统,把"民族性"或者"传统"的概念归属于"世界",从"世界"的立场出发来看问题,似乎外国人不承认我们的孙悟空,孙悟空便不再有意义。我对这种观点持批评态度。

中国动画"去民族化"的观点主要表现在下面几个方面:

一个方面是认为民族化的传统不能适应现代社会。其中有些说法比较幼稚,如认为中国传统的动画片节奏缓慢,叙事节奏拖沓。之所以说这种看法幼稚,因为叙事节奏改变是全世界进入工业化或者现代化之后的事情,各个国家都一样,并不是中国特有的问题,世界上的电影、动画片,都有一个节奏从慢到快的过程。另外一个观点是认为中国传统动画的选题太单一,而且没有现实题材。这也是幼稚的,因为它忘记了我们过去动画片有大量的现实主义作品,这些人写文章不看中国动画史,完全拍脑袋,根据自己看过的几部动画片下结论。

第二,认为民族化和商业化有矛盾。中国的民族动画缺乏商业化是因为过去的中国不是一个商业化的社会,因此不能用商业化来要求它。这种说法把商业化和民族化对立起来,这个观念也是非常奇怪的,因为我们看美国动画、日本动画,都有非常鲜明的民族性,并没有与商业化发生冲突,比如说美国动画片《白雪公主》的歌舞传统一直延续到今天,《狮子王》《青蛙王子》都是属于歌舞性质的动画片,这就是美国动画的一个传统,民族的传统。日本动画也是这样,日本的文学也好、艺术也好,比较趋向于悲剧,因此动画较多仿真的表现,它的这个特点也是一直坚持到今天,都是民族化的东西。那些人在写文章批评中国动画民族性的时候,不知道他们是怎样考虑美国动画民族性和日本动画民族性的。他们认为美国动画的民族性和日本动画的民族性都是名正言顺,但中国动画的民族性却需要批评。

第三,一篇发表在《上海师范大学学报》上的文章,认为是万氏兄弟没有把中国动画引上正路,没有意识到趣味乃是教益的前提,政治热情压抑了风格。因为万氏兄弟的动画片里面有政治性的倾向,比如说动画长片《铁扇公主》里面有反对日本侵略的意念,文章后面引了万氏兄弟的原话:"仿照美国动画搞低级趣味,我和弟弟们坚决不干,坚持配合当时的形式和斗争。"万氏兄弟当时在"孤岛"上海,日本人的策略是加强文化艺术的娱乐性,维持社会的稳定,以冲淡反日的情绪,万氏兄弟抗拒了,那篇文章的评论说万氏兄弟创作理念"迂阔死板",直接造成了作品数量稀少,客观上削弱了动画艺术的社会影响力。这种说法在我看来是绝对错误的,当时梅兰芳蓄须明志,不再登台表演,在他们看起来也是"迂阔死板"? 真的很难接受这样的说法。

这种"去民族化"的思想对于我国动画创作有影响,而且影响非常大。大家看到的是我国动画片里的造型大量模仿日本,模仿美国,还有一些比如说《西游记之大圣归来》,是票房很好的影片,但中间出现了一段带有戏曲意味的演唱,放在了反面人物魔鬼的身上,中国民族文化中最精粹的东西在他们看来是魔鬼的演唱,是用来丑化角色的一种手段,戏曲完全是作为负面的东西来表现的。这对于稍有一些民族文化修养的人来说,都是难以接受的。

十二、 发烧与涨潮：2016 中国电影发展的两极现象浅论

张　斌:前面各位专家的发言提到目前中国电影市场还是低端市场,提出电影的精英观众和一般性观众的分别,指出影评大众化对创作带来影响,也提到"小康电影"的概念,这些观点背后的逻辑假设其实都牵扯到对于观众的认知,对于观众与电影关系的判断。2016 年有几件事情对我有所触动,让我对中国电影观众有了新的认识。下面我就从这个角度谈谈自己的想法。

第一,是一部纪录电影《我在故宫修文物》,现在正在院线上映。这部电影是 B 站(bilibili 视频网站)的小朋友们推出来的,没有 B 站小朋友们可能就没有这部纪录片。这部电影也是 IP 改编而来,原来是一部三集电视纪录片,是在 CCTV-9 央视纪录频道播出的。这种纪录传统技艺与文化的纪录片,特别是文物修复这种特别专业的领域,按照经验和常理来说不太可能受到大众的关注。但是因为在 B 站这个属于年轻人和二次元文化聚集的大本营,被他们自发地推到了排行榜的榜首,让这部纪录片从最传统的底部一下子成为了流行的青年亚文化聚焦点,从而也让它

在其他更大的传播平台上受到关注,推动了同名纪录电影的出现。这个现象特别有意思。

第二,是《塔洛》这部片子的上映。我非常喜欢这部片子。但是我们知道,这部电影因为限量上映,放映时间很短,而且放映的影院不多,场次也很少。但是各地喜欢看《塔洛》的观众自发组织观影场次,为它争取排片机会和放映时间,最后还是争取到了很多可能性。我的微信朋友圈里也可以看到他们到处努力,进行转发号召大家去看这部电影的情况。观众不但要当"自来水",自动为电影传播口碑,而且采取行动,为电影争取排片机会,这似乎在以前还没有出现过。"互联网+"时代,观众力量大,一切皆有可能并非是神话。

第三,2016年暑假我回了一次老家,大概应该是四线城市,我发现那里有星美国际影城了,而且还有其他的两三个院线的影院。我在我们小县城看电影大概是二三十年前的记忆,其间影院和电影就从这个小城消失了很多年,现在影城重新回到县城,电影也回到了人们精神文化的娱乐消费中。我的同学常谈起看电影的事,而且抱怨电影院放映的片子比较少,热门的电影也不一定能和大城市同步放映。原来电影院因为电视的兴起没了观众,影院消失了,电影也不见了,现在重新回来了,当然基础是因为有观众了。

从上述三件事中,我很清晰地感受到,中国电影观众的确在发生变化,而且是很明显的变化。2015年中国电影观影的人数突破了13亿人次,达到了人均一次的标准,虽然和韩国、美国等市场相比,仍然不算多,但也算历史性的回归,这首先得感谢中国电影观众。他们对电影的爱恨情仇是中国电影发展的动力。《小时代》他们愿意支持,《塔洛》这样的电影也愿意支持。所以我就在想,这里面有什么样的逻辑呢?现在中国电影产业发展的状况或者创作的状况,到底是因为观众塑造了电影,还是我们电影应该塑造观众?马克思有一句名言:对于不懂音乐的耳朵,再美的音乐也没有意义。这一方面强调了艺术对于观众的塑造,但同时反过来说,观众本身也在要求美的音乐,否则,那真的是再美的音乐也无济于事。因此我觉得,中国电影现在的矛盾是大量的观众对于高质量电影的需求和我们能提供这样的电影产品的量很少之间的矛盾。我们可能并非没有能力提供这样的产品,但我们却没有提供这样的片子来满足他们多样化的需求。这里面一直有一个逻辑,就是认为中国电影观众欣赏水平低,只认那些所谓的"大片",所以我只好提供这些低端的或单一的电影让他们消费。这种观点在一定程度上有道理。长期以来单一类型化的好莱坞大片的引进,确实让中国电影观众偏食严重，形成某种不良的电影消费的口味，形成电影就是这样的印象。但是这里面也存在两个低估。一个是创作者对于观众的低估。这种低估带来的问题，一是创作者端着姿态放不下来，在云端上走不能接地气，说到底还是一种精英启蒙的立场；还有一种是创作者捂着自己的想法，想做不敢做，因为要迎合这些被低估的观众市场的需求。还有就是研究者对于观众的低估。电影学术界也提出一些概念来描述观众群体，比如小镇青年、网生代，等等，这些对观众群体的描述我认为逻辑上是有问题的。这些概念的背后，隐藏的假设是认为观众群体导致了中国电影发展的现状，比如说学者们总结出来美学上的粗化，伦理上突破底线，还有价值上的苍白化等，认为这些东西是电影在面对这些观众时所带来的。板子打在观众身上很容易但这个判断是有问题的。如果我们今天的电影观众主流还是这样，那从1996年左右开始大学扩招二十多年的成绩不是等于零吗？到底应该如何判断作为观影主流的"80后"、"90后"观众群？应该怎样认识当前观众和电影之间的关系？

今天在小县城里面看电影的人中也有很多是受过大学教育的，是有基本的文化和艺术欣赏能力的，所以我觉得对观众的判断应该重估。互联网的发展，给观众带来了欣赏和消费电影的多重渠道。他们积累了很多对美国电影、欧洲电影、亚洲电影、中国电影的欣赏经验，今天的很多观众对影视艺术接受的能力程度我认为是不需要怀疑的。另外，影评大众化、社交化所带来的互动，也给观众带来了认知电影的新方式。原来对电影大多是单个人自己认识，或者是等待专家们的解释，但今天很方便，可以有很多人一起看电影、聊电影、认识电影、评价电影，各个社交媒体之间、朋友圈之间这种情况非常普遍活跃，豆瓣、猫眼、时光网等许多互联网平台提供了这样的机会。这种多元互动方式对于观众的欣赏能力或者判断能力的提高有很大的帮助。我们对于观众美学的欣赏能力、价值的判断能力，还有他对电影功能实现的把控能力，不要作过多怀疑或者低估。观众对于什么是好的电影，什么是烂的电影，心里其实有很清楚的判断。比如电影出来了之后，很快段子出来，观众用一两句话就把电影中间的问题总结得很清楚，说《小时代》是PPT电影，说《爵迹》要"绝迹"了。观众看电影是去寻求精神娱乐，还是纯粹的感官刺激，又或者是认识社会世界，也有大致清楚的想法。今天的电影产业不能忽视对观众的信任，应该用更高质量的片子去回应他们，而不是认为他们的水平低，只愿意和能够消费那种艺术和文化含量很稀薄，仅仅局限在感官冲击的奇观电影。这就好比一个开餐厅的老板，认为自己的顾客没有消费能力，因此就做出很烂的菜让他们吃一样。作为研究者，我们也应该改变自己的立法者、阐释者的角色定位,在这样一个受众参与的媒介文化时代,从一个亨利·詹金斯所说的"粉丝学者"做起,真正融入观众。电影创作者和电影研究者都应该有接受有水平观众的意识,这个接受不仅仅是产业上的"顾客是上帝"的概念,更多的是一种文化转型的观念。人类学家玛格丽特·米德提出来,人类文化发展经历了"前喻文化"、"并喻文化"、"后喻文化"三个时代。她认为以前的传统社会属于"前喻社会",是老年人教育年轻人,引导年轻人,因为知识和经验都掌握在他们手上。在现代社会开始之后,文化的学习和传承主要是在同辈人之间进行的。而今天,我们处在一个后现代的语境中,由于各种媒体的发展,知识传播与接触的渠道极其多元,年轻人知识的积累,影视素养的养成,对新科技的运用,他们看的片子的数量,接触的影视作品的多样性并不比我们差,甚至远远超过了我们。而他们所追逐形成的自身文化形态,年纪大的人群反而无法理解,反过来需要年轻人来引导年长者。在这种文化语境中,中国电影应该放低姿态接受观众,这个姿态不应该是单一的认定这届观众不行,而是在肯定的前提下与其真正互动,考虑他们的需求,满足他们的需求。

从这个角度来讲,我对中国电影产业的发展还是比较乐观的。2016年进电影院看电影的观众数比较多,而且对国产电影的满意度在上升,这是很好的现象,说明中国电影已经开始能部分满足电影观众多样化的文化需求。对此我们理论界应该予以大力支持,包括《塔洛》这样的片子。另外从产业的角度看,我同意石川老师的判断,2016年中国电影票房的降速和下滑,只是属于非正常的狂飙突进调整中的正常降低,是市场对于非理性增长的自动调节,这并不可怕,但可能吓了很多人一跳,因为他们太急切地想成为世界第一,以至于忘记了这种增长完全是不可持续的。年中的时候管理层害怕中国电影票房出现断崖式下降,回不来了,很焦虑,开了很多会讨论,大家基本上达成了上述判断。神话总归是要破灭的,早破早好,这样我们就能更清楚地看清事实,那种世界第一的躁动也可以平静下来。但我看到的相关数据也显示,2016年和2015年相比,每100亿元票房达到的时间在提前,中国电影票房仍然在增长。在这样一个前提下,对于不同风格和艺术取向的片子,大众又是有比较强烈的需求的,也给中国电影类型的多样化发展提供了可能的持续性空间。观众对《路边野餐》《罗曼蒂克消亡史》《塔洛》等片子的热烈反响,就证明了这一点。如果我们能形成电影与观众之间的正向互动,高素质的观众推动高品质的电影,而高品质的电影继续提升化育观众的艺术文化涵养,那个时候,中国电影真正的繁荣才会到来。

十三、 2016 年中国电影之我见

刘海波:最近我点评了一个据说是电影圈之谜的女演员的面孔,我是从表演的角度,从专业的"上镜头性"的角度点评的。演员的面孔是不是上镜头性,这个很讲究,巩俐演秋菊演得好,换赵薇演就不太适合,包括范冰冰,《我不是潘金莲》里面二十多个男演员捧一个女主角,她属于演得最差的一个,原因是她的面孔不适合演农村妇女。这位知名女演员面孔的两个重要器官塑造性比较差,一个人脸上只有两个器官可以调动,这是所谓表情的来源,一个是眼睛,一个是嘴巴。这位演员的眼睛太大太跳,可能按现在的审美很漂亮,但是一个人眼睛太大,放在人堆里面她就藏不住,容易跳出来,引人关注,那么你的戏路就受到了局限。她嘴巴两颊的肌肉太少,也缺少丰富的塑造性。

2016 年的电影就像这位女明星的脸,看上去很漂亮,但是没有味道,没有内涵,没有技术含量。2016 年整体的电影趋势是在高速增长中,全行业点了一个刹车,只是点一点,没有停,还在高速增长,只是警告一下稍微降降温。因此 2016 年可以说是电影产业的调整年,第一是挤泡,把电影产业虚高的泡沫挤出来,在挤泡的同时也有很多可喜的地方,比如出现了挖潜的一部分影片,通过创新出品多口味的电影,很多观众又被挖掘出来了,很多不同类型口味的人被调动起来。最近对程耳的沪语电影《罗曼蒂克消亡史》出现了两极化的评论,有人反感,有人很喜欢,我从它独具风格,从创新性上对它持肯定态度。这一年,我还看到了反映农民工诗人的纪录电影《我的诗篇》出现在大银幕上,看到了像《塔洛》这样的藏语电影。当然也还有部拍鬼的电影不允许放,这部获了很多奖的《枝繁叶茂》在我们学院作了学术放映,就像导演说的,我们小时候都经常听长辈说谁谁带着魂回来了,这是中国传统文化的一部分,观众不会傻乎乎地看完电影就信了封建迷信,《罗生门》拍魂灵借女巫发话,大家看到的不都是艺术感染力么,谁因此封建迷信了? 但总之,2016 年不同风格、不同口味的电影出来了,又让我们感觉到这两年电影在过度泡沫化的同时,又有好的现象出现。

但 2016 年给我们最重要的启示是电影创作要"回归"。我是同一天看的《长城》和《血战钢锯岭》,后者口碑极好,评分比《长城》高一倍,其实这部影片不过就是按成功的套路来,这个套路就是电影要塑造人物,故事要围绕人物来,人物有时候可以"高大全",因为电影人物或者理想主义的人物跟一般人不一样,他们身上有信仰的力量。

影片的情节呢,一开始是兄弟对抗,然后是爱情张力,然后入伍后是与长官和战友冲突,上了战场当然是与敌人冲突,而且是先占领,后败退,再占领,潮汐起伏地推进剧情,诸如此类,无非就是对抗模式、冲突模式。这两部电影一个失败,一个成功,两极都给了我们,告诉我们电影还是要回归。对《长城》不满意,标志着大家对视觉冲击已经审美疲劳了,电影需要重新回到"走心"的状态。

所以一句话,2016年的电影给我们的启示就是去产能、做供给侧改革,大量的烂片要灭掉,让好的电影出现,当然在泥沙俱下中也给好电影留下了空间,包括通过艺术电影放映联盟,让好的电影有更多机会与观众见面。

传统价值的当代意义

（2017 年 10 月）

参会嘉宾（按姓氏笔画排序）:

王　战（上海市社会科学界联合会主席）

王　健（上海社会科学院历史研究所所长、研究员）

王光东（上海大学文学院中文系主任）

曲春景（上海大学电影学院教授）

许　明（《上海思想界》主编）

张　斌（上海大学电影学院副教授）

荣跃明（上海社会科学院文学所所长、研究员）

黄凯锋（上海社会科学院哲学所副所长）

许　明:近期有一部电视剧《那年花开月正圆》很火,已经播了七十多集,很多人看了以后反响很大,主要是里面很深入、很形象地展示了中国传统社会的人际关系、道德问题。我们今天的会议就是想解析这个剧当中展示的道德伦理、价值观和这些道德伦理、价值观与当代的关系。我们今天的会议就是从《那年花开月正圆》说开去。下面请王战主席作主旨发言。

一、 以中华优秀文化涵养社会主义核心价值观

王　战:我先开个头,我看了这个剧后想到一个问题,就是习近平总书记在中共中央政治局第十三次集体学习时讲的,要以中华优秀传统文化涵养社会主义核心价值观。党的十九大报告是把社会主义核心价值观和优秀历史文化两者并列说的,这使我想到了一个问题,涵养社会主义核心价值观首先要把价值观提炼出来,因为是文化传统里面包含的东西非常多。孙俪演的《甄嬛传》《芈月传》都和历史有关,里面反映的价值观是什么? 怎么样涵养社会主义核心价值观? 这是很重大的问题,我们从一个剧里面把价值观的东西提炼出来写一点东西,这是很有意义的。这三部剧都是

好演员在演,艺术性非常高,但是评价不一样。从艺术角度来评论,最好的是《甄嬛传》,但如果从价值观上评价,《甄嬛传》《芈月传》讲的是后宫之斗,艺术性越高,和我们涵养距离越远。

这次《那年花开月正圆》收视率很高,而且集数是最长的七十四集,剧情上有为丈夫复仇一条线,还有一条是怎么样做生意发迹的线。这剧触动我的不光是艺术性,而是里面反映的很多价值观的东西,而且价值观和新儒学里面的东西比较贴近,我总的感觉是既有传承又有创新。传承的是什么?我们的传统文化里的价值观说到底就是"三纲五常",是为封建社会奠定了坐标,纵坐标是君君臣臣、父父子子、男尊女卑,横坐标是仁义礼智信,但是剧中塑造的周莹形象打破了这些传统的价值观,她对皇帝、对太后没有好感,甚至有意无意地破坏;在家族中,她的公公去世了,不是老二和老四继承,而由她来掌管大权,男尊女卑更不用说了,甚至连慈禧太后都很奇怪怎么会由一个女的管企业。所以,这些剧情把"三纲"打破了。我们再从横向价值观"仁义礼智信"上面来说,她并不是把"仁"放在第一位,而是在传承中创新。她作为一个生意人,首先把诚信放在第一位,这个很重要,讲一个企业家到底是儒商还是奸商,第一条是判断有没有诚信。包括她做生意失败欠人家的钱倾家荡产都要还,这就是诚信。

里面还有一个很有意思的情节,就是她和沈家斗得不可开交,最后她复仇成功,沈家破产了,但是她看到由于沈家钱庄破产了,很多老百姓的钱拿不出来,她自己找到沈家,给他们200万两,这就是一个企业家的精神,她体现的"仁"已经超出了原来儒家思想当中熟人之仁,即兄弟、姑嫂、夫妻相互之间的仁爱,她的"礼"是一分为二,对老百姓是有礼的,但是对富人就不一样了。这个剧为什么对老百姓胃口?触及老百姓内心深处的什么东西?就是这个剧本在价值观上有了新的发掘,总结起来就是五个字"信义仁智礼","信"就是社会诚信商业性,"义"就是民主法治界定的社会公正与正义。什么是仁?不是原来熟人之间的仁,而是现在社会陌生人之间的社会关爱、守望相助。这些新的发掘完全符合现在讲的用中华优秀历史文化传统来涵养社会主义核心价值观。

第二,它和西方价值观差异在什么地方?西方价值观讲的是人权自由民主,都是人的权利,而我们讲信义仁智礼是人的责任。

张　斌:现在西方社会产生的问题就跟这个有关系。

王　战:西方只讲人的权利不讲人的责任,我们社会主义核心价值观完全可以和他们平等地交流讨论。我们现在很需要把文化价值观提炼出来，"五个一"工程走不进非洲，而一部《媳妇的美好时代》却在非洲大火，为什么？因为每个国家都有媳妇，现在走出去的几部电视剧都是和这个题材有关的。所以为什么我们要讨论这个问题？是为了走出去。

王光东：近年来，几部以女性为主角的古装电视连续剧引起了较大的反响。刚才王主席也说到了就是 2011 年的《甄嬛传》、2015 年的《芈月传》和 2017 年播出的《那年花开月正圆》，前两部以宫廷内斗、后宫倾轧为主线，在权利与人性、家庭与国家的冲撞中，呈现了与皇权纠缠在一起的女性的人生命运，虽然有一定的吸引人的艺术力量，但过多后宫黑幕的渲染，往往带来灰色、压抑的历史感受，特别是这些剧作中的价值观值得思考：譬如《甄嬛传》以"权谋"为主题，谁的权术高明谁就是胜者，好人斗不过坏人，好人只有变坏才能生存，在人的这一生存过程中传达出的这一价值观念，显然过于狭隘和偏激。然而《那年花开月正圆》却在古装历史剧中摒弃了勾心斗角、权力倾轧的套路，在以周莹为核心展开的故事叙述中，蕴含着传统文化精神的丰富内涵，塑造了一位以仁义行世、以诚信为本、具有"现代意义"的女性形象。中国传统文化的核心精神是"仁义礼智信"，在中国社会现代转型的过程中，"仁义礼智信"可以转化为"信义仁智礼"来理解，词语顺序发生变化后，文化价值指向及其内在意义关系就发生了变化，以"仁"为起点的传统文化价值体系，显然与以"信"为起点的文化价值体系既有深刻的内在联系，又是有一定区别的。

《那年花开月正圆》的时代背景是 19 世纪末的中国社会，这时的清王朝已走在终结的末路上，是一个腐朽与新生，腐败与创造共生的年代。周莹作为一个江湖女子，带着自己机灵、善良、叛逆的个性，奔波于社会底层以求生存。当她阴差阳错地进入吴家大院并且嫁给吴家大少爷吴聘之后，便和象征着中国传统文化特点的家庭纠缠在一起，在承受文化滋养的过程中，创造性地展现出新的文化特点。

在电视剧中的吴家大院——具体一点说吴家东院是中国传统文化精神及其价值的一个象征，"仁义礼智信"是吴家东院为人处事的价值法则。孔子认为："仁者人也，亲亲为大；义者宜也，尊贤为大；亲亲之杀，尊贤之等，礼所生也。"（《礼记·中庸》第二十章）这句话的意思是有仁爱之心方可称之为人，爱自己的父母是最重要的，重道义是合适的，尊敬贤者是第一位的，以上二者的地位等级源自礼。孟子在仁义礼之外加入"智"构成四德，认为："仁之实，事亲是也；义之实，从兄是也；智之实，知斯二者弗去是也；礼之实，节文斯二者是也。"（《孟子》）智的意思就是明白"仁义"的道理而不去背离,后者董仲舒又加入"信",把"仁义礼智信"称为五常之道。以"仁"为基本核心的中国传统文化价值体系,不仅强调人的仁爱之心,而且同时强调人不能违背礼义法则、等级秩序,应具有明辨是非、忠信识大体的精神。不仅强调"家"的伦理,而且推延至"国"的法则和为人处事的信条,在家尊父母、尊师兄,在外尊长者、尊贤人、信朋友,泛爱众人。在这一文化体系中,"仁"是第一位的,它是人之所以为"人"的标准。由"仁"而及义礼智信,才有了家与国,个人与社会群体的和谐。在《那年花开月正圆》中,吴家东院就流动着这一鲜活的传统文化精神,吴家东院的掌门人吴蔚文敬父母、亲女儿、儿孙,对丫头、雇工也都以"仁"之心待之。在外经商做事也都本着诚信原则、不坑不拐不骗。当他被诬陷之后,他想到的不是自己,而是顾及周莹及家里的人的安危。与吴蔚文同样体现着这种文化精神的吴聘也是一位仁义之人,他同情弱者,给流浪江湖的周莹许多帮助,他为了沈家和吴家的情谊去沈家吊唁被打,和周莹结婚后又倾情相爱,呵护着吴家东院的生活。尽管吴家东院与相联的大家族之间有着许多的冲突与矛盾,也有男盗女娼、心机不良之辈的纠缠,演绎着许多是是非非的故事,但吴蔚文和吴聘表现出的仁义之心、明理之智、诚信之举,在时局动乱、权势倾轧的历史现实中,仍旧有着让人敬佩的精神人格。当周莹为感恩吴聘的相遇之恩,在吴聘结婚遇到问题时,毅然进入花轿,由此成为吴家东院的少奶奶。自此始,周莹开始受到传统文化的涵养和规训。先说规训,规训是指吴蔚文及吴家东院用传统的礼仪规范教育周莹这个闯荡江湖的女子。在传统文化体系中的"仁义"在日常生活及社会运转过程中,往往以"礼"的形式体现为人与人之间的交往规则及等级秩序,当这种外在的礼仪法则与"仁义"之心的内在追求一致时,礼仪法则是人的自觉意识和行为,譬如在学院基础上确立的"敬父母,亲兄弟"以及推延而拓展出的"忠君爱国",等等。但是传统文化中对于"女子"的轻视以及对"女子"行为的规范,却往往形成对女子的束缚而压抑了女子的内心欲求、情感。周莹是反抗这种规训的,她不愿在这种束缚中失去自由的天性,这也是因循守训的"礼"在社会转型过程中应该摒弃的内容。周莹反抗这种因循守旧的礼仪法则,但不等于说她不接受传统文化体系中的优秀精神。在以吴蔚文为代表的吴家东院中积淀的"诚信"以及"责任先于权利,群体先于个人"的仁义之心,仍旧对周莹产生了深刻的影响。在《那年花开月正圆》的第三集中,由于在吴家与人做生意时,血竭太贵不能降低成本,周莹听说后建议用杜鹃花的叶子来代替,吴蔚文瞬间气急,将她赶出门外。吴家自有风骨,宁愿不要这张订单也不愿意造假,并且吴蔚文带着周莹到自家所信奉的"诚信"两个大字面前,狠狠地教训了她。这种诚信还体现在吴蔚文后来对周莹的信任以及在遇到困难时，为了周莹及全家人独自承担一切。吴蔚文保护家庭的责任和保护群体的行为，正是后来周莹承担起吴家"大当家"重任的内在力量。由此可以说，传统文化精神涵养了周莹对传统文化精神的实践，与吴蔚文奉行的"仁义礼智信"是有区别的，吴蔚文是在"仁义礼智信"的文化系统中，实践自己的人生理想，周莹则是在社会转型时代以"诚信"为起点，思考人生与世界，重新调整人和人之间的关系，并把仁义、博爱之心贯穿于自己的人生过程中，换句话说，周莹把传统文化精神中的"仁义礼智信"，在新的历史语境中进行了创造性的转化和实践。

《那年花开月正圆》中的周莹是一个土生土长的江湖卖艺女子，她如何从传统文化的价值体系中成长而且完成了传统文化精神的现代转化呢？这牵扯到传统文化价值在社会现代化过程中的"内生机制"问题。

在中国传统文化中，与"仁义礼智信"为核心的文化价值体系相联系的还有一个传统，那就是民间文化传统。民间文化传统虽然与主流文化传统有着密不可分的深刻内在联系，但民间文化传统仍旧有着自己的特点，这一特点在周莹身上体现为一种自由自在、敢作敢为的个性化精神，她作为一个江湖女子进入吴家大院后，一直与已有的礼仪规矩发生冲撞，就说明了两种文化传统之间的差异性。但吴家东院的传统文化的多种文化因素，在她身上融合在一起，从而使她在吴家东院破败的关键时刻，挺身而出，以一种新的姿态承担起重振吴家东院的责任。剧中的周莹郑重地说起自己怀孕的事情，还说自己会硬着头皮成为大当家。当初吴蔚文辗转交给她的式易堂大印，正是大当家的象征，公公生前的信任与期望，如今就像一副沉甸甸的重担落在了她的肩上。正是这样的文化背景和现实历史语境中，周莹身上已有的传统文化精神焕发出了新的生命活力，简单地说就是"仁义礼智信"的传统五常之道，在她这里以"信义仁智礼"的具有现代意识的五常之道体现出来。脱离了传统五常之道文化体系的"信"不是建立在血缘家庭基础上，不是"仁义礼智"意义的延伸和扩展，而是与个人的主体性密切相关。在周莹重振吴家大院时，吴家的掌门人吴蔚文已经离世，他所代表的"仁义礼智信"传统文化体系已经败落。但周莹承继了"信""仁""义"养成的文化精神和人格情怀，以"信"为本，重新认识社会、理解生活（智），重塑人与社会、人与人之间的关系（礼），敬贤长（义），泛爱众人（仁）。赋予传统文化精神新的价值现代意义。我们试通过周莹与吴家大院众人的关系、与官员赵白石的关系、与迪化商人图尔丹的关系，具体分析这一问题。

一是周莹与吴家大院众人的关系。周莹之所以成了吴家大院的大当家是为了吴蔚文的信任和对吴聘的情意，但她成为大当家后却无法按照以前的"规则"行使自己的权力，因为那些叔叔婶婶们都不把她放在眼里。按照传统之"礼"，她应该顺从和尊敬他们，但顺从她们就意味着自己的失败，因此她首先以诚信之心，挽留住了将要散去的雇工，不计前嫌、重整家业，并且以自己的诚信和勇气，拓展了商业经营的范围，赢回了吴家众人对她的信任。显然吴家大院新的人际关系的建立是以"诚信"为基础的，在这个基础上，周莹尊长辈，敬贤长、泛爱众人，就具有了新的意义，突出了个体人格的主动性和独立性，又承继了传统文化的仁义精神。

二是周莹与官员赵白石的关系。周莹与赵白石的关系实际上就是"民与官"的关系，在传统的文化价值体系中，家国是一体的，在家如何对待父母，在国的层面上就该如何对官员，所谓"父母官"就是这个意思。"仁义礼智信"五常之道，既是家之道，也是国之道，从这个意义上说，民对官应该是尊敬和服从的，官对民应该是仁爱、公正、廉洁的。在《那年花开月正圆》中，周莹虽然尊敬赵白石，赵白石也爱着周莹（不是指他们的私情之"爱"，而是仁爱），但这种关系不是已有传统文化体系中的"民与官"的关系，而是以"诚信"为基础的民与官关系，这一点集中体现在"机器织布局"建造的整个过程中，这一过程中，赵白石支持周莹，周莹倾其所有投资织布局都是基于两者之间的互相信任，当然周莹看到机器织布局的巨大商业利益，赵白石看到利国利民的民族工业发展之必要，也是他们共同致力于这一事业的内在推动力量，但具体到两人之间的关系而言，"信"是他们处事的基础，也是在这个基础上，他们审时度势，调整各种关系进而实现目标，达到利国利民的目的。

三是周莹与迪化商人图尔丹的关系。商业经济的发展对于以"诚信"为基础的文化形态的发展有着极为重要的作用。传统文化体系中的"信"是由家庭、血缘关系而推及其他人的"信"，所以一个人对有血缘关系的人、朋友、陌生人的"信"是有差异的，建立在家庭血缘关系上的"仁义"之爱也是如此。但是在商业经济活动中，往往面对的是陌生人，互相之间如何建立"信"的关系就尤为重要。当周莹到迪化遇见图尔丹时，图尔丹对周莹怒目而视、杀气腾腾，就是因为图尔丹被冒名吴家的假药材所欺骗。周莹冒着风险，查明了假药材的真相，取得了图尔丹的信任后，两人成为了好朋友，图尔丹把大量的商业机会让给周莹，从而为周莹重振吴家大院提供了条件。图尔丹对周莹由"信"到欣赏、倾慕、暗恋再到求婚，显然有点使剧情落入俗套，但也充分说明了"信"在社会生活、经济、文化活动中的重要性，周莹在商业活动中的成功无疑与

"信"有着极为密切的关系。通过如上分析,可以看到传统文化价值体系中的"仁义礼智信"在《那年花开月正圆》中,是如何转化为"信义仁智礼"的。这部电视剧通过周莹这一形象较好地诠释了传统文化精神的现代转化这一问题,这是该剧最为值得重视的价值所在。

《那年花开月正圆》所展开的社会生活内容是广阔的,所涉及的问题也不仅仅是传统文化价值的现代转化问题,其中包含着贪官与商业、官府中的改革派与保守派、革命党与清政府、公私情仇、人性善恶等内容,由于本文重点讨论"文化价值体系"中的"传统"与"现代"关系问题,其他问题就不讨论了。但有一点需要提及的是,这部剧的模式化倾向带来的对于丰富社会历史内容的简单化处理,影响了该剧的艺术质量。

近几年热播的电视剧模式化倾向较为严重,像"那年花开月正圆"这类古装历史电视剧中的"女主角"往往有这样一种模式:女主角在剧中往往遭受许多磨难、经历许多坎坷,但在男性的保护或者帮助下都能化险为夷,终获成功或实现自己的人生目的。这些男性对女性都是有好感或一见钟情,暗恋或公开表白于女主角,由于这种"私情"的介入,几位男性之间也往往会发生冲突。这种模式的电视剧由于多角恋情的出现,增加了故事情节的复杂性和观赏性,但几部电视剧都是同一个套路,就会对电视剧的创作质量带来损害,这是一种类型剧创作走向死胡同的前兆,从艺术作为消费的商业化立场来说,这种创作可以理解但不值得提倡,因为真正优秀的电视剧是以提升人生的精神境界和艺术精神为目的的。

具体到《那年花开月正圆》,就是这种模式化倾向,带来了对丰富的社会历史生活内容的简单化处理。剧中的周莹和她身边的吴聘、沈星移、赵白石、图尔丹等男性之间的关系是有着丰富的社会、历史、文化信息的,吴聘是传统文化价值体系承认的"好男人";沈星移由带有混混色彩的"纨绔子弟"成为革命党;赵白石是腐朽清政府官员中的"开明派";图尔丹则是商业领域的精英豪杰。这些男性身份各不相同,在与周莹的交往过程中,自然带有不同的政治倾向、文化因素,也自然会对周莹的人生发展带来不同的影响,如果电视剧处理得好,我们会通过周莹这一形象与他们之间的关系,感受到中国社会现代转型中丰富的社会历史信息及其社会变革的复杂性。可惜的是这些丰富的内容,部分地被表面的男女情爱关系所遮蔽。这是目前电视剧创作中值得警惕和思考的一种创作倾向。

许　明:这部电视剧的历史背景是晚清,这一段跟我们的生活非常近,在我们老一辈身上都可以看出影子,童年记忆当中生活的影子。我想电视剧是尽量要复原没有现代性压迫以前中国社会的日常生活。这段时期跟现在受西方西化思潮现代性影响后的不一样,礼仪规范、人际交往、道德说教、处事的方式都很传统,处理问题把仁义信放在第一位。过去传统的结构人类学家讲社会有三层结构,政治结构、社会层面的思想结构,最后是社会心理结构,社会心理结构是不会因政治的变动而变动的。中国社会在没有西方话语权的情况下稳定了几千年,到晚清还是稳定的,社会靠什么运作? 社会心理结构的稳定性是否支撑到现在? 是否是核心价值观新的基础? 我们要提出这样的问题。联系十九大报告习近平总书记对优秀传统文化的强调,我们可以深入研究。

王　战:报告当中提了三次"五千多年"。

许　明:传统过去被轻视了。这样的主题也许会成为我们几十年来思想文化的主流。现在给我们新的挑战,我们这样一个有五千多年历史文明的国家,民族深层的伦理性、道德性、价值性的心理结构、文化结构被挖掘出来,与新形势碰撞结合在一起会怎么样? 今天王战主席出的题目是给我们的激发点,这样的建设真是要提供经验,历史上完全没有过。

二、 社会主义先进文化最终要植根于中国伟大的实践

黄凯锋:我接着许老师谈一点看法。王主席也谈到了这个电视剧里如何处理传统价值的现代转化问题。我因为时间关系,没有全部看完,跳跃着看了三十多集。中间还专门阅读了陕西历史博物馆一位学者对真实存在的周莹这个人物的考证和逻辑推理。周莹的身世可谓悲喜交集,一方面被迫当了吴家大当家,超越了当时社会对女性的性别要求和身份束缚,根据当地县志等有限材料可以发现她作为大义秦商的影响力。民间传说慈禧西逃,她贡献银两,有专家认为倒也符合情理。但另一方面,因为早岁守寡,并无子嗣,42 岁去世时未能葬入吴家祖坟。当然电视剧改编中设置了身世、商业伦理和情感线等不同于历史的描写铺陈。我个人觉得她的行为相对于五千年中华传统文化,相对于"三纲五常",呈现出既有所超越,有所打破,但是又适当回归的过程。她不同于传统女性的地方比比皆是,不仅仅是吴家掌门人,还包括她和养父的关系,和赵白石、沈二爷、王世钧的关系。遵守传统伦理的一面表现在她对养子的教育,和婆婆、二叔、四叔的关系。在她身上,女性的性别角色、社会角色尽可能和

谐统一,当然不可能一点没有冲突。这个电视剧的收视率曾经达到 3.173%,在同时段的电视剧中是冠军。据统计这部剧网络点击量突破 123 亿次,豆瓣评分 7.3,近 6 成用户给出了 4 星及以上的评分。微博上相关话题讨论量已经超过 351 万,阅读量近 70 亿次。从百度视频大数据分析结果来看,女性观众是绝对主力,18—34 岁的用户占比超 6 成。而从用户行业来看,教师、公务员、旅游行业从业人员是追此剧的主要群体,商业高度发达的广东、江苏、浙江三省,观众占据了前三。我也看到很多评论,有好几种角度,一种角度谈到它符合了吸引眼球的电视剧惯用套路,而且是成功的商业套路,就是"大女主戏",大投资,大制作,名演员扎堆的传奇励志人生。这符合"性别政治+市场"需求。如果围绕传统文化价值观在剧中的演绎和传播来说,我很赞成王主席的观点,孙俪主演的三部以女性成长史为主题的电视剧中除了艺术追求外,《那年花开月正圆》在价值观的传播上确实有比较多的考虑,是不是有意识地这样做? 不知道,但实际效果比"宫斗"强。

十九大报告中习近平总书记提出新时代要坚持中国特色社会主义文化道路,培育和践行社会主义核心价值观。他提出构成社会主义核心价值观的文化资源主要三个,一个是五千多年的优秀文化传统,一个是革命文化,一个是社会主义先进文化,最终要植根于中国伟大的实践。我们理论界以前提炼概括社会主义核心价值观,也认为有三个文化来源,即中华文化、革命和建设时期形成的文化和西方优秀文明成果。目前社会主义核心价值观 24 个字的提法中有一部分就和西方文明有共通之处。但是这次非常强调我们本国的历史和现实资源,强调不忘本来,强调当下实践。王主席提出这个电视剧对三纲(君为臣纲,父为子纲,夫为妻纲)有所突破,对五常又有所坚持,这个评价我赞同。但是对今天的核心价值观表达而言,是不是一定要直接用儒学或者新儒学的词汇? 比如仁义礼智信? 这样的表达与历史、年代、朝代联系在一起,肯定有其历史价值,今天是不是把诚信放在最前面,作一些价值秩序上的调整就可以了? 这中间恐怕需要更加仔细谨慎的辨析工作。比如孝道,在今天市场经济深入发展的社会如何发扬? 二十四孝中的很多做法肯定不能照单全收,也许感恩思想更符合现实。今天中国的家庭结构与传统中的大家族不可同日而语。社会结构更是发生了翻天覆地的变化,儒家伦理中所肯定的推己及人,从小家庭直接推到社会和国家,已经不切实际。家国思想和家国同构等等需要我们进行反思。私德和公共领域也应有明确的界限。当前 24 个字的核心价值观可以再凝练和再概括,传统文化的创造性转化和创新性发展尤为重要。如果转化工作做得好,五千多年历史的文化积累使用吸纳得当,我们就有望获得更加简洁明朗的价值观表达。

2018年世界哲学大会的主题是"学以为人",我们研究哲学的都感到这个命题更靠近教育学,靠近新儒学。新儒学从20世纪90年代一直到现在,起初在是中国港台地区的影响中国大陆,现在看来两者已分离,大陆新儒学独自发声已成趋势。但是无论怎样,他们总是梦想把新儒学和政治建构结合起来。对此我有不同意见。

社会主义核心价值观的培育和践行,更多地要自下而上,跟现代社会联系、跟老百姓联系。从这个角度去看,电视剧、电影的传播更为直接。

王 战:我们要有共同文化价值观作为精神文明最大公约数,是一个最大公约数和核心价值观之间的关系。

许 明:《那年花开月正圆》的时代背景是晚清,那一段时间,本来是矛盾、焦虑爆发的时期,就是新观点和旧价值冲撞的时期,但是电视剧描述的似乎比较平和,传统道德占主导思想。

曲春景:晚清是一个社会历史的转折和动荡年代,但《那年花开月正圆》这部电视剧脱离了具体的历史语境,剧情展开上没有依托那个时代的历史真实。主人公周莹虽然是一个真实的历史人物,但我们看到,剧中几乎没有呈现时代风貌的全景和大远景,多数镜头都局限在非常小的中近景之内。叙述视角一直在几个人之间来回切换,历史的动荡和时代的焦灼并没有在镜头空间中有所展现,带给观众更多的是和平时代的商业竞争。该剧主要推崇的是"诚信"在沈吴两家商战中的重要作用,以及周莹个人与吴聘、沈星移等人的情感纠葛。"诚信"这个主题立意很重要,它既是对传统的继承,又是现代社会的核心价值。

许 明:如果按照这个剧的描述,正好印证了新儒学的要求,即社会靠传统伦理完全可以发展。

荣跃明:我不同意这种看法。这部剧艺术上相当不错。为什么受到这么多人的关注?首先,一个重要原因是作为一部历史剧,以历史题材展现时代主题,其中有现代时尚因素在里面,是一部励志剧或者是一部女性主义的女尊剧,因而受到很多年轻人的喜爱。其次,还有一个重要原因是这部剧主要人物所处的历史背景。剧中主角周莹是晚清时代陕西的女首富。而晚清对中国来说是大变局时代,按照梁启超的说法是中国至晚清五百年来之未有大变局,社会变革背后存在着各种复杂因素的相互影响、交织和缠绕。某种意义上说,与当代中国所处的发展阶段有一定的相似性,晚清与当代中国的经济社会变化所呈现的社会景象不一样,但都是大变革时代,即都处在从物质层面的深刻变革向精神世界全面转型的变局之中。按照马克思的观点,生产力与生产关系、经济基础与上层建筑,这两组关系互为影响,其变化是有规律的。在经济物质层面发生的一系列变革,必然会导致精神文化层面的变化,这些内容在电视剧里都有描述,如洋务运动官办的机器制造局引进现代西方生产工艺,中国传统的钱庄票号采用西方现代金融技术进行融资和投资等。晚清时期已经展开了中国工业化和城市化的近代化进程。西方的现代性因素首先在商业上呈现,而物质和经济层面上呈现的变革因素,必然要扩展到精神世界,必然对人的相互关系、伦理价值、行为规范产生冲击。这个时代的各色人等都会依据自身的地位、条件和思想观念做出不同反应,所以会有不同的表现,有最后成为革命党的沈星移,也有保皇党吴泽,还有以传统为官之道自许成为高级官僚的赵白石。

王　战:赵白石算是封建王朝的清流。

荣跃明:这部剧还有一个特点,在大变革时代,由于经济社会剧烈变化,社会分层分化同样很剧烈,在剧中呈现为主要人物命运跌宕起伏,悲喜交加,所以剧情特别复杂,有多重主线。这部剧为什么好看? 从某种意义上说是主创者用了很好的艺术手法驾驭了复杂剧情结构,把几条线融合在这部剧里,艺术上很成功。复杂剧情展现了深层的社会变革,触动了当代人内心深处的感受,所以受到当代观众的喜爱。现在很多网络剧难以达到这样的思想深度。这部剧反映晚清社会生活,必然会涉及如何展现中国传统伦理精神,这部剧确实也有展现,但对中国传统伦理精神的展现已经不是原封不动的保留,而是有了符合当时时代发展实际的新的表现形式,即精神价值的表达也需要适应时代的发展。在这部剧中最典型的就是将传统中国核心价值:仁义礼智信的位序作了调整,还是这些传统的核心价值,但是顺序发生了变化。

王　战:这是我个人的观点。这个顺序从新儒学的时候已经变了,因为新儒学自大运河商业发展起来了以后,产生在晋商、徽商的时代,已经把仁义礼智信变成了信义礼智仁,秦商和徽商、晋商相比产生和发展的时间落在很后面,说明儒商一类人的信条就是信义礼智仁,字面上没有改。

黄凯锋:仁义礼智信这样的一个价值观是和四季轮回的农耕社会紧密相关的。价值秩序和优先顺序的变化与经济形态有很大关系。冯友兰先生在美国宾夕法尼亚大学讲《中国哲学简史》的时候就提出了这个观点。经济形态的发展对文化价值观的变迁有着深刻影响。

许　明:把"信"提到前面跟商业社会的经济有关系。

荣跃明：马克思主义的分析方法是可以理解这种变化的，而且也可以预测当代可能发生的变化。我感觉我们到了这个时代，社会价值观会有一个转型，即从物质主义价值观向后物质主义价值观的转型。新中国成立后，从计划经济时代到改革开放初期，1949年后30年内中国都处在物质短缺时代，短缺时代的生活经历使我们50岁以上这一代人，在待人接物和处理问题的行为方式上留下了那个特定时代的深刻印记，判断和认识问题的价值观念非常两级化，一方面是人生态度很积极，要求上进、追求理想；另一方面是对物质的东西看得比较重。但是现在的"80后"、"90后"这一代人就不一样，父母要求"80后"、"90后"子女好好读书，积极上进，找可以保障生活稳定的高收入工作。但是"80后"、"90后"的想法不一样，他们凭兴趣追求自己的职业理想，价值观已经发生转型了。这部剧里包含了比较深沉的价值观变化内容，所以能触动当代人的心灵。

另外，电视剧作为视觉的艺术，跟看文字小说不一样，文字小说是需要读者的想象，十个人看《红楼梦》会有十个不同的贾宝玉和林黛玉。这部剧有很多细节的处理，包括服饰、布景都做得非常好，表现生活的细节比较真实，可以说艺术上制作精良，为这部剧呈现深沉的思想内涵提供了基础。另一方面，当代人，特别是很多年轻人，他们的审美观和上一代人不一样，他们看剧时注重细节，对艺术的要求比我们这一代人更高，有更高的审美能力。一部剧要真正得到年轻人的追捧喜爱，艺术上没有精良的制作是不行的。这部剧的演员非常好，孙俪，还有演杜明礼、赵白石的演员演技非常好，所有的演员都很好。整部剧符合当代艺术发展的新趋势，艺术上制作精良，有一个情节复杂和多重结构的吸引人的故事。

有一部同样讲周莹故事的小说，但小说跟电视剧不一样，小说讲周莹是出身大户人家，电视剧里说她是一个孤儿，被周老四收养。电视剧的主创人员在电视剧制作过程中有很多改编和新的创作。总的来说，这部剧相当不错，是最近几年中比较成功的好网剧。有一段时间，热播的网剧大都是小年轻的"三角恋"，家庭生活父母关系之类，而这部剧呈现的容量更大，虽然宏大的历史背景有些作了虚化处理，如王爷从没有出场现身，但紧贴时代的精神脉动，展现了深刻的社会变革。

许　明：过去清代的戏大部分是宫廷戏。

张　斌：不完全是这样。

曲春景：曾经在21世纪初有很多。

许　明：对晚清历史大变局这样的时代，日常生活应该怎么样反映？怎么样表现？怎么样揭示？

曲春景：我接着许老师的问题说。我还是觉得这部电视剧的历史时代只是一个背景，前台故事的悬念设计，包括人物之间的斗争和较量，并不是时代变革所引发和带来的。斗争的焦点是诚信和阴谋的博弈，并突出"诚信"在商战中的重要作用，即推崇传统文化观念仁义礼智信中的"信"。刚才王战主席对传统文化观念作了重新排序，认为"信"应该放在首位，即信义仁智礼。把"诚信"放在首位这一点很重要，特别是在商品经济为主导的时代，对传统文化中"诚信"价值的继承显得格外重要。这部电视剧的正面价值以及对观众的启发也正来自这一点。现在不仅仅是电视剧，包括电影作品都处在一个较大的伦理转向中。这种伦理转向导演和编剧可能并非能自觉意识到。因为大的时代价值观已经从阶级斗争为主的压迫反抗模式，转向一种对于公平正义、美好诚信的追求上。转向对日常生活中的诚信、正义、善良、真诚等伦理价值的倡导。这种伦理转向在进入21世纪以来的影视剧当中表现得非常明显，包括这部《那年花开月正圆》。清末焦虑是大革命的焦虑，是一种反抗的焦虑，或者是一种大变革的焦虑。今天我们大多数观众，还有更多的年轻人并不怎么关心革命价值的问题，他们关心的是生活如何变得更美好，社会风气如何更清明、正义如何能够战胜邪恶等问题，这些问题实际上是一种伦理诉求。

许　明：我补充一点。最后一阶段沈星移要刺杀慈禧的时候，他碰到了吴泽，吴泽也要刺杀，在那个时候周莹展现的伦理没有党派、阶级、敌我，就是亲情，要保护亲人。

王　战：我们的思维有时候非此即彼，非黑即白，而这个剧提供了文化油画，是软式的油画，没有说明一定是黑的，一定是白的，包括剧中对沈四海这个人描写得很坏，但是最后刻画了他内心活动，最后这个人死了，死了以后大家对他也有同情。

曲春景：这个电视剧是多值的，其价值观很有意思。比如说观众会对杜明礼也有一定的同情，包括对查坤也有，他是太监，站在他的角度上说，他要求的也有一定的合理性，他不像杜明礼做了很多坏事，他只想在西湖边上过日子。再比如说赵白石，他是保皇党，但是观众对赵白石也没有太多的反感，他释放了吴泽，也释放了革命党人沈星移。

张　斌：人的基本性超越了政治。

曲春景：赵百石的判断标准是一种伦理取向，是对人性善恶的判断，而不取决于是革命党或者保皇党的取向。

许　明:非常有道理。在中国传统社会当中或者传统变局当中,伦理本位起到什么作用? 这个剧突出了这一点。

曲春景:王战老师、荣老师、黄老师都提出,这部电视剧为什么吸引人? 从专业的角度来说,"引人入胜"是影视剧的基本要求。而引人入胜的关键因素是悬念设置,即把主要人物置于生死的临界点上,人物命运的生死与否就成为观众注意的中心,而这个中心就构成了作品的悬念。这样人物如何突破困境,命运是否能够得到改变,成为吸引观众的主要因素。不仅仅是这个剧,包括好莱坞的剧,欧洲的剧,以及所有吸引观众目光的影视剧,其方法都是把人物命运一下推到绝境,令其处在生死未卜之中。比如好莱坞生产的"空心故事",就是利用悬念设置,生产出能批量制作的电影产品,其悬念设置均局限于好人、坏人的命运转折上,并没有太多的经验内涵。我们要研究的是怎么用人物的视角,通过导演的聚焦把观众限定在某种价值观上,比如说通过主观镜头表现人物的内心感受,或者使用正反打镜头来缝合观众的内在感觉,例如周莹的情感、周莹的焦虑、周莹的一举一动,都是通过观众对人物的认同和担心,使观众的价值取向聚焦在人物的愿望之内,即周莹对诚信的持守。从这个角度把观众带入到与周莹一致的价值认同上。通过对人物的聚焦来吸引观众,引导观众感知世界及认识事物的价值立场。

王　战:你前面讲的和这个串起来说。前面讲把剧情展开聚焦到人物上,就是在寻求表达的价值认同。这就是这个剧不同于其他剧的地方,它把这些价值观转化为老百姓都很熟悉的形象的语言,慢慢让老百姓都能够融入其中。

曲春景:本来就是这样,任何一部戏在客观上都存在一定的价值立场,再怎样声称价值中立也不可能,否则的话,镜头主要聚焦在哪个人物身上? 人与人之间矛盾如何设置? 其伦理取向是无法避免的。所以不管编剧也好导演也好,本身对此可能没有明确的意识,但是必须这样做,因为悬念必须建立在人物的相互关系和人物命运的转折上。这是没有办法的事情。传统文化如何涵养社会主义核心价值观? 电视剧就是通过跌宕起伏的人物命运制造悬念,把观众带入剧情之后形成价值认同。《那年花开月正圆》的价值取向就是对诚信价值的确立。为什么中国观众对这一点特别认同? 这和我们的传统文化相关,虽然我们经过了大的价值观的洗礼,但还是存在内在的对传统文化和仁义礼智信的认同,汉语中就包含了仁义礼智信所建立的价值观。有些词的生成本身就是对仁义礼智信的赞美,只要我们用这套语言思维,语言本身携带的价值认同就已经融入民族文化的血液之中,想剥离也剥离不了。观众对这部剧的认同就来自"诚信"传统所建立的价值立场。这是我对这部电视剧的看法。

许　明：还有一个问题如何看待一种革命价值？怎么处理？

荣跃明：某种意义上说，作为一部历史题材的电视剧，这部剧完成了现代艺术风格的转型。1949年以来，中国当代文学艺术的革命叙事模式对处理不同时代的历史题材是有定式和套路的。这种定式和套路基于对于一个时代的基本政治判断，比如对清朝的基本政治判断是一个封建腐朽皇朝，过去人们对清宫戏不喜欢，只有海外人士比较喜欢，而且特别欣赏西太后，我们对清皇朝基本上是否定的，辛亥革命就是推翻清朝帝制，开启了中国现代化进程，并形成了革命文艺传统，而这部剧在处理历史问题上已经超越了政治评判标准，就是曲老师讲的不把政治判断作为唯一依据，更多的是从伦理、情感等现实生活因素的视角演绎人物关系。

三、　要深入研究当今社会的大众文化消费形式

张　斌：我主要是做电视剧研究的，今天听了各位老师的发言特别受启发。我在谈自己对这部剧的看法前先回应一下前面几位老师讲的一些观点。首先是王战主席讲的如何涵养我们社会主义核心价值观的问题。从古到今对一个社会的主流或者核心价值观的传递一定要有所依附，需要一定的形式。从古代社会来看，主要是通过演义、话本、传奇等民间大众接受的叙事方式，儒家文化价值理念和伦理道德观才能传达到社会个体。而今天现代社会当中最重要的大众文化消费形式是什么？讲故事的方式是什么？无疑是电视剧。所以今天通过这样的方式去涵养社会主义核心价值观，是一定要解决的问题。

第二，曲春景老师刚才讲到，这个电视剧中间历史的东西比较淡薄，被推向了后台，而突出了周莹个人的命运感和她与几个男人之间非同一般的情感纠葛。

黄凯锋：而且这些男人个个都爱她，爱的方式不一样，但女人不喜欢她。

张　斌：用现在年轻人的话来说这叫"虐恋"。现在的年轻人关注自己的情感需求，关注对美好生活的追求，同样也关注伦理道德的东西。这部电视剧之前的名字不叫《那年花开月正圆》，叫《大秦义商》，后来改成了《那年花开月正圆》，这名字极具网感，很合年轻观众的脾胃。电视剧作为一种艺术生产和商业生产活动，必须要顾及多方面力量的牵扯平衡，所以从改名可以看出端倪，要照顾到不同人群之间对电视剧的接收和喜欢。今天我们要传达主流价值观和历史观，很显然不能再像以前那样直接

灌输了,必须考虑对象的接受习惯和接受心理。如果我们完全做成历史正剧的模式,也可能会吓跑很大一部分"90后"、"00后"观众,而今天"90后"、"00后"已经登上了中国社会主流舞台。

今天的"90后"、"00后"的审美追求和诉求是非常高的,我们怎么样回应这种需求呢? 怎么样将社会主义核心价值观贯穿在里面? 对于这些群体的研究也要加强,而且就我个人的教训或者感受来看,我们可能在不同的代际之间文化的认同和理解还要加强。比如说我原来也认为"90后"、"00后"喜欢打游戏,喜欢二次元文化,等等,认为他们比较幼稚,离传统比较远。但是2016年有部很正统的纪录片作品《我在故宫修文物》,在B站上成了大热。这个片子原来在中央电视台第九套记录频道播放,后来有好事者传到了B站上,引发了关注,后来栏目组将正版作品再传到网站上,结果引发了年轻人的大规模追捧,并导致该片电影版的上映。B站是喜欢二次元文化的青年群体集聚的网站。那些喜欢动漫、喜欢穿越、喜欢二次元的青年文化群体为什么对这个非常传统的东西产生兴趣? 说明我们传统的东西不是没有人喜欢,而是跟这些传统的文化被传达的方式、生产的形式、包装的模式,包括到达的方式和平台都有非常大的关系。传统在年轻人看来,也可以是很酷炫的东西。

我再回到这部电视剧本身。许明老师刚才说中国电视剧当中大部分都是宫斗剧,并不是这样的。古代电视剧或者历史剧当中还有许多专门描写家族的系列作品,比如说《大宅门》《闯关东》《乔家大院》,等等。对家族的关注是影视艺术当中比较核心的母题,这跟中国文化有关系。家族曾经在中国的社会文化传统当中发挥非常重大的作用,今天家族作为一个实体性的东西被消解了,我们现在是核心家庭的构成,但是作为一种文化或者意识形态,认同还是存在的,因此这样的电视剧会打动观众,因为和它的文化心灵密码是相通的,观众能在里面寻找到认同感。另外原来的家族剧有几个主题,比如说一大部分依附于商业,讲徽商、晋商,对浙商、云南、齐鲁等各种商帮、票号、产业、近代工商业发展、大染坊的描绘,这些跟中国社会进入到晚清之后,进入到中西碰撞现代化开始,逐步展开有了密切关系。另外就是描写人的情感,比如《橘子红了》,不是讲经济,但是讲人的情感取舍,也和社会发展变迁相关。还有一部分是讲革命传统的,是走出去破坏家庭还是回到家庭当中? 里面也有很多不同的取向,但是描写商业的是家族剧中非常大的一部分。

从传统上来看,中国文学艺术发展历史上,有一种深远且绵延不断的传统,就是对家族故事的书写,并形成了一种以家写国、家国同构的叙事模式,从《红楼梦》到

《四世同堂》《家·春·秋》，皆是如此。而在电视剧作为一种叙事形态接近小说的视听艺术叙事方式，在其创作生产中也展现了对家族母题的聚焦与认知，从《橘子红了》《大宅门》《乔家大院》《大染坊》《闯关东》到最近的《鸡毛飞上天》《白鹿原》《那年花开月正圆》，家族电视剧总是引发观众的喜爱，形成收视热潮，创造电视剧的经典作品。其中缘由，值得我们探讨。

安德烈·比尔基埃等主编的《家庭史》中曾指出，家对于每一个人来说，是"最古老、最深刻的情感激动的源泉，是他体魄和个性形成的场所"。它既是生命的开始之地，也是生命的终结之所，是人类最基本的精神文化价值的确认。家族则是以家庭为核心单元，在血缘和婚姻的基础上形成的，在古代又称作宗族。恩格斯在《家庭、私有制和国家的起源》一书中，分析了人类家族（家庭）所经历的四种形态，即血缘家庭、普那路亚家庭、对偶制家庭、专偶制家庭。这其中的关键是从对偶制向专偶制的过渡，也就是母系家族向父系家族的转变，恩格斯认为对偶制的"最后胜利乃是文明时代开始的标志之一"。正如摩尔根所言，家族"作为一个时代的产物，它曾分享人类经历的一切兴衰，现在，它也许能比其他制度更加明确地揭示人类由原始蒙昧社会的深渊，经过野蛮社会而到达文明社会的这一进程所遵循的渐进的阶梯"。摩尔根同时也指出，家族"必须随着社会的前进而前进，随着社会的改变而改变，一如它以前的经历一样。家族是社会制度的产物，自然要反映其文明"。家族伴随了人类从蒙昧走向文明的整个过程，正是在这个意义上，德国社会学家齐美尔才认为，"任何一个文明为了生存下去，必须建立一种强固的家族制度"。家族一方面是一种以血缘为中心的实体性的社会体系，另一方面也是一种虚的意识形态和文化认同感，蕴含着民族文化的心理密码和传统价值的现代转化。

具体到《那年花开月正圆》这部剧，我以为是对中国电视剧中长久以来的家族叙事传统的继承，也是对其进行发展更新的一部电视剧。我认为这部电视剧对秦商的描写，成功地发掘了一段民间传奇，讲述了一个中国故事，表达了一种文化自觉。

首先，发掘了一段民间传奇。周莹是清末乱世中陕西的首富，民间有许多关于她的传奇故事。比如两次为朝廷捐款，成了慈禧的干女儿，受封一品诰命夫人，等等，这给予了这部电视剧丰富的发挥空间。

第一奇，奇在陕西的首富、吴家东院的当家人是个女人。在封建时代，女性一般难以抛头露面，更别说建功立业。尤其是做生意，更难看到女人的身影。如有此事，必成传奇。家族电视剧中，只有《大宅门》的白文氏堪比周莹，但其格局则难以相提并论。周莹志在将生意做到全世界,这在与赵白石的交流中她说得很清楚,是全世界,不是全天下。我们看到了周莹这个出身草根的女性,她的世界观已经突破了传统的天下观,这种现代意识已经在她身上,在电视剧里面有所表现。白文氏虽然也承续家业,传承百草厅的为医之道,但她总体上只不过想将家族的商业保持与发达。

第二奇,奇在陕西的首富是个寡妇。这更不得了。在中国的文学艺术中,寡妇向来都是封建制度的牺牲品,但在这部电视剧中,寡妇成了顶梁柱、主心骨、决策者,带领一帮男人完成了吴家商业帝国的重建,并且有意无意地介入到了晚清近代工商业的发展中。

第三奇,这陕西女首富终生未再嫁,而且这个建立了庞大的吴氏商业帝国,但死后却无法葬入吴家的家族墓地,只能孤零零地葬于乱石岗,其坟茔已不见踪迹。

周莹,就像徐志摩诗中的西天云彩,轻轻地来,悄悄地走,留下了无数传说。电视剧就在这传奇上进行编排展演,突出了其传奇性。比如周莹的出身与性格,周莹的爱恋纠葛,吴家东院的起落故事等均是如此。这让这部电视剧充满了吸引力。

很显然,周莹的故事,与中国晚清的社会历史发展,与中国商业文化,与其中所体现的开创新精神是分不开的。

第二,周莹的故事,是一个真正的中国故事。这个故事塑造了一个光彩夺目的中国古代女商人形象。周莹这个出身草根,在江湖混吃混喝,具有为了活命的狡黠智慧的卖艺姑娘,因为自己的善良心意,在一个偶然机会下嫁给了吴家少东家,又在不经意间失去了丈夫与家族的生意。她完全可以一走了之,寻找自己自由快乐的生活。但她对丈夫的爱,对家族的责任感,对冤案的质疑和对真相的执着,让她一次又一次处于家族内部、家族生意与社会发展的激流漩涡之中。凭借对"诚信"二字的坚守,她完成了家族商业帝国的重建,塑造了晚清历史上独一无二的家族寡妇掌门人的鲜活形象。

这个故事确认了一种传统的中国商业伦理精神。在中国家族电视剧的商业演义中,无不是对基于儒家思想形成的中国传统商业伦理精神的表达和坚持。这种商业伦理精神的核心,就是诚信义利,是智慧与仁德。这一方面来自儒家学说的道德规范对商人的影响,另一方面也来自行业自身商业规范的传承。周莹进入吴家,吴蔚文对她的诚信教育,后面周莹自己对养子的诚信教育,前后映照,鲜明地体现了这一点。另外吴家因军需案导致的衰落和周莹带领吴家的重生,吴沈两家的不同发展与沈家的最后崩盘与周莹对他的拯救,都与这种商业精神不无相关,而且这仁义,已经超越了封建时代基于血缘利益的仁德，而充满了现代意义上的善与悲悯意识。这种精神对我们今天的企业家而言，仍然具有重要的坚持意义。

这个故事描述了另一种现代性发展的可能。工商业发展是现代社会最重要的方面，也是现代性的重要表征。周莹身上，体现了一个传统的中国商人，在面对晚清资本主义生产方式涌入中国时，所展现出来的革故鼎新的创新意识与不屈不挠的开拓精神。土布洋布之争中，周莹远赴迪化化解危难，顺势介入陕西织造局的变革之举中。在再次遭遇劫难之时，周莹又以员工持股、人人分红、利益同享的内部股份制扭转乾坤。在洋布生意受阻之时，又转向生丝生意。在整个过程中，周莹都表现出了开放、接纳新知、创新体制等特质，周莹身上体现的，是中国传统的商人在面对三千年未有之大变局时刻所具有的那种现代性特征。而这，并非如西方是在资本主义语境下的发展。

第三，周莹的故事，展现了电视剧艺术创作者的文化自觉。

自"五四"以来，中国的家族历来是受批判的对象，是典型的吃人的代表，是需要打倒的。但中国的家族电视剧既接受了"五四"以来的这一叙事主旨，但同时又在新的历史语境中去探索家族所具有的优秀文化基因，以现代眼光去烛照和改造家族叙事，以为当下的观众的精神文化娱乐提供出自传统的文化价值确认。从纪录片《记住乡愁》《我在故宫修文物》等的走红也可见一斑。传统与现代，古老与潮流，在今天也并非如"五四"时期所表达的那般绝对与二元。

《那年花开月正圆》中，对家族的负面性也颇多批判，周莹的沉塘，吴家对周莹当家的反对，周莹个人情感生活的选择等，或多或少都受到了家族文化，宗族思想的负面影响。但在这部电视剧中，家族还是更多地体现了团结一致、人情温暖、血缘亲情的正向价值。

该剧也对晚清封建体制对商业的侵蚀与控制，阻挠有清楚的描写。杜明礼所代表的贝勒王爷，是晚清腐朽体制的典型代表。为了一己之私，以权力控制民间商业，以为自己和其所代表的阶层积累享乐的财富和政治争斗的资源。剧中也将改革与保守之间的斗争，通过赵白石、张长青等展现出来，暴露了晚清腐朽政权必然灭亡之缘由，因为他们是落后生产关系的代表。

王　战：还有一条要有企业家精神。

张　斌：习近平总书记在十九大报告的讲话中说，过去五年，我们的主旋律更加响亮，正能量更加强劲，文化自信得到彰显，国家文化软实力和中华文化影响力大幅提升。要推动中华优秀传统文化创造性转化,创新性发展,继承革命文化,发展社会主义先进文化,不忘本来,吸收外来,面向未来,更好地构筑中国精神、中国价值、中国力量,为人民提供精神指引。这三个"来"和三个"中国"相当重要。电视剧作为一种大众日常文化消费的主要产品、意识形态传达的文化承载体和国家建构文化软实力的主要手段之一,在为国人提供精神航标和国际文化交流与传播中越来越重要。正是因为有了创作者自觉的文化意识,才能创作出了一部部精彩的"中国故事"。而在全球化时代,我们应该奉献给观众和世界什么样的中国故事,是一个重大话题。习近平总书记强调要讲好中国故事,这个好怎么去做? 我觉得这不单单指故事的内容是中国,重要的是,故事的精神、故事的价值乃至故事的讲述形式应该是中国的。这样的中国故事,才既是中国的,也可能是世界的。只有通过这样持续不断的文化生产,我们才能够完成从文化自觉到文化自信的转换。期待我们的电视剧艺术生产为此发挥更大的作用。

许　明:这个电视剧给我们提出严峻理论的问题:传统伦理可以支撑社会发展。假定电视剧主张的伦理在今天社会完全推行,我们传承已久的传统思维方式和传统标准怎么对待?

曲春景:还有如何处理革命遗产问题? 我们怎么样对待? 现在很多电视剧和电影"去意识形态化"表现非常明显。

王　健:不光是革命。我有一次应邀到徐汇区讲上海文化。上海文化有一个重要源头,就是王主席一直提到的江南文化,当然还有与江南有关的运河文化。此外,讲上海文化也离不开海派文化,十里洋场的小资文化,摩登文化,这都谈得比较多,但是上海是党的诞生地,也是党的二大、四大召开地,相当长一段时间党的中央机关也在上海,上海还有三次工人武装起义,"左联"运动,等等,这么多革命、红色记忆,讲上海文化离不开革命文化。我觉得革命文化与中国文化的关系也是一脉相承过来的,一定要历史地看待中国文化发展中的这一阶段。中国历史从近代开始就有革命文化,革命文化价值对于现在中国人的价值观是有影响的。革命文化其实并不仅仅就是斗争,虽然斗争是革命文化的核心价值之一。这次讲进行具有新的历史特点的伟大斗争,其中谈到的斗争就包括坚决反对一切损害人民利益的行为,坚决破除一切阻碍进一步改革的顽瘴痼疾;维护国家统一安全、反对分裂,战胜一切困难和挑战,等等,这些都是斗争。其实,社会是在矛盾运动中前进的,有矛盾就会有斗争。革命文化价值还有一些内涵,例如自我牺牲,革命文化里面还有一种奉献精神,集体主义。

讲到这个电视剧,刚才两位老师从影视专业的角度谈了,我感到现在的电视剧拍得都还很好看,不管哪个剧只要耐心看还是有吸引力的,有冲突在的,冲突背后就是价值,否则两个价值一致的人还会冲突吗?

曲春景:我现在研究的就是叙事伦理问题,叙事本身和伦理密切相关,叙事本身就是给出秩序,对故事素材结构的建构就是一种秩序安排,看叙述主体用什么样的秩序去安排这个故事。

四、 坚持文化自信需要有文化自觉

王 健:人与人的冲突归根结底主要就是价值冲突。比如说家里老婆和老公吵架就是价值冲突,有人说家里都是小事,糊里糊涂算了,实际上糊里糊涂只是在回避冲突。好的婚姻就是价值观一致的婚姻。两个坏人和两个好人都可以成为很好的夫妻,但是一个坏人和一个好人会冲突,比如老公私心拿了公家的东西回家,但如果是同样私心重的老婆就会很开心。这个电视剧里面有很多中国传统的价值,特别是商人的商业价值。我一直在想,中国商人的价值还是很独特的,他们在历史上的排序地位很低,士农工商排在末位,那么中国的商业伦理价值是如何形成,从哪里过来的呢?我想,一方面来自传统儒家思想,一般说传统儒家思想,比较重农抑商,因为中国封建王朝历来建立在小农经济之上,不太喜欢商人。因为商人会在两个方面影响小农经济,一是土地兼并,二是"贪鄙之俗",导致弃农从商,从而影响封建统治的根基。但是,儒家对财富也还是肯定的。例如,在新加坡等地华人店铺,就可以看到"洪范五福先言富、大学十章半理财"的对联,也就是说在《尚书·洪范》,也就是最宏大的典范中就提到五福:寿、富、康宁、攸好德、考终命。第二位的就是财富,在性命之后。《论语》也有"富与贵是人之所欲也"。与此同时,虽然封建专制政权不希望发展商业,但是中国国家那么大,各地经济条件又不一样,因此国家发展在一定时期也需要商人来参与。当然,虽然以前有陶朱公、吕不韦这样的商人,但是真正形成大的商帮,还是在明清时期,电视剧里面讲的是陕商,或者叫秦商,也是到了明清以后才有的。中国最早的商帮就是明代中叶产生的晋商和陕商,他们靠盐业起家。由于明朝中期为了守边,防止北方侵入,在今天陕西、山西、甘肃一代设立了九边。一开始国家依靠田屯来解决士兵的粮食供给问题,但后来由于种种原因,实际只能供给百分之十左右,因此不得不想了一个开中法,让老百姓,或者说商人参与边疆的粮食供给,要他们以粮换盐。盐业是国家控制的最赚钱的行业,长期垄断,现在不得不让民间商人参与,因此靠着这种生意,陕商、晋商赚得了第一桶金,形成了大商帮。

还有一部分山区,以往那里的粮食靠国家调拨,后来人口增长与农业土地的产量越来越不匹配。有人统计说,从公元 2 世纪到 1840 年,虽然有开发南方、西南,但耕地面积仅仅增长了 18.5%,总量徘徊于 6—7 亿亩地,人口却由汉代的 7 000 万人增长到清代中期的 2 亿人,人均耕地占有不到 2 亩。这样,在一些地区,特别是一些山多地少的,只能依靠商人的贸易来解决粮食供给问题,如徽商,龙游商帮、江右商帮等一开始都是做小的跨区贸易的,因此相较从事盐业的陕商和晋商而言,他们规模比较小,其中的徽商后来介入了盐业,才逐渐成为了大帮。由此可见,中国的大商帮是从政权垄断行业局部开放获得财富的。囿于这批商人的成长环境,加上原有传统儒家的仁义礼智信,再加上他们在社会当中的地位低,所以中国商人的价值观很独特,既继承了传统文化当中的东西,但是有些又进行了变化,因为要适应自己生存的环境。

从传统儒家仁义礼智信来说,信对商人很重要,这是商业交易形成的基础,做生意没有信是不可以的,所以不光企业内部,对外交易更要讲求有信。所以我看电视剧前面几集里面特别强调信,有一个情节是吴蔚文对周莹发脾气,就是她提出了为了节约成本,用杜鹃花叶代替血竭;还有吴聘实际也考验了周莹的诚信,一次周莹与学徒班同学比算账,第一题周莹赢了,第二题她输了,第三题算不出来,是吴聘暗示了她答案。她比赛结束后,她把赢来的钱给了与她比赛的人,承认自己是听了别人的,愿赌服输。也正是因为她的诚实,让吴聘后来敢于提出让她参与家族经营。此外,陕商拜的都是关公,信很重要的。义,也就是效忠国家,周莹搞了粥棚救济灾民,包括接待慈禧太后也是义,先后捐了 20 万两,获封一品诰命夫人。商人讲求急公好义,好商人就是要散财。礼,表现在内部就有规范,商会、行会都有规矩,什么人做什么事,但是在外部,中国商人由于身处末等,又有经济实力,往往也成为超越礼法的一股力量。例如他们的服饰、交通,往往违反封建等级规定,都在礼制上有所僭越。后面几集讲到慈禧问李少白想换个行在,李说没有好地方,只有一个衙门,慈禧嫌房子不好,不高兴。后来李提出吴家东院好,按照紫禁城造的。这在外面是要杀头的。以前商人规定不准穿丝服,不准坐马车,现在有了钱以后,商人腰杆也硬了。还有奢靡的消费,也往往引发风尚变化。《扬州画舫录》提到"扬州盐务、竞尚奢丽"。但与此同时也推进了文化艺术的繁荣,如徽剧,山西梆子,新安画派,扬州八怪。仁义礼智信的智,在商业都就是变,商人的智主要在于变,适应环境的变化,中国传统的商帮里面为什么很多最后没有走下去？还是变得不及时。徽商为什么后来发展没有晋商厉害？因为它没有及时将当铺发展为票号。中国商帮近代转化比较好的就是宁波和洞庭商人，通过买办介入了现代商业和金融。仁者爱人，体现对仆人、对客户要仁慈。乔家大院的故事很能说明问题。

总之，中国传统仁义礼智信在这些商人那里成为自己商业伦理的核心内涵。当然，我们也要清醒地认识到，中国的传统文化和价值并不是十全十美的，我们现在重视传统文化价值有两个基点。第一，必须是传统优秀文化，糟粕要摒弃。第二，传统优秀文化也在结合历史发展进行创造性转化和创新性发展。由于近代以来中国积贫积弱，导致国民对自己的文化丧失信心。中国今天发展起来了，我们对自己的民族文化重拾信心，这是好事，但我们不能因此就认为我们的传统文化都很好，不需要改进了，这不是一种文化自觉。我们的文化自信必须建立在文化自觉上，否则无法说明，如果一切都好，为啥从鸦片战争开始，我们一败再败？

张　斌：文化自信前面应该要有文化自觉。

王　战：我们今天讨论的问题就是文化自觉。

王　健：同样值得我们思考的是，为何中国商业伦理对诚信也强调很多，却没有推动中国的传统商业转为现代商业。

荣跃明：这部剧也有对金融的现代理解。现代金融的核心是生产要素的资本化，把任何可以用于生产的东西都变成资本。但是资本的核心要义是建立在信用基础上的跨期交易，投资当然会有风险，但也会有收报，资本理性的基础是信用。

王　健：我最近看了一本书，是福山写的《信任》，他就谈到，中国文化也有信，但是信任的范围局限在区域、家族、熟人之间，没有扩大到整个社会，这样就影响到了社会诚信的建立，影响到商业，特别是金融的现代转化。当然，这当中可能有革命原因形成的中断。还有，中国历史上的很多大的商帮、商家最后都不行，这跟官商的关系密切相关。许多商家起来也是靠一个政治背景，毕竟如前面我讲到的，最早商业都是由政府开放一些原来的垄断才能兴起的，这就离不开官。其实，西方早期一些大商人也与权力相关，只是后来逐渐脱离，但也还没有完全切割。费正清讲，历史上中国的商人不是想办法去制造一个捕老鼠的机器，捕鼠机，而是想从官方那里得到捕鼠的特权。官商垄断以后没有创新，而是考虑如何继续维持这种关系，为此，很多的钱不是投入再生产，而是买官，或者政治投机。最有意思的是徽商，徽派的老家是朱熹的故乡，儒学影响很大，办了很多书院，但是除了传统文化之外，还有一个原因不能忽视，即他们需要培养一批人做官,比如说族里面有几个孩子看上去能读书的,整个家族就着力培育,以后靠这些人为家族争取利益。例如,歙县盐商子弟许承宣当了工科掌印给事中后,就上奏称扬州五塘关政滋弊,这种关外之关、税外之税危害很大,其实就是为在扬州的徽商大盐商关说。红顶商人胡雪岩就是靠买官起家的,而且还违背了中国诚信的商业伦理,当时挪用了东家的五百两银子给王有龄买官,王发达后成为胡最早的保护伞。所以中国商人的价值有时候也很冲突,跟他所处的成长环境有关系。

张　斌:电视剧里面描述的商人是艺术的呈现,不是本来面目。

黄凯锋:我很同意王健所长讲的对革命伦理叙事的颠覆。从商业伦理的角度逐步去政治化,其实也是一种政治策略,而且是非常成功的商业策略。王院长强调了仁义礼智信顺序颠倒表达的重要性,确实当代社会不大可能直接把仁放在商业伦理的首位,更不能直接照搬"半部《论语》治天下"。五千年中华文化资源,我们究竟取什么标识性概念和范畴,值得进一步思考。我觉得"诚信"的地位和顺序调整只是一个方面,还需要考虑五千年文化资源与革命的文化、革命的叙事之间的关联。毕竟今天要培育和践行的是社会主义核心价值观。什么样的价值观是社会主义的?自从空想社会主义思潮出现以来,社会主义的理论和实践已经有数百年,写在社会主义运动旗帜上的最核心的词汇应该是公平和正义,这两个词能不能代替仁义礼智信?这是很现实的问题。我们需要深入研究的是,这些不同的表达之间有没有共同价值?内在联系是什么?革命伦理又如何概括?李大钊早年传播马克思主义的时候,也把互助伦理作为马克思主义理论的一个部分,只是在当时社会政治背景下,传播更多的还是阶级斗争理论。我们今天的理论使命是要把社会主义的价值目标,革命战争年代形成的优秀文化和伦理以及五千年中华文化的积累整合起来,形成五个字或者六个字的精准表达。

王　健:现在进入了社会主义初级阶段新时代。初级阶段的第一阶段,就是要解决不发展问题,现在发展了,但是还不平衡、不充分。你讲的社会主义的两条价值追求正好与新时代的主要矛盾相对应。公平正义就是要解决不平衡,人的全面发展就是要解决不充分,两个对得上。

黄凯锋:要用新的概括,假如说用三个词概括出来,可能比二十四个字更容易记住。

曲春景:我听了王健老师讲,包括黄所长讲的,感到有意思的地方在于,我们如何对待革命文化留下来的遗产。革命价值之所以在中国能够成功的嫁接过来,并很快得到普及被底层人民接受认可,和传统文化中间与之相应的内在联系有关,例如革命文化中强调的自我牺牲、集体价值、公平公正,都和古代传统文化中很多"民本思想"有内在的契合,所以革命传统价值才能在本土落地,否则不会得到认同。

许　明:我们现在面临三种伦理的标准资源,第一种是革命的伦理资源,第二种是市场伦理,第三种是电视剧透露的家族血缘伦理,是作者比较肯定的,企图用伦理替代革命叙事,但是忽视了血缘伦理本身的祸害,这种危害在现代生活当中已经完全暴露了。贪腐家族化,就是传统血缘伦理的负面东西,跟市场伦理的合理性是冲突的,而且在中国市场伦理、家族伦理是不发达的,在冲突面前,三种伦理交汇在今天会怎么样?

曲春景:血缘伦理当中有非常大的危险性,就是血缘伦理对主流伦理的一种反叛,只要去深挖一下,反叛不仅仅是革命伦理,还包含着很深的对社会秩序的反叛。

许　明:对市场伦理不存在反抗问题,市场经济在五千年当中不存在主流影响。

黄凯锋:我们现在是社会主义市场经济。

张　斌:市场伦理的张扬并恰恰是我们现在商业理论当中缺少的。

许　明:要求市场伦理公正、公平,甚至取消家族制的继承、长子继承制,要有绝对公平,等等,不讲亲情,比如说比尔·盖茨把钱捐赠,让孩子们自己自力更生,在中国这种伦理几乎不存在。

曲春景:我们还是对血缘伦理要有警惕和批判,里面包括太多负面的东西。

荣跃明:革命伦理的思维方式,与血缘伦理是对立的。但是血缘伦理是至今为止维系人类发展的基础性伦理关系,尽管当代社会核心家庭规模越来越小,而现代商业的发展也已经不像以前那样完全依靠家族势力来维持,但血缘伦理还是维系现代经济社会发展的重要力量,很多欧洲古老贵族家族至今仍然是影响欧洲经济政治社会发展的重要力量,只是在现代传媒高度发达的条件下,他们都很低调,几乎不公开不张扬。

曲春景:这种血缘家族构成了人类最基本的东西,我们既承认它有一定的合理性,又要警惕扩大化,不能用二元对立思考。

许　明:当代思想者遇到悖论和困惑,传统伦理太强大了,市场经济发展又扑面而来。

五、 文化批评不能边缘化

许　明:今天是非常好的批评会,建设性的批评,文艺评论会,但是这样的会议在生活当中,在创作当中太少了。

张　斌:我们现在缺乏批评家和制作家良性对话机制。

曲春景:现在有些影视作品推崇高消费的、不劳而获的价值观,已经受到诸多学生家长的批评指责。这些作品早晚会被市场抛弃,但是我们今天处在一个被景观包围的世界之中,这些年轻观众仅仅通过影像构筑自己的主体,所以这是非常严重的问题,对于这个问题现在的导演和编剧都没有很清醒的认识。

许　明:什么样的外在力量或者环境能迫使导演听进去?

张　斌:当批评家的力量大于资本的力量的时候。

曲春景:当一部分影视生产脱离市场控制而成为文化事业的组成部分,有相对独立的空间、能突显其自身文化属性的时候。

荣跃明:文化体制改革以后,把文化事业和文化产业分开,在艺术生产环节当中,没有把批评环节整合进去,在西方是整合进去了。产业化了之后,资本的力量很重要,没有资本就没有市场,但是在配置资源过程当中,必须把批评作为传播的重要环节,提供价值标准,提供导向,提供艺术标准,没有这个环节,纯粹有钱任性,就糟糕了。现在艺术生产当中最大的问题是为什么没有好作品? 就是资本的力量太强了,已经把所有的文艺批评都边缘化了,文学批评最典型,上次在文学所开文学批评会,几乎是批评家自娱自乐。过去看小说首先要看批评家的评论,作家也要看,怎么样得到评论家的认可才是作家站得住的前提。

张　斌:微信公众号的影评影响力非常大。

荣跃明:现在的文艺生产完全纳入市场化环境中去了,过去文艺创作不讲经济效益,也无所谓经济效益。中宣部已经看到了问题,中央提出了文化生产社会效益第一,社会效益和经济效益两者统一,但怎么做到社会效益第一,社会效益与经济效益统一还面临许多挑战和问题。上海市也设立了文艺评论基金,写一篇评论文章稿费很高,但是对文艺创作影响不大,没有发挥作用,因为文艺批评没有嵌入文艺生产环节中去。

张　斌:现在一定要注意评论的媒介性问题。

荣跃明:现在文化产业发展很繁荣,但是从社会主义核心价值观宣传以及中华民族的思想文化和精神境界提升来说,必须随着文艺生产方式的转变,文艺批评要作为必要的生产环节进入新的文艺生产方式中去,不进去就可能迷失方向。

现在有些方面已经逐步发生改变。例如,现在讲历史故事的电视剧,包括服饰、场景的布置,如何与故事所反映的历史生活场景相一致,而不是按当代人的想象去布置,是由历史顾问在把关的。影视剧的制作已经开始重视细节的呈现,像抗日神剧由于没有历史顾问的把关,很多细节是在瞎编。而影视剧在价值观层面上如何呈现,也要听专业批评家的意见,这应当成为影视剧生产制作的必要环节。

张　斌: 就叫批评前置。

荣跃明: 现在电影基本上是院线经理决定影院放什么片子,但院线经理以前大多是销售员,根本不懂电影,临时上岗当了院线经理,全国90%以上的影院是这种情况,如果各地院线70%都放这部片子,我也跟着上档期,自己没有任何艺术判断和想法。

许　明: 引进的外片,神话片、科幻片、动画片是毫无思想性的东西。

荣跃明: 电影评论现在主要靠观众,格瓦拉等电影网站都有观众评论栏目,这不是规范的电影评论,而是给上映的影片打星,8分以上就算是很高了。如果一部影片在一家影院的上座率不到50%,哪怕只放了一天,院线经理也会让它下线。

张　斌: 院线体制也需要改。

荣跃明: 中国电影产业目前的发展主要靠院线推动,因此院线体制绝对要改。

马克思说,精神生产是特殊形式的社会生产,与物质生产具有不一样的特点,当文化生产方式发生变化时,文学批评如何进入新的文化生产环节中去是一个关键问题。

网络小说的繁荣发展最为典型地展现了文艺生产方式的转型。与传统的文学创作、传播和阅读相比较,网络小说的创作、传播机制发生了根本性、颠覆性的变化。原来的文艺创作传播过程中,作者要成为作家,要写稿投稿,首先是给文学编辑看,然后是评论家给予评论,才能得到认可,最后是作协吸收你为会员,才算是一个作家。但现在不是这样。有一个网络文学作家,从十四五岁读初中起就看网络小说,上课时看,之后产生了兴趣自己写,第一部小说写了90万字,网络文学的创作是每天更新内容,这个过程中不断地有读者跟帖,这位作家说,从读者的反馈中学会了如何写小说,读者会教你下面怎么写。所以是作者和读者互动生产,跟传统不一样,传统是有批评家这个环节,现在没有。所以,最大的特点是网络作家跟传统作家成长道路不一样,传统作家要有生活体验,没有生活体验怎么写小说? 写人生肯定是瞎编,哪个文学编辑会要你的稿子? 但对网络文学来说,这不是问题。

曲春景: 现在网络小说大多数都是娱乐性质的,但是其中也不乏有优秀的作品。

荣跃明: 主要是形成了完全不同的文艺生产新方式。

王　战：改革开放以后，中国文化不发展、不繁荣是不可能的，这么好的时代，文化会不繁荣吗？但是繁荣有迹可循的，最早是伤痕文学，再后来大量人进城，出于对农村的回归和怀念，出现了二人转这样的形式，再往下又提升了，电视剧开始出现。电视剧原先是无序的，后来从《闯关东》开始出现价值观。现在我们的电视剧创作技巧全部过关了，电影刚刚起步。早期的电影像《红高粱》，我们用黄土地带给西方人猎奇的东西，黄土地越土他们觉得越新鲜，但是到后面空了，《满城尽带黄金甲》空了，找不到价值观，电影《战狼2》刚刚把西方一套怎么做大片的技巧学会，但没有价值观。而今天电视剧到了一个拐点，开始寻求价值观来引导它的艺术性。我们说的价值观是什么？西方价值观和东方价值观中有两种典型的价值观，美国人讲的价值观，来源于法国强调的自由、平等、博爱，但是我们社科院出了一本书《苏格兰——现代世界文明的起点》，讲的是亚当·斯密的价值观，得到传承的苏格兰文明也是八个字的概括，前言里面就有。看完我才恍然大悟，西方价值观也不是都一致的。我们原来认为东方的价值观都是中华文明开枝散叶出去的，都差不多，但我和日本人打交道以后发现，日本人价值观和我们不太一样，我也用五个字概括他们的价值观，忠群忍致礼。第一个字是忠，日本人于国家忠于天皇，企业里面忠于社长，家里面忠于男性的家长，出去旅游忠于长者，不问是非，日本的价值观没有义，就是讲忠。第二个字是群。日本人的集体主义比我们强得多，对此他们也有解释，因为日本是在不断地抖动的一块地，每天1—2级的地震一千多次，海啸、火山爆发经常发生，他们对这个土地始终没有安全感，一直想找一个王道乐土把自己安顿下来，所以集体主义很强，自我牺牲精神也比我们强。第三个是忍，要绝对忠群，个人就必须要很能够忍，忍到一定程度会爆发，所以引出第四个字"致"，极致的致，是忍的反面，也是极端，他们服务做得很细致，工艺可以做到很精致，打仗也可以残暴到极致。最后一个是礼。他们的礼很"过分"，有时候觉得跟日本人在一起不自在，鞠躬这么低。东方文明价值观一样吗？也不一样。我们讲信义仁智礼，他们是忠群忍致礼。我认同的是苏格兰文明延续的西方文明，和中华文明居中一点。

现在讲人类命运共同体，今后在价值观上说不到一起，怎么构建人类命运共同体？中华文化要有共同的价值观，这是最大公约数，社会主义核心价值观是最高纲领，这是底盘，这个底盘既对内服务于社会主义核心价值观，又对外与人类命运共同体对接，所以使文化能够走出去，而且走得更好，影响力更大，文化软实力得到充分体现。我是站在这个角度来看今天讨论的问题的。我认为如果这个评论做得好，历史今后会倒过来证明，我们终于找到了价值观，找到了拐点。有些事情有雷管不一定爆炸，但是雷管有可能爆炸，我希望起到这个预防性作用。今天以小见大，不要把这个事情仅仅看成是艺术性的问题，中国电视剧在美国也放，你在这里看，他们在那里看，越南都在看中国剧，我们怎么通过这个来影响他们？当时我有切肤之痛，我看了一个是《甄嬛传》，还有一个《乾隆三下江南》，后者描述乾隆在江南怎样游山玩水，我们在近代盛世以后一路走下，想到中国晚清民初国运的衰败，这样的艺术性越是高对我们的伤害越大。价值观真的很重要，但是价值观的认同一定是潜移默化的，而且要影响我们"90后"、"00后"，这点很重要。

图书在版编目(CIP)数据

《上海思想界》精粹.2013～2017/许明主编.—
上海:上海人民出版社,2018
ISBN 978-7-208-15103-1

Ⅰ.①上⋯　Ⅱ.①许⋯　Ⅲ.①社会科学-文集　Ⅳ.
①C53

中国版本图书馆 CIP 数据核字(2018)第 067037 号

责任编辑　秦　堃　肖　峰　刘华鱼
封面设计　小阳工作室

《上海思想界》精粹(2013—2017)
上海市社会科学界联合会　主办
许　明　主编

出　　版　上海人民出版社
　　　　　　(200001　上海福建中路 193 号)
发　　行　上海人民出版社发行中心
印　　刷　上海盛通时代印刷有限公司
开　　本　720×1000　1/16
印　　张　42
插　　页　6
字　　数　720,000
版　　次　2018 年 5 月第 1 版
印　　次　2018 年 5 月第 1 次印刷
ISBN 978-7-208-15103-1/C・559
定　　价　180.00 元